OCÉANO ATLÁNTICO

Las Bahamas

San Salvador
12/10/1492

Santa María de la Concepción
15/10/1492

Fernandina
16/10/1492

Islas de Arena
25/10/1492

La Isabela
19/10/1492

Cabo Alfa y Omega
22/11/1492

Cuba

Pequeño Caimán

Bahía de Gíbara
28/10/1492

Caimán Brac

Las Tortugas

La Santa María encalla
25/12/1492

Cabo San Nicolás
06/12/1492

La Española
(Baneque)

Bahía de las flechas
16/01/1493

Jamaica

Virgen Gorda   San Eustaquio
San Juan   Anguila
                San Martín
Puerto Rico   San Bartolomé
        Saba   Barbuda
Santa Cruz   Antigua
    San Cristóbal
    Nieves   Montserrat
    Redonda   Deseada
        Guadalupe
        Todos los Santos   Marigalante
                Dominica

Santa Lucía

Mar Caribe

Cubagua Margarita
                    Gracia   Trinidad

Islas de
las Perlas

Sudamérica

LA CONQUISTA DE AMÉRICA
CONTADA PARA ESCÉPTICOS

Juan Eslava Galán

LA CONQUISTA DE AMÉRICA CONTADA PARA ESCÉPTICOS

Planeta

No se permite la reproducción total o parcial de este libro, ni su incorporación a un sistema informático, ni su transmisión en cualquier forma o por cualquier medio, sea este electrónico, mecánico, por fotocopia, por grabación u otros métodos, sin el permiso previo y por escrito del editor. La infracción de los derechos mencionados puede ser constitutiva de delito contra la propiedad intelectual (art. 270 y siguientes del Código Penal)
Diríjase a Cedro (Centro Español de Derechos Reprográficos) si necesita fotocopiar o escanear algún fragmento de esta obra. Puede contactar con Cedro a través de la web www.conlicencia.com o por teléfono en el 91 702 19 70 / 93 272 04 47

© Juan Eslava Galán, 2019
Derechos cedidos a través de Silvia Bastos, S. L., Agencia Literaria
© Editorial Planeta, S. A., 2019
Av. Diagonal, 662-664, 08034 Barcelona
www.editorial.planeta.es
www.planetadelibros.com

Iconografía: Grupo Planeta

© de las ilustraciones de las guardas: © Gradual Map

© de las ilustraciones del interior, archivo del autor, © Icastro, © De Agostini / G. Dagli Orti / Album, © Fine Art Images / Album, © DeA Picture Library / Album, © Silvia B. Jakiello – Shutterstock, © Science Source / New York Public Library / Album, © Philip Lange – Shutterstock, © Victor Couto - Derechos Reservados, © De Agostini Picture Library / Getty Images, © Lotus_studio – Shutterstock, © Oronoz / Album, © Jose Galveia – Shutterstock, © Sol 90 / Album, © British Library / Album, © The History Collection / Alamy, © Gradual Map, © Metropolitan Museum of Art, NY / Album, © Erich Lessing / Album, © Culture Club / Getty Images, © Mary Evans / Library of Congress / Age, © akg-images / Pictures From History / Album, © Florilegius / Album, © James Sugar / Nat Geo Image Collection, © Universal Images Group / Universal History Archive / UIG / Album, © NYPL / Science Source / AGE, © Megapixeles.es – Shutterstock, © Werner Forman / UIG / Age, © sfgp / Album, © Album, © Biblioteca Nacional, Madrid, Spain / Bridgeman Images / AGE, © akg-images / British Library / Album, © Morenovel – Shutterstock, © The Picture Art Collection / Alamy, © National Museum of Anthropology of Mexico City, Mexico City, Mexico DF, Mexico Clickalps SRLs – AGE, © J. Enrique Molina / Album, © Universal Images Group / Werner Forman / Album, © Joseph Martin / Album, © Art Collection 3 / Alamy, © D. Bayes / Lebrecht Music & Arts / Album, © akg-images / Album, © Museo Nacional de Arte de México / Album, © Stock Connection Blue / Alamy, © Costa Rodrigues – Shutterstock, © akg / North Wind Picture Archives / Album, © Robert Harding / Peter Groenendijk / Album, © Ivan_off – Shutterstock, © Granger, NYC / Album, La Fundación de Santiago de Chile, Pedro Lira, © Museo Histórico Nacional de Santiago, Chile, © Historic Images / Alamy, © Prisma Archivo / Alamy, © akg-images / Fototeca Gilardi / Album, © Museo Arqueológico, Madrid, España / Album, © Museo Nacional de Antropología, Madrid, España / Album, © Universal Images Group / Christophel Fine Art / Album, © Dorling Kindersley / Getty Images, © akg-images / Mel Longhurst / Album, © 2019. The Trustees of the British Museum / Scala, Florence, © Pablo Costa – Shutterstock, © Thierry Monasse / Getty Images, © M. Timothy O'Keefe / Alamy, © meunierd – Shutterstock, © Antonio Díaz

Primera edición: mayo de 2019
Décima impresión: marzo de 2022
Depósito legal: B. 9.033-2019
ISBN: 978-84-08-20931-7
Preimpresión: J. A. Diseño Editorial, S. L.
Impresión: Unigraf
Printed in Spain – Impreso en España

El papel utilizado para la impresión de este libro está calificado como **papel ecológico** y procede de bosques gestionados de manera **sostenible**

Índice

Libro I
Un nuevo mundo

1. Ruina en Venecia — 15
2. Las tan necesarias especias — 20
3. Carabelas en África — 23
4. La factoría de la Mina — 30
5. Juego de tronos — 34
6. Un quídam llamado Colón — 39
7. Antes que Colón — 44
8. ¿Vascos o andaluces? — 47
9. El mapa de Toscanelli — 50
10. Colón en La Rábida — 53
11. Vuelva usted mañana — 56
12. La orilla de las tres carabelas — 60
13. Alba de América — 63
14. Hamacas de Santo Domingo — 65
15. ¡Oro, oro, oro! — 71
16. Colón, como pollo sin cabeza — 74
17. Dos zorros negocian — 84
18. El sueño de Andrés Medina — 87
19. Rumbo a América — 91
20. El *gourmand* a bordo — 103
21. Entre caníbales — 108

22.	Tragedia en el fuerte Navidad	114
23.	Pulseras para un rebelde	121
24.	La carrera por la especiería	127
25.	Colón en el paraíso terrenal	133
26.	Los esclavos	137
27.	El pesquisidor Bobadilla en La Española	140
28.	Los portugueses en la especiería	144
29.	Huracán del Caribe	147
30.	Luchando contra los elementos	151
31.	Dios habla a Colón	156
32.	Náufragos en Jamaica	159
33.	Colón hace un milagro	163
34.	La Casa de Contratación	169
35.	¿Tenemos derecho?	172
36.	El sermón de Montesinos	175
37.	Las Leyes de Indias	178
38.	La extinción de los taínos: ¿etnocidio o pandemia?	182
39.	Barbacoa de españoles	185
40.	Fíese usted del servicio	193
41.	El Río de la Plata	195
42.	El requerimiento	199
43.	Bonoso Cantero, encomendero	204
44.	El arma secreta de los conquistadores	209
45.	Balboa descubre el mar del Sur	214
46.	Arjona en Tierra Firme	221
47.	La cara menos cordial de la conquista	228
48.	Sobre los venenos indios	231
49.	Batalla con la indiada	233
50.	La guerra de los mundos	245
51.	Españoles en Cuba	247
52.	Un santo sin altar	250

Libro II
Pirámides de escalones

53.	En Tierra Firme	259
54.	*Mí no comprende* (Yucatán)	262

55. Otro mundo inexplorado — 272
56. La expedición de Juan de Grijalva — 276
57. El banquete de Moctezuma — 284
58. La expedición de Cortés — 288
59. Una salida atropellada — 292
60. La civilización maya — 297
61. Tres cuchilladas en la ceiba — 307
62. La Malinche, un regalo exquisito — 311
63. Chocolate con churros y ¡viva México! — 317
64. Llegan los *teules* — 321
65. Con el corazón en la mano — 328
66. Los abusones mexicas acogotan a sus vecinos — 332
67. Un pronunciamiento encubierto — 337
68. El Cacique Gordo se deshace en atenciones — 342
69. Todo lo trascendíamos; todo lo queríamos saber — 345
70. La contienda de las armas — 349
71. Perros de guerra — 356
72. Voy camino de México — 360
73. Bajo el volcán — 374
74. La diosa Mictecacíhuatl llora sobre México — 378
75. Las delicias de Capua — 388
76. Altares de calaveras cara al sol — 394
77. Rebelión en la costa — 398
78. Los juegos de Moctezuma — 403
79. Europa admira el oro mexica — 407
80. ¡Que viene Narváez! — 411
81. La caravana maldita — 417
82. Fiesta en el zócalo — 421
83. La muerte de Moctezuma — 427
84. La Noche Triste — 430
85. El penacho de Matlatzincátzin — 439
86. Al sol de Tlaxcala — 446
87. La muerte misteriosa — 451
88. Un enviado real — 468
89. ¿Dónde está el oro? — 470
90. Cuauhtémoc, héroe mexicano — 474
91. La Nueva España — 477

Libro III
El oro inca

92.	El mentidero de Panamá	483
93.	La gazuza extrema	488
94.	En el infierno verde	494
95.	Pizarro en la corte	502
96.	La corona del inca	506
97.	En Cuzco, con el soroche	509
98.	Las vírgenes de Caxas	519
99.	En la tienda del inca	526
100.	Madrugar «a la serpienta»	532
101.	Españoles en el Incario	543
102.	La ejecución de Atahualpa	546
103.	Almagro hace las maletas	550
104.	La rebelión del inca Túpac Hualpa	555
105.	Canela en rama	558
106.	*Hermoso río*, dijo Orellana	562
107.	Muerte de Pizarro	567
108.	Valdivia y su brava novia	578
109.	La aventura equinoccial de Lope de Aguirre	581
110.	Los virreinatos	598
111.	¿Depredadores o civilizadores?	600
112.	La independencia y el exterminio de los indios	608
113.	Indigenismo *versus* hispanidad	613

Epílogo	618
Agradecimientos	620
Anexo. «Pedimos perdón», por Serafín Fanjul	621
Bibliografía recomendada	625
Documentación	640
Índice alfabético	641

Las Indias, refugio y amparo de los desesperados de España,
iglesia de los alzados, salvoconducto de los homicidas, pala
y cubierta de los jugadores, a quien llaman ciertos los peritos
en el arte, añagaza general de mujeres libres, engaño común
de muchos y remedio particular de pocos.
MIGUEL DE CERVANTES, *El celoso extremeño*

Su nombre es Rodrigo de Bastidas. Cuelga a cinto
con la espada, el cuerno de la tinta y convida a descubrir.
Con esa disposición natural que tienen los españoles
para hacer cosas desproporcionadas.
GERMÁN ARCINIEGAS, *Biografía del Caribe*

[Q]ue tuviesen ánimo para llevar como españoles
aquellos trabajos y otros mayores […], que cuanto
mayores hubiesen sido, tanta más honra
y fama dejarían en los siglos del mundo.
INCA GARCILASO DE LA VEGA, *Comentarios reales,* libro III

Andando tiempos, nos igualaremos y seremos unos
en el mundo. Ya no habrá indio ni negro.
Todos seremos españoles en un mismo hábito.
FELIPE GUAMÁN POMA DE AYALA, *Nueva crónica y buen gobierno*

No somos ni vencedores ni vencidos,
somos los descendientes de los vencedores y de los vencidos.
José Antonio del Busto, historiador peruano, Declaraciones a la prensa sobre la retirada de la estatua de Pizarro

Tantas ciudades hermosas saqueadas y arrasadas; tantas naciones destruidas y llevadas a la ruina; tan infinitos millones de gente inocente de todo sexo, condición y edad, asesinada, destruida y ejecutada, y la parte del mundo más rica y mejor, trastornada, arruinada y deformada por el tráfico de perlas y la pimienta.
Michel de Montaigne, *Ensayos*

[S]ino que nuestra España tiene en tan poco el esfuerzo (por serle tan natural y ordinario), que le parece que cuanto se puede hacer es poco: no como aquellos romanos y griegos, que al hombre que se aventuraba a morir una vez en toda su vida, le hacían en sus escritos inmortal y le trasladaban a las estrellas.
Antonio de Villegas, *Historia del Abencerraje y la hermosa Jarifa* (1565)

LIBRO I
Un nuevo mundo

CAPÍTULO 1
Ruina en Venecia

Jacobo van Dale, cónsul de los mercaderes de Brujas, contemplaba distraídamente desde su góndola el desfile de los magníficos palacios alineados a un lado y a otro del Gran Canal. Estaba hermosa Venecia aquella mañanita de mayo del año 1462.

¡Venecia! Enormes galeazas de carga llenaban el horizonte aguardando turno para arrimarse a los muelles de la Riva dei Sette Martiri; las madrugadoras góndolas iban y venían llevando fardos y pasajeros; las gaviotas surcaban veloces el azul; los gatos dormitaban entre las almenas del Palacio Ducal; las culebras desovaban en el blando limo de las bocas del Lido…

Desde su observatorio fluvial, el cónsul Van Dale admiraba la cotidianeidad inmutable de aquella ciudad que, gracias al comercio, había alcanzado la categoría de gran potencia, la Serenísima…

Recordó sus primeros días en Venecia, adonde llegó de su brumoso norte cuando apenas cumplía veinte años. Ahora tenía sesenta, y todo parecía tan inmutable como si se hubiera detenido el tiempo. Sin embargo, el instinto le avisaba de que algo había cambiado y para peor. De sobra sabía, por pasadas experiencias, que aquel sexto sentido le anticipaba los problemas.

Sumido en inquietantes pensamientos, Van Dale volvió a la realidad cuando la góndola tocó el poste de amarre del embarcadero de la Vergine, entre panzudas naves cargueras de la Hansa y airosas galeras locales, y el gondolero avisó: *Siamo arrivati, nobiluomo*, mientras le tendía la mano para ayudarlo a desembarcar.

Jacobo van Dale se abrió paso entre los estibadores que descargaban fardos y cajas de una galeaza, penetró en el almacén de Marco da Rismini y aspiró con placer el intenso olor a cuero nuevo y especias que flotaba en el ambiente. Conocía el camino. Una ancha rampa de piedra conducía al piso noble, el destinado a sedas, incienso y productos de más valor. En la oficina, media docena de amanuenses y contables trabajaban en pupitres dispuestos en torno a una enorme mesa central sobre la que se apilaban libros de cuentas, asientos de mercaderías y ábacos.

Marco da Rismini despidió al escribiente al que atendía en ese momento y salió al encuentro del visitante con una ancha sonrisa profesional.

—¡Qué agradable sorpresa, amigo Jacobo! —lo saludó con un breve abrazo—. Pasa a mi despacho y cuéntame cómo van las cosas. ¿Qué te trae por aquí?

Amable y directo a la manera veneciana.

Era una espaciosa sala con las paredes repletas de estanterías en las que se archivaban los legajos de seis generaciones de prósperos mercaderes. Un amplio ventanal emplomado iluminaba la estancia y permitía vigilar el puerto y los muelles.

Los dos hombres tomaron asiento en sendos sillones fraileros con los respaldos repujados con el símbolo de la compañía, una garza que sostiene un pez en el pico.

Jacobo van Dale extrajo de su faltriquera una cedulilla y la entregó al mercader, quien se ajustó sobre la nariz sus anteojos para examinarla.

—¿Qué está ocurriendo, Marco? —protestó el agente de Brujas sin esperar a que el otro acabara su lectura—. Te pedí cien libras de pimienta y me concedes solo veinte, y las treinta de clavo las reduces a cinco. Y subes el precio casi el doble. ¿Nos hemos vuelto locos o qué?

El veneciano asintió grave y devolvió la nota a su interlocutor.

—Y aun así he reducido mis beneficios a la mitad, amigo Jacobo —confesó—. La situación es desastrosa. Cada vez nos llegan menos especias y más caras. Los almacenes están vacíos, compruébalo. No nos llega género.

—Las especias se están vendiendo mejor que nunca —insistió Jacobo—. La gente tiene dinero y quiere gastarlo. ¿Vamos a perder ese negocio? ¿Es que nos hemos vuelto locos?

Suspiró el veneciano como quien debe armarse de paciencia para explicar, una vez más, lo evidente.

—Los tiempos han cambiado, amigo Jacobo. El manantial del que nos surtíamos se agota. El mercado de Constantinopla está cerrado desde que los otomanos tomaron la ciudad.

—Hay otros mercados —dijo Jacobo.

—Antioquía y Alejandría —reconoció Marco—. Pero también ellos reciben muchas menos especias de las que solían.

—Será porque se desvían a otros puertos —protestó Jacobo.

—Como bien sabes, mi familia dispone de cónsules y agentes en Trípoli, Túnez y Argel —explicó el veneciano—. También allí escasean las especias. Esto tiene difícil solución, amigo mío. Te explicaré una cosa.

Marco tomó de una estantería un pergamino de becerro y lo desplegó sobre la mesa. Era un mapamundi.

—Estas son las tierras del mundo —dijo abarcando con un gesto todo el mapa—. Nosotros estamos aquí —posó la palma de la mano sobre el Mediterráneo—, nuestro mar interior. Esto de aquí es Asia y esta parte que lame el mar, la India, donde está la *especiería*. Esta es Catay —China—, y esta, donde termina la tierra, la isla de Cipango —Japón—, los lugares a los que jamás llegó un cristiano, si exceptuamos a Marco Polo. Todo esto que rodea las tierras es la mar océana. —El veneciano indicó el espacio azul que rodeaba la tierra—. Entre la India, donde radica la especiería, y el Mediterráneo se extiende todo este inmenso desierto. Antes lo atravesaban las caravanas con licencia del Imperio tártaro del gran kan, al que pagaban tributo, y así llegaban a Bizancio, que recibía las especias y nos las vendía a venecianos y genoveses.

—Para que vosotros las revendierais al resto de la cristiandad con pingües ganancias —añadió el flamenco con irónica sonrisa.

—Ese es el fundamento del comercio, amigo Jacobo, comprar a un precio y vender con beneficios —replicó Marco sin inmutarse—. Lo que quiero decirte es que el Imperio tártaro se acabó. Ahora no hay gran kan que gobierne a los tártaros, sino muchos señores que se hacen la guerra entre ellos mientras los caminos y las antiguas rutas de caravanas están infestadas de bandidos. Se acabaron las caravanas. Súmale a eso que los otomanos que conquistaron Bizancio son tan fervientes de Mahoma que se niegan a comerciar con cristianos.

—¿Permaneceremos de brazos cruzados? —preguntó el cónsul de Brujas—. Algo podremos hacer. ¿No hay otra manera de llegar a la especiería?

—La hay, pero no es viable. La tierra es redonda como una manzana, amigo Jacobo. Enfrente de Europa están Japón y China con el océano de por medio. Atravesándolo podríamos llegar a la India y a la especiería.

—Si es tan fácil, ¿por qué no enviáis vuestros cargueros por ese camino?

—Lo hemos descartado: el océano es demasiado ancho. —Posó la mano en el espacio azul del mapamundi—. Si una nave intentara atravesarlo, la tripulación agotaría las reservas de agua y perecería de sed.

Van Dale asintió gravemente.

—También podría llegarse rodeando la isla África —repuso señalando el posible camino—. Macrobio, el romano que probó la esfericidad de la Tierra, sostiene que África tiene forma cuadrada y solo alcanza hasta el ecuador. ¿Para qué le sirven a Venecia tantas galeras?

—Imposible también —dijo Marco—. Ya lo intentaron los hermanos Vivaldi y sucumbieron.[1] Por algo ese mar es conocido como *Tenebrosum*.

---

1. En 1291 los musulmanes conquistaron San Juan de Acre, la última posición de los cruzados en Tierra Santa, lo que desconcertó el comercio con Oriente (algo parecido a lo ocurrido cuando los turcos conquistaron Constantinopla en 1453). Ante las dificultades para obtener especias, los patricios genoveses tuvieron la idea de abrir una ruta alternativa por mar. Para ello armaron dos galeras, la *Sanctus Antonius* y la *Alegranzia*, al mando de dos expertos pilotos, los hermanos Ugolino y Vandino Vivaldi, para que llegaran *ad partes Indiae per mare oceanum*, «a la India por el océano». Los exploradores pasaron el estrecho de Gibraltar y se adentraron en el océano, probablemente con la intención de costear África, pero no se volvió a saber de ellos. Desaparecieron sin dejar rastro.

El veneciano buscó en los estantes un manuscrito bellamente encuadernado en cuero rojo, lo puso sobre el atril y separando las páginas que estaban señaladas con una cinta leyó:

> Es un mar vasto y sin límites, en el que los navíos no se atreven a alejarse de la costa, porque aunque conocen la dirección de los vientos, no pueden saber adónde podrían llevarlos, porque no hay un territorio habitado más allá y correrían el riesgo de perderse entre las brumas y las tinieblas.

—¿Quién dice eso? —inquirió el flamenco.

—Un sabio moro llamado Ibn Jaldún, que bien conocía aquellas aguas —explicó el veneciano—. Aparte de esto, has de saber que, cerca del ecuador, el océano está poblado por serpientes gigantescas y voraces que pueden enredar entre sus anillos a una galeaza y arrastrarla al fondo. Además, las aguas en esas latitudes son tan calientes que hierven hasta derretir el calafateado de las naves y las echan a pique.[2] Tengo entendido que en Portugal hay un príncipe loco que se ha propuesto llegar a la India rodeando África, pero sin duda fracasará como fracasaron los Vivaldi.

---

2. La idea del aumento de la temperatura según se desciende de latitud procedía de Aristóteles, autoridad indiscutible en la Edad Media. Según sus cálculos, a uno y otro lado del ecuador de la Tierra se extendía una zona *perusta* o tórrida que aislaba el hemisferio norte del hemisferio sur, haciendo imposible la vida a causa del calor.

CAPÍTULO 2
Las tan necesarias especias

Examinemos, desde nuestro cómodo e informado siglo XXI, las cuitas del cónsul de Brujas y del mercader veneciano.

El lector sabe que solo tiene que ir al supermercado de la esquina y en el expositor de las especias encuentra botecitos de pimienta, clavo, nuez moscada, canela, comino, cúrcuma..., lo que busque. Y a unos precios que están al alcance de cualquier bolsillo.

Hace cinco siglos la situación era muy distinta. La única especia que se producía en Europa era el azafrán. Las restantes procedían de las regiones tropicales de Asia y de las islas Molucas, en Indonesia. Cuando llegaban a Europa, después de pasar por muchos intermediarios, alcanzaban precios exorbitantes.[3] La pimienta aumentaba su precio treinta veces; la nuez moscada, seiscientas veces.[4] Un negocio de ese calibre solo es comparable al de

---

3. Desde los tiempos de la Roma imperial, las especias llegaban a Europa por la llamada *ruta de la seda:* el clavo de las Molucas y la nuez moscada de la isla de la Banda se enviaban a la India, por vía marítima, desde el puerto de Malaca. Allí se completaba la carga con canela de Ceilán y pimienta de la India y se reexpedía a Europa por dos caminos: el naval, a través del mar Rojo, o el terrestre, en caravanas de camellos con destino a Alepo, Damasco o Constantinopla. En esta última etapa lo recibían mercaderes venecianos y genoveses que detentaban el monopolio europeo desde la época de las cruzadas.

4. El quintal de pimienta (sesenta gramos) alcanzaba los treinta y

la cocaína en nuestros días, solo que entonces era perfectamente respetable.

—¿Y no se pueden arreglar sin especias?

—¡Qué dice, hombre de Dios! Ninguna familia europea que haya alcanzado un mediano pasar puede prescindir de las especias.

Las clases acomodadas se alimentaban casi exclusivamente de carne.

—¿Y las verduras, y las legumbres?

—Eso queda para los pobres, gente desaprensiva capaz de comerse el paisaje.

Llegados los fríos escaseaba el forraje y había que sacrificar mucho ganado. Aquella carne se salaba o ahumaba para consumirla a lo largo del invierno. Había un problema: para cocinarla era preciso desalarla e hidratarla, pero al remojarla se tornaba bastante insípida.

En una mesa pudiente medianamente servida aparecían hasta seis platos sucesivos de carne, lo que planteaba un problema: ¿cómo conseguir que la misma carne insípida adquiriera distintos sabores en sucesivos platos?

La solución consistía en adobar la carne con una variedad de salsas especiadas. La combinación de pimienta, clavo, canela y nuez moscada en distintas proporciones permitía confeccionar cinco o seis recetas diferentes a partir de la misma carne simplona.[5]

Otro efecto de las salsas especiadas era el de disimular los sabores de una carne medio putrefacta (frecuente en un mundo sin refrigeración), así como los de la salvajina, ese hedor que desprende la carne de caza mayor (jabalíes, muflones...).

También se adobaban las bebidas: una cerveza mediocre se mejoraba con jengibre; el vino picado, con canela y clavo.

Las especias además tenían un uso medicinal: los galenos de

---

ocho ducados (el ducado equivalía a 3,5 gramos de oro), lo que quiere decir que la pimienta valía algo más del doble de su peso en oro.

5. Muchas de estas salsas se divulgaron a partir del siglo XI al contacto de los cruzados con la cocina oriental, entre ellas, la famosa carmelina confeccionada a base de pimienta, canela y clavo.

la época quizá no alcanzaban a conocer sus propiedades bactericidas y fungicidas, pero en cualquier caso las recetaban en la creencia de que su consumo regulaba los humores de los que dependía la salud.

En fin, que las especias de la India eran insustituibles. Habían sido siempre productos caros, pero su escasez en el siglo XV los puso por las nubes.[6]

Marco da Rismini y sus colegas los mercaderes genoveses y venecianos dedicados al comercio de especiería estaban desesperados. ¿Qué hacer?

---

6. A la conquista de Constantinopla por los turcos en 1453 siguieron la de Siria (1516) y la de Egipto (1517), que terminaron de estrangular las vías de acceso de las especias a Europa. La pimienta, el clavo, el jengibre, la nuez moscada se guardaban celosamente bajo llave en los arcones de la alcoba, entre las joyas de la familia. A falta de oro y plata, la pimienta llegó a constituir un valor tan sólido que se reconocía como medio de pago en los contratos.

CAPÍTULO 3
Carabelas en África

El príncipe loco al que Marco da Rismini aludía páginas arriba no era otro que el infante don Enrique el Navegante, quizá la figura histórica más querida de los portugueses.

Don Enrique fue hijo, hermano y tío de reyes, pero felizmente nunca le tocó reinar. Libre de las ataduras de tan alto cargo, pudo consagrar su vida a explorar el océano y desvelar sus misterios.

Para entender su locura, más bien cordura, invito al lector a visitar la punta de Sagres, el lugar desde el que dirigió sus empresas.

Sagres es un promontorio rodeado de acantilados que se adentra en el Atlántico, en la misma barbilla del mapa de Portugal.

En la punta más extrema del promontorio, rodeado por el océano, uno se creería en la afilada proa de una nave de piedra a punto de levar anclas, largar velas y hacerse a la mar.

¡Sagres! ¡Abarcar con una misma mirada los mares del sur y del oeste! ¡Contemplar la curvatura del inmenso océano mientras sientes en el rostro las ráfagas de viento salino cargadas de yodo y percibes el batir de las olas al pie de los acantilados! Esa vivencia, que inspiró a Saramago su novela *La balsa de piedra*, inculcó también a don Enrique el Navegante la pulsión de explorar el misterioso océano.

Veamos ahora el contexto. A comienzos del siglo XV Portugal atravesaba una grave crisis económica que amenazaba la estabilidad de la monarquía, la casa de Avís recientemente instaurada.

Mientras los portugueses malvivían de la pesca y del escaso comercio, panzudas naos cargueras procedentes del norte de Europa pasaban de largo por sus costas.

—¿Adónde van, padre? —había preguntado don Enrique niño al rey, su padre.

—Van a una ciudad de los moros que se llama Ceuta. Allí hay un gran mercado donde ingleses, flamencos, genoveses y venecianos se surten de esclavos negros, oro, marfil y especias.

Creció don Enrique ávido de saber. De muchacho bajaba a diario a los muelles del puerto de Lisboa, donde recalaban algunas naos bálticas camino de Ceuta. Un mercader lisboeta, hombre viajado por el mundo, lo informó de aquel comercio que enriquecía a los países cristianos y apenas dejaba migajas en Portugal.

—Señor, Ceuta recibe los esclavos y el oro del país de los negros, en caravanas que atraviesan el desierto de África por la ruta de la sed y del espanto.

—¿Y las especias y las sedas?

—Esas las traen otras caravanas de Alejandría y de Oriente.

Después de breve reflexión, el mercader añadió:

—La verdadera riqueza está en los productos de *além mar* (ultramar).

Los productos de *além mar*. ¿Cómo hacerse con ellos? Con apenas veintiún años el infante don Enrique ideó un ambicioso plan. Si Portugal se había formado como nación peleando contra los moros y reconquistando su territorio, ¿por qué no conquistar Ceuta que también es de los moros?

El plan de don Enrique convenció al rey. Armaron una escuadra de doscientas barcazas y se adueñaron de Ceuta y de sus almacenes. ¡Qué riquezas! El botín compensó sobradamente los gastos.

—Ahora a sentarnos y esperar. Recibiremos las caravanas y comerciaremos con la cristiandad —se prometió el príncipe.

¡Luso iluso! Mal conoces a los moros. Dolidos con la pérdida de su emporio, rehusaron cualquier trato con los cristianos y prefirieron desviar sus caravanas hacia otros mercados.

El príncipe don Enrique no se resignó.

—Si el oro y los esclavos no vienen a nosotros, ¿por qué no vamos nosotros a ellos?

—Imposible —replicó su padre—. Los moros meriníes dominan África y el desierto. No somos tan fuertes como para conquistar su reino.

—No atravesaremos el desierto, padre —adujo el príncipe—. Iremos por mar.

El rey enarcó una ceja.

—¿Por mar?

—Claro. Descendiendo por la costa. Dejaremos atrás el desierto y comerciaremos directamente con los negros.

—¿Con qué naves?

—Con carabelas, padre. Son rápidas, ligeras, fáciles de maniobrar, de poco calado y tienen una apreciable capacidad de carga.[7]

—Pero las carabelas son naves de cabotaje —objetó el rey—. Navegan sin perder de vista la costa.

—Eso era antes, padre —dijo don Enrique—. Ahora tenemos innovaciones como el timón de bisagra, la brújula y los nuevos instrumentos de navegar que permiten a los pilotos guiarse por los astros.

—¿Por los astros?

—Sí, padre, perdiendo de vista la costa. Sin ver tierra es posible orientarse por medio de las estrellas. El piloto sabe en todo

---

7. Los carpinteros de ribera del Algarve construían varios tipos de carabela sobre la fórmula un-dos-tres: la eslora (longitud de proa a popa) triple que la manga (anchura en la parte central). Solían medir unos veinticinco metros de eslora y desplazar entre veinte y cincuenta toneladas. Dependiendo del tamaño, se aparejaban con dos o tres palos. Las carabelas de Colón, *La Pinta* y *La Niña,* alcanzarían unas cien toneladas. *La Santa María* era una nao de quizá ciento cincuenta toneladas. Cuando contemplamos las reproducciones de las carabelas nos admiramos de que los descubridores se aventuraran en el océano con unas embarcaciones tan diminutas. Es una impresión engañosa. Estas naves todavía parecieron a Colón demasiado grandes. En su segundo viaje, cuando pudo escoger, se proveyó de carabelas todavía más pequeñas que no sobrepasaran las treinta toneladas.

momento dónde se encuentra su nave. Calcula la latitud mediante el astrolabio que determina la altura y posición de las estrellas,[8] y la longitud, por la estima de lo recorrido en la dirección marcada por la brújula.[9]

—Adelante, entonces —concedió el rey—. Pide cuanto necesites para el proyecto.

Don Enrique se rodeó de expertos marinos que lo aconsejaran sobre carabelas y navegación. Algunas carabelas usaban velas redondas (cuadras), otras las usaban latinas (triangulares), pero también podían equiparse con aparejo mixto (vela latina en un mástil y cuadra en otro) de manera que se adaptaran a los diferentes vientos. La vela cuadra era ideal para los vientos de popa; la latina, para navegar de bolina, o ciñendo, con vientos contrarios, en zigzag.

Bajo la entusiasta supervisión del príncipe, los marinos portugueses se lanzaron a explorar el océano y colonizaron algunas islas que hasta entonces habían permanecido deshabitadas.[10]

—Ahora nos toca bajar más allá del desierto, al país de los negros —dijo el príncipe.

—Señor —objetó su piloto mayor—. Bajar por la costa de África presenta un grave inconveniente: ningún marino en su sano juicio se atreverá a rebasar el cabo del Miedo.

---

8. Posteriormente se incorporaron la ballestilla (siglo XVI), más tarde sustituida por el sextante, que determinaba la latitud midiendo la altura de la Estrella Polar sobre el horizonte; y el cuadrante náutico (siglo XVII), que determina la latitud midiendo la altura sobre el horizonte de la Estrella Polar o del sol de mediodía, además de la hora (midiendo la altura del sol).

9. También se ayudaban con los portulanos y cartas de marear, mapas a escala con las rutas marinas marcadas según la rosa de los vientos (siglos XIII-XIV); y con la brújula (hacia 1300). El infante don Enrique tuvo en Sagres a uno de los mejores cartógrafos de la época, Jácome de Mallorca, que es el nombre cristianizado del judío Jehuda Cresques, hijo del famoso Abraham Cresques.

10. En 1418 João Gonçalves Zarco y Tristão Vaz Teixeira colonizaron la isla de Porto Santo; en 1419, la isla de Madeira, donde cultivaron caña de azúcar (una sustancia entonces considerada especia por su alto precio); en 1427, Diogo de Silves comenzó a colonizar las islas Azores.

—¿El cabo del Miedo? —preguntó el príncipe apartando su mirada del mapa.

—Sí, señor. Está a la altura de las Canarias. Algunos se han atrevido a descender de ese punto y todos han perecido. En realidad, se llama Bojador, pero lo conocemos por *cabo del Miedo* porque todo el que lo desafía perece.

El príncipe don Enrique consultó sus mapas. En algunos, el cabo Bojador aparecía como *caput finis Africae;* el cabo donde África termina. En un viejo portulano árabe lo encontró señalado como *Abu Jatar,* «el Padre del Peligro». Más allá del cabo se extendía el *mare Tenebrosum* y el mapa dibujaba una especie de monstruo marino, una serpiente gigantesca que enroscaba entre sus anillos a una nave y devoraba a un tripulante.

El príncipe don Enrique era un hombre del Renacimiento, científico, alejado de supersticiones medievales. Consultó el asunto con sus marinos.

—En esas regiones que quiere explorar el príncipe el océano está poblado de enormes leviatanes que atrapan las naves y engullen a sus infelices tripulantes —aseguraba un viejo piloto.

—Nada de eso —replicaba otro más joven y viajado—. Eso son cuentos de viejas. Lo que ocurre es que la temperatura del agua aumenta según nos alejamos del polo y nos aproximamos al ecuador de la Tierra. Rebasado el cabo Bojador, el calor incendia las velas y abrasa los pulmones.

Eran dos maneras de considerarlo. En lo que todos estaban de acuerdo era en que el cabo del Miedo, Bojador, era el límite que un navegante prudente jamás debía rebasar. La propia Providencia lo advertía al descontrolar la aguja de las brújulas al llegar a esa zona.

—¿Te convences ahora de que tu proyecto es imposible? —preguntó el rey.

—No me convenzo, padre —replicó don Enrique—. Yo no creo en monstruos ni en mares hirvientes. Creo que toda creencia heredada debe ponerse en cuarentena hasta que se comprueba su certeza.

Entre 1424 y 1433, el príncipe envió hasta quince expediciones al cabo Bojador. Ninguna consiguió rebasarlo: la sedimentación de las arenas arrastradas por el viento del desierto creaba en sus proximidades una cadena de veinticuatro kilómetros de peligrosos bajíos mezclados con arrecifes. A cinco kilómetros de la costa apenas había un metro de fondo. Cuando el piloto creía navegar en mar abierto, la combinación de alisios del noreste y corriente norecuatorial impulsaba la nave contra los escollos y, antes de que la marea pudiera salvarla, ya la habían deshecho las potentes olas producidas por las corrientes marinas al colisionar con los bajíos.

—Eso tiene explicación —reconocieron sus marinos finalmente—, pero ¿y el descontrol de la brújula?

—La aguja imantada se afecta porque muchos arrecifes están formados de rocas ferrosas —dijo el príncipe.

—Lo peor es que el viento siempre sopla hacia el sur —argumentaban los pilotos—. ¿Cómo podrá regresar una nave si el viento no sopla jamás hacia el norte?

—También para eso encontraremos una solución —dijo don Enrique.

Bajo su mando había audaces pilotos capaces de encontrarla. Corría el año 1434 cuando uno de ellos, Gil Eanes, que ya había fracasado en dos intentos, decidió probar por tercera vez. Aparejó una pequeña carabela de treinta toneladas movida también a remo y descendió en navegación de cabotaje, como era costumbre, sin perder de vista la costa africana, hasta las proximidades del fatídico cabo del Miedo, pero antes de llegar a él se alejó de la costa hasta perderlo de vista en busca de aguas inexploradas y más seguras, practicando la novedosa navegación de altura.

¡Eureka! O, dicho en portugués, *encontrei!*

Gil Eanes regresó a Sagres a comunicarle la nueva a don Enrique.

—Señor, los peligros de escollos y corrientes están en la costa, pero al perder de vista la costa, las aguas son profundas y perfectamente navegables y además los vientos dominantes allí, que la gente llama *alisios*, soplan desde el noreste y te llevan hacia el sur.

—¿Hacia el sur?

—Sí, señor, recuerde que muchos marinos se niegan a descender más allá de las Canarias porque creen que nunca podrán regresar debido a los dominantes vientos del norte, pero cuando te alejas de la costa un día de navegación soplan vientos del sur que favorecen la *volta* de las naves.

El infante don Enrique convocó a sus mejores pilotos en la sala de Sagres.

—Para llegar al país de los negros y del oro navegaréis de cabotaje por la costa africana, pero, antes de llegar al cabo Bojador, os apartaréis un día de navegación con rumbo oeste navegando por los astros y, después, superado el cabo, aproáis a sureste y buscáis de nuevo la costa hacia el sur. Para la *volta* hay que proceder de manera parecida: adentrarse en el mar unos días, en verano, hasta encontrar vientos débiles, pero que vienen del sur, para poder enfilar hacia las Azores. Desde allí, ya sabemos que se alcanza bien Portugal. Que sea un secreto —advirtió don Enrique—. El que lo divulgue a extraños es reo de horca.

Los marinos más veteranos, poco aficionados a las novedades, acuñaron un prudente refrán: *Quem passara o cabo de Non, ou voltará ou non*, pero los jóvenes dominaron pronto la navegación de altura que favorecía la *volta da Mina* o *volta do Sargaço*.

CAPÍTULO 4
La factoría de la Mina

La apertura del cabo Bojador despejó el camino de África a los navegantes portugueses. En expediciones sucesivas, cada una de las cuales se atrevía a llegar más lejos que la anterior, los marinos portugueses rebasaron el desierto del Sáhara y alcanzaron Guinea, la zona poblada del continente negro, el origen del oro y los esclavos.[11]

El infante don Enrique había conseguido su objetivo. Instalado en Sagres, en el extremo suroccidental del Algarve, donde los vientos del noreste (o alisios portugueses) invitan a viajar al sur, organizó flotas de carabelas que bajaban a Guinea.

Como los antiguos fenicios, los portugueses establecieron factorías en islas o penínsulas del litoral, meros enclaves comerciales custodiados por gente armada donde sus mercaderes comerciaban con los jefes de tribu locales.

Aquello era la gallina de los huevos de oro: los caciques negros entregaban oro en polvo, esclavos, colmillos de elefante y pimienta malagueta[12] a cambio de *viles mercancías,* o sea, barati-

---

11. En 1441, Nuno Tristão y Antonio Gonçalves alcanzaron el cabo Blanco y dos años más tarde la bahía de Arguin, donde construyeron un fuerte. En 1444 Dinis Dias dejó atrás la desembocadura del río Senegal, rebasó Cabo Verde y llegó a Guinea, la tierra de los negros, la fuente del oro y los esclavos que Portugal buscaba.

12. La pimienta malagueta era un sucedáneo de la cada vez más es-

jas de todo a cien (ropa usada, gorros marineros, paños baratos, cuchillitos, cascabeles, almireces, espejitos, cuentas de vidrio…, incluso los tiestos de los platos que se rompían). En el apogeo del negocio, Lisboa «rescataba» unos setecientos kilos de oro al año, procedentes de la cuenca del Famelé (Senegal) y el Alto Níger.

Que los marinos portugueses se creyeran dueños de aquellas costas tiene cierta lógica. Aunque no conquistaban la tierra, le ponían nombre a sus accidentes geográficos, que era, en cierto modo, una manera de apropiársela: Río de Oro, Costa de los Negros, Sierra Leona, Cabo Verde,[13] Costa de la Malagueta, Costa de Marfil, Costa de Oro, Costa de los Esclavos…

El infante don Enrique amplió su objetivo. Se entrevistó con su hermano Eduardo I, el nuevo rey tras el fallecimiento de su padre.

—Hermano, ya que hemos rebasado el cabo del Miedo y demostrado que lo del *mare Tenebrosum* era una fábula, ¿qué nos impide circundar África y llegar, costeando, hasta la India y la especiería?

—¿Tú crees que podremos? —respondió Eduardo.

—Es factible. Evitando intermediarios, le arrebataremos el mercado a los venecianos y a los genoveses —afirmó don Enrique—. Eso sí que nos hará ricos.

En 1458 los pilotos que exploraban las bocas del Senegal esperaban que, a partir de aquel punto, la costa tomara dirección sureste (pensaban que África era una isla cuadrada).

Decepción: el litoral continuaba hacia el sur. El camino hasta la India se alargaba inesperadamente. África era más grande de lo que el príncipe don Enrique y sus cartógrafos habían supuesto.

---

casa pimienta de la India (la fetén) que, además, servía para aromatizar la cerveza, la bebida favorita de Flandes e Inglaterra.

13. Estupendos los portugueses cuando les ponen nombre a las cosas: Cabo Verde, en testimonio de Colón, son unas islas *esterilísimas, porque son tan secas que no vi nada verde en ellas*. También al cabo de las Tormentas, así llamado por Bartolomé Díaz, que soportó en sus aguas durante tres días las corrientes provocadas por el perpetuo desencuentro entre los océanos Atlántico e Índico, pero Juan II le enmendó la plana y lo rebautizó como cabo de la Buena Esperanza, la que él tenía de acceder por ese camino a la especiería y forrarse.

Al desencanto geográfico se sumó la muerte del príncipe don Enrique poco después, en 1460, lo que frenó temporalmente el proyecto de navegar hasta la India.

Como las desgracias raramente vienen solas, a ese problema se unió que a los portugueses les salieron competidores.

Un buen día, aunque malo para algunos, un piloto portugués pasado de mosto se fue de la lengua en una taberna de Palos de la Frontera (Huelva) y contó sus experiencias guineanas.

—Darle al negro pacotilla a cambio de oro parece timo —objetó uno de los marinos presentes.

—Es que los retintos que habitan aquellas regiones se dejan estafar —se excusó el luso—. Nadie los obliga. Tienen el despeje de un niño de siete años.

—Al que sea tonto, que lo mate Dios —sentenció otro de los presentes, el más teólogo.

Oro a cambio de fruslerías. Rompes una botella y los cristalitos resultantes te los cambian los negros por pepitas de oro...

El rumor cundió por lavaderos, carpinterías de ribera, lonjas del pescado y otras redes sociales. ¿Cómo no acudir a ese chollo, ahora que no existía peligro alguno?

Era evidente que los intrépidos marinos portugueses habían dejado atrás el cabo del Miedo sin tropiezo con serpientes fabulosas ni con una mar hirviente.

África era Jauja. Los marineros de la costa onubense, que hasta entonces se habían limitado a asaltar alguna que otra carabela portuguesa (la piratería era una actividad bastante corriente entonces, casi respetable),[14] no tardaron en sumarse al negocio.

Gran contrariedad de los portugueses, que los consideraban intrusos en su mercado.

—Los castellanos también acuden a los rescates —se quejaron al nuevo rey Alfonso V.

14. *Solo los de Palos conocían de antiguo el mar de Guinea, como acostumbrados [estaban] desde el principio de la guerra a combatir con los portugueses y a quitarles los esclavos adquiridos a cambio de viles mercancías* (Palencia, 1908, p. 214).

Rescates, así llamaban los portugueses a las ganancias (como si en realidad les pertenecieran incluso antes de obtenerlas).

Al rey de Portugal no le hizo gracia la intromisión de los marinos onubenses que desafiaban el cabo del Miedo.

—¿Quién les ha enseñado a construir carabelas? —interrogó a su almirante—. ¿Y a sortear los peligros del cabo Bojador?

—No lo sé, señor… Quizá los marineros que, cuando beben, hablan mucho.

Temía el rey luso que su colega de Castilla, que ya había emprendido la conquista de las Islas Canarias, le disputara el negocio. Para evitarlo consiguió del papa, previo pago naturalmente, dos bulas que le reconocían el monopolio de la navegación y el comercio al sur del cabo Bojador.[15]

Adivino la perplejidad del lector: ¿qué pinta el papa de Roma en este asunto?

Bueno, se suponía (y aceptaba) que el papa de Roma era el representante de Jesucristo en la tierra, su vicario. Si el mundo pertenecía a Dios, su creador, el rabadán de su hijo Jesucristo, el que le cuidaba las ovejas, podía disponer libremente de cualquier tierra.

---

15. La *Romanus pontifex* (1455), otorgada por Nicolás V, y la *Inter caetera* (1456), otorgada por Calixto III. Anteriormente, cuando Portugal estaba empeñada en conquistar Marruecos, la bula *Dum diversas* (1452) le concedió el derecho sobre tierras enemigas de Cristo.

CAPÍTULO 5
Juego de tronos

Así las cosas, la vieja enemistad entre Castilla y Portugal se enconó por causa de una guerra dinástica.

El rey Alfonso V de Portugal se había casado en 1475 con su sobrina la princesa Juana, heredera del trono de Castilla.[16] Esto quiere decir que, a la muerte del rey castellano Enrique IV, se proclamaría rey consorte de Castilla. El hijo que tuviera con Juana heredaría los dos reinos, Portugal y Castilla.

Esos eran sus planes, pero en Castilla había una facción nobiliaria enemiga de Portugal que prefería unirse al reino de Aragón. Esta facción propalaba que la princesa Juana no era hija del monarca, sino de su favorito don Beltrán de la Cueva. Por eso la apodaban la Beltraneja. De paso pregonaban de adúltera y ligera de cascos a la reina, que era portuguesa, de la odiada nación.[17]

16. ¿Casado con su sobrina?, se extrañará algún lector, o lectora, espantadizo o espantadiza. Sepa que entre las casas reales era normal que se casaran, por motivos políticos, tíos con sobrinas, sobrinos con tías y primos hermanos entre ellos. Entonces no se conocían los efectos negativos de la consanguinidad.

17. El rey, que tampoco estaría muy seguro de la fidelidad de su esposa, la encerró en el castillo de Alaejos y encomendó su vigilancia al señor del lugar, el arzobispo Alonso de Fonseca y Ulloa, hombre de toda confianza. Este solo consintió que la visitara su joven sobrino don Pedro de Castilla y Fonseca. A consecuencia de estas visitas, la reina parió gemelos, don Pedro y don Andrés de Castilla.

¿Cómo estaban tan seguros de que Juana no era hija del rey?

Porque existían indicios —nunca realmente confirmados— de que Enrique IV fuera impotente (es el sobrenombre con el que ha pasado a la historia). Siendo así, no habría podido engendrar a su hija Juana.

Si descartamos a Juana por ilegítima, ¿a quién le toca heredar el trono?

A Isabel, la hermana del rey Enrique IV y tía de Juana.

Para estrechar lazos con Aragón casaron a Isabel, sin permiso del rey, con Fernando, heredero del trono de Aragón.

Isabel y Fernando, a los que conocemos como Reyes Católicos.

Muerto Enrique IV de repente y sin testar, puede que envenenado por Isabel, cuya *cobdicia desordenada de reynar* no conocía límites, estalló una guerra de sucesión entre el rey de Portugal, esposo de Juana, y los partidarios de Isabel.

El conflicto se dirimió en dos frentes: el terrestre, en la península ibérica, donde vencieron Isabel y Fernando, y el marítimo, en aguas africanas, donde se impusieron los portugueses.

Ocupémonos del marítimo, que es el que interesa a esta historia. Al comienzo de la guerra, en 1475, los Reyes Católicos habían animado a sus súbditos a participar en los rescates de Guinea. Predicando con el ejemplo, los propios reyes armaron en 1478 dos grandes flotas, una para competir con los portugueses en Guinea y la otra para conquistar la isla de Gran Canaria.[18] Las

---

18. En vista de que los portugueses estaban colonizando las islas atlánticas, a los Reyes Católicos les urgía ocupar el resto del archipiélago canario, del que ya poseían varias islas. Hacía casi un siglo que un aventurero y pirata normando, Jean de Bethencourt, había conquistado las islas de Lanzarote, Fuerteventura, La Palma y Hierro, y se las había entregado a Enrique III de Castilla, que lo recibió como vasallo. ¿Qué se le había perdido a Bethencourt en aquellas remotas islas? En su feudo normando poseía unas prósperas tenerías y había sabido que en los acantilados de las Canarias abundaba la orchilla *(Roccella canariensis)*, un liquen del que se extrae la orceína, un colorante natural que tiñe las prendas de un bello color púrpura. El púrpura, recordemos, era el color más exclusivo y elegante desde tiempos ya de los romanos, o incluso antes, por eso los cardenales son *purpurados*.

dos flotas fracasaron; la canaria no logró conquistar su objetivo y la guineana fue apresada a su regreso por otra flotilla portuguesa que bajaba a los rescates.

Esta flota, compuesta por tres docenas de carabelas, ancló prudentemente en una angosta bahía a un día de navegación de la Mina y allí negoció durante un mes con los caciques de la zona, rescatando de ellos buena cantidad de oro. Cegado por la codicia, el capitán decidió prolongar su estancia en aquellas peligrosas aguas otro mes para rescatar más oro.

—¿A cambio de qué, mi capitán? —objetó el contramaestre—. Se nos ha terminado la reserva de baratijas, solo nos queda vender la clavazón de la nave.

—Toma media docena de carabelas, te vas con ellas a unas leguas de distancia y cautivas unas docenas de negros, que los cambiaremos por oro.

Así estuvieron otro mes rescatando más oro y más esclavos.

—Mi capitán, si embarcamos un negro más, esto se hunde —advirtió el contramaestre—. Aparte de que la mitad de los hombres están enfermos y la otra mitad tan agotados que tienen que juntarse treinta para izar una vela.

—Vale —concedió el capitán—, levad anclas y pongamos rumbo a Castilla.

Demasiado tarde. Nada más salir a mar abierto se toparon con la flota portuguesa de Jorge Correa. Los lusos bajaban frescos y deseosos de emociones fuertes; los españoles, por el contrario, subían agotados, y muchos de ellos enfermos. Se dejaron capturar sin casi resistencia.[19] Con tan rico botín de barcos, car-

---

19. *É tomaron todas treinta é cinco naos con todo el oro que traían, é prendieron á todos los que iban en ellas, é del oro que el Rey de Portugal ovo del quinto que le pertenecía de aquella presa* (Hernando del Pulgar, 1565, parte 2, capítulo 88). Advierta el lector que cuando cito literalmente las crónicas antiguas me permito a veces modificar grafías o cambiar vocablos para hacerlas más inteligibles. Por ejemplo, donde el cronista del siglo XVI dice *combatían pie con pie*, yo digo *combatían cuerpo a cuerpo*. Excelentes ediciones de las principales crónicas pueden encontrarse en internet, como podrán comprobar en la bibliografía.

gamento y prisioneros, Correa regresó a Lisboa a recibir los parabienes del rey y su parte en las ganancias.[20]

Después de estos y otros castigos mutuos, Castilla y Portugal acordaron la paz en Alcáçovas (4 de septiembre de 1479).[21] Los portugueses reconocían a Isabel como reina de Castilla, e Isabel se comprometía a no entrometerse al sur de las Canarias, que en el entretanto habían sido parcialmente conquistadas por Castilla.[22] Se acabaron las expediciones castellanas a la Mina. Para redondear el acuerdo, el príncipe Alfonso, heredero de Portugal, se casaba con la hija mayor de los Reyes Católicos, la infanta Isabel, que aportaría como dote nada menos que 106.676 doblas de oro.[23]

Seguros de que las riquezas de África les pertenecían, los portugueses edificaron un fuerte, San Jorge de la Mina (1482), en

---

20. Al parecer solo liberó a los prisioneros vascos, porque la Corona portuguesa había pactado respeto mutuo con los armadores vascos. El resto tuvo que apoquinar su rescate.

21. Ratificado por el papa Sixto IV en la bula *Aeterni regis* (1481), que reproduce las bulas *Romanus pontifex* (1455) e *Inter caetera* (1456).

22. Las islas de La Palma y Tenerife no fueron incorporadas totalmente a la Corona de Castilla hasta finales del siglo XV. El historiador Juan Manzano considera que el Tratado de Alcáçovas solo comprendía el «mar de África», es decir, las costas africanas que los portugueses estaban explotando. Otro historiador, Manuel Giménez Fernández, cree que el tratado otorgaba a Portugal todo el Atlántico excepto las Canarias. Siendo así, las islas descubiertas por Colón pertenecerían a Portugal (así lo quiso interpretar el rey luso cuando recibió la noticia). Pudiera ser que esta indefinición explique la tardanza de los Reyes Católicos en autorizar el viaje de Colón. Aguardaron a contar con la favorable mediación del papa Alejandro VI, el valenciano papa Borgia.

23. Se preguntará el lector: ¿cómo pudo el rey de Portugal traicionar de ese modo los intereses de su esposa? En realidad, Juana la Beltraneja ya no era su esposa. Cuando se percató de que, después de todo, no iba a conseguir la Corona de Castilla, el luso solicitó del papa la anulación de su matrimonio, alegando que eran tío y sobrina. A cambio, el papa les concedió la necesaria dispensa a los Reyes Católicos, que eran primos. Todos contentos.

una islita de la Costa de Oro, base de apoyo de futuras expediciones y almacén de exportaciones.[24]

Los negocios africanos de los lusos aconsejaron la apertura de un emporio comercial, la Casa de Guinea y la Mina, en Lagos, el puerto principal del Algarve, a la que acudían mercaderes de toda la cristiandad.

24. Hoy Elmina, en Ghana, modesto puesto pesquero a la sombra del fuerte portugués que fue reformado y ampliado por sus nuevos dueños, los holandeses, en 1637. En él se rodó la película de Werner Herzog *Cobra Verde* (1987), con Klaus Kinski en el papel de bandido metido a esclavista (que un tipo tan malencarado pueda engendrar un ser tan angelical como su hija Nastassja demuestra la arbitrariedad con que la naturaleza aplica las leyes de Mendel). Indiferentes a la historia de aquellas costas, salpicadas de fuertes esclavistas holandeses e ingleses, jóvenes nativos que aspiran a saltar algún día la valla de Melilla, alguno ataviado ya con la camiseta del Barça, se congregan de noche en las playas a escuchar música tecno a toda pastilla, a beber garrafón y a bailar *reggae* y rap senegalés. El turista occidental socializa fácil: *Cadeau, cadeau!*

CAPÍTULO 6
Un quídam llamado Colón

Cristóbal Colón es hoy famosísimo y se le levantan estatuas en todas partes (últimamente también se le quitan), pero cuando aparece en esta historia es un quídam, un cualquiera, un buscavidas, como lo describe el latinista Pedro Mártir.

Colón era un oscuro marino genovés,[25] algo ducho en navegaciones atlánticas, quizá pirata ocasional (oficio en el que incurrirían muchos de su calaña) y, en cualquier caso, un redomado embustero que se cuidaba de ocultar sus orígenes, sus empresas, sus conocimientos y desconocimientos, sus proyectos...

En su tiempo, Colón no fue muy famoso. Ahora lo es en

---

25. Mucho se ha especulado sobre el origen de Colón, que si gallego, que si catalán, que si judío. Como era redomado embustero, se pone en duda su propia confesión *(siendo yo nacido en Génoba les bine a servir a los Reyes aquí en Castilla),* así como un testamento en el que repite que es *jinoves,* pero hoy tenemos documentos que prueban su nacimiento en Génova, aquella gran urbe de marinos, mercaderes y prestamistas en la que los pobres tenían más posibilidades de progresar si se hacían a la mar. Como el propio Colón confiesa: *De muy pequeña edad entré navegando y lo he continuado hasta hoy.* ¿Dónde navegó Colón? Su currículum, probablemente hinchado como buen político que era, alardeaba de experiencia en todo el Levante y el Poniente y de haber navegado el Atlántico desde Islandia a Guinea. Es posible que imaginara algún viaje, incluso que se apropiara de experiencias ajenas, como hacen tantos viajeros y la casi totalidad de los cazadores y pescadores.

buena parte por la reivindicación y apropiación que han hecho del personaje los italianos emigrados a América y los escritores románticos del siglo XIX que lo elevaron a la categoría de héroe.

En su época no alcanzó gran notoriedad, lo que explica que no dispongamos de un retrato de Colón mínimamente fiable y la enorme disparidad que existe entre los que lo representan.

Lo que sí tenemos es la descripción del cronista Fernández de Oviedo:

> Hombre de honestos parientes y vida, de buena estatura e aspecto, más alto que mediano, e de recios miembros; los ojos vivos e las otras partes de cuerpo de buena proporción; el cabello, muy bermejo e la cara algo encendida e pecoso; bien hablado, cato e de gran ingenio e gentil latino e doctísimo cosmógrafo.

Podríamos añadir que era *gracioso cuando quería e iracundo cuando se enojaba* (Oviedo), que era versátil y seductor,[26] y que vestía con cierta elegancia cuando la faltriquera se lo permitía.

Mediada su edad, Colón se asentó en Lisboa como consignatario de empresas mercantiles. Allí se casó con Felipa Moniz, hija de un marino portugués, y se instaló con ella en casa de los suegros, en Porto Santo, una islita del archipiélago de Madeira, de cuarenta y dos kilómetros cuadrados. El matrimonio tuvo un hijo, Diego Colón.

La vida de Cristóbal Colón se divide en dos partes: antes y después de la estancia en Porto Santo.

---

26. Existen indicios de que Isabel la Católica gustaba de verlo en su presencia (sin que se pueda sugerir que hubiera algo entre ellos, como hacen fementidos pseudohistoriadores). De la coquetería de Colón da idea una anotación de su mano que tenemos en su ejemplar de la *Historia natural* de Plinio el Viejo: *Cómo se quitan las canas de la cabeça: la semilla del miembro genital del asno hace los cabellos más espesos, y quita la canicie, si se afeita la cabeza y se emplasta con ella.* Cuesta imaginar al almirante masturbando a un asno (¿cómo, si no, podría conseguirse su semilla para untarse con ella el cráneo en evitación de la calvicie o de las canas?).

En Porto Santo, Colón conoció un secreto que alteró el rumbo de la historia: a cuatrocientas leguas de la isla canaria de El Hierro, en el grado 28 del paralelo norte, cruzando el océano, existían unas islas desde las cuales se podía alcanzar la tierra del oro y las especias comentadas por Marco Polo.[27]

¿Un secreto geográfico? Sí, pero también un secreto marinero que lo complementaba: la ruta idónea que aprovechaba los vientos y las corrientes favorables para ir y para regresar de aquellas tierras. La ida bajando hasta las Canarias, el tornaviaje subiendo a la altura de la península de Florida. De esta manera, además de los contralisios, se aprovechaba la corriente del Golfo, un torbellino de agua de unos mil kilómetros de ancho, provocado por el movimiento de rotación de la Tierra.[28]

El secreto de Colón implicaba que alguien, un hipotético *prenauta*, había explorado aquellas tierras y había regresado para contarlo.

¿Quién confió a Colón este doble secreto?

27. La existencia de esas islas se sospechaba desde antiguo, por eso aparecían en los fantasiosos mapamundis de la época. Un cuñado de Colón mencionaba un madero tallado que el mar había depositado en la playa tiempo atrás; un viejo marino hablaba de una enorme caña que el mar arrastró hasta las Azores, tan grande que entre dos nudos le cupieron nueve botellas de vino. Los marinos que hacían la ruta de Guinea aseguraban haberse topado con balsas que sostenían chozas, con palos labrados flotando, con troncos de árboles desconocidos... El piloto Martín Vicente había encontrado un madero muy labrado a cuatrocientas leguas del cabo de San Vicente, que parecía venir de islas que estaban al poniente.

28. El conocimiento exacto de la corriente del Golfo se debe al versado piloto paleño Antón de Alaminos, sin duda, el más experto conocedor del Caribe en la primera época de las exploraciones. El 21 de abril de 1513, cuando participaba en la exploración de los cayos de la península de Florida en la expedición dirigida por Juan Ponce de León, notó que una potente corriente impedía avanzar a las naves a pesar de que les soplaba un viento favorable (Ulanski, 2012, p. 13). Este descubrimiento favoreció enormemente la navegación oceánica.

Escojan ustedes entre estas dos opciones: los papeles de su suegro,[29] o el llamado *piloto desconocido*.[30]

Imaginemos la escena. Una solitaria playa de Porto Santo. Colón pasea por la arena rumiando proyectos. De pronto, en la lejanía, ve un bulto que ha depositado el mar al retirarse la marea. ¿El tronco de un árbol, una tortuga boba, el cadáver podrido de un delfín? Se acerca curioso. Es un hombre, el único y exhausto superviviente de un naufragio. ¡Y vive! Lo reanima, lo acoge en su casa y lo cuida hasta que fallece, pero antes de ausentarse de este valle de lágrimas, el agradecido náufrago le confía su secreto: cómo llegar a las islas de poniente.

—¿Islas al poniente? —se preguntó Colón. ¿No estaría delirando el pobre hombre?

—¿Por qué no? —se respondió Colón mismo ante el espejo—. ¿Acaso no existe la leyenda de islas maravillosas en el océano, la Antilia, San Brandán, la Non Troubada (la «No Encontrada»), a pesar de que muchos la han buscado?

Sabe Colón que algunos marinos osados zarparon en su busca y nunca regresaron.

Colón tuvo la certeza de que allá delante, a ciertos días de navegación, lo aguardaban unas islas que seguramente festoneaban la Tierra Firme (Japón, China, Asia...) visitada siglos antes por Marco Polo. La tierra del oro y las especias.

La del prenauta es, por ahora, una hipótesis sensata que no podemos probar con documentos. Sin embargo, la abonan razonables indicios.

Por un lado, el hecho de que Colón conociera la distancia exacta a la que se encontraban las Antillas partiendo de la isla ca-

---

29. *Porque vio que daba mucho gusto a Colón saber semejantes navegaciones y las historias dellas, su suegra le dio las escrituras y cartas de marear que habían quedado de su marido* (Hernando Colón, 2012, p. 31).

30. Poco después del descubrimiento circulaba por La Española el rumor de que *una carabela o navío [...] corriendo terrible tormenta vino a parar a estas islas y fue la primera que las descubrió [...], por eso los indios de La Española tenían reciente memoria de otros hombres blancos y barbados como nosotros, antes que nosotros no muchos años* (De las Casas, 1992, p. 15).

naria de El Hierro. Por otra parte, esos testimonios tempranos de objetos hallados, digamos que fuera de lugar. Durante el segundo viaje colombino encuentran el codaste de una nave;[31] más adelante una insólita caldera de hierro,[32] durante la cimentación del fuerte de Santo Tomás en Cibao, bolaños de artillería...[33]

Sumemos a eso las tradiciones mexicas y de otros pueblos que hablaban de semidioses barbados y pálidos de piel que un día anduvieron entre ellos y alguna vez regresarían para colonizarlos.

No. Servidor no cree en atlantes ni en marcianos, pero cabe dentro de lo posible que algunos marinos de la Antigüedad visitaran el Nuevo Mundo, quizá arrastrados accidentalmente por alguna tormenta.

La identidad del prenauta resulta tan controvertida como la del propio Colón. Unos creen que era vizcaíno, otros que portugués, otros que un onubense llamado Alonso Cantero, amigo de los franciscanos de La Rábida y tuerto, para más señas. Siendo así, Colón oiría de los labios del tal Alonso, por vez primera, el nombre de aquel convento y quizá también el de algunos de sus frailes, doctos en los asuntos de la mar.

31. *Hallaron en las casas un madero de navío, que llaman los marineros quodaste, de que todos se maravillaron y no supieron imaginar cómo hubiese allí venido, sino que los vientos y los mares lo hubiesen allí traído* (De las Casas, 1992, capítulo 84). Colón quita importancia al hallazgo de este *gran pedazo de codaste de una nao de España,* porque lo atribuye a *La Santa María* naufragada en otra isla el año anterior *(creo que sería de la que antaño aquí en la Navidad dexé).* El codaste es la pieza que forma la parte final de la popa de un navío, donde se suele colocar un segmento del mismo material (acero, aluminio, fibra o madera) que sirve de sustento al timón.

32. *[P]ero lo que entonces los maravilló fue que encontraron un cazuelo de hierro* (Hernando Colón, 1984, capítulo 47).

33. *A dos brazas bajo la peña, encontraron nidos de barro y paja, que en vez de huevos tenían tres o cuatro piedras redondas, tan grandes como una naranja y gruesa que parecían haber sido hechas de intento como pelotas de artillería, de lo que se maravillaron mucho* (Hernando Colón, 1984, capítulo 52).

CAPÍTULO 7
Antes que Colón

Lo del prenauta es discutible, concedámoslo. Lo que no admite discusión es que los vikingos llegaron a América cuatro siglos antes que Colón.

Hacia el año 982 el caudillo Erik el Rojo tuvo que exiliarse de Islandia porque había asesinado a un vecino. Hombre probablemente inquieto, además de resolutivo, aprovechó su destierro para explorar las costas de una isla casualmente descubierta por un paisano suyo algunos años antes, Groenlandia («Tierra Verde»).

Por aquel entonces, la superpoblada Islandia padecía una hambruna.[34] A Erik el Rojo no le resultó difícil reclutar cuatrocientos colonos con los que fundó las dos primeras poblaciones de Groenlandia: Eystribyggð (hoy Julianhåb) y Vestribyggð (hoy Nuuk).

---

34. Quizá de estas hambrunas descienda el plato nacional islandés, *kæstur hákarl,* guiso de tiburón podrido que disputa al arenque fermentado sueco *(surströmming)* la categoría de condumio más repugnante de la gastronomía mundial. Aquí el que escribe ni quita ni pone rey, pero hace constar que los islandeses admiten cierta disculpa porque la carne fresca del tiburón peregrino o *Cetorhinus maximus* que frecuenta sus aguas es muy tóxica debido a su alto contenido en urea y óxido de trimetilamina. Añadamos en descargo del monstruo que, aunque puede pesar hasta nueve toneladas, es tan manso que solo se alimenta de plancton y mínimos pececillos.

Un hijo de Erik el Rojo, Leif Erikson, prosiguió las exploraciones paternas y recorrió las costas de Terranova y Labrador, que llamó Vinland, o sea «Tierra de las Viñas».

«¿Viñas en Terranova?», se extrañará el lector aficionado al morapio.

No. Viñas no había en aquel páramo helado, ni tampoco Groenlandia es propicia a los prados. ¿Por qué el astuto Leif la llamó de esa prometedora manera, «Tierra del Vino»? Seguramente para hacerla más atractiva a los colonos con los que pensaba poblarla. Hay que imaginarse al campesino borrachín diciéndole:

—¿Vides dices? Apúntame, que voy.

La colonia fundada por Leif, Leifsbúðir, al norte de Terranova (hoy L'Anse aux Meadows), se despobló a los pocos años debido al clima extremo y a los ataques de los indios algonquinos.[35] Parece que a falta de vino algunos colonos se consolaron con las nativas algonquinas, a juzgar por la reciente identificación de rasgos genéticos algonquinos en la población islandesa.

Las comunidades de Groenlandia gozaron de mejor fortuna, pero también se extinguieron hacia 1500. ¿Por qué? No se sabe. Probablemente porque, a fuerza de casamientos consanguíneos

---

35. Estas fundaciones islandesas y sus avatares entre 950 y 1030 constituyen el tema principal de las sagas de *Erik el Rojo* y *Grænlendinga* compuestas dos siglos después. En 1961 se descubrieron los restos de la colonia vikinga de Terranova en el lugar de L'Anse aux Meadows. En 1957 un librero anticuario ofreció a la biblioteca de la Universidad de Yale un pequeño tomo en pergamino que contenía una versión de la *Historia mongolorum* de Benito de Polonia. Al final del tomito, un mapamundi fechado en 1440, con América rotulada como Vinlandia y la nota marginal: *Por voluntad de Dios, después de un largo viaje hasta los confines del océano occidental entre hielos, Bjarni y Leif Ericson descubrieron una nueva tierra sumamente fértil donde encontraron vides, por lo que la llamaron Vinlandia.* Expertos del Museo Británico lo dieron por bueno, pero después un examen de las tintas demostró que era falso y probable obra de un profesor yugoslavo experto en derecho canónico, el doctor Luka Zelic, fallecido en 1922, que se empeñaba en demostrar que América fue evangelizada por vikingos cristianos antes de Colón.

(forzados por el aislamiento en que vivían), los chicarrones corpulentos y sanos que la poblaron degeneraron racialmente hasta convertirse en estériles redrojos.

Algunos vascos, casi siempre nacionalistas, reclaman para su comunidad el mérito de haber descubierto América y sostienen que sus antepasados bacaladeros y balleneros visitaban regularmente las aguas de Terranova desde, al menos, el siglo XIII.[36] Las factorías vascas allí instaladas pasaron a manos francesas e inglesas después del Tratado de Utrecht (1713).

36. No es por llevarles la contraria, pero me temo que solo existen pruebas de la presencia vasca en estos caladeros a partir de 1517. Al contrario que los islandeses, los vascos se aseguraron la amistad de los nativos algonquinos *mikmaq* y *beothuk,* convidándolos a pan y sidra. En 1978 se localizaron en Red Bay (Labrador), los restos de un galeón ballenero vasco, el *San Juan,* naufragado en 1565. Por cierto: el consumo de generosas cantidades de sidra libraba a los marineros vascos de padecer el escorbuto, la enfermedad profesional de la mar en aquel tiempo, ocasionada por una dieta deficitaria en vitamina C. Los marinos del norte de Europa, bebedores de cerveza o ginebra, lo padecieron hasta que, finando el siglo XVIII, el médico de la Marina británica James Lind descubrió que podía evitarse mediante la ingestión diaria de zumo concentrado de cítricos.

CAPÍTULO 8

¿Vascos o andaluces?

Dejemos a los vascos y vayamos ahora a los andaluces. Luisa Isabel Álvarez de Toledo, duquesa de Medina Sidonia, defendía su propia teoría sobre el predescubrimiento de América, basada —según ella— en documentos de su archivo ducal.[37]

Aquí el que escribe recibió esa confidencia de la duquesa una apacible tarde de mayo de hace muchos años, sentados los dos en sendos sillones de mimbre, una mesita con juego de té por medio, en el alto jardín de su palacio ducal que se

---

37. Entre 1987 y 1991 mostró al que esto escribe papeles precolombinos del archivo ducal que le parecieron convincentes, aunque nunca le permitió examinarlos con detenimiento, ya que estaba preparando algunos libros sobre el tema que aparecerían en 1992 y 2000 (véase bibliografía). El entusiasta prologuista de este libro, un español renegado y converso al Alcorán (como aquel memorable Rodrigo de Triana que acompañó a Colón), acoge con profunda satisfacción la posibilidad de que los moros hubieran arribado a América en el siglo XII, casi tres siglos antes que los cristianos. El 17 de julio del 2000 la intrépida duquesa y una delegación de renegados españoles fueron recibidos en audiencia por Mohamed VI, en el palacio real de Tánger. En el transcurso de la visita el rey hojeó con interés el ejemplar bellamente encuadernado que sometían a su aprobación. La crónica de la visita, publicada en Webislam y firmada por la conversa Zahra Contreras, alaba la «dulce y pulida personalidad» del monarca alauita.

asoma al caserío de Sanlúcar, a la boca del Guadalquivir y al coto de Doñana.[38]

—Portugueses y españoles visitaban América al menos desde 1436 —me aseguró—. La llamaban África del Poniente o de Allende para diferenciarla de la verdadera, que era la de Aquende o de Levante.

—¿Es posible? —dije procurando mostrar la incredulidad justa, pues doña Luisa Isabel era muy suya.

—Es seguro —afirmó la duquesa—. He encontrado datos fehacientes en mi archivo. Puedo probar que América se conocía antes del presunto descubrimiento colombino, aunque su existencia se mantenía en secreto para evitar competidores.[39]

—¡Pero esos datos alteran por completo la historia! —reconocí con el debido asombro.

—Los relatos que tomamos por viajes a África ¡eran, en realidad, viajes a América! —aseguró la duquesa—. Es grotesco creer que todo el oro consumido en Europa y Oriente Medio antes de 1492 procedía de África. Naturalmente, los que explotaban los metales ocultaban las pruebas, pero tenemos suficientes indicios que lo avalan.

—¿Qué indicios? —me atreví a indagar.

—Por ejemplo, en 1430 estalla un pleito entre España y Portugal por las tierras de la Mina de Oro, en África. En el documento de repartición del papa Martín V se habla de Cipango (¡o sea, Japón!). Más datos: en 1475 Isabel la Católica disputa a los portugueses el *rescate de oro, esclavos e manegueta en las partes de África y Guinea*. ¡Pero resulta que la *manegueta*, la guindilla, es una planta americana supuestamente desconocida en Europa

---

38. Reproducción inspirada en la entrevista realizada a la duquesa en *La Vanguardia*, 20 de julio de 2001.

39. Según la duquesa, *el islam estaba en América desde el siglo XII, por lo menos* y el proyecto de Colón *no fue más que la continuidad de un movimiento que se inició con Alfonso X el Sabio para conseguir el control de las minas de oro americanas, en competencia con Portugal y las demás naciones, y sobre todo con los musulmanes, que se encontraban bajo la autoridad del* cherife *de Marruecos y que ya estaban allí con anterioridad a la llegada de Colón.*

hasta que la trajo Colón: ¡Las *partes de África y Guinea* son América!⁴⁰ Otra planta supuestamente de origen americano, el maíz, se cultivaba en Granada en 1456, como atestigua el cronista Alonso de Palencia.⁴¹

La duquesa estaba convencida de que las expediciones que se enviaban a Guinea y a la Mina de Oro iban en realidad al río Marañón, en el actual Brasil, conocido entonces como *río de los Esclavos*. Adujo que Pérez del Pulgar dice (antes de 1492) que se llegaba a la Mina en sesenta días.

—¿Qué importancia tiene ese dato? —pregunté.

—¿No lo ves? —dijo la duquesa—. Es lo que tardarían las flotas del siglo XVI en llegar al río Orinoco, donde estaba la Mina de Oro.

En fin, paciente lector, ¿qué quiere que le diga? La teoría de la Duquesa Roja es otra hipótesis que está por probar. El caso es que abundan los testimonios arqueológicos de presencia europea o asiática en América. Lástima que hasta ahora todos se hayan probado falsos: desde las inscripciones fenicias (hay más que en todo el Mediterráneo) hasta los denarios romanos comprados en mercadillos europeos y convenientemente sepultados donde los encuentren los arqueólogos.

---

40. No es por llevarle la contraria a la duquesa, que murió hace años, pero su argumento parece endeble porque confunde la pimienta malagueta *(Aframomum melegueta)*, que crece espontáneamente en Ghana, Costa de Marfil, Liberia y Guinea, con la malagueta americana *(Eugenia migratha)*, oriunda de Jamaica, México y Guatemala. Las dos tienen un aspecto parecido a la pimienta de la India, la buena *(Piper nigrum)*.

41. En las operaciones contra los moros de Granada Enrique IV preparó la entrada de 1456, *quemándoles en verano las mieses y en otoño las cosechas de mijo y maíz*, durante cinco años (década I, libro III, capítulo 8). Tampoco este argumento prueba nada, porque el original de la crónica está en latín, idioma en el que no existe una palabra para el maíz, cuya mención solo aparece en la traducción de las *Décadas* hecha por Paz y Meliá en 1904. Por otra parte, al sorgo *(Sorghum bicolor)* lo llamaban en algunas partes de África *maíz de Guinea*.

CAPÍTULO 9

El mapa de Toscanelli

—¿Atravesar el Atlántico para alcanzar las costas de Asia? —se extrañó el rey Alfonso V de Portugal.

—¿Por qué no? —le dijo su médico de confianza, el canónigo Fernando Martins de Roriz, mientras terminaba de auscultarlo con la trompetilla.

Le bajó la camisa y empezó a guardar sus trebejos en el maletín de cuero.

—Si su majestad me autoriza, lo consultaré a quien sabe más que yo.

—Hazlo, claro —dijo el monarca.

La idea no era nueva. El interés por la geografía (propio del humanismo imperante), los avances de la cartografía y de la navegación, la brújula, los nuevos aparejos de velas, las naves mejor diseñadas..., todo invitaba a intentarlo.

En 1474, el canónigo Martins de Roriz trasladó a su amigo el médico y cosmógrafo florentino Paolo dal Pozzo Toscanelli la duda del rey Alfonso V.

—¿Cómo es de ancho el océano que se extiende entre Portugal y las costas de Asia? ¿Podría atravesarlo una nave?

De ese cálculo elemental dependían algunos otros. ¿Sería posible navegar a la especiería (la India) partiendo de Occidente y navegando hacia el oeste? ¿Se puede realizar esa travesía con las reservas de agua y alimentos que una nave pueda embarcar? ¿Se alcanzará tierra antes de que se agote el agua y mueran de sed los tripulantes?

Unos meses después llegó a la catedral de Lisboa la respuesta del florentino. Martins de Roriz fue a ver al rey.

—Majestad, Toscanelli afirma que el camino más corto para la especiería es cruzando el Atlántico.

—¿En lugar de circunnavegar África? —preguntó Alfonso V.

—Me ha remitido este mapa. —El canónigo lo extendió ante el monarca—. De Lisboa a Quinsay median unas seis mil quinientas leguas marinas, y de la isla Antilia al Cipango hay otras dos mil quinientas millas.

Toscanelli suponía que Canarias y Cipango estaban separadas por tres mil millas náuticas. Colón, más optimista, cifró la distancia en dos mil cuatrocientas. Los dos estaban equivocados, puesto que la distancia de Canarias a Japón es de diez mil setecientas millas.

Alfonso V dejó reposar el proyecto atlántico, mientras se ocupaba de hacerse con Castilla por vía matrimonial casándose con la princesa Juana, su sobrina, hija y heredera del recientemente finado Enrique IV el Impotente.

Sucedieron unos años de guerra con Castilla por tierra y por mar, que terminaron con el Tratado de Alcáçovas (4 de septiembre de 1479), por el que Castilla dejaba a Portugal vía libre en África.

En estos años, Colón maduró su ambicioso plan de alcanzar la India cruzando el Atlántico.

Solo necesitaba un patrocinador que lo financiara. ¿A quién proponérselo?

El más interesado era, sin duda, el nuevo rey de Portugal, Juan II. Movió contactos y consiguió que lo recibiera en 1484.

—¿Llegar a la especiería aprovechando la redondez de la Tierra? —repitió el monarca—. Ya se lo propusieron a mi padre y lo dejó dormir.

—Es hacedero, majestad.

La idea no era nueva, pero en los labios entusiastas de Colón lo parecía.

—Regresa en un mes y te doy la respuesta —dijo el rey—. A ver, que pase el siguiente.

El rey luso dejó el caso en las manos de los expertos astrónomos de su corte.[42]

---

42. Formaban la comisión el cartógrafo José Vizinho, el astrónomo maestre Rodrigo y el obispo de Ceuta, Diego Ortiz de Vilhegas.

—El proyecto es irrealizable, majestad —respondieron después de estudiarlo—. El océano es bastante más ancho de lo que ese extranjero cree.

Llevaban razón. Colón había vertido a millas italianas las estimaciones de prestigiosos cosmógrafos árabes sobre la medida de la circunferencia de la Tierra. Craso error. De este modo su cálculo reducía la circunferencia terrestre en un 25 por ciento (la adelgazaba hasta dejarla en treinta mil kilómetros).[43]

Colón insistió, terco, pero se guardó de revelar que sabía de buena tinta (o eso creía, porque era hombre de fe) que a cierta distancia de la isla de El Hierro existían unas islas (las Antillas Menores y Haití) desde las que fácilmente se alcanzaba Cipango (Japón).

A pesar de la opinión contraria de sus consejeros, el monarca portugués quedó impresionado por la pasión que Colón ponía en su proyecto (*como si debajo de su llave en un arca lo tuviera*, dice su biógrafo Bartolomé de las Casas).

¿Y si le ocultaba algo? ¿Y si, después de todo, la empresa fuera factible?

Curándose en salud, el rey luso autorizó una expedición que zarpó en 1487 de las islas Azores, pero los persistentes vientos contrarios le aconsejaron desistir y regresar con las manos vacías.[44]

¿Era el viaje inviable? No. El astuto Colón se guardaba un as en la manga: él sabía que para cruzar el océano había que integrarse en el llamado *callejón de los alisios* que discurre al sur de las Canarias.

Colón era ambicioso. No soltaría prenda hasta estar seguro de conseguir un buen bocado del negocio.

---

43. Se calcula que la legua que usa Colón equivale a 2,8 millas náuticas y no a 3,18 millas como hasta ahora se creía. Por eso calculaba en unas 2.400 millas náuticas la distancia entre las Canarias y Cipango (Japón), cuando la real es de 10.700. En una carta a los Reyes Católicos cifra en 56,7 millas (83,5 kilómetros) el grado del meridiano terrestre. Conclusión: *el mundo no es tan grande como dice el vulgo*.

44. El marino flamenco Ferdinand van Olmen partió de la isla Terceira (Azores) con dos carabelas aprovisionadas para seis meses en busca de la fabulosa isla Antilla o *isla de las Siete Ciudades*.

CAPÍTULO 10

Colón en La Rábida

En vista de que la Corona portuguesa rechazaba su proyecto, Colón decidió probar fortuna en Castilla, la competidora de Portugal.

Primero se dirigió a Palos, el pueblecito marinero más experto en navegación oceánica. Allí vivía su cuñada Violante Moniz, casada con el palense Miguel Moliarte. También es posible que Colón conociera a algún marino palense de la época de sus navegaciones, e incluso que llevara cartas de presentación para el franciscano Antonio Marchena, experto cosmógrafo del convento de La Rábida. Por su intermedio conoció Colón a otro fraile, Juan Pérez, que tenía hilo directo con la reina Isabel.[45]

Marchena y Colón simpatizaron. Al sedentario fraile le gustaba escuchar el relato que el genovés hacía de sus aventuras por esos mundos de Dios, y Colón se extasiaba ante los conocimientos astronómicos del fraile.

Cuando hubo confianza y discutieron si era posible navegar a Oriente por Occidente, Colón le habló al fraile en poridad, es decir, le confió su secreto.[46]

---

45. Hasta el siglo XIX, fray Antonio y fray Juan aparecen en la literatura colombina como un solo personaje, fray Juan Antonio Pérez de Marchena, por confusión de los primeros cronistas de Indias (Oviedo y López de Gómara).

46. A algunos autores les parece demasiada coincidencia que Colón

—¿Cómo podría pedir audiencia a la reina de Castilla? —le preguntó Colón al fraile.

—Esa parte es fácil. Soy amigo de su confesor, fray Hernando de Talavera, que es jerónimo. Te daré una carta de presentación y él te conseguirá la audiencia.

Isabel y Fernando recibieron a Colón el 20 de enero de 1486. Descartada la vía africana tras el Tratado de Alcáçovas, la idea de buscar un camino a la especiería navegando hacia poniente les pareció prometedora.

—Sometamos el asunto a la comisión de astrónomos —propuso Fernando.

La comisión rechazó el proyecto por la misma razón por la que lo habían rechazado los sabios portugueses: Colón erraba en sus cálculos.

—El océano mide 1.125 leguas de ancho —insistía el genovés.

—Yerra en sus cálculos, micer Colombo. A nosotros nos sale más del doble, 2.495 leguas, según la autoridad de Ptolomeo.

—¿Y qué más da? —preguntaba una dama de la corte deseosa de favorecer a tan apuesto extranjero.

—Da mucho, señora —intervenía un marino presente—. Una nave no podría recorrer tanta distancia sin hacer aguada.

—¿Aguada?

—Aguada para que beban los hombres de la nave. Sepa usted que aunque estés en medio del mar puedes morir de sed, porque el agua del mar es salada. No calma la sed, sino que da más.

—¡Ah!

Ya estamos viendo que los cálculos de los expertos eran más exactos que los de Colón. De hecho, a pesar de su experiencia, el genovés no estaba muy versado en el arte de navegar por los astros.[47]

---

y Marchena se encontraran en La Rábida por mero azar del destino. ¿No se conocerían de antes? Pudiera ser. Marchena procedía del convento franciscano de Setúbal. Quizá fue Marchena el que atrajo a Colón hacia los Reyes Católicos después de su fracaso en Portugal.

47. Ignoraba el cálculo de la latitud por la altura del Sol, un conocimiento que sí poseían sus colegas portugueses.

¡Pobre Colón, de puerta en puerta con su proyecto! Si finalmente resultó, se debió simplemente a que en medio del océano estaba América, algo que nadie podía prever. De no mediar esta circunstancia, las reservas de agua de la expedición colombina se hubieran agotado antes de alcanzar las costas de Asia y los expedicionarios habrían perecido de sed, pero Colón jugaba con ventaja ya que conocía de antemano la existencia de islas, aunque las identificara erróneamente con Japón.

CAPÍTULO 11

Vuelva usted mañana

Los Reyes Católicos estaban empeñados a la sazón en la conquista de Granada, así que aplazaron su decisión sobre el plan colombino para tiempos de paz.

En la paciente espera, Colón perfiló ambiciosos proyectos. El oro y las especias lo harían inmensamente rico. Dedicaría parte de esas ganancias a financiar una nueva cruzada para rescatar los Santos Lugares de manos de los moros.

¡Complejo Colón! Es un hombre a caballo entre dos mundos: el renacentista, que quiere explorar nuevas rutas marítimas, y el medieval que todavía alberga ensoñaciones místicas y fantasea con encabezar una cruzada.[48]

[48]. En este tiempo transido de milenarismo, ese proyecto de liderar una cruzada que devolviera a la cristiandad los Santos Lugares también se le había ocurrido al infante don Enrique y al rey don Manuel de Portugal, quienes estaban convencidos de que, a las vueltas de África, en Etiopía, existía un poderoso Imperio cristiano, el del preste Juan, al que querían interesar en un ataque coordinado que permitiera a la cristiandad extirpar al islam de la Tierra y devolverla a la religión de Jesús. La idea subyace también en el deseo de los Reyes Católicos de convertir a la religión de Cristo a los paganos que encuentran en América. Como saben los teólogos y teólogas, es condición necesaria para la profetizada parusía o segundo advenimiento del Mesías que la humanidad abrace la verdadera fe. Los panegiristas de Fernando veían en él al último emperador mundial que precedería a la venida del Mesías (Payne, 2008, p. 181; Malthy, 2011, p. 30).

La guerra de Granada se prolongó cuatro años más de lo previsto, dado que los moros defendían su último reino como gato panza arriba. En ese tiempo Colón se mantuvo vendiendo libros y mapas, y conoció a la cordobesa Beatriz Enríquez de Arana, con la que tuvo a su segundo hijo, Hernando Colón, aunque nunca se casaron.[49]

Cabe la posibilidad de que Colón regresara a Lisboa para insistir nuevamente ante Juan II. Estaba repensándolo el monarca luso cuando recibió la feliz noticia de que el explorador Bartolomé Díaz había doblado el cabo de Buena Esperanza donde terminaba, por fin, África. ¡Quedaba abierto el camino de la especiería!

En vista de que sus servicios no eran ya necesarios, Colón recogió sus bártulos y regresó a España.

—De lo mío, ¿qué? —indagó nuevamente cerca de los Reyes Católicos.

Pasaban los meses y los reyes no lo citaban. Desencantado porque su proyecto no avanzaba, decidió marchar a Francia para ofrecer sus servicios al rey galo.

Fue a La Rábida para recoger a su hijito Diego, que había quedado al cuidado de los monjes. Allí encontró nuevamente a fray Juan Pérez.

—¿A Francia? —dijo el fraile—. Por la fe que os profeso regresemos a los reyes y desveladles lo que sabéis, porque estoy seguro de que entonces cambiarán de parecer.

Colón era desconfiado por naturaleza. ¿Y si los reyes una vez conocido su secreto confiaban la empresa a otro marino menos exigente, a uno de los suyos?

Fray Juan Pérez debió emplearse a fondo para disipar esos recelos. Luego, juntos, se encaminaron a Santa Fe, el campamento desde el que los Reyes Católicos asediaban Granada.

Colón expuso a los reyes su secreto:

—Los astrónomos en sus gabinetes dirán que yerro en mis cálculos, pero yo sé cómo llegar a unas islas donde hacer aguada desde las que fácilmente se alcanza la especiería.

Pasaron a discutir las condiciones del contrato. Colón pedía

---

49. Este Hernando Colón acompañó a su padre en su cuarto viaje y escribió una laudatoria *Historia del almirante don Cristóbal Colón*.

el rango de almirante vitalicio de todas las tierras e islas que descubriera, con derecho a que sus hijos heredaran el título.

—El plebeyo que no es nadie quiere entrar de una tacada en la alta nobleza y codearse con mi tío el gran almirante —pensó Fernando con disgusto.

—... Además, *el décimo del importe de todas las mercaderías que hallare o ganare o trocare, ya fueran oro, plata, especias u otras cosas.*

—¿Nada más? —preguntó Fernando con sorna.

Colón no captaba la ironía.

—Y el título de virrey de las tierras que descubra —terminó.

Eran unas condiciones abusivas. Además, había que fletarle tres barcos con sus tripulaciones y bastimentos para seis meses.

Como a su colega portugués, a los reyes les parecieron inaceptables las condiciones de aquel mindundi.

—No nos interesa.

Colón se retiró a su posada, donde lo aguardaba expectante su amigo el fraile.

—Que no hay nada que hacer —le dijo—. Que me voy al rey de Francia.

—Aguardad a que yo le hable a doña Isabel, os lo ruego —dijo el fraile.

El fraile se entrevistó con la reina. Había sido su confesor y tenía cierta confianza con ella.

—Colón se va, majestad —le dijo—. Ved que el negocio que propone os conviene mucho ahora que los moros se han rendido.

—Es que lo que pide es abusivo —protestó la reina.

—Majestad, si consigue llegar a la especiería antes que los portugueses, será tan buen negocio para la Corona que sus ganancias parecerán razonables —argumentó el fraile—. Y si no lo consigue, solo perdéis el viaje.

—Está bien —cedió Isabel—. Hacedlo venir.

Regresó fray Juan Pérez a la posada y le dijeron que hacía una hora que Colón se había ido con el hatillo al hombro.

Envió inmediatamente sobre sus pasos a un mensajero real.

—Lo traes de vuelta, aunque sea a rastras —le encomendó el fraile—. Dile que los reyes aceptan sus condiciones. Lo esperan.

Los reyes cedieron después de considerar que el proyecto era viable. Creyeron el testimonio de Colón, el gran enredador, porque había comprobado en un viaje anterior la existencia de islas. Esto explica que en las capitulaciones firmadas se aluda a las tierras que Colón *ha descubierto en las mares océanas,* concediendo como hecho un descubrimiento que supuestamente estaba todavía por hacer.

Esa expresión, *tierras que ha descubierto,* hace sospechar que el propio Colón pudo haberlas visitado anteriormente.

En virtud de las capitulaciones, la reina autorizaba y financiaba la expedición de Colón y le otorgaba nobleza, el título de almirante de la mar océana y el cargo de virrey y gobernador de las tierras que descubriera, además de una décima parte de los beneficios obtenidos.

Desde el punto de vista de los reyes se trataba de una graciosa concesión, pero Colón, con su mentalidad mercantilista, lo consideró un contrato. En realidad, lo era: ellos ponían el dinero y él los conocimientos.

Colón debió de sugerir que barcos y marineros fueran palenses, de los que conocía ser gente ejercitada en navegaciones atlánticas. La reina firmó una orden para que la villa de Palos proveyera dos carabelas con sus tripulaciones como pago de una sanción impuesta a ciertos vecinos de la villa que habían vulnerado la ley.[50]

50. Podemos imaginar que habían ido al rescate africano desobedeciendo la orden real de respetar los derechos portugueses. En la Real Provisión de los Reyes Católicos, dirigida a ciertos vecinos de Palos para que entreguen a Cristóbal Colón dos carabelas, leemos: *Granada, 30 de abril de 1492.* [...] *Vien sabedes como por algunas cosas fechas e cometidas por vosotros en desserbicio nuestro, por los del nuestro Consejo fuistes condenados a que fuésedes obligados a nos serbir dos meses con dos carabelas armadas a vuestras propias costas e espensas cada e quando e doquier que por nos vos fuese mandado so ciertas penas, según que todo más largamente en la dicha sentencia que contra vosotros fue dada se contiene. E agora, por quanto nos avemos mandado a Christoval Colón que vaya con tres carabelas de armada, como nuestro capitán de las dichas tres carabelas, para ciertas partes de la mar océana sobre algunas cosas que cunplen a nuestro servicio e nos queremos que llebe consigo las dichas dos carabelas con que asy nos aveis de servir* (Archivo General de Indias, Patronato, 295, N. 3).

CAPÍTULO 12

La orilla de las tres carabelas

Colón regresó a Palos y consiguió interesar en su proyecto a unos prestigiosos armadores y marinos de la zona, los Pinzones, que pusieron *gran diligencia en allegar gente e animalla*. ¿Cómo los convenció? Seguramente por intermedio de los frailes de La Rábida.

Ya tenemos las naves y las tripulaciones, pero equiparlo todo para una gran travesía sale por dos millones de maravedíes, un pastizal, ¿quién pondrá el dinero?

Sostiene la patriótica tradición que la reina Isabel empeñó sus joyas. En realidad, no hubo necesidad. El potentado (y judío converso) Luis de Santángel, cotesorero de la Santa Hermandad, aportó 1.140.000 maravedíes, un consorcio de mercaderes genoveses y florentinos puso otros 500.000, el propio Colón contribuyó con 250.000 y el resto lo completaron algunos comerciantes castellanos.[51]

Salieron de Palos tres naves: la nao *Santa María*, alquilada al armador Juan de la Cosa, con tripulación mayormente santanderina y vasca, y las carabelas *La Pinta* y *La Niña*, tripuladas por palenses. Las esposas de muchos acudieron al muelle a despedir

---

51. Para que se vea que el que tiene padrinos se bautiza. A este Santángel, que tenía excelentes relaciones con los reyes, no le afectó la expulsión de los judíos. Para que no quedara duda ni afectara a sus descendientes, los reyes le concedieron estatutos de limpieza de sangre en 1497.

a sus hombres con lágrimas de cuya sinceridad no hay motivo alguno para dudar. El mayor consuelo es que todos partían confesados y comulgados por lo que pudiera venir.

—¿Adónde vais, locos?
—A descubrir y a rescatar.

Colón descendió hasta las Islas Canarias, donde reparó el timón de *La Pinta* y cambió a redonda la vela latina de *La Niña*. Renovada el agua y cargados los últimos bastimentos,[52] la flotilla descendió hasta la altura de la isla La Gomera, en la misma linde de las prohibidas aguas portuguesas, y se internó en el océano.

Esto es lo que Colón refleja en su diario de a bordo (del que solo conocemos la copia resumida por Bartolomé de las Casas), pero resulta sospechoso que en los restantes viajes siguiera una derrota bastante más al sur hasta encontrar el pasillo de los vientos alisios y la corriente ecuatorial que discurre hacia las Antillas. Cabe la posibilidad de que falseara su diario, consciente de que, si admitía haber descendido al sur de las Canarias, la tierra descubierta pertenecería a Portugal.[53]

Durante la travesía, Colón llevaba en el libro de bitácora una doble contabilidad. Un truco para que la marinería no se inquietara si navegaban una gran distancia sin hallar tierra.[54]

---

52. Las carabelas para América llevaban unos ciento treinta kilos de provisiones por persona, lo que equivalía a agua para seis meses y comida para año y medio.

53. Este problema se subsanó en los siguientes viajes colombinos, puesto que el Tratado de Tordesillas (1494) autorizaba a los españoles a navegar por aguas portuguesas en su camino a América: *Los dichos navíos de los dichos señores rey é reyna de Castilla, de León, de Aragón, etc., puedan ir é venir, y vayan é vengan libre, segura é pacíficamente sin contradicción alguna por los dichos mares que quedan con el dicho señor rey de Portugal, dentro de la dicha raya en todo tiempo, é cada y quando Sus Altezas, é sus sucesores quisieren, é por bien tuvieren; los quales vayan por sus caminos derechos, é rotas, desde sus reynos para cualquier parte de lo que está dentro de su raya é límite [...] no pueden apartarse, salvo lo que el tiempo contrario los fiziere apartar.*

54. *Siempre fingía a la gente que hacía poco camino porque si el viaje fuese luengo no se espantase, no desmayase la gente.* Las carabelas hacían

Después de un mes de navegación, con las reservas de agua peligrosamente mermadas, la tripulación de *La Santa María*, compuesta por marinos norteños, comenzó a protestar, no así en las dos carabelas tripuladas por andaluces, gente más sufrida.

A los pocos días, el malestar degeneró en franco motín. Los más exaltados proclamaban que aquel loco extranjero los conducía a la muerte.

Consultado por Colón, de barco a barco, Martín Alonso, el mayor de los Pinzones, emitió un consejo simple y claro:

—Señor, ahorque voacé a media docena o échelos al mar, y, si no se atreve, yo y mis hermanos abarloaremos y lo haremos; que armada que salió con mandado de tan altos príncipes no habrá de volver atrás sin buenas nuevas.

A lo que Vicente Yáñez, su hermano menor, añadió con cierta arrogancia:

—¿Hemos andado ochocientas leguas? Andemos dos mil y entonces será tiempo de platicar sobre el regreso.

Sea por la amenaza de la horca, sea por la promesa de Colón de regresar si a los tres días no avistaban tierra, lo cierto es que los amotinados se calmaron.[55]

---

unas cincuenta leguas diarias, el equivalente a 159 millas náuticas, y con buenos alisios de popa hasta 170 millas por día.

55. Colón había prometido de parte de los reyes diez mil maravedíes al primero que divisara tierra. Se cree que ese honor correspondió a un trianero que navegaba en *La Pinta*, Juan Rodríguez Bermejo (en otras relaciones, Rodrigo de Triana), quien, desde la cofa de la nave, gritó: «¡Tierra!». Nada de eso. Colón afirmó que el primero en divisar la tierra fue él y se quedó con la recompensa. ¡Qué jeta!, ¿no? Otra fuente (Fernández de Oviedo) asegura que fue un marinero de Lepe, Pedro Izquierdo, el cual, indignado porque Colón le había birlado su recompensa, apostató y se hizo moro.

CAPÍTULO 13
Alba de América

Al tercer día, 11 de octubre de 1492, tal como había calculado Colón, avistaron tierra:

> A las dos horas después de medianoche pareçió la tierra, de la qual estarían dos leguas. Amainaron todas las velas, y quedaron con el treo, que es la vela grande, sin bonetas, y pusiéronse a la corda, temporizando hasta el día viernes que llegaron a una isleta de los Lucayos, que se llamava en lengua de indios Guanahani.

Ahora viene la escena tan repetida en viñetas patrióticas, pintura historicista, monedas y sellos de Correos:

> Luego vieron gente desnuda y el Almirante salió a tierra en la barca armada y Martín Alonso Pinçón y Viçente Anes, su hermano, que era capitán de *La Niña*. Sacó el Almirante la vandera real; y los capitanes con dos vanderas de la cruz verde que llevava el Almirante en todos los navíos por seña, con una F y una Y: encima de cada letra su corona, una de un cabo de la † y otra de otro. Puestos en tierra, vieron árboles muy verdes, y aguas muchas y frutas de diversas maneras. El Almirante llamó a los dos capitanes y a los demás que saltaron en tierra, y a Rodrigo d'Escobedo, escrivano de toda el armada, y a Rodrigo Cantero de Segovia, y dixo que le diesen por fe y testimonio como él por ante todos tomava, como de hecho tomó, possessión de la dicha isla por el Rey y por la Reina sus señores [...]. Luego se ayuntó allí mucha gente de la isla.

Acudieron a la playa *atónitos y maravillados* unos pocos indios desnudos y pobres, ellos con taparrabos, ellas en suculento toples. De todo se asombraban: de las casas que navegan sobre el agua, de las barbas de los recién llegados,[56] de sus vestidos, del acero, de las armas.

—No tienen más despeje que un niño de pocos años —observó Pinzón.

Me pareció que era gente muy pobre de todo —los describe Colón—. Ellos andan todos desnudos como su madre los parió, y también las mujeres, [...] muy bien hechos, de muy hermosos cuerpos y muy buenas caras, los cabellos gruesos casi como cerdas de cola de caballos y cortos. [...] Y son del color de los canarios, ni negros ni blancos. [...] Ellos no traen armas ni las conocen, porque les mostré espadas y las tomaban por el filo, y se lastimaban con ignorancia.[57]

56. Los nativos americanos eran lampiños o, como mucho, solo lucían una barbita rala y escasa en torno al mentón, una característica genética heredada de sus antecesores asiáticos que también evitaba que entre ellos existiera la calvicie. Esta tacha, según Evo Morales, presidente de Bolivia y doctor *honoris causa* por diez universidades, es también achacable a que los europeos se alimentan con pollos transgénicos, lo que además los inclina a la homosexualidad. Lo aseguró en la inauguración de la Conferencia Mundial de Pueblos sobre el Cambio Climático y los Derechos de la Madre Tierra de 2010, y se puso a sí mismo como ejemplo, orgulloso de ese pelazo que en el mundo occidental solo le disputaría su colega el también presidente Carles Puigdemont.

57. Fernández de Oviedo completa el cuadro: *andan desnudos como nacieron, salvo que en las partes que menos se deben mostrar traen delante una pampanilla, que es un pedazo de lienzo o otra tela, tamaño como una mano; pero no con tanto aviso puesto, que se deje de ver cuanto tienen.*

CAPÍTULO 14

Hamacas de Santo Domingo

¡Menuda sorpresa Santo Domingo! Arribé hace dos días a la capital caribeña pensando encontrar un pueblito sencillo donde indagar las huellas de Colón y de los primeros españoles que la fundaron, y me encuentro con una ciudad moderna, cosmopolita, con restaurantes internacionales y lujosos centros de ocio, el Ágora Mall (sin que falten los de negocio).

Ayer visité la catedral, en el parque de Colón, en busca de la única de las tres tumbas conocidas del descubridor que me faltaba por visitar (las otras están en la catedral de La Habana y en la de Sevilla). Luego me tomé un zumo de maracuyá en la terraza de la Alpargatería, un local donde las alpargatas conviven con los combinados.

Era temprano y había menos clientes que camareros, así que el mulato que me atendía pegó la hebra con el señor que ha venido de España, «la madre patria», a interesarse por nuestra historia.

—Verá usted —me explicó con la solvencia del casi graduado en historia que es—: nuestros antepasados, cuando llegó Colón, eran taínos que poblaban todas las Antillas.[58] Eran un pueblo de reposadas costumbres que se tomaba con calma la evolución cultural, las prisas son siempre malas como bien se sabe, por eso

---

58. La etnia más numerosa era la taína, pero también había ciboneyes, macoriex, igneris y caribes.

acababan de abandonar la Edad de Piedra y comenzaban a practicar una incipiente agricultura, sin por ello renunciar a la recolección y la caza.[59]

—A Colón le parecieron atrasados —le digo.

—Colón, dicho sea con todos los respetos, era un mercader italiano que hizo las Américas simplemente para enriquecerse. ¿Cómo iba a entender la vida reposada y sin ambiciones de aquellos pacíficos indígenas que vivían en paz, en sus pueblecitos rodeados de explotaciones agrícolas nada intensivas?

—Comparados con estándares europeos, le parecieron unos vagos —apunto.

—Claro. Porque en su adánica inocencia habían intuido que el trabajo es una maldición bíblica y en consecuencia se habían acomodado a una economía de subsistencia que les permitía practicar el *far niente,* al que eran singularmente aficionados. Prueba de ello es que la descansada *hamaca* (palabra taína, por cierto) constituye nuestra más destacada contribución al avance de la humanidad, aunque —aquí me guiña un ojo—, nada lerdos, la socialización en pareja la practicaban en camas con sólido armazón de palos *(coyes).*

Por la tarde, después de almorzar sancocho de siete carnes con postre de bizcocho borracho y una jarra de cerveza Presidente en el acreditado restaurante Jalao, que la opima camarera (Iris se llama) me invita a rematar con un chupito de mamajuana (el licor nacional, ron, miel y secretas cortezas y hierbas), me refugio en el hotel para una siesta roncada en la penumbra del cuarto con el ventilador del techo a toda pastilla.

Por la tarde visito el Museo del Hombre Dominicano, instalado en un moderno edificio de la plaza de las Culturas. Debo de ser el único visitante a esa hora temprana y un anciano vigilante de rasgos marcadamente africanos me acompaña con esa amabilidad isleña que vengo notando desde que aterricé.

---

59. *Todas estas gentes destas islas que fasta agora se han visto, no poseen fierro ninguno. Tienen muchas ferramientas, ansí como hachas é azuelas hechas de piedra tan gentiles é tan labradas que es maravilla como sin fierro se pueden hacer* (Álvarez Chanca, 1495, p. 9).

—Esto que ve aquí son los bohíos, chozas circulares de palos, ramas y paja, donde vivían los taínos, aunque la del cacique, el caney, era cuadrangular y mucho más amplia, dado que en ella se celebraban los actos comunales, aparte de que tenía que albergar a sus numerosas esposas con su progenie.

—¿Tantas esposas tenía? —pregunto.

—Cada cual las que buenamente podía mantener, señor —responde—. Así se estilaba en los buenos tiempos paganos.

Lo ha dicho con un tono como si añorara aquellos tiempos paganos.

—Como habitaban en un medio amable, ya ha visto usted el calor —prosigue—, casi no necesitaban vestidos. Los hombres se apañaban con solo un taparrabos que les cubriera el instrumento generativo, y las mujeres andaban en sus cueros vivos, aunque las casadas se tapaban el asunto con una especie de mandilito de algodón (la nagua, que perdura en la palabra *enagua*).

Pasamos a la vitrina de los alimentos:

—El trigo de los taínos era la yuca, de la que obtenían el cazabe, una torta tostada al fuego o al sol, base de su alimentación, y el *uicú* o *cosubi*, una bebida alcohólica obtenida por fermentación. ¿Usted ha probado el triculí, nuestro aguardiente de caña?

—Me parece que no —admito.

—¡Pues no se vaya de Santo Domingo sin probarlo, amigo! Le darán ganas de bailar merengue, o bachata, con una mulatita en el Sartén.

Como ya la edad no me acompaña para ciertas expansiones étnico-culturales que puedan entrañar juego de caderas y, por otra parte, conservo en la retina —con cierta vergüenza ajena— la devastadora imagen de la primera ministra británica Theresa May bailando ritmos africanos en Kenia, reconduzco la conversación hacia temas menos mundanos y más elevados, las creencias religiosas.

—¡Ay, señor, los taínos eran gente alegre y despreocupada! —me dice el cicerone—. Se habían inventado unos dioses que no interferían en absoluto en sus gustos e inclinaciones. No había más pecado que robar o matar al prójimo. Chingar o rapar, como por aquí decimos, era cosa bendita que los dioses aprobaban.

De la religión, por asociación de ideas, pasamos a ese otro sustituto de las creencias elevadas que es el deporte. ¿Practicaban algún deporte los taínos? Pues sí, habían descubierto una versión del fútbol (el *batú*), que jugaban dos equipos mixtos con un balón de raíces capaz de rebotar.

Salgo muy ilustrado del Museo del Hombre Dominicano y regreso al hotel dando un tranquilo paseo por la avenida ajardinada, donde socializan jóvenes parejas y pandillas de adolescentes en edad escolar.

La noche perfumada, la enorme luna caribeña, las distantes luces de neón que anuncian ron isleño y modernidades consumistas invitan al *flâneur* a la reflexión: ¿qué necesidad tenían los taínos de que los europeos irrumpieran en su vida como elefante en cacharrería para hacerlos más felices?

¿Qué necesidad tenían de que los rescataran de su ignorancia y de que les enseñaran que, deslomándote a trabajar, puedes adquirir cantidad de objetos innecesarios?

¿Qué ganaban con cambiar sus domésticos y permisivos dioses por nuestro Dios abusón que limita el fornicio y te prohíbe, bajo amenaza de infierno, comer carne los viernes y hasta desear a la mujer de tu prójimo ¡en una isla donde, con adánica inocencia, las prójimas andaban desnudas!?

A la llegada de los españoles, el único problema que tenían los taínos era que en algunas islas vecinas se habían establecido los caribes, unas tribus agresivas que complementaban su dieta con carne de taíno.[60]

Existe cierta discusión académica, entreverada de alguna tontería nacionalista, sobre la islita del archipiélago de las Bahamas en la que desembarcó Colón. Antes se creía que fue en Watling, pero cuando redacto estas líneas va ganando Cayo Samaná.[61]

---

60. Los caribes habían colonizado algunas Antillas Menores desde su solar originario, en el Orinoco, y estaban imponiéndose a los pueblos de las Antillas Mayores.

61. La Sociedad Geográfica de los Estados Unidos, que ha calculado la corriente y el abatimiento de las carabelas (desviación hacia sotavento a causa de la presión del viento contra el casco y el aparejo), sostiene que

Dijimos que los nativos la llamaban Guanahaní (eso le pareció a Colón, a lo mejor lo que querían decir era *suelo* cuando el almirante les preguntaba cómo se llama esto apuntando con el índice a la tierra). Colón tomó posesión de ella, y del resto del archipiélago, en nombre de los reyes y la bautizó San Salvador *para gloria de Dios que se la había manifestado y lo había salvado de muchos peligros.*

Su segunda escala fue Long Island (que nombró Fernandina). De allí pasó a Crooked Island (La Isabela) y de allí a Cuba (que llamó Juana, por el príncipe don Juan heredero de los reyes).[62] La costeó unos días y, al comprobar que era grande, envió exploradores que regresaron con la noticia de haber encontrado *mucha gente, mujeres y hombres, con un tizón en la mano e hierbas para tomar sus sahumerios que acostumbraban.*[63]

Ni rastro de palacios de jade con tejados de oro, nada de las

---

Colón pisó tierra americana por vez primera en Cayo Samaná. En realidad, no hay mucha distancia entre las dos islitas propuestas. Si Colón hubiera mantenido el rumbo que su diario pretende desde La Gomera, habría llegado a la península de Florida.

62. Fallecido el príncipe don Juan y su madre la reina, Fernando el Católico le cambió el nombre a la isla y la llamó Fernandina (Real Cédula de 28 de febrero de 1515: *Yo he mandado que de aquí en adelante esa isla que hasta aquí se llamaba de Cuba, se llame Fernandina, porque pareció que el que tenía era algo fuera de propósito; bien será que de aquí en adelante se llame por este nombre. Yo, el Rey*, aunque muchos cronistas continuaron llamándola Juana.

63. ¡Los primeros fumadores! A ver si los indigenistas toman nota de los perjuicios que nos ocasionaron: los españoles fuimos los primeros fumadores pasivos de la historia y después nos hicieron caer en el vicio de fumar aquellas *hierbas secas metidas en una cierta hoja, seca también, a manera de mosquete hecho de papel [...] y encendido por la una parte dél, por la otra chupan o sorben o reciben con el resuello para adentro aquel humo; con el cual se adormecen las carnes y cuasi emborracha, y así diz que no sienten el cansancio. Estos mosquetes, o como los nombraremos, llaman ellos tabacos. Españoles conocí yo en esta isla Española, que los acostumbraron a tomar, que siendo reprendidos por ello, diciéndoseles que aquello era vicio, respondían que no era en su mano dejallos de tomar: no sé qué sabor o provecho hallaban en ellos* (De las Casas, 1992, capítulo 46).

sedas y joyas de ensueño, nada de los refinamientos chinos que Marco Polo había descrito, nada de especias, nada de nada.

—Probablemente estemos en una isla de poca monta —pensó Colón—, las maravillas de Marco Polo vendrán después cuando pisemos el continente. Cipango no puede encontrarse muy lejos.

Colón disimulaba su perplejidad. ¿Adónde hemos venido a parar? Sus acompañantes lo miraban como diciendo: «¿Y ahora, qué?».

El oro no aparecía por parte alguna. Al primer indicio de su existencia, un indio provisto de nariguera de oro, le dio un vuelco el corazón. ¡Oro, por fin!

CAPÍTULO 15
¡Oro, oro, oro!

Hoy le hemos perdido el respeto al oro. Lo vemos cotidianamente en alianzas matrimoniales, en medallas de la Virgen, y con mayor contundencia, en las esclavas y cadenas que complementan el estilismo tanto de horteras playeros como de miembros acomodados de respetables minorías étnicas.

El oro ha perdido importancia, y ya solo deslumbra en las películas de Indiana Jones, en los cuentos de *Las mil y una noches* y en los centros comerciales de los Emiratos Árabes.

¿Qué ha pasado para que el dorado e incorruptible metal haya dejado de fascinarnos?

Ha pasado que hemos inventado los billetes y la ingeniería financiera. El oro se ha convertido en un mero objeto de adorno (caro, eso sí).

Desde que existen los billetes de banco razonablemente fiables, el concepto *oro* de los antiguos ha sido sustituido por el concepto *dinero*.[64]

En tiempos de Colón no había billetes. El oro y la plata, acuñados en monedas, circulaban internacionalmente y, más que

---

64. En Hispanoamérica, más apegados a la tradición, le llaman *plata*. Acabándose la plata, el amor se desbarata, dicen. *Plata o plomo*, te proponen los narcos cuando quieren comprarte.

contarse se pesaban, para comprobar que no las habían limado y alcanzaban el peso debido.[65]

¿Han visto el óleo de Quentin Massys *El cambista y su mujer*? Es una de las joyas del Museo del Louvre. Mientras el marido pesa monedas de oro en una balanza de precisión, la mujer deja de leer el devocionario que tiene entre las manos para supervisar la operación.

—Pepe, no te equivoques.

Es lo que había. El oro y la plata eran el motor de la economía europea. En plena expansión comercial, Europa demandaba crecientes cantidades de metal-moneda con el que realizar cómodamente las transacciones.

El oro facilitaba los negocios; su carencia los dificultaba. Su precio se disparó en una Europa en la que los yacimientos de oro escaseaban desde que los romanos arramblaron con el de las Médulas (León) y el del río Sil (*Ourense* procede de *Aurensis*). El único oro circulante venía entonces de África, del Sudán o Tombuctú, encarecido por los intermediarios.

Colón estaba obsesionado con el oro. Suponía que en Japón el oro abundaba como en Castilla los pedruscos, de ahí su obsesión por alcanzar sus orillas. En los *Viajes* de Marco Polo había leído:

> En la isla de Cipango abunda el oro, pero nadie lo explota porque no hay mercader ni extranjero que haya llegado al interior [...]. Hay un maravilloso palacio todo cubierto de oro fino tal como nosotros cubrimos nuestras casas e iglesias con placas de plomo, y es de un valor incalculable. Los suelos de sus numerosos salones

---

65. Durante los siglos XVI y XVIII, la moneda de prestigio internacional (o de reserva) fue el real de a ocho español, en uso desde 1497. En 1785 las colonias norteamericanas, recién independizadas del Reino Unido, adoptaron oficialmente esta moneda de plata acuñada en el vecino México con el nombre de *Spanish dollar* (la palabra *dólar* procede del *Thaler* alemán, como sinónimo de moneda) y la designaron con el símbolo $ (en su origen con dos barras), que proviene del dibujo de las columnas de Hércules rodeadas por una cartela con la leyenda *plus ultra* de la heráldica española que aparecía en la cruz de los reales de a ocho.

están cubiertos con una capa de oro fino de dos dedos de espesor. Todas las demás partes del palacio, salas, alféizares, todo está cuajado de oro [...]. Tienen perlas en abundancia, de un oriente rosa, preciosas, redondas y muy gruesas, aparte de otras varias piedras preciosas.[66]

Colón soñaba con Cipango y un poco más allá con Catay (China), que lo pondrían al alcance de la especiería. Si conseguía abrir esa ruta sería el hombre más rico del mundo.

¡Oro! En sus escritos continuamente brilla esa breve palabra.

El oro es un tesoro —le escribe a la reina Isabel—, y quien lo posee tiene todo lo que necesita en este mundo y también puede comprar el cielo [puesto que] sirve hasta para sacar las ánimas del purgatorio.

Anverso de la moneda del real de a 8, 1759, origen del símbolo del dólar.

66. Marco Polo, 1981, capítulo 160.

CAPÍTULO 16

Colón, como pollo sin cabeza

Regresemos ahora a la dura realidad.
Trece de octubre de 1492. Pasadas las alegrías y el alivio de descubrir tierra, acude Colón a su diario con la siguiente anotación: *No me quiero detener por calar y andar muchas islas para hallar oro.*

Y en amaneciendo, dio las velas para ir a buscar las islas que los indios le decían que tenían mucho oro.

Pasaron los años, y Colón no encontró los palacios techados de oro. Lo poco que encontraba le parecía una miseria. Profundamente religioso, acudió a la Providencia en súplica de ayuda: *Nuestro Señor habrá de mostrarme dónde nace el oro* [...], *que Dios me dé un buen golpe de oro.*

No era solo Colón. La obsesión por el oro o la plata surge repetidamente en las crónicas y escritos indianos. Es el verdadero motor de los conquistadores (después del empeño por cristianar a los indios): *Nosotros, los españoles, padecemos una enfermedad del corazón para la que hallamos remedio en el oro, y solo en el oro,* le confesará Hernán Cortés al emperador azteca.

Durante tres meses, Colón recorrió el mar de las Antillas como pollo sin cabeza, de isla en isla, atropelladamente, dudando sobre qué rumbo seguir, esperando siempre que la siguiente escala fuera el fabuloso Japón donde, recordemos, los tejados y el enlosado de las calles son de oro. En vano. Una superficial inspección ocular solo resultó en la constatación de indígenas tirando a pobres, y el oro muy escaso. No obstante, en su informe a los reyes, y especialmente a la reina, el almirante procuró mostrarse inspirado y optimista:

> Las islas son todas verdes y las yerbas como en abril en Andalucía y el cantar de los pajaritos que parece que el hombre nunca quería marchar de aquí y árboles y frutos de mil especies, todos huelen que es maravilla.

Otras bondades que descubriría en su cuarto viaje:

> El agua es delgada, sabrosa, fría, no cruda como otras aguas que dañan y hazen mal a la persona; esta es sabrosa y de muy buen gusto y quebranta la piedra [del riñón], de que han sanado muchas personas.

Otra ventaja de las islas que no dejó de señalar Colón es que los indios eran de una mansedumbre ovina, casi tontos de pura buena gente:

> Puédenlos todos llevar a Castilla o tenellos en la misma isla captivos, porque con cincuenta hombres los tendrá todos sojuzgados y los harán hazer todo lo que quisieren.

La sugerencia está clara: los podremos esclavizar sin casi esfuerzo, han nacido para eso.

Interrogados por señas sobre el oro, los indios hablaban en su indescifrable chamullo de una isla que señalaban a lo lejos mientras reiteraban la palabra *Baneque*.

—¿Dónde está esa Baneque, buen hombre? —interrogaba Colón. Y el indio, con aspavientos, señalaba lejos, lejos.

Al almirante se le alegraban las pajarillas.

—¿No será Cipango? ¿Le suena Cipango, buen hombre?

—Baneque, Baneque —insistía el aborigen.

—Será que aquí a Cipango lo llaman Baneque —concluía Colón conformado a sus propias ansias de hallar oro.

Se hicieron a la mar en la dirección de la dichosa Baneque,

pero nada más oscurecer, *La Pinta,* la carabela más marinera, la que mandaba Martín Alonso Pinzón, se adelantó a las otras y se perdió.

¿Había desertado Pinzón? Eso pensó Colón, que el onubense le había dado esquinazo tentado por la codicia *de henchir el navío de oro.*[67]

No seamos tan mal pensados como el almirante: bien pudo tratarse de un despiste porque *La Niña,* que navegaba más adelantada, no viera las señales de luces de *La Santa María* con las que Colón ordenaba detenerse y fondear. En cualquier caso, Martín Alonso y *La Niña* andarían perdidos y explorando por su cuenta unas semanas antes de reintegrarse, como hijos pródigos, al alero de Colón.

—¿Habéis encontrado oro? —interrogó el almirante.

—Ni para hacer una aguja.

En pos del oro que no aparecía, Colón descubrió otra gran isla, Haití (La Española). Como era grande, envió a varios exploradores al interior. Regresaron a los pocos días con algunos adornos de oro que les había entregado el cacique Guacanagarí, uno de los cinco que se repartían la isla.

Guacanagarí y su pueblo eran pacíficos taínos, *gente muy humana, que cuanto tienen han por bien de darlo.* El cacique vio el cielo abierto cuando llegaron aquellos hombres de espada y morrión con sus cruces y sus banderas. «Estos nos defenderán de los caribes», debió de pensar.

¡Qué equivocado estaba! ¡Los recién llegados se los iban a comer a ellos, a los caribes y a la madre que los parió! Hablo en metáfora, por supuesto.

Los presentes de oro excitaron de tal manera a Colón que incluso con mala mar siguió costeando la isla para acudir al encuentro de Guacanagarí.

Llegó el 24 de diciembre, Nochebuena de 1492. Celebremos que hoy nace el Niño. Asueto y relajo. Convivencia con los in-

---

67. [P]*or codicia diz que pensando que un indio que el Almirante había mandado poner en aquella carabela le había de dar mucho oro, y así se fue sin esperar sin causa de mal tiempo, sino porque quiso.*

dios y especialmente con las indias. Villancicos bajo la luna caribeña. Gachas de harina con sus granitos de anís y ración especial de ese morapio de alta graduación alcohólica que hemos cambiado a los naturales por unas canicas.

Al anochecer estaba tan rendido el almirante, quizá también un poco pedo, que ordenó echar anclas y se retiró a dormir.

En la alta madrugada, a eso de la tercera guardia, cuando roncaba toda la tripulación quizá bajo los efectos del pirriaque, el flujo marino la hizo garrear, y arrastró a *La Santa María*, que había quedado al cuidado de un grumete, y la encalló en un arrecife de la costa.[68]

Conmoción a bordo: «¡Nos vamos a pique!».

Lejos de hacerse cargo de la situación, Juan de la Cosa, el dueño y responsable de la seguridad de *La Santa María*, se puso a salvo en el batel y los dejó tirados.[69]

A la cruda luz del amanecer evaluaron los daños.

—Un desastre —concluyó el maestro carpintero—. La nave se ha descuadernado, aparte de que la tablazón está hecha un asco. Dudo que pueda atravesar de nuevo el océano. Más vale darla por perdida.

Con ayuda de los indios, enviados por Guacanagarí con canoas, descargaron la bodega de la nao.

---

68. Así lo cuenta Colón: *Quiso Nuestro Señor que a las doze oras de la noche, como avían vista acostar y reposar el Almirante y vían que era calma muerta y la mar como en una escudilla, todos se acostaron a dormir, y quedó el governallo en la mano de aquel muchacho, y las aguas que corrían llevaron la nao sobre uno de aquellos bancos [...]. El mozo [...] dio bozes, a las quales salió el Almirante, y fue tan presto que aún ninguno avía sentido qu'estuviesen encallados. Luego, el maestre de la nao [Juan de la Cosa] cuya era la guardia, salió y díxoles el Almirante a él y a los otros que halasen el batel que traían por popa y tomasen un ancla y la echasen por popa, y él con otros muchos saltaron en el batel, y pensava el Almirante que hazían lo que les avía mandado. Ellos no curaron, sino de huir a la caravela...*

69. Un *batel* es esa barca que las naves solían llevar a rastras para las menudencias del servicio. La noticia procede del relato de Colón, pero se hace difícil de creer que, de haber ocurrido así, los reyes lo hubieran recompensado a su regreso.

Se retiró la marea y *La Santa María* quedó varada sobre el arrecife.[70]

Colón y el cacique Guacanagarí amistaron rápidamente. Natural: el genovés buscaba el oro del taíno; el taíno, un aliado poderoso en su guerra con otro cacique, un tal Caonabó, que era caníbal.

Hasta entonces las relaciones con los indios habían sido pacíficas, con intercambio de regalos y la curiosidad natural por ambas partes. Los indios se mostraban sociables y las indias, que iban casi desnudas, se entregaban con facilidad, entre risitas, a los requiebros garañones de los forasteros.[71]

Todo parecía discurrir a satisfacción de ambas partes cuando el roce y la tremenda diferencia de mentalidades originó las primeras tiranteces entre españoles e indios.

La convivencia empezaba a deteriorarse y las provisiones menguaban alarmantemente. ¿No iba siendo hora de regresar a España? Colón se resignó. Ya llegaremos al oro del Japón en el próximo viaje.

Problema. Extraviada *La Pinta* sin que hubiera noticia de ella, en *La Niña* no había espacio para embarcar a todos los hombres de la tripulación de *La Santa María*.

---

70. Según cálculos modernos, la nao *Santa María* encalló en las coordenadas 19°38' latitud norte y 72°10' longitud oeste, frente a Punta Santa, en la bahía del cabo Haitiano. En 1992, con motivo de los fastos del Quinto Centenario, existió el proyecto de buscar el pecio de la nave, que debido a la alteración de la costa a lo largo de los siglos transcurridos desde entonces debía de encontrarse como a un kilómetro de la costa y a unos seis metros de profundidad, cerca del río Grande-Rivière-du-Nord, pero el inoportuno golpe de Estado que derrocó al presidente Aristide paralizó el proyecto. Posteriormente, en 2003, el norteamericano Barry Clifford reivindicó el hallazgo de un pecio (principalmente una acumulación de piedras) que identificaba con el lastre de *La Santa María*, lo que convenció al arqueólogo Charles Beeker, de la Universidad de Indiana, pero no a muchos otros colegas que entendieron del caso.

71. Hay que imaginar el impacto que las gráciles y asequibles indias causaron en aquellos hombres sexualmente reprimidos, que llegaban de una Europa donde despojar de los muchos trapos y refajos a una mujer para verla desnuda costaba Dios y ayuda.

—Algunos tendrán que quedarse aquí hasta que regresemos por ellos —anunció Colón—, digamos treinta y nueve, en plan primera colonia.

No hubo protestas. Aquellos hombres sufridos y disciplinados se resignaron ante la perspectiva de permanecer en aquella tierra amable unos meses socializando con los indios (e indias).

—Vamos a desguazar *La Santa María* y con sus maderos, clavos y cañones construiremos un fuerte en aquel altozano, frente al mar —propuso Colón.

La del fuerte Navidad puede considerarse la primera colonia española en el Nuevo Mundo. No faltaban un cirujano, un escribano, un carpintero, un sastre, un tonelero, un calafate y un bombardero. Les dejaron provisiones para un año y semillas para sembrar.[72]

La primera fundación española en América se confió al cordobés Diego de Arana, alguacil de la Armada y primo de la amante cordobesa de Colón, Beatriz Enríquez.

El almirante le impartió instrucciones precisas: colaborar con el cacique Guacanagarí, no explorar por su cuenta y mantener la bragueta cerrada.

—Sobre todo, mantén a tus hombres a raya para que no se excedan con las nativas.

Ya había notado Colón que las nativas eran muy hermosas y hospitalarias, y que sus hombres, necesitados de afectos como venían, se estaban excediendo con ellas.

—Descuide, jefe —dijo el De Arana, y pensó: «En cuanto te perdamos de vista, menudo festín nos vamos a dar».[73]

---

72. En 1982 la arqueóloga de la Universidad de Florida Kathleen Deagan estudió los probables restos del naufragio de la nao *Santa María* (el lastre de piedras que llevaba en la bodega, dado que el maderamen se aprovechó para construir Navidad) que se había localizado en Bas Saline, así como el emplazamiento del poblado de Guacanagarí (Deagan, 1988).

73. Estas precisiones no vienen en las fuentes, pero las añado yo a guisa de reconstrucción lógica de los hechos porque, a juzgar por el desenlace de la historia, eso es lo que debió de pensar el cuitado capitán de aquella guarnición.

En presencia de Colón no se habían extralimitado demasiado ante el consabido argumento de que lo importante era el oro y la especiería («¿aquí a qué hemos venido, a setas o a Rolex?»), pero en cuanto se ausentó Colón, el respeto al orden jerárquico que garantiza la paz social desapareció, y los rijosos españoles se pasaban el día persiguiendo a las indias y disputándose a las mejor dotadas para la lactancia.

El 6 de enero reapareció Pinzón con *La Pinta*.

—De tu deserción le darás cuenta a la reina —lo acusó Colón.

—Pensé que voacé nos seguía —se excusó Pinzón.

—¿Al menos habéis hallado oro?

—Muy escaso —respondió el onubense—. Me temo que esto no es Cipango.

El 15 de enero de 1493, cuatro meses después de arribar al Nuevo Mundo, las dos carabelas levaron anclas, izaron velas y pusieron rumbo a España.

Colón llevaba consigo diez indios, entre ellos dos hijos de Guacanagarí, además de papagayos, gallipavos, algunas plantas desconocidas en Europa y diversos objetos taínos.

Oro, poco, eso es lo malo. Y especias, ni para aliñar una paella.

Para su primer tornaviaje, Colón ascendió hasta el paralelo 38, frente a las costas de Virginia, y aprovechó los vientos y corrientes del Golfo que soplan hacia las Azores y Europa. ¿Casualidad o es que el genovés sabía no solo cómo ir a América, sino cómo regresar de ella? Parece evidente que disponía de información privilegiada.

Al principio la navegación fue apacible, pero en medio del océano una tormenta *de olas espantables, contraria una de otra, que cruzaban y embarazaban el navío, que no podía pasar adelante ni salir de entremedias de ellas y quebraban en él*, separó las dos carabelas.

La Pinta, capitaneada por Martín Alonso Pinzón, arribó a la localidad gallega de Bayona; *La Niña*, con Colón a bordo, muy maltratada por el temporal, alcanzó las islas Azores.

Conflicto: aquellas eran aguas portuguesas donde una nave castellana no debía navegar.

La Niña necesitaba urgentemente agua, piedras para el lastre y leña. Y la tripulación había hecho solemne promesa, en medio de la tempestad, de peregrinar a la iglesia más cercana.

Pero si la nave fondeaba, los portugueses podían apresarla con toda su tripulación.

¿Qué hacer?

—Liémonos la manta a la cabeza, y que sea lo que Dios quiera —decidió el almirante.

Desembarcaron en una zona que parecía discreta y apartada. Sobre un altozano se distinguía la silueta de una iglesia o ermita, que los obligaba a cumplir su promesa.

—Que me acompañen a tierra la mitad de los hombres —ordenó Colón—. Cuando regresemos bajaréis la otra mitad.

Los penitentes, todos en camisa y con velas de sebo en la mano, se encaminaron a la capilla del altozano. En ello estaban cuando una tropa portuguesa al mando del capitán Castanheira los rodeó.

—¿Quién os ha dado permiso para hacer aguada y abasteceros en mis dominios? —preguntó Castanheira.

—*Senhor* —respondió Colón con la debida humildad y en pasable portugués—. *Estamos aqui por força maior. Nós sofremos uma tempestade dos mais assustadores e se imploramos pela maravilhosa hospitalidade portuguesa é porque o sua majestade rei don Joao II, que Deus guarda, e os nossos reis já se tornaram amigos e são parentes.*

El portugués se mostró razonable, como ellos suelen ser, y les permitió tornar a su nave.

—Levamos anclas y proseguimos el tornaviaje —ordenó Colón.

Atentos ahora: desde las Azores nada más fácil que enderezar el rumbo hasta Palos, Cádiz o cualquier otro puerto de Castilla.

Pues no, el almirante puso rumbo a Lisboa, la capital portuguesa, y solicitó una entrevista con el rey Juan II.

¿Qué pretendía Colón, restregar su triunfo por las narices del rey que le negó ayuda?

Juan II lo recibió y le dio los naturales parabienes por haber llevado a buen término su proyecto, pero no mencionó el conflicto que el descubrimiento planteaba. Ya lo trataría con sus primos, los reyes de Castilla.

Castilla y Portugal mantenían un equilibrio delicado. No convenía meter la pata. Por eso mismo, el monarca tampoco prestó oído al consejero que le sugirió suprimir a Colón y explotar su hallazgo en provecho de Portugal.

La idea no era mala. Asesinas a Colón y a sus hombres y envías tu propia expedición a explorar y conquistar las nuevas tierras que ellos han descubierto.

No es que Juan II estuviera sobrado de escrúpulos, pues unos meses después ejecutaría personalmente, a puñaladas, a su cuñado Diego I de Viseu. No obstante, se lo pensó mejor cuando dedujo que la carabela de Pinzón, *La Pinta*, habría llevado la noticia del descubrimiento a los Reyes Católicos. Por otra parte, si suprimía a los tripulantes de *La Niña* no podría mantener el secreto, porque su arribo se había divulgado entre las colonias de mercaderes de Lisboa.

Los indios desnudos y emplumados, los papagayos…, en Lisboa no se hablaba de otra cosa.

Colón, precavido, rechazó el ofrecimiento de viajar por tierra (donde los agentes portugueses podrían asesinarlo en cualquier posada salvando la responsabilidad real) y se hizo nuevamente a la mar para costear Portugal y dirigirse al puerto de Palos, donde arribó el 15 de marzo.

Martín Alonso llegó pocas horas después, tras costear con *La Pinta* todo Portugal. Desde Bayona había dirigido una carta a los reyes comunicándoles el descubrimiento y solicitando permiso para personarse ante ellos, pero los reyes se lo denegaron. Respetuosos con la jerarquía, querían oírlo de boca del propio Colón.

Martín Alonso, que llegaba muy enfermo, falleció a los cinco días, al parecer de una sífilis galopante que había contraído en América al socializar con las aborígenes.

Colón compareció ante los reyes en Badalona a mediados de abril. Llevaba consigo su reata de indios, y los papagayos y objetos curiosos que traía de las tierras descubiertas. Con perfecto sentido de la escenografía, el descubridor se arrodilló ante los reyes y les besó las manos.

Isabel y Fernando estaban encantados con las novedades. Lo invitaron a tomar asiento a su lado, *lo cual entre los reyes de España es la mayor señal de amor, de gratitud y de supremo obsequio.*

Astuto y persuasivo, Colón presentó su descubrimiento a los reyes bajo la luz más favorable: traigo poco oro y nada de especias, pero esto solo es el comienzo, muy prometedor, de unas islas nuevas muy bellas y feraces. Como están pobladas de gente inocente y primitiva, bien pueden agregarse a la Corona como se agregaron las Canarias con sus guanches.

Ya en la intimidad, los monarcas evaluaron las consecuencias del descubrimiento.

—¿No nos excedimos al firmarle tantos privilegios a este forastero? —dijo Fernando mientras se ponía la camisa de dormir.

Isabel, arrodillada en su reclinatorio ante el altarcico de la alcoba presidido por una Virgen gótica, guardó silencio.

—Si resulta que esas islas son tan ricas como parecen —prosiguió su regio esposo—, este don nadie hará el gran negocio a nuestra costa.

Nubarrones en el horizonte. Colón andaba tan crecido que pretendía regresar a las tierras descubiertas con un nutrido séquito de *continos* u oficiales nombrados directamente por él, sus leales; como si dijéramos, su propia corte.

—A este pájaro habrá que cortarle las alas —pensó Fernando.

CAPÍTULO 17

Dos zorros negocian

Parecía que Castilla le había ganado la partida a Portugal en la apertura de una ruta corta y fiable hacia las especias de Oriente.

El plan de Colón era prometedor, pero acarreaba ciertos problemas. El embajador de Portugal ante los Reyes Católicos solicitó audiencia.

—Majestades, reclamo para mi rey las tierras descubiertas en cumplimiento del Tratado de Alcáçovas.

Fernando miró a su esposa, como diciendo: «Ya lo veía venir».

—De ninguna manera —respondió Fernando—: nuestro enviado ha navegado al oeste de las Canarias, nunca al sur. Lo de Alcáçovas solo se refiere a las costas de África, las aguas versus Guinea. La mar océana es muy ancha. Lo que hemos encontrado al otro lado del piélago es *res nullius,* tierra de nadie que puede apropiarse el primero que la encuentre, o sea, nosotros.

El embajador de Portugal torció el gesto, saludó y se retiró:
—Informaré a Lisboa.

Siguieron unos meses de intensa actividad diplomática. Crecían los recelos y se enconaba la rivalidad entre Portugal y Castilla. Los reyes consiguieron de su amigo el papa Alejandro VI (el tan calumniado papa Borgia) las llamadas *bulas alejandrinas,* que les concedían *cada una de las tierras e islas ya citadas, así las desco-*

nocidas como las hasta ahora descubiertas por vuestros enviados y las que se descubran en adelante.[74]

Las bulas alejandrinas dividían el mundo mediante una circunferencia que pasaba por los polos terrestres, es decir, un meridiano que discurría a cien leguas de las islas Azores. El casquete de la izquierda pertenecería a Castilla; el de la derecha, a Portugal. El papa decretaba pena de excomunión a cualquiera que navegara por aquellas aguas sin licencia de los reyes, y ellos se comprometían a evangelizar a los indígenas.

Juan II de Portugal no se conformó.

—El papa puede decir misa, que es lo suyo, pero aquí estamos dilucidando cosas importantes —le dijo al embajador de Isabel y Fernando—. De bombero a bombero, más vale que nos pongamos de acuerdo y no nos pisemos la manguera.

La propuesta parecía razonable: mejor pactar que pelearse. De un conflicto entre los Estados ibéricos solo podían salir provechos para el resto de las naciones europeas, que tarde o temprano acudirían al olor de la ganancia.[75]

Comenzó entonces el regateo entre los rivales para fijar las lindes de sus respectivas adquisiciones (y repartirse el mundo). Acuerdo final: que la línea divisoria entre las aguas portuguesas y las castellanas fuera vertical (un meridiano, como sugerían las bulas alejandrinas) en lugar de la división horizontal (paralelo) que señalaba vagamente el Tratado de Alcáçovas.

Aceptado que los reyes de Castilla eran *señores de la mar océana*, había que fijar bien ese meridiano. Los castellanos insistían

---

74. Las bulas fueron cuatro: el breve *Inter caetera* (3 de mayo de 1493); su corrección y ampliación en *Inter caetera* (4 de mayo); *Eximiae devotionis* (3 de mayo), y la última, *Dudum siquidem* (3 de mayo). En realidad, se compusieron con posterioridad, en septiembre de aquel año, pero se fechaban en mayo para que los portugueses no sospecharan que se acomodaban a los intereses de los Reyes Católicos.

75. El descubrimiento de Colón se divulgó enseguida por las cortes europeas en cartas de cónsules comerciales domiciliados en Lisboa, y por la gran difusión que alcanzó la propia carta de Colón editada en distintos países como *De insulis inuentis Epistola Cristoferi Colom (cui etas nostra multu debet: de insulis in mari Indico nup inuetis…).*

en situar la divisoria a doscientas cincuenta leguas al oeste de Cabo Verde, pero Juan II se empeñaba en alejar la línea a trescientas setenta leguas. Tras arduas negociaciones, los Reyes Católicos cedieron.

¿Por qué tanta insistencia de Juan II en situar la línea de partición a esa precisa distancia? Seguramente porque sus marinos ya habían descubierto y explorado las costas de Brasil que, de este modo, quedarían dentro de su jurisdicción.[76]

Las carabelas castellanas tendrían que navegar por aguas lusitanas en su camino hacia el oeste, pero se abstendrían de explorar las tierras que avistaran en ellas.

El tratado se firmó en Tordesillas el 7 de junio de 1494. Con la bendición del papa, Castilla y Portugal se repartieron no solo las tierras descubiertas, sino las por descubrir en el globo terráqueo.

Los otros países de la cristiandad protestaron airadamente.

—Antes de aceptar ese reparto, quiero que el papa me muestre en qué cláusula del testamento de Adán se dispone que el mundo pertenezca a españoles y portugueses —comentó el rey de Francia.[77]

---

76. Debido a la precariedad de la cosmografía de la época, portugueses y españoles nunca pudieron determinar con precisión por dónde discurría la línea que limitaba las posesiones de unos y otros en América, lo que dio lugar a no pocos conflictos. Los portugueses tenían sus propios conquistadores (los *bandeirantes*), quienes con frecuencia no respetaron los límites jurisdiccionales del tratado e intentaron conquistar para Portugal los territorios orientales de Río de la Plata. En 1680, fundaron frente a Buenos Aires la Colonia del Sacramento (Uruguay), de la que los españoles tuvieron que expulsarlos.

77. A toro pasado, ya descubierto el Nuevo Mundo, salió un navegante de Normandía, Jean Cousin, que reclamaba para sí la primicia de haber descubierto aquellas tierras cuatro años antes que Colón, en 1488, durante un viaje a África, en el que una tormenta lo empujó hacia el oeste y llegó a Brasil, cerca de la desembocadura del Amazonas. Pocos historiadores serios le han concedido crédito.

CAPÍTULO 18
El sueño de Andrés Medina

Aquella noche Andrés Medina no podía conciliar el sueño. Reinaba todavía la oscuridad cuando se levantó, cuidando de no despertar a la parienta que roncaba a su lado; salió al corral en camisa, orinó pensativamente en el muladar y se sentó en el poyo, bajo el emparrado, a esperar que amaneciera.

Una idea lo reconcomía. Rememoraba la conversación mantenida la víspera con su compadre, Bartolomé Bives, en la taberna del Pinillo, delante de sendas jarras de vino que apuraron tres veces.

Bartolomé Bives, por mal nombre *Mediopeo,* proveniente de su exigua estatura, había acompañado a Colón en su primer viaje. Contaba maravillas de las nuevas tierras descubiertas.

—Los naturales andan desnudos porque no hace ni frío ni calor, sino que siempre es primavera. No conocen el dinero y son tan inocentes como un niño de pecho. En viendo arribar las naves salieron todos a la playa con muchos alborozos y nos trataron como si fuéramos obispos: nos traían de comer y, si les dábamos una canica de vidrio, la celebraban como un gran regalo.

—Y las indias, ¿cómo son? —preguntó el tabernero que andaba atento al negocio y a la conversación.

—¡Las indias! —se entusiasmaba Mediopeo—. ¡No podéis imaginar lo desvergonzadas que son!

—¿Gozaste alguna? —preguntó Medinilla.

Mediopeo compuso un gesto displicente.

—¡A cuantas plugue! Y los demás, igual. No hay que esforzarse mucho en rendillas. Siempre andan aparejadas para el follisque. Tienen por gran afrenta negárselo a nadie que se lo pida y dicen que para qué se lo dieron sino para aquello.

—¡Fómite de pecado! —exclamó Castrillos, el sacristán, quien por razón de su oficio dominaba el lenguaje clerical.

—¿Tan putas son? —se admiró Medinilla—. ¿Y sus padres y maridos lo consienten?

—Putas es decir poco. Les dan a los hombres infusiones de una planta que les hincha el miembro, y se les pone como el de un caballo y tan constante como el batán del obispo, que ni de día ni de noche descansa.[78]

—¿Es posible?

—Como lo digo, pero lo mejor de todo es que los indios son todos consentidores. Allí es usanza ofrecer a la mujer al que llega, como aquí ofrecemos la bota de vino. Ningún marido toma a afrenta los cuernos. En las bodas es costumbre que los amigos del novio prueben a la novia y cuantos más la catan por más esforzada queda ella.[79]

Los concurrentes se miraban incrédulos.

—Siendo así —apuntó el sacristán—, puede decirse que llegan al connubio muy recatadas.

—¿Cómo puede ser eso? —se extrañó Medinilla.

—¡Como os lo digo! Es que los indios son inocentes como

---

78. *Otra costumbre hay entre ellos muy atroz y fuera de toda credulidad humana. Pues siendo sus mujeres lujuriosas, hacen hinchar los miembros de sus maridos de tal modo que parecen deformes y brutales, y esto con un cierto artificio suyo y la mordedura de ciertos animales venenosos; y por causa de esto muchos de ellos lo pierden y quedan eunucos* (Américo Vespucio).

79. *Si el novio es cacique, todos los caciques convidados prueban la novia antes que él; si mercader, los mercaderes y si labrador, el señor o algún sacerdote. Cuando todos la han catado antes de la boda, la novia queda por muy esforzada [...], pero al regusto de las bodas disponen de sus personas como quieren o porque son los maridos sodomíticos* (López de Gómara, 2011). Un etnólogo que hubiera acompañado a los españoles habría clasificado esta costumbre como prostitución hospitalaria o préstamo hospitalario y le habría restado hierro.

niños, y no ven mal ni pecado en nada. Ya os digo que hasta andan desnudos como sus madres los parieron, porque allí no hace frío ni calor.

—¿Las mujeres también? —quiso saber Medinilla.

—También, con las tetas al aire. Verdad es que traen solamente una cosa de algodón tan grande que les cobija su natura.[80]

—¿Y son hermosas? —inquirió Antón Bermúdez.

—Hasta más no pedir —dijo Mediopeo componiendo una silueta en el aire con ambas manos—. Tienen buenas tetas y firmes, no como las nuestras, que en cuanto paren se les aflojan. Y de su natura son lampiñas, como si fueran niñas, nada de esas matas de pelambre meada que gastan las nuestras. —Dejó al atento auditorio en suspenso mientras bebía un largo trago y se limpió con la manga antes de proseguir—: Ahora que, siendo todo bueno, lo mejor es que cuando les entras con lo tuyo son tan estrechas que te cuesta trabajo, y las que no han parido están que casi parecen vírgenes.[81]

Ensimismado en sus pensamientos sobre cuanto oyó y preguntó la víspera, Andrés Medina no percibe el vago resplandor que va perfilando el horizonte. Solamente cuando su mujer sale al corral, aún en camisa y dormijosa, advierte que ha amanecido y es hora de aparejar la burra para irse a labrar las cebollas y los alcauciles.

Antes de partir, le dice a la mujer:

—¿Sabes, Catalina, lo que estoy pensando? En apuntarme para esas nuevas tierras que han descubierto los Pinzones. Dicen que es fácil hacer fortuna, porque el campo está todo en barbecho y los de allí no lo cultivan. Me tiro allí unos pocos años, vuelvo con la bolsa llena, nos compramos una viña y unos olivos, casamos bien a las hijas y corregimos esta vida achuchada.

—Si es para mejorar… —dice ella.

---

80. Colón, 2012, p. 45.

81. *Son tan estrechas mujeres que con pena de los varones consuman sus apetitos, y las que no han parido están casi que parecen vírgenes* (ingieren abortivos) *para no preñarse, para que no pariendo no se les aflojen las tetas, de las cuales mucho se precian, y las tienen muy buenas* (Fernández de Oviedo).

Muchos otros patriotas se hicieron el mismo razonamiento. Para el segundo viaje de Colón no hubo dificultad alguna en reclutar voluntarios. Todo el mundo se disputaba el honor de servir a los reyes y propagar la verdadera fe de Cristo en las nuevas tierras de ultramar.

Todavía negociaban España y Portugal los términos del renovado acuerdo cuando Colón partió de nuevo para América.

CAPÍTULO 19

Rumbo a América

25 de septiembre de 1493.

—¡Cuánta leña! —exclamó Medinilla a la vista del bosque de mástiles.

El puerto de Cádiz nunca se había visto tan concurrido: cinco naos y doce carabelas, la flota del almirante Colón.

El muelle era un hervor. Se iban a embarcar mil quinientas almas, entre marineros, soldados, colonos y peritos en los más variados oficios.[82] Y seis frailes que convertirían a la verdadera religión a los nuevos súbditos de la reina.

Esta vez sobraban voluntarios para las islas descubiertas al

---

82. Aquí comienza la Hispanidad, amado/a lector/a. ¿No conmueve ver cómo ganapanes acomodados a guardar marranos o a destripar terrones de sol a sol abandonan su zona de confort impulsados por el patriótico afán de ensanchar los reinos de España? ¿No emociona ver a tantos fámulos de casas nobles que renuncian al privilegio de rebañar las ollas del señor para cruzar el océano sin otro afán que convertir a los indios a la fe católica y, de camino, si a mano viniere, allegar oro y regresar ricos? El propio Colón lo declara en su carta a los reyes: *Y llevé maestros de todas maneras de ofiçios que en fabricar çiudad y villa menester heran, con todos sus estrumentos; y llevé los cavallos, yeguas y mulas y todas las otra vestias, y simoentes de trigo y çevada y todos los árboles y de suerte de frutas, todo esto en muy grande abundançia.* Una de las plantas más afortunadas que en este viaje cruzaron el charco fue la caña de azúcar, que arraigaría hasta nuestros días como uno de los principales cultivos antillanos.

otro lado de la mar océana. Entre los pasajeros figuraban bastantes veteranos de la reciente guerra contra el moro, que habían quedado sin oficio después de rendirse Granada.

Cristóbal Niño, maestre de la carabela *La Caldera*, terminó de leer la carta de su amante con la que le recomendaba al dador como grumete. Dobló el papel, lo guardó en la faltriquera y examinó al niño.

—Bonoso Cantero, ¿eh?

—Sí, señor.

—¿De dónde eres?

—De Arjona, un pueblo en el reino de Jaén.

—¿De verdad tienes catorce años?

Descalzo, escurrido de carnes y vestido de harapos aparentaba doce.

—Sí, señor, recién cumplidos.

—Vale. Te apuntaré en los papeles. Desde hoy te llamas con el nombre de tu pueblo. Sube a bordo y te presentas al alguacil del agua, que te dé trabajo.

La pasarela era un tablón no más ancho de un palmo y una soga donde agarrarse para no caer al agua grasienta y plagada de desperdicios del muelle. Emocionado, Bonoso sintió bajo sus pies la tablazón de la nave que lo conduciría al paraíso del que tantas maravillas se contaban.

A bordo faenaban una docena de marineros descalzos y desnudos, las vergüenzas cubiertas con un taparrabos y las cabezas con bonetes de lana tan grasientos que costaba trabajo adivinar que fueron rojos.

En busca del alguacil del agua, Bonoso descendió por la escalera de peldaños pinos que conducía al interior de la carabela, un espacio diáfano en cuyas paredes curvas destacaba el potente costillar de las cuadernas. Hacía calor. Aunque todas las escotillas permanecían abiertas, el aire denso olía a la brea de calafatear, a orines de rata, a vinagre y al cáñamo de los cordajes almacenados en grandes madejas.

El alguacil del agua estaba supervisando las bombas de achique, unos armatostes de madera y cuero provistos de un pistón que extraían el agua de la sentina y la devolvían al mar.

—Me manda el capitán —dijo Bonoso.

—Ya se ve que te quiere bien —respondió con sorna el alguacil del agua. Era un cincuentón que sudaba profusamente bajo la camisa grasienta.

—¿Cómo te llamas?

—El capitán dice que me llamo Arjona.

—Bueno, Arjona, ¿ves a aquel muchacho? —le señaló—. Se llama Chozalhombro. Ponte a sus órdenes, pégate a él y aprende su oficio.

Chozalhombro solo tenía dieciséis años, pero llevaba cuatro en la mar. Miró a Arjona con cierta displicencia.

—¡Poca chicha tienes tú para grumete! —le dijo palpándole los brazos—. No durarás mucho. Eso sí, te ahorras el entierro, porque aquí los muertos los echamos al mar y que se los coman los peces. Anda, agarra esa canasta y vamos a llevarle las cuñas a maese Joaquín.

Maese Joaquín, el maestre carpintero, había perdido las dos primeras falanges de los cuatro dedos de la mano diestra en un accidente de su oficio, pero se las arreglaba bien con las falanges restantes. Supervisaba a dos marineros que, armados de sendas mazas, inmovilizaban con cuñas las pipas de agua.

—¿Siempre huele así de mal? —preguntó Arjona a su recién adquirido compañero.

Chozalhombro rio de buena gana mostrando su dentadura fuerte y amarilla.

—En altamar olerá aún peor —dijo—. La ventaja es que aquí te tiras un follón y nadie lo nota.

Chozalhombro llevó al nuevo grumete a cubierta, donde se clasificaban los cabos y velas de repuesto, el material artillero, las armas menudas y los trebejos necesarios para el mantenimiento y reparo de la nave.

Después del rezo del ángelus, anunciado por la campana de a bordo, hicieron un alto para almorzar una caldera de gachas de harina empedradas de torreznos. Agradaba al joven grumete la camaradería de los marineros que, sentados en corro, intercambiaban bromas mientras discurría de mano en mano una bota grande de piel de perro con vino de Sanlúcar de Barrameda, detalle del almirante.

—Tome, hermano, y mójese las fauces —decía uno con desenvoltura de gran señor.

—Que Dios se lo pague —respondía otro ceremonioso arrastrando sobre las tablas la pluma de un imaginario sombrero—. Bien sequito venía.

Acabada la colación, devolvieron las escudillas al cubo del cocinero y Chozalhombro dijo:

—Ahora toca acomodar la despensa muerta.

De nuevo en la bodega. El despensero, que supervisaba el embarque de los bastimentos, destapaba los barriles para comprobar el contenido: galleta naval,[83] queso emborrado,[84] cerdo salado, manteca, salazón de pescado, tasajo de carne, vino, vinagre, botijuelas de aceite de oliva y legumbres (lentejas, garbanzos y habas secas) ligeramente tostadas para que resistieran al moho y a la fermentación.

El día de la partida, desde muy temprano, repicaron las campanas de Cádiz y de los pueblos del entorno. Era todavía de noche cuando los marineros embarcaron la despensa viva: media docena de cerdos, otras tantas ovejas y cabras, y hasta tres docenas de gallinas y conejos que se concentraron en rediles y jaulones de palillos para evitar que anduvieran sueltos por cubierta.

83. El código medieval de las Partidas define la galleta naval como *pan muy liviano porque se cuece dos veces e dura mas que otro, e non se daña.* Eso significa *biscoctus,* cocido dos veces para deshidratarlo por completo y evitar que criara moho en el húmedo y caliente interior de la bodega. Se elaboraba con masa de harina integral medio fermentada, y estaba tan duro (y los marineros tan escasos de dientes) que para consumirlo lo ablandaban remojándolo con agua de mar. De este modo al considerable valor alimenticio del pan integral se le añadía el cloruro sódico, tan necesario para restaurar los desgastes de un ejercicio físico continuado.

84. El emborrado era un queso de inferior calidad (así consideraban entonces ese delicado manjar), que se maceraba durante un tiempo en los turbios del aceite de oliva para evitar que se agusanara o pudriera. En tierra firme se menospreciaba como alimento plebeyo, pero en el mar formaba parte indispensable de la dieta. El queso de cabra payoya emborrado se toma todavía como aperitivo en algunas tabernas de Cádiz, y constituye un excelente acompañamiento de vinos tintos o blancos.

—Por lo menos tendremos carne fresca en el viaje —se consoló Arjona.

—No lo creas —le advirtió Chozalhombro—. Casi todos se destinan a poblar las nuevas tierras, pero con un poco de suerte nos comeremos alguno que enferme o que no soporte la travesía.

En la explanada del puerto, los padres franciscanos que embarcaban concelebraron una misa solemne en la que comulgaron muy devotamente los asistentes.

Sonaron unas trompetas. Embarcaban los pasajeros entre chanzas de la marinería, que aguardaba que alguno cayera al agua.

—¿Qué haces ahí mirando? —dijo Chozalhombro al nuevo grumete—. Agarra este cubo y este cepillo, y le sacas lustre al suelo de la chupeta del capitán.

—¿La chupeta?

—El camarote. Aquella puerta de popa. Echas arena y agua y frotas con el cepillo de raíces.

La chupeta del capitán, el único espacio de la nave relativamente habitable, un reducido camarote en el castillo de popa sucintamente amueblado con un catre, unas sillas de tijera y una mesa.

Tras la despedida en los muelles, con muchos abrazos y recomendaciones a las llorosas esposas y a los hijos, *La Marigalante*, la nao capitana de Colón, disparó un falconete de salvas.

—¡Desplegar el trapo! —gritó Cristóbal Niño, maestre de la carabela *La Caldera*, al oír la señal.

Los marineros se aplicaron a los vástagos de los cabrestantes elevando las anclas, y los pilotos, al gobierno de sus timones, mientras unas barcas a remos, unidas por cabos a la carabela, se esforzaban por separarla del muelle.

La Caldera desatracó y enfiló el abierto mar, una más en aquel rebaño de carabelas.

—¡Ahora a las Canarias, a cargar leña y agua antes de cruzar la mar océana! —dijo el capitán satisfecho.

Acodado en la toldilla, Arjona contempló achicarse la tierra hasta desvanecerse y agrandarse la redondez del mar. En medio de aquella inmensidad azul, bajo el cielo infinito, sintió que una congoja gozosa le ascendía por la garganta con el presentimiento de que ya nada sería igual en su vida, de que en la nueva tierra haría fortuna y regresaría a su pueblo rico, respetado y famoso.

Nunca antes había embarcado Bonoso Cantero, si no fuera en las lanchas de los almadraberos cuando ayudaba a su tío. Con seis años había muerto su madre, y la familia se repartió a los huérfanos: su hermana Catalina quedaba con los abuelos en Arjona y a él lo enviaron con una tía casada en el Puerto de Santa María. Apenas cumplidos los trece, lo ajustaron como grumete para que se buscara la vida por su cuenta.

Arjona era un muchacho bien dispuesto, deseoso de aprender y de servir.

—Nuestro oficio es hacer mandados con diligencia y, sobre todo, vigilar la ampolleta —lo instruyó Chozalhombro.

—¿La ampolleta?

—Sí, hombre, el reloj de arena que hay en el castillo de popa. Hay que estar pendiente de cuándo se acaba para darle la vuelta y trazar una raya en la pizarra contando las medias horas. ¡Y no falles, que te darán de palos!

—¿Eso es todo lo que tenemos que hacer?

Chozalhombro rio de buena gana.

—Solo eso, además de regar la cubierta, bajar a la bodega a renovar las trampas contra las ratas y tirar por la borda las muertas, guisar el almuerzo (si el tiempo permite encender el fogón) y anotar en la pizarra la velocidad de la nave.[85]

Al joven Arjona le llamaban la atención las muchas tareas que requería el buen gobierno de *La Caldera*: los carpinteros y calafates amanecían bajo cubierta achicando el agua de la sentina y vigilando que los barriles no se desgobernaran, los marineros desplegaban o recogían velas, según los vientos, lo que requería gran coordinación al halar las drizas.

Unos ocho días después llegaron a la isla La Gomera. Allí hi-

---

85. Esta se calculaba con una tabla que tiraba de un carrete de cuerda en la que se habían practicado nudos a distancia de una brazada: la tabla se arrojaba por la proa y el número de nudos que pasaban por la mano del grumete contador expresaba la velocidad de la nave en nudos.

cieron aguada, embarcaron algunos cerdos y se demoraron una semana.

¿Por qué se detenía Colón en La Gomera en todos sus viajes a América? ¿Era solo por la conveniencia logística de abastecer a la flota antes del gran salto o había algún otro motivo?

¿Por qué antes de arribar a la isla canaria ordenaba a grumetes y galopines embanderar las naves con gallardetes? ¿Por qué se gastaba pólvora en alegres salvas?

> Sería demasiado largo, si le dijera todos los triunfos, los tiros de bombarda y los fuegos artificiales que hemos hecho en aquel lugar —escribe Michele da Cuneo, amigo y compadre del almirante, que lo acompañaba en la segunda expedición—: Todo ello se hizo por causa de la señora del dicho lugar, de la cual nuestro señor Almirante estuvo encendido de amor *[tincto de amore]* en otros tiempos. En dicho lugar recogimos refrescos y todo lo necesario, y el día diez de octubre dimos a la vela para tornar a nuestra derrota.

Esta mujer a la que alude el italiano era la señora de la isla, doña Beatriz de Bobadilla, quien, al parecer, había mantenido amores con Colón años atrás, cuando se conocieron en el campamento de Santa Fe.[86]

86. Beatriz de Bobadilla y Ossorio, señora de La Gomera, era una viuda hermosa y temperamental *(mujer rara, que, teniendo todas las gracias y flaquezas de su sexo, tuvo la crueldad y constancia de un hombre sañudo*, la define Viera y Clavijo, 2007; *mujer varonil [...] averiada doncella*, según otros). Enamorada del guaperas oficial de la corte, don Rodrigo Téllez Girón, maestre de Calatrava *(joven de tan varonil belleza como simpática distinción,* según el cronista Alonso de Palencia, 1908), cuando este murió con la garganta atravesada por una flecha en una refriega con los moros frente a los muros de Loja en 1482, quedó tan afligida que el rey Fernando acudió a consolarla *(el Rey [le] mostraba alguna afición,* apunta Abréu Galindo, 1632), lo que provocó los celos de la reina Isabel (mujer que *amaba de tanta manera a su marido, que andaba sobre aviso con celos a ver si él amaba a otras*). Empeñada en alejar a la beldad de su marido, Isabel la casó con Hernán de Pedraza, señor de La Gomera y El Hierro, que a la sazón pleiteaba en la corte para hacer pasar un alevoso asesinato por circunstancial homicidio. La reina lo perdonó con la condición de

De nuevo en la mar océana, Colón enderezó su rumbo más al sur que en su primer viaje, probablemente por explorar un mar desconocido donde podría toparse con los tejados dorados de Cipango (Japón), sin las islas interpuestas del primer viaje. Esta decisión resultó muy acertada, porque evitó el mar de los Sargazos y descubrió la ruta idónea de vientos y corrientes que lo llevó a América en solo veintiún días. Tomó nota el almirante para sucesivos viajes y esa se convirtió en la ruta oficial durante siglos.

¿Qué hacía el pasaje en estas monótonas travesías?

Como el juego estaba prohibido a bordo, la vida del pasaje

---

que se casara con Beatriz y regresara con ella a La Gomera, que era como decir al fin del mundo, y de este modo *enderezó el carro volcado* (Leonardo Torriani, 1959). El matrimonio no duró mucho. Pedraza había suscrito el Pacto de Guahedum con los aborígenes, lo que lo convertía en hijo de Hapalupo, el cacique de la isla. Tenía Hapalupo una hija llamada Yballa, mujer de singular hermosura. Entre Pedraza e Yballa nació una irrefrenable pasión, sin atender a que entre los guanches el incesto se castiga con la muerte (aunque en este caso Pedraza e Yballa no fueran hermanos de sangre, sino de pacto). Hapalupo convocó al guerrero Hautacuperche, secreto enamorado de su hija, para que se personara en la cueva de Aguajedum, el picadero donde Pedraza y la bella Yballa consumaban. Hautacuperche fue a la cueva y, sin mediar palabra, atravesó con su lanza al desventurado castellano, lavando con sangre su pecado. Aquella muerte, ocurrida en 1488, desencadenó la rebelión de los gomeros que durante días sitiaron a los castellanos en la torre del Conde, aunque al final desistieron de tomarla, cuando un hábil ballestero de los que defendían las almenas acertó a Hautacuperche con un virote en el colodrillo. Apagada la rebelión, la nada desconsolada viuda, doña Beatriz, se consolidó como señora de la isla y alivió sus lutos, si el rumor es cierto, con don Cristóbal Colón, antiguo amante o ave de paso, en 1492, 1493 y 1498. Ello no empece que también pudieran hablar de negocios. De hecho, está documentado que don Cristóbal adquirió de su amiga sesenta ovejas. Beatriz volvió a casarse, en 1498, con Alonso Fernández de Lugo, primer adelantado de Canarias, y regresó a España (ya fallecida la reina Isabel) para morir en su pueblo, Medina del Campo, a los cuarenta y tres años de edad. Dispense el lector que de vez en cuando se me vaya la mano con las notas a pie de página. Es que tanta navegación oceánica cansa.

era aburrida. Algunos intentaban pescar con un anzuelo al extremo del hilo, otros charlaban en corrillos o dormitaban, otros colaboraban en algunas faenas menores, como picar desperdicios para alimentar a las gallinas y a los conejos, o deshacer los cabos viejos para que el cordelero hiciera cabos nuevos con el cáñamo.

Los que como Mediopeo habían acompañado a Colón en el primer viaje estaban muy solicitados. Tenían que contar una y otra vez las maravillas que aguardaban al otro lado del mar, en especial lo referente a la buena disposición de las nativas y a la vegetación y aves extrañas de aquellas latitudes.

Llegada la noche, tras la oración, cuando el sueño rendía tripulación y pasaje, cada cual se hacía el camastro donde Dios le daba a entender, fuera de los oficiales, que se instalaban en la toldilla junto a la cámara del capitán.

Los más afortunados se acostaban en algún fardaje que les servía de colchón, el resto sobre esteras, o arrebujados en una manta, o en la capa que trajeron, bajo las estrellas o, si amenazaba lluvia, debajo de una vela extendida que servía de techo y descargaba el agua en un barril.

Desvelado a ratos, y mecido por la cuna constante del mar, Arjona daba en imaginar las escenas del venturoso futuro que le aguardaba. Aunque sus tíos lo habían ajustado como grumete, él se veía más como colono. Le habían hablado de una tierra negra y fértil que nunca había conocido un cultivo, abundosa en pastos, bien provista de bosques, y no digamos de caza; una bendita tierra sin dueño, de dilatados horizontes, un territorio virgen por repartir donde los que llegaban de nuevo serían los señores. Y se veía, claro está, socializando con las indias a las que imaginaba de una belleza exótica, como las moras que iban por los pueblos acompañando a los juglares, tañendo panderos y bailando con mucho meneo de caderas y vientres.

La noche discurría por sus lentos pasos, las naves agrupadas con los fanales encendidos para evitar perderse o entrechocar en la oscuridad.

Con las primeras luces del amanecer, Arjona, saliente de la última guardia, aguardaba a que la ampolleta del reloj de arena se agotara, le daba la vuelta, tañía la campana de a bordo y pregonaba la oración que Chozalhombro le había enseñado:

> *Bendita sea la luz y la santa Veracruz,*
> *y el Señor de la Verdad y la Santa Trinidad.*
> *Bendita sea el alma y el Señor que nos la manda,*
> *bendito sea el día y el Señor que nos lo envía.*

A lo que marineros y viajeros respondían *amén, amén*, mientras recogían el hato de dormir.[87]

Uno de los frailes dirigía el rezo de un padrenuestro y un avemaría, sobre lo cual, Chozalhombro, como grumete de más edad, entonaba desde el balcón de la toldilla su consabido pregón:

—Dios nos dé los buenos días, buen pasaje tenga la nao, señor capitán y maestre y buena compañía, amén. Así faza buen viaje, faza; muy buenos días nos dé Dios y a vuesas mercedes, señores de popa y proa.

Cumplidas las devociones, el despensero repartía el desayuno: una galleta naval por persona y algún magro acompañamiento, una loncha de tocino, un trozo de queso o algo de pescado salado.

Al principio de la travesía, la comida era variada: frutas, legumbres y carne recién muerta, pero cuando la despensa viva se acababa, había que ajustar el menú a los alimentos de larga duración.[88]

A medida que pasaban los días, el hedor de a bordo iba au-

---

87. Si había un sacerdote a bordo, los domingos y las fiestas de guardar comenzaban por una *misa seca*, es decir, sin consagrar, para evitar que un golpe de mar pudiese derramar el vino sacramental, sangre preciosísima de nuestro Redentor.

88. El marinero recibía libra y media de galleta naval, seis onzas de tocino, doce onzas de menestra o calderada, dos onzas de arroz —los días de pescado o carne— y dos o tres onzas de queso emborrado. Para beber, medio azumbre de vino y dos azumbres de agua. La libra equivale a cuatrocientos cincuenta gramos; la onza a 28,35 gramos; el azumbre a 2,05 litros.

mentando, debido al hacinamiento del personal y a la imposibilidad de asearse.

—Apesta, ¿eh? —bromeaba Chozalhombro con su colega—. Pues imagina cómo olerá cuando llevemos mes y pico sin tocar tierra.[89]

A los pocos días de navegación, notó Arjona que el agua que servía el alguacil estaba algo turbia.

—No te preocupes —lo tranquilizó Chozalhombro—. Esto es del vaivén del navío que marea el agua, pero luego se decanta y vuelve a ser cristalina. Lo peor del mar es que afloja las duelas y desajusta los asientos. Maese Joaquín se pasa el día ahí abajo dale que te pego con el mazo ajustando barriles para que no filtren.[90]

Chozalhombro instruía a Arjona sobre la vida a bordo.

—¿Cagar? En los jardines.

—¿Los jardines?

—Sí, hombre, que pareces tonto: allí, a proa, están los beques. Encontrarás una tabla que sobresale: te agarras a un cabo que verás sobre tu cabeza, te subes a ella, te agachas y que los peces aprovechen el fruto de tu vientre. Bien agarrado, ¿eh? Que

---

89. *Hombres, mujeres, mozos y viejos, sucios y limpios, todos van hechos una amalgama y mazamorra, pegados unos con otros. Y así, junto a unos, uno regüelda, otro vomita, otro suelta los vientos, otro descarga las tripas, vos almorzáis, y no se puede decir a ninguno que usa de mala crianza, porque las ordenanzas de esta ciudad lo permiten todo* (Salazar, 1866, p. 284).

90. Uno de los cargos más importantes a bordo era el de alguacil del agua, que repartía diariamente el preciado líquido en una ceremonia solemne, a la vista de todos. El alguacil del agua hacía lo posible porque la reserva acomodada en toneles no se pudriera ni criara sabandijas y cucarachas. No siempre lo conseguía, porque el hedor de las filtraciones de la sentina, adonde iban a parar todas las porquerías del navío, contaminaba fácilmente el agua potable de los toneles. Cuando tal cosa ocurría y la miseria y las sabandijas se cebaban en ella, no había más remedio que regresar a puerto si todavía no se había mediado el viaje, y en cualquier caso había que consumir el agua averiada colándola y disimulando el sabor y el olor con la adición de vinagre.

con esta vela tan henchida no se recoge a nadie que caiga al agua.[91]

Al paso de los días, Arjona se fue haciendo con el peculiar vocabulario marino. Aprendió lo que es empalomar la boneta, izar el trinquete y desencapillar la mesana. No solo cumplía con diligencia sus deberes como grumete, sino que de buena gana se ofrecía voluntario para las muchas faenas a bordo.

—Te gusta la vida de marino, ¿eh? —le decía el maestre carpintero.

—Sí, pero no es lo mío. Lo que yo quiero es una hacienda en Tierra Firme.

—¡Ah, pillín!

---

91. *A todo pasajero que quisiere purgar el vientre y hacer algo de su persona, le es forzoso de ir a las letrinas y arrimarse a una ballestera; y lo que sin vergüenza no se puede decir, ni mucho menos hacer tan públicamente, le han de ver todos asentado en la necesaria como le vieron comer a la mesa* (Guevara, 1539). *Pues si queréis proveeros* —entiéndase cagar—, *es menester colgaros a la mar como hatillo de grumete, y hacer reverencias al sol y a sus doce sinos, a la luna y a los demás planetas, y emplazarlos a todos, y asiros bien a las crines del caballo de palo, so pena que si soltáis os derribará de manera que no cabalguéis más en él, y es tal el asiento que ainda muitas vegadas chega a merda a olho de o culo* —por respeto lo dice en portugués: «Incluso muchas veces llega la mierda al ojo del culo»— *y, de miedo de caer en la mar, se retira y vuelve adentro, como cabeza de tortuga, de manera que es menester sacarla arrastrando a poder de calas y ayudas* —o sea, a base de lavativas— (Salazar, 1866, pp. 284-285). Colón era un exquisito que no cagaba en el *jardín*, como todo el mundo, sino en la intimidad de su cámara tan cómodamente. En el tercer viaje, cuando intentaba atraer a los indios venezolanos *les hacía mostrar bacines y otras cosas que lucían, por enamorarlos porque viniesen.*

CAPÍTULO 20
El *gourmand* a bordo

Arjona se alegró cuando supo que una de sus muchas obligaciones como grumete era cocinar el rancho, una faena más creativa que le permitiría mejorar su dieta.
—¿Qué guisamos hoy? —le preguntó a Chozalhombro.
—Eso depende.
—¿Depende de qué?
—De lo que nos dé el despensero. Ahora entenderás por qué le dan siempre ese cargo al más malafollá e inamistoso de la nave, al que se lleva mal con todo el mundo. Cada mañana baja a la bodega con su capacha y aparte de comer las gollerías que quiere, como amo que es de la despensa, va destapando barriles y cogiendo todo lo que ve fermentado o pudriéndose. Nos lo entrega y lo echamos en la olla con un poco de manteca y unas cabezas de ajos y a eso lo llamamos *menestra* o *calderada*.[92]
—¿Y cómo es que se pudren tan pronto las provisiones?
—Por el calor, la humedad y el mareo —dijo Chozalhombro—. Y por el hedor que sube de la sentina, que lo echa a perder todo.[93] Si

---

92. Un potaje de habas, alubias, arroz, garbanzos, guisantes o lentejas, con unas cuantas cabezas de ajo, un generoso chorro de aceite y algunos tropezones de tocino rancio o cecina.

93. A veces los despenseros recurrían a un ingenioso expediente para eliminar los gusanos. Sobre el barril agusanado colocaban un pez putrefacto cuyo penetrante olor atraía a las sabandijas. Cuando el pez se había con-

no tienes estómago más vale que no te metas a marinero. Por lo pronto vamos a preparar la hornilla.

Era la hornilla un cajón de hierro abierto por arriba y por delante y atornillado a un grueso madero de la toldilla.

—Esta arena que cubre el fondo es para que la candela no caliente el hierro —explicó Chozalhombro—. En la nave el mayor peligro es el incendio. Por eso, el día que la mar está picada no se enciende la candela y se come frío.[94]

Aquel día era calmo. Chozalhombro preparó la leña en forma de pirámide, con la hojarasca y un trozo de cabo deshilado dentro y sobre ello encajó las trébedes de hierro.

El despensero les entregó una espaldilla de marrano que empezaba a blandear debido a la fermentación, un hueso añejo de carnero, y unas almorzadas medidas de garbanzos y habas secas.

Chozalhombro troceó la carne, la puso en la caldera junto con las legumbres y añadió una porción de manteca añeja, dos hojas de laurel y hasta cuatro cabezas de ajo. Lo cubrió todo con agua y lo puso sobre las trébedes. Hizo fuego con la yesca y el pedernal sobre una mecha de escopetero, lo aplicó a la leña, sopló y enseguida se encendió la candela.

—¡Ea, ya está! Ahora se tapa bien y que cueza. Al final le añadimos un chorreón de vinagre, y listo.

Durante un par de horas se turnaron vigilando el perol y la candela. Hacia el mediodía, con la última ampolleta de la mañana, Chozalhombro mandó a su amigo a tocar la campana, y recorrió la nave pregonando las palabras acostumbradas:

—¡Tabla, tabla, señor capitán y maestre y buena compaña, tabla puesta, vianda presta, agua usada para el señor capitán y

---

vertido en un hervidero de bichos, lo lanzaban al mar, ponían otro limpio en su lugar y repetían la operación hasta que la gusanera se reducía a proporciones tolerables.

94. La dieta fría podía consistir en seis onzas de queso, dos de menestra fría y media de aceite. La misma dieta se repetía si diluviaba y no podía encenderse el fogón, pero este pequeño sacrificio quedaba sobradamente compensado por la oportunidad de lavarse y de rellenar los barriles vacíos con el agua recogida en cubierta.

maestre y buena compaña! ¡Viva, viva el rey de Castilla por mar y por tierra! ¡Quien le diere guerra, que le corten la cabeza, quien no dijere *amén,* que no le den a beber! ¡Tabla en buena hora, quien no viniere, que no coma![95]

Sacada la salva del capitán y las partes de los oficiales, se convocaba a golpe de campana al resto de la tripulación para que el despensero o sus acólitos sirvieran la ración, a cucharón por persona.

Los oficiales comían en la cámara del capitán, donde complementaban la dieta con alguna golosina que llevaran en sus arquetas privadas y un vino más decentito que el de la chusma.

El recetario marino era, como podemos sospechar, forzosamente limitado. Aparte de la cotidiana e imprevisible menestra, existieron algunos platos famosos, aunque seguramente nada apreciados: las mazamorras,[96] el almodrote[97] y la calandraca.[98]

A pesar de todas las precauciones del despensero, la mal ventilada bodega de los navíos oceánicos se convertía en un horno donde los alimentos se averiaban con facilidad.

A bordo se comía *tocino* (palabra que significaba cualquier producto del cerdo), o tasajo, unos veintisiete días al mes, los que las normas religiosas permitían. Los restantes tocaba pescado salado (dos onzas de sardinas, anchoas o arenques de barril). En este caso también se suministraba una medida de aceite y un cuartillo de vinagre para preparar un adobo. Ya podemos imagi-

95. Salazar, 1866, p. 280.

96. Las mazamorras, irónicamente apodadas *capón de galera,* aprovechaban los trocitos de galleta desmoronada que quedaban en el fondo de las cubas y, con adición de aceite, ajo y vinagre, se molían hasta conseguir una pasta que podía consumirse sola o como base de diversos mojos. También se hacía con las galletas agusanadas (se prepara con *el bizcocho podrido que no está de recibo,* dice el *Diccionario de autoridades,* 1726).

97. El almodrote consistía en restos de queso emborrado en el fondo de los barriles a los que se añadía ajo y comino, y se reducía a pasta en el mortero. Se untaba con él la carne seca o hidratada.

98. La calandraca era un sopicaldo aromatizado con una bolita de manteca rancia y algún vestigio de tocino. Nutría poco, pero calentaba el estómago.

nar que los estómagos delicados padecían mucho durante la travesía.[99]

Algunas veces los marineros completaban su dieta con algo de pescado e incluso con ratas, inevitables y voraces compañeras de las navegaciones.[100] Las ratas solo se hacían visibles cuando su certero instinto les indicaba que el barco se iba a pique. En este caso abandonaban la bodega e invadían la cubierta en bandadas enloquecidas y, si había ocasión, eran, como nos enseña el refranero, las primeras en abandonar el barco. En naufragios y otras situaciones extremas, los marinos no les hacían ascos a las ratas ni, ciertamente, a nada que pudiera consolar los estómagos vacíos. En algunos casos llegaron a cocer y devorar los cueros del calzado y los cinturones, y el que forraba los mástiles.

El vino se consideraba un alimento completo imprescindible para *criar sangre,* por eso se agregaba una generosa ración diaria al hombre que realizaba grandes esfuerzos: *Con pan y vino se anda el camino.* No era precisamente reserva de Vega Sicilia, sino un caldo avinagrado y deficiente, con sabor a hierro y a cuba al

---

99. Un texto de la época cuenta las añoranzas de los viajeros ante la bazofia del rancho marino. *Uno dice: «¡Oh, quién tuviera un racimo de uvas albillas de Guadalajara!». Otro: «¡Oh, quién hallara aquí un plato de guindas de Illescas!». Otro: «¡Comiera yo agora de unos nabos de Somosierra!». Otro: «¡Yo una escarola y una penca de cardo de Medina del Campo!». Y así todos están regoldando deseos y descaliños de cosas inalcanzables del puesto donde ellos se hallan. ¡Pues pedí de beber en medio de la mar! Moriréis de sed, que os darán el agua por onzas, como en la botica, después de harto de cecinas y cosas saladas, que la señora mar no sufre ni conserva carnes ni pescados que no vistan su sal, y así todo lo más que se come es corrompido y hediondo como la bazofia de los negros zapes, y aun con el agua es menester perder los sentidos del gusto y olfato y vista para beberla y no sentirla. De esta manera se come y se bebe en esta agradable ciudad* (Salazar, 1866, pp. 283-284).

100. *De las cercas adentro tiene grandísima copia de volatería de cucarachas, que allí llaman curianas, y grande abundancia de montería de ratas, que muchas de ellas se aculan y resisten a los monteros como jabalíes* (Salazar, 1866, p. 267).

que acudían más por obligación que por devoción cuando el agua se averiaba.[101]

Al atardecer, acabadas las faenas rutinarias, algunos marineros subían calderos de agua marina y se aseaban la cabeza a gañafadas. Otros remendaban sus pobres prendas. Los amigos se despiojaban.

Llegada la noche, los grumetes apagaban el fogón y encendían el fanal de popa que señalaba a las otras naves la posición de la carabela. El grumete encargado de la primera guardia de la noche volteaba la ampolleta y recitaba:

> *Bendita la hora en que Dios nació,*
> *Santa María que lo parió,*
> *san Juan que lo bautizó,*
> *la guarda es tomada, la ampolleta mueve;*
> *buen viaje haremos, si Dios quisiere.*

Después de la monotonía y las fatigas de la mar, de cabeceos, de pantocazos y de mareos vomitando por la borda hasta los calostros, por fin avistaron tierra el domingo 3 de noviembre:

> Cerca del alba, dijo un piloto de la nao capitana: *Albricias, que tenemos tierra.* Fue la alegría tan grande en la gente, que era maravilla oír las gritas y placeres que todos hacían.[102]

---

101. No siempre se apreció el vino en la dieta naval. El Rey Sabio, en sus disposiciones sobre los bastimentos que deben embarcarse, se muestra radical enemigo de las bebidas alcohólicas: *Ca la sidra o el vino, como quier que los omes lo aman mucho, son cosas que embargan el seso, lo que non conviene en ninguna manera a los que han de guerrear sobre la mar* (Alfonso X el Sabio, 2.ª Partida, Ley IX).

102. Álvarez Chanca, 1495, p. 1.

CAPÍTULO 21
Entre caníbales

En su primer viaje, Colón había arribado a las Bahamas. Esta vez llegaba a las Antillas Menores (el rosario de islas que va de Puerto Rico a las costas de Venezuela).

Aunque los dos archipiélagos estén en el mar Caribe, son muy distintos. Las Antillas son tropicales, volcánicas, selváticas, *toda montaña, muy verde, hasta el agua que era una alegría mirarla,* como las describía el doctor Álvarez Chanca, otro pasajero de esta expedición. Bonitas, pero de costas escarpadas y rocosas, desprovistas de puertos naturales.[103] La condensación de vapor suele coronarlas con un bonete de nubes *(cumulus congestus).*

Primera decepción: en esa isla inicial, a la que Colón nombró Dominica por haberla avistado en domingo, no pudieron desembarcar, tan escarpada era su costa.

El almirante pasó de largo por otra isla que le pareció demasiado pequeña, la Deseada, y en la siguiente, la Marigalante, menos escarpada, se detuvo a hacer aguada y a celebrar una misa consagrando con vino, como está mandado.

---

103. Si uno busca con la guía turística en la mano, sí encontrará playas. Las playas de Aruba, Trinidad y Tobago, y Barbados son esas que en la publicidad aparecen con un mar azulísimo, una arena tostadita finísima y un par de indolentes palmeras dándote sombra para que no necesites clavar la sombrilla.

Los colonos empezaron a disfrutar de las maravillas que les habían prometido:

Había frutas salvaginas (silvestres) de diferentes maneras, de las cuales algunos no muy sabios probaban, y del gusto solamente tocándoles con las lenguas se les hinchaban las caras, y les venían tan grande ardor y dolor que parecían que rabiaban.[104]

De allí navegaron hasta Guadalupe, que hoy nos parece la más bella isla del Caribe, una intrincada selva verde con vistas tan hermosas como la cascada La Sufrière.

Visitantes intempestivos, los españoles causaron gran inconveniencia a un grupo de nativos que al ver aproximarse a gente tan extraña, con tanto aparato de banderas, petos metálicos y ballestas, huyeron despavoridos dejando la comida en la mesa. Es lo que dedujeron los españoles, porque al registrar una vivienda, encontraron *cociendo en una olla un pescuezo de hombre* [...] *y cuatro o cinco huesos de braços e piernas de hombres.*[105]

—¡Caribes! —sentenció Mediopeo.

—¿Es que son malos? —preguntó Arjona con la inocencia de su poca edad.

—¡Malos es poco: peores que moros!

Mediopeo y Medinilla tiraron el caldo por los suelos, mientras otros daban cristiana sepultura a las tajadas, sobre las que el fraile recitó un salmo.

—¿Qué clase de gente es esta que come carne de semejantes? —se preguntaba un colono asustadizo.

Los testimonios de la horrible costumbre les salieron al paso en todo el poblado: *Hallé en sus casas çestos y arcos grandes de güe-*

---

104. Álvarez Chanca, 1495, p. 2. La traidora fruta de agradable aspecto y olor debe de ser la del manzanillo *(Hippomane mancenilla).*

105. La noticia procede del médico de la expedición, el doctor Diego Álvarez Chanca (1495). Vuelto a Sevilla, se asoció con el boticario Juan Bernal Díaz para crear una compañía de suministros con destino a La Española. Uno de sus primeros envíos consistió en ciento cincuenta cajas de dulce de membrillo.

sos de hombres y cabezas colgadas en cada cassa, prosigue Colón en su carta a los reyes.

Aquellos indios no eran taínos, sino caribes. Procedían del continente, de la costa norte de Venezuela, Colombia y Guyana. Hábiles navegantes en sus canoas, *unas fustas pequeñas que tienen, de un solo madero,* se estaban extendiendo por las Antillas Menores a costa de los pacíficos taínos. Parece que en un principio practicaban una antropofagia ritual, consistente en comulgar con la carne del enemigo vencido para apropiarse de su fuerza; pero con el tiempo se habían aficionado a la carne humana porque, según decían, *la carne del hombre es tan buena que no hay tal cosa en el mundo,* una reivindicación *gourmet* que de buena gana habría suscrito el doctor Lecter.

Hasta tal punto apreciaban los caribes el solomillo de prójimo que mantenían criaderos de capones humanos, así como harenes de cautivas taínas por el doble provecho de gozarlas sexualmente y de comerse ternascos los bebés que parían, apreciados como bocado exquisito.[106]

Digamos, antes de proseguir, que el canibalismo lo practicaban en menor o mayor medida muchos pueblos americanos: desde los pieles rojas del Canadá hasta los patagones de Argentina, pasando por los chichimecas del norte de México, los aztecas del centro,[107] los mayas de Yucatán, los tupinambas de Brasil o

---

106. *A todos acostumbran cortar su miembro porque engorden, como fazen en Castilla a los capones para comer en fiesta,* dice Colón en su carta a los reyes. En parecidos términos se expresa el doctor Álvarez Chanca (1495): *Los mochachos que cativan córtanlos el miembro, é sírvense dellos fasta que son hombres, y después cuando quieren facer fiesta mátanlos é cómenselos* [...]. *Destos mochachos se vinieron para nosotros huyendo tres, todos tres cortados sus miembros.* [...] *Esta gente saltea en las otras islas, que traen las mujeres que pueden haber, en especial mozas y hermosas, las cuales tienen para su servicio, é para tener por mancebas,* [...] *usan de una crueldad que paresce cosa increíble; que los hijos que en ellas han se los comen, que solamente crían los que han en sus mujeres naturales. Los hombres que pueden hacer, los que son vivos llévanselos á sus casas para hacer carnicería dellos, y los que han muertos luego se los comen.*

107. Los aztecas no formaban un pueblo homogéneo. En puridad podrían considerarse aztecas todos los grupos nahuas hablantes de náhuatl que ocupaban Mesoamérica entre las actuales provincias de Tamau-

los guaraníes del Paraguay. Se explica, aunque no tenga disculpa, que los colonos y exploradores que tales horrores descubrían no se inclinaran a ser piadosos con los caníbales, sino que los consideraran alimañas con forma humana.[108]

El conocimiento de la existencia de indios que devoraban personas no contribuyó a estimular el entusiasmo de Arjona y los otros colonos que acudían al paraíso prometido. Otros bruscos desencuentros con la realidad contribuyeron al desánimo general en los días siguientes. Las mujeres caribes eran tan bravas como sus hombres, y llegado el caso sabían flechar tan bien o mejor que ellos.

Uno de esos días en que habíamos echado anclas vimos venir desde un cabo una canoa —relata Michele da Cuneo, el amigo italiano de Colón—. Parecía un bergantín bien armado, y en [él] venían tres o cuatro caníbales, dos mujeres caníbales y dos indios que venían cautivos, a los cuales, como hacen siempre los caníbales con sus vecinos de las otras islas cuando los apresan, les acababan de cortar el miembro generativo al ras del vientre, de modo que aún estaban dolientes. Como teníamos en tierra el batel del capitán, al ver venir esa canoa prestamente saltamos al batel y dimos caza a la canoa. Al acercarnos, los caníbales nos flecharon tan reciamente con sus arcos, que si no hubiera sido por los paveses, nos hubiesen malherido; os diré que a un compañero que sostenía una adarga, le tiraron una flecha que atravesó el escudo y le entró tres dedos en el pecho, de tal modo que murió a los pocos días. Apresamos la canoa con todos los hombres, y un caníbal fue herido de una lanzada en forma que pensamos que había sido muerto y lo tiramos al mar dán-

---

lipas y el estado de Guerrero. En el interior de esa extensión existían algunos principados semiindependientes (Tlaxcala, Huejotzingo y Metztitlán). El Imperio azteca se basaba en la sumisión de estos pueblos al mexica, que los sometía a impuestos abusivos. Estos pueblos odiaban tanto al mexica que no vacilaron en ayudar a los invasores españoles para derribarlo.

108. Julio Salas (1921) y otros autores de tendencia indigenista han defendido que el mito del canibalismo indígena lo crearon los conquistadores para justificar sus tropelías, pero la hemoglobina humana, detectada tanto en utensilios de cocina como en coprolitos (o sea, mierdas fósiles), confirma que en América se practicaba la antropofagia. El buenismo con los indios, en sus justos términos, por favor, sin falsear la historia.

dolo por tal; pero vimos que súbitamente se echaba a nadar, de modo que lo pescamos con un bichero, y lo acercamos al borde de la barca y allí le cortamos la cabeza con una segur. Los otros caníbales, junto con los esclavos, fueron enviados a España.

Sobreponiéndose al horror que le inspiraba la antropofagia, el italiano aún tuvo ánimos para requebrar en amores a una caribe. Él mismo relata el romántico encuentro:

> Mientras estaba en el batel, hice cautiva a una hermosísima mujer caribe, que el susodicho almirante me regaló, y después que la hube llevado a mi camarote, y estando ella desnuda según es su costumbre, sentí deseos de holgar con ella. Quise cumplir mi deseo, pero ella no lo consintió, y me dio tal trato con sus uñas que hubiera preferido no haber empezado nunca. Pero al ver esto (y para contártelo todo hasta el final), tomé una cuerda y le di de azotes, después de los cuales echó grandes gritos, tales que no hubieran podido creer tus oídos. Finalmente llegamos a estar tan de acuerdo, que puedo decirte que parecía haber sido criada en una escuela de putas.[109]

El hallazgo de indígenas belicosos conturbó a Colón. Dudoso sobre la suerte corrida por los náufragos que había dejado en el fuerte Navidad, pasó de largo frente al rosario de las islas antillanas, Montserrat, Antigua, Vírgenes y San Juan (Puerto Rico), y puso proa a La Española, donde esperaba encontrar a los treinta y nueve españoles que dejó allí once meses atrás.[110]

---

109. Salas, 1970, p. 23.
110. Calendario de estos descubrimientos colombinos: Deseada (hoy La Désirade), 3 de noviembre; Marigalante (hoy Marie-Galante), 3 de noviembre; Todos los Santos (hoy Saintes), 3 de noviembre; Dominica, 3 de noviembre; Guadalupe, 4 de noviembre; Montserrat, 11 de noviembre; Antigua, Redonda, ¿12 de noviembre?; Nieves (hoy Nevis), 11 de noviembre; Barbuda, San Cristóbal (hoy Saint Kitts), 12 de noviembre; San Eustaquio (hoy Sint Eustatius), San Bartolomé (hoy Saint Barthélemy), San Martín (hoy Sint Maarten), ¿11 de noviembre?; Anguila (hoy Anguilla), Saba, 13 de noviembre; Virgen Gorda (hoy Virgin Gorda), Santa Cruz (hoy Saint Croix), 14 de noviembre; San Juan (hoy Saint John), 17 de noviembre; y Puerto Rico, 19 de noviembre.

Segundo viaje de Colón

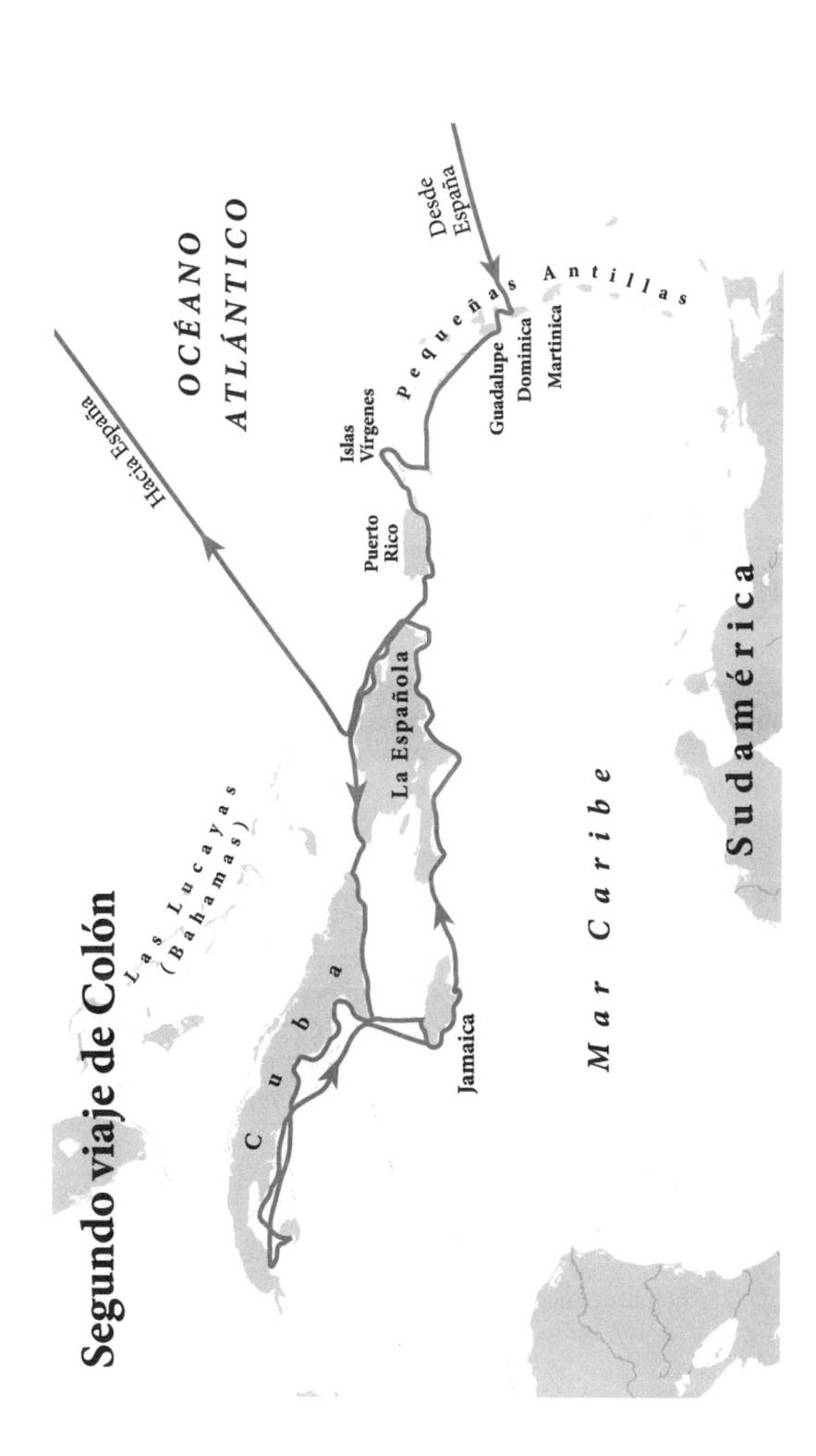

OCÉANO ATLÁNTICO

Hacia España
Desde España

Las Lucayas (Bahamas)
Pequeñas Antillas
Islas Vírgenes
Guadalupe
Dominica
Martinica
Puerto Rico
La Española
Cuba
Jamaica
Mar Caribe
Sudamérica

CAPÍTULO 22

Tragedia en el fuerte Navidad

El encuentro con salvajes menos mansos y pacíficos de lo que pregonaban Chozalhombro y los otros veteranos que acompañaron a Colón en el primer viaje no desanimó a los colonos.

—Peores que los moros no han de ser —razonaba uno—. Y en estas vegas que estamos viendo, una vez rozadas, se van a criar muy a su sabor trigos, olivos y vides.

Otros como él, no menos animosos, iban fiados en que, en cuanto echaran anclas, no les sería difícil cumplir sus sueños de hacer fácil fortuna en aquella tierra rica y despoblada.

Pronto les sobrevino el desengaño. La primera señal funesta fue hallar dos cadáveres en el agua, atados a sendas cruces y tan hinchados y desfigurados que no se distinguía si eran españoles o indios. Poco después las sospechas se confirmaron al encontrar un cadáver barbado (los indios eran imberbes), que no pudieron identificar debido a su avanzado estado de descomposición.

Llegaron al fuerte Navidad y lo encontraron arrasado, los maderos quemados y algunos cadáveres de españoles diseminados por el yerbazal, insepultos.

¿Qué había pasado?

El taíno que les salió al encuentro les explicó, como dice Colón en su carta a los reyes:

> Los hombres que yo había dejado en la ciudad riñeron, y uno mató a otro. Pedro, el repostero del rey, había marchado con bue-

na parte de la gente a la tierra del rey Cahonaboa [Caonabó], donde hay mucho oro; un vizcaíno, que se llama Chacho, se había ido con otros vizcaínos y mozos; solamente quedaron en el fuerte Diego de Arana de Córdova con once hombres de los que tres murieron de una enfermedad que ellos mismos decían que la causaba el mucho trato con mujeres. Cada uno de los que quedaron en el fuerte tomaron cuatro mujeres, pero no tenían bastante y les tomaban a los indios las muchachas. El comienzo de la discordia fue que, después de ausentarme, ninguno quiso obedecer mis instrucciones ni apañar oro salvo para sí, sino Pedro, repostero, y Escobedo, al que dejé a cargo de todas las cosas. Y que los otros solo pensaban en las mujeres y vivían en casa de ellas. Pedro y Escobedo mataron uno que se llamaba Jácome; y después se fueron con sus mujeres a este Cahonaboa —es decir, a la tierra de este rey—; y pasado cierto tiempo vino Cahonaboa y de noche incendió la villa, que ardió por completo, lo que es una pena porque otra población tan grande ni de tan hermosas casas no he visto en todas las Yndias. Huyó Guacanagarí con toda su gente, hombres, mujeres y niños, y requirió a los cristianos que fuesen con él. Ocho huyeron al canal y se ahogaron y a tres los mataron mientras dormían.

Colón deduce que la tragedia ocurrió por desobedecer sus prudentes órdenes:

Si se rigieran según mi instrucción de que dejaran tranquilas a las mujeres de los indios, y nunca saliesen de la fortaleza más que en grupos de seis, hubiera ocurrido de otro modo, pero como se vieron tan seguros y superiores de los indios, y siendo gente tan elemental si exceptuamos a dos o tres criados míos y a Pedro el repostero, se entregarían a los excesos y a las mujeres, lo que a la postre determinó su muerte.

El cacique Guacanagarí se excusaba de comparecer porque convalecía de una herida en la pierna que cobró por defender a los españoles.

Fue Colón a verlo y aprovechó para que el médico examinara la pierna lastimada. Quitadas las vendas resultó que la tenía tan sana como la otra.

Era evidente que Guacanagarí mentía. ¿Estaría implicado en el asesinato?

A Colón se le planteaba una peliaguda cuestión. ¿Qué hacer? ¿Ahorcaba al indio o fingía tragarse sus patrañas? Un ajusticiamiento del cacique le hubiera enajenado a la población nativa. Prudentemente, fingió creerlo, y renovó con él las promesas de amistad y colaboración.

Obsesionado como estaba con el oro, Colón hizo cavar el interior del fuerte por si los colonos asediados por los indios habían enterrado algún tesoro.

—Nada. Aquí no hay nada.

Apremiaban otros asuntos. Más le valía no demorar el desembarco de los colonos para que comenzaran a cultivar la tierra cuanto antes y pudieran mantenerse por sí mismos.

Lo adecuado habría sido fundar una factoría al estilo de las portuguesas en el norte de África, mezcla de puerto, mercado y almacén fortificado, para intercambiar productos con los nativos (la vieja práctica de los fenicios), pero los reyes, queriendo apropiarse del territorio y no solo de sus recursos, le exigieron a Colón que poblara (la práctica común en el territorio arrebatado por Castilla a los moros desde el siglo XIII).[111]

El almirante buscó un lugar que le pareció a propósito, desembarcó a los colonos con sus cerdos, caballos, gallinas, aperos y simiente, y fundó la primera población europea, la Villa Isabela (cerca de la actual Luperón), aguas azul turquesa y suaves mareas.

Colón podía ser un consumado explorador, eso nadie lo discute, pero como colonizador resultó una calamidad. Fue a fundar su primera colonia justo en medio del callejón eólico por el que circulaban los huracanes. Dos años escasos duró el poblado

---

111. *Diose grandísima priesa y puso suma diligencia en edificar luego casa para los bastimentos y municiones del armada, e iglesia y hospital, y para su morada casa fuerte, según se pudo hacer. Y repartió solares, ordenando sus calles y plaza y avecindáronse las personas principales y manda que cada uno haga su casa como mejor pudiese. Las casas públicas se hicieron de piedra; las demás, cada uno hacía de madera y paja y como hacerse podía* (De las Casas, 1992).

antes de que sus escarmentados moradores hicieran el petate y se mudaran a otra parte menos ventilada.

Después del fracaso de La Isabela, la nueva ciudad, que se llamó Santo Domingo, se instalaría en un paraje más adecuado, y en la cercanía de arenas auríferas.

El choque cultural entre los dos mundos comenzó a manifestarse en cuanto los recién llegados quisieron convertir a los taínos al cristianismo. Dada la dificultad de entenderse, a los frailes evangelizadores les parecía que los taínos aceptaban prontamente la verdadera religión al verlos imitar los gestos piadosos como arrodillarse ante el sagrario o santiguarse, pero cuando intentaban arrebatarles sus ídolos se resistían y no lo entendían.[112]

En lo tocante a la fecundidad de la tierra, se produjo también un desengaño: en el clima tropical las semillas traídas de Europa germinaban enseguida, pero luego se agostaban con la misma facilidad.

Las provisiones se agotaban, y la colonia no producía nada. Los colonos *estaban descontentos y fatigados por la construcción del nuevo pueblo, y extenuados por las dolencias que les traía la calidad del país, nuevo para ellos, la del aire y de los alimentos.* Colón envió de regreso a España a doce carabelas en demanda de provisiones. Mientras tanto los colonos tendrían que acomodarse al pan cazabe de yuca que comían los indios y a los otros condumios que aquella tierra ofrecía con generosidad.[113]

---

112. Escribe el doctor Álvarez Chanca (1495): *Lo que paresce desta gente es que si lengua tuviésemos que todos se convertirían, porque cuanto nos ven facer tanto facen, en hincar las rodillas á los altares, é al Ave María, é á las otras devociones é santiguarse; todos dicen que quieren ser cristianos, puesto que verdaderamente son idólatras, porque en sus casas hay figuras de muchas; yo les he preguntado qué es aquello, dícenme que es cosa de* turey, *que quiere decir del cielo. Yo acometí á querer echárselos en el fuego é hacíaseles de mal que querían llorar; pero ansí piensan que cuanto nosotros traemos que es cosa del cielo, que á todo llaman* turey, *que quiere decir cielo.*

113. El pan cazabe se obtenía de la yuca que, una vez rallada y transformada en pulpa, se exprimía para extraerle el jugo venenoso, y se secaba al sol antes de molerla hasta transformarla en harina, de la que se hacía un sucedáneo de pan que se cocía a la plancha (sobre un budare o

Desembarazado del expediente de fundar una colonia, nuestro inquieto genovés se concentró en su obsesión: encontrar oro. Los exploradores confirmaron la existencia de arenas auríferas en la región de Cibao (actual República Dominicana).[114] Ya fue mala suerte que la región más aurífera de la isla fuera el dominio del cacique más rebelde, Caonabó, el supuesto exterminador de los colonos del fuerte Navidad.

Siempre en busca del dorado metal, el almirante dejó nombrado el concejo de La Isabela, y zarpó rumbo a la isla que había bautizado como Juana (Cuba).

Otra decepción: después de navegar por sus costas durante 333 leguas (unos 1.850 kilómetros), diversos indicios le indicaban que estaba a punto de llegar al extremo de una isla. Entonces suspendió la exploración y decidió que aquello no podía ser una isla, sino Tierra Firme.

—Pues a mí me parece isla —opinó en plan aguafiestas el piloto Juan de la Cosa, aquel por cuya negligencia se perdió *La Santa María* en el primer viaje. Desde entonces a Colón le caía solo regular.

Porfiaron sobre el asunto y al final Colón se empecinó de tal manera en que aquello era Tierra Firme que lo hizo jurar a los setenta hombres presentes, bajo amenaza de cortar la lengua al que se desdijera.

---

comal). Todavía se consume en Venezuela y Honduras, y mucho menos en México.

114. El doctor Álvarez Chanca echó las campanas al vuelo en su informe: *El que fué á Cibao halló oro en tantas partes que no lo osa hombre decir, que de verdad en más de cincuenta arroyos é rios hallaban oro, é fuera de los ríos por tierra; de manera que en toda aquella provincia dice que doquiera que lo quieran buscar lo hallarán. Trajo muestra de muchas partes como en la arena de los ríos é en las hontizuelas, que están sobre tierra, créese que cavando, como sabemos hacer, se hallará en mayores pedazos, porque los indios no saben cavar ni tienen con qué puedan cavar de un palmo arriba. El otro que fué á Niti trajo también nueva de mucho oro en tres ó cuatro partes; ansí mesmo trajo la muestra dello. Ansí que de cierto los Reyes, nuestros Señores, desde agora se pueden tener por los más prósperos é más ricos Príncipes del mundo, porque tal cosa hasta agora no se ha visto ni leído de ninguno en el mundo* (Álvarez Chanca, 1495, p. 9).

—Y a partir de hoy ni media palabra sobre la cuestión. Como queda dicho, el respeto al orden jerárquico garantiza la paz social.

¿Cómo se explica la extraña conducta de Colón? Seguramente ya se había percatado de que Cuba era una isla, pero a él le interesaba dejar constancia de que había tomado posesión de Tierra Firme, lo que en cumplimiento del contrato suscrito con los reyes le daba derechos sobre el continente asiático.

En el viaje de regreso exploraron Jamaica, a la que Colón llamó Santiago, y describió con la acostumbrada hipérbole como *la cosa más hermosa del mundo*.

Regresó a La Española con una íntima decepción: lo que descubría eran tierras salvajes habitadas por gente primitiva. Nada de Cipango ni Catay (que ya, en el futuro, no volvió a mencionar).

En La Española, Colón se sintió enfermo de *una modorra pestilencial, que le quitó el uso de los sentidos y todas sus fuerzas*. ¿Tifus exantemático o simple depresión provocada por su fracaso?[115]

Cuando estuvo restablecido, el almirante encomendó el gobierno de la colonia a sus hermanos Diego y Bartolomé, y él se dirigió, siempre en pos del oro, a la Vega Real, el nombre con el que rebautizaron el yacimiento principal de Cibao.

Mientras tanto, los colonos de La Isabela no conseguían mantenerse a pesar de los ímprobos esfuerzos. Aquello distaba de ser el país de Jauja que les habían descrito en España.

—Paréceme que acá no atan los perros con longanizas —comentaba Medinilla.

—Más bien se los comen.

---

115. Probablemente la modorra era el tifus que viajó de Chipre a España en 1489 y causó una gran mortandad entre los cristianos que asediaban Granada. El tifus prosiguió su avance en las naves de los descubridores, y los acompañó eficazmente en la conquista de América y aun después. En México se testimonian brotes de tifus en 1526, 1533, 1536, 1564, 1588 y 1596. Los españoles lo conocían como *tabardillo* o *tabardete;* los mexicas lo llamaban *matlazáhuatl*, y los incas, *occelasta*.

Ni la tierra era rica, ni el oro abundaba, ni aparecían las buscadas especias por ninguna parte. El lujuriante verdor de la tierra que había encantado a los primeros colonos tenía la contrapartida de un calor húmedo, pegajoso y agobiante, al que no estaban acostumbrados. Y por la noche pululaban unos mosquitos enormes.

Tampoco los indios resultaron tan amables como los colonos esperaban. Un sabio proverbio inglés reza: *Guests and fish, the third day stink,* «Los invitados y el pescado apestan al tercer día». Los indígenas taínos distaban de ser ingleses, pero pasado cierto tiempo fueron perdiendo su entusiasmo por agasajar a los abusones españoles que les devoraban las reservas de alimentos. Incluso las indias, al principio tan entregadas, se negaban a hacerlo de balde con los nuevos pobladores. ¿Qué había ocurrido? Escocidas por las abusivas demandas de los barbados garañones, se mostraban esquivas, y antes de darse exigían la correspondiente remuneración.[116]

---

116. Que las mujeres indias no eran ya tan asequibles como al principio lo demuestra el hecho de que entre las primeras instalaciones de Santo Domingo (la nueva ciudad fundada tras el fracaso de La Isabela) hubo un burdel regentado por una tal Teresa de Baeza y su marido Pedro Daza. A este siguió el de Juan Cantero Sarmiento, autorizado por Carlos V a edificar una *casa de mujeres públicas por la honestidad de la ciudad y mujeres casadas de ella y por excusar otros daños e inconvenientes* (Real Cédula dada en Granada, 21 de agosto de 1526). Se quejaron los dominicos de que el establecimiento los desedificaba por estar aledaño a su convento, y el rey mandó alejarlo en 1531. Ese mismo año se licenció a Bartolomé Cornejo para abrir otro burdel en Puerto Rico; se ve que el negocio iba en alza.

CAPÍTULO 23
Pulseras para un rebelde

Caonabó, rey de Cibao, el cacique más rebelde a la penetración española, estaba casado con Anacaona, hermana de otro cacique de la isla, Bohechío, de Jaragua. Los dos cuñados contaban con un tercer aliado, Iguanamá, cacique de la región de Higüey.

En previsión de los ataques de Caonabó, Colón construyó el fuerte de Santo Tomás (1494), y asignó al capitán Alonso de Ojeda la tarea de contener desde él a la indiada.

Ojeda era un veterano de la guerra de Granada, un guerrero tan hábil con las armas que *había participado en casi mil duelos a muerte y nunca nadie consiguió herirle*. No obstante, en el caso del cacique Caonabó prefirió usar el ingenio. Conociendo que los nativos apreciaban sobremanera los objetos de hierro o latón y los tenían por *turey,* la sustancia del cielo, se atrajo a Caonabó con el pretexto de entregarle unas brillantes pulseras de *turey* que le enviaban sus colegas, los soberanos de España. El halagado cacique se dejó imponer unos grilletes, ignorante de su verdadera función.[117] Su hermano Manicatex intentó rescatarlo, y juntan-

---

117. El astuto Ojeda le hizo creer *que sus soberanos le habían mandado un regalo de turey de Vizcaya. Téngase en cuenta que llamasen al latón* turey, *e a los otros metales que habíamos traído de Castilla, por la grande estima que dello tenían como cosa venida del cielo, porque llamaban* turey *al cielo.* Caonabó estaba entonces *muy cudicioso de ver su presente de* turey *de Vizcaya y probar su virtud* (Herrera y Tordesillas, 1601, II, p. 75).

do fuerzas se enfrentó a los españoles en la llamada batalla de la Vega Real (24 de marzo de 1495), en la que los españoles vencieron fácilmente debido a su superioridad en armas y tácticas. En esta batalla participaron hasta veinte caballos y otros tantos grandes perros de presa, un arma temible contra los indios.

> Muy gran guerra haze acá un perro —escribe Colón—, tanto que se tiene apresçio su compañía como diez hombres, y tenemos d'ellos gran necesidad.[118]

Colón decidió enviar a España al cacique Caonabó para someterlo a la justicia real. Lo expidió el 24 de febrero de 1496 junto a quinientos de los indios capturados en la campaña de Vega Real (los primeros esclavos indios enviados a España). Caonabó falleció, según unos, en el naufragio de la flota; según otros, por causas naturales durante el viaje. Su esposa Anacaona, cacica de Jaragua por muerte de su hermano Bohechío, prolongó la resistencia indígena cuatro años más (1496-1500), hasta su derrota y ejecución.[119]

---

118. Varela, 1992, p. 296. El lugar de la batalla se suele localizar a cien kilómetros de La Isabela, en el llamado Santo Cerro (en memoria de la supuesta milagrosa intervención de la Virgen de las Mercedes a favor de los cristianos).

119. Anacaona es, para los indigenistas, la heroína nacional de Santo Domingo. Sobre su figura se han vertido toda clase de fantasías, alabando su hermosura e inteligencia. Existen dos versiones contrapuestas de su conflicto con los españoles: ellos la atrajeron a una trampa y acabaron con los notables de su pueblo y con ella misma; o ella pretendía atraerlos a una trampa, pero le conocieron la intención y la madrugaron, como se dice por allá. Tal como lo cuenta Bartolomé de las Casas fue así: *Después de muerto el rey Behechío quedó en el reino por señora Anacaona. Aquí llegó una vez el gobernador que gobernaba esta isla con sesenta de caballo y más trecientos peones, que los de caballo solos bastaban para asolar a toda la isla y la Tierra Firme, y llegáronse más de trecientos señores a su llamado, seguros, de los cuales hizo meter dentro de una casa de paja muy grande los más señores por engaño, y metidos les mandó poner fuego, y los quemaron vivos. A todos los otros alancearon y metieron a espada con infinita gente, y a la señora Anacaona, por hacelle honra, ahorcaron.*

Colón se mostró un pésimo gobernante. Obsesionado con el oro, intentó convertir en mineros a los nativos, lo que provocó que muchos de ellos escaparan a las montañas lejos de las zonas pobladas por españoles. Los dos funcionarios de la Corona que gozaban de cierta independencia en la isla, el fraile Bernardo Boil, primer vicario en las Indias, y el capitán Pedro Margarit, determinaron regresar a España para denunciar las arbitrariedades de Colón y sus hermanos.[120]

Los testimonios de los dos funcionarios, unidos a los de otros colonos escarmentados que regresaban a España, se unieron a las voces que en la corte acusaban a los hermanos genoveses de *malversadores de la sangre española* (Pedro Mártir).[121]

120. Pedro de Margarit era ampurdanés, y Bernardo Boil, un benedictino de Montserrat, lo que demuestra que, contra lo divulgado por algunos historiadores separatistas, hubo presencia catalana en América desde el momento mismo del descubrimiento. También fue el catalán Ramón Pané, fraile de la Orden de los Jerónimos, llegado con los colonizadores del segundo viaje colombino, el primero en bautizar a un indio, el 26 de septiembre de 1496 en La Española. Le impuso los nombres de Juan Mateo, por ser el día de San Mateo. Este fraile compuso una *Relación acerca de las antigüedades de los indios* y aprendió la lengua taína. Catalán era Joan de Grau i Ribó, noble barón de Toloríu, que acompañó a Hernán Cortés en la conquista de México y se casó o convivió con la princesa Xipaguazin, hija de Moctezuma II, cristianizada como María de Moctezuma. Regresó con ella a su señorío de Toloríu en Cataluña, donde murió en 1537. Joan Orpí i del Pou, *pacificador d'indis,* fundó Nueva Barcelona en la actual Venezuela. En el siglo XIX muchos potentados catalanes se enriquecerían con las haciendas de caña de azúcar cubana. Pues bien, en sus inicios es un catalán precisamente el que empieza a explotarla, como testimonia Fernández de Oviedo: *Lo que mucho ha multiplicado es azúcar, que hay al pie de treinta ingenios y trapiches ricos. Plantó cañas de azúcar primero que otro ningún español, Pedro de Atienza. El primero que lo sacó fue Miguel Ballestero, catalán* (Fernández de Oviedo, 1950, capítulo 35). Para mayor abundancia en lo dicho, véase VV. AA. en la bibliografía.

121. El hijo de Colón, Diego, recordaría años después los desprecios de los que fue objeto en la corte cuando era paje del príncipe don Juan: *Mirad los hijos del Almirante* —decían a su paso—, *los mosquitillos de*

Temeroso de que estas opiniones contrarias hicieran mella en los reyes, Colón regresó a España en marzo de 1496 para contrarrestarlas e informar de su buen gobierno. Para el regreso no siguió la ya consagrada «vuelta de poniente» seguida en su primer viaje, la que aprovecha favorables corrientes y alisios. Por el contrario, descendió hasta una latitud tan baja que entró en la región de los vientos contrarios.

¿Por qué siguió esa ruta absurda y casi suicida? Probablemente porque el ansia viva lo perdía, porque quiso aprovechar el tornaviaje para descubrir nuevas islas, las que reiteradamente dibujaban en medio del océano los mapas medievales. También los portugueses las buscaban cuando llegaron al Brasil.

La aventura estuvo a punto de costarle la vida. Después de tres meses de fatigosa navegación, agotadas las provisiones y perdidos en medio del océano, los marinos de Colón se vieron tan aquejados de hambre que...

> ... muchos, como caribes, querían comerse los indios que llevaban; otros por economizar lo poco que les quedaba, eran de parecer que se les tirase al mar; y lo habrían hecho si el Almirante no se mostrase bastante severo en impedirlo, considerando que eran sus prójimos y cristianos, y por esto no se les debía tratar menos bien que a los demás.[122]

---

aquel que ha hallado tierras de vanidad y engaño para sepulcro y miseria de los hidalgos castellanos (Colón, 1984).

122. Sucesos del 8 de junio de 1496 relatados por Hernando Colón, 1947, capítulo 64, p. 233. Tres días después tocaron tierra en Cádiz, y pudieron reponer fuerzas. A lo largo de la conquista veremos que a veces los españoles se ven precisados a comer carne humana. El primer caso parece que fue el de la expedición de Juan de la Cosa a Tierra Firme en 1504. Llegados a Urabá, algunos de sus hombres, *viéndose en extrema necesidad, mataron a un indio que tomaron, e asaron la asadura, e la comieron e pusieron a cocer mucha parte del indio en una gran olla, para llevar que comer en el batel donde iban los que esto hicieron. Y como Johan de La Cosa lo supo, derramoles la olla que estaba en el fuego a cocer aquella carne humana, e riñó con los que entendían en este guisado, afeándolo* (Fernández de Oviedo, 1950).

Colón no encontró a los reyes tan afables como la vez primera. No era solo que estuvieran informados de sus escasas aptitudes para el gobierno. Es que, además, les pesaba la ligereza con la que firmaron las Capitulaciones de Santa Fe, concediéndole tantos privilegios sobre las tierras por descubrir.[123] Para enmendar el fallo, estaban expidiendo licencias de *descubrir islas y Tierra Firme de la parte de las Indias* a los patrones andaluces, a los que el tratado con Portugal impedía bajar a la Guinea. Estos

123. Varias expediciones habían seguido el camino abierto por Colón: el genovés Juan Caboto (1497 y 1498), financiado por el rey de Inglaterra, intentó, en repetidos viajes, encontrar un camino a la especiería por el Atlántico Norte. Se especula con la idea de que explorara las costas de Labrador, Terranova y Nueva Inglaterra, y que llegara a Groenlandia, pero lo cierto es que jamás regresó de su tercer viaje, ni se supo más de él. El portugués Gaspar de Corte Real partió en 1500 de Lisboa y bordeó Terranova. Al año siguiente se embarcó en una segunda expedición con su hermano Miguel y exploró las costas de Labrador y Terranova, desde donde Miguel regresó a Lisboa, mientras Gaspar continuaba hacia el sur, un viaje del que jamás regresó. Salió en su busca su hermano Miguel, y también se lo tragó el mar. En vista de los escasos rendimientos de la inversión, los ingleses se desentendieron de la exploración de las tierras atlánticas durante un siglo. Finalmente, otro explorador portugués, Pedro Álvares Cabral (1500), tocó la costa noreste de Brasil (perteneciente a Portugal según el Tratado de Tordesillas) y la llamó Isla de la Vera Cruz para después continuar por las costas de África y el océano Índico hasta Calicut (hoy Calcuta). De este modo evitó costear África y pasar las calmas ecuatoriales (que los ingleses llaman *doldrums*). El rey de Francia también intentó explorar por su cuenta enviando a Jean Cousin (1498). Curiosidad: en el río Taunton, en Berkley (Massachusetts), existe un bloque de arenisca de cuarenta toneladas en el que se detectaron unas cruces de Cristo (típicamente portuguesas) y la inscripción *miguel cortereal v[oluntate] dei hic dux ind[iorum] 1511* («Miguel Cortereal, por voluntad de Dios caudillo de los indios, 1511). El bloque se ha elevado para preservarlo de las aguas, y en torno a él se ha construido un edificio museo que lo proteja (hoy llamado Museo de Dighton). Los autores más serios consideran falsas esta y otras inscripciones, pero los patriotas portugueses han conseguido que el Museo de la Marina Portuguesa (Lisboa) exhiba una reproducción de las inscripciones. La falsa arqueología siempre dispuesta a disipar los enigmas históricos.

patrones organizaron una serie de «viajes menores», costeados de su bolsillo, que resultaron productivos en descubrimientos geográficos, pero desastrosos en lo económico, porque no cubrían gastos.[124]

[124]. Estos son los llamados viajes menores, o andaluces, que se fletaron entre 1499 y 1502. Aprovechando la corriente norecuatorial (o tropical) y los vientos alisios, exploraron las costas de Sudamérica desde Argentina a Panamá. En mayo de 1499 partieron de puertos andaluces tres expediciones. La primera fue la de Alonso de Ojeda (guiado por Juan de la Cosa, el piloto de Colón) y en compañía de Américo Vespucio, autor luego del famoso mapa, gracias al cual el Nuevo Mundo recibiría su nombre, América (con todo mérito, hay que añadir, ya que fue el primero en deducir que América era un continente nuevo, distinto de Asia). Exploraron la costa del Pomerún, el Orinoco, Margarita y Venezuela (la Pequeña Venecia), que bautizaron así porque vieron indios en palafitos, y de regreso cargaron palo de Brasil en La Española para rentabilizar el viaje. La segunda expedición, la de Pedro Alonso Niño, con los hermanos Guerra, exploró la costa de Venezuela y se detuvo a explotar el yacimiento de la isla Margarita, donde obtuvieron noventa y seis libras de perlas, que intentaron contrabandear por Bayona sin satisfacer el quinto real, lo que les valió pena de cárcel. La tercera expedición, la de Vicente Yáñez Pinzón, arrumbó al sur hasta perder de vista la Estrella Polar y llegó a las costas de Brasil meses antes de su presunto descubrimiento por el portugués Cabral, y a la desembocadura del Amazonas (Santa María del Mar Dulce) y a las del Orinoco (río Dulce), pero comercialmente resultó un fracaso por sus escasos rescates. A estas expediciones siguieron la de Diego de Lepe (enero de 1500); la de Alonso Vélez de Mendoza y Luis Guerra (septiembre de 1500), financiada por el baezano Alonso de Córdoba, que regresó con un cargamento de esclavos del Brasil, y la del sevillano Rodrigo de Bastidas con Juan de la Cosa (febrero de 1501), que exploró la península de La Guajira hasta el golfo de Urabá, el istmo de Panamá y el río Magdalena. Todas ellas recorrieron la costa de Sudamérica en busca del paso que los llevara a la especiería. Como no lo hallaron, las siguientes expediciones apuntaron al norte.

CAPÍTULO 24

La carrera por la especiería

Colón se hospedó en casa de su amigo Andrés Bernáldez, cura de almas en la localidad sevillana de Los Palacios. Corría la especie en España de que aquellas tierras que había descubierto no eran las Indias,[125] y que para llegar a la especiería habría que recorrer otro tanto, dadas las dimensiones de la Tierra.

Empeñado en demostrar lo contrario, siempre atendiendo a su ganancia, Colón adquirió una serie de libros de prestigiosos autores antiguos para demostrar que había llegado a Asia o a sus aledaños.[126]

---

125. Incluso un tal doctor Francisco de Cisneros había publicado un memorial en el que se razonaba tal atribución. Y en 1495 un profesor de Salamanca, Francisco Núñez de Yebra, había publicado una edición de la *Corographia* de Pomponio Mela en la que mencionaba las nuevas tierras descubiertas *que de manera abusiva algunos llaman Indias*.

126. Obras de Ptolomeo, Posidonio, Marino de Tiro, o las de recientes humanistas como Pedro de Ailly, autor del *Tractatus de Imago Mundi* (1480), o Eneas Silvio Piccolomini (más conocido como papa Pío II), autor de una *Historia rerum ubique Gestarum* (1477), que Colón llena de anotaciones al margen. En la del cardenal Pierre d'Ailly podía leerse: *El océano que se estrecha entre la extremidad de la más lejana España y el límite oriental de la India no es muy ancho. Es evidente que el mar es navegable en pocos días con viento propicio.* Estos libros se conservan en la Biblioteca Colombina de Sevilla, junto con los preciosos añadidos de su hijo Hernando, gran bibliófilo. Como dice el profesor José Luis Comellas: *He*

El almirante seguía siéndolo, pero su crédito vivía horas bajas. Los reyes lo dejaron en el dique seco por espacio de tres años, hasta que los alarmó la noticia de que el rey de Portugal había enviado a Vasco de Gama en viaje directo a la especiería. Urgía adelantárseles y encontrar, de una vez por todas, el camino de Occidente. En vista de los magros resultados obtenidos por sus otros exploradores, que recorrían las costas americanas sin encontrar el paso a la especiería, los reyes confiaron nuevamente en Colón.[127]

—Como gobernante será una calamidad, y para colmo nos ha resultado marrullero y ladrón —diría Fernando—, pero como explorador parece más ducho que sus colegas.

Ese fue el objeto principal del tercer viaje del almirante *por mares que se sepa nunca hasta ahora navegados:* buscar el paso a la especiería.

Esta vez no hubo exceso de voluntarios. Los que regresaban desengañados de La Española habían divulgado que aquella tierra distaba de ser tan rica como se prometía, y que los que allá quedaron estaban sujetos a peligros, enfermedades, escasez y toda clase de calamidades, aparte de que las nativas guardaban más que antes sus bisectrices, que ya los iban conociendo y los rehuían. Hubo que publicar bandos avisando de que la justicia perdonaba a todo delincuente que se alistara.

Colón partió de Sanlúcar el 30 de mayo de 1498 con tres naves, dos carabelas (*Vaqueños* y *Correo*) y una nao (*Santa María de Regla*).[128]

---

aquí que las obras que siempre se han creído fuentes de la idea colombina de llegar a Asia atravesando el Atlántico no son la causa, sino la consecuencia del descubrimiento y producto del afán del almirante por mostrar que América es Asia *(Comellas, 2005, p. 243).*

127. En los doce años que siguieron al descubrimiento de América se realizaron más de ochenta viajes clandestinos. Algunos de ellos financiados por España, Portugal y otros poderes europeos que los mantenían en secreto (Toribio Medina, 1797, tomo 1, capítulo 3).

128. En realidad, partió con seis naves, pero tres de ellas iban cargadas con suministros para La Española, y se le separaron en las Canarias. En ellas viajaban treinta mujeres.

Al igual que otras veces, Colón prefirió seguir un rumbo nuevo. No quería islas caribes que se interpusieran entre él y el oro de Cipango. Con esta idea *navegué al austro* —o sea, más al sur—, *con propósito de llegar a la línea equinoccial y de allí seguir a poniente.*

Colón esperaba encontrar a la altura del ecuador un mar despejado, la misma creencia que llevó a los portugueses a pensar que África era cuadrada y que en llegando a su equinoccio encontrarían abierto el camino hacia la India. Lo espoleaba la esperanza de un mar despejado por el que acceder a las tierras descritas por Marco Polo: no solo los tejados de oro de Cipango, sino Catigara (Malaca), el Queroseno de Oro (Indonesia), la Trapobana (Ceilán o Sri Lanka), el Sinus Magnus (golfo de Bengala) y la propiamente llamada India. Tampoco descartaba llegar a otras islas atlánticas más ricas que las Antillas, las que había buscado tres años atrás en el tornaviaje.

La derrota sureña lo llevó a la isla de Boa Vista, en el archipiélago de Cabo Verde, leprosería portuguesa donde los enfermos trataban su mal con sangre de tortuga boba. Allí completó su despensa viva con una manada de cabras. Después prosiguió la navegación hasta que...

> Me desamparó el viento, y entré en tanto ardor y tan grande que creí que se me quemasen los navíos y gente [...] que no había persona que osase descender debajo de cubierta a remediar la vasija y mantenimiento. Duró este ardor ocho días, al cabo de los cuales, con buen viento, prosiguió su camino al poniente; más no osé declinar más abajo porque hallé grandísimo mudamiento en el cielo y las estrellas.

¿Qué ocurrió? Que al aproximarse al ecuador, aparte de las calmas ecuatoriales, la Polar y otras estrellas conocidas se perdían en el horizonte, mientras que aparecían otras nuevas y desconocidas. Colón, mediocre navegante de altura, ignoraba cómo determinar la posición de su nave mediante la declinación o altura solar, un arte que dominaban perfectamente los portugueses.[129]

---

129. Morales Padrón, 1973, p. 113.

En vista del *mudamiento de las estrellas,* nuestro marino rectificó el rumbo, y porque el agua potable se estaba terminando, puso proa a las *Indias de los caníbales* y tras unos días de navegación, el 30 de julio, avistó tres montañas de una isla que nombró Trinidad (y así se sigue llamando, frente a las costas de Venezuela). En aquella isla vieron *casas y gente, y muy lindas tierras hermosas y verdes como las huertas de Valencia en marzo,* habitadas de unos nativos *más blancos que otros que se hayan visto en las Indias.* Aquellas costas correspondían a la latitud de las africanas de Sierra Leona, donde el oro abundaba. ¿Habría una equivalencia mineral en esta latitud? El afán de hallar oro se le despertó entonces al almirante, si es que alguna vez lo tuvo dormido.

Dado que estaban cerca del ecuador, también esperaba el almirante que los nativos fueran tan negros como los de Guinea, pero resultaron ser de piel incluso más clara que los antillanos.[130] Esto le pareció indicio de que habían llegado a la India.

Enseguida saldrían de dudas. Explorando la costa, dos días después, les salió al encuentro una larga canoa con veinticuatro nativos *de muy lindo gesto y hermoso cuerpo y los cabellos largos y llanos cortados a guisa de Castilla,* que se detuvo recelosa a cierta distancia de la nave. Los marineros les hacían gestos amistosos para que se acercaran, pero los nativos se mantenían a distancia, observando.

> Hice subir un tamborín en el castillo de popa que tañese y unos mancebos que danzasen, creyendo que se allegarían a ver las fiestas —cuenta el almirante—. Y, luego que vieron tañer y danzar, todos dejaron los remos y echaron mano a los arcos y los encordaron, y abrazó cada uno su escudo y comenzaron a tirarnos flechas.

Se conoce que los indios no apreciaban la música, o quizá fuera que el sonido de los tambores los asustó.

—¡A las ballestas! —dijo Colón.

---

130. Según Aristóteles, el sabio griego considerado infalible en la Edad Media y aún después, el color de la piel de los pueblos se adaptaba a la latitud terrestre en la que vivían.

Las ballestas eran más potentes que los arcos. En cuanto lo advirtieron, los indios retomaron los remos y se alejaron.[131]

Otro día, el almirante avistó uno de los caños del Orinoco. El agua bajaba *con tanta furia como hace el Guadalquivir en tiempo de avenida.* Los marineros asistieron admirados al fenómeno de la *pelea del agua dulce con la salada,* el encuentro del Orinoco con la marea viva ascendente, lo que los nativos llamaban en tupí-guaraní *pororó-ká,* o «gran estruendo» (de donde procede el localismo *pororoco*).

131. Los indios de la zona estaban bastante evolucionados: conocían los metales (una aleación de cobre y oro) y *enherbolaban sus flechas* con el yare, un veneno que obtenían de la yuca amarga (ácido prúsico), y el curare, obtenido a partir de cocimientos de plantas del tipo *Menispermaceae* y *Loganiaceae,* abundantísimas en las regiones cálidas, cuyos alcaloides producen la parálisis progresiva y, finalmente, la asfixia.

Tercer viaje de Colón

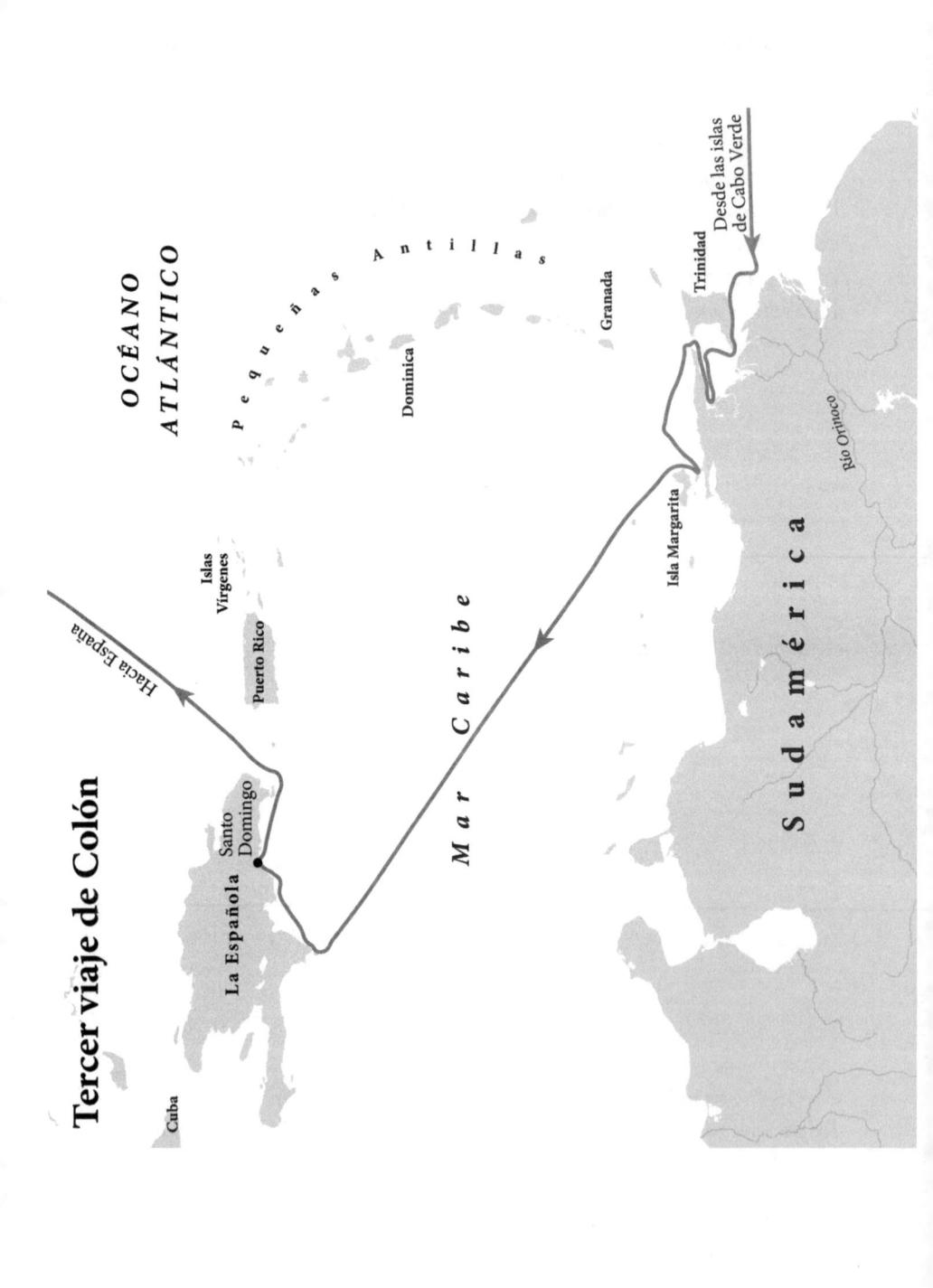

OCÉANO ATLÁNTICO

Cuba
La Española
Santo Domingo
Hacia España
Puerto Rico
Islas Vírgenes

Pequeñas Antillas
Dominica
Granada
Trinidad
Desde las islas de Cabo Verde

Mar Caribe

Isla Margarita

Sudamérica
Río Orinoco

CAPÍTULO 25
Colón en el paraíso terrenal

¡El Orinoco, el río de los trescientos caños! Un laberinto de manglares cubiertos de espesa arboleda en la que es difícil orientarse.[132] Colón dedujo que estaban en una masa de tierra continental: una isla, a no ser que fuera enorme, no podría albergar un río tan caudaloso. Aquello era una *Tierra Firme grandísima,* de la que hasta entonces *no se ha sabido.*
¿Qué tierra?
El paraíso terrenal, pensó Colón, que estaba en Asia, naturalmente.

La Sagrada Escritura testifica que Nuestro Señor hizo al paraíso terrenal y en él puso el árbol de la vida, y de él sale una fuente de donde resultan en este mundo cuatro ríos principales. Ganges en India, Tigris y Éufrates en [... falta en el original] los cuales apartan la sierra y hacen la Mesopotamia, y van a tener en Persia, y el Nilo que nace en Etiopía y va en la mar en Alejandría. Y no hallo ni jamás he hallado escritura de latinos ni de griegos que certifica-

132. Los manglares son biotipos tropicales formados por arbustos tolerantes a la sal, que se aferran con sus raíces al sustrato marino y se multiplican hasta formar islas que desafían temporales, tormentas y mareas. Uno puede bucear entre inofensivos tiburones caribes («cabeza dura»), pero no faltan cocodrilos, de costumbres afortunadamente nocturnas, ni sociables iguanas que comen en la mano cuidando de no morderla.

damente diga el sitio de este mundo del paraíso terrenal, ni visto en ningún mapamundo, salvo situado con autoridad de argumento. Algunos le ponían allí donde son las fuentes del Nilo en Etiopía; mas otros anduvieron todas estas tierras y no hallaron conformidad de ello en la temperancia del cielo [...]. Algunos gentiles quisieron decir por argumentos que él era en las islas Fortunatas, que son las Canarias, etc. [...] Grandes indicios son estos del paraíso terrenal, porque el sitio es conforme a la opinión de estos santos y sacros teólogos, y asimismo las señales son muy conformes, que yo jamás leí ni oí que tanta cantidad de agua dulce fuese así dentro y vecina con la salada; y en ello ayuda asimismo la suavísima temperancia. Y si de allí del paraíso no sale, parece aún mayor maravilla, porque no creo que se sepa en el mundo de río tan grande y tan hondo.[133]

Finalmente pisaron tierra continental en la península de Paria, junto a las bocas del Orinoco. Colón creía estar en una isla que llamó Gracia.

Vinieron a la nao infinitísimos en canoas, y muchos traían piezas de oro al pescuezo y algunos atados a los brazos algunas perlas: holgué mucho cuando las vi, e procuré mucho de saber dónde las hallaban.

¿Adónde acudir? Como el asno de Buridán que murió de hambre y de sed porque no se decidía qué hacer primero, si beber o comer, teniendo agua y alimento a su alcance, Colón dudó entre profundizar en aquella tierra en busca del oro o si marchar al norte donde le habían asegurado que abundaban las perlas. Finalmente se decidió por las perlas y remontando la costa llegó a la isla Margarita, el enorme yacimiento de perlas (que, según algunos autores, había encontrado en el viaje anterior), y de allí, ya directamente, por motivos logísticos, a La Española.

133. Colón justificaba haber encontrado el Paraíso Terrenal con argumentos geodésicos. Según él, la tierra no es esférica, sino parecida a una pera y en su pezón se encuentra el Paraíso del que nacen cuatro ríos caudalosos, entre ellos el Orinoco.

El panorama que encontró Colón en la isla después de tres años de ausencia distaba de ser halagüeño. La colonia estaba descontrolada, porque su hermano Bartolomé contaba con *apenas cuarenta hombres en los que pudieran confiar.*

¿Qué había ocurrido? El veterano de la guerra de Granada Francisco Roldán, al que Colón había promocionado al puesto de alcalde mayor, se había rebelado contra las arbitrariedades e injusticias de los Colón (a los que por algo apodaban *los Faraones*), y al frente de sesenta descontentos de los más bragados, había saqueado la alhóndiga (almacén de los víveres y pertrechos de la colonia) y se había echado al monte con su cuadrilla.

El primer pronunciamiento hispanoamericano fue un tanto atípico: los rebeldes dieron vivas a la reina para significar que su conflicto no era con la Corona, sino con los Colón.

El desdichado Guacanagarí, que hasta entonces se las había arreglado para proteger a su pueblo de los abusones visitantes, no disponía ya de más alimentos que los estrictamente indispensables para salvar a su gente de la hambruna, pero Roldán y los suyos creyeron que trataba de engañarlos y le saquearon el poblado. Después, apremiaron con la misma exigencia a los caciques Manicatex y Bohechío, quienes, escarmentados, se apresuraron a entregar cuanto tenían y se resignaron a hospedar a los rebeldes. Pronto se supo qué clase de vida llevaban:

> [Con] grande aparejo para vivir desenfrenadamente los pecadores hombres, zambullidos en vicios pues tenían las mujeres que querían, tomadas por fuerza o por grado de sus maridos.

Las tres carabelas, que había enviado Colón desde las Canarias con suministros urgentes, avistaron tierra cerca de Xaraguá, el territorio señoreado por los rebeldes. El astuto Roldán recibió con los brazos abiertos aquel regalo llovido del cielo, y no escatimó prosa para convencer a los amoscados marinos de que lo más juicioso era desertar y entregarle el cargamento. Para convencerlos les hizo un ofrecimiento que difícilmente podían rechazar: *En lugar de azadones, manejaréis tetas; en vez de trabajos, cansancio y vigilias, tendréis placeres, abundancia y reposo.*

La existencia que llevaban los rebeldes de Roldán, huéspedes forzosos de los sufridos indígenas, era en verdad reposada. Se habían rodeado de esclavos, y cada cual disfrutaba de su harén particular. El indignado padre Bartolomé de las Casas certifica que ni siquiera...

> ... se preocupaban por andar a pie camino alguno; aunque no tenían mulas ni caballos, sino a cuestas de los hombros de los desventurados indios, o como en litera metidos en hamacas. Además, iban junto con indios que llevasen unas hojas grandes de árboles para hacerles sombra y otros unas alas de ánsar para abanicarlos, seguidos de una recua de indios cargados como asnos [...], con los hombros y las espaldas como de bestias, con mataduras.

Colón hubiera ahorcado al rebelde de buena gana, pero no contaba con fuerzas suficientes. Recuperado el gobierno de la colonia, optó por transigir y pactar.

—Pelillos a la mar, don Francisco —dijo—. Olvidemos lo ocurrido.

—Está bien —dijo Roldán—, pero quiero amnistía general para mis hombres, reparto de tierras y esclavos, y un billete de vuelta gratis para el que quiera regresar a España.

—Todo lo concedo —dijo Colón.

—Y para mí, que me restablezcas con todos los honores en mi antiguo cargo de alcalde mayor.

Colón accedió. Firmaron el trato el 20 de noviembre de 1498.

CAPÍTULO 26
Los esclavos

Oro no aparecía. Especias, tampoco. En esa tesitura, Colón regresó a la vieja idea que venía acariciando desde que desembarcó la primera vez: la trata de esclavos.

En 1493, al regreso de su primer viaje, había sugerido a los reyes la posibilidad de esclavizar a los nativos como hacían los portugueses en África. En las nuevas tierras había *esclavos, cuantos quieras cargar*, o sea, un suministro seguro y constante.

Colón & Cía. (o sea, Colón y sus hermanos) hicieron sus cuentas:

—Cuatro mil esclavos a cinco mil maravedíes por cabeza representan un fortunón, más que el escaso oro que traemos.

Al principio, los reyes consideraron favorablemente esa posibilidad, lo que animó a Colón a reiterar su petición subrayando que cada indio valía por tres negros.[134]

Pasó el tiempo y como los reyes no terminaban de decidirse, Colón se tomó la libertad de enviar a España, en febrero de 1495, trescientos jóvenes *escogidos entre los mejores machos y hembras*. Confrontados con el hecho, los reyes autorizaron su venta en Andalucía.[135]

---

134. Carta relación a los reyes el 20 enero 1494.

135. Los que adquirieron a los indios se llevaron una decepción: los taínos no valían tanto, más bien un negro valía por tres taínos. Como poco después escribiría el cronista Fernández de Oviedo: *Esta gente de su*

Quizá los reyes consintieron al principio la esclavitud de los taínos, porque los portugueses traían esclavos negros de sus factorías africanas. Por otra parte, era costumbre inveterada de los tiempos de la Reconquista esclavizar a los moros prisioneros; pero ¿era lícito comparar a los inofensivos indios con los malvados moros enemigos de la religión?

Cuando la reina católica se encariñó con la idea de que aquellas islas que intentaba colonizar eran tierra española, como Zamora o como Jaén, y, por lo tanto, los indios eran sus súbditos, le asaltaron dudas sobre la licitud de reducir a los indios a la esclavitud. Escrupulosa como era en toda materia de moral, Isabel puso el asunto en manos de una comisión de juristas y teólogos.

En 1500, la comisión emitió su veredicto: los indios son libres; esclavizarlos es pecado.

La reina no titubeó:

—Que devuelvan los esclavos indios a su tierra y los liberen.[136]

Colón no se resignaba a perder su negocio. Llevaba vendidos ya unos dos mil indios (y hay que calcular que al menos otros tantos perecieron en el transporte y sus cadáveres fueron arrojados al mar).

—Pero ¿no decíamos que el enemigo de la Corona que la combate con las armas puede esclavizarse? —argumentó—. Los taínos son pacíficos, de acuerdo, pero los caribes nos hacen cruda guerra, no se someten a la Corona, y sobre ello son caníbales que comen a sus semejantes.

—Bueno —concedió la reina en 1503—, esos sí se pueden

---

natural es ociosa é viciosa, é de poco trabajo. [...] *Facilísimamente se juntan con las mujeres, y aun como cuervos o víboras, y peor; dejando aparte que son grandísimos sodomíticos, holgazanes, mentirosos, ingratos, mudables y ruines* (Fernández de Oviedo, 1950, capítulo 28).

136. El 20 de junio de 1500 los reyes ordenan a Pedro de Torres que entregue a Francisco de Bobadilla los esclavos que tiene en su poder. *Los cuales [indios] agora nos mandamos poner en libertad y habemos mandado al comendador Fray Francisco de Bobadilla que los llevase en su poder a las dichas Indias y haga dellos lo que tenemos mandado* (Fernández de Navarrete, 1853).

esclavizar en justa guerra, aparte de que por ser caníbales no merecen la consideración de personas.[137]

—De aquí en adelante todo indio será caribe —profetizó cínicamente nuestro amigo Chozalhombro, cuando los pregoneros hicieron saber la prohibición.

En efecto, en la lejana Europa, cómo iban a distinguir a un caribe de un taíno. La esclavitud, debidamente justificada en cada caso, subsistió hasta su abolición en 1542.

137. *A todos e cualesquiera personas que con mi mando hubiesen licencia [...] para que hagan guerra a los caribes [...] e los puedan cautivar e cautiven, para llevar a las partes de islas donde quisieren, e porque los puedan vender e aprovecharse dellos sin que por ello caigan ni incurran en pena alguna (ibid.).*

CAPÍTULO 27
El pesquisidor Bobadilla en La Española

Alarmados los reyes por las noticias del mal gobierno de los Colón, enviaron a La Española al pesquisidor Francisco de Bobadilla, un oficial con fama de íntegro y severo, para que averiguara lo que estaba ocurriendo y, si fuera necesario, administrara justicia.

Bobadilla desembarcó en Santo Domingo el 23 de agosto de 1500. Lo acompañaban una tropa de quinientos hombres y unas docenas de indios anteriormente esclavizados por Colón a los que los reyes devolvían la libertad.

El pueblo que encontró el pesquisidor ofrecía un triste aspecto: apenas una casa fuerte almenada donde residían los Colón, que también servía de prisión, una alhóndiga, o almacén de bastimentos, y un par de calles de chozas indias y casucas miserables en torno a una polvorienta plaza en la que, a falta de árboles, se erguían unos cuantos patíbulos con ahorcados recientes pendientes de la soga.

En aquel momento estaba al frente de la colonia Diego Colón, porque el almirante se encontraba buscando oro en la Vega Real, al otro lado de la isla.

Bobadilla no se anduvo con cortesías. Mostró sus credenciales a Diego, se instaló en la casa de los Colón, liberó a unos presos que estaban a punto de ahorcar, y confiscó *dos arcas del almirante, que estaban cerradas y tenían algún oro* y papeles diversos.

En los días siguientes, el enviado real interrogó hasta veintidós testigos. Las declaraciones confirmaron la tiranía y el mal gobierno que los Colón habían establecido en la colonia. Supo que La Española estaba amenazada por la hambruna, porque el almirante y los suyos acaparaban las provisiones de la alhóndiga para encarecerlas y venderlas a precios abusivos (hasta el punto de que a veces se averiaban y no eran de provecho para nadie). La única tahona existente en la ciudad reservaba el pan horneado para la camarilla de privilegiados y sus amantes.[138]

Ítem más, supo Bobadilla que los Colón aplicaban una justicia cruel y desmedida: a un muchacho que había robado trigo le cortaron nariz y orejas, y lo redujeron a la esclavitud.[139]

Supo que, vulnerando las recientes órdenes reales, los Colón no solo mantenían el mercado de esclavos, sino que obstaculizaban el bautismo de los indios que lo solicitaban, para poder esclavizarlos.

Con ser todos delitos graves, quizá el peor fue que los Colón habían falseado las cuentas del oro y las perlas recaudados, de las que correspondía el quinto a los reyes.[140]

Por todo ello, y porque intentaron sublevar a la población contra el enviado real, Bobadilla hizo prender a los Colón y los devolvió a España como reos de delito.

Dolido por el tratamiento del que era objeto, el depuesto Colón escribió a los reyes: *Si yo robara las Indias y se las diera a los moros, no pudieran mostrarme en España mayor enemiga.*

138. Otras mujeres dedicaban sus favores a los principales, que tenían a sus propias prostitutas, al parecer muy bien alimentadas; pues, como dijo Rodrigo Pérez, mientras todos morían de hambre, en la tahona se molía primero *para los señores e después para Carvajal e Coronel, e después para las putas que ellos tenían* (Varela y Aguirre, 2006, p. 157).

139. El testigo Francisco de Sesé declaró: *El Almirante mandó açotar por las calles doze o treze onbres de pro, atados por los pescueços, atrayllados a pie unos en pos de los otros, porque con menester e ambre, según que la tierra estaba entonces, yban a los navíos e rescataban algún peso de oro por pedazos de toçino e por pan e por algún vino para comer, e que no uvo otra causa, e que el pregón dezía: «Porque rescataban e daban oro syn liçençia del Almirante»* (ibid., p. 260).

140. Era una norma fiscal desde los tiempos de la Reconquista que la quinta parte de las ganancias correspondieran al rey. Para controlar la parte del rey suele acompañar a cada expedición un supervisor o *veedor* («el que ve»), que hace las partes y da fe de la correcta evaluación del quinto real.

Cuando los reyes prometieron a Colón en Santa Fe los títulos de virrey y gobernador general de los territorios que descubriera y la décima parte de los beneficios, no eran conscientes de que aquel oscuro navegante iba a descubrir todo un Nuevo Continente con sus inmensas riquezas.

En 1500 diversos exploradores habían recorrido las costas entre Canadá y Brasil (véase el mapa de Juan de la Cosa en las páginas a color), y advertido que aquello no era Asia, sino un Nuevo Mundo que encerraba enormes posibilidades de explotación. Ante esta evidencia, los reyes se arrepintieron de haber sido tan generosos con Colón, y decidieron anular el régimen dual que habían pactado con él.[141]

Para justificar esta alteración de su acuerdo podían alegar que en los años transcurridos la otra parte había incumplido el contrato, desobedecido las órdenes de los reyes e incluso intentado estafarlos. En efecto, había vendido como esclavos a los nativos súbditos de la Corona; se había mostrado incompetente y venal en la administración de La Española,[142] y había explotado en secreto el yacimiento perlífero de isla Margarita, sin reservarles el quinto real estipulado.

En adelante, las nuevas tierras se declaraban realengas: la Corona las administraba y explotaba directamente dejando al margen a Colón. El almirante sería un simple descubridor, como los demás, aunque seguiría cobrando el décimo estipulado de lo que descubrió personalmente.

El 15 de abril de 1502 el nuevo gobernador de La Española, el fraile Nicolás de Ovando, partió para su destino con una flota de treinta y un buques que llevaban a bordo dos mil quinientos colonos, entre ellos veinte mujeres y doce franciscanos. La empresa americana se relanzaba bajo la gerencia directa de la Corona. Además, el control de las tierras descubiertas y por descubrir y la navegación oceánica se confiaban a un organismo de intervención, la Casa de Contratación de Sevilla (1503).

---

141. Vulnerar el tratado, lo que dio origen a los pleitos colombinos mantenidos por los descendientes de Colón con la Corona hasta 1790.

142. Como lo probaban los informes negativos de Margarit y Boil (1493); Juan de Aguado (1495) y Francisco de Bobadilla (1499).

Ovando llevaba en su cartera una cédula de la reina Isabel en la que le recomendaba el fomento de los matrimonios mixtos entre españoles e indios.[143] En el mismo sentido, una real cédula de Fernando el Católico validaría en 1514 los matrimonios de españoles con indias y garantizaría la legitimidad de su descendencia.[144]

Ovando se mostró un gobernante eficaz. Favoreció el rentable cultivo de la caña de azúcar (con plantas llevadas de las Islas Canarias), abrió nuevas minas y aplicó fielmente las leyes que liberaban a los indígenas de la esclavitud, ya que no de la explotación, porque los repartió en encomiendas (1505), donde a menudo se abusaba de ellos.[145] También exploró el resto de la isla, y la colonizó fundando ciudades,[146] y llevó colonos a la vecina isla de San Juan (Puerto Rico, 1508).

Cuando cesó Ovando en sus funciones, en 1509, para dejar el gobierno en manos de Diego Colón, el hijo del almirante, La Española se encontraba pacificada y comenzaba a prosperar.

143. *Mandamos que el dicho nuestro Governador (Nicolás de Ovando) e las personas que por él fueron nombradas para tener cargo de las dichas poblaciones, en asimismo los dichos Capellanes procuren como los dichos indios se casen con sus mujeres en paz de la Santa Madre la Iglesia; e que asimismo procuren que algunos cristianos se casen con algunas mujeres indias, y las mujeres cristianas con algunos indios.*

144. *Es nuestra voluntad que los indios e indias tengan, como deben, entera libertad para casarse con quien quisieren, así con indios como con naturales de estos nuestros reynos, o españoles nacidos en las Indias, y que en esto no se les ponga impedimento. Y mandamos que ninguna orden nuestra que se hubiere dado o por Nos fuera dada pueda impedir ni impida el matrimonio entre los indios e indias con españoles o españolas, y que todos tengan entera libertad de casarse con quien quisieren, y nuestras audiencias procuren que así se guarde y cumpla* (ley II, título 1.°, libro VI).

145. Para compensar la pérdida de esa mano de obra, importó esclavos de África, medida que aprobó Bartolomé de las Casas, el padre de los indios.

146. Azua de Compostela, Santa María de la Vera Paz, Bayajá (hoy Fuerte Libertad, en Haití); Salvatierra de la Sabana (hoy, Les Cayes, en Haití); Salvaleón de Higüey, Cotuí, Puerto Plata, Santa Cruz de Hicayagua (hoy, Santa Cruz del Seibo, en República Dominicana).

CAPÍTULO 28

Los portugueses en la especiería

En 1498, mientras los españoles se atascaban en aquel inabarcable Nuevo Mundo sin encontrar el camino de la especiería, las cuatro carabelas portuguesas de Vasco de Gama costeaban África, alcanzaban la ansiada India y atracaban en los muelles de Calicut, «la ciudad de las especias» (actual Kozhikode).[147]

La carabela de regreso, portadora de la buena nueva y de una carta del gobernador indio de Calicut al rey de Portugal, tardó un año en llegar a Lisboa (1499):

> Vasco de Gama, gentilhombre de vuestra casa, llegó a mi país, lo cual me complació —decía la carta—. En estas tierras abundan canela, clavo, jengibre, pimienta y piedras preciosas. Lo que de vos pido a cambio es oro, plata, coral y telas purpúreas.

Hacía cinco años que los españoles se pavoneaban de haber alcanzado las Indias, aunque todavía no aparecían por ninguna parte las especias ni el oro, ni las espléndidas ciudades urbanizadas descritas por Marco Polo.[148]

---

147. La historia de Calicut refleja bien quién partía el bacalao en Europa en cada momento: los portugueses se instalaron allí, con puestos de comercio y el fuerte Chaliyom, en 1511. Los ingleses tomaron el relevo en 1615 y, tras ellos, los franceses, en 1698, y los holandeses, en 1752.

148. Los indios que encontró Colón en las Antillas eran modestos taínos

En los muelles de Lisboa se amontonaban los fardos de canela. El luso había triunfado en su competición con el castellano. El rey de Portugal comunicó la noticia a sus primos, los Reyes Católicos: *Hemos sabido que nuestros enviados han llegado a la India y a otros reinos [...], con los cuales se hace el comercio de toda clase de especias y piedras preciosas,* decía la carta.

Y tras otro poco de bla, bla, bla, se despedía con cierto recochineo: *Sabemos que Vuestras Altezas recibirán esta noticia con satisfacción.*

¡Menudos los portugueses! No satisfechos con haber ganado la carrera por las Indias, prosiguieron sus exploraciones y jalonaron su camino a la especiería con puestos comerciales y fuertes que los defendieran: Goa, donde permanecerían hasta 1962; Malaca, en los estrechos de Malasia; las islas Molucas; Macao, en la propia China; y Nagasaki, en Japón.

Cada año, los navíos portugueses cargados de productos aguardaban la temporada de los monzones del Índico y del Pacífico oeste para hacerse a la mar. *El comienzo de cada monzón era como un semáforo que daba luz verde a los barcos que salían de las Indias y luz roja a los que llegaban de Europa.*[149]

Durante un tiempo, los portugueses mantuvieron alejados a sus competidores europeos y monopolizaron el comercio asiático entre la India, Ceilán, Indonesia, China y Japón. No contentos con eso, aún les quedaron arrestos para colonizar las costas de Brasil (1500).

El pequeño Portugal se hizo inmensamente rico suministrando las preciadas especias a toda Europa. Para redondear el negocio, procuró cerrar los otros accesos a la ruta de la seda: conquistó Adén en 1516, y construyó un castillo en Socotora, en el Yemen, desde el que controlaba la especiería que ascendía por el mar Rojo.

---

con taparrabos. Faltaban decenios para que Cortés y sus hombres se asombraran ante la visión de aquella magnífica ciudad, Tenochtitlán, construida sobre un lago de fértiles riberas, urbanizada con grandes plazas y pirámides, surcada de avenidas y canales por los que navegaban los indios en canoas, la capital de una civilización aparentemente más desarrollada que la europea.

149. Blainey, 2004, p. 257.

La expansión portuguesa constituye una de las más notables hazañas de la humanidad. Incluso planearon impulsar una cruzada para conquistar La Meca, profanar la tumba de Mahoma y recuperar Tierra Santa para la cristiandad.

Durante años, numerosas expediciones españolas exploraron las costas de América en busca de un paso (el Paso por antonomasia) que les permitiera pasar al Gran Mar del Sur (el océano Pacífico) y llegar la especiería. Nunca lo encontraron (ahora sabemos que América es una barrera continua que corre casi de polo a polo de la tierra).

En Castilla eran conscientes de que la rectificación portuguesa del tratado de Tordesillas que desplazó la línea de demarcación entre Portugal y Castilla a trescientas setenta leguas al oeste de las islas de Cabo Verde había autorizado a nuestros vecinos lusos a hacerse con el Brasil, pero también, en el otro lado del orbe, permitía a los españoles acceder por derecho al menos a una parte de las islas Molucas de donde procedían el clavo de olor y la nuez moscada. Carlos V contrató al marino portugués Magallanes para que explorara aquellas tierras y determinara por dónde iban las lindes entre Portugal y Castilla. A raíz del viaje de Magallanes, Carlos V creyó que parte de las Molucas le pertenecían y envió una expedición que fundó allí el fuerte de Tidoro. Después de algunos enfrentamientos, en los que los españoles resultaron derrotados, el casamiento de Carlos V con Isabel de Portugal, en 1526 y el nacimiento, un año después, del futuro Felipe II, que algún día heredaría los dos reinos, amistó a Portugal y Castilla y condujo a la firma del tratado de Zaragoza (1529), por el que la demarcación de las tierras en conflicto se fijaba a doscientas noventa y siete leguas y media al este de las Molucas. Esto significa que España renunciaba a sus derechos sobre las islas de la especiería a cambio de una indemnización de trescientos cincuenta mil ducados y se quedaba con las islas al este de la línea, las Filipinas (así llamadas en homenaje al heredero destinado a unir las dos coronas).

CAPÍTULO 29
Huracán del Caribe

Regresemos ahora a Colón y sepamos qué fue de él. Cuando regresó de La Española preso y encadenado (y vestido con sayal franciscano en plan victimista), los reyes lo acogieron con benevolencia y lo eximieron de todas las acusaciones, pero le comunicaron que aquel trato dual que habían firmado con él en Santa Fe era papel mojado. Le garantizaban el título de almirante, eso sí, y su décimo de las ganancias, pero lo desposeían del gobierno por incompetente.

Colón lo acató, qué remedio, pero nunca aceptó su ineptitud como gobernante. Creía que la merma del favor real se debía a que los reyes se dejaban influir por cortesanos envidiosos de que un don nadie extranjero (un quídam) se hubiera labrado su envidiable posición en tan pocos años.

No gozaba Colón de su mejor momento. Había cumplido cincuenta años y padecía gota, artritis y problemas oculares. No obstante, no se dio por vencido y solicitó permiso para organizar una nueva expedición.

—Colón solicita permiso para regresar a las Indias —informó Isabel a Fernando.

—Concedámoslo —aprobó Fernando—, pero con la condición de que se limite a buscar el paso a la especiería y delimitar las tierras de Asia pertenecientes a Castilla.[150]

---

150. Los reyes sospechaban que Portugal podía vulnerar los límites

—Y que no toque La Española —añadió Isabel—. Quitemos ocasión de que le dé problemas al gobernador Ovando. Y que no traiga esclavos.

Las sucesivas exploraciones mostraban que el continente americano era una especie de muralla que impedía el paso a la especiería. Existía la esperanza de que en el segmento central, donde la muralla se estrechaba, existiera un paso que comunicara los dos océanos.

Juan de la Cosa, enemistado con Colón desde que se enfrentaron por la cuestión de si Cuba era una isla o Tierra Firme (capítulo 22), había dibujado en 1500 el primer mapa de las nuevas tierras descubiertas, pero en la parte correspondiente a la unión entre las dos masas continentales, el istmo de Panamá, introduce la figura de un san Cristóbal, como desafiando al otro Cristóbal:

—Anda, descubre tú si hay istmo o si hay canal.

Colón zarpó de Cádiz el 9 mayo de 1502 con ciento cincuenta hombres, dos carabelas, *La Capitana* y *Santiago*, y dos naos, *La Gallega* y *La Vizcaína*, todas aparejadas con velas latinas. Lo acompañaban su hermano Bartolomé y su hijo Hernando, de trece años.

La travesía transcurrió en principio sin sobresaltos: siguieron la ruta ya descubierta en el segundo viaje, la que les aseguraba vientos favorables, y así llegaron a Guadalupe. Aquí empezaron los problemas. Según la versión de Colón, la carabela *Santiago* quebró, y la flotilla se vio obligada a dirigirse a Santo Domingo para cambiarla por otra o adquirir una carabela nueva. Conociendo el carácter algo marrullero del genovés, cabe sospechar que fuera un mero pretexto para desembarcar en aquella isla que consideraba suya.

—Por orden real se le prohíbe desembarcar en esta isla —le advirtió el gobernador Ovando.

—Se trata de una urgencia —argumentó Colón olvidándose

---

del hemisferio español fijado en el Tratado de Tordesillas. De hecho, entregaron a Colón una carta dirigida a Vasco de Gama por si topaba con él. No querían los reyes problemas con Portugal, sino simplemente aclarar y respetar las respectivas jurisdicciones.

de su pretensión de cambiar la nave *Santiago*—; mis naves están amenazadas por una gran tormenta que tengo por cierto presto venir.[151]

Era el mes de junio y la mar estaba en calma. Ovando creyó que lo de la tormenta era un pretexto, y se mantuvo inamovible: aquí no entras.

Lo que menos deseaba Ovando en aquel momento era tener al marrullero almirante en la isla. Toda su atención estaba puesta en una flota que estaba a punto de partir para España. A bordo de la carabela capitana, *El Dorado,* viajaba un considerable cargamento de oro y, como regalo especial para la reina, una gran pepita hallada en las arenas fluviales.

En vista de la negativa, Colón refugió su flotilla en una bahía más resguardada, al sur de la isla.[152]

La noche del 30 de junio un violento huracán (quizá un ciclón de verano) arrasó Santo Domingo, llevando consigo todos los tejados.

La flota, que imprudentemente había zarpado rumbo a España, naufragó.[153] Se dio, además, la coincidencia de que entre las víctimas del naufragio se contaban los tres significados enemigos de Colón, el corregidor Bobadilla, el sedicioso Francisco Roldán y probablemente el insurrecto cacique Caonabó.[154]

151. *Viendo que no le dejaban entrar, y sabiendo cómo la flota de las treinta y dos naos en que había venido el comendador de Lares estaba para se partir, enviole a decir que no la dejase salir por aquellos ocho días, porque tuviese por cierto de haber una grandísima tormenta de la cual huyendo él se iba a meter en Puerto Hermoso, a dieciséis millas al poniente de Santo Domingo* (De las Casas, 1992).

152. Se ha identificado el lugar como el puerto de Azua, a unos cien kilómetros al oeste de Santo Domingo, casi en Jaragua.

153. El desastre ocurrió en el estrecho de la Mona (que separa La Española de Puerto Rico).

154. *Así que salió por principio de julio nuestra flota de treinta y dos navíos, entre chicos y grandes; y desde a treinta o cuarenta horas vino una extraña tempestad y tan brava, que muchos años había que hombres en la mar de España ni otros mares, tanta ni tal ni tan triste habían experimentado. Perecieron con ella las veinte velas o naos, sin que hombre, chico ni gran-*

—¿Todas las carabelas se han perdido? —preguntó el desolado Ovando.

—No, señor, se ha salvado *La Aguja,* que por ser la más pequeña navegaba más adelantada. Es la que lleva a España las rentas de Colón.

Como es natural, no faltaron voces que acusaron al almirante de haber provocado él mismo el huracán con malas artes.

Lo que le faltaba era que lo acusaran de brujo.

El huracán también arrancó de sus anclas las cuatro naves de Colón, pero cuando amaneció, pasada la tormenta, volvieron a reagruparse.

¿Cómo es posible que Colón detectara la proximidad de un ciclón? Porque ya había padecido los efectos de uno en 1495 y conocía sus señales en el cielo.

En vista de que no le permitían desembarcar en La Española, Colón levó anclas el 14 de julio con rumbo a Jamaica y después, pasando la constelación de doscientas cincuenta verdes islitas y cayos, que llamó Jardines de la Reina,[155] se dirigió a la propia Cuba, todavía inexplorada, donde las calmas chichas lo retuvieron un mes antes de que pudiera partir hacia el oeste en busca del paso a la especiería.

---

de, dellas escapase, ni vivo ni muerto se hallase. Y como toda esta ciudad que estaba de la otra banda del río, como todas las casas eran de madera y paja, toda cayó en el suelo o della muy gran parte; no parecía sino que todo el ejército de los demonios se había del infierno soltado. Lo describe De las Casas sobre la falsilla de Colón. El historiador Morales Padrón, 1973, señala, contra la opinión general, que Bobadilla no embarcó en esa flota y, por lo tanto, pereció en otro naufragio.

155. Los Jardines de la Reina distan unos ochenta kilómetros de Cuba, y se extienden a lo largo de unos cien kilómetros. Hoy son un paraíso natural reservado al turismo pudiente con cristalinos fondos marinos en los que se bucea rodeado de corales e inofensivos tiburones. En sus chiringuitos, ninguno cutre, se sirven pantagruélicos almuerzos de insípido marisco que pueden digerirse contemplando los espectaculares atardeceres entre los manglares.

CAPÍTULO 30
Luchando contra los elementos

El Nuevo Mundo parecía sonreír al almirante cuando tocó tierra en la isla de Guanaja, golfo de Honduras, un paraíso en miniatura, tibias y cristalinas aguas, enorme arrecife coralino, pesca abundante...

Fue la única ventura de aquel viaje que, a partir de entonces, resultaría catastrófico. Durante un año, el almirante recorrió las costas de las actuales Honduras, Nicaragua, Costa Rica y Panamá. Casi siempre lo acompañó un cielo más negro que gris y unas condiciones atmosféricas terribles: calor húmedo, tormentas eléctricas, truenos pavorosos, grandes aguaceros y ventiscas que obligaban a arriar las velas y aferrarse a las agarraderas. Hasta los marineros más bragados decían sus pecados en voz alta confesándose con el propio Dios, tan en peligro se veían.[156]

156. *Ojos nunca vieron la mar tan alta, fea y hecha espuma. El viento no era para ir adelante ni daba lugar para correr hacia algún cabo. Allí me detenía en aquella mar hecha sangre, hirviendo como caldera por gran fuego. El cielo jamás fue visto tan espantoso: un día con la noche ardió como horno; y así echaba la llama con los rayos, que cada vez miraba yo si me había llevado los mástiles y velas. Venían con tanta furia espantables, que todos creíamos que me habían de hundir los navíos. En todo este tiempo jamás cesó agua del cielo, y no para decir que llovía, salvo que resegundaba otro diluvio. La gente estaba tan molida que deseaba la muerte para salir de tantos martirios. Los navíos habían perdido dos veces las barcas, anclas, cuerdas y estaban abiertos, sin velas* (Colón, *Relación del cuarto viaje*, 1503).

Peor que la tormenta resultaron otros elementos naturales más imprevisibles. Los dos primeros muertos de la desventurada expedición, el vasco Martín de Fuenterrabía y el navarro Miguel de Larraga, perecieron ahogados cuando una súbita riada del río Escondido volcó el esquife de la carabela *La Vizcaína,* que el almirante había enviado a proveerse de agua dulce y leña. El apesadumbrado Colón anotó en sus papeles: *Río de los Desastres.*

Las provisiones se pudrieron. Hubo que cenar a oscuras para evitar la vista de los gusanos y sabandijas (por cierto, de alto contenido proteínico), que enriquecían las gachas de galleta naval.

Los hambrientos marineros no perdían ocasión de arponear tiburones. Cuando halaban alguno a bordo, con ayuda de los bicheros, aguardaban a que las terribles fauces dejaran de boquear, y caían sobre él para descuartizarlo y engullir las tajadas apenas cocidas.[157]

Pasado Puerto Limón, en Costa Rica, las nubes eran tan bajas y las nieblas tan espesas que ocultaban los accidentes de la costa. Buscando el anhelado paso, Colón perdió tiempo y energía explorando los numerosos esteros de Chiriqui, ignorante de que era solo una laguna. Advertido el error, regresó a la costa del golfo de los Mosquitos y continuó explorando.

Llegado a la desembocadura del río Belén, que bautizó así por la fecha, el 6 de enero (1503), el almirante recibió a bordo al cacique de la región, Quibián, un indio en taparrabos, pero ataviado con pechera, diadema y brazaletes de oro macizo.[158]

—Coño[159] —se dijo Colón echando mano de su geografía fantástica—. Parece que hemos llegado al Querseneso Áureo (la península de Malaca, nada menos).

---

157. Por cierto, lo mismo que comemos ahora sin rechistar bajo la amplia denominación de cazón, pez espada, etc.

158. El nombre de *Quibián* procede de la palabra indígena *quibien* («duerme») que respondieron los indios al enviado de Colón que preguntaba por el cacique.

159. En aquella época la interjección *coño* no se usaba todavía. Tómese por licencia del novelista. Poner *pardiez, pesia* o *voto a...* me ha parecido un poco blandengue.

Ante la perspectiva de haber dado, por fin, con el meollo del oro, a Colón le entraron las prisas. Levó anclas y prosiguió costa adelante explorando y, de paso, saqueando los sembrados indios que iba encontrando.

Ya en Panamá, supo por los indios de la existencia de un gran mar a pocos días de camino. Era la primera noticia del Pacífico que llegaba a oídos europeos, pero Colón la desaprovechó. Lo que él buscaba era un paso por donde pudieran discurrir las carabelas, no un camino terrestre.[160] Tampoco estaba en las mejores condiciones para intentarlo. En su parte más estrecha, el istmo solo mide ochenta kilómetros, pero de terreno escarpado, entre selvas espesas y veredas de cabras. Nueve años después, Vasco Núñez de Balboa lo recorrería y descubriría el tan solicitado océano.

La obsesión de Colón por encontrar un paso se disipó de la noche a la mañana, cuando, ya en las costas de la actual Venezuela, comprendió que el objetivo se alejaba cada día más, mientras que sus fuerzas y las de su gente menguaban. ¿Qué hacer? ¿Regresar a España de nuevo con las manos vacías? Eso, nunca. *Al menos llevemos un buen cargamento de oro. El oro cerrará las bocas de mis adversarios, y borrará cualquier idea de fracaso.*

En busca del preciado metal regresó sobre sus pasos hasta las tierras del cacique Quibián, en la desembocadura del río Belén.[161] Allí fundó el primer enclave español en Tierra Firme, la factoría comercial Santa María de Belén, media docena de chozas y un depósito para almacenar.[162] Su proyecto era dejar allí ochenta hombres al mando de su hermano Bartolomé y partir

160. Al menos el paso terrestre, ya que el istmo no se acanalaría para el tránsito de buques hasta 1914.
161. A esta tierra firme de América Central la llamó Veragua. Duques de Veragua es el título nobiliario que ostentan hoy los descendientes del almirante.
162. Fundada el 24 de febrero de 1503. Como en el caso de La Isabela, se confirma que el almirante erraba cuando escogía los lugares idóneos para fundar colonias, porque en aquel lugar el calor y la humedad son insoportables. El río Belén sirve hoy de divisoria entre las provincias de Belén y Veragua.

con las naves a buscar provisiones con las que abastecer la factoría. No acababa de tenerlas todas consigo, porque ya había notado que tarde o temprano habría problemas con los indios *(bien sabía que no había de durar la concordia: ellos muy rústicos y nuestra gente muy importunos)*,[163] pero el conflicto llegó incluso antes de lo esperado.

A Quibián no le acababan de gustar tan molestos huéspedes. Recelando de que pretendían establecerse permanentemente en su territorio, acordó con los caciques de la zona *quemar las naves y matarnos a todos*. Lo supo Bartolomé Colón y decidió madrugarlo. Envió a Diego Méndez con treinta hombres, que cayeron por sorpresa sobre el poblado indio y prendieron a Quibián y a sus familiares.

Regresaban con los presos al poblado cristiano en varias piraguas cuando Quibián, atado y todo como estaba, aprovechó un descuido para lanzarse al agua.

—Se ahoga, seguro —concluyó Bartolomé al ver que no aparecía el prófugo.

Pero Quibián se salvó y puso en armas a todas las tribus de la comarca.

La boca del estuario del río Belén donde se habían establecido los españoles estaba medio cegada por el aluvión. El 6 de abril Colón ardía de fiebre, pero, a pesar de todo, dirigía los trabajos de sacar al mar a la nao *La Capitana*, la carabela *Santa María de Palos* y *La Vizcaína*. Había decidido dejar *La Gallega* donde estaba para que sirviera de pontón flotante a la fortaleza.

Estaban sirgando las naves cuando un mastín lo alertó con sus ladridos.

—¡Al arma, que nos atacan!

Un tropel de casi cuatrocientos indios cayó sobre la factoría en la que apenas quedaba una veintena de hombres. Los indios mataron al capitán Diego Tristán y a once hombres que hacían aguada en el batel de *La Capitana*.

---

163. Colón.

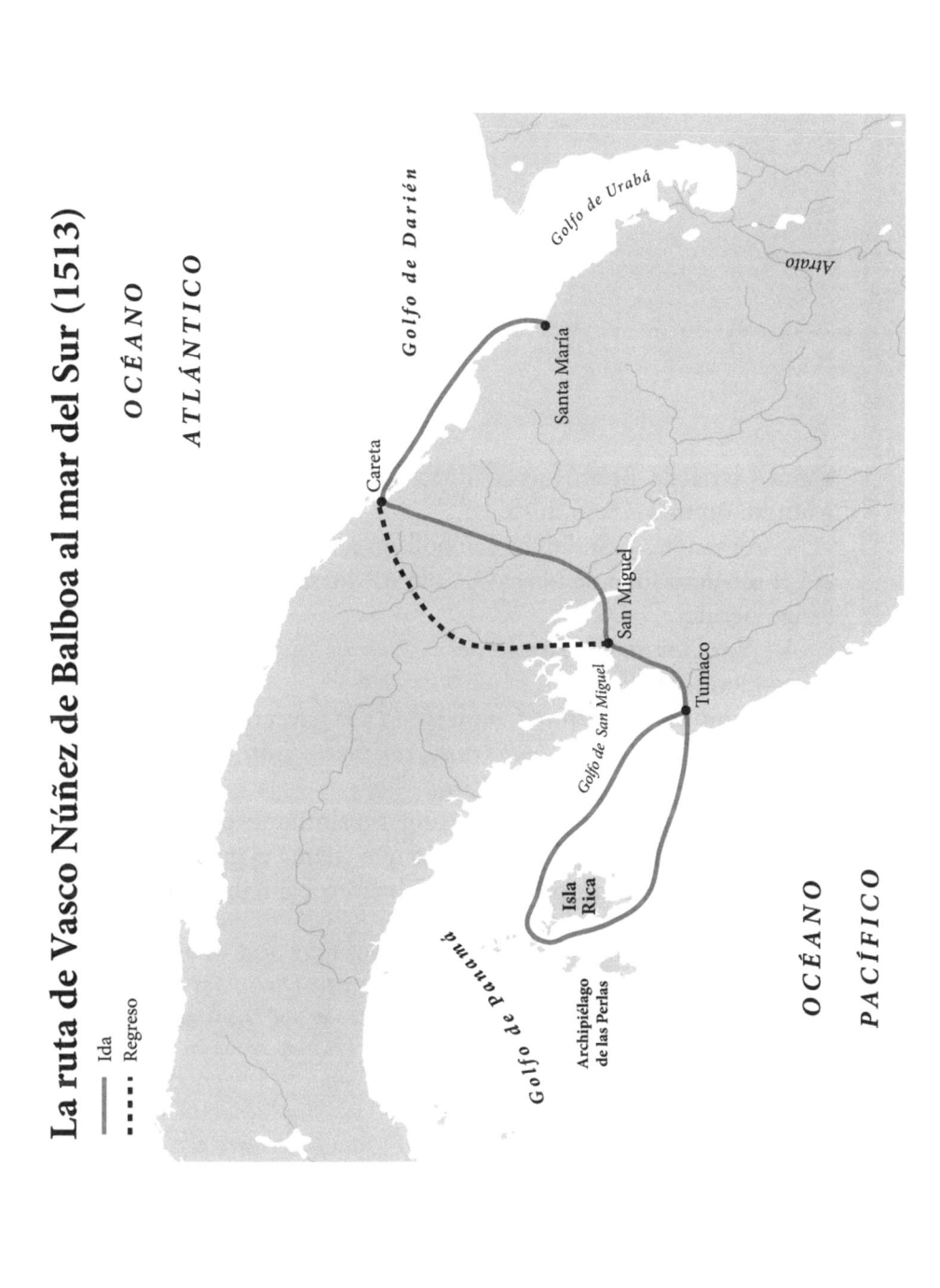

La ruta de Vasco Núñez de Balboa al mar del Sur (1513)

CAPÍTULO 31
Dios habla a Colón

Santa María de Belén fue la fundación más fugaz del Nuevo Mundo: un mes escaso duró.
—Almirante, los indios han aniquilado a nuestra gente —anunció el tonelero Juan de Noya—. Solo me he salvado yo, aunque vengo herido.
—¿Y mi hermano Bartolomé?
—Herido de flecha.
Deprimido y enfermo, Colón subió a la gavia de la nave: *Yo, muy solo, de fuera, en tan brava costa, con fuerte fiebre, en tanta fatiga; la esperanza de escapar, muerta.*
Como Moisés en el Sinaí, el visionario almirante escuchó allá arriba una voz divina (al menos es lo que cuenta el gran enredador en una carta a los reyes, y especialmente a la reina):

Cansado, me adormecí gimiendo; una voz muy piadosa oí diciendo: *¡Oh, estulto y tardo a creer y a servir a tu Dios, Dios de todos! ¿Qué hizo él más por Moisés o por David sus siervos? Desde que naciste, siempre él tuvo de ti muy grande cargo. Cuando te vio en edad de que él fue contento, maravillosamente hizo sonar tu nombre en la tierra. Las Indias, que son parte del mundo, tan ricas, te las dio por tuyas; tú las repartiste adonde te plugo, y te dio poder para ello. De los atamientos de la mar océana, que estaban cerrados con cadenas tan fuertes, te dio las llaves; y fuiste obedecido en tantas tierras, y de los cristianos cobraste tan honrada fama. ¿Qué hizo el más alto pueblo de Israel cuando le sacó de Egipto? ¿Ni por David, que de pastor hizo rey* *en Judea? Tórnate a él, y conoce ya tu yerro; su misericordia es infinita; tu vejez no impedirá a toda cosa grande; muchas heredades tiene él grandísimas. Abraham pasaba de cien años cuando engendró a Isaac, ¿ni Sara era moza? Tú llamas por socorro incierto; responde: ¿quién te ha afligido tanto y tantas veces, Dios o el mundo? Los privilegios y promesas que da Dios no las quebranta, ni dice después de haber recibido el servicio que su intención no era esta y que se entiende de otra manera* —aquí aprovecha Colón la inconsciencia del sueño para reprocharles a los reyes haberle faltado a la palabra dada—, *ni da martirios por dar color a la fuerza: Él va al pie de la letra; todo lo que Él promete cumple con acrecentamiento: ¿esto es uso? Dicho tengo lo que tu Criador ha hecho por ti y hace con todos. Ahora muestra el galardón de estos afanes y peligros que has pasado sirviendo a otros.*

Yo así amortecido oí todo; mas no tuve yo respuesta a palabras tan ciertas, salvo llorar por mis yerros. Acabó él de hablar, quienquiera que fuese, diciendo: *No temas, confía: todas estas tribulaciones están escritas en piedra mármol, y no sin causa.* Levanteme cuando pude; y al cabo de nueve días hizo bonanza, mas no para sacar navíos del río. Recogí la gente que estaba en tierra, y todo el resto que pude, porque no bastaban para quedar y para navegar los navíos.

La Gallega quedó varada en el banco de arena de Belén y hubo que abandonarla después de vaciar su bodega; *La Vizcaína* siguió la misma suerte en la costa panameña, cuando sus bombas de achique no bastaron para evacuar el agua que inundaba la bodega.[164]

164. Unos reporteros de *Der Spiegel TV*, que rodaban un reportaje sobre el pirata Henry Morgan en la bahía de Nombre de Dios (Panamá), encontraron, en octubre de 2001, a doscientos metros de la costa y siete de profundidad, los restos de un pecio: cañones, bolaños, cántaras que contuvieron aceite y vestigios de madera que, analizados en laboratorio, resultaron pertenecer a árboles talados entre 1449 y 1490. Sumado este dato a ciertos indicios de calafateado de brea (anteriores a 1508 en que empezó a calafatearse con plomo), todo apuntaba a la carabela colombina. Los medios echaron las campanas al vuelo, pero luego vino el arqueólogo subacuático cubano Abraham López con su jarro de agua fría: *La Vizcaína* era una carabela de unas setenta toneladas, mientras que los

La cuarta expedición colombina quedó sentenciada después de perder la mitad de sus naves. Con las dos restantes puso rumbo a La Española, pero los cascos estaban *horadados de gusanos más que un panal de abejas, y la gente tan acobardada y perdida.* Colón no estaba seguro de poder llegar a puerto con aquellas carabelas acribilladas de teredo. Pasó por las islas Caimán Brac y Pequeño Caimán, a las que llamó las Tortugas por la gran cantidad de tortugas verdes marinas que vio en ellas.[165]

---

restos hallados corresponden a una nao de al menos cuatrocientas toneladas, capaz de artillarse con los veintidós cañones hallados en el pecio..., demasiados para el frágil barquito de Colón.

165. El nombre de *caimanes* lo obtuvieron años después, cuando sus visitantes observaron ejemplares de *Crocodylus rhombifer*, hoy extinto. Colón y sus hombres llegaban tan exhaustos y maltratados que no supieron apreciar el bellísimo entorno tropical ni sus espaciosas playas de finas arenas bañadas por el sol, en las que el Caribe rinde blandamente unas tranquilas aguas de color turquesa. Lo que percibieron fue el embriagador almizcle que segregan las hembras en celo del caimán, las caimanas. Colón, que venía de creer que había descubierto el paraíso terrenal en su tercer viaje, no supo apreciar las cualidades de estas islas desiertas para convertirse en paraísos... fiscales.

CAPÍTULO 32
Náufragos en Jamaica

El almirante no pudo alcanzar Santo Domingo.

—Señor, creo que nos vamos a pique —le advirtió el maestro carpintero.[166]

Resignado, Colón optó por embarrancar en Jamaica, la isla más cercana. Ya la conocía por haber explorado sus costas siete años atrás, cuando le pareció la tierra *más hermosa que ojos vieron* [...], *llena de poblaciones y muy grandes y no lejos una de otra un cuarto de legua*.[167]

De los ciento cincuenta hombres iniciales sobrevivían ciento dieciséis. Debemos acostumbrarnos al hecho de que en aquellos tiempos cualquier exploración se cobraba un alto precio en vidas.

---

166. Lo ocurrido era producto de la broma *(Teredo navalis)*, un molusco en forma de gusano del tamaño de un dedo meñique que, con su concha, reducida a una especie de tornillo, taladra la tablazón de las naves y se alimenta de su celulosa. Se reproduce muy bien en las aguas cálidas y salobres de los mares antillanos. Curiosamente, el nombre del gusano en griego, βρωμα *(brôma)*, originó nuestra palabra *broma* en el sentido de *burla*.

167. *El lugar donde primero tocó tierra lo llamó Santa Gloria, que así le puse nombre a este lugar por la estrema fermosura de la tierra, porque ninguna comparación tienen con ella las huertas de Valençia ni de otra parte que buenas sean; y esto no es en un solo valle ni en poca instançia, salvo en toda la isla.*

Acudieron los nativos al espectáculo de las ingentes casas flotantes que habían arribado a sus playas. Los caciques Huarco y Ameiro, taínos de la mejor condición, socorrieron con alimentos a las criaturas celestiales que llamaban a su puerta.

—Ya veremos lo que dura —pensaría Colón al recordar lo ocurrido en el fuerte Navidad, y ordenó a sus hombres mantener las braguetas cerradas, y que *los indios fuesen tan bien tratados que no dejasen de traer las vituallas que nos traían, con amistad y deseo de nuestros rescates* (es decir, de la pacotilla que les entregaban a cambio).

El industrioso Diego Méndez fijó las tasas que parecieron razonables a las dos partes: un pan cazabe valía dos cuentas de vidrio; una medida de maíz, un sonajero; una pareja de conejos aborígenes o jutías, una aguja de hacer punto.

Estaban a salvo, en una playa paradisiaca, con sus palmeras y sus finas arenas, pero ¿qué harían cuando se les acabara la quincalla? En aquella isla solo había taínos con sus sencillas canoas. Jamaica quedaba lejos de cualquier ruta regular de navegación. ¿Quién los rescataría? Podían quedarse allí de por vida, en plan Robinson Crusoe, sin que nadie los socorriera.

—Nuestra única esperanza es pedir auxilio a los de Santo Domingo —dijo Colón.

El intrépido Diego Méndez se ofreció para intentar la travesía en una canoa india convenientemente tuneada para enfrentarla a tan arriesgada travesía doscientos kilómetros por mar. Que él mismo nos lo cuente:

> Puse mi canoa a monte y le eché una quilla postiza, y le di su vela y sebo, y en la popa y proa clavele algunas tablas para defensa de la mar, que no se me entrase, como hiciera siendo rasa; y púsele un mástil y su vela.[168]

---

168. Testamento de Diego Méndez, 1825, p. 246. El animoso explorador dispuso que en su lápida se mencionaran sus servicios, y *en medio de la dicha piedra se haga una canoa, que es un madero cavado en que los indios navegan, porque en otra tal navegó trescientas leguas, y encima pongan unas letras que digan: canoa*.

En esa precaria navecilla, con seis fornidos nativos a los remos, Méndez y Bartolomé Fiesco zarparon en busca de ayuda. Fue una auténtica odisea: habían calculado mal las posibilidades náuticas de la canoa...

... porque bogando muy bien, una canoa no puede hacer en un día y una noche más viaje que diez leguas, de manera que, venida la tarde, se hallaron tan débiles y sin fuerzas, que apenas adelantaban. Así, poco a poco [...] siguieron como podían, hasta que llegó la segunda noche, sin que hubiesen avistado tierra.

Afortunadamente...

... Diego Méndez descubrió la silueta del islote de Navaza —entre Jamaica y La Española, allí sigue hoy—, y mostrándoles la tierra a los remeros, les dio mucho ánimo y habiéndoles repartido un poco de agua, bogaron de modo que a la mañana siguiente se hallaron sobre la isla. Desembarcados donde mejor pudieron, dieron muchas gracias a Dios por tal socorro, y porque no había en ella agua dulce viva ni árbol alguno, sino peñascos, anduvieron de peña en peña, recogiendo con calabazas el agua llovediza que hallaban, que fue bastante para llenar los vientres y los vasos.

Al día siguiente descansaron hasta la tarde, y cuando el sol declinó, zarparon de nuevo y bogaron toda la noche para arribar a La Española con las primeras luces del alba.[169] Desde allí se dirigieron a Santo Domingo.

Ovando leyó la carta de Colón en demanda de auxilio y despidió a Méndez. No era la noticia que esperaba. Colón en apuros estaba bien, pero muerto hubiera estado mejor, a juzgar por la mutua simpatía que los dos hombres se profesaban.

Ovando, que era avisado como buen fraile, no se precipitó en lo de auxiliar al almirante, sino que dejó pasar prudentemente unos meses, a ver si mientras tanto el genovés moría de hambre o comido por los indios.

Mientras tanto, en el campamento de los náufragos, la moral

---

169. Desembarcaron en el cabo de San Miguel (hoy Punta Tiburón).

flaqueaba y la gente comenzaba a perder los nervios (donde no hay harina, todo es mohína, que dice el refrán).

El tema reiterativo de las conversaciones era: ¿habrán alcanzado su objetivo Méndez y sus remeros o se los habrá tragado la mar?

Transcurrían lentas las semanas. Sin noticias. Hasta los más optimistas perdieron toda esperanza, y admitieron que Méndez había perecido en el intento. Allí solos, nadie los socorrería. A la sospecha de haber caído en el olvido, sin esperanzas de rescate, se sumó la creciente escasez de alimento. Los taínos racaneaban el abasto con la esperanza de que los hambreados intrusos se largaran en sus castillos flotantes.

Pasado medio año desde la salida de Méndez, Francisco de Porras, capitán de una de las carabelas, se rebeló contra la pasividad de Colón, y al frente de otros cincuenta descontentos intentó hacerse a la mar en varias canoas al animoso grito de *¡a Castilla, a Castilla!*, pero las altas olas los obligaron a regresar. Enfurecidos por el fracaso, formaron un campamento aparte.

CAPÍTULO 33
Colón hace un milagro

Pasaron los meses. Los indios se convencieron de que los náufragos dependían enteramente de ellos y comenzaron a racanearles los suministros.
Dar menos y exigir más es lo natural en el mundo del trueque, donde también existe la ley de la oferta y la demanda.
—¿Dos espejitos y un cascabel por una almorzada de cazabe? Eso es un abuso —se quejaba el cristiano.
—Pues me llevo mi pan y te dejo ahí con tu hambre y tus espejitos —le decía el indio.[170]
En tan delicada situación, Colón recurrió a un engaño para obligar a los indios a alimentarlo *sine die*. Conociendo que se aproximaba un eclipse de luna,[171] convocó a los caciques de la

170. *Los indios continuaron unos días proveyéndonos con abundancia, pero* [...] *habiéndoles faltado el afán de nuestros rescates* [...], *no cuidaban de traernos las vituallas que necesitábamos* [...], *y había que darles diez veces más de lo que se les daba al principio, pues sabían muy bien hacer su negocio pareciéndoles que tenían segura la ventaja* (Colón, *Relación del cuarto viaje*, 1503).
171. No era ciencia infusa la del almirante: al consultar el libro del matemático y astrónomo alemán Johannes Müller von Königsberg (1436-1476), descubrió que tres días después (el 29 de febrero de 1504) iba a producirse un eclipse lunar. Una situación parecida se repitió en África el 18 de febrero de 1905, cuando caníbales de la tribu mangbetu capturaron a un grupo de belgas. En tan apurada situación, ya puesta la caldera a hervir, el capitán Albert Paulis hizo creer al rey Yembio, cacique

isla para comunicarles que su poderoso Dios estaba irritado con los indios *por el poco cuidado que tenían de traer bastimentos, y tenía resuelto enviarles una grandísima hambre y peste.*

—Como imagino que no me creeréis, os daré una prueba —prosiguió—. Conjuraré a la luna para que muestre su enfado.

Los caciques creyeron que iba de farol, lo natural, dado que ya conocían las trapacerías de los barbudos blancos, pero, cuando comenzó el eclipse, *les causó tan enorme asombro y miedo, que con fuertes alaridos y gritos iban corriendo, de todas partes, a los navíos cargados de vituallas.*

Colón se ofreció a mediar.

—Si queréis, hablo con la luna e intento calmarla.

—¡Síií! —respondieron los atribulados indios.

Tornó Colón a su varada carabela y se encerró en su camarote:

Tanto que el eclipse crecía y los indios le gritaban que los ayudase. Cuando vio acabarse la creciente del eclipse y que pronto volvería a disminuir, salió de su cámara diciendo que ya había suplicado a su Dios y prometido en nombre de los indios que serían buenos en adelante y tratarían bien a los cristianos llevándoles bastimentos y las cosas necesarias [...] de allí en adelante tuvieron gran cuidado de proveerles alabando continuamente al Dios de los cristianos.[172]

Habían pasado ocho meses desde la partida de Méndez y el auxilio no llegaba. ¿Habían perecido en el proceloso mar los tripulantes de la frágil canoa? En caso de que hubieran desembarcado en La Española, ¿los habían asesinado los indios en el trayecto de cuatrocientos kilómetros que habrían tenido que recorrer hasta Santo Domingo?

---

de la tribu, que si no liberaba inmediatamente a sus prisioneros, la luna marcharía del cielo para no regresar jamás. *Eso hay que verlo,* dijo el bantú. Llegada la noche, resultó cierto lo que decía el belga. Los prisioneros fueron liberados inmediatamente y volvió a salir la luna. *Adiós, banquete,* parece que murmuró el contrariado gastrónomo cuando vio alejarse a los solomillos. El asunto ha inspirado un cuento a Augusto Monterroso.

172. Hernando Colón, *Historia del Almirante,* capítulo 103 (1539).

No. Ovando estaba puntualmente informado de la angustiosa situación en que Colón y sus náufragos quedaban, pero —como dijimos— no se dio ninguna prisa en socorrerlos, lo que evidencia la mala leche que gastaba el fraile.

Finalmente, en marzo de 1504, los náufragos avistaron una carabela de socorro, la más pequeña que Ovando tenía, insuficiente para evacuar a tanta gente.

—Venimos solo a ver si seguís vivos —declaró el capitán de la nave, Diego de Escobar.

Diego de Escobar *ofreciole a Colón un barril de vino y un tocino,* y regresó con la noticia y con una carta en la que el almirante, tan orgulloso como era, se revestía de modestia para suplicar a Ovando que los rescatara.

En el tiempo que tardó el rescate, los partidarios de Colón mantuvieron un contraste de pareceres con los rebeldes de Francisco Porras en el que se produjeron tres muertos. Con esto se sometieron nuevamente y Colón los perdonó, excepto al cabecilla.

Mientras tanto, el rencoroso Ovando había recibido una carta de la reina en la que perentoriamente le ordenaba favorecer a Colón:

> Es nuestra merced y voluntad que el dicho Almirante tenga en la dicha isla Española persona que entienda de las cosas de su hacienda, e reciba lo que él hubiese de haber [...]. E mandamos al nuestro Gobernador [...] que cumplan y hagan guardar lo susodicho.

Cobardeó Ovando, y le faltó tiempo para conceder permiso a Diego Méndez para contratar dos carabelas al mando de Diego de Salcedo, con las que rescataron a los náufragos (el 28 de junio de 1504).

Dos meses y medio permaneció Colón en Santo Domingo lisiado por la artritis. Cuando se sintió suficientemente repuesto, regresó a España como pasajero, desanimado por su fracaso.

El asunto del Nuevo Mundo estaba ya en otras manos y él, viejo y achacoso, fracasado en sus dos últimos viajes, no se sentía con fuerzas, ni veía claro su porvenir. El revés definitivo fue que su gran valedora, la reina Isabel, falleciera pocos días después de su regreso, *de lo que el Almirante se dolió grandemente, pues era la que lo mantenía y favorecía, habiendo hallado siempre al rey algo seco y contrario a sus negocios.*[173]

Ya no estaba el almirante en condiciones de navegar. Con la empresa americana fuera de su alcance, se concentró en reclamar la hacienda que según las Capitulaciones de Santa Fe le correspondía, y que Fernando le escatimaba. En pos del rey, que le daba largas a recibirlo, lo sorprendió la muerte en Valladolid, tan lejos del mar, en 1506, a los cincuenta y cinco años de edad, de un ataque cardiaco.[174]

Es costumbre afirmar que Colón murió aferrado tercamente a la errónea idea de que había llegado a las costas de Asia y no a un continente nuevo, la cuarta parte del mundo, que ya pregonaba Vespucio en sus escritos. La verdad es que en alguna ocasión dejó escapar que aquellas tierras eran un continente nuevo: *Acometí viaje de nuevo al cielo y mundo que fasta entonces estaba oculto [...], porque salió al parecer de mi industria.*[175] Lo que ocurre es que se empecinó en negarlo, porque, si lo admitía, perjudicaba sus derechos.

Contra el parecer de Colón, todos los navegantes transoceánicos sabían ya que América era un continente distinto de Asia y que, para llegar a la especiería, habría que encontrar un paso a través de estas nuevas tierras, o bien rodearlas por el norte o por el sur (no sospechaban que América abarcara casi de polo a polo).

En 1508 Fernando el Católico reunió en Burgos a significados navegantes (Yáñez Pinzón, Juan de la Cosa, Solís y Vespucio).[176]

---

173. Hernando Colón, 1984, p. 268.

174. *Al tiempo que el Rey Católico salió de Valladolid á recibirle* —a Felipe el Hermoso, rey consorte de Castilla por su matrimonio con Juana la Loca— *el Almirante quedó muy agravado de gota y otras enfermedades, que no era la menor el dolor de verse caído de su posesión, y en estas congojas dio el alma á Dios, el día de su Ascensión, á 20 de Mayo de MDV (así), en la referida villa de Valladolid (ibid.).*

175. El nombre *América* aparece por vez primera en el mapa de Waldseemüller, 1516.

176. Como dijimos, este Vespucio, no Colón, fue el que finalmente legó su nombre a América. En realidad, se llamaba Alberico Vespucio,

—Os he convocado para encomendaros una única misión: encontrar en las nuevas tierras ese paso hacia la especiería, del que todo el mundo habla. Para que no haya problemas entre vosotros, voy a crear dos nuevas gobernaciones: Nueva Andalucía al oriente, regida por Alonso de Ojeda, y Veragua al poniente, confiada a Diego de Nicuesa. La divisoria estará en el golfo de Urabá.[177]

Poco después, la expedición de Solís y Pinzón exploró la costa del gofo de México sin hallar el ansiado paso a la especiería.[178] Definitivamente Portugal había ganado aquel desafío, aunque España, la perdedora, había encontrado por el camino un tesoro comparable, aunque de naturaleza distinta.

---

pero los sevillanos (entre los que residió largo tiempo como agente comercial de los Médicis) lo cambiaron por *Américo*. Atraído por la aventura, se hizo navegante y explorador no en 1497, como a veces se dice, sino en el viaje de Ojeda y La Cosa a Tierra Firme en 1499-1500.

177. Las nuevas gobernaciones abarcaban desde el cabo de la Vela (Colombia) al cabo Gracias a Dios (en la frontera entre Honduras y Nicaragua).

178. En ese mismo año se fundaron las primeras colonias en tierra firme, Veragua y Urabá. La primera a cargo de Diego de Nicuesa, entre cuyos soldados marcha uno llamado Vasco Núñez de Balboa, afamado espadachín. Al frente de Urabá se designa a Alonso de Ojeda, entre cuyos hombres figuraba un soldado llamado Francisco de Pizarro.

Cuarto viaje de Colón

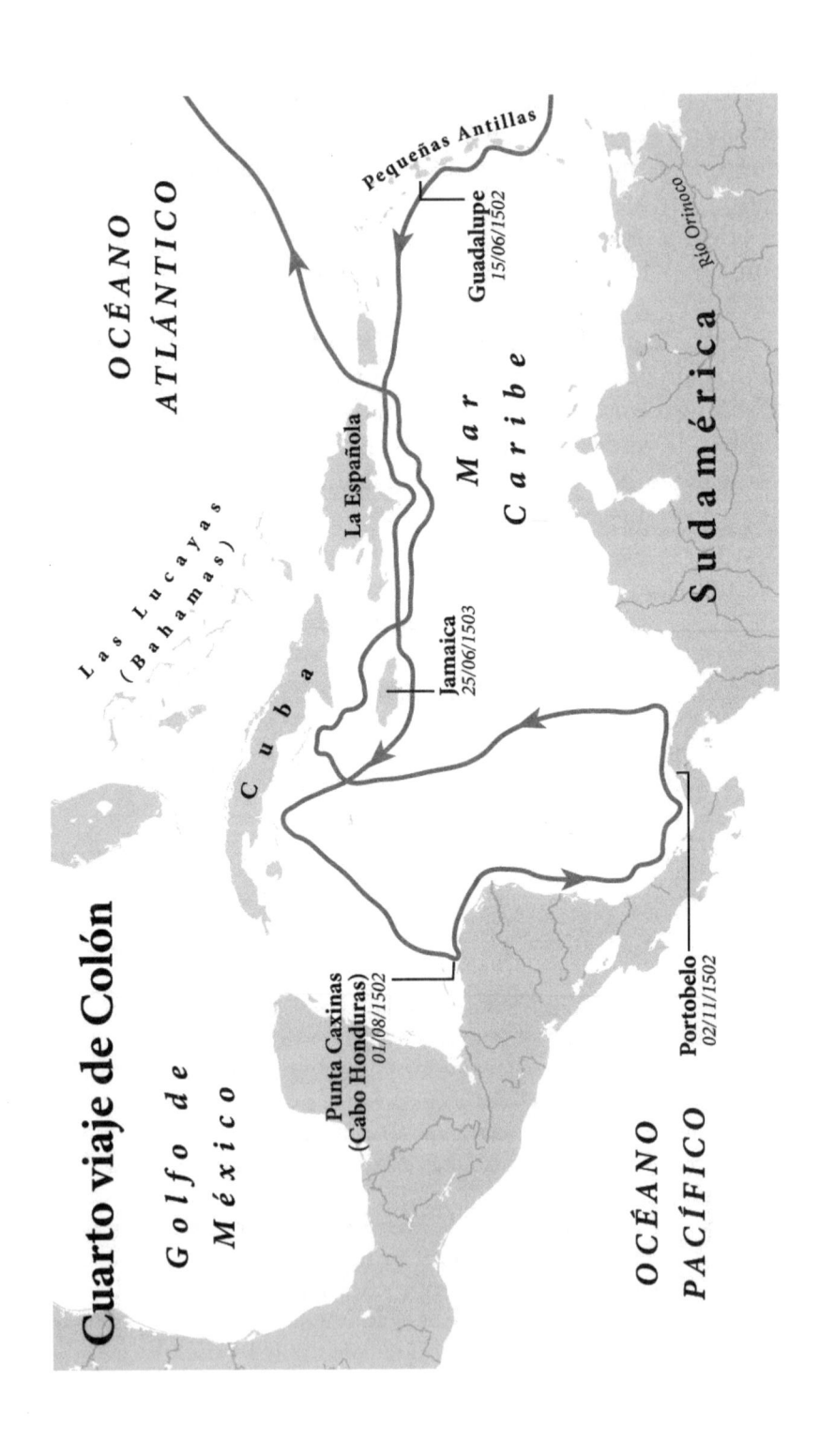

- Guadalupe 15/06/1502
- La Española
- Jamaica 25/06/1503
- Punta Caxinas (Cabo Honduras) 01/08/1502
- Portobelo 02/11/1502

OCÉANO ATLÁNTICO

Pequeñas Antillas

Mar Caribe

Las Lucayas (Bahamas)

Cuba

Sudamérica

Río Orinoco

Golfo de México

OCÉANO PACÍFICO

CAPÍTULO 34
La Casa de Contratación

Decíamos páginas atrás que los reyes, preocupados por el volumen que iba tomando la empresa de América, fundaron en 1503 la Casa de Contratación, un organismo administrativo, comercial y científico desde el que mantener el monopolio español en las Indias y controlar lo concerniente al mundo ultramarino.

La Casa de Contratación se ocupaba de todo, desde la formación de pilotos (en su Universidad de Mareantes) hasta la confección de mapas, pasando por la concesión de permisos de emigración a las Indias.[179]

Para controlar debidamente ese flujo de personas y bienes se designó Sevilla, emporio comercial y financiero desde el siglo XIII y activo puerto fluvial favorecido por la gran penetración de las mareas. Al propio tiempo presentaba la nada despreciable ventaja de que, por estar a cien kilómetros de la costa, quedaba a salvo de eventuales ataques por mar.

---

179. Entre sus funciones se señalan: *Recoger y tener en ella, todo el tiempo necesario, cuantas mercaderías, mantenimientos y otros aparejos fuesen menester para proveer todas las cosas necesarias para la contratación de las Indias; para enviar allá todo lo que conviniera; para recibir todas las mercaderías y otras cosas que de allí se vendiese, de ello todo lo que hubiese que vender o se enviase a vender e contratar a otras partes donde fuese necesario* (Real Provisión del 20 de enero de 1503). Nuevas ordenanzas se emitieron en 1510 y 1511.

Durante siglos, todo el comercio con América se encauzó a través del puerto de Sevilla. No obstante, como Castilla carecía de infraestructura necesaria para administrar la compleja empresa americana, el gran negocio lo hicieron los banqueros genoveses y alemanes, y los mercaderes italianos y flamencos.[180]

Durante doscientos catorce años, la Casa de Contratación se mantuvo en Sevilla haciendo de ella el emporio más rico del mundo, *donde el oro circula como en otros lugares la plata,* pero el aumento de calado de los galeones y el escaso fondo del Guadalquivir por el que debían transitar aconsejaron en 1717 cambiar el puerto a Cádiz, lo que sumió a Sevilla en una profunda crisis.[181]

La institución, que ya iba quedando obsoleta, se suprimió en 1790, cuando el comercio con América era un coladero de contrabandistas imposible de controlar.

Todo el caudal de documentación que generó América a lo largo de la presencia española, cientos de miles de documentos, se custodia en el actual Archivo de Indias. En sus silenciosas salas trabajan codo con codo los historiadores de América, los estudiosos de los descubrimientos y algún que otro investigador pasado al lado oscuro, contratado por las empresas buscadoras de tesoros para que localice naufragios que valga la pena expoliar.

180. Los catalanes no eran súbditos de Castilla, por eso tuvieron que competir con los extranjeros en igualdad de condiciones. Su hora sonaría más adelante cuando, a partir de los Decretos de Nueva Planta promulgados por Felipe V, que tanto los favorecieron, se eliminó el derecho de extranjería, lo que permitió a los catalanes comerciar sin intermediación de asentadores castellanos (Yáñez, 2006, *passim*).

181. En realidad, muchos navíos de gran porte obtenían permiso desde 1680 para operar en el puerto de Cádiz, porque el calado de los galeones había aumentado y los aún mayores tenían problemas para pasar la peligrosa barra de Sanlúcar y para remontar el Guadalquivir, especialmente en las zonas en las que, debido al escaso fondo, ellos mismos se descargaban de parte del lastre, con lo que contribuían a recrecer esos fondos que intentaban evitar. La típica actitud insolidaria de que *el que venga detrás que arree.* Posteriormente los derechos del comercio indiano se extendieron a los puertos de Málaga, Alicante, Barcelona, Cartagena, Santander, La Coruña y Gijón.

Allí, en una de las vitrinas que exhiben documentos importantes, está la solicitud en la que Miguel de Cervantes enumera sus méritos y servicios a la Corona, y solicita que lo dejen pasar a las Indias. El anónimo funcionario que rechazó tal solicitud escribe al margen: *Búsquese acá en qué se le haga merced.* Quizá a esta denegación le debamos el *Quijote:* los caminos de Dios son inescrutables.

CAPÍTULO 35
¿Tenemos derecho?

Para la reina Isabel los habitantes de las Indias eran sus súbditos con los mismos derechos y obligaciones que los españoles. En el codicilo de 1504 *ruega y manda a su marido y a sus hijos que no consienta[n] que los indios vecinos y moradores de Indias reciban agobio alguno en sus personas y bienes, debiendo ser bien y justamente tratados.*

En España se produjo cierta confrontación entre los que apoyaban la conquista americana y los que pensaban que se debía respetar la soberanía de los indios. Estos protoobjetores de conciencia se preguntaban con qué derecho puede España imponer su dominación sobre otras naciones.[182]

Después de muchos dimes y diretes, se impuso la coartada de convertir a los paganos a la fe de Cristo. Moralmente, la conquista solo se justificaba por la conversión de aquellas almas perdidas a la verdadera religión y su redención de usos tan nefandos como los sacrificios humanos y la antropofagia.

---

182. El dominico Francisco de Vitoria defendía que los indios tenían su propia organización social y política, y por lo tanto los españoles no tenían derecho alguno a sojuzgarlos, excepto si se hacía por *justos títulos*: la predicación del Evangelio, la defensa de los indios convertidos al cristianismo o que aceptaran la autoridad de los españoles y la tutela del derecho natural en defensa de los inocentes sacrificados a los dioses y condenados a una muerte injusta (Vitoria, 1975, pp. 101-102).

La conversión de las poblaciones indígenas se encomendó a una muchedumbre de misioneros dominicos y franciscanos.

Si comparamos la colonización española con la inglesa de la actual fachada atlántica de Norteamérica, notaremos una diferencia esencial: los españoles ocupaban unas tierras que el papa, supuesto dueño de ellas, les había confiado a cambio de convertir a los indios al cristianismo.

Los ingleses también justificaron su ocupación con motivos religiosos, aunque de distinta índole. En 1640, la Asamblea de Nueva Inglaterra sancionó que la tierra pertenece al Señor, y que por lo tanto se la entregaba a ellos, que eran su pueblo elegido, de manera que estaban en su derecho de tomarla.

—¿Y a los indios que la pueblan? —podemos preguntarnos.

—A los indios que les vayan dando.

Las órdenes militares, que colaboraban con los reyes en la Reconquista, cedían lotes de las tierras adquiridas a un caballero o comendador que las explotaba para la orden, una especie de gerente.

Un sistema parecido se implantó en el Nuevo Mundo, con la diferencia de que allí las encomiendas las concedía el poder civil, y con el lote de tierra se repartían también los indios que debían cultivarla.

Los Reyes Católicos consideraban que las tierras descubiertas en el Nuevo Mundo estaban sometidas a la Corona de Castilla por una relación de vasallaje. Por lo tanto, debía respetarse la autoridad de los caciques como gobernantes naturales de aquellas tierras. Prueba de ello es que a los hijos del cacique Guacanagarí, que Colón llevó a la corte de Castilla tras su primer viaje, los bautizaron como don Juan de Castilla y don Hernando de Aragón, y quedaron como pajes del príncipe don Juan, un puesto que la más alta aristocracia disputaba para sus hijos.

La reina Isabel había mandado en su testamento tratar a los indios como a súbditos castellanos que eran, sin maltratarlos ni esclavizarlos. No obstante, puesto que había que cristianizarlos y civilizarlos, se ideó una variante de la institución medieval de la encomienda.

Al encomendero se le confiaban un lote de tierra y un número de indígenas con la obligación de cultivar la tierra y evangelizar a sus indios que, a cambio, trabajarían para él.

El encomendero fundaba un pueblo, o *doctrina*, donde reunía a sus indios y contrataba a un religioso o *doctrinero* para que les enseñara los conocimientos que caracterizan a todo buen cristiano.

Teóricamente era un sistema estupendo, pero en la práctica abundaban los encomenderos desalmados, que explotaban a sus indios en condiciones de esclavitud y se daban un ardite de conducirlos al redil del dulce Jesús, aparte de que muchos dudaban de que los nativos fueran personas (en los documentos a veces los consignan como *piezas,* y durante un tiempo se dudó si tendrían alma siguiendo la doctrina de Aristóteles, que consideraba que los bárbaros no la tenían y estaban destinados por ello a la esclavitud).

CAPÍTULO 36
El sermón de Montesinos

Domingo de Adviento de 1511. Fray Antón Montesinos, un frailecillo menudo, leptosomático, escaló ágilmente los cinco peldaños de madera del púlpito de la iglesia de Santo Domingo. El templo estaba de bote en bote, los hombres delante, las mujeres detrás. Tosió, miró al virrey Diego Colón que asistía al oficio en el lugar reservado a las autoridades y, después de breve titubeo, se lanzó:

> Amadísimos hermanos: sabed que estáis en pecado mortal y que vuestras almas arderán eternamente en el infierno, si perseveráis en ese pecado.

Dejó que transcurrieran unos instantes. Perfecto dominio del tempo adquirido en muchos años de predicaciones, antes de proseguir en el mismo tono apocalíptico:

> El pecado en que habéis incurrido es la crueldad y tiranía que usáis contra estas inocentes gentes, a las que matáis por sacar y adquirir oro cada día...

Nueva pausa.

> ¿Acaso estos no son hombres? —prosiguió tonante—. ¿No tienen ánimas racionales? ¿No os sentís obligados a amarlos como a vosotros mismos?

Recorrió con la mirada a la atónita muchedumbre.

¿Estos no son hombres? —continuó—. ¿Con estos no se deben guardar y cumplir los preceptos de caridad y de justicia? ¿Estos no tenían sus tierras propias y sus señores y señoríos? ¿Nos han ofendido en algo? ¿No estamos obligados a predicarles la ley de Cristo, y trabajar con toda diligencia de convertirlos?... —Señaló en derredor para que no se escapara nadie—. Todos estáis en pecado mortal y en él vivís y morís, por la crueldad y tiranía que usáis con estas inocentes gentes... En el estado en que estáis no os podéis salvar más que los moros o turcos que pisotean el Evangelio.

Un rumor de incredulidad se elevó en la iglesia, cada cual consultando con su vecino si era eso lo que acababa de oír. Lo era. Con ojos centelleantes, el frailecillo sostenía las miradas reprobadoras de la feligresía.

No hubo más, sino que en aquella misa todo el mundo estuvo rumiando las palabras de fray Antón y pocos atendieron al santo sacrificio.

Terminado el oficio, Diego Colón, que se sentaba en una silla de tijera frente al altar mayor, aguardó a que los fieles evacuaran el templo y salió de los últimos sin cruzar la mirada ni despedirse de fray Antón, que a un lado del altar limpiaba los trebejos de la misa con un pañizuelo.

Salió Diego Colón, se caló su gorra de terciopelo granate de la que pendía una perla de lágrima, y fue a quejarse al superior de los dominicos en la isla, fray Pedro de Córdoba, a cuya comunidad pertenecía el frailecillo.

—Padre, menudo sermón el de fray Antón, que nos ha levantado el estómago.

—Pues ¿qué ha dicho?

Diego Colón reprodujo las incendiarias razones del predicador. Fray Pedro lo escuchaba atentamente con los marchitos ojos entrecerrados, el aire concentrado que usaba con los hijos de confesión.

—Veré qué puedo hacer —dijo al fin emitiendo un suspiro.

Aquella semana muchos encomenderos acudieron a Diego Colón para quejarse del sermón dominical.

Al domingo siguiente, con la iglesia tan atestada que hubo que abrir las puertas para que la feligresía asistiera desde la plaza, la plática de fray Antón fue, si cabe, más arrebatada.

Sabed que las leyes de los hombres deben supeditarse a la ley de Dios. Sabed que Dios desaprueba tanto la esclavitud como la servidumbre sin tasa. Los que os queréis llamar cristianos y ganar el reino de los cielos empezad por restituir a los indios su libertad y los bienes que arbitrariamente les habéis arrebatado. No basta con darle un cuarto al doctrinero para que enseñe al indio la doctrina: al indio hay que convertirlo a la verdad de la Iglesia con el ejemplo. Y vosotros, ¿qué hacéis? Conculcáis todos los mandamientos de la ley de Dios. Los crudelísimos moros de Ronda no maltrataban tanto a los pobres cautivos que acarreaban zaques, como vosotros a los indios, que la reina os encomendó sin conoceros. ¡Vais de cabeza al infierno, encomenderos! ¿Confiáis en salvaros con la contrición a las puertas de la muerte? Mucho os engañáis. Allá arriba juzgarán estrechamente toda vuestra vida. Las obras hacen al hombre. Vosotros por vuestras obras sois demonios que irán al infierno y a la condenación eterna.

Un murmullo se elevó en la iglesia, pero el frailecillo subía el tono y, como tenía la voz ejercitada en el coro, sabía hacerla llegar hasta la plaza, estridente y clara.
Definitivamente, los dominicos se habían propuesto corregir los abusos. Incluso enviaron a España a Montesinos para denunciarlos ante el rey.
En vista de que el superior de los dominicos no reprimía a su predicador, sino que parecía de acuerdo con él, los encomenderos recurrieron a los rivales de los dominicos, los franciscanos. El prior, fray Alonso de Espinar, accedió a defender ante el rey la causa de los encomenderos. Vano intento: el sermón de fray Montesinos en una iglesita antillana fue como la mariposa del proverbio chino (el leve aleteo de las alas de una mariposa se puede sentir al otro lado del mundo).

CAPÍTULO 37
Las Leyes de Indias

Desde el mismo comienzo de la conquista de América, la Corona española intentó proteger a los indios de todo abuso,[183] pero leyes y reglamentos soportaban mal la humedad del mar y cuando llegaban a América eran papel mojado y los encomenderos seguían deslomando a los indios en las minas y los campos de labor.[184]

Sin embargo, el eco del sermón de Montesinos suscitó tanta polémica que Fernando el Católico reunió una junta de teólogos para discutir el caso.

>   183. *Porque somos informados que algunos cristianos de las dichas Islas, especialmente de La Española, tienen tomadas a los dichos indios sus mujeres e hijas y otras cosas contra su voluntad, luego como llegáredes, daréis orden como se les devuelvan [...] y si con las indias se quisieren casar, sea de la voluntad de las partes y no por de fuerza* (cédula de los Reyes Católicos a Nicolás de Ovando, 16 de septiembre de 1501).
>   184. Se conoce que no sirvió de mucho, porque unos años después, en el informe que los dominicos dirigen al señor de Chièvres, ministro de Carlos V, denunciando los abusos que se cometen con los indios, leemos: *Cada minero se tenía por uso de echarse indiferentemente con cada cual de las indias que a su cargo tenía y le placía, ahora fuese casada, ahora fuese moza; quedándose él con ella en su choza o rancho, enviaba al triste de su marido a sacar oro a las minas, y en la noche, cuando volvía con el oro, dándole palos o azotes, porque no traía mucho, acaecía muchas veces atarle pies y manos como a perro, y echarlo debajo de la cama y él encima con su mujer.*

Fruto de estas discusiones fueron las Leyes de Burgos (1512): el rey de España ostentaba justos títulos de dominio de las nuevas tierras, lo que convertía a sus pobladores en súbditos de la Corona con los mismos derechos y obligaciones que los pecheros de Castilla, o sea, a ser bien tratados, a percibir un salario justo por su trabajo y sujetos a la obligación de pagar impuestos (pechos).

Lejos de toda idea de *apartheid*, la Corona española pretendía que indios y españoles vivieran en estrecha vecindad...

... porque con la conversación continua que con ellos tendrán, como con ir a la iglesia los días de fiesta a oír misa y los oficios divinos, y ver cómo los españoles lo hacen [...], más pronto lo aprenderán.[185]

Como vemos, las autoridades españolas decretaron desde el principio leyes humanitarias (para la época), tendentes a proteger al indígena y a incorporarlo a una cultura que juzgaban muy superior a la suya, religión incluida. Lo malo es que la lejanía de América y la dificultad y lentitud de las comunicaciones permitían que con frecuencia esas leyes se ignoraran, o directamente se desobedecieran.

Había que oír a los encomenderos:

—¿Que yo trate bien a este hatajo de haraganes que no dan golpe si no andas tras ellos con el vergajo? ¿Que evangelice a estos salvajes que en cuanto se quedan solos adoran a una piedra o a un cacho de madera? Se acata, pero no se cumple.

Dicho de otro modo: respeto esa ley, que para eso viene del rey, mi señor, pero como estamos tan lejos de su justicia, con un océano por medio, nos la pasamos por el arco del triunfo.

Como pasa casi siempre en España, cuando el legislador notó que su ley no se obedecía, la reforzó con otra suplementaria más difícil aún de obedecer: solo podían encomendarse (o sea, esclavizarse) los indios que fueran incapaces de valerse por ellos mismos, y el encomendero además de doctrinarlos debía alfabetizarlos.[186]

185. Leyes de Burgos, 1512.
186. Ley del 9 de diciembre de 1518.

Lo malo es que esta quedaba igualmente en papel mojado con el océano de por medio: «Se acata, pero no se cumple». Y seguían deslomando a los indios en las minas y en los sembrados.

En 1527 se intentó remediar el abuso encargando a los religiosos la aprobación de cualquier nueva encomienda después de comprobar si a los indios les convenía el sistema o si era mejor dejarlos en libertad. A casi todos les convino el sistema, ¿cómo, si no, iba la Corona a sacar un impuesto de estos nuevos súbditos?

En vista de que el método no funcionaba y que los encomenderos hacían oídos sordos a las recomendaciones y leyes reales, Carlos V, el nuevo monarca que reinaba en nombre de su madre, Juana la Loca, decretó en 1547 que los indios estaban ya suficientemente civilizados como para considerarlos súbditos adultos y responsables de la Corona: se acabaron las encomiendas, se rebajaban los impuestos a los encomenderos que se quedaran sin medio de vida y se prohibía toda forma de servidumbre o esclavitud.[187]

Muchos años después, al final de sus días, Medinilla, que había alcanzado los setenta años, se volvió rezador, como el don Guido machadiano, y arrepentido de su anterior vida pecadora se mostró sensible a la «campaña del confesonario», que dominicos y franciscanos emprendieron de común acuerdo desde 1546.

—Padre, me quiero confesar.

—Dime, hijo, de qué te acusas.

—Me acuso, padre, de haber estado imposibilitado emocionalmente para asumir mis responsabilidades como cristiano.

—A mí no me hables en jerigonza, cacho truhán —replicó el confesor—. Di más bien que has estado explotando hasta la extenuación a los pobrecitos indios al tiempo que te tirabas a sus mujeres, a sus hijas y hasta a las suegras.

—Algo de eso hay —reconoció Medinilla.

Sometido a severo interrogatorio por el agente de Dios en la

---

187. En puridad, era Carlos I de España, pero lo llamaremos con su más conocido ordinal de Carlos V, al que accedió tras consagrarse como emperador del Sacro Imperio.

tierra, investido de plenos poderes de absolver o condenar, el penitente narraba las circunstancias de una vida al margen de toda ley divina y humana.

—Hijo mío, me temo que tantos pecados y crímenes no se arreglan con tres avemarías en el altar de san Roque. No puedo darte la absolución hasta que restituyas.

—¿Qué puedo restituir, padre, si aquellos indios de los que le hablé ya murieron?

—¿No tienes esclavos? Libéralos. ¿No tienes hacienda? Véndela y repártela a los pobres. Quédate con lo necesario para llevar una vida de penitencia y bien morir.

El antiguo encomendero y esclavista se retiraba compungido, y después de varios días apesadumbrado y sus noches sin dormir, acababa desoyendo los consejos de la esposa: salva tu fortuna, que es tuya y bien tuya, piensa en nuestros hijos, que van a quedar desamparados si lo repartes todo...

Regresaba contrito al fraile que le había negado la absolución.

No valían presiones familiares. Aquel desalmado creía en Dios y en las penas del infierno, que tan vivamente describían los predicadores. Su obsesión ante la cercanía de la muerte era asegurarse la salvación de su alma inmortal.

—Me someto, para descargar mi conciencia, a lo que decidieron seis doctos teólogos —declaró Medinilla sobre la falsilla de su confesión—. Yo creía de buena fe que la conquista era lícita, pero quiero ahora aligerar la conciencia por el mal que hice a los indios cuando hice la guerra en sus tierras. No sabía que esta guerra era injusta, pues nadie me lo había dicho desde el púlpito.

Las dudas de conciencia acabaron incorporándose a la legislación indiana que, mientras tanto, evolucionaba en su protección a los indios de los abusos de los patronos.[188]

---

188. A pesar de todo, en algunas zonas, el Perú especialmente, las encomiendas hereditarias se mantuvieron hasta 1791.

CAPÍTULO 38

La extinción de los taínos: ¿etnocidio o pandemia?

Ignoramos cuántos taínos poblaban el Caribe antes de la llegada de los españoles, y poco sabemos de la pandemia de viruela y otras enfermedades infecciosas que involuntariamente propagaron.

La mortandad sumada a la explotación de los indios produjo en pocos años un alarmante descenso de la población.[189] Ante esta eventualidad, los colonos empezaron a importar esclavos africanos, más resistentes al trabajo y a las enfermedades.[190]

¿Desaparecieron los taínos? Estudios recientes de ADN mitocondrial (ADNmt) en la población de Puerto Rico detectan un 61,1 por ciento de ADNmt amerindio, un 26,4 por ciento de negro africano y un 12,5 por ciento de europeo, lo que prueba que, lejos de producirse el etnocidio que sostienen los indigenistas, la población caribeña no desapareció, sino que se diluyó en el intenso mestizaje de la conquista.[191]

189. Jarel Diamond (1998) explica cómo las enfermedades facilitaron a los europeos la conquista del mundo.
190. Al principio, los portugueses monopolizaron el mercado. Después, la trata pasó sucesivamente a los flamencos, a los genoveses y, ya en el siglo XVII, a los españoles. Los afroamericanos, que hoy componen un estimable porcentaje de la población estadounidense, descienden de esclavos llevados a las plantaciones de algodón del sur de Estados Unidos en los siglos XVIII y XIX.
191. Bustamante, 2011, p. 163. En el Caribe han surgido últimamente grupos indigenistas que se proclaman descendientes de los taínos,

Otra discusión perfectamente estéril es la del monto de la población antillana a la llegada de los españoles. En esto ocurre como en la asistencia a esas manifestaciones multitudinarias: los organizadores calculan millón y medio de personas, y sus contrarios lo rebajan a cincuenta mil, con autobús y bocadillo gratis.[192]

Aceptado que la viruela y la difteria allanaron el camino de los españoles en la conquista de América, recordemos que los indios correspondieron al equipo visitante obsequiándoles la sífilis, enfermedad desconocida hasta entonces en Europa.[193] A los quince años de establecida la colonia española, buena parte de la población la padecía.

Al parecer, esta *enfermedad pegajosísima y que atormenta con recios dolores* (Oviedo) existía en Europa antes de Colón, probablemente bastante mitigada y confundida con la lepra, aunque solo se distinguió como enfermedad específica cuando alcanzó

---

que huyeron de los españoles y se refugiaron en santuarios remotos donde conservaron incontaminados sus valores raciales y culturales y sus «señas de identidad». La escritora Magali García Ramis critica a estos neotaínos surgidos antes de ayer que *adoptan nombres indígenas, comen tubérculos cuando la prensa va a fotografiarlos, se inventan mitos sobre los montes del país y se atreven a reclamar como suyas las osamentas de los yacimientos indígenas*, y viene a decir que la genuina señal de identidad de los actuales portorriqueños es la afición a la manteca El Cochinito.

192. El único dato cierto es que, en el censo de 1507, tres lustros después de la irrupción de los españoles, la población nativa de La Española se cifraba en unos sesenta mil individuos (Moya Pons, 1977, p. 22).

193. *Las bubas vinieron de las Indias. Los de aquesta isla Española son todos bubosos, y como los españoles dormían con las indias, hinchiéronse luego de bubas, enfermedad pegajosísima y que atormenta con recios dolores. Sintiéndose atormentar y no mejorando, se volvieron muchos de ellos a España por sanar, y otros a negocios, los cuales pegaron su encubierta dolencia a muchas mujeres cortesanas, y ellas a muchos hombres que pasaron a Italia a la guerra de Nápoles en favor del rey don Fernando el Segundo contra franceses, y pegaron allá aquel su mal. En fin, que se les pegó a los franceses; y como fue a un mismo tiempo, pensaron ellos que se les pegó de italianos, y llamáronle mal napolitano. Los otros llamáronle mal francés, creyendo habérselo pegado franceses. Empero también hubo quien le llamó sarna española* (López de Gómara, 2011, capítulo 29).

proporciones de epidemia de gran virulencia a partir de 1495, debido a la importación de cepas americanas. Fue, por tanto, como esos cantes de ida y vuelta que los españoles llevan y los caribeños nos devuelven mejorados.[194]

194. El caso es que la sífilis más virulenta se instaló en Europa causando estragos entre la afición, sin que se conociera cura efectiva hasta la reciente aparición de la penicilina. El tratamiento tradicional, con mercurio, era caro y poco efectivo (se decía: *Una noche con Venus y una vida con mercurio*). Añadamos que la bacteria *Treponema pallidum* se mostraba convincentemente democrática, pues lo mismo afectaba a los potentados que a los humildes. Una de sus primeras víctimas fue el rey Francisco I de Francia, al que se la contagió su amante, la famosa Ferronnière, cuyo esposo legítimo, el abogado Le Ferron, no halló mejor manera de vengar los cuernos que le ponía el rey que encamarse con prostitutas hasta que contrajo la enfermedad, y de esta manera, por intermediación involuntaria de su esposa, se la transmitió al monarca.

CAPÍTULO 39
Barbacoa de españoles

Las encomiendas y las Leyes de Indias nos han desviado de la conquista. Remontemos el calendario y regresemos a ella.

En septiembre de 1507, el rey Fernando regresaba en barco de su reino de Nápoles, recientemente arrebatado a los franceses, y aprovechó la travesía para refrescar sus lecturas de juventud, todas profanas, y para examinar los últimos informes que habían llegado a su mesa, en especial los referentes a las Indias.

Aquella tarde, mirando ponerse el sol desde el castillo de la nave, después de un buen rato en silencio meditativo, le dijo a su secretario:

—El rey de Portugal llegó hace diez años a la especiería y se ha hecho tan rico que lo llaman el Afortunado. Nosotros, en cambio, por más que nos afanamos seguimos como estábamos: nos encandilamos con las nuevas tierras halladas por Colón y ahora parece que están resultando más un obstáculo que una ventaja, pues nos cortan el paso hacia la especiería.

—Dicen que el rey Manuel está gastando fortunas inmensas en terminar el monasterio de Batalha, y que todo eso sale de los réditos que le deja la pimienta —corroboró Lope Conchillos—. Lisboa se ha llenado de italianos y flamencos ávidos de comerciar con el rey Manuel.

—Sí, al final Portugal se salió con la suya —asentía con amargura Fernando—. Esos dineros que el portugués derrocha en levantar monasterios me serían muy necesarios para pagar las deudas de mis campañas de Italia.

—A todos nos preocupan, majestad.

—Me alegro por el portugués —dijo Fernando al cabo—, pero a nosotros tampoco nos vendría mal participar en ese negocio. Es menester que pongamos los medios para, de una vez por todas, hallar el paso que nos permita llegar al mar de las Molucas y las especias.

Unos días después, los integrantes de la Junta de Navegantes reunida en Burgos barajaron los nombres de los marinos idóneos para la tarea: Juan de la Cosa, Américo Vespucio, Vicente Yáñez Pinzón y Juan Díaz de Solís.

—¿Díaz de Solís? —objetó el obispo Rodríguez de Fonseca—. ¿No es el que ha sido pirata y huyó de Portugal por sospechas de que matara a su mujer?[195]

—¿Qué marino que sepa manejar una nave no ha sido pirata? —le quitó importancia el rey Fernando—. Y en cuanto a lo de matar a su mujer, no lo examinaremos de doctrina ni de moral, monseñor. Lo que interesa es que sepa de navegación.

El secretario Lope Conchillos asentía.

Unos días después, Pinzón y Solís comparecieron en Burgos para la firma del contrato. El escribano leyó en voz alta el contenido del documento que llevaba la firma y el sello de Fernando:

—Por la presente Vicente Yáñez Pinzón, vecino de Moguer, y Juan Díaz de Solís, vecino de Lepe, se comprometen *a armar una expedición a descubrir la parte del norte occidente*.[196]

Conocedor Fernando de la naturaleza humana, y que aquel par de granujas podía aprovechar la expedición para dedicarse al rescate de oro y perlas por mero lucro personal, el contrato advertía que el exclusivo objeto del viaje era:

---

195. Su primera mujer pudo ser la hermana de Francisco de Couto; la segunda, Ana de Torres, hermana del piloto Francisco de Torres.
196. Gutiérrez Escudero, 2009. Capitulación otorgada por don Fernando el Católico a Juan Díaz de Solís y Vicente Yáñez Pinzón en Burgos el 23 de marzo de 1508.

Descubrir aquel canal o mar abierto que principalmente vais a buscar, y que yo quiero que se busque, y haciendo lo contrario seré muy deservido, y lo mandaré castigar e proveer como a nuestro servicio cumpla.[197]

El rey aportó secretamente los cuatro mil ducados que costaba armar los buques en Lepe, pero, aun así, hubo dificultades porque los espías que Lisboa mantenía en los puertos españoles intentaron sabotear las naves. Hubo que mudarlas a la más segura Sanlúcar para terminar de proveerlas.

Pinzón y Solís zarparon, cruzaron el océano y exploraron el golfo de México, pero su viaje, que duró catorce meses, no tuvo mayor relevancia, aparte de que regresaron peleados y pleitearon.[198]

Cuatro años después, en 1512, el rey Fernando aprestó otra armada para buscar el paso a la especiería por la costa del Atlántico Sur, pero a última hora la suspendió.

¿Fue porque creyó que ya había encontrado el tan buscado paso Vasco Núñez de Balboa? ¿Fue porque, a la muerte de Américo Vespucio el 22 de febrero de 1512, se había quedado sin candidato a capitanear la expedición?

Núñez de Balboa había demostrado que en Panamá la distancia entre los dos océanos era mínima. Quizá Fernando pensó en concentrar sus esfuerzos en aquella zona hasta encontrar el paso. Dado el caudal de los ríos observable en toda la costa americana tanto al norte como al sur, era de presumir que la parte más estrecha del Nuevo Mundo fuera aquella recorrida por Núñez de Balboa.

Dos años después, en 1514, Portugal envió a Nuño Manuel y al piloto Juan de Lisboa en busca de un paso al oeste del Brasil.

197. *Ibid.*
198. Pinzón en la carabela *San Benito*, con el piloto Pedro de Ledesma, y Solís en *La Magdalena*, pilotada por Gonzalo Ruiz, recorrieron las costas de Paria, Darién y Veragua (en las actuales Venezuela, Colombia, Panamá, Costa Rica, Nicaragua, Honduras y Guatemala), y el golfo de México, donde fueron los primeros en contactar con los nativos mesoamericanos.

La confusa noticia del descubrimiento del Río de la Plata, que en un principio se pensó que era un paso al otro océano, activó las alarmas en Castilla. Por otra parte, ¿dónde quedaba ese posible paso en la demarcación del Tratado de Tordesillas de 1494? Si pertenecía a Castilla, como Fernando sospechaba, ¿por qué los portugueses metían su nariz en aquella ruta?

A Fernando le faltó tiempo para inventarse una exploración española en aquel territorio anterior a la portuguesa.

—Que quede claro que nosotros lo vimos primero y ya tomamos posesión de aquella tierra —le dictó al secretario encargado de falsificar el documento.

Así fue como la anodina expedición a las costas de México en 1508 se desdobló en dos expediciones: la verdadera y la imaginaria al Río de la Plata, con encargo de que *se fuese descubriendo al sur, por toda la costa del Brasil adelante*.[199]

Al margen de esa reivindicación basada en un embuste, Fernando encomendó a Juan Díaz de Solís que fletara tres carabelas para hacer lo que no había hecho en 1508: explorar lo descubierto por Portugal al sur de Castilla del Oro.[200] Debía hacerlo *en secreto, como que no es de mandato real* y *sin tocar en tierra de Portugal*.[201] Por si tenía malos encuentros con los portugueses, el rey le prestó cuatro bombardas y sesenta coseletes (uno por cada miembro de la expedición).

El 8 de octubre de 1515 partió Solís desde Sanlúcar de Barrameda con tres carabelas, una de sesenta toneladas y dos de treinta, y una tripulación de setenta hombres.

Solís bordeó la costa del Brasil, pasó la Cananea, Santa Catalina, evitó la barra de Río Grande del Sur y alcanzó el cabo de Santa María.

—Es un buen promontorio para poblar.

Así como los perros levantan la pata para señalar el territorio, los españoles y portugueses señalaban su propiedad del territorio

---

199. Herrera y Tordesillas, 1601, p. 101.
200. Castilla del Oro o Tierra Firme abarcaba desde el golfo de Urabá (Colombia) hasta el río Belén (Panamá).
201. Fernández de Navarrete, 1853, tomo IV.

explorado marcándolo de diversas maneras: los portugueses colocaban una columna de piedra rematada por un capitel con las armas de Portugal (el *padrão*); los españoles, un mojón con una cruz, aparte de levantar acta para justificarlo a la vuelta.

Solís desembarcó, hizo talar dos árboles con los que fabricó una gran cruz bien visible desde el mar, *tañó trompetas y disparó una salva de artillería,*[202] tomando posesión de aquella tierra que llamó Nuestra Señora de la Candelaria (hoy Maldonado). Alarcón, el escribano, dio fe de que tomaba posesión de aquellas tierras en nombre del rey de España.

La búsqueda continuó hasta el río de los Patos (hoy Santa Lucía) y la isla de San Gabriel (actual ciudad de Colonia).

En aquel punto, Solís dejó fondeadas dos carabelas y él se adelantó con la de menor calado y dieciocho tripulantes para explorar aquel estrecho y comprobar si era el buscado paso al océano de la especiería.

En este camino desembarcó en la isla Martín García,[203] y dejó atrás las barrancas de San Gregorio.

El grumete Francisco del Puerto sacó del mar una cuba de agua para que la probara el jefe.

Solís tomó un poco con el cuenco de la mano y se la llevó a los labios.

—¡Agua dulce! —exclamó—. Y muy buena. Con esta ablandaremos bien los garbanzos.

¿Agua del mar potable? Lo era por la corriente de los ríos Paraná y Uruguay, que desembocaban más arriba en la ría de la Plata.

—A esto lo vamos a llamar mar Dulce.

¡Ay, don Juan, tenías que haberlo llamado mar Amargo!

De pronto divisaron un revuelo entre la vegetación ¿Qué es aquello?

—¡Indios, excelencia! —señaló el grumete—. Vea voacé cómo nos jalean desde la arena dándonos la bienvenida.

202. Herrera y Tordesillas, 1601.
203. Así denominada en memoria de un despensero fallecido, que sepultaron en la isla.

—A ver, Jacinto —ordenó Solís—. Prepara la chalupa y una taleguilla de cuentas de vidrio y unos cuantos bonetillos segovianos. Vamos a echarles un vistazo, y de camino ver si alguno quiere acompañarnos (de grado o por fuerza) para que aprenda castellano y lo convirtamos en *lengua* de futuras expediciones.[204]

En un bote desembarcó Solís con otros siete hombres (entre ellos el escribano Alarcón, el marinero Marquina y el grumete Francisco del Puerto), pero en cuanto tocaron tierra... Cedamos la palabra a los historiadores:

> Los indios, como astutas zorras, parecía que les hacían señales de paz, pero en su interior se lisonjeaban de un buen convite; y cuando vieron de lejos a los huéspedes, comenzaron a relamerse cual rufianes. Desembarcó el desdichado Solís con tantos compañeros cuantos cabían en el bote de la nave mayor. Saltó entonces de su emboscada gran multitud de indios, y a palos los mataron a todos a la vista de sus compañeros; y apoderándose del bote en un momento lo hicieron pedazos: no escapó ninguno. Una vez muertos y cortados en trozos, en la misma playa, viendo sus compañeros el horrendo espectáculo desde el mar, los aderezaron para el festín; los demás, espantados de aquel atroz ejemplo no se atrevieron a desembarcar y pensaron en vengar a su capitán, y abandonaron aquellas playas crueles.[205]

Otro relato de lo mismo:

> Juan Díaz de Solís quiso en todo caso ver qué gente era esta y tomar algún hombre para traer a Castilla. Salió a tierra con los que podían caber en la barca; los indios que tenían emboscados muchos flecheros, cuando vieron a los castellanos, algo desviados de la mar, dieron en ellos y rodeando los mataron sin que aprovechase el socorro de la artillería de la carabela, y tomando a cuestas los

---

204. Los españoles llamaban de distintos modos a los intérpretes que ayudaban a entenderse con hablantes de idiomas indígenas: *lengua, faraute, ladino, lenguaraz, trujamán*, etc.
205. Mártir de Anglería, 1944.

muertos y apartándolos de la ribera hasta donde los del navío los podían ver, cortando las cabezas, brazos, y pies asaban los cuerpos enteros y se los comían.[206]

Moraleja:

Solís se entregó sin precaución en los brazos de una amistad aún no probada, y dio a costa de su vida una lección, con que deben escarmentar los temerarios.[207]

Los aficionados a la tauromaquia (entre los cuales no me incluyo, aunque tampoco entre los detractores) saben que cuando un toro está toreado, en la dehesa, con nocturnidad y alevosía, pierde su inocencia y se vuelve peligroso, o sea, embiste al torero más que al capote.

Si me disculpan el símil, es posible que a Juan Díaz de Solís le ocurriera otro tanto: que aquellos indios estuvieran ya toreados, que hubieran tenido un contacto anterior, insatisfactorio, con los hombres blancos y barbados que viajan en casas flotantes, y estuvieran esperando su regreso para ajustarles las cuentas.[208]

El caso es que asesinaron a Solís y a sus hombres, despedazaron los cadáveres y allí mismo, en la playa, improvisaron una barbacoa en la que asaron los cuartos y se dieron un festín a la vista de los horrorizados marineros que habían quedado en la carabela.

206. Herrera y Tordesillas, 1601.
207. Funes, 1816, p. 142. En la barranca de Punta Gorda de Colonia, donde el río Uruguay rinde sus aguas al Plata, existe un Monumento a los Descubridores, popularmente conocido como la *Pirámide de Solís,* que una tradición reciente señala como el vero lugar donde los indios aniquilaron al grupo de españoles. En la misma zona ajardinada, a pocos metros, está la llamada Escalera de Darwin, de caracol, en cuyo recorrido se puede apreciar la riqueza de fósiles del lugar estudiada por Darwin en 1833 durante su célebre expedición a bordo del buque *Beagle.*
208. Se ha sugerido que la expedición portuguesa de 1511 (la de Esteban Froes y Juan de Lisboa) pudo secuestrar a algún indígena y esto explicaría la actitud violenta de los indios.

Al menos eso es lo que contaron cuando, desanimados, se dejaron de exploraciones, dieron la vuelta y regresaron a España no sin antes recalar en la isla de los Lobos, donde hicieron buena provisión de pieles de lobos marinos para que el viaje les rindiera alguna ganancia con la que compensar la pérdida de una carabela que naufragó en la laguna de los Patos, en la costa del Brasil.

Algunos autores han detectado una incongruencia en el relato de la muerte de Solís: los indios que habitaban aquella región, los churrúas, no eran antropófagos. Sus vecinos los guaraníes, en cambio, sí lo eran. ¿Dieron nuestros desventurados exploradores con churrúas guaranizados o con guaraníes no lo suficientemente churruados? Esa podría ser una explicación, pero recientes autores han urdido una teoría conspiratoria muy apañada: los marineros se rebelan y asesinan a Solís y a sus partidarios, e inventan que los indios los han devorado para justificar su pérdida y persuadir al resto de la expedición que más vale largarse de allí cuanto antes, no sea que los indios se hayan quedado con hambre.[209]

---

209. Un detalle contradice la teoría del asesinato de Solís por sus hombres. De la matanza y banquete del Plata se salvó el grumete Francisco del Puerto cuya vida respetaron los indios quizá porque era niño. Francisco se integró en la tribu y vivió entre los salvajes doce años hasta que en 1527 vio llegar la nave de Sebastián Caboto, quien lo enroló de muy buen grado como «lengua» aprovechando que hablaba con fluidez el idioma indígena. Ya fuera español aindiado o cimarrón, Francisco se había vuelto un tanto suspicaz y sufría tan mal las bromas que en una ocasión condujo a sus acompañantes a una trampa donde fueron aniquilados por los indios. Después de ese episodio se pierde su pista. Probablemente regresó con los indios.

CAPÍTULO 40
Fíese usted del servicio

La carabela de la desgraciada expedición de Solís que naufragó en la laguna de los Patos, frente a la isla de Santa Catalina, al sur del Brasil, dejó en tierra a dieciocho marineros, como queda dicho.

—¿Qué podemos hacer aquí, perdidos en la inmensidad de este mundo hostil? —se preguntaron—. ¿Aguardamos a que nos coman los caníbales, o intentamos abrirnos paso a tierras de cristianos?

Hubo división de opiniones: algunos acordaron dirigirse al norte. Tuvieron suerte y fueron rescatados, a finales de 1516, por Cristóvão Jacques, que patrullaba las costas de Brasil por encargo del rey de Portugal para evitar que mercaderes franceses comerciaran con los nativos. Unos meses después los desembarcaron en Lisboa y tras breve negociación fueron intercambiados por algunos portugueses que los españoles habían capturado en el Caribe.

El otro grupo, capitaneado por un portugués, Alejo García, permaneció en la isla de Santa Catalina y amistó con el cacique local. Alejo convenció al indio para que le prestara porteadores y emprendió una expedición al Alto Perú en busca de la mítica sierra de la Plata.

Por el camino se le iban agregando más indios de numerosas tribus, así que al final disponía de todo un ejército con el que atravesó las actuales Paraguay y Bolivia y la selva del Chaco hasta llegar a los Andes.

En 1525, después de casi cuatro años de campaña, en la que acumuló un respetable botín, se dio por satisfecho y decidió regresar a la costa, pero antes de alcanzarla fue asesinado por sus indios para arrebatarle la ganancia. Como dice un personaje de Galdós (creo), fíese usted del servicio.

La noticia de la expedición de Alejo García se divulgó entre los navegantes que exploraban aquella costa.

—Hay un lugar —decían—, muy en el interior, donde verdaderamente abundan el oro y la plata.

Suficiente para atraerlos como a las moscas. Cuando Sebastián Caboto rescató al grumete Francisco del Puerto, que llevaba años viviendo entre los indios, este le elogió las fabulosas riquezas del Rey Blanco, cuyo reino situaba tierra adentro, al otro lado de las selvas y de las cordilleras.

Caboto supuso que, ascendiendo por el Río de la Plata, llegaría a aquellas tierras tan abundantes en metales preciosos. Remontó el Paraná hasta llegar a los saltos de Yacyretá-Apipé que le cerraban el paso.

—Con la geografía hemos topado —se dijo.

Caboto regresó a España en 1530 y relató al emperador Carlos la existencia de una sierra donde los pedregales eran de plata, en las tierras del Rey Blanco.

CAPÍTULO 41
El Río de la Plata

A Carlos le interesaba poblar el Río de la Plata no solo porque parecía el camino más fácil hasta las riquezas del Rey Blanco, sino porque temía que se instalaran allí los expansivos portugueses.

Carlos nombró adelantado, gobernador y capitán general de los territorios del Río de la Plata a Pedro de Mendoza (1536), un militar fogueado en las guerras del Gran Capitán y participante en el famoso *sacco di Roma*.

Además de estos méritos, Mendoza contaba con buenos valedores en la corte, al ser pariente de la esposa de Francisco de los Cobos, el todopoderoso secretario del emperador.

Carlos concedió a Mendoza once naves para que trasladara a unas tres mil personas, *el mayor número de gente y mayores naves que nunca pasó capitán a Yndias*.[210]

La idea era poblar la desembocadura del Plata, defenderla y abrir un camino real que uniera los dos océanos.

Las naves de Mendoza recalaron en la isla de Santa Catalina, donde le salieron al encuentro los náufragos de Solís y Caboto que vivían allí aquerenciados con los indios guaraníes, casados con indias y padres ya de mestizos.

Mendoza los llevó consigo y le fueron muy útiles como *len-*

---

210. López de Gómara, 2011.

guas para que los colonos pudieran entenderse con los indios de la región.[211]

—Ya tenemos lenguas —le dijo a su primo Gonzalo, que lo acompañaba—. La suerte nos sonríe.

La suerte dejó de sonreírle enseguida. Después de Santa Margarita todo fueron calamidades. La malaria y la hostilidad indígena malograron la ciudad que fundó en la desembocadura del Plata, Santa María del Buen Ayre.[212]

En 1537, año y medio después de su llegada, Mendoza regresó a España derrotado y abatido. Murió en alta mar, probablemente de sífilis, y sepultaron su cadáver en el mar como era costumbre.

Mayor fortuna cupo a su primo y colaborador, el baezano Gonzalo de Mendoza. Este capitán construyó *una casa de madera con dos torreones o mangrullos, rodeada de una empalizada de palo a pique y barro,*[213] germen de la actual Asunción.

En noviembre de 1537 partió de Asunción una ambiciosa fuerza expedicionaria que pretendía emular, con mejor suerte a ser posible, la hazaña de Alejo García, o sea, abrir el camino del Perú, llegar a la sierra de la Plata y regresar ricos.

La tropa, compuesta por doscientos ochenta arcabuceros, numerosos jinetes y dos mil indios guaraníes, abrió el camino del Perú por la sierra de la Plata a costa de innumerables sufrimientos.

Cuando ya estaban cerca de la sierra de la Plata, supieron que se les habían adelantado los conquistadores del Perú.

Uno de los hombres, el soldado bávaro Ulrico Schmidel, testigo presencial, afirma en su crónica: *Nos quedamos fríos donde estábamos.*[214]

---

211. Los náufragos aindiados eran diez: Andrés de Arzamendia, Hernando de Ribera, Gonzalo Pérez Morán, Pedro Galván, Antonio Martínez, Pedro Genovés, Juan Pérez, Ruy García Mosquera, Francisco Rodríguez y un tal Guevara.

212. Hoy Buenos Aires, después de que la refundara Juan de Garay en 1580.

213. Quevedo y Toral Peñaranda, 2005, p. 92.

214. *Ibid.,* p. 97.

—Nuestro gozo en un pozo, regresemos y administremos lo nuestro.

Perdida la esperanza de explotar las riquezas de las tierras altas, Domingo Martínez de Irala, gobernador del Plata y del Paraguay entre 1539 y 1556, se centró en el factor humano y puso su empeño en la buena administración de la colonia.

—Ante todo hay que llevarse bien con los indios.

—¿Y eso cómo se consigue? —preguntó el tasador.

—Emparentando con ellos.

Irala no ordenaba a sus hombres ningún trabajo que no estuviera dispuesto a hacer él mismo. Para dar ejemplo tomó hasta una decena de concubinas guaraníes con las que engendró amplia descendencia, que iba casando con otros conquistadores españoles. Apena pensar que esta actitud generosa y entregada no fue cabalmente entendida, y le ganó la enemistad de la jerarquía eclesiástica que a menudo olvida el mandato bíblico de creced y multiplicaos.[215]

Afortunadamente, Irala también tuvo valedores, como su yerno Alonso Riquelme, quien en una carta al emperador le informó:

[Los indios] nos dan sus hijas para que nos sirvan en casa y en el campo, de las cuales y de nosotros hay más de cuatrocientos mestizos entre varones y hembras, para que vea Vuesa Merced si somos buenos pobladores, y no conquistadores.[216]

---

215. El vicario general Francisco González Paniagua lo denunció al rey en carta fechada en 1545: *El cristiano que está contento con dos indias es porque no puede haber cuatro, y el que con cuatro porque no puede haber ocho. Y así de los demás hasta ochenta, de dos y de tres, si no es algún pobre; no hay quien baje de cinco y seis, la mayor parte de quince y de veinte, y de treinta y cuarenta los capitanes [...]. Con tanta desvergüenza y poco temor de Dios que hay entre nosotros en estar como estamos con las indias amancebados que no hay Alcorán de Mahoma que tal desvergüenza permita.*

216. El testamento de Irala, otorgado el 13 de marzo de 1556, reconocía su contribución al mestizaje: *Digo y declaro y confieso que yo tengo y Dios me ha dado en esta provincia ciertas hijas y hijos que son: Diego Martínez de Irala y Antonio de Irala y doña Ginebra Martínez de Irala, mis hijos,*

Pacificada la región, Asunción prosperó bajo el gobierno de Hernando Arias de Saavedra, *Hernandarias* (1592-1618), bajo cuyo mandato comenzaron a establecerse las famosas reducciones jesuíticas en el Paraguay, treinta y dos misiones autónomas que civilizaron y evangelizaron a un cuarto de millón de guaraníes sin explotarlos. La hermosa utopía, reflejada en la película *La misión*, perduró hasta 1767, cuando España y Portugal se repartieron el territorio y expulsaron a los jesuitas.

Para una cosa que estábamos haciendo bien...

---

y de María mi criada, hija de Pedro de Mendoza, indio principal que fue desta tierra; y doña Marina de Irala, hija de Juana mi criada; y doña Isabel de Irala, hija de Águeda, mi criada; y doña Úrsula de Irala, hija de Leonor, mi criada; y Martín Pérez de Irala, hijo de Escolástica, mi criada; e Ana de Irala, hija de Marina, mi criada; y María, hija de Beatriz, criada de Diego de Villalpando, y por ser como yo los tengo y declaro por mis hijos y hijas y portales he casado a ley y a bendición, según lo manda la Santa Madre Iglesia.

CAPÍTULO 42
El requerimiento

Someter a los pacíficos y atrasados taínos de las islas caribeñas fue relativamente fácil, pero cuando los conquistadores desembarcaron en el continente o Tierra Firme, como la llamaban, se toparon con indios belicosos pertenecientes a sociedades mucho más estructuradas.

¿Qué hacer con estos indios que se resistían a los civilizadores?

En estos casos, el derecho al uso justificaba la guerra de conquista. No obstante, antes de emprender cualquier acto de fuerza, se intentaría explicarles que aquellas tierras pertenecían al rey de España por concesión papal, y que la nueva gerencia venía a liberarlos del paganismo y acercarlos a la verdadera religión y todo lo demás. O sea, convencerlos para que se sometieran pacíficamente. El famoso jurista Juan López de Palacios Rubios redactó el «requerimiento» que debía leérseles de viva voz a los representantes de los indios antes de emprender cualquier violencia.

—Estupendo —decía uno de los capitanes—. El secretario lee el papelito, largo como tres credos, y nosotros quietos, esperando que acabe, mientras los indios nos ponen de flechas como un alfiletero.

En la corte de Fernando el Católico se legislaba a ciegas sobre un territorio cuyas características y dimensiones seguían siendo un misterio.

—¿Dónde estaba el ansiado paso a las Molucas, por el norte o por el sur? —preguntaba el rey a sus cosmógrafos.

—Vaya su majestad a saber...

Mientras se encontraba el dichoso paso, había que administrar las tierras descubiertas. Dijimos que entre el cabo de la Vela (Colombia) y el cabo Gracias a Dios (en la frontera entre Honduras y Nicaragua) se crearon dos nuevas gobernaciones, Nueva Andalucía al este, gobernada por Alonso de Ojeda, y Veragua al oeste, gobernada por Diego de Nicuesa con el golfo de Urabá por medio.

Drama rural. Como dos caciques patanes, Ojeda y Nicuesa rivalizaron en enviar expediciones tierra adentro para arrebatar al rival cualquier derecho sobre nuevas tierras, al tiempo que importunaban al rey para que ampliara sus respectivas jurisdicciones.

Uno de los objetivos de estas expediciones era la captura de esclavos, con los que sustituir la escasez de mano de obra que aquejaba a las plantaciones de caña y a las minas del Caribe.

Un hombre de Ojeda, Vasco Núñez de Balboa, el descubridor del océano Pacífico (o mar del Sur), había fundado la actual Panamá, el poblado de Santa María de la Antigua del Darién (septiembre de 1510).

Dado lo precario de la población, apenas un fuerte de troncos y unas pocas cabañas, Balboa envió al capitán Juan de Valdivia a solicitar refuerzos con la nao *Santa María de Barca*.

Valdivia zarpó de Darién con buen tiempo el 15 de agosto de 1511, pero al tercer día de navegación, cuando discurría frente a las costas de Yucatán, una gran tormenta estrelló su nave contra los escollos de la costa de las Víboras (o los Alacranes).[217]

Gran desgracia. Los supervivientes del naufragio, dieciocho hombres y dos mujeres, vagaron a merced de las corrientes marinas en el batel de la nave, sin vela ni remo, y lo que es peor, sin

---

217. ¿De dónde procede el nombre *Yucatán*? Cortés lo explica en su primera carta de la *Relación*: *Preguntaron a los indios naturales cómo se llamaba aquella tierra, y los indios no entendiendo lo que les preguntaban, respondían en su lenguaje y decían* Yucatán, Yucatán, *que quiere decir «no entiendo»; así los españoles descubridores pensaron que los indios respondían que se llama Yucatán, y en esta manera se quedó impropiamente a aquella tierra este nombre de Yucatán.*

agua. Al cabo de pocos días los más débiles fallecieron, y los ocho supervivientes *vinieron a tan gran necesidad que bebían lo que orinaban.*

Finalmente se creyeron a salvo cuando las olas los arrojaron a una playa de Yucatán.

—Gracias sean dadas a Dios que nos preservó de la muerte —dijo clavando sus rodillas en la arena el fraile Jerónimo de Aguilar, ecijano.[218]

Enseguida pudieron comprobar que la plegaria de agradecimiento había sido, cuando menos, precipitada. Un grupo de feroces indios cocomes que los habían visto llegar acudió a darles la bienvenida con sus macanas (estacas con incrustaciones filosas de pedernal), de lo que cuatro murieron, entre ellos el capitán Valdivia, otro quedó inútil para el servicio y a los restantes se los adueñó el cacique local, Taxmar o Ahmay, señor de Maní.[219]

Uno de los cautivos, el fraile Jerónimo de Aguilar (por cuyo testimonio conocemos lo ocurrido), salvó el pellejo porque servía a los indios muy humildemente con *alegre rostro por asegurar la vida, que tan amada es.*

Dado que Jerónimo era religioso, Taxmar lo regaló al sacerdote de la tribu, un tal Teohom, quien, con el tiempo, notó que el esclavo no miraba siquiera a las mujeres.

—¿Cuántos años tienes? —le preguntó.

—Veintiuno recién cumplidos, señor —respondió el humilde fraile sin osar levantar la mirada.

—¿Y no te gustan las mujeres?

—Señor, por mi estado religioso soy célibe.

—¿Célibe con veintiún años? —se extrañó Teohom.

218. La peripecia de Jerónimo de Aguilar y Gonzalo Guerrero fue tan sonada que la relatan los principales cronistas de Indias: Francisco López de Gómara (2011, capítulos 11 y 12); Diego de Landa (1566, capítulo 2); Bernal Díaz del Castillo (1961, capítulos 27 y 29); Antonio de Herrera y Tordesillas (1601, capítulos 7 y 8) y Andrés de Tapia (2002).

219. *Vinieron a dar en poder de un cruel reyezuelo que asesinó a Valdivia y a algunos de los suyos, los inmoló luego a sus zemes y se los comió convidando a sus amigos* (Pedro Mártir, 1521, p. 418).

—Es que, al ser religioso, tengo voto de castidad —respondió el frailecillo. No dijo que además había hecho la promesa de mantenerse casto para forzar a Dios a rescatarlo de aquel cautiverio.

—¿Te estás quedando conmigo? —se extrañó Teohom—. Polla dura no cree en Dios.

Teohom no acababa de creerse que el Dios cristiano les prohibiera el fornicio a los clérigos. Empeñado en demostrarse que aquel desatino del voto de castidad no podía ser verdad:

> Procuró tentar a fray Jerónimo muchas veces, en especial una vez que le envió de noche a pescar a la mar, dándole por compañera una india muy hermosa, de edad de catorce años, la cual había sido industriada del señor para que provocase y atrajese a su amor a Aguilar; diole una hamaca en que ambos durmiesen. Llegados a la costa, esperando tiempo para entrar a pescar, que había de ser antes que amaneciese, colgando la hamaca de dos árboles, la india se echó en ella y llamó a Aguilar para que durmiesen juntos; él fue tan sufrido, modesto y templado, que haciendo lumbre cerca del agua, se acostó sobre la arena; la india unas veces lo llamaba, otras le decía que no era hombre, porque quería más estar al frío que abrazado y abrigado con ella; él, aunque estuvo vacilando, muchas veces, al cabo se determinó de vencer a su sensualidad y cumplir lo que a Dios había prometido, que era de no llegar a mujer infiel, porque le librase del cautiverio en que estaba.[220]

Experimentos aparte, Teohom no se caracterizaba por la piedad. Hacía trabajar a los esclavos barbados, hasta el punto de que dos de ellos murieron de extenuación, y los dos restantes los hubieran seguido si el cacique Taxmar, viendo el abuso, no se apiada de ellos y los reclama.

A Jerónimo de Aguilar lo mantuvo Taxmar a su lado como esclavo doméstico, pero al otro cautivo, el palense Gonzalo Guerrero, lo regaló a Na Chan Can, cacique de los cheles de Chetu-

---

220. Cervantes de Salazar, 1971, libro I, capítulo 28; Vallado Fajardo, 2001, lo considera falso, capítulo 2, «Aguilar, el mentiroso y Cervantes, el adaptador».

mal, quien, a su vez, lo transfirió al jefe de sus tropas, el cual lo adoptó como consejero militar (Gonzalo había sido arcabucero en las guerras de Granada y Nápoles) y luego lo liberó y lo promocionó a cacique, como veremos cuando tornemos a encontrar a nuestros dos náufragos en páginas venideras.

CAPÍTULO 43
Bonoso Cantero, encomendero

A Bonoso Cantero, *Arjona,* el grumete que conocimos en el segundo viaje de Colón, no acababa de gustarle la mar. Después de un par de singladuras, la experiencia de una tormenta tropical, que por pocas echa a pique la carabela en la que servía, lo persuadió de que lo suyo no era el mar. Decidió, de común acuerdo con su amigo Chozalhombro, dejar el oficio de grumete y acogerse a la isla de Santo Domingo, donde consiguieron de los Colón un repartimiento.

En La Española tampoco ataban los perros con longaniza. Para sacar alguna ganancia había que trabajar tan de sol a sol como en Castilla, dando ejemplo a los indios y administrando más escaseces que abundancias. Cuando Francisco Roldán se sublevó contra los Colón, Chozalhombro se unió a los rebeldes, pero Arjona, menos arrojado, les permaneció fiel.

—Yo me quedo donde esté la alhóndiga y el trigo —le dijo a su compadre Chozalhombro cuando este lo invitó a echarse al monte—. Aparte de que, si te vienen mal dadas y vas a la cárcel, algún amigo debe quedarte fuera para abogar por ti.

Se dieron un abrazo de hermanos y se separaron.

No fueron tiempos fáciles incluso para los que gozaban de la protección de los Colón. Cuando se repartieron los indios, a Arjona le correspondió una docena, a la que sumó otros tantos cedidos por un vecino frustrado, que se metió a soldado.

A veces se juntaba en la taberna con su amigo Diego Cotrufes, que explotaba en sociedad una mina de oro y las arenas auríferas de un par de arroyos.

—Tentaciones me dan de volverme a Castilla —decía Cotrufes.

—Igual te digo, pero me da vergüenza presentarme allá tan raído y pobre.

En vista de que el régimen de los repartimientos favorecía los abusos, la Corona lo cambió por el de las encomiendas.

Ya sabemos que el encomendero se comprometía a alimentar, cuidar y evangelizar a sus indios. En teoría no estaba mal, pero en la práctica el abuso continuó.

A Diego Cotrufes le cupo una *doctrina* o bohío con dos docenas de chozas y cierta tierra cultivable, donde vivían y trabajaban para él hasta treinta familias de indios, entre las nueve que le correspondieron y las veintiuna que compró a otros encomenderos.

A poco de instalarse, lo visitó un primo suyo, dominico, fray Alonso Hardón. Compartieron una frasca de vino dulce que el clérigo había traído de Málaga y charlaron de las cosas de allende y de las de aquende. Al despedirse, ya subido en su mula, dijo fray Alonso:

—Cuando quieras te mando a un doctrinero muy bueno que conozco para que los haga buenos cristianos.

No se dio prisa Cotrufes en llamar al doctrinero. Su principal preocupación era que los indios produjeran lo suficiente para pagar los impuestos al rey y dejarle a él un buen margen de beneficios.

Pasaron varios años. Cotrufes prosperó. Con su esfuerzo, y el de la indiada a su cargo, se construyó una buena vivienda y almacén. De vez en cuando lo visitaba fray Alonso, y mientras compartían una jarra de cusubí, le recomendaba que fuera pensando que, además de la prosperidad material y regalo del cuerpo, convenía ocuparse de la del alma.

—Si un día de estos mueres, ¿adónde crees que irás después de tu vida pecadora, al cielo o al infierno?

Al final, las persuasivas palabras de fray Alonso obraron efecto, y Cotrufes instaló un altar portátil en un cobertizo donde los indios pudieran asistir a misa y practicar la religión. Un franciscano amigo, fray Diego Gonzaga, al que conocía de los tiempos de La Isabela, le predicaba el catecismo en la lengua taína y le bautizaba a los neonatos.

—¿Cuántos serán hijos tuyos? —le preguntaba al ver tantos mestizos que jugaban en la plaza del poblado.

—No sé —reconocía Cotrufes—. Los que Dios quiera darme.

Paralelamente a las encomiendas, la Corona española ideó en 1531 la modalidad de las reducciones o misiones, poblados de nueva planta, de propiedad real, en los que no faltaba su iglesia y su cura doctrinero. Los corregidores que regían las reducciones resultaron ser tan ladrones y abusones como los encomenderos, por lo que la fórmula no resultó a la postre tan positiva como se esperaba. No obstante, en el Paraguay, Argentina y sur del Brasil hubo reducciones confiadas a jesuitas y franciscanos que funcionaron de manera ejemplar.[221]

Después de algunos años en la isla, lo que Cotrufes anhelaba era regresar a Castilla ganancioso, adquirir algo de tierra calma, con su poquito de huerta para el gasto, labrarse una casa con pozo, emparrado e higuera, y hacerse con una hacienda que le permitiera dotar bien a sus hijas, así como vivir sin cuidados el resto de sus días junto a Catalina, su mujer, a la que después de veinte años de ausencia seguía añorando. También echaba de menos un corral en el que criar una docena de cochinos.

—Hartico estoy de pan cazabe.

Alguna vez dejaba su hacienda para acercarse a la alhóndiga de Santo Domingo a comprar vituallas, y de camino dictaba una

---

221. Ya hemos hablado de la estupenda película de Roland Joffé *La misión* (1986), con Robert De Niro en el papel de esclavista español y Jeremy Irons en el del jesuita empeñado en proteger a los guaraníes de la selva amazónica. Recuerden el desastrado final: en virtud del Tratado de Madrid (1750), se alteran las fronteras y la zona en cuestión corresponde a Portugal, que envía tropas para limpiar de indios y jesuitas su territorio. El jesuita y el esclavista, reconvertido en protector de los indios por aliviar su conciencia, perecen intentando salvar a la tribu.

carta al escribano dando noticia a la familia de que seguía bien y haciendo fortuna, pero nunca hablaba del regreso.

Los indios son la gente más perra que imaginar podáis —se quejaba en una carta—. Pueden pasarse todo el día mano sobre mano y, cuando tienen hambre, se comen dos bocados de una torta que hacen sin trigo, o cuatro raíces que desentierran, y con eso echan el día. Para que trabajen hay que apalearlos, pero se lo toman tan a mal, que luego huyen a las fragas de las montañas que conocen bien, y no comparecen más. Otros dejan de cultivar la tierra para matarnos de hambre a los patronos, aunque primero mueran ellos, y los hay que no se allegan a sus mujeres por no tener hijos de los que podamos abusar.

En Santo Domingo aprovechaba también para bajar a la taberna del puerto, donde se juntaba con sus compadres Arjona y Medinilla a compartir jarras de chicha y conversación.

—No me acaba de gustar esta tierra —confesaba Cotrufes.

—¿De qué te quejas? —le replicaba Medinilla—. ¿No eres rico?

—Un buen pasar no es ser rico —respondía Cotrufes—. Nos haremos viejos sin salir de la medianía.

Medinilla lo entendía muy bien. Tampoco él quería echar raíces en La Española. Al principio tuvo sus tentaciones de casarse con su barragana india y formar una familia, pero luego le pareció que ser patrón de indios y esclavos negros no lo satisfacía.

Como muchos otros encomenderos, Cotrufes hacía trabajar a sus indios de sol a sol, de lo que muchos enflaquecían y enfermaban.

—La Virgen María os vigila y se pone triste cuando ve lo poco que rendís —los amonestaba al principio.

Luego comprendió que la vigilancia de la Virgen no bastaba y recurrió con mayor frecuencia al palo.

No eran los taínos grandes trabajadores. Ya lo decía Colón: *Es tierra de los mayores haraganes del mundo,* porque en su cultura vivían mucho de los frutos que espontáneamente les daba la tierra, y solo la cultivaban pocas horas al día, sin grandes esfuerzos. Cuando los encomenderos les exigieron un cupo y los maltrataban si no rendían, ellos comenzaron a enflaquecer tanto de cuerpo como de ánimo. Algunos dejaban de comer, indiferentes a los palos, hasta que morían. Las mujeres mataban a sus hijos al nacer para librarlos de la esclavitud. Otros se suicidaban con sus hierbas de ponzoña, especialmente los que trabajaban en las minas.[222]

222. *Unos se mataban con zumo de yuca, mortífero y potentísimo veneno, porque con un trago súbito mata, y otros con malas yerbas; otros se ahorcaban de los árboles. Las mujeres hacían también ellas como los maridos, que se colgaban a par de ellos, y lanzaban las criaturas con arte y bebida por no parir a luz hijos que sirviesen a extranjeros. Azote debió ser que Dios les dio por sus pecados* (Fernández de Oviedo, 1950, capítulo 33).

CAPÍTULO 44
El arma secreta de los conquistadores

Estoy sentado en una terraza de la plaza Mayor de Trujillo, uno de los escenarios urbanos más hermosos y evocadores de Extremadura y de España. Ante mis ojos se despliega una sucesión de edificios monumentales, la iglesia de San Martín, con la hermosa puerta de las Limas, el palacio de los duques de San Carlos, con su balcón esquinero, el de los marqueses de Piedras Albas, el del Escudo, el de la Justicia...

Enfrente se yergue espada en mano, arrogante y casi ciclópea, la estatua ecuestre de Francisco Pizarro. El antiguo porquero, que era recortadito de talla y macizo, se representa idealizado, esbelto y con un plumero en el airoso yelmo, como un condotiero.

Muchos historiadores se han sorprendido de que los españoles derrocaran grandes imperios con muy pocos hombres. Sin quitarles mérito, se ha señalado que empleaban armas muy superiores a las indias. Esto es cierto, pero lo que más contribuyó a la derrota de los indígenas no fueron las espadas, ni las armas de fuego, ni los caballos, ni los petos de acero, ni los perros alanos entrenados para sembrar el terror con sus mortales dentelladas, sino la poderosa arma biológica que los conquistadores portaban consigo sin sospecharlo: la viruela.

La viruela, *Variola virus,* hoy al parecer erradicada, causó una hecatombe demográfica en América. Eficazmente auxiliada por el sarampión y la peste bubónica, allanó el camino a los conquistadores.

En 1518, pocos años después del descubrimiento de América, una gran epidemia de viruela causó tan gran mortandad en el Caribe que disminuyó drásticamente la población indígena (taínos y caribes). Al año siguiente se propagó a México, y de allí pasó a la actual Guatemala y a Centroamérica, que la padecieron a partir de 1520.

Unos años más tarde, otra epidemia, esta vez de sarampión, asoló Mesoamérica y los Andes y afectó incluso a las poblaciones del bajo Misisipi y la Amazonia.[223]

Cuando Hernán Cortés llegó a México, la viruela se le había adelantado: la mitad de la población había perecido, incluido el emperador Cuitláhuac.[224]

Aquella enfermedad misteriosa que los mataba a ellos, pero respetaba a los españoles, desmoralizó a los mexicas. ¿Es un castigo divino o la señal de la superioridad de los seres barbados que llegan de no se sabe dónde?

Los incas del Perú, visitados por Pizarro y Almagro, corrieron una suerte parecida a la de los mexicas.[225] A la llegada de los es-

---

223. Restall, 2004, p. 201. Se ha sugerido que la gran epidemia que asoló las Antillas fue de influenza suína o gripe del cerdo, mientras que las del continente o Tierra Firme fueron de viruela. *La pandemia comenzó en La Isabela, isla de Santo Domingo, que era la primera ciudad que se fundaba en el Nuevo Mundo, el día 9 de diciembre de 1493, apenas desembarcados los 1.500 hombres y animales domésticos que acompañaron a Colón en el segundo viaje. Hay que recordar que previamente el almirante había avituallado la flota entre el día 5 al 7 de octubre de 1493 en La Gomera, Islas Canarias, donde embarcó ocho puercas, que al llegar a tierra el 8 de diciembre de 1493 en La Isabela, entraron en contacto con los expedicionarios; también mencionan las crónicas que los caballos que embarcó Colón en Sevilla llegaron perdidos; por lo que no hay que descartar además la posibilidad de influenza equina solo identificada en estos últimos años. En pocos años, los puercos se multiplicaron y dispersaron por las Antillas en gran número y con ellos la influenza* (Guerra, 1988, p. 46).

224. En 1618, la población azteca había descendido de 18 millones a 1,6 millones (Diamond, 1998, p. 241).

225. El Imperio inca se extendía por los actuales Ecuador, Bolivia y Perú, hasta Chile.

pañoles, el Imperio inca estaba debilitado por la mortandad de la viruela (como en México el emperador Cuitláhuac, el emperador inca Huayna Cápac también había perecido del misterioso mal: la viruela acertaba en los dos casos a provocar un cataclismo dinástico).[226]

Viruela y espadas de acero, pero especialmente viruela, esos fueron los elementos que conquistaron América.[227] No resulta muy heroico, pero es cierto. Las enfermedades allanaron el camino del hombre blanco en su conquista de América, Asia, África y Oceanía. El colonizador europeo llegaba a todas partes, con sus enfermedades y sus armas de fuego, dos poderosos elementos civilizadores.

Adivino la pregunta: ¿qué pasa?, ¿es que los americanos no disponían de agentes patógenos que recíprocamente exterminaran a los invasores, perdón, evangelizadores europeos?

Pues no. En América no se habían desarrollado enfermedades tan mortíferas como las europeas: estas plagas son, en realidad, la adaptación de parásitos animales al hombre. En América los animales domésticos eran escasos y no convivían con las personas como en Europa.[228]

---

226. En Norteamérica ocurrió un fenómeno semejante. Cuando el conquistador Hernando de Soto llegó en 1540 a las fértiles tierras del Misisipi, encontró muchos poblados vacíos porque la viruela había aniquilado a su población. Los indios de la costa, visitados esporádicamente por españoles, habían transmitido el microbio a los del interior.

227. También, quizá, el fatalismo y la falta de iniciativa individual de los indios, que se quedaban paralizados cuando perdían al jefe o a las aristocracias (especialmente expuestas a las enfermedades por tratar más estrechamente a los europeos).

228. La única excepción, aunque notabilísima por su carácter, fue la sífilis. A los cinco años de la conquista, el 35 por ciento de los colonos españoles padecían sífilis. En años sucesivos una pandemia de sífilis se extendió por Europa, Asia y norte de África. Ya hemos comentado que cada país culpó al adversario de su propagación: los franceses lo llamaron *morbo italiano*, los italianos y los alemanes *morbus gallicus* (enfermedad francesa); los españoles, *mal francés* o *mal portugués;* los portugueses y los Países Bajos, *mal español;* para los rusos fue la *enfermedad polaca;* para

Ya vemos que el balance global cuando los dos pueblos intercambiaron sus respectivos virus resultó muy favorable a los europeos. ¿Por qué? Porque en Europa se había producido desde fecha temprana una alta densidad de población humana, que favorece las enfermedades.

Los europeos llevaban más tiempo de rodaje y, por lo tanto, sus enfermedades eran más virulentas y ellos estaban mejor provistos de anticuerpos para resistirlas.[229] El mismo hacinamiento, sin embargo, los hacía más vulnerables cuando una enfermedad contagiosa se trasladaba a Europa y adquiría caracteres de pandemia (recordemos la peste negra o la *gripe española* de 1917).[230]

Lo único que frenó, por un tiempo, la conquista por los europeos de determinadas regiones del planeta fueron tres enfermedades tropicales: la malaria (*fiebres tercianas* la llamaban), el cólera del sureste de Asia y la fiebre amarilla del África tropical. Por eso los europeos no conquistaron África al mismo tiempo que América.[231] A África le llegaría el turno en el siglo XIX,

---

los turcos, la *enfermedad cristiana;* para los japoneses, el *morbo chino.* Recientemente se han descubierto cadáveres europeos anteriores al descubrimiento, cuyos huesos presentan las deformaciones de la sífilis. Pudiera ser que la introdujeran los vikingos, infestados por nativas canadienses hacia 1300, aunque debió de tratarse de una cepa débil que solo infestó a unos pocos europeos.

229. Un ejemplo: la viruela aparece en Egipto hacia el 1600 a. C. (se han detectado momias que la padecieron); la primera epidemia se produce en Roma, la *peste de Antonino* la llamaron, en torno al año 170. La peste de Justiniano, en 542, fue una epidemia de peste bubónica.

230. Así llamada por los hijos de la Gran Bretaña que la aprovechan, junto con el hundimiento del *Titanic,* para suprimir a algún personaje molesto en sus novelas y series de televisión ambientadas en la Inglaterra victoriana.

231. Irónicamente, esas enfermedades no existían en el trópico americano, pero los barcos de esclavos procedentes de África llevaron a las hembras del *Aedes aegypti,* el mosquito transmisor de la fiebre amarilla, que encontró un hábitat estupendo en las plantaciones de caña. Mc Neill sugiere que los españoles, ya acostumbrados al mosquito, encontraron en

cuando se dispuso de vacunas y medicinas que combatían estos males.

él un valioso auxiliar para impedir que se establecieran colonias de franceses e ingleses, que intentaban desalojarlos del Caribe. Los ingleses, que en 1741 sitiaron Cartagena (Colombia) y Santiago (Cuba), perdieron en pocos meses veintidós mil hombres de un total de veintinueve mil, debido a las fiebres tropicales, lo que los obligó a retirarse. Hasta 1900 no se relacionó el mosquito con la fiebre amarilla.

CAPÍTULO 45
Balboa descubre el mar del Sur

¿Recuerdan al personaje que encarna Clint Eastwood en *Sin perdón* (1992), aquel pistolero rehabilitado, William Munny, al que las adversidades de la vida obligan a aceptar un encargo que lo devuelve a su antiguo oficio?

Algo parecido le ocurrió a Vasco Núñez de Balboa, *por otro nombre el Esgrimidor, pues sabe manejar la espada como nadie*.[232]

En 1502 Balboa, *hombre que no sabía estar parado*,[233] había recorrido las costas caribeñas de Panamá a Colombia buscando el paso a la especiería, pero cansado de ese trajín decidió establecerse en La Española e invirtió sus magras ganancias en una granja porcina.

El negocio fue fatal entre los huracanes y los cochinos cimarrones que bajaban de la espesura a beneficiarse a sus hembras. Comido de deudas, malvendió los cerdos restantes y huyó de la isla como polizón, dentro de un barril, en una de las naves que llevaban bastimentos a los colonos de Nueva Andalucía (litoral de Venezuela y Colombia).

A los pocos días de navegación, los marineros lo descubrieron y lo condujeron ante Martín Fernández de Enciso.

---

232. Bartolomé Hurtado, en Esteban Villarejo, «Núñez de Balboa, el extremeño que descubrió la inmensidad del Pacífico», *ABC*, 9 de junio de 2014.

233. Fernández de Oviedo, 1950, capítulo 62.

—¿Es cierto que conoces estas costas? —preguntó el capitán.
—Sí, señor. Las recorrí hace ocho años y las guardo bien en la memoria.
—En ese caso, ya tienes el pasaje pagado —dijo Enciso—. Nos ayudarás a identificar sus contornos.

Unos días después, la nave tocó Tierra Firme, quizá demasiado firme porque, estrellada contra unos bajíos, se fue a pique. Los supervivientes encontraron a los colonos muy desanimados y quebrantados de los ataques de los indios. Por consejo de Balboa se mudaron a una región vecina, más habitable, que arrebataron al cacique Cémaco, y allí fundaron Santa María la Antigua del Darién (1510), la primera ciudad española en Tierra Firme después de repetidos intentos frustrados.[234]

Proclamado alcalde de la nueva población, Balboa envió emisarios al gobernador Nicuesa para invitarlo a trasladar su capital a la nueva ciudad.

—¿Quién es esta sabandija que funda ciudades en mis dominios? —se dijo Nicuesa, y zarpó dispuesto a castigar al insolente.

Nicuesa había perdido muchos hombres en sus enfrentamientos con la indiada. Cuando llegó a la Antigua en son de guerra, Balboa ni siquiera le permitió desembarcar: lo metió con diecisiete hombres que le restaban fieles en una vieja carabela lista para el desguace y le aconsejó que se buscara la vida en otra parte.

El gobernador Nicuesa desapareció tragado por el mar. No se volvió a saber de él.

Imbuido de autoridad, Núñez de Balboa envió un representante a España y consiguió que el rey lo nombrara gobernador del Darién.

—Busquemos el paso —se dijo—, y de camino veamos si podemos allegar alguna otra ganancia, oro y esclavos, por ejemplo.

---

234. Intentos frustrados: la colonia de Belén, fundada por Colón en 1502; Santa Cruz, fundada por Alonso de Ojeda en La Guairita (hoy Venezuela), 1502; Nombre de Dios, fundada por el tosiriano Diego de Nicuesa, gobernador de Veragua, en 1510, como sabemos; la efímera San Sebastián de Urabá, fundada en 1510 por Alonso de Ojeda en la actual Colombia.

Balboa se internó en la selva al frente de ciento noventa hombres. Los asistía espiritualmente el clérigo Andrés de Vera. Una reata de portadores y guías indios acompañaba a los exploradores. Las selvas del istmo de Panamá eran tan espesas y accidentadas que tuvieron que abrirse camino a machetazos *(he ido adelante por guía y aun abriendo los caminos por mi mano)*. La arboleda disimulaba barrancos, montañas, ríos, pantanos infestados de serpientes y mosquitos...[235]

A estas dificultades se sumaba la de combatir con los indios, que defendían celosamente sus tierras. Uno de ellos, el cacique Careta, se admiró de que Balboa lo tratara amistosamente después de derrotarlo. Conmovido por aquella muestra de humanidad, no solo aceptó el bautismo, sino que le entregó a su hija. Balboa la aceptó *como si fuera su mujer legítima*.

¡A estos sacrificios obligaba a los exploradores la misión civilizadora!

Careta se convirtió en un útil aliado que suministraba alimentos a la colonia a cambio de la consabida quincalla. Eso sí, el parentesco acarreó a Balboa otras obligaciones, como la de combatir al cacique Ponca, enemigo de su suegro. Balboa lo derrotó, y cobró tal fama de poderoso que otros caciques le ofrecieron paces, entre ellos Comagre, dueño de una extensa comarca, que aceptó gustoso las aguas bautismales (mejor ser como Careta y no acabar como Ponca, pensaría). Le pusieron don Carlos.

Los hombres de Balboa pesaban el poco oro obtenido, mohínos porque no tocaban a casi nada.

—¿De qué nos sirve dejarnos la piel en explorar estas espesuras con lodo hasta las rodillas y respirando mosquitos, si seguimos tan pobres como al principio? —se quejaban los hombres de Balboa mientras pesaban sus magras ganancias.

Panquiaco, el hijo mayor de Comagre (entonces don Carlos), tumbó la balanza con la que pesaban el dorado metal y les dirigió el siguiente discurso:

---

235. *Hicieron camino los nuestros, a fuerza de brazos y hierro, por montes y sierras, y en los ríos puentes, no sin grandísima soledad y hambre* (Fernández de Oviedo, 1950, capítulo 62).

Buscando las especias

Especias.

El cambista y su mujer, óleo de Quentin Massys, 1514 (Museo del Louvre).

El Bucintoro en el muelle de Venecia en el día de la Ascensión, óleo de Canaletto, 1729 (Museo Pushkin, Moscú).

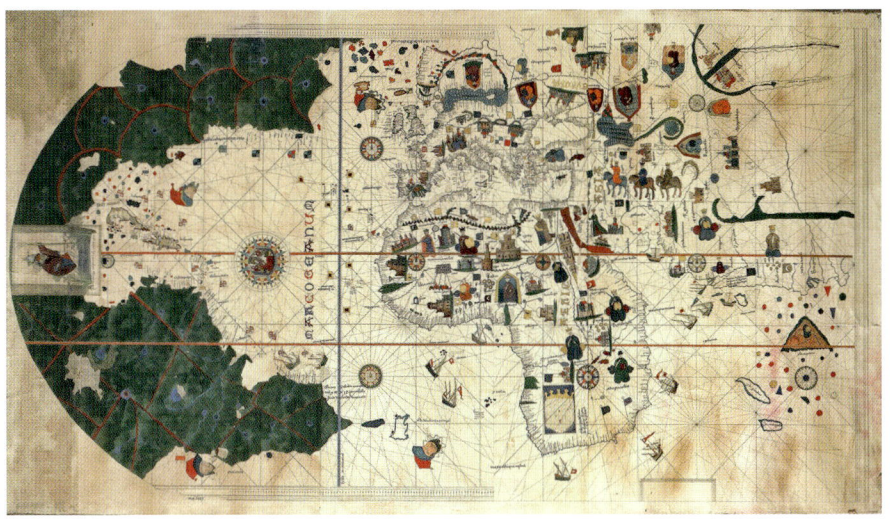

Mapa de Juan de la Cosa.

Los descubrimientos portugueses

Reconstrucción de la carabela *La Pinta*.

Enrique el Navegante, óleo c. 1465.

Serpiente marina en el libro *History of Northern Peoples*, de Olaus Magnus (1555).

Padrão de Diego Cão en el Cabo Negro, 1931.

Monumento a los Descubridores, puerto de Lisboa.

Sello danés conmemorativo del descubrimiento vikingo de América.

Ballestilla.

Astrolabio.

Brújula.

Reconstrucción de la nao *La Santa María*.

La Tierra que ellos creían

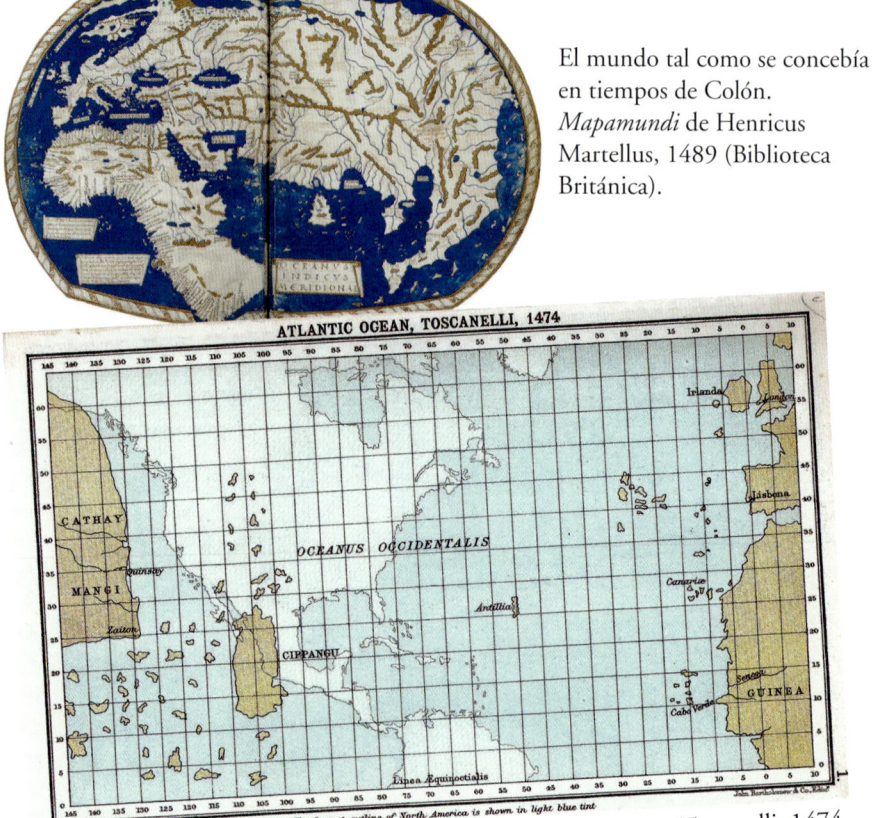

El mundo tal como se concebía en tiempos de Colón. *Mapamundi* de Henricus Martellus, 1489 (Biblioteca Británica).

Reconstrucción del mapa de Paolo dal Pozo Toscanelli, 1474.

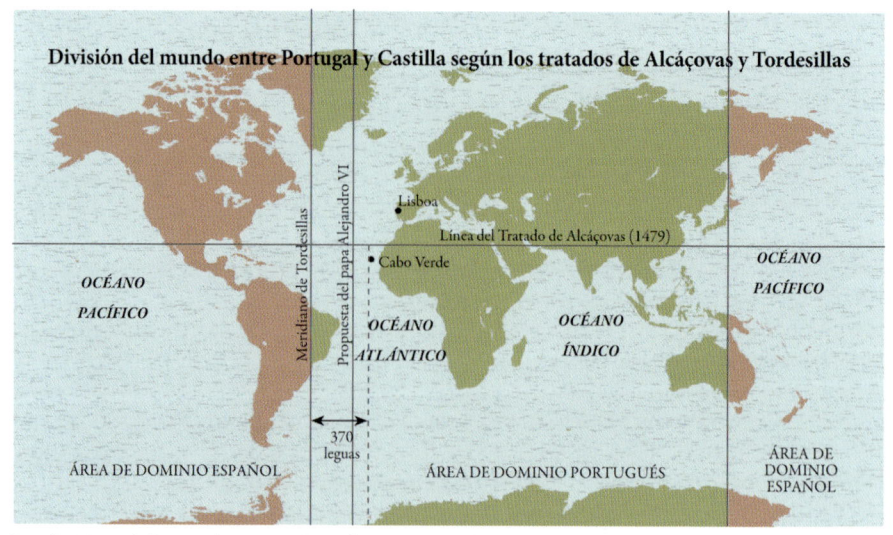

La división del mundo entre Castilla y Portugal.

Colón y los reyes

Retrato de Cristóbal Colón, 1519 (Metropolitan Museum, Nueva York).

Isabel y Fernando, óleos sobre tabla, anónimo.

La Rábida en un cromo de principios del siglo XX.

Entrevista del padre Marchena con la reina Isabel.

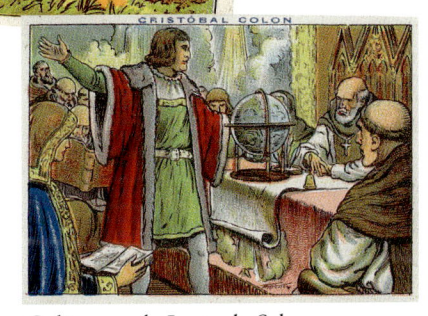

Colón ante la Junta de Salamanca.

Colón ante la reina Isabel en un cromo francés, c. 1890.

Conmemoración del V Centenario del Descubrimiento de América.

Vicente Yáñez Pinzón, óleo de Julio García Condoy, 1956 (Museo Naval de Madrid).

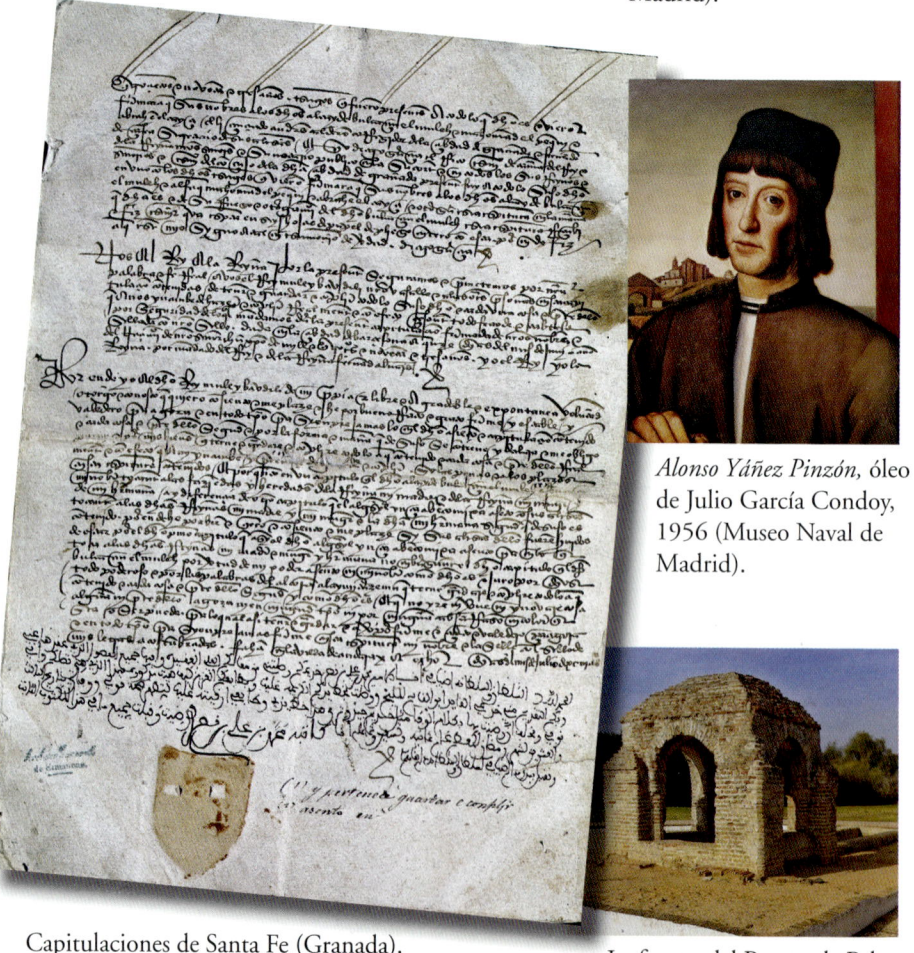

Alonso Yáñez Pinzón, óleo de Julio García Condoy, 1956 (Museo Naval de Madrid).

Capitulaciones de Santa Fe (Granada).

La fuente del Puerto de Palos (Huelva).

Llegada de Colón

Llegada de Cristóbal Colón a América (litografía de Dióscoro Puebla, 1862).

Cerámica taína.

India taína, según John Gabriel Stedman en su *Narrative*, 1774.

Cacique indio en un dibujo de la época.

Un mundo nuevo

Colón en las Indias. Cromo comercial, c. 1890.

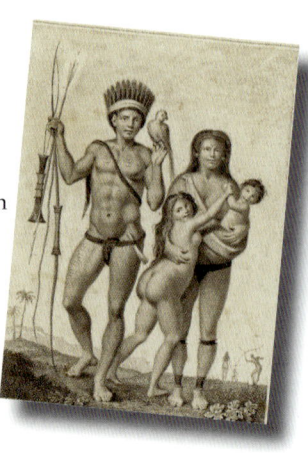

Indios taínos según John Gabriel Stedman.

Ruinas de La Española (*National Geographic,* enero de 1992).

El canibalismo indígena en un códice.

Recibimiento de Colón en Barcelona, litografía basada en un óleo de Francisco García Ibáñez.

Enfermo de sífilis (Alberto Durero, 1496).

Cultura maya

La pirámide de Chichén Itzá.

Máscara maya.

Sacerdote maya.

Ídolo diquis (Costa Rica).

El templo del Gran Jaguar en Tikal (Guatemala). Hacia el 740 d. C.

Las armas

Capacete español (Armería Real, Madrid).

Conquistadores españoles (cromo, c. 1890).

El emperador Carlos V dominando el furor protestante, Leone Leoni, c. 1550 (Museo del Prado, Madrid).

Bombarda.

Arcabuz.

Cortés y Malinche en un grabado del siglo XVI.

Espada de Francisco Pizarro (Armería Real, Madrid).

Sacrificios aztecas

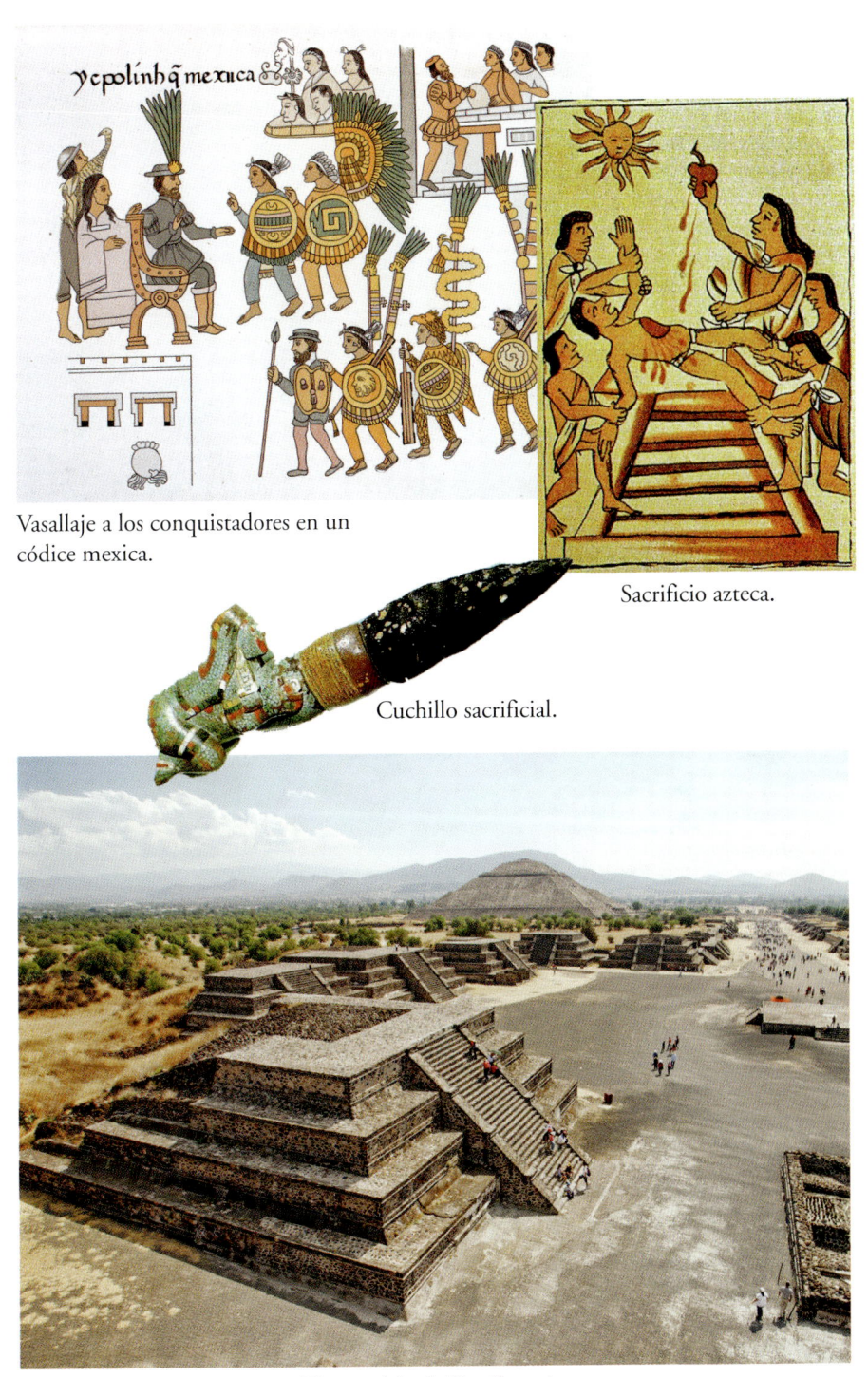

Vasallaje a los conquistadores en un códice mexica.

Sacrificio azteca.

Cuchillo sacrificial.

El complejo de Teotihuacán.

Reconstrucción de Tenochtitlán y su lago (grabado del siglo XVII).

Piedra del Sol mexica (Museo de Antropología, México).

Reconstrucción de la ciudad de Tenochtitlán.

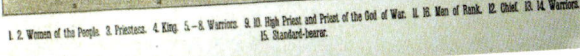

La monstruosa diosa Coatlicue (Museo Nacional de Antropología, México).

Indios mexicanos en una lámina alemana, siglo XIX.

Chalchiuhtlicue, esposa del dios Tlacoc (Museo del Hombre, París).

La mexicana Aladia en la tienda de Cortés, Nicolás Maurin, 1850 (Museo de América, Madrid).

Hernán Cortés

Retrato de Hernán Cortés (anónimo).

Modo de pelear entre el sacrificador y el que va a ser sacrificado, atado a la rueda, según un códice del siglo XVI.

El árbol ahuehuete de la Noche Triste pintado por José María de Velasco (siglo XIX).

Pedro de Alvarado, c. 1526.

EN ESTE ARBOL LLORO HERNAN CORTES DESPUES DE LA DERROTA ANTE LOS DEFENSORES AZTECAS 1520-1998

La caída del Imperio azteca

Conquista de México por Cortés, anónimo, segunda mitad del siglo XVII.

El asalto al Teocalli, óleo de Emanuel Leutze, 1849.

Morrión español, siglo XVII.

La tortura de Cuauhtémoc, óleo de Leandro Izaguirre, 1893 (Museo Nacional de Arte, México D. F.).

Ríos y mares

Vasco Núñez de Balboa.

Descubrimiento del mar del Sur, cromo, c. 1920.

Vicente Yáñez Pinzón, descubridor del Amazonas.

Delta del Amazonas.

Si yo supiera, cristianos, que sobre mi oro habíades de reñir, no os lo diera, porque soy amigo de toda paz y concordia. Maravíllome de vuestra ceguera y locura, que deshacéis las joyas bien labradas por hacer de ellas palillos (se refería a los lingotes), y que siendo tan amigos riñáis por cosa vil y poca. Más os valiera estar en vuestra tierra, que tan lejos de aquí está, si hay tan sabia y pulida gente como afirmáis, que no venir a reñir en la ajena, donde vivimos contentos los groseros y bárbaros hombres que llamáis. Mas empero, si tanta gana de oro tenéis, que desasoguéis y aun matéis a los que lo tienen, yo os mostraré una tierra donde os hartéis de ello.[236]

Y concluyó:
—Habéis de saber que más allá de esas montañas existe una región donde podréis cargar carretadas de oro, porque sus naturales comen y beben en vajillas de ese metal.

El viejo truco indígena para quitarse de encima a los abusones forasteros. Los españoles abrieron ojos como platos ante aquella estimulante noticia.

—Pero os advierto que necesitaréis al menos mil hombres para someterla —advirtió el indio dando mayor verosimilitud al bulo.

Fue la primera referencia que tuvieron los españoles de la existencia del Imperio inca, la segunda si identificamos con el inca al Rey Blanco del que hablaron los indígenas a Caboto páginas atrás.

A Balboa le pareció que había algo más precioso que el oro. Don Carlos le había revelado la existencia de un mar inmenso hacia la parte en donde se pone el sol.

Aquella noche el gobernador no pudo conciliar el sueño. ¿Estaría por allí el tan buscado paso a la especiería?

Con ayuda de los indígenas, Balboa y sus ciento noventa hombres se abrieron camino en busca del mar. Todavía tuvieron que enfrentarse con el cacique Torecha, al que le cupo la suerte de morir en combate. No así a su hermano, al que encontraron en compañía de otros notables de la tribu *en traje de mujer*.

---

236. López de Gómara, 2011, capítulo 60.

—¡Bujarrones! —exclamó uno de los españoles. ¿Disponía el finado de un serrallo homosexual? No se metieron a averiguarlo. Escandalizados por lo que, desde su intransigente perspectiva cristiana, tomaban por vicio execrable y no por libre y respetable opción sexual, los aperrearon, es decir, los ejecutaron de la manera más terrible: azuzándoles los alanos.[237]

Sin duda, una de las páginas más negras de la conquista española.

En Castilla, ¿qué castigo se aplicaba al homosexual? Si era seglar, directo a la hoguera; si religioso, penitencia, bla bla bla, y lo cambiaban de convento o parroquia.

En el terrible episodio del aperreamiento notamos que, si desde el punto de vista técnico los españoles (y europeos en general) estaban más adelantados que los nativos americanos, estos eran mucho más progresistas en la tolerancia sexual, incluso exhibiendo cotas de modernidad y progreso que la sociedad occidental ha tardado siglos en alcanzar y todavía no ha consolidado.[238]

Regresemos a Balboa. Después de transitar fatigosamente las selvas y montañas de Urrucallala, entre el río Sabanas y el Cucunatí, el 25 de septiembre de 1513 avistó el terso espejo azulado

---

237. *La casa de este [cacique] encontró Vasco llena de nefanda voluptuosidad: halló al hermano del cacique en traje de mujer, y a otros muchos acicalados y, según testimonio de los vecinos, dispuestos a usos licenciosos. Entonces mandó echarles los perros, que destrozaron a unos cuarenta. Se sirven los nuestros de los perros en la guerra contra aquellas gentes desnudas, a las cuales se tiran con rabia, cual si fuesen fieros jabalíes a fugitivos ciervos* (Mártir de Anglería, 1516, tercera década, libro I, capítulo 2). Otro testimonio: *Aperreó Balboa cincuenta putos que halló allí, y luego quemolos. Sabida por la comarca esta victoria y justicia, le traían muchos hombres de sodomía que los matase. Y según dicen, los señores y cortesanos usan aquel vicio, y no el común; y regalaban a los alanos, pensando que de justicieros mordían los pecadores; y tenían por más que hombres a los españoles, pues habían vencido y muerto tan presto a Torecha y a los suyos* (Fernández de Oviedo, 1950, capítulo 62).

238. La homosexualidad se toleraba y practicaba entre mayas y mexicas. Estos incluso disponían de una diosa, Xochiquétzal, que protegía a los homosexuales bajo la advocación de Xochipilli.

del océano Pacífico. Lo llamó mar del Sur. Sigamos al cronista en tan solemne momento:

Miró hacia mediodía, vio la mar, y en viéndola arrodillose en tierra y alabó al Señor, que le hacía tal merced. Llamó los compañeros, mostroles la mar, y díjoles: *Veis allí, amigos míos, lo que mucho deseábamos. Demos gracias a Dios, que tanto bien y honra nos ha guardado y dado. Pidámosle por merced nos ayude y guíe a conquistar esta tierra y nueva mar que descubrimos y que nunca jamás cristiano la vio, para predicar en ella el Santo Evangelio y bautismo, y vosotros sed lo que soléis, y seguidme; que con favor de Cristo seréis los más ricos españoles que a Indias han pasado, haréis el mayor servicio a vuestro rey que nunca vasallo hizo a señor, y habréis la honra y prez de cuanto por aquí se descubriere, conquistare y convirtiere a nuestra fe católica.* Todos los otros españoles que con él iban hicieron oración a Dios, dándole muchas gracias.[239]

Balboa desenvainó su espada y tomando en la otra mano el estandarte con la imagen de Santa María penetró en el mar donde rompían las olas y tomó posesión de aquellas aguas en nombre de sus soberanos, Juana (la Loca) y Fernando (padre y regente de Juana).

Y si algún príncipe o capitán, christiano o infiel, o de cualquier ley o secta o condición que sea, pretende algún derecho a estas tierras y mares, yo estoy presto y aparejado de se lo contradecir en nombre de los reyes de Castilla.

Intensa emoción. Los duros hombres de Balboa cayeron de rodillas sobre la arena y entonaron los latines del *Te Deum laudamus*. Después levantaron un mojón de piedras en la playa misma, para conmemorar el lugar donde Balboa había tomado posesión del mar en nombre de la Corona, y los que sabían escribir con sus dagas y navajas dejaron constancia del acontecimiento en las cortezas de los árboles.

¿Qué fue de Balboa después del descubrimiento del mar que lo catapultó a la galería de la historia?

239. Fernández de Oviedo, 1950, capítulo 62.

La Corona lo nombró adelantado del mar del Sur y gobernador de Panamá y Coiba,[240] y él siguió buscando oro y perlas en las tierras del istmo, unas veces combatiendo a los indios y otras trapicheando con ellos.

Dejemos en suspenso su desastrado final: *Esta es Castilla, que faze los homes e los gasta.*

---

240. El 23 de septiembre de 1514.

CAPÍTULO 46
Arjona en Tierra Firme

—Muy galán te veo, Arjona.
Se giró Bonoso Cantero para mirar al que así lo saludaba y familiarmente le ponía mano en el hombro.
—¡Hombre, Bartolomé! Te hacía en Cuba sacando caña dulce.
—Caña amarga, más bien —respondió Chozalhombro dejándose caer pesadamente sobre el banco.
En el puerto de San Salvador, a la hora del calor pegajoso del mediodía, ni siquiera las gaviotas se atrevían a volar sobre el bosque de mástiles de las carabelas, urcas y naos recién llegadas de España.
La taberna de Inés Ballesteros, por mal nombre *la Sorda* (a causa de su oído agudo que captaba las más distantes conversaciones), estaba casi desierta. Dos marineros de taparrabos y bonete dormían la borrachera en el poyo del fondo, mientras una india de la doctrina, descalza, el pelo recogido en un moño, un sayal viejo del ama hasta las rodillas, pasaba indolente la escoba recogiendo las mondas y los huesos del suelo terrizo.
Por la ventana embocaba una brisa densa, salina, con aroma de algas podridas.
A una señal de Arjona, la Sorda abandonó el rincón umbrío, refrescado por la cantarera donde se abanicaba con un pergamino, y arrastrando los pies se acercó a poner otro cubilete delante del recién llegado. Arjona le sirvió del jarro que tenía sobre la

mesa. Un vino áspero y mal adobado de hierbas, que ya salió de Cádiz averiado.

—¿Y a ti cómo te va, Bonoso? —preguntó Chozalhombro después de paladear un trago.

—Mal. Muy harto de sudar, de los mosquitos, de los indios que maltrabajan y de los asentadores que te pagan una miseria por la caña.

—¿A quién se lo dices? —respondió lúgubre Chozalhombro mientras abismaba la mirada en el vino oscuro.

Como el resto de los colonos, Arjona y Chozalhombro estaban decepcionados. No habían encontrado en La Española la vida muelle y la riqueza fácil que se prometían.

—Aquí no saldremos de pobres —observó Chozalhombro—. Vengo de apuntarme a la jornada de Pedrarias Dávila.

Dejó caer una moneda sobre el tablero.

—Dinero fresco.

Al sonido del cobre la ventera, que había regresado a su modorra húmeda, levantó la cabeza, miró la moneda y la volvió a abatir.

—¿Con Pedrarias? —inquirió Bonoso—. ¿De soldado?

—¿Qué otra cosa sabemos hacer? Ahí tenemos un buen jornal y, si hay suerte, un botín decente. Le han concedido la gobernación de Castilla del Oro, y recluta gente para ensanchar los dominios del rey.[241]

—¿A Tierra Firme?

—¿Adónde si no? Oro en abundancia, Bonoso, no esta miseria de La Española, con las minas agotadas y los indios huidos. Además, vamos con Pedrarias, que bien sabrá mandarnos. Anímate.

Arjona lo meditó en silencio mientras apuraban su jarra y la siguiente, que pagó Chozalhombro.

¿No vinieron juntos a las Indias? Con el pensamiento un poco enturbiado por el alcohol, decidió enrolarse en la nueva aventura.

---

241. Castilla del Oro correspondía a las actuales Nicaragua, Costa Rica, Panamá y norte de Colombia.

Almorzaron, bebieron otra jarra para celebrarlo, y aquella misma tarde encontraron en las escribanías a otro colono que arrendaría la encomienda de Arjona en su ausencia.

—Le he dicho que de mis indiecitas, no.

—¿Qué más te dan las indias? —replicó Chozalhombro—. En Tierra Firme encontrarás más y mejores.

—Es que me da pena porque dejo una preñadilla, y les he cobrado afecto.

—Mejor, así prospera tu simiente, y a la vuelta te encuentras un Bonosillo medio indio, ya criado.

Estaban en el puerto, curioseando cómo se aparejaban las naves, cuando acertó a pasar ante ellos un hombre en atuendo de noble al que acompañaban un par de secretarios y tres pajes armados.

—Pedrarias —musitó Chozalhombro apartándose respetuosamente al tiempo que se inclinaba con una torpe reverencia.

Pedro Arias de Ávila, conocido entre la tropa por *Pedrarias,* era un hombre corpulento, tez tostada, poderosa nariz aguileña y ojos azules. Vestía calzas de Holanda, jubón de brocado y greguescos acuchillados. Bajo la gorra de terciopelo, adornada con un medallón a la italiana, se escapaban rizos de cabello rojizo que empezaba a encanecer.

A Bonoso le sorprendió que fuera un hombre de edad, cuando casi todos los que pasaban a las Indias solían tener menos de treinta años.

—Es el coronel más prestigioso del rey —dijo Chozalhombro—. De muchacho lo llamaron el Justador, porque no había quien lo venciera en un torneo. Ha guerreado en Portugal, en Granada, en Nápoles, en Orán (1509). En el asalto a Bugía (1510) escaló la torre principal del presidio, mató al famoso alférez moro que la defendía y ganó la muralla y la puerta con sus escuderos segovianos. Es severo, pero sabe dirigir una tropa, por eso lo llaman Furor Domini.

—No estoy muy fuerte en latines —reconoció Arjona.

—Ira del Señor —tradujo Chozalhombro.

Arjona se volvió a mirarlo. Pedrarias tenía la presencia de un rey en aquel paso pausado, departiendo con sus acompañantes.

—Se cuenta que lleva consigo a todas partes el ataúd donde se enterrará —prosiguió Chozalhombro—. Y la misa de Viernes Santo se la hace decir estando dentro, a cuenta de la salvación de su alma.

Dos días después partió la armada de Pedrarias con veintidós naves y más de dos mil hombres. Arjona y Chozalhombro, que viajaban en la nao *Virgen de la Estrella,* notaron que, a juzgar por los atuendos y las actitudes, entre sus compañeros de pasaje abundaban los hidalgos recién llegados de Castilla más que los muertos de hambre como ellos, que llevaban unos cuantos años acogidos a las Indias.

—Pues en la bodega vienen doscientas bateas para lavar oro —observó Chozalhombro—. No sé si tanto hidalgo de mazapán querrá ponerse a esa faena con el barro por las rodillas.

—Querrán que lo hagan los indios —supuso Arjona.

Pedrarias había recibido del rey instrucciones precisas:

> Que procurase por cuantas vías pudiese que los indios estuviesen con los castellanos en amor y amistad, que no permitiese ni tolerase que por sí ni por otras personas se les quebrantase ninguna cosa que se les prometiese, sino que se mirase primero si se les podría guardar, y si no, que no se les ofreciese; pero que prometido, se les guardase religiosamente, de tal manera, que los pusiese en mucha confianza de su verdad. Que por ningún caso se les hiciese guerra á los indios, no siendo ellos los agresores, y no habiendo hecho ó intentado hacer daño á la gente castellana, que oyese en estos casos al Obispo y sacerdotes que, estando con menos pasión y menor esperanza de haber interés de los indios, serían votos más imparciales.

Para asegurarse la concordia entre la gente, se le ordenaba que en su expedición no embarcaran abogados *(que no pasase letrados ni consintiese pleitos).*[242]

---

242. Llama la atención el sostenido prejuicio que existía antiguamente contra los abogados y profesionales de la ley. En una carta de Balboa al rey Fernando en 1513 leemos: *V.A. mande proveer que ningún bachiller en leyes pase a estas tierras, so una gran pena, porque no ha pasado*

A finales de mayo, la armada de Pedrarias arribó al puerto de Santa Marta en Panamá. Al acercarse a la costa, que era de espeso bosque y muchos arroyuelos limpios donde hacer aguada, numerosos indios desnudos brotaron de la fronda y penetrando en el agua hasta la cintura lanzaron a las naves una salva de flechas y venablos.

Pedrarias, que al principio se regocijaba creyendo que venían de bienvenida, respondió con ballestas y escopetas. Tras el breve intercambio que no duró más de un padrenuestro, los indios se retiraron escarmentados llevando consigo a sus muertos y heridos. De los cristianos solo hubo dos bajas, uno de ellos un compadre de Chozalhombro, de nombre Hernando del Arroyo, *montañés y valiente hombre que fue herido con flecha enherbolada, y al tercer día murió rabiando.*

Después de esto, Pedrarias costeó con la escuadra hasta Santa María de la Antigua, donde posaba Vasco Núñez de Balboa, unas decenas de cabañas de barro y techos de palma, con su iglesia en el centro y su mediana tapia rodeándolo todo a falta de mejor muralla.

Cuando se avistó la escuadra, que se anunció con dos salvas y naves banderoladas, salieron los colonos a recibirla con gran alborozo y agitar de sombreros.

La llegada de Pedrarias sorprendió a Balboa techando su casa. Despidió a los indios que lo ayudaban, se aseó sucintamente, vistió un mediano coleto y fue al embarcadero a recibir la escuadra, donde recuperó su cortesanía para hacerle muy gran acatamiento a Pedrarias y a su mujer Isabel de Bobadilla.

Arjona y Chozalhombro contemplaban la aldea desde el castillete de su nave.

—Los veo muy raídos y pobres para ser tierra con tanto oro —comentó Arjona.

---

ninguno que no sea diablo [...], *y no solamente ellos son diablos, sino que hacen que haya mil pleitos y maldades.* Este absurdo prejuicio contra los abogados venía de antiguo. En una concordia entre pueblos de Jaén en el siglo XIII leemos: [...] *e otrosí mandamos que no haya en sus términos abogados por estimarlo oficio más dañoso que provechoso.*

Chozalhombro andaba sumido en sus pensamientos, nada contento. Veía en el muelle más indios mansos que cristianos, todos con muy malos hábitos y, los más, descalzos.

—Me barrunto que las promesas que nos hicieron eran falsas, y que aquí vamos a encontrar más miseria.

—Eso me parece a mí —murmuró Arjona—. Tengo el pálpito de que nunca saldremos de pobres.

En verdad había mucho contraste entre las sedas y brocados de los que llegaban —Pedrarias, su mujer, el obispo don Juan de Quevedo— y los oficiales y capitanes, y los que los recibían vestidos de harapos, y gastados de la mala vida que allí se padecía.

Desembarcaron, y mientras Arjona y Chozalhombro aguardaban con otros a que les dieran alojamiento, pues no había posada para tanta gente, los indios mansos del servicio de Balboa ayudaron a descargar los bastimentos.

—Me está pareciendo que estos indios son más membrudos que los de La Española, y de parecer menos pacífico —observó Arjona.

Mientras desembarcaban la impedimenta, Pedrarias se retrajo con Balboa a la casa principal, que en Castilla habría sido poco más que una cochiquera. Balboa examinó las reales cédulas y mandamientos en virtud de los cuales Pedrarias lo sustituía en la gobernación del Darién.

Realizado el traspaso de poderes, Balboa informó a Pedrarias sobre los asuntos de Tierra Firme.

—Ha de saber vuesa merced que con regalos y paciencia se amansa a los indios y se gana la voluntad de los caciques —le dijo.

Torció el gesto Pedrarias al saber las gentilezas que Balboa usaba con la indiada. Siendo tan diestro en la milicia, Pedrarias traía la idea de acrecentar su fama al entrar en batalla con los bárbaros. Mejor someterlos por la espada que con regalos, pensaba. Por otra parte, necesitaba prontas ganancias con las que satisfacer los salarios atrasados de la tropa y de los numerosos criados que lo acompañaban.

—En la costa no haremos sino languidecer de hambre —dijo—. Es menester armar a la gente y salir a cobrar las tierras y los botines que nos dé la tierra.

Balboa comprendió que toda su labor por atraerse la amistad de los indios se iba al garete.

CAPÍTULO 47
La cara menos cordial de la conquista

Pedrarias y sus acompañantes creían repoblar una tierra amable, quizá engañados con la imagen de los colonos que tras la guerra de Granada se asentaron en la vega de aquella famosa ciudad. Pronto se desengañaron: en el Darién no había más infraestructura que unas docenas de chozas miserables, rodeada por una selva tropical insalubre, poblada por indios hostiles.

Al mes de llegar, sobradamente consumidas las quince mil arrobas de harina, las habas, los garbanzos, las sardinas secas y el tocino, bebidas las mil quinientas arrobas de vino, padecían hambre canina que los debilitaba ante las muchas enfermedades del trópico. La tierra no producía lo suficiente para alimentarlos:

> Desembarcados los mantenimientos que iban en el armada, que repartieron por todos (y las harinas y lo demás iba ya corrompido de la mar, que ayudaban a la mala disposición de la tierra, que es montuosa y anegadiza, poblada de muy pocos indios) comienza a caer la gente mala en tanta manera que unos no podían curar a otros y ansí en un mes murieron setecientos hombres, de hambre y de enfermedad de modorra.[243]

---

243. Andagoya, 1986, pp. 85-86. La modorra es una encefalitis de origen gripal. En el invierno de 1494 afectó a los guanches de Tenerife favoreciendo la conquista por Castilla, y luego se transmitió a las islas del Caribe y a Tierra Firme (Hernández, 2010, p. 104).

El padre De las Casas, con su conocido optimismo, se recrea en la suerte:

Creció esta calamidad de hambre en tanto grado, que morían suplicando *dame pan* muchos caballeros que dejaban en Castilla empeñados sus mayorazgos, y otros hubo que cambiaban un sayón de seda carmesí y otros vestidos ricos por una libra de pan de maíz o bizcocho de Castilla o cazabi. Una persona, hijodalgo de los principales que había traído Pedrarias, iba un día clamando por una calle que perecía de hambre, y delante de todo el pueblo, cayendo en el suelo, expiró. Nunca parece que se viera cosa igual; que personas tan vestidas de ricas ropas de seda y hasta de brocados que valían muchos dineros, se cayesen a cada paso muertas de pura hambre; otros se salían al campo y comían las hierbas y raíces que más tiernas hallaban, como si fuesen ganados.[244]

Pedrarias, visiblemente contrariado por el fracaso de su expedición, culpaba a Balboa, cuyos exagerados informes lo habían hecho concebir falsas esperanzas.

En vista de la miseria que los rodeaba, Arjona y Chozalhombro se alistaron en la expedición de Andrés Barrientos, que iba a poniente del Darién en busca de rescates y bastimentos.

El alférez Barrientos era un soldado viejo de los que habían acompañado a Balboa en el descubrimiento del mar del Sur. Tenía la cara marcada con una cicatriz que le abarcaba de la frente a la comisura de la boca entrecerrándole un ojo y hendiéndole la nariz, por lo que su tropa lo apodaba el Chato.

Por el camino, que era entre selvas densas en las que a menudo los delanteros tenían que abrirse paso a machetazos, amistaron con uno de los veteranos de Balboa, Lope de Escañuela.

—De los indios mansos que nos guían hay que fiarse regular —les advirtió— porque casos se han dado de que nos lleven a emboscadas de indios bravos. Los indios bravos son muy hábiles en la guerra, y usan *flechas emponzoñadas de tal yerba, que por*

---

244. Las Casas, 1992, capítulo 61.

maravilla escapa hombre de los que hieren, antes mueren rabiando, comiéndose a pedazos y mordiendo la tierra.[245]

Arjona y Chozalhombro ya sabían de las flechas envenenadas, pero conocer la muerte tan laboriosa que aparejaba la ponzoña les puso aprensión.

---

245. Fernández de Oviedo, 1950. *La yerba con que untan las flechas y demás armas, que es tan mala que en sacando una gota de sangre, mueren rabiando* (Vargas Machuca, 1599, p. 114).

CAPÍTULO 48
Sobre los venenos indios

Antes de proseguir, ampliemos respecto a las flechas envenenadas.

Algunos indígenas, generalmente los menos desarrollados técnicamente, untaban sus flechas con curare *(Strychnos toxifera)* o yuca amarga *(Manihot esculenta),* dos venenos mortales incluso en un simple rasguño.

El curare producía parálisis progresiva y muerte por asfixia, y el jugo de la yuca amarga contiene cianuro que produce la muerte por paro cardiorrespiratorio.

El tratamiento médico para evitar la muerte de un herido por flecha emponzoñada era tan brutal que uno duda si no sería peor el remedio que la enfermedad:

> Si fuere herida de yerba, lo mejor y más seguro es cortar toda la carne que comprendió la herida; y advierta que esta cura ha de ser con la mayor presteza que posible fuere; y para esto, suelen los caudillos que son diestros mandar al cirujano traer de ordinario en la faltriquera un anzuelo y una navaja, para con el anzuelo alzar la carne y con la navaja cortarla, como es justo se haga, advirtiendo en no cortar los nervios, los cuales después de descarnados, si la herida entre ellos cayere, se raerán con la uña y limpiarán luego para que no queden inficionados de la yerba, que esto saben bien hacerlo los indios amigos. Y para esta cura llevará hecha una masa de harina de maíz tostado y de pólvora, sal y ceniza y carbón: y de esta masa, conforme al hueco de la herida, hará una pelota y la me-

terá dentro y vendará, que por mucha sangre que salga de [las] venas que le hubieren cortado, cabecearán y estancará luego la sangre: y si debajo de esta pelota y masa metiere otra pequeña de sebo y solimán crudo, echando las cuatro partes de sebo, de todo punto se acertará la cura, porque la una restringe la sangre y la otra mata el veneno que, por la misma vía que camina la yerba, el solimán mezclado con el sebo sigue con tanta y mayor violencia y la alcanza y mata: y reparado con esta cura, advertirá a darle la triaca, y si faltare es bueno el zumo del bencenuco: también es escogida triaca una almeja de río molida y desleída en agua o chicha: también es bueno el zumo de cogollos de guamas.[246]

Se pregunta el sensible lector: hombre, ¿no había otra alternativa para esa radical cirugía?

Andando el tiempo, los españoles aprendieron a curarse los venenos más leves con antídotos que aprendieron de los indios. Diego de Montes tenía tal *conocimiento de las hierbas saludables y particular gracia con que curaba las heridas de flechas envenenadas, aplicando antídotos, según reconocía la calidad de los tóxicos,* que lo apellidaron Venerable. Sin embargo, muchos venenos no admitían más tratamiento que el cauterio como el que remedió, según el padre De las Casas, al gobernador de Nueva Andalucía, Alonso de Ojeda. Herido en el muslo de una flecha enherbolada, obligó al soldado Santiago Alonso a...

... aplicarle dos planchas del hierro al rojo vivo a ambos lados, de modo que no solo quemaban el muslo y la pierna expulsando la hierba ponzoñosa, sino que penetraban todo su cuerpo hasta el punto de que hubo que emplear todo un barril de vinagre empapando sábanas para envolverle el cuerpo con ellas.[247]

---

246. Vargas Machuca, 1599, pp. 114-117.
247. Innes, 1975, p. 199.

CAPÍTULO 49
Batalla con la indiada

Caminando por las espesuras de la selva, sin ver nunca el sol, los hombres de Andrés Barrientos salieron al tercer día a un gran llano con menos árboles y muchas hierbas altas hasta medio muslo y algunos sembrados.

En la lejanía se columbraba una aldea con varias docenas de chozas pardas y el humo de una candela. Los cuatro perros que venían atraillados ventearon indio y comenzaron a inquietarse.

Barrientos ordenó descanso, mientras los dos guías indios se adelantaban a indagar. El calor era asfixiante, pero él abrió su petate, sacó un jubón indio de algodón y se lo metió por la cabeza dejando fuera el tahalí. Los veteranos lo imitaron.

—La gente, atenta —ordenó sin emoción.

Los exploradores se perdieron de vista en medio del yerbazal. Al cabo de un rato regresó solo uno, renqueando y con el pecho ensangrentado. No hizo falta que hablara.

—Tambor, redobla —ordenó Barrientos—. Forme la gente.

Al olor de la sangre comenzaron a ladrar los alanos.

Lejos, como a tres tiros de ballesta, se movió la hierba, como si la agitara el viento, y una muchedumbre de indios que habían estado echados en celada asomó sobre el verde traqueteando las cañas de sus macanas, y aullando con un clamor que no hicieran las ánimas del infierno. Tan recios eran los gritos que los cristianos casi no se podían entender hablándole al vecino.

—Esto hacen los pobretes por asustar —comentó una voz cascada.

Arjona miró a su espalda por ver quién hablaba y se topó con la sonrisa feroz, lobuna, amarilla, de uno de los veteranos de Balboa.

Los ballesteros armaban sus máquinas apoyando el estribo en el suelo y tirando de la cuerda con la palanca. Algunos sostenían entre los dientes un virote con punta herrada de bellota. Llevaban al cinto, además de la aljaba, una daga ancha, con serrezuela, de las que llaman *misericordias* porque quitan de sufrimientos y dan la paz eterna.

Comprendió Arjona que con tales cancerberos al reparo, enfrentarse a la indiada era menos peligroso que huir de ella. Pero los indios eran tantos que parecía que su número llenaba el yerbazal, alcanzaba la selva y se perdía en sus umbrías.

Arjona cambió una mirada de resignación con su compadre Chozalhombro. El veterano se había puesto el peto de acero que por venirle demasiado grande le daba apariencia de tortuga.

Barrientos convocó al escribano Domingo de Plasencia que andaba medroso a la zaga, la mano en una medalla de la Virgen que le colgaba del pescuezo.

—¡Maese Domingo, lea norabuena el requerimiento y zanjemos este negocio!

El aludido extrajo de su faltriquera un cartapacio con dos hojas cosidas.

Le temblaban las manos. Miró al alférez como si no entendiera.

—Tan lejos no nos van a oír, capitán —objetó con voz trémula.

Barrientos lo miró con sorna.

—Si en ello va la recta obediencia de la reina, a la que todos debemos acatamiento, adelante un trecho voacé y levante la voz como pregonero para que los indios oigan bien su sermón y asistamos todos muy edificados a ver cómo piden bautismo, abjuran de sus vicios y se entregan pacíficamente a la verdadera religión.

No era el escribano hombre violento ni sabía de guerras más que lo aprendido en el *Amadís*. Sudoroso y vacilante, las rodillas temblorosas, aventuró unos pasos y miró atrás buscando la apro-

bación de Barrientos. Asintió el capitán y sin descomponer la sonrisa de hiena le hizo con la mano el gesto como diciendo *más lejos, más lejos.*
Pálido como el sebo, el escribano aventuró otros pocos pasos, no muchos.
—Es que...
Sonreía, cruel, Barrientos a sus apuros.
—¡No me sea bobo y lea ya el manifiesto, hombre! —le dijo—. Deje voacé el cuidado de escucharlo para la indiada.
Plasencia asintió aliviado, y levantando el cartapacio empezó la lectura que los indios a esa distancia no oirían y que, de todos modos, aunque lo hubieran oído, no lo habrían entendido:

De parte del muy alto y muy poderoso y muy católico defensor de la iglesia, siempre vencedor y nunca vencido el gran Rey don Fernando V de España de las Dos Sicilias, de Jerusalén, de las Islas y tierras firmes del Mar Océano, etc. Tomador de las gentes bárbaras, de la muy alta y poderosa Sra. la Reina Doña Juana, su muy cálida y amada hija, nuestros Señores, yo Andrés de Barrientos, su criado, mensajero y capitán, los notifico y les hago saber como mejor puedo.

Desentendido de la lectura, Barrientos ordenó a sus sargentos desplegar los escuadrones según el uso de la milicia, los escopeteros delante seguidos de los ballesteros, los escuderos detrás con las espadas desenvainadas y las rodelas embrazadas.
Latían roncos los perros y tiraban de los perreros queriendo soltarse.
De pronto arreció la grita de la indiada. Por los lados del yerbazal habían aparecido nuevas muchedumbres. La brisa favorable traía las voces y el olor del indio, lo que excitaba aún más a los canes.
—¡Pronto vienen carnestolendas! —oyó decir Arjona a su espalda.
Volviose a mirar y halló al escopetero viejo de marras que se hurgaba a tientas en la faltriquera sin apartar la vista de la indiada. Al cabo sacó un poco de yesca, la esponjó con los dedos y rascó sobre ella un eslabón de hierro y un pedernal hasta que las

chispas prendieron. Sopló, levantó la llama acunándola entre las manos callosas y con ella encendió la cuerda que sujetaba con la boca. Los otros escopeteros se acercaron a prender las suyas y así se fueron dando fuego unos a otros hasta que todas las cuerdas tuvieron su brasa con que inflamar la pólvora.

—Paréceme, capitán, que se han juntado varios caciques —comentó el escopetero.

—A más indios, más ganancia, Sebastián —masculló Barrientos. Se rascó la cicatriz que con los calores se le había vuelto cárdena.

—¡A ver, el tambor que no pare! —ordenó al muchacho que parcheaba—. En cuanto se acerquen a tiro de flecha, cerramos sobre ellos y los pasamos a cuchillo. Hay que quitarse de la distancia de las flechas.

En medio del tumulto, el escribano proseguía la lectura:

> ... que Dios nuestro Señor único y eterno, creó el cielo y la tierra, un hombre y una mujer de quienes nosotros y vosotros fueron y son descendientes y procreados, y todos los de después de nosotros vinieron, más la muchedumbre de la generación y de esto ha sucedido de cinco mil y más años que el mundo fue creado, fue necesario que unos hombres fuesen de una parte y otros fuesen por otra y se dividiesen por muchos reinos y provincias de que una sola no se podrían sostener ni conservar.

Barrientos buscó con la mirada al cirujano que andaba retraído con el esclavo que le llevaba el saco de cuero de su instrumental.

—El maestre de las llagas que se acoja a la sombra de ese árbol grande —le ordenó—. Y con él los concertadores de huesos y los indios platicantes. Que nadie estorbe.

El maestre de las llagas andaba ocupado en hacer una lumbre. Mandaba a sus indios juntar leña para hervir agua y calentar los hierros del cauterio.

Proseguía el escribano su cantinela:

> De todas estas gentes nuestro Señor dio cargo a uno que fue llamado San Pedro, para que de todos los hombres del mundo fuese señor y superior, a quien todos obedeciesen y fuese cabeza de todo

lo humano, donde quiera que los hombres estuviesen y viviesen en cualquier ley, secta o creencia, pidiéndole a todo el mundo por su reino, señorío y jurisdicción, y como quiera que le mandó propusiese su silla en Roma como el lugar más aparejado para regir el mundo, también le permitió que pudiese estar y poner su silla en cualquier otra parte del mundo, y juzgar, y gobernar a toda la gente, cristianos, moros, judíos, gentiles y de cualquier otra secta o creencia, a este llamaron Papa, que significa admirable, mayor, padre y guardador...

Los indios aulladores se aproximaban, los jefes agitando sus lanzas emplumadas y sus vistosos penachos. Sonaban sus roncas trompetas hechas con conchas marinas. Los más delanteros, pintados los rostros y los cuerpos, corrían hacia los españoles blandiendo sus venablos amenazadoramente. Cuando estaban a un tiro de ballesta rompían la carrera y se volvían a los suyos deshaciendo el camino para después hacerlo de nuevo algo más cerca del enemigo.

—¡Acá vienen los adalides! —dijo el escopetero viejo—. Estos son los más bravos.[248]

Sebastián clavó su horquilla en tierra y afirmó sobre ella el cañón del arma. Sopló la cuerda avivando el fuego, apuntó cuidadosamente al *tequina* delantero, el más emplumado y retador, y cuando lo tuvo más cerca después de la última carrera, accionó la palanca. Tronó la escopeta ensordecedora. La nube de humo acre le escoció a Bonoso en la garganta.

Por un instante decreció el griterío de la indiada. El tiro le había volado al indio media cabeza de la nariz arriba y desparramado sus sesos por el aire. Los que lo seguían quedaron indecisos un instante, pero empujados por los más rezagados arreciaron la grita y lanzaron las primeras flechas, todavía cortas. Roncos de ladrar, los perros hacían por romper sus traíllas.

Proseguía el escribano, ovillado, la voz medrosa y entrecortada:

248. *Para comenzar sus batallas, o para pelear, y para otras cosas muchas que los indios quieren hacer, tienen unos hombres señalados, y que ellos mucho acatan, y al que es de estos tales llámanlo* tequina (Fernández de Oviedo, 1950).

> ... a este San Pedro obedecieron y tomaron por señor, Rey y superior del universo, los que en aquel tiempo vivían y asimismo han tenido todos los otros que después de él fueran al pontificado elegidos, y así se ha continuado hasta ahora y así se continuará hasta que el mundo se acabe. Uno de los pontífices pasados que en lugar de este mundo, hizo donación de estas Islas y tierras firmes del Mar Océano, a los ricos Rey y Reinas y a los sucesores en estos reinos, con todo lo que en ellas hay según se contienen en ciertas escrituras que sobre ellos basaron, así que sus Altezas son Reyes y Sres. de estas Islas y tierras firmes, por virtud de dicha donación y como a tales Reyes y Sres. algunas Islas más y casi todas a quienes esto ha sido modificado han recibido a sus altezas y les han obedecido y servido y sirven como súbditos lo deben hacer, con buena voluntad y sin ninguna resistencia, luego de su inclinación como fueron informados de lo susodicho, obedecieron y recibieron los valores religiosos que sus Altezas profesaban para que les predicasen y enseñasen la Santa fe, y todos ellos de su humilde y agradable voluntad sin apremio ni condición alguna se hicieron cristianos y lo son, sus Altezas los recibieron alegres y así los mandó tratar como a los otros súbditos y vasallos, los otros son pedidos y obligados a hacer lo contrario...

Barrientos lo miró con enojo:

—¡Voacé termine con su galimatías, porque se nos vienen encima y este guiso ya no espera!

—Hago lo que puedo —se excusó el aludido.

Y apresuró la lectura como si rezara dejando a medio pronunciar la mitad de las palabras:

> ... por ende, como mejor puedo os ruego y requiero que entendáis bien lo que he dicho, y toméis para entenderlo y deliberar sobre ello el tiempo que fuere justo y reconoscáis a la Iglesia por Señora y Superiora del universo mundo y al sumo pontífice llamado Papa en su nombre y al Rey y la Reina nuestros señores en su lugar como Superiores y Señores y Reyes de esta isla y tierra firme por virtud de la dicha donación y consintáis en ese lugar a que estos padres religiosos os declaren los susodichos. Si así lo hicieres te ha de ir bien y aquello a que estás obligado, y sus altezas en su nombre os recibirán con todo amor y caridad, os dejarán vuestras mu-

jeres hijos y haciendas libres, sin servidumbre, para que de ellas y nosotros hagáis libremente lo que quisiereis y por bien tuviereis y no os compelerán a que tornéis cristianos, salvo si vosotros informados de la verdad quisiereis convertir a la religión católica como lo han hecho casi todos los vecinos de estas islas y además de esto su Alteza dará muchos privilegios y exenciones que gozarán muchas veces...

En este punto Barrientos no aguardó más, porque las primeras flechas caían a sus pies.

—¡Santiago, Santiago! —gritó con ojos encendidos—. ¡Por Juana! ¡Cierra España!

Escopeteros y ballesteros dispararon la primera rociada, a cuya señal los perreros soltaron los canes que partieron raudos hacia la indiada señalando sus movientes veredas en la hierba. Algunos indios se abatieron alcanzados por las balas o los virotes, pero los otros arreciaron los gritos y el becerreo de las caracolas mientras los flecheros lanzaban sus dardos.[249]

—¡Arma, arma —aullaba Barrientos—, por Santiago, por Juana!

Aprovechando el desconcierto que los perros sembraban, cayeron los cristianos sobre la indiada, las rodelas adelantadas, las espadas tajando carne desnuda.

—¡Cuidado a la zaga! —gritó Barrientos.

Demasiado tarde. Acudían a la carrera los indios de las lindes y rodearon a los cristianos en medio del prado, pero su muchedumbre era tanta que se obstaculizaban entre ellos: los traseros estorbados por los delanteros y los flecheros temerosos de alcanzar a los suyos.

249. *Cuando van a las batallas los indios en algunas provincias, en especial los caribes flecheros, llevan caracoles grandes, que suenan mucho, a manera de bocinas, y también atambores y muchos penachos muy lindos y algunas armaduras de oro, en especial unas piezas redondas, grandes, en los pechos y brazales, y otras piezas en las cabezas y en otras partes de las personas, y de ninguna manera tanto como en la guerra se precian de parecer gentiles hombres y ir lo más bien aderezados que ellos pueden de joyas de oro y plumajes* (Fernández de Oviedo, 1950).

Los cristianos, viéndose acometidos de todas partes, se cerraron en anillo, y sin enturbiarlo ni dejar hueco, segaban indios con gran concierto, así como en Castilla se siegan los trigos, cada cual ocupándose de la mies delantera, y abriendo en ellas carrera.

Algunos indios de más autoridad llevaban coselete de algodón apretado, suficiente para detener las flechas flojas en las guerras intertribales, pero del todo inútil para el acero. Así, faltos de defensa, las armas de los cristianos siempre daban en carne mollar. A veces un solo tajo hería a dos enemigos.

En el aprieto, los más bravos, que llevaban macanas, se estorbaban unos a otros, pues siendo tan altas como ellos, habían de empuñarlas con las dos manos, lo que daba espacio para que el cristiano les metiera la daga por el vientre, o descargara la espada en la cabeza emplumada.

Sebastián, la rodela terciada sobre el pecho, con la espada hería en alto y con la daga detenía las macanas o hería entrepiernas buscando la femoral. Los macheteros provocaban heridas más espantables: de un tajo decapitaban al indio o le cercenaban el brazo o le abrían el vientre y echaban fuera el mondongo.

Atrás, solo junto al tamboril y a un par de porteadores indios, el escribano Domingo de Plasencia temblaba como azogado, los ojos cerrados, y con voz quebrada terminaba su lectura:

> ... si no lo hiciereis o en ello dilación maliciosamente pusiereis, os certifico que con la ayuda de Dios entraré poderosamente contra vosotros y os haré guerra por todas las partes y maneras que tuviere y sujetaré al yugo y obediencias de la iglesia y de sus Altezas y tomaré vuestras personas y las de vuestras mujeres e hijos y los haré esclavos y como tales los venderé y dispondré de ellos como su Alteza mandare, y os tomaré vuestros bienes, y os haré todos los males y daños que pudiere como a vasallos que no obedecen y que no quieren recibir a su señor y le resisten y contradicen, y protesto de las muertes y daños que de ellos se registraren serán a culpa vuestra y no de sus Altezas ni mía, ni de estos caballeros que conmigo vinieron y de como lo digo, requiero, pido al presente Escribano que me lo dé como testimonio firmado y a los presentes ruego que de ello sean testigo.

Barrientos, por mostrarse más esforzado que sus hombres, hizo por el indio más emplumado y revoltoso, pensando que era el cacique, y con gran saña lo hendió desde el hombro a la tetilla dejándole al aire los bofes y el corazón, lo que desanimó a los otros principales que lo rodeaban y seguían. Unos se dieron a merced tirando al suelo las macanas y juntando las manos; otros huyeron, aunque los ballesteros y escopeteros los alcanzaban.

Terminó el escribano su recitado, plegó el cartapacio y enderezándose un poco se atrevió a mirar el campo. La lucha había cesado, y Barrientos limpiaba la hoja de su espada con un puñado de hierba en medio de la mortandad, mientras sus hombres registraban los cadáveres o remataban a los heridos.

Un par de docenas de cautivos se habían entregado arrodillados y suplicantes. Los negros les ponían grillos en las manos y a algunos, por parejas, en los pescuezos.

De la parte cristiana había cuatro muertos y siete heridos, pero solo dos de flecha emponzoñada porque, al parecer, algunas flechas no traían el veneno fresco o las habían untado mal.[250]

El maestre de las llagas, Federico Soria, veterano del Darién, de los que poblaron la isla Juana (Cuba) con Diego Colón, merodeaba por el campo examinando los muertos. Primero vio a los indios, y como no encontró a ninguno gordo, se volvió a un cadáver cristiano, el de un ballestero de Burgos que por haber llegado a las Indias con Pedrarias aún conservaba una mediana panza, le alzó el perpunte, le abrió las carnes con un cuchillo y raspando con la hoja le recogió las mantecas hasta que llenó el cuenco de una rodelilla. Con esa presea regresó al hospitalico donde los indios mansos llevaban a los heridos y la puso al fuego. En cuanto la manteca se hizo aceite y rompió a hervir, cauterizó con ella las llagas de los heridos.[251]

---

250. En la *Milicia y descripción...* de Vargas Machuca se menciona el *veneno de las veinticuatro horas*. Se deduce que debía de ser fresco, aunque también podría ser indicativo de que el afectado sufría una larga y presumiblemente dolorosa agonía.

251. Las dos maneras clásicas de cerrar heridas sangrantes y desinfectarlas eran el cauterio mediante varilla de hierro calentada al rojo, o me-

Los así abrasados mordían una mordaza de cuero para no lastimarse la lengua, pero algunos, al sentir el tormento, aullaban y hacían grandes lástimas. Con voz tranquila, Federico Soria los consolaba:

—Paciencia, amigo, que lo que escuece cura. Con hierro se sana el hierro y con manteca, la carne. Piensa en los padecimientos que hubo de soportar Nuestro Redentor en la cruz y confórmate.

Decía estas y otras razones de consuelo, pero a los que estaba abrasando las carnes vivas no parecía que les sirvieran de mucho alivio. Detrás del cauterio y el cosido con hilo choricero, llegaba un indio manso con un emplasto de hierbas muy salutífero y les vendaba la herida.

Era el físico Soria gran tañedor de instrumentos y muy diestro en sacar muelas y sajar flemones, que habiendo sido cautivo de los moros en Almería aprendió de ellos las artes de cauterio, a extraer flechas con lanceta y a coser llagas.

Al otro lado del campo, mientras los cristianos y los negros iban a saquear la aldea, Barrientos, descontento porque sus cuatro muertos le parecían muchos, amonestaba a Domingo de Plasencia:

—*Seor* escribano, la venidera vez que demos en la indiada me haréis la merced de requerir cuando estemos a una legua de los paganos, porque les hará el mismo efecto que hoy hemos visto o, si lo preferís, abreviaréis la lectura a no más que el espacio de decirles *amén, Jesús,* porque esta animalia no entiende de razones, ni el que pergeñó tal jerigonza, con su culo gordo sentado muy a su salvo en un sillón frailero en Toledo, no sabe lo que es lidiar con la indiada ni sabe más que la madre que lo parió, y yo me cago en los hideputas que andan allá tan a su sabor viviendo del oro que acá sacamos con nuestra sangre, y sobre ello nos ponen trabas y quieren venirnos con leyes a donde no las hay. Si una cosa es predicar y otra dar trigo, que vengan ellos a platicar con los indios y a someterlos a las verdades del Evangelio, porque a mí me hiede tanta tontería.

---

diante aceite o grasa hirviendo. En el campo de batalla se prefería la grasa humana extraída *in situ* de un cadáver reciente.

—Eso me está pareciendo, *seor* capitán —reconoció el aludido—, que aquí no valen razones ni caballerías con gente tan simple.

Las cartas de Balboa al rey hablaban de una región rica en oro y en perlas, habitada por indios que el aventurero había pacificado (derrotando a unos y amansando a otros).

Pedrarias se encontró con una realidad muy distinta. El oro y las perlas escaseaban (¿porque Balboa había agotado los yacimientos?). Las minas de las que hablaba Balboa no aparecieron y, para colmo, los indios, que hasta entonces se habían mostrado colaboradores, se rebelaron contra la nueva gerencia de Pedrarias.

—No vienen a comerciar por el oro y las perlas —dedujeron los caciques alarmados a la vista de tanta gente—. Vienen a establecerse y a disputarnos la despensa.

A falta de oro, Pedrarias y sus cuates comenzaron a cautivar indios para venderlos como esclavos (crecía la demanda de brazos en las plantaciones de caña de las islas caribeñas).

Balboa, definitivamente enemistado con Pedrarias, al que consideraba torpe y poco resolutivo, no advertía que el gobernador de Castilla del Oro no gozaba de la independencia que él, en su tiempo, había disfrutado. Pedrarias debía consensuar sus decisiones con los oficiales reales que lo acompañaban, el obispo Quevedo, el tesorero, el factor y el contador.

Finalmente, las diferencias entre los dos caudillos se ahondaron hasta el punto de que Pedrarias hizo detener a Balboa bajo la acusación de *traidor y usurpador de los territorios de la Corona*.

Balboa fue condenado a muerte y decapitado el 15 de enero de 1519. Su cabeza se expuso en la picota de la justicia.

Así acabó Vasco Núñez de Balboa, descubridor de la mar del Sur, de donde tantas perlas, oro, plata y otras riquezas se han traído a España; hombre que hizo muy grandes servicios a su rey. Era de Badajoz y, a lo que dicen, rufián o esgrimidor.[252]

252. Fernández de Oviedo, 1950, capítulo 57.

Pedrarias sobrevivió veintidós años a su enemigo. Murió a los tres años de ser nombrado gobernador de Nicaragua a los noventa y un años de edad. Causa de la muerte: *vejez, pasiones y enfermedades.*[253]

253. Los cronistas de su tiempo maltrataron la memoria de este anciano rico y testarudo, al tiempo que exaltaban la de Balboa, el joven aventurero, mucho más atractivo. En el año 2000 se descubrieron los restos de Pedrarias en el presbiterio de la iglesia del monasterio de Santa María de la Merced, fundado por él en la ciudad de León Viejo (la ciudad original que, destruida por un terremoto, se mudó a la actual, a treinta kilómetros de distancia). A su lado aparecieron los restos de su subalterno Francisco Hernández de Córdoba (al que Pedrarias hizo decapitar, por eso apareció sin cabeza). ¿Por qué no se encontró la cabeza? Porque Pedrarias la hizo colocar dentro de uno de los faroles que iluminaban las calles de León. Víctima de los prejuicios contra Pedrarias, el Gobierno nicaragüense dispuso la nueva sepultura de Hernández en el llamado *Memorial de los Fundadores,* en la plaza central de las ruinas de León Viejo, con los veintiún cañonazos de ordenanza, mientras que los restos de Pedrarias fueron sepultados a sus pies, sin mayor protocolo.

CAPÍTULO 50
La guerra de los mundos

La conquista de América no fue, como se cree, una empresa estatal, o al menos solo lo fue al principio. Después se convirtió en una empresa privada.

Los conquistadores no eran soldados enviados por la Corona, sino aventureros que buscaban riqueza y medro en unas tierras donde *hay más oro y plata que hierro en Vizcaya, y más ovejas que en Soria*.[254]

La Corona concedía permiso *(carta de merced)* a un particular para que organizara, a sus expensas, una conquista o poblamiento, pero ella raramente ponía un duro, aunque se reservaba la quinta parte del botín cobrado, así como la titularidad de las nuevas tierras con sus *súbditos y vasallos* que en adelante le pagarían impuestos (en producto o en trabajo).

En el contrato se detallaban los deberes del capitán empresario y los beneficios que le otorgaba la Corona. El capitán empresario particular tenía que reclutar a la *gente* (colectivo que alude a hombres de armas), adquirir caballos, procurarse porteadores, armar y avituallar las naves. Si se programaba fundar una ciudad, para asegurar el territorio debía aportar los colonos con aperos, animales y simiente.

---

254. Lo leemos en la carta que envía a su padre un joven vasco, Gaspar de Marquina, en 1533. Acompañaba a la carta un lingote de oro. Cuando el padre lo recibió, ya Gaspar había muerto en una escaramuza con los indios (Lockhart, 1972, p. 330).

Lo más engorroso era cargar a su costa con varios oficiales reales (tesorero, contador y factor), que acompañarían a la expedición para velar por el cumplimiento del contrato, además de los capellanes necesarios, si se contemplaba evangelizar.

Sumemos a estos funcionarios un cirujano que se ocupara de las heridas y un lengua o intérprete conocedor del idioma indígena.

El empresario capitán solía repartir participaciones entre algunos accionistas. Incluso los soldados profesionales o bisoños participantes aportaban sus ahorros.

La participación en los beneficios, si los hubiera, dependía de muchas variables, entre las que también se contemplaba el esfuerzo demostrado y el equipo aportado: tanto por el caballo, tanto por la escopeta, tanto por cada perro de presa, tanto por el resto del equipo militar.

En conjunto, organizar una expedición significaba mucho gasto, pero, si la empresa resultaba exitosa, podía rendir pingües beneficios. También podía resultar ruinosa, claro está.

A menudo las provincias nominalmente agregadas a la Corona solo existían sobre el papel (los *despoblados* las llamaban).[255] Tribus indias independientes y en nada sujetas a los españoles perduraron hasta bien entrado el siglo XIX, cuando las nuevas naciones independientes terminaron por sojuzgar o exterminar a sus indios para, entonces sí, extender su soberanía a todo el territorio. Esto lo veremos en detalle cuando toque.

Los hombres que se alistaban no eran necesariamente soldados. Entre ellos había aventureros, desde luego, pero también simples colonos que, aunque no estuvieran entrenados para la guerra, sabían manejar la espada y el caballo, porque procedían de una tradición guerrera (la España medieval), lo que los hacía militarmente superiores a los indios.

---

255. Restall, 2004, p. 118.

CAPÍTULO 51
Españoles en Cuba

El hijo de Colón, Diego, aquel niño que el futuro descubridor llevaba de la mano cuando llamó a la puerta del convento de La Rábida, había crecido en la corte como paje de los reyes y había entroncado con la casa real al casarse con una Álvarez de Toledo, de la casa de Alba, prima del rey Fernando.

El joven Diego, de veintiséis años, sucedió a su padre en el almirantazgo, virreinato y gobierno de las Indias. Celoso de sus derechos, marchó a La Española para sustituir a Nicolás de Ovando como gobernador de la colonia.

Diego Colón aspiraba a ampliar su esfera de influencia en el Caribe, donde quedaban algunas islas por colonizar, entre ellas Jamaica, Puerto Rico y Cuba, de la que recordaba las alabanzas que le dedicó su padre.[256]

—Poco le vamos a sacar a La Española —concluyó el joven Colón— y no veo por qué hemos de empecinarnos en ella cuando ni los campos ni las minas rinden. He pensado que es tiempo de pasar a la isla Juana (Cuba), someterla y explotarla.

---

256. *Nunca tan hermosa cosa vio, lleno de árboles todo cercado el río, hermosos y verdes y diversos de los nuestros, con flores y con su fruto cada uno de su manera. Aves muchas y pajaritos que cantaban muy dulcemente; había gran cantidad de palmas de otra manera que las de Guinea y de las nuestras, de una estatura mediana y los pies sin aquella camisa y las hojas muy grandes, con las cuales cobijan las casas; la tierra muy llana...* (Colón, 2008).

Diego Velázquez de Cuéllar estuvo de acuerdo. Este veterano de las guerras de Italia, que había acompañado al almirante en su segundo viaje, llevaba veinte años en La Española y había contribuido a pacificarla, pero sentía que sus méritos no eran debidamente recompensados.

Diego Colón le adivinó el pensamiento.

—Someted a los indios de Juana, y os daré la gobernación de la isla —prometió.

Velázquez desembarcó en Cuba en 1511 con cuatro naos y trescientos españoles de armas, además de unas docenas de indios y numerosos esclavos negros.

La isla no era territorio virgen. Hacía años que los traficantes de esclavos se surtían en ella (*ranchear* se denominaba esa lucrativa actividad). Además, el cacique Hatuey, huido de La Española, la recorría predicando el odio a los españoles.

Hatuey sabía que enfrentarse directamente a Velázquez era inútil. Organizó guerrillas que al principio molestaron algo a los invasores, pero finalmente cesaron cuando Velázquez lo capturó y lo hizo quemar vivo.[257] Pacificada la isla, Velázquez impulsó la agricultura y fundó siete villas, entre ellas San Cristóbal de La Habana y Santiago de Cuba (1515), en la que instaló su gobierno.

En 1515 Fernando el Católico llamó a capítulo a Diego Colón para pedirle cuentas sobre la administración de las Indias donde, según sus informes, la población india disminuía a un ritmo alarmante debido a la explotación abusiva. El joven Colón se estaba mostrando tan torpe y arbitrario en el gobierno como su padre y sus tíos años antes.

A la muerte de Fernando, en 1516, el nuevo regente, cardenal Cisneros, emprendió la Reforma indiana y confió el gobierno de las islas a tres frailes jerónimos, *los más hábiles y suficientes que en la Orden hubiere.*

---

257. Hatuey se considera en Cuba el primer mártir de la independencia. Ha prestado su nombre a una marca de cerveza bastante potable y su figura a un monumento francamente mejorable, dicho sea sin acritud.

—Solo tenéis que proteger a los indios y velar por su evangelización, que está muy descuidada —les encomendó.[258]

Según las utópicas instrucciones de los comisarios regios, los indios se reunirían en pueblos de unos trescientos vecinos (con calles, plaza, iglesia, hospital) y serían gobernados por sus caciques (preferentemente español casado con cacica).

Los indios trabajarían en minas o lavaderos fluviales de sol a sol, con tres horas de descanso en medio del día. El oro extraído se dividiría en tres partes; un tercio para el rey, otra para el cacique y otra para los indios.

Sobre el papel el sistema parecía perfecto, pero sobre el terreno no funcionó (recordemos: *se acata, pero no se cumple*). A los dos años, los tres jerónimos comprendieron que era tarea imposible y solicitaron al emperador Carlos que los relevara.

Hacia 1518, cuando el oro de La Española y su población taína daban muestras de estar sobradamente explotados, su único cultivo rentable era la caña de azúcar, de la que se hicieron extensas plantaciones atendidas por esclavos negros.

Mientras esto ocurría, en la vecina Cuba el gobernador Velázquez tampoco conseguía la prosperidad soñada.

—El negocio no marcha —se dijo—. En España todo son exigencias porque las Indias rinden poco mientras los portugueses se hacen ricos con su ruta de las Molucas.

---

258. Cisneros recurrió a los jerónimos porque los franciscanos y dominicos establecidos en La Española se odiaban a muerte después del sermón de Montesinos. Los comisarios regios designados fueron los priores fray Luis de Figueroa, fray Bernardino de Manzanedo y fray Alonso de Santo Domingo. Tres hombres buenos e íntegros, aunque la presencia no acompañara a las buenas intenciones. El padre De las Casas, después de entrevistarse con fray Bernardino, escribe que se alegra de su elección, aunque *no de su cara, porque la tenía de las feas que hombre tuvo*.

CAPÍTULO 52
Un santo sin altar

Velázquez decidió explotar intensamente la isla y envió expediciones a pacificarla. La mandada por el capitán Pánfilo de Narváez llevaba como capellán a un clérigo llamado Bartolomé de las Casas, que antes de tomar los hábitos había sido encomendero. Oigamos su confesión:

—San Pablo cayó del caballo camino de Damasco y vio la luz. Yo vi la luz cuando acompañaba a las tropas de Narváez.

—Cuente usted su caso, mosén, que los lectores están deseando conocerlo.

Aquel día nos paramos a almorzar en el cauce de un arroyo seco en el que todavía quedaban algunos charquillos de agua. Como estaba lleno de piedras amoladeras, la tropa aprovechó para afilar las espadas y los cuchillos. Ya descansados, reanudamos la marcha y anduvimos cuatro o cinco horas por un descampado con un soletazo que nos calentaba los sesos y sin gota de agua. Íbamos en silencio, sino uno que dijo:

—Ganas tengo de probar el filo a ver si se lo he sacado bien.

Los otros, callar y andar.

Aquella jornada pasamos mucha sed, hasta que vinieron indios a socorrernos con calabazas de agua y cosas de comer.

Serían las vísperas cuando llegamos al lugar de Caonao, que está a la ribera de un río, cerca del mar. Tenía una plaza grande en la que hallamos multitud de indios, en cuclillas, como ellos suelen. Otros, más temerosos, al saber que llegaban barbudos, se habían refugiado en la casa comunal. Los indios miraban pasmados nuestras yeguas porque nunca habían visto semejante animal.

El capitán vigilaba el reparto del pan cazabo y los peces sin apearse del caballo. En esto andaba la tropa, cuando aquel que quería probar el filo de su espada perdió la cabeza por mano del diablo, la desenvainó y acometió contra los indios. Se alteró la indiada con gran espanto y quiso huir, lo que le calentó la sangre a los otros que, echando mano a las espadas, acometieron también y comenzaron a desbarrigar y acuchillar y matar a hombres, mujeres, niños y viejos que estaban sentados, descuidados y cuando terminaron con los de la plaza entraron en la casa comunal y mataron a los que allí estaban, salvo unos pocos que escaparon. Iba el arroyo henchido de sangre, como el desagüe del matadero cuando matan muchas vacas.

Viendo la sinrazón, quise estorbarla y a los que pude reprendía que no lo hicieran y a algunos indios salvé de esa guisa. Pasé adelante, fui a la casa grande que estaba llena de muertos, como la plaza, y pensando que ya aquella locura había cesado, le dije a uno de los mozos que por salvarse había trepado por el palo al techo que bajara en salvo, que nadie lo ofendería. Creyó él mis palabras, bajó y como yo saliera a poner paz en la plaza, en cuanto di la espalda uno de los españoles que allí había sacó su media espada y le dio al indio tal cuchillada en el vientre que le echó las tripas fuera. El pobre indio sujetándoselas salió a buscarme y llegándose a mí me pidió que lo bautizara porque quería ir al Cielo. Eso hice yo y nada más recibir las aguas se desplomó al suelo, muerto.

Si me decís por qué lo hicieron, no hallo otra explicación sino que traían calientes los sesos, y venían irritados del camino y querían probar las espadas después de sacarles el filo. Bien lo probaron, que dondequiera que daban el golpe, en aquellos cuerpos desnudos, en cueros y delicados, abrían por medio todo el hombre de una cuchillada.

Entiendo que la explicación de De las Casas, lo de la calentura de los sesos, no satisfaga al lector. Estudios psicológicos de episodios similares, protagonizados por pueblos civilizados en guerras recientes,[259] muestran que, en situaciones extremas, el soldado

---

259. Mencionemos la matanza de unos cincuenta mil negros a ma-

sufre cierta regresión emocional y transfiere su responsabilidad al grupo, en el que se siente protegido (los camaradas). Emboscado en esa entelequia, desahoga sus miedos y frustraciones atacando a un colectivo indefenso al que percibe como enemigo.[260]

Las personas sometidas a la observación cotidiana de atrocidades deshumanizan al enemigo, aminoran su percepción del horror y del sufrimiento, adquieren la capacidad de desconectarse emocionalmente, se vuelven insensibles ante las atrocidades y las perpetran sin remordimiento de conciencia. Es parte del entrenamiento de la guerra, una forma de supervivencia psicológica en un ambiente dominado por la muerte.

Traumatizado por aquel episodio del que fue testigo, el padre De las Casas se convirtió en abnegado defensor de los indios, como aquel guerrero del cuento de Borges que durante el asedio de una ciudad se compadece de la debilidad del enemigo, y en pleno combate cambia inopinadamente de bando y se pone de parte de los débiles.

Eso hizo Bartolomé de las Casas. El relato de su conversión contiene, como el resto de su ingente obra, parte de verdad y parte de mentira. El terrible episodio en que los españoles que acaban de afilar sus espadas las prueban masacrando a una multitud de pacíficos indios parece cierto, pero hay un detalle que no concuerda y revela un punto de falsedad: eso de que un indio moribundo pida bautizarse porque quiere ir al cielo.

---

nos de tropas alemanas en Waterberg (actual Namibia) en 1904; la de Nankín, en China, por tropas japonesas en 1937; la de mil quinientos judíos polacos en Jedwabne a manos de sus propios vecinos, en 1941; la de 642 civiles en Oradour-sur-Glane (Francia), en 1944; la de unas cincuenta mil personas en Bleiburg, en la frontera austro-eslovena, en 1945; la de unos quinientos civiles vietnamitas a manos de soldados norteamericanos en May Lai (Vietnam), el 16 de marzo de 1968, o la matanza de ocho mil bosnios en Srebrenica, en julio de 1995.

260. *Es un hecho notorio que la moralidad de la sociedad como una totalidad está en razón inversa a su tamaño; porque mientras mayor es el número de individuos, más se borran los factores individuales, y con ellos la moralidad, la que descansa enteramente en el individuo y la libertad necesaria para ella,* opina Carl G. Jung (citado por Suárez, 2006, p. 96).

Si aceptamos que esos indios han visto a los españoles por primera vez (fray Bartolomé acaba de contarnos que se asombraban de los caballos), no es admisible que uno de ellos conozca tanta doctrina y teología cristianas como para creer que las aguas bautismales le asegurarán un puesto en el cielo.

El episodio de la arbitraria e indiscriminada matanza de Caonao, digno de figurar en una película de Sam Peckinpah, pertenece hoy al imaginario patriótico del indigenismo cubano.

Fray Bartolomé consagró el resto de su vida a denunciar los abusos que se cometían contra los indios, primero ante Fernando el Católico, y después ante el cardenal Cisneros.

Ya hemos dicho que Cisneros encomendó a los tres frailes jerónimos que envió a América que informaran sobre lo que denunciaba De las Casas. Cisneros impulsó la creación de colonias mixtas de indios y labradores castellanos, en las que los indios serían gobernados por sus propios caciques y entregarían al fisco un tercio del producto de su trabajo.

Sobre el papel parecía igualmente un modo ideal de responsabilizar e integrar a los indios, pero en la práctica fracasó también. Los indios estaban acostumbrados a trabajar lo menos posible, y para eso habían reducido al mínimo sus necesidades. Descalzos y desnudos eran felices. Los españoles querían imponerles el civilizado modo de vida europeo en el que el individuo debe trabajar para pagarse la ropa y los zapatos.

¿Qué dijeron los tres frailes, profesionales de la caridad cristiana? Que los indios eran un hatajo de haraganes malintencionados a los que los encomenderos trataban mejor de lo que se merecían.

Era evidente que los encomenderos, o sus agentes en la corte, habían sobornado a los jerónimos.

Tozudo, De las Casas volvió a la carga y propuso importar de África esclavos negros, más resistentes al trabajo, para sustituir a los indios en las tareas más pesadas.[261]

261. En esta propuesta parece que De las Casas no anduvo del todo acertado (y lo lamentó el resto de su vida), dado que tan hijo de Dios es un negro como un indio. La exportación a América de esclavos africanos

En los años siguientes, De las Casas ingresó en la orden dominica (1522), llegó a ser obispo de Chiapas y escribió varios libros en los que denunciaba la desastrosa colonización americana, el incumplimiento de las leyes y el genocidio perpetrado contra los indígenas.[262]

Este libro estimuló la promulgación de las Leyes Nuevas (1542), que corrigieron ciertos abusos, pero también sirvió para divulgar universalmente la noticia de la codicia y la crueldad de los españoles.

> En estas ovejas mansas —acusa De las Casas— [...] entraron los españoles como lobos, tigres y leones cruelísimos de muchos días hambrientos. [...] Y otra cosa no han hecho de cuarenta años a esta parte, e hoy en este día lo hacen, sino despedazallas y matallas.

Aunque mucho de lo que afirma De las Casas debe ponerse en cuarentena, porque a menudo habla de oídas y exagera, o manipula los datos, en algo acierta, sin embargo: los colonos explotaron a los indios, a pesar de las leyes protectoras promulgadas desde España.

Es innegable que se produjeron casos de gratuita crueldad por parte de aventureros desalmados, o de soldados que habían perdido todo rasgo de humanidad. Me viene a la memoria lo ocurrido en Puerto Rico cuando el capitán Diego de Salazar envía a una anciana india a llevar una carta. Un grupo de soldados ociosos y aburridos ve a la anciana cruzando el descampado y, por simple diversión, la que hemos de suponer en ver a una bestia descuartizar a una pobre mujer, le azuzan al perro Becerrillo, famoso por su fiereza. La anciana...

> ... viéndole ir sobre ella tan feroz, sentose, y hablando en su lenguaje mostrábale la carta diciendo: Señor perro, yo voy a llevar

---

sería, con el tiempo, uno de los negocios más prósperos y sucios que se recuerdan en la historia de la humanidad.

262. Entre ellos una *Historia de las Indias* (entre 1527 y 1562) y *La brevísima historia de la destrucción de las Indias* (1542).

esta carta a los cristianos, no me hagas mal, perro señor. El perro se paró como la oyó hablar, e muy manso se llegó a ella e alzó una pierna e la meó, como los perros lo suelen hacer en una esquina o cuando quieren orinar, sin le hacer ningún mal [...]. Lo cual los cristianos tuvieron por cosa de misterio, según el perro era fiero y denodado; e así, el capitán, vista la clemencia que el perro había usado, mandole atar, e llamaron a la pobre india [...]. Llegó el gobernador Joan Ponce de León; e sabido el caso, no quiso ser menos piadoso con la india de lo que había sido el perro, y mandola dejar libremente y que se fuese donde quisiese, e así lo fizo.[263]

El aperreamiento de los indios por mera diversión se repite con demasiada frecuencia para que podamos considerarlo un hecho aislado. A menudo se aprovechaban los ajusticiamientos para ofrecer el sádico espectáculo.

Pedrarias Dávila, conocido por su crueldad, reinventa los espectáculos del circo romano en sus ejecuciones:

Prendieron dieciocho indios caciques y principales, y mandoles aperrear y que los comiesen. [...] Le daban al indio un palo que tuviese en la mano, é decíanle con el lengua ó interprete que se defendiese de los perros, e cada indio se echaban cinco o seys perros cachorros [...] é cuando á él le parecía que los tenía vencidos con su palo, soltaban un perro ó dos de los lebreles é alanos diestros, que presto daban con el indio en tierra, e cargaban los demás é lo desollaban é destripaban é comían del lo que querían. É desta manera los mataron á todos diez é ocho malhechores, los quales eran del valle de Olocotón é de su comarca.[264]

263. Herrera y Tordesillas, 1601, volumen I, libro VII, capítulo 13, p. 512; Fernández de Oviedo, 1950, parte I, libro XVI, capítulo 11.

264. Ocurrió en la plaza central de León (Nicaragua), el 17 de junio de 1528 (Fernández de Oviedo). Casi quinientos años después, en 2001, dieciocho caciques de las tribus antiguas de Nicaragua acudieron a la inauguración del Monumento a la Resistencia Indígena erigido en el lugar del terrible suceso, las ruinas de León Viejo. Representa a un guerrero Tapaligüi con la mandíbula de un perro en el pie y dieciocho calabazas representativas de los caciques aperreados. Junto a la estatua se sepultó una urna con los restos de un indio del tiempo de la conquista, la Tumba del Indio Desconocido.

No es apologética palabrera afirmar que, por suerte para ellos, los ingleses, los franceses, los belgas, los portugueses y los holandeses nunca tuvieron a un De las Casas, que sin duda habría relatado episodios igual de sangrientos o hasta peores, puesto que algunos de ellos los conocemos por otras fuentes.

LIBRO II
PIRÁMIDES DE ESCALONES

CAPÍTULO 53
En Tierra Firme

Faltaban trabajadores en las plantaciones y en las minas, *ya que en Cuba se iba apocando la gente*.[265] Consciente de ello, el gobernador Velázquez decidió saltar a Tierra Firme (o sea, al continente americano) para buscar esclavos de refresco.[266]

Y nuevos paganos que convertir a la fe de Cristo, por supuesto.

Y, de paso, para buscar un posible paso a la especiería.

Todavía se ignoraban la forma y extensión de América, aunque se tenía idea de que Tierra Firme se extendía de norte a sur como una formidable barrera que impedía acceder a las ricas tierras de Oriente, a las Molucas y la especiería.

El proyecto era antiguo, pero el mero pensamiento de ponerlo en práctica deprimía a Velázquez: una expedición acarreaba gran cantidad de quebraderos de cabeza, ingentes gastos, avituallamiento, levas, problemas...

Desde luego Velázquez descartaba la posibilidad de capitanear personalmente las expediciones. Ya no estaba para esos tro-

265. Landa, 1566.
266. El propio Velázquez fletaba uno de los barcos con la condición de que *habíamos de ir de guerra y cargar los navíos de indios de aquellas islas para pagar con indios el barco, para servirse de ellos por esclavos* (Díaz del Castillo, 1961). Recordemos que los reyes limitaban la esclavitud a los prisioneros de guerra.

tes. Cuando llegó a Cuba, tenía cuarenta y cuatro años y todavía conservaba la prestancia de sus ejercitados años jóvenes, *gentil hombre de cuerpo y de rostro, de condición alegre y humana, cuya conversación era toda de placeres y agasajos, como entre mancebos no muy disciplinados,*[267] pero luego las tensiones le habían provocado una bulimia que lo convirtió en uno de los pocos gordos del Nuevo Mundo, donde tanto los indios como los colonos se mantenían delgados a causa de las escaseces que padecían.[268]

Debido a su obesidad, Velázquez no estaba en condiciones de capitanear personalmente expedición alguna, pero organizó tres expediciones para explorar y...

... rescatar esclavos para las minas, ya que es costumbre en estas islas, que en nombre de Vuestras Majestades están pobladas de españoles, la de ir por indios a las islas que no están pobladas de españoles para se servir de ellos.[269]

No faltaron voluntarios en ninguna de las tres expediciones. En Cuba abundaban los aventureros desempleados expulsados por Pedrarias Dávila de Castilla del Oro, dado que *en Tierra Firme no había nada que conquistar, que todo estaba en paz*. Estos aventureros, que en tres años *no habían hecho cosa alguna de provecho*, estaban deseosos de *ocupar sus personas* en alguna empresa de fuste.[270]

267. Colón, 1962.
268. Esa peculiaridad le valió el apodo de *Tecle gordo* (jefe gordo) con el que lo conocían los indios. Velázquez se había casado con una dama aristocrática, doña Isabel de Cuéllar, que falleció a los seis días del himeneo dejándolo viudo perfectamente consolable, ya que quedaba rodeado de suculentas indias. En sus tertulias nocturnas, dándole al ron y al tabaco, bromeaba con sus amigos que pensaba reincidir en el matrimonio con una de las dos sobrinas del obispo de Burgos, su protector, pero nunca se decidió a dar el paso. Se conoce que no veía una gran necesidad de compartir su vida con una severa dama castellana educada en un convento.
269. Cortés, 1993.
270. Díaz del Castillo, 1961.

A tambor batiente y pregón se publicó la empresa de Tierra Firme por toda la isla. Una expedición *para saber y bojar la dicha tierra y para traer indios cautivos de ella, de que se pudiesen servir en la isla de Cuba para rescatar en ella oro y las otras cosas que hubiesen, pagando el quinto de todo ello a sus altezas.*[271] Muchos veteranos, descontentos con la marcha de sus encomiendas, las cedieron a otros y se apuntaron a la aventura con la ambición de encontrar una vida más fácil y mayores riquezas.

Las expediciones de Velázquez tantearon la costa de Yucatán (que en principio el piloto Alaminos tomó por isla) y establecieron contacto, unas veces pacífico, otras no tanto, con los nativos, como enseguida veremos.

271. Cortés, 1993.

CAPÍTULO 54
Mí no comprende (Yucatán)

El 8 de febrero de 1517 partió de Cuba la expedición fletada por el rico encomendero Francisco Hernández de Córdoba, *hombre muy suelto y cuerdo, harto hábil y dispuesto para prender y matar indios*.[272] Formaban la expedición tres naves y ciento diez hombres, de los que solo cobraban sueldo los marineros, el resto iba a percibir del reparto de las ganancias, según lo acordado.

El objetivo era capturar esclavos y de paso explorar nuevas tierras, aunque quizá Hernández albergara la secreta ambición de poblarlas y erigirse como gobernador o adelantado de ellas.[273]

Después de rodear la isla de Cuba salieron a mar abierto y, tras diecisiete días de navegación, arribaron a una isla del litoral de Yucatán que llamaron Ínsula de las Mujeres, porque en sus playas encontraron muchos exvotos femeninos.[274]

272. De las Casas, 1992.
273. Aquellas costas habían sido recorridas anteriormente por las expediciones de Américo Vespucio (1497), de Vicente Yáñez Pinzón y Juan Díaz de Solís (1508), a las que podríamos agregar la desventurada incursión de los náufragos de Valdivia (1511).
274. En los buenos tiempos de los mayas, la isla estaba consagrada a Ixchel, la diosa de la fertilidad. Las mujeres mayas que tenían dificultades para concebir peregrinaban a la isla llevando un exvoto. Hoy la isla es un paraíso de cristalinas aguas color turquesa, estupendas para la práctica del kayak, el buceo con *snorkel* y otros deportes exquisitos y para el *far niente* en una hamaca de la playa norte contemplando, lo digo sin malicia algu-

Desde allí se dirigieron a una tierra que se columbraba en el horizonte, la península de Yucatán, donde vieron un pueblo de sorprendentes dimensiones que llamaron el Gran Cairo.[275] Para su sorpresa les salieron al encuentro los indios en diez grandes canoas con remos y velas. Parecían gente pacífica, a juzgar por las risas y por la actitud amigable *con muy alegre cara y muestras de paz.*

Los españoles los invitaron a subir a bordo y los obsequiaron con sartales de cuentas. Notaron que estos indios iban vestidos con buenas túnicas de algodón, por lo que *los tuvieron por hombres de más razón que los indios de Cuba, que iban desnudos.*

Lo más interesante, con serlo todo, fue que se adornaban con pequeñas joyas de oro *admirablemente trabajadas*, de las que no tuvieron inconveniente en desprenderse a cambio de la consabi-

---

na y desde el respeto más absoluto, la ambulación de chicas en toples. El gran personaje vinculado a la isla fue el pirata y tratante de esclavos vasco (de Bermeo) Fermín Antonio Mundaca y Marecheaga, que se instaló en ella en 1860 huyendo de la justicia, y se hizo construir una espléndida hacienda rodeada de jardines, Vista Alegre (hoy Hacienda Mundaca), en cuya retorcida arquitectura plasmó densos contenidos esotéricos que están por descifrar. En el pueblito de la isla se había instalado una familia que llegaba huyendo de la inestabilidad política de Yucatán. Mundaca, ya cincuentón, se enamoró perdidamente de la hija adolescente de los recién llegados, Martina o Prisca Gómez Pantoja, conocida como *la Trigueña*. Este amor imposible amargó la solitaria vejez del hacendado. El viejo pirata murió en México, donde se había trasladado enfermo en busca de cuidados médicos. Nunca pudo ocupar el elaborado mausoleo que se había construido en el cementerio de la isla, en cuya lápida vemos una calavera y dos tibias cruzadas con la melancólica inscripción: *Lo que tú eres, yo fui; lo que yo soy, luego serás.* Su hacienda, Vista Alegre, es hoy solo ruinas, pero en sus muros todavía se lee la firma del constructor: *El árbol de Guernica. Estas obras las hizo el náutico y piloto, Fermín Antonio de Mundaca y Marecheaga, fomentador, natural de la provincia de Vizcaya, de la villa de Bermeo.*

275. *Y desde los navíos vimos un gran pueblo que, al parecer, estaría de la costa dos leguas. Y viendo que era gran población y ni habíamos visto en la isla de Cuba ni en La Española pueblo tan grande, le pusimos por nombre el Gran Cairo* (Díaz del Castillo, 1961).

da quincallería: cuentas de colores, cascabeles, tijeras, agujas, alfileres, espejitos.

Preguntados por el nombre de aquella tierra repetían: *Cooten in wotoch*.

—Vale —dijo Hernández, sin entender palabra—. Este cabo que vemos ahí delante se va a llamar Punta de Catoche.

Nombrar las cosas es lo primero que se hace para apoderarse de ellas, como bien sabemos los cristianos desde que Yahvé ordenó a Adán, ya investido con las luces del *Homo sapiens*, que pusiera nombre a la naturaleza.

Aquellos indios no eran taínos sino mayas, pero igualmente mostraban un asombro infantil por todo lo que veían: las barbas de los visitantes, su tez tan clara, los extraños artilugios con los que gobernaban aquellas canoas gigantes en las que recorrían la mar.

La llegada de los españoles debió de ser todo un acontecimiento. En la costa se elevaban humaredas convocando a distantes poblados para el emocionante encuentro en la tercera fase.

—O a un festín caníbal con estas carnes nuestras tan trabajadas —murmuró Chozalhombro receloso.

Al día siguiente, en cuanto amaneció, se presentaron de nuevo las canoas, doce esta vez, con los indios repitiendo como papagayos la oración de la víspera: *Cooten in wotoch*, que en idioma maya quiere decir: «Venid a nuestras casas».

Leyendo los signos, era evidente que estaban muy interesados en mostrar su tierra a los visitantes. ¿Por qué no? —se dijo Hernández—, ¿no hemos venido a explorar y a rescatar oro?

Desembarcaron los españoles con cierta precaución, protegidos con petos y perpuntes, y llevando consigo *quince ballestas y diez escopetas*.

En la playa se había congregado una muchedumbre de indios atraídos por aquel circo, ellos vestidos con *maxtles* o taparrabos (definido por los españoles como *atapador de bergüenças*),[276] y

---

276. El *maxtle* o, mejor aún, *máxtlatl* era una tira de tejido que rodeaba la cintura, se pasaba entre las piernas y se anudaba al frente, dejando caer por detrás y por delante sus dos extremos, que los más coquetos ador-

ellas con recatadas túnicas, nada de enseñar la panocha ni las tetas, como en las islas.

Compareció el cacique con mucho plumaje y lucido séquito, y por señas invitó a los visitantes a acompañarlo. Disimulando reticencias, por no parecer maleducados, los españoles los siguieron por medio de una fronda.

—Parecen gente amigable —comentaba Medinilla.

—Ya veremos —murmuraba el cabo Barrionuevo.

Lo vieron enseguida. Los arteros indios les habían preparado una emboscada:

> Yendo desta manera, cerca de unos montes breñosos comenzó a dar voces el cacique para que saliesen a nosotros unos escuadrones de indios de guerra que tenía en celada para nos matar; y a las voces que dio, los escuadrones vinieron con gran furia y presteza, y nos comenzaron a flechar, de arte que de la primera rociada de flechas nos hirieron quince soldados. Y traían armas de algodón que les daba a las rodillas y lanzas y rodelas, y arcos y flechas, y hondas y mucha piedra, y con sus penachos; y luego, tras las flechas, se vinieron a juntar con nosotros pie con pie [o sea, cuerpo a cuerpo], y con las lanzas a manteniente nos hacían mucho mal. Mas quiso Dios que luego les hicimos huir, como conocieron el buen cortar de nuestras espadas y de las ballestas y escopetas; por manera que quedaron muertos quince dellos.[277]

---

naban con cintas de color o bordados. Fue la prenda dominante en el atuendo masculino de muchos pueblos americanos (cuando no iban con el instrumento generador al aire como los tarascos o los huastecos, de más sencillas costumbres). En el uso del mismo tipo de taparrabos han coincidido diversas culturas del Viejo Mundo, como Mesopotamia o el Egipto faraónico (recuerden las bragas de fresco lino que luce Charlton Heston en *Los diez mandamientos*). De los egipcios los copiaron griegos y etruscos (que lo llamaron *perizona*), y de estos pasó a Roma, donde el denominado *subligaculum* formaba parte del fondo de armario tanto del emperador Augusto como del más humilde gladiador, un taparrabos de lino que cubría la parte trasera y los genitales, y se afirmaba con un cinturón. En el Extremo Oriente también se conoció (el *etchū fundoshi* japonés).

277. Díaz del Castillo, 1961.

Gran sorpresa. Estos indios del continente no eran mansos taínos, sino *denodados guerreros*.[278]

Si la conquista de las islas había resultado fácil, la del continente se presentaba mucho más problemática.

Lo único positivo que sacaron del susto fue la captura de dos jóvenes indios, a los que bautizaron como Julián y Melchor. Ya hemos indicado que, desde los tiempos de Cristóbal Colón, era costumbre capturar indios para que aprendieran la lengua de los cristianos y pudieran servir como intérpretes en sucesivas expediciones. Solían llamarlos por el diminutivo de su nombre, en este caso Julianillo y Melchorejo. Volverán a aparecer en páginas venideras.

Después del sobresalto, Hernández de Córdoba se aventuró a explorar aquel territorio hostil y fue a dar en un conjunto de templos mayas:

> Una placeta y tres casas de cal y canto, que eran templos piramidales y adoratorios donde tenían muchos ídolos de barro: unos como caras de demonios, otros como de mujeres y otros de otras malas figuras; de manera que, al parecer, estaban haciendo sodomías los unos indios con los otros. Y dentro en las casas tenían unas arquillas chicas de madera y en ellas otros ídolos.[279]

Los conquistadores arramblaron con todo lo que brillaba y regresaron a sus naves.[280]

---

278. Bernal Díaz, testigo presencial, nota la fiereza de estos indios y contradice las crónicas triunfalistas de López de Gómara e Illescas: *Y desque entraron a decir de las grandes cibdades y tantos números que dicen que había de vecinos en ellas, que tanto se les da poner ochenta mil como ocho mil. Pues de aquellas grandes matanzas que dicen que hacíamos, siendo nosotros cuatrocientos y cincuenta soldados los que andábamos en la guerra, harto teníamos que defendernos no nos matasen o nos llevasen de vencida, que aunque estuvieran los indios atados, no hiciéramos tantas muertes; en especial que tenían sus armaduras de algodón, que les cubrían el cuerpo, y arcos, saetas, rodelas, lanzas grandes, espadas de navajas como de a dos manos, que cortan más que nuestras espadas. Ibid.*
279. *Ibid.*
280. *Unas patenillas de medio oro y, lo más, cobre, y unos pinjantes, y*

Durante quince días navegaron por la costa hasta avistar un gran pueblo que llamaron Lázaro (por el santo del día).[281] Allí se detuvieron a hacer aguada, porque *como nuestra armada era de hombres pobres y no teníamos oro cuanto convenía para comprar buenas vasijas,* las pipas que llevaban eran defectuosas y perdían agua.[282]

Habían llenado las pipas e iban a tornar a los barcos cuando vieron venir unos cincuenta indios que les decían *castilán, castilán* y los invitaban a visitar el poblado. Algo remisos, los españoles juntaron el valor necesario para acompañarlos. Gran sorpresa. Aquellas gentes pertenecían a una civilización avanzada, aunque algo descarriada en sus creencias: tenían *adoratorios de ídolos bien labrados de cal y canto, y figurados en las paredes, muchos relieves de serpientes y culebras grandes, y otras pinturas de ídolos y malas figuras, y alrededor de un altar, salpicaduras de sangre,* que interpretaron como restos de algún sacrificio reciente para impetrar el favor de los dioses en la inminente batalla.

Chozalhombro empezó a preocuparse.

—¿Tú ves aquellas brujas? —le preguntaba a Medinilla.

Despertaba sus recelos la actitud de algunas mujeres que los miraban, cuchicheaban entre ellas y emitían risitas *(y andaban muchas indias riéndose y holgándose).*

Las sospechas se ratificaron cuando vieron llegar *dos escuadrones de indios flecheros, con lanzas y rodelas y hondas y piedras, y sus perpuntes de algodón.*

En ese momento salieron del templo unos sacerdotes con el pelo peinado en espesas rastas,[283] y les hicieron unos sahumerios.

---

tres diademas y otras pecezuelas de pescadillos y ánades de la tierra, y todo de oro bajo [...]; *el clérigo González, que iba con nosotros, se cargó de las arquillas e ídolos y oro, y lo llevó al navío.*

281. Campeche, en la lengua de los indios.

282. La típica chapuza española que confirma el genio de la raza. Menos mal que luego se compensa con ocurrencias tales como descender con una soga al cono de un volcán a buscar azufre para la pólvora. Lo veremos más adelante.

283. Lo que describe el cronista son *cabellos muy grandes, llenos de sangre revuelta con ellos, que no se pueden desparcir ni aun peinar si no se cortan.* O sea, rastas.

Los escamados españoles empezaron a recelar, por las trazas del asunto, que los estaban adobando para sacrificarlos a los dioses. Confirmaba esta aprensión el hecho de que los escuadrones de guerreros asistentes a la ceremonia la acompañaran con un clamor de *silbidos y tañidos de bocinas y atabalejos.*

—Regresemos a la playa y a las naves con orden sin que nos noten miedo ni prisa —ordenó entre dientes el alférez Romaño.

Algo acojonados, si se me permite la expresión, abriéndose lentamente camino entre la multitud que los rodeaba y se cerraba tras ellos, los españoles volvieron sobre sus pasos, ballestas y escopetas prevenidas, las mechas encendidas, la retaguardia vigilante.

De la espesura de la selva llegaba un estruendo amenazador de caracolas y bocinas.

Así llegaron a la playa.

—No perdamos la calma —dijo un capitán—, embarquemos en los bateles sin atropellarnos, pónganse los arcabuceros a popa y los remeros afánense en retirarnos cuanto antes de la playa.

Mientras tanto, la costa se había llenado con una multitud de belicosos indígenas que hacían gestos inamistosos.

—Verdaderamente es otra tierra —concluyó Hernández aliviado cuando se vio a salvo—. Esta gentualla es peor que los moros.

—Y más numerosa —remachó Medinilla.

Hernández, entre dientes, probó a canturrear aquella coplilla que dice:

*Tanto de moro y morica
como juncos en junquera
y mimbres en la mimbrera.*

Se le acercó el alguacil del agua.

—Lamento traer malas noticias, *seor,* pero me temo que tendremos que volver a hacer aguada tan pronto como sea posible. Las pipas pierden agua por todas las duelas.

—¿Pues no sabéis adobarlas? —respondió Hernández airado.

—Ya he probado, pero no tienen compostura: las tablas están sin curar y me faltan herramientas.

—¡La madre que me parió! —se impacientó Hernández—.
O sea, que estamos sin agua.
—Para dos días hay, administrándola bien.
La sed en el mar es cosa mala. Desembarcaron de nuevo para hacer aguada cerca del poblado de Chakanputún.[284]
Nuevo sobresalto: antes de que terminaran de llenar las pipas vieron venir unos escuadrones de indios…

… con sus armaduras de algodón que les llegaban por la rodilla, y arcos y flechas, y lanzas y rodelas y espadas que parecen de a dos manos [las macanas], y hondas y piedras, y con sus penachos, de los que ellos suelen usar; las caras pintadas de blanco y prieto y enalmagrado.[285]

O sea, más valía no preguntar si sus intenciones eran pacíficas.
Acudió Medinilla que iba de ojeador en la vanguardia.
—Indios por todas partes —anunció—. Nos tienen rodeados.
Los que los seguían se detuvieron a cierta distancia sin quitarles ojo.
—Para mí que esperan refuerzos —dijo el alférez Romaño.
—¿Más? —dijo Cotrufes—. Si habrá cien por cada uno de nosotros.
—Alférez, dispón la tropa —ordenó Hernández.
Formaron en ordenanza, lanceros delante, escopeteros y ballesteros detrás, las mechas encendidas en espera del inminente ataque, pero este no se produjo.
Pasaron las horas y se hizo de noche, sin luna. De las frondas llegaban roncos toques de bocina y gritos.
Junta de capitanes.
—¿Esperamos que ataquen o caemos sobre ellos por sorpresa? —propuso Hernández.
—Sin conocer el terreno, no es prudente —dijo Romaño.

---

284. Los indios con los que se enfrentaron eran putunes o cohuoes (etnia chontal maya).
285. Díaz del Castillo, 2010, p. 32.

Amaneció. Cedamos la palabra al soldado Bernal Díaz, testigo presencial:

> La muchedumbre de indios guerreros con sus banderas tendidas y penachos y atambores [...] era tal, que nos pareció que para cada uno de nosotros había sobre doscientos indios. Vinieron de todas partes y nos dieron tal rociada de flechas y varas, y pedradas de hondas, que hirieron sobre ochenta de nuestros soldados, y se juntaron con nosotros cuerpo a cuerpo, unos con lanzas y otros flechando, y con espadas de navajas (macanas con filos de obsidiana) que nos traían a mal andar. Y algunos gritaban: *Al calachuni, calachuni;* que en su lengua quiere decir que matasen al capitán. En efecto, a Hernández le dieron diez flechazos, y a mí me dieron tres, uno dellos bien peligroso, en el costado izquierdo, que me pasó lo hueco. Nosotros les dábamos muy buena priesa de estocadas y cuchilladas, y las escopetas y ballestas no paraban, unas tirando y otras armando. [...] Cuando ya nos habían muerto sobre cincuenta soldados, y llevado a dos vivos, que se decía el uno Alonso Boto y otro un portugués viejo [...], viendo que no teníamos fuerzas para sustentarnos ni pelear contra ellos, acordamos encorazonarnos y romper por medio sus batallones para acogernos a los bateles que teníamos en la costa. [...] Y con mucho trabajo quiso Dios que escapá[ra]mos con vida del poder de aquellas gentes. Pues ya embarcados en los navíos, hallamos que faltaban sobre cincuenta soldados, con los dos que llevaron vivos; y cinco echamos en la mar de ahí a pocos días, que se murieron de las heridas y de gran sed que pasábamos.[286]

Hernández contó las bajas. Había perdido la mitad de los hombres y del resto todos los que bajaron a tierra estaban heridos, excepto un afortunado llamado Berrio que había escapado indemne. Un desastre.

Con el personal reducido a la mitad, sobraba una de las naves. Despojaron de lo aprovechable a la menos marinera y la incendiaron.

---

286. El pueblo del descalabro fue Chakanputún o Chakán Putum, hoy Champotón, en el actual estado de Campeche. Los españoles lo llamaron Puerto de Mala Pelea. Bernal Díaz del Castillo lo confunde con Potonchán, capital de cacicazgo de Tabasco.

La expedición de Hernández de Córdoba (1517)

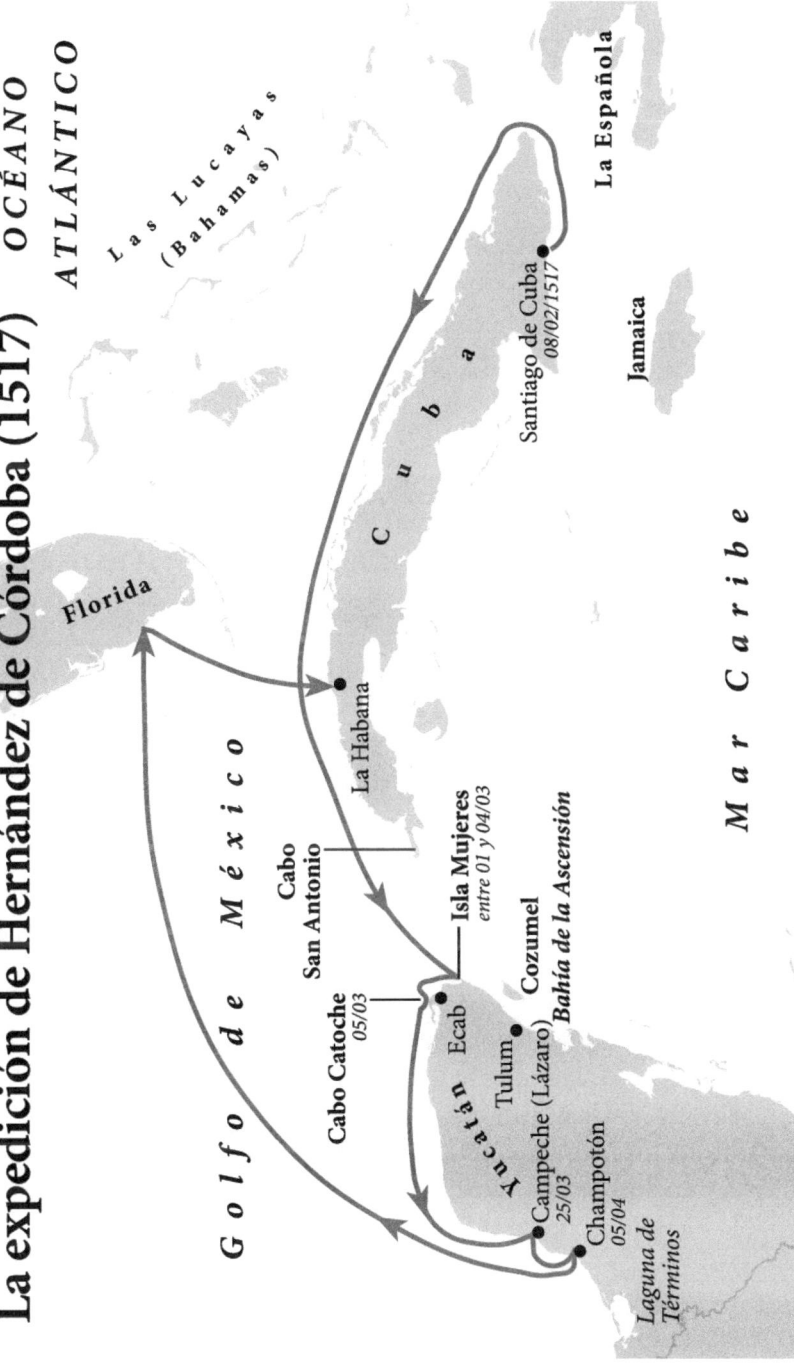

CAPÍTULO 55
Otro mundo inexplorado

Hagamos un descanso, mientras Hernández y sus hombres intentan recomponerse.

¿Qué nos ha ocurrido?, se pregunta, mientras se lame las heridas, el explorador que acaba de perder a la mitad de sus hombres.

Ha ocurrido que os habéis dado de bruces con otra clase de gentes, sociedades complejas, cultas a su manera, desarrolladas, gentes que conocen las artes y saben construir impresionantes templos tan complejos como vuestras catedrales.

Y, lo que más os va a doler, sociedades militarizadas cuyo principal oficio es la guerra.

Los indios del Caribe y del Darién apenas habían salido de la Edad de Piedra. Por el contrario, los de Mesoamérica (mayas y mexicas) constituían una civilización incluso más avanzada que la europea en algunos aspectos, aunque vivían en la Edad del Cobre (grave fallo el de ignorar el hierro) y no conocían la escritura alfabética ni la moneda. Ese atraso les acarrearía la ruina.

Mayas y mexicas (e incas) habían avanzado en matemáticas,[287] en arquitectura, en ingeniería hidráulica, en astronomía, en medicina e incluso en literatura.[288] En el caso de los incas, incluso

287. Los mayas habían inventado un sistema de numeración vigesimal que se adelantó a Europa en varios siglos en el uso del cero.
288. Se conservan cuatro códices mayas escritos con pictogramas: el

trabajaban la piedra como ningún otro pueblo del mundo lo ha hecho. Algún autor ha comparado el Imperio inca con el Egipto faraónico: disponían de calzadas, ciudadelas, grandes templos y pirámides escalonadas, y el santuario y palacio de Machu Picchu (construido por el emperador Pachacútec hacia 1450).

Eran sociedades admirablemente desarrolladas, pero todavía nos cuesta admitir que desconocieran elementos tan útiles como la rueda, la polea, el arado y, lo que determinaría su ruinoso final, la metalurgia del hierro y la pólvora.

Otra deficiencia fundamental fue su idea de la guerra. Tanto españoles como indios mesoamericanos constituían sociedades guerreras. Sin embargo, los españoles eran muy superiores a los indios tanto en armamento como en tácticas.

Los españoles venían avalados por la larga tradición de ocho siglos combatiendo al moro en la Reconquista. Muchos de los que pasaron a América habían participado en las guerras de Granada (1492) o de Italia (1500-1504).

—Los heridos se abrasan de sed —anunció el alguacil del agua.

—Y con la precipitación de la huida hemos perdido algunas pipas —se lamentó Hernández.

En los días siguientes navegaron a lo largo de la costa aquejados de una sed devastadora. Un par de veces desembarcaron en pasajes que parecían tranquilos buscando dónde proveerse de agua. Incluso cavaron pozos, pero el agua que brotaba en aquella tierra hostil era salada y amarga.

Hernández se deprimió. ¿Quién me mandaría a mí meterme a explorar, a mi edad, con la hacienda tan buena que tenía en Cuba?

Pasaba las horas a la sombra de la mesana mirando al mar.

—Así no podemos seguir —le dijo a Alaminos—. Tenemos que regresar a Cuba.

—Los vientos no son favorables —observó el piloto—. Lo perentorio es encontrar agua.

---

de Madrid, el de Dresde, el de París y el de Grolier. Versan sobre variadas materias: historia, genealogía, literatura...

—¿Y dónde la vamos a encontrar?
—Estamos más cerca de la Florida y el viento sopla hacia allá.
—¿Y habrá agua?
—La hay. Fresca y dulce. Yo estuve allí hace seis años, con Juan Ponce de León.
—Pon rumbo a la Florida, entonces.
Alaminos le advirtió al armero que repartiera escopetas y ballestas.
—Aquí cuidado con los indios, que son muy guerreros, y tienen más mala leche que una pared vieja —advirtió.
—¿Pues qué hacen?
—Los muy cabrones arman las flechas con anzuelos flojos que se quedan dentro de la herida y son difíciles de sacar si el físico no te hace una carnicería.
—¡Vaya por Dios!
—Si fuera eso solo —añadió Alaminos—. Lo peor es que algunos untan las flechas con veneno de serpiente.
—¡Bien aviados estamos! —comentó Cotrufes.
Desembarcaron y sin alejarse mucho de la playa cavaron un pozo. No habían profundizado más de vara y media cuando brotó el agua. El alguacil tomó una muestra en el cuenco de la mano, se la llevó a los labios y la saboreó.
—Dulce y buena —comentó—. ¡A ver, los de las pipas!
Los cavadores ahondaron la poza. Brotaba el agua en el fondo del hoyo y los sedientos soldados se abrevaban en ella sin aguardar a decantar su turbiedad. Cuando se hartaron de beber llenaron las pipas y fueron trasladándolas a las naves.
—Bueno, al final parece que la mala racha ha pasado —comentó Medinilla.
No había pasado. Regresemos al relato de Bernal Díaz del Castillo:

> Ya que nos queríamos venir a embarcar con nuestra agua, muy gozosos, vimos venir a un soldado de los dos que habíamos puesto en vela, dando muchas voces diciendo: ¡Alarma, alarma, que vienen muchos guerreros por tierra y en canoas por el estero!

Y el soldado dando voces y los indios llegaron casi a la par con él, armados de arcos muy grandes y buenas flechas y lanzas, y unas a manera de espadas, y cueros de venados vestidos, y eran de grandes cuerpos.

Se entabló una breve batalla, en la que esta vez vencieron los españoles después de matar a una veintena de indios sin otra pérdida por nuestra parte que algunos heridos, entre ellos el piloto Alaminos, alcanzado en la garganta, y un desaparecido, el soldado Berrio, que habían dejado de guardia. Precisamente el único que no resultó herido en el combate del puerto de Mala Pelea.

—El pobre se tenía por muy afortunado —comentó Chozalhombro.

Derrotados y contritos, pusieron rumbo a La Habana.

Bernal Díaz resume la aventura en la que a punto estuvo de perder la vida:

> ¡Oh, qué cosa tan trabajosa es ir a descubrir tierras nuevas, y de la manera que nosotros nos aventuramos! No se puede ponderar sino los que han pasado por aquestos excesivos trabajos.

Días después, paseando por el embarcadero de La Habana, ambos convalecientes de sus heridas, Bernal Díaz preguntó al piloto Alaminos por qué dijo aquello de tener más mala leche que una pared vieja.

—Habéis de saber, maese Díaz, que eso se dice en mi tierra, porque la pared vieja aguarda a que vayas a cagar a su sombra para desplomársete encima.

—Sí es mala leche, sí.

CAPÍTULO 56

La expedición de Juan de Grijalva

La expedición de Hernández de Córdoba había sido un fracaso, pero la exagerada noticia de que en las costas exploradas abundaba el oro estimuló la codicia del gobernador Velázquez, quien inmediatamente organizó una nueva expedición, más potente que la anterior, con cuatro naves, doscientos cuarenta hombres, culebrinas y perros, al mando de su sobrino Juan de Grijalva.[289]

Las naves zarparon de Santiago, bordearon la costa norte de Cuba, con breve parada en Matanzas, y pusieron rumbo a Yucatán.

Primera escala en la isla Cozumel. Grijalva tomó posesión de la isla con el nombre de Santa Cruz de la Puerta Latina, y el capellán Juan Díaz celebró misa solemne en aquellas playas el 3 de mayo de 1518.

Desde allí costearon hasta la bahía de la Ascensión, a cuyo abrigo pensaba Grijalva desembarcar, pero los vientos afables le hicieron cambiar de idea. Puso rumbo al norte, costeando, hasta dejar atrás la isla de las Mujeres, de la que el capellán Juan Díaz anotó, con cierta melancolía, que vieron *una muy hermosa torre en una punta, la que se dice ser habitada por mujeres que viven sin hombres; créese que serán de raza de amazonas.*

Pasaron frente a las paradisiacas playas de Cancún (entonces

---

289. *Los vecinos y soldados que no tenían indios en la isla, deseosos de venir a estas tierras, por manera que de presto nos juntamos doscientos cuarenta compañeros* (Bernal Díaz del Castillo, 2010).

más peligrosas que paradisiacas) y, doblando el cabo Catoche, acertaron a ver otras ciudades y templos escalonados.

—En verdad que esta tierra debe de ser rica —deducía Grijalva—. Esas torres y catedrales no se levantan sin mucha riqueza.

La expedición costeó el litoral de la península de Yucatán hasta los dominios del cacique Lázaro, en Campeche, donde desembarcaron y mantuvieron una refriega venial con los nativos.

Prosiguiendo la navegación, el alférez Romaño, como veterano de la expedición de Hernández, advirtió:

—Señor, estamos llegando a la bahía de la Mala Pelea, donde los indios nos mataron a tantos el año pasado e hirieron malamente al capitán Hernández. Lo digo porque quizá sea mejor pasar de largo.

—No, por cierto —replicó Grijalva muy crecido—, sino que desembarcaremos con todo nuestro poder para vengar a nuestros hermanos.

—Con la ayuda de Dios —precisó el presbítero Juan Díaz.

No fue necesario desembarcar en son de pelea, porque llegando a las cercanías de Chakán Putum les salieron al paso canoas con guerreros retadores, *muy ufanos y orgullosos* de su pasada victoria (dice el cronista).

—Preparad los cañones —ordenó Grijalva a sus artilleros.

Los aguerridos putunes remaban con brío hacia las naves como si pretendieran abordarlas.

A una señal de Grijalva, el artillero disparó un cañón y después el otro. Al primer estampido, los remeros indios atemperaron la boga y al segundo emprendieron la huida hacia las playas.

Desembarcaron los españoles con los falconetes, los escopeteros y los ballesteros. De entre los árboles surgió una multitud de guerreros blandiendo sus macanas. Una nube de flechas y dardos cruzaba el aire.

—¡A ellos, por Santiago! —gritó Grijalva—. ¡Cerrad, cerrad!

El combate fue muy reñido, pero antes de que los indios llegaran al cuerpo a cuerpo ya las armas de fuego los habían estragado. Cuando se retiraron después de que un escopetazo le volara media cabeza al *batab* o jefe que los mandaba, el maestre de campo contó las bajas.

—No hemos escapado mal —reportó—: siete muertos y sesenta heridos.

—Sesenta y uno —corrigió el paje que curaba a Grijalva de una pedrada que le había derruido dos muelas. También lo había alcanzado una flecha, sin mayor daño.

Más de doscientos indios habían quedado tendidos en las playas. Algunos españoles vagaban entre ellos rematando a los heridos y rebuscando lo aprovechable. Que no era mucho, fuera de los valiosos perpuntes de algodón que muchos de ellos vestían. Los soldados preferían cubrirse con aquellas prendas indias que paraban muy bien las flechas y no pesaban ni se calentaban al sol como los petos de acero.

Después de ese encuentro, los indios se mantuvieron a prudente distancia, aunque mantenían día y noche una tabarra de bocinas y pitos en la espesura del bosque.

—Están convocando a otros pueblos con ahumadas —observó el cabo Barrionuevo.

—Ya han tenido su escarmiento —balbució Grijalva con la media lengua que le permitía su herida. Tenía la mejilla hinchada y el moratón casi le cerraba el ojo.

Reembarcaron llevando consigo a los propios muertos para arrojarlos al mar (por evitar que los devoraran los indios), y prosiguieron la navegación rumbo al sur-poniente hasta alcanzar una laguna costera que el piloto Alaminos anotó como Términos. Allí se detuvieron a hacer aguada, y desembarcó con ellos una lebrela que llevaban a bordo. Llenas las pipas, cuando se disponían a regresar a las naves, un marinero echó en falta a la lebrela.

Algunos hombres volvieron sobre sus pasos llamándola a grandes voces, pero la lebrela no compareció. Al rato la dieron por perdida, regresaron a las naves y zarparon de nuevo.

—Más la apreciaba que si hubiera sido persona —se lamentó el piloto Alaminos.

Reanudaron el cabotaje y llegaron a la desembocadura de un río caudaloso al que pusieron Grijalva, en homenaje al victorioso capitán. Remontándolo cinco kilómetros aguas arriba, llegaron al pueblo ribereño de Potonchán, habitado por mayas chontales.

Grijalva se entrevistó con el cacique del lugar, Tabscoob, y le regaló su jubón verde y unas zapatillas rojas. El cacique correspondió con unas máscaras de oro, y le repuso la despensa que ya andaba algo estragada después de tantas semanas de navegación.

Iniciada la que parecía prometedora amistad, cacique y capitán se acomodaron en sendas pieles y conversaron con el indio Melchorejo como intérprete.

—Pues hacia donde se pone el sol hay un lugar llamado Culúa-Mexica, donde abunda mucho ese metal dorado que tanto aprecias —le dijo el cacique.

Grijalva no ignoraba que ese era el truco indio para quitarse de encima a los molestos (y peligrosos) visitantes, pero en esta ocasión el indio decía verdad, porque se estaba refiriendo al Imperio mexica.[290] Era la primera vez que la palabra *México* resonaba en oídos españoles.

—Muy interesante —respondió Grijalva, ignorante de lo que aquel vocablo encerraba. Y recordando la obligación de evangelizar que pesaba sobre todo español en América añadió—: Pues has de saber que vengo en nombre de un gran señor dueño del mundo llamado Carlos, que te quiere tener por vasallo, lo que te acarreará no pocas ventajas.

La idea de someterse a otro cacique enfureció a Tabscoob. Miró al cielo anubarrado, hizo un gesto de asco arrugando la nariz, se pasó la mano por el gran penacho de plumas, símbolo de su poder, y miró con ojos encendidos al jefecillo barbudo que osaba insultarlo.

—¿No acabas de llegar a esta tierra nuestra y ya nos quieres someter a un señor extraño? —replicó airado—. ¡No necesito la protección de nadie! —Aguardó a que Melchorejo tradujera y añadió, como escupiendo las palabras—: Me basto solo para ayudarme.

Comprendió Grijalva que quizá se había precipitado al hablarle al salvaje de aquel lejano señor dueño del mundo, e inten-

---

290. Lo de Imperio mexica es relativo. En realidad, los mexicas respetaban la organización de los pueblos a los que sometían. Se contentaban con imponerles tributos en productos y personas destinadas a los sacrificios.

tó explicarle que tal sometimiento no implicaba menoscabo de su autoridad, sino la ventaja de verse protegido de enemigos más poderosos a cambio de un tributo, en oro a poder ser. Pero Tabscoob, sin aguardar razones, añadió amenazador:

—Y si no quieres tener un mal tropiezo, más vale que ahora mismo regreses a tus casas flotantes y te apartes de mi vista.

Grijalva venteó el peligro. Bajo la fronda vecina se había congregado gran multitud de flecheros y guerreros de escudo y maza, que antes le parecieron picados por la curiosidad de ver a los cristianos, pero ahora bien podrían estar aguardando la orden de acabar con ellos.

Recogió Grijalva el morral de las baratijas y murmurando una amistosa despedida se retiró sin darle la espalda al cacique.

—Regresamos —le ordenó entre dientes al maestre de campo.

El aludido captó la idea: de un momento a otro los salvajes van a hacer con nosotros lo que hicieron con Hernández.

Ordenadamente volvieron a los bateles y embarcaron. Una muchedumbre de indios armados los seguía en ominoso silencio.

Cuando estuvieron fuera del alcance de las flechas, Grijalva se relajó y emitió un profundo suspiro.

—¿Adónde vamos ahora? —preguntó Alaminos.

—Costa adelante —dijo Grijalva—. A explorar y tomar nota del litoral, hasta que encontremos el paso al mar de la especiería.

Allá quedó el malhumorado Tabscoob, ignorante de que su nombre se inmortalizaría en la denominación de la salsa tabasco, elaborada por los yanquis con los ardientes chiles rojos de su territorio.

Vueltos a su cabotaje, nuestros navegantes rebasaron la desembocadura de otro río, que Grijalva bautizó con el santo del día, San Bernabé.[291]

---

291. Si Grijalva levantara la cabeza, es posible que se sorprendiera al ver que en la cercana Villahermosa, capital del estado de Tabasco, le han levantado un busto en cuyo pedestal se lee: *Encuentro de dos mundos. La mejor tierra que el sol alumbra*. Este encuentro, apostilló el embajador de España invitado a la inauguración, *fue la primera interacción basada en el diálogo y la convivencia; con ello se dio inicio a la etapa del mestizaje que se viviría durante más de trescientos años en la época colonial.*

Desde la costa, grupos de guerreros con escudos brillantes contemplaban el paso de las naves.

—¿No serán de una aleación de oro esas rodelas? —aventuró Medinilla.

—¡Que va, hombre! —replicó Hardón—. ¿No ves que son conchas de tortuga?

Los indios miraban a los de las naves, hacían pernetas y se agarraban las pudicias bajo las plumas en plan desafiante.

—Se burlan de nosotros, los hideputas —señaló Barrionuevo.

—¿Les mando una andanada que los joda un poco, capitán? —propuso el artillero Mesa.

Grijalva lo desautorizó.

—Guardemos chisco para la guerra y evitemos alardes innecesarios.

Navegaron muchas millas, siempre siguiendo la costa. El 17 de junio avistaron un islote de arrecifes del que brotaba un penacho de humo.

—Ahí están haciendo una buena candela —dedujo el alférez Romaño—. A lo mejor nos convidan a carne asada.

Llevaban días comiendo gachas de maíz saborizadas con grumos de queso podrido.

—El fondeadero es bueno —señaló Alaminos.

—Está bien —concedió Grijalva—. Desembarquemos y veamos de dónde sale el humo.

La arboleda llegaba a pie de playa. Se internaron en la isla que estaba cruzada por una maraña de senderos. A poco de caminar encontraron unos templos escalonados de piedra en los que admiraron *unos ídolos de malas figuras, que eran sus dioses.*

En los altares de aquellos infernales dioses descubrieron con asco hasta cinco cadáveres frescos. Por las trazas los habían descuartizado no hacía mucho.

Los sacrificados [...] estaban abiertos por los pechos y cortados los brazos y los muslos, y las paredes de las casas salpicadas de sangre. De todo lo cual nos admiramos en gran manera, y pusimos nombre a esta isleta de Sacrificios, y así está en las cartas de marear.[292]

—La sangre es reciente —observó Barrionuevo—. No se ha cuajado todavía. Los indios han debido de huir al vernos.

El capellán Juan Díaz bendijo los restos.

—Regresamos a las naves —ordenó Grijalva.

La siguiente escala fue Tierra Firme, donde hoy se encuentra Veracruz. Grijalva nombró San Juan de Ulúa a la lengua de tierra que abre la bahía. Desde allí navegaron hasta alcanzar la desembocadura del río Pánuco.[293]

El despensero advirtió que se estaban quedando sin provisiones.

—Alaminos, pon rumbo a la Fernandina —ordenó Grijalva.

No habían rescatado mucho oro, tan solo unos veinticinco mil pesos,[294] pero llevaban la noticia del dorado México.

292. La isla de los Sacrificios dista 4,5 kilómetros del puerto de Veracruz. Hoy pertenece a la autoridad del Parque Marino Nacional de Veracruz, que prohíbe el acceso a los turistas a fin de preservar de la destrucción su delicado ecosistema. Este reducido arrecife coralino, que mide solamente 450 metros de largo por 198 de ancho, está habitado por más de doscientas especies de algas verdes y rojas, una arboleda formada principalmente por guayabos y platanares, y otros árboles en los que anidan cormoranes, gavilanes pescadores y halcones peregrinos. En sus frondas se encuentran exóticas especies de caracoles, y en sus playas solitarias desovan hermosas tortugas de carey. Excavaciones practicadas en 1954 hallaron solamente los basamentos piramidales totonacas. Los edificios que encontró Grijalva fueron arrasados por los sucesivos usuarios del islote, que primero fue refugio de piratas (entre ellos, John Hawkins y Francis Drake, en 1568; y Lorencillo, en 1683) y después cantera de cal para la construcción de la cercana fortaleza de San Juan de Ulúa, acuartelamiento de tropas y cementerio en el siglo XIX.

293. En el actual estado de Tamaulipas, cerca de la frontera entre México y Estados Unidos.

294. El peso de oro equivalía a 4,55 gramos.

La expedición de Juan de Grijalva (1518)

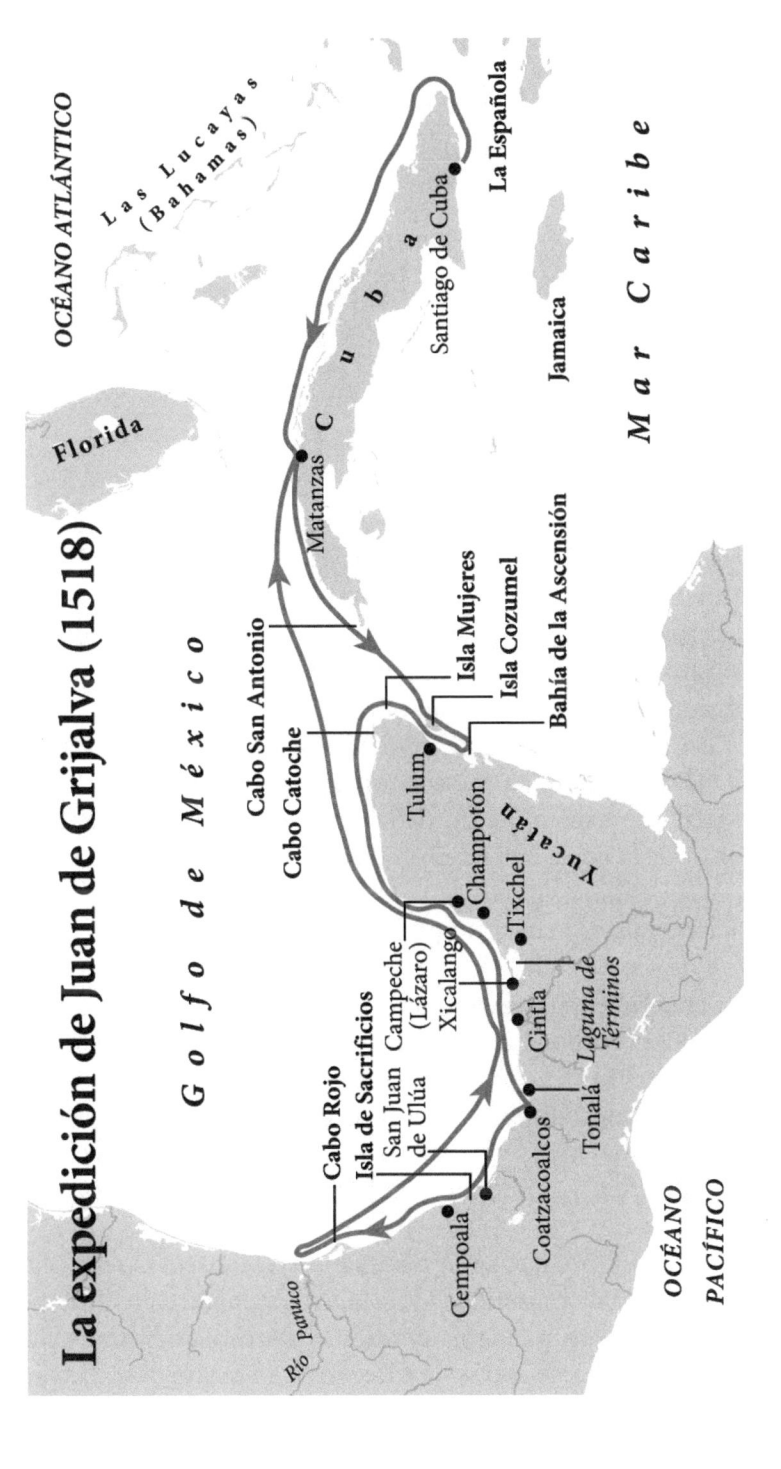

CAPÍTULO 57
El banquete de Moctezuma

Moctezuma, el *tlatoani* o emperador de los mexicas, penetró en la vasta sala de banquetes del palacio. Era un hombre de unos cuarenta años, de mediana estatura, enjuto y bien proporcionado, el rostro más bien largo que ancho, la nariz algo aguileña, más claro de piel de lo que suelen ser los indios, y vestía una impoluta túnica de algodón con bordados de oro.

Con el paso mesurado y solemne que usaba en público, el *tlatoani* se dirigió a su mesa y tomó asiento de espaldas al gran ventanal que daba al jardín de las plantas perfumadas. Tres dignatarios de la corte extendieron delante de él un biombo dorado que representaba figuras de dioses y héroes en abigarrada composición. Los dignatarios de su séquito, más de cien, permanecieron de pie y en silencio. Tan solo los cuatro ancianos escogidos de su consejo podían acompañar al *tlatoani* mientras almorzaba detrás del biombo y responder a sus preguntas sin despegar la vista del suelo.

El mayordomo penetró en la sala seguido de seis sirvientas, que en grandes bandejas portaban los platos. Todos vestían de blanco algodón y mantenían baja la mirada en presencia del terrible señor.

Era costumbre que se sirvieran al *tlatoani* hasta treinta platos diferentes sobre braserillos que los mantenían calientes, pero aquel día Moctezuma había perdido el apetito. Se limitó a señalar media docena de ellos y aun de esos solo probó dos, escogiendo algunas tajaditas de carne que tomaba con tres dedos, según la etiqueta mexica, y llevaba a la boca después de rebañarlas en la salsa.

Aquel día andaba distraído y disperso el emperador. Quizá lo había afectado la consulta del astrólogo que anunciaba una perversa conjunción de planetas.

El mayordomo retiró el servicio y puso ante el *tlatoani* la zafilla de plata que una sirvienta le tendía. Volvió a lavarse las manos Moctezuma, y cuando los ancianos retiraron el biombo despidió a la corte.

Mientras los nobles evacuaban la sala, el *tlatoani* aguardó a que le prepararan la pipa de sobremesa mientras contemplaba el melancólico jardín de las esencias.

—Astros adversos —pensaba.

¿Qué habría hecho en tal circunstancia su bisabuelo, el gran Moctezuma I, el conquistador de pueblos, el derrocador de enemigos?

Él no era de la pasta de su padre. Había heredado un imperio pacificado, con numerosos pueblos sometidos a tributo, y reinaba sobre un pueblo próspero y sobre trescientas sumisas esposas que le daban numerosa descendencia. Sin embargo, no era feliz.

El emisario, que había recorrido muchas jornadas sin apenas dormir, compareció en la espaciosa sala donde el *tlatoani* Moctezuma reunía a su consejo.

—¿Qué nuevas traes? —inquirió el mayordomo.

Moctezuma intuyó que eran las que anunciaba el astrólogo. Se despojó de la diadema de brillantes plumas que entregó a uno de sus ancianos e hizo una señal invitando al emisario a aproximarse.

—Gran señor, a Potonchán han llegado unos hombres pálidos y barbados que navegan en casas flotantes —dijo sin levantar la mirada del suelo—. Los dibujantes los han representado en estos *nequem*.

Un mayordomo recogió de manos del emisario el *nequem* y con ayuda de un criado lo desplegó ante Moctezuma. En la esterilla de hojas parecidas al papel aparecían las naves de Grijalva, los venados sin cuernos que se dejaban montar por los extranjeros,[295] y los guerreros españoles con sus petos, morriones, espadas, alabardas, escopetas y ballestas.

Moctezuma examinó las imágenes. Eran nítidas y detalladas.

—¿Qué es esto?

—Noble señor, en esos tubos encierran truenos que matan a distancia. Y en los tubos grandes meten truenos ensordecedores, que vomitan fuego y humo cuyos vapores asfixian.

El *tlatoani* recompensó al mensajero con una plaquita de oro y lo despidió. Sus consejeros estudiaban los dibujos.

—Hombres blancos y barbados que proceden de Oriente y cabalgan en monstruos parecidos a venados, cuyo grito hiela la sangre en las venas —resumió uno.

—Verdaderamente son los hijos de Quetzalcóatl —dijo otro—, la serpiente emplumada, cuyo regreso anuncian las profecías.

—No nos precipitemos hasta saber más de ellos y sus intenciones —propuso el más anciano.

Moctezuma convocó a los tres grandes sacerdotes para que decidieran si aquellos eran los hijos del dios. Después de largas deliberaciones, los sacerdotes no llegaron a ningún acuerdo, pero aconsejaron prudencia.

—Si son los hijos de Quetzalcóatl, lo sabremos por sus acciones.

Acordaron salir de dudas sometiéndolos a ciertas pruebas.

—Irán a su encuentro los embajadores Teutlamacazqui y Cuitlalpitoc en compañía de una comisión de nobles —decidió Moctezuma—. Llevaréis con vosotros las respectivas insignias de los dioses Tezcatlipoca, Tláloc y Quetzalcóatl. Cuando estéis en presencia del rey de los hombres blancos, expondréis ante él las tres insignias y tomando la de Quetzalcóatl se la ofreceréis. Si él la acepta sobre sus hombros y no muere en el acto, sabremos que realmente procede del dios.

Los embajadores de Moctezuma emprendieron el camino de la costa con numeroso séquito. Más de mil porteadores los acompañaban con el equipaje y los regalos.

295. Los indios llamaban a los caballos *castillan mazatl,* que quiere decir «ciervo de Castilla».

Decepción. Cuando alcanzaron la costa, las naves de Grijalva habían zarpado de regreso a Cuba.

—Los hombres blancos han partido en sus palacios flotantes —informó a Moctezuma el enviado de Teutlamacazqui—. ¿Qué hacemos?

A vuelta de correo les llegó la respuesta imperial:

—Permaneced junto al mar y aguardad a que regresen. Si verdaderamente son los hijos de Quetzalcóatl, volverán en cumplimiento de la profecía.

Solo tuvieron que esperar unos meses. Finalmente supieron que los barbados blancos habían regresado y acampaban junto a la desembocadura del río Jamapa. Los enviados de Moctezuma salieron a su encuentro. Lo que entre ellos aconteció se contará, mediando paciencia, en páginas venideras.

CAPÍTULO 58
La expedición de Cortés

—Venid a Tierra Firme, don Bonoso —dijo Chozalhombro—. ¿Qué juicio hay en quedarse a medio camino del propósito que nos trajo a las Indias?

Arjona había recibido en Cuba una encomienda mayor que la que disfrutó en La Española. Había olvidado a las taínas que dejó allí, estaba bien acomodado y en las dos últimas flotas había enviado dinero a su hermana, y le había pedido que le buscara una buena esposa, pues ya iba a cumplir cuarenta años y quería tomar mujer y formar una familia.

Le iba bien en su hacienda. ¿Qué necesidad tenía de embarcarse en nuevas inquietudes?

Por otra parte, todo el mundo decía que en Tierra Firme abundaba el oro.[296]

¿Y si consiguiera en unos meses lo que no había ganado en veinte años? ¿Y si pudiera retraerse a su pueblo rico y respetado, como fue su primer pensamiento cuando se embarcó a las Indias como grumete?

La tentación era fuerte.

Velázquez, el orondo gobernador de Cuba, estaba organizando una nueva expedición a Tierra Firme para rescatar oro y esclavos.

296. *Estaban todos espantados de cuán ricas tierras habíamos descubierto* (Díaz del Castillo, 2010, capítulo 15).

—¿A quién llevamos de capitán? —preguntó Arjona.
—Es un hidalgo extremeño, Hernán Cortés, que ha sido alcalde de Santiago. Parece persona de confianza: él mismo arriesga casi toda su fortuna.[297]
—¿Cuánto durará la navegación? —preguntó Arjona al escribano que enrolaba a la gente.
—Cinco o seis meses. La costa está ya muy averiguada, y el paso a la especiería es dudoso. Más bien vais a rescatar oro. Y lleváis un buen capitán.

Con la pluma señaló a un hombre de aspecto galán que conversaba entre los fardos del viaje con el piloto Alaminos.

Hernán Cortés era *de buena estatura y bien proporcionado y membrudo [...], cenceño y de poca barriga*, o sea, lo que hoy diríamos fibrado. En cuanto al rostro, destacaban sus ojos seductores *(de mirar algo amorosos)* y la barba escasa *(prietas e pocas e ralas)*. La única tacha, *si tuviera el rostro más largo, mejor pareciera*.[298]

Cortés había cursado estudios en la Universidad de Salamanca y, aunque nunca se licenció, era bastante culto si lo comparamos con el tipo de gente que solía pasar a las Indias. *Latino*, lo llama Bernal Díaz (es decir, que podía expresarse en latín, entonces la lengua franca de las personas instruidas). Además, *era algo poeta y hacía coplas en metro y prosa, y lo que platicaba lo decía muy apacible y con muy buena retórica*.[299] *Era hablador y decía gracias, y muy resabido*.[300] O sea, un pico de oro, un seductor.

Un hombre de tantas virtudes como conquistador y diplo-

---

297. *Concertose Diego Velázquez con Fernando Cortés, [...] que a la sazón estaba rico en dineros y tenía ciertos navíos suyos propios y era muy bien quisto y tenía muchos amigos en la isla, para que entrambos hiciesen una buena armada en que el dicho Fernando Cortés fuese por capitán general de ella en nombre de Sus Altezas* (Cortés, 1993, «Primera carta»).

298. Díaz del Castillo, 2010, capítulo 209. Nada que ver con la malévola descripción de sus restos encontrados en la iglesia de Jesús que hicieron los indigenistas: un enano jorobado con la cabeza anormalmente estrecha y el brazo derecho torcido. El bilioso Diego Rivera aprovechó para pintarlo así en sus murales.

299. *Ibid.*

300. De las Casas, 1992.

mático tuvo, sin embargo, la tacha ciertamente grave de ser mujeriego y no guardar el debido respeto a las féminas. Su compañero de armas Vázquez de Tapia declaró en su juicio de residencia:

> Con cuantas mujeres había en su casa tenía acceso, aunque fuesen parientas unas de otras [...], a este testigo le dijo una mujer lo bellaco que era este hombre, *que habiendo tenido a mi hija públicamente en Cuba, yendo yo a negociar con él me tomó y se echó conmigo* [o sea, se benefició a la madre de su amante]; y se sabe que se echó con dos o tres hermanas, hijas de Moctezuma [...], y con otras mujeres casadas es notorio que ha tenido muchos excesos y que enviaba a los maridos fuera de la ciudad para quedar con ellas.[301]

Añadamos, para remachar el clavo, el testimonio de cierto fraile que lo conoció bien (y cuyo nombre silenciaremos por ahora), que declaró ante la justicia que *en lo público parecía ser temeroso de Dios y buen cristiano,* pero que en lo secreto este testigo oyó decir que *se había echado carnalmente con Marina, con su sobrina Catalina, con muchas hijas de señores indígenas, con dos hijas de Moctezuma, con una Catalina de Castilla y con la hija de esta Catalina.*[302]

O sea, un cañón giratorio, un depredador sexual, un acosador persistente. Excuso decir que, siendo admirable Cortés en tantos aspectos, en esta faceta solo merece nuestra reprobación más rigurosa.

La expedición a Tierra Firme prometía ser un buen negocio. Cortés había invertido en ella su entero peculio (fletaba siete naves de las diez que la componían). La bandera que había ideado para la ocasión mostraba una cruz dorada, nimbada de llamas blancas y azules, y rodeando el conjunto el lema *Amigos, sigamos la cruz, y si fe tuviéramos, con esta señal venceremos.*

—Parece que van a evangelizar —comentaría cualquier testigo poco avisado.

---

301. Thomas, 2001, p.73.
302. Martínez, 2014, pp. 64-72.

Pero en las Indias escaseaban los poco avisados. Allí el que se alistaba en una expedición a lo desconocido iba a forrarse; por eso, venteando la ganancia, Velázquez adquirió las acciones (llamémoslas así) de los expedicionarios que habían invertido en la empresa sus ahorrillos, y se convirtió en el principal socio capitalista de Cortés.

Notemos que la enseña diseñada por el extremeño era un guiño evidente a la del emperador Constantino, que se hizo con el Imperio romano tras derrotar a Majencio: la cruz con la leyenda *In hoc signo vinces* (Con esta señal venceremos).

Cortés no iba a evangelizar, sino a conquistar.

Después de algún titubeo y de consultarlo con la almohada, Arjona decidió incorporarse a la expedición. Incluso consiguió que lo admitieran en la lista de *La Santa Teresa*, en la que ya figuraban Chozalhombro y otros conocidos. Los dos amigos dejaban sus respectivas haciendas al cuidado de buenos vecinos.

CAPÍTULO 59
Una salida atropellada

Estaban casi listas las naves, cuando al bufón de Velázquez, Cervantes el Loco lo llamaban, se le ocurrió comentar:

—Tú verás lo que haces, patrón, pero Cortés es muy gran varón en sus cosas y pudiera ser que se te alzara con la armada.

Ese comentario del enano, al que Velázquez apreciaba por su inteligencia, le acrecentó las sospechas que desde hacía tiempo le estorbaban el sueño. ¿No aprovecharía Cortés la expedición para alzarse con la gobernación de los nuevos territorios explorados, tan ricos en oro como prometían ser?

Faltaban pocos días para la partida cuando, curándose en salud, ordenó arrestar a Cortés. Había decidido sustituirlo por otro capitán de más confianza.

—Demasiado tarde, señor —respondió el alcalde que debía realizar el arresto—. Cortés ya es ido.

—¡Cómo! —exclamó Velázquez—. Todavía estaba aparejando las naves.

—Levó anclas con las naves a medio aparejar —confirmó el justicia.

Cortés había zarpado precipitadamente con las once naves, algunas de ellas a media carga, y sus seiscientos hombres.[303]

---

303. Las naves de Cortés partieron del puerto de Santiago de Cuba el 10 de febrero de 1519, llevando a bordo quinientos ochenta peones, ciento diez marineros, doscientos indios y negros, treinta y dos balleste-

La flota de Cortés aún se detuvo durante una semana en La Habana para completar la estiba. Lo hizo ante las narices de las autoridades, que no osaron molestarlo en vista de la gente de guerra que lo acompañaba.

Cuando las naves estuvieron listas, nuestro aventurero se hizo a la mar y puso rumbo a la islita de las Mujeres siguiendo el itinerario de las exploraciones anteriores, tan bien conocido por el piloto Antón de Alaminos, al que había confiado la derrota.

Pocos días después avistaron Tierra Firme en Cozumel. En aquel punto, les salieron al encuentro unas canoas con indios que parecían pacíficos. Cuando estuvieron cerca, uno de los indios, puesto en pie y haciendo bocina con las manos, gritó:

—¡Dios y Santamaría e Sevilla!

Los de la nave quedaron entre sorprendidos y atónitos.

—¿Qué ha dicho el indio? —preguntó el cabo Barrionuevo.

—Para mí que hablaba en cristiano —respondió su colega Andrés de Tapia.

—Eso me ha parecido.

Enseguida salieron de dudas porque el indígena tornó a decir:

—Señores, ¿sois españoles?

—¡Es cristiano! —exclamó Andrés de Tapia—. ¿No veis que tiene barba?

Cortés recordó que Melchorejo, el joven intérprete maya que los acompañaba, había comentado días atrás la existencia de *algunos hombres barbados en Tierra Firme de Yucatán*.

Subido a bordo, el indio barbado declaró ser el fraile Jerónimo de Aguilar, superviviente del naufragio de la nao *Santa Ma-*

---

ros, trece arcabuceros, treinta y dos caballos, diez culebrinas y cuatro falconetes. Era una tropa aguerrida mandada por expertos capitanes, algunos de los cuales habían luchado ya en las guerras de Italia: Pedro de Alvarado, Alonso Dávila, Juan de Escalante, Alonso Hernández Portocarrero, Francisco de Montejo, Francisco de Morla, Diego de Ordás, Cristóbal de Olid, Francisco de Saucedo, Juan Velázquez de León (sobrino del gobernador) y Gonzalo de Sandoval. Algunos hombres llevaban consigo a sus esposas o concubinas, según se acostumbraba en las guerras europeas.

ría de Barca de Valdivia en 1511, cuyas tribulaciones quedaron escritas páginas atrás (capítulo 41; nota 2).

Al principio apenas pudieron reconocer en él a un compatriota, tan tostado del sol estaba después de ocho años de esclavitud cavando maizales.

El pobre fraile…

> … se alegró en tanta manera que lloraba de placer […]; Andrés de Tapia, atajándole la plática, llegándose a él, lo abrazó amorosamente y dio la mano para que se levantase; abrazáronle los demás, y así se vino con los indios compañeros, hablando con Andrés de Tapia, dándole cuenta cómo se había perdido.

Cortés recibió al fraile pródigo con sumo gusto, no solo porque rescataba a un compatriota, sino porque veía en él a un excelente intérprete de lenguas indias.

—¿Que cómo he llegado hasta aquí? —se explicó el fraile en un castellano mal mascado y peor pronunciado—. Señor, zarpamos de Darién, en Panamá, en la nao *Santa María de la Barca*, pero naufragamos. De veinte hombres que llegamos a la playa los indios cocomes mataron a dieciocho, y solo yo y mi compañero Gonzalo Guerrero escapamos a la matanza.

—¿Dónde está ese Gonzalo Guerrero? Vete y lo traes contigo —ordenó Cortés.

Gonzalo Guerrero vivía en Chetumal, a dos días de camino. Se había ganado el respeto de sus captores gracias a sus conocimientos militares y, tras convertirse en un famoso caudillo o *nacom*, lo habían casado con una princesa maya de exótico nombre, Zazil Ha, hija del cacique Na Chan Can:

> Hermano Aguilar —le dijo al fraile—, yo soy casado y tengo tres hijos, y tiénenme por cacique y capitán cuando hay guerras. Id vos con Dios, que yo tengo labrada la cara y horadadas las orejas. ¿Qué dirán de mí, cuando me vean esos españoles ir de esta manera? Y ya veis estos mis hijicos cuán bonicos son.[304]

---

304. Díaz del Castillo, 2010.

Se comprende que declinara la oferta de Cortés de reintegrarse a la civilización cristiana occidental, pero es que, además, no veas cómo se puso la parienta, la mencionada Zazil Ha, al conocer las pretensiones del fraile que intentaba dejarla desmaridada:

> Mira con qué viene este esclavo a llamar a mi marido; idos vos y no curéis de más pláticas.

Aguilar insistió por el lado espiritual, que por algo era fraile:

> Que mirase Gonzalo que era cristiano, que por una india no se perdiese el alma, y si por mujer e hijos lo hacía, que los llevase consigo, si no los quería dejar. Y por más que le dijo y amonestó, no quiso venir.

Gonzalo Guerrero se había hecho tan indio como Kevin Costner en *Bailando con lobos,* incluso ideó la manera de contrarrestar las tácticas de combate de los españoles, que tan bien conocía. Y llegado el momento, se enfrentó a los conquistadores en defensa de su tribu,[305] como el Tom Cruise de *El último samurái* (por seguir el ejemplo cinéfilo).

En cuanto al fraile Jerónimo de Aguilar, después del notable ejemplo de resistencia a la tentación carnal con el que nos dejó tan edificados páginas arriba, hay que decir —no sin la íntima decepción que ello produce— que, en cuanto se vio a salvo entre cristianos, se consideró libre de su promesa y se dio al fornicio a calzón quitado, enredándose carnalmente con una india de Tlaxcala, Elvira la llamaban, de la que nació su hija Luisa de Aguilar.

---

305. Murió combatiendo contra las tropas de Lorenzo de Godoy en 1536, atravesado por un virote de ballesta que le acertó en el ombligo, y por un arcabuzazo. Al día siguiente los españoles encontraron su cadáver *tatuado y vestido como un indio, pero barbado como un cristiano.* En México veneran su memoria como padre del mestizaje, y le han dedicado un paseo y una estatua.

Cuestiones morales aparte, fue una suerte que Jerónimo acompañara a Cortés como intérprete, porque los de este oficio iban a ser muy necesarios en tierra mexica.[306]

306. Con Julianillo y Melchorejo no se podía contar. El par de granujas (o patriotas, según se mire) escaparon a la primera ocasión (cuando llegaron a Tabasco) y no se volvió a saber de ellos.

CAPÍTULO 60

La civilización maya

A la hora de la cena, civilizada costumbre que fray Jerónimo de Aguilar enseguida retomó al verse entre cristianos, el soldado Arjona se le acercó a pegar la hebra.

—Esas cabezas apepinadas, que habéis visto en los paganos mayas, son entre ellos la marca de la nobleza porque, así que nacen, se las vendan entre cuatro tablillas, que luego van cambiando según crecen y cuando alcanzan los catorce años ya tienen las cabezas así. Otra marca de nobleza es bizquear de los dos ojos, como si se les hubiera posado una mosca en la punta de la nariz. Esto lo consiguen poniéndose una especie de cascabel, que llaman *kitzmoc,* que se les mece entre los ojos y del mucho tenerlo bizquean.

—¿Y cómo es que tienen las piernas torcidas si no cabalgan caballos ni género alguno de animal? —preguntó Arjona.

—Eso les viene de sentarse desde pequeños sobre los calcañares, un ejercicio que un cristiano no soportaría ni el espacio de un credo; pero ellos pueden pasar un día entero y otra silla no conocen que la suya, la que llevan puesta en sus posaderas. Del mucho hacerlo se les arquean las piernas, aparte de que de cintura para arriba crecen más que de cintura para abajo —hizo el fraile un alto para hacer memoria y prosiguió—: Lo que parece venirles de casta es ese narigón que gastan, que no les nace del entrecejo como a los cristianos, sino de más arriba, de la frente.

—¿Y qué me dices de las mujeres? —se interesó Arjona.

—Son de mejor disposición que las españolas, y más grandes y bien hechas, pero no son de tantos riñones como las negras. Précianse de hermosas las que lo son y a una mano no son feas, si no fuera por la mala costumbre de aserrarse los dientes y dejarlos como una sierra. Eso lo tienen por galantería.

Transcribo las palabras del fraile Aguilar tumbado en una hamaca, a la sombra de un quitasol de palmas trenzadas, un cóctel margarita corto de tequila al alcance de la mano, en cuya muñeca destaca una pulserita de plástico reflectante que me da derecho a comer y beber sin tasa en el *resort* Sandos Playacar, playa del Carmen, península de Yucatán, Riviera Maya, México.

¿Qué hace aquí un septuagenario calvo y abundoso de carnes, solo en su mismidad y desentonando entre una clientela de almibaradas parejas de recién casados?

¿Por qué afronto las molestias del trópico, los mosquitos, las tarántulas y los persistentes nachos con guacamole tan lejos del seguro del hogar y de su sopita de cocido con fideos finos?

Me ha arrastrado a estos predios inseguros la obligación, mi riguroso sentido del deber. Consciente de mi responsabilidad ante los lectores que tanto me quieren, he venido a documentarme para este libro. Y bien dispuesto, debo añadir, a afrontar los trabajos y sinsabores que tal empeño me acarree.

Ante mí, atravesando una ancha playa de blancas y finas arenas, moteadas de perezosas palmeras y apenas holladas por mollares doncellas y musculosos donceles de bronceadas carnes cinceladas en *gym*, se extiende un mar tranquilo de transparentes aguas turquesas frecuentadas por barracudas y gringos en bañador. Ello se complementa con un cielo azul moteado de gaviotas cabronas que a la que te descuidas se lanzan en picado y te arrebatan la tostada del desayuno.[307]

Ayer visitamos los monumentos de la cultura maya, especialmente la ciudad de Chichén Itzá (año 525 de nuestra era),

---

307. ¿Son gaviotas o flamencos? Espero que no sean zopilotes, la variedad centroamericana de nuestro hispánico buitre, que te divisa dormido e inmóvil sobre la tumbona y te puede dar un susto de muerte creyéndote difunto.

uno de cuyos diecisiete edificios es la famosa pirámide de Kukulcán, que los conquistadores españoles denominaron el Castillo.[308]

Cuando los españoles contactaron con los pueblos de la península de Yucatán, el otrora poderoso Imperio maya vivía ya su triste decadencia, pero en su época de esplendor, hacia el siglo VIII, se había extendido por las actuales México, gran parte de Guatemala, Honduras, El Salvador y Belice.

Toda esa grandeza era recuerdo y arqueología cuando llegaron los españoles. Los mayas que se dejaron conquistar por los españoles estaban fragmentados en pequeños estados señoriales que se hacían mutuamente la guerra.

Divide et impera, «divide y vencerás», había aprendido Cortés de los labios de Julio César en las aulas de Salamanca.

Cortés, aprovechado discípulo de los grandes capitanes de la Antigüedad.

El extremeño se atrajo a la primera taifa maya con diplomacia y regalos. Difícil de creer, pero según el propio Cortés y los cronistas de su cuerda, el cacique, encantado con su nuevo aliado, le permitió que destruyera los ídolos de sus santuarios y que entronizara en sus pedestales las cruces e imágenes de la religión cristiana.

En nuestro merodeo por Chichén Itzá, por las ruinas de Tulum y por otras venerables piedras, Estrellita, la gentil guía «cer-

---

308. En esta pirámide se produce en los equinoccios de primavera y de otoño (cuando el Sol se encuentra sobre el ecuador y el día dura lo mismo que la noche) un curioso fenómeno óptico con el que los sacerdotes mayas persuadían al creyente de que la diosa serpiente Kukulcán se manifestaba para renovar su alianza civilizadora con el pueblo y asegurarle la sucesión de las estaciones agrícolas, de la que dependían las cosechas. En el emocionante momento del ocaso del día, la sombra de la serpiente emplumada se manifiesta en el alfardón poniente de la escalinata norte ante la muchedumbre del devoto pueblo congregado en la explanada (hoy sustituido por embobados turistas). El sol incide sobre la escalinata dibujando siete triángulos isósceles invertidos que parecen descender hasta conectar con la cabeza de la serpiente emplumada, tallada al pie de la pirámide. La Kukulcán maya equivale al Quetzalcóatl de los mexicas.

tificada» que nos acompaña, una especie de Falete en versión maya, nos ilustra sobre la civilización de sus ancestros.

—Hace unos días un visitante alemán se empeñó en que los monumentos mayas los construyeron los alienígenas, porque no se creía que mi pueblo, tan atrasado como lo ve, estuviera capacitado para estas grandes obras. Como prueba de que eran alienígenas, señalaba los cráneos de cabeza apepinada. Ni me escuchó cuando le dije que los aristócratas mayas se deformaban la cabeza desde niños para tenerla así.

—Esa insistencia en sus ideas por peregrinas que sean les viene a los germanos de tener la cabeza cuadrada sin necesidad de deformársela desde niños —lo disculpé.

—Luego se lamentó —continuó Estrellita— de que los conquistadores españoles hubieran acabado con nuestra civilización y yo le dije: *No, señor, la civilización ya estaba más que acabada cuando llegaron ellos. La cultura maya que se inicia dos milenios antes de Cristo alcanzó su esplendor entre los siglos III y VII de nuestra era, cuando se constituyeron las grandes ciudades Estado en las que florecían la arquitectura, las matemáticas y la astronomía; pero las guerras dinásticas, unidas a una devastadora sequía que agostó los maizales, provocaron su colapso en el siglo IX. Se conoce que Chaac, el dios maya de la lluvia, nos había dado la espalda.*[309]

—Nos hace eso el dios en España después de las preceptivas rogativas —le dije en mi papel de descendiente de conquistadores—, y tiramos el santo del pueblo al cauce seco del arroyo, y si el obispo protesta, va él detrás.

---

309. La arqueología maya, todavía en mantillas, promete grandes sorpresas para el futuro. En 1994 el arqueólogo del Proyecto Palenque, Arnoldo González, encontró la cámara funeraria de una princesa maya, la llamada Reina Roja porque sus restos y su sarcófago están impregnados de cinabrio. La dama, de unos sesenta años y metro y medio de estatura (como el de la emperatriz Victoria de Inglaterra, curiosamente), no se enterró sola: le habían introducido en el mausoleo dos víctimas sacrificiales, una joven y un niño. Se cree que puede tratarse de la princesa Ix Tz'akbu Ajaw, llegada el año 626 de la ciudad de Tokhtan u Ox te'kúb para casarse con el rey Pakal I, otra boda del siglo.

—Ustedes siempre tan violentos —comentó Estrellita—. Es que no se aguantan una pedrada en un ojo.

Reviso lo escrito después de ver la interesante película *Apocalypto* (2006) de Mel Gibson, en la que un aborigen las pasa canutas por escapar de los mayas, que cazan prisioneros de culturas más primitivas para inmolarlos en sus pirámides escalonadas.

A esta película se le ha criticado, con razón, que mezcla elementos mayas con otros mexicas y que baraja elementos del siglo VIII con otros del XV. No obstante, la crítica pitiminí rechaza el filme, porque demoniza la elevada cultura maya, ignorando que alcanzó las mencionadas cumbres del saber.[310]

Sin entrar en esa polémica, centrémonos en otra: ¿realizaban los mayas sacrificios humanos? ¿Eran tan crueles como aparecen en la película?

Me temo que sí. El sacrificio y la ofrenda sangrienta a los dioses es una característica de la religión de los mayas (y del resto de los pueblos mesoamericanos).[311] En el libro sagrado maya, *Popol Vuh*, se lee: *Al igual que los hombres comen maíz, los dioses se alimentan del corazón y la sangre de los sacrificados.*

Los sacrificios humanos admitían diversas modalidades: descorazonamiento, decapitación, flechamiento y ahogamiento en

---

310. Ricardo Cajas, comisionado guatemalteco de la Presidencia contra la Discriminación y el Racismo, apunta que *la película está basada en suposiciones que presentan a los mayas como un pueblo bárbaro, asesino, que solo pudo ser redimido de su salvajismo ancestral por la intromisión de los españoles y que justifica las barbaries cometidas desde el dominio colonial hasta nuestros días,* opinión que comparte la maya (y Nobel de la Paz) Rigoberta Menchú, para la que la película retrata a sus antepasados como salvajes que necesitaban ser redimidos por los españoles. *Pero ¿usted ha visto la película?,* le pregunta un entrevistador. *No pienso verla* —responde Rigoberta—. *Por mi salud mental no veo películas de violencia, que bastante padecemos ya.*

311. Incluso practicaban el autosacrificio de perforarse el pene, los hombres naturalmente, que solo pensarlo produce alferecía. Las mujeres a falta de pene se perforaban la lengua, el otro órgano sexual del que, a juzgar por las cerámicas indígenas, se hacía extenso uso en América.

cenotes, unos pozos naturales que abundan en algunas regiones de Mesoamérica.[312]

A diferencia de los mexicas, que abrían el pecho de la víctima rajando de tetilla a tetilla en el segundo espacio intercostal, parece que los mayas preferían abrir a la víctima a la altura de las costillas flotantes. Chac Mool o Tláloc, dios de la lluvia, prefería sacrificios de niños (porque sus lágrimas recordaban la lluvia). Otros dioses requerían el sacrificio de prisioneros de guerra, o de deportistas de élite.[313]

Oigamos a fray Diego de Landa, testigo presencial:

> Estos indios hacían sacrificios con su propia sangre, cortándose unas veces las orejas a la redonda, por pedazos, y así las dejaban por señal. Otras veces se agujeraban las mejillas, otras el labio de abajo; otras se sajaban partes de sus cuerpos; otras se agujeraban las lenguas, al soslayo, por los lados, y pasaban por los agujeros unas pajas con grandísimo dolor; otras, se harpaban lo superfluo del miembro vergonzoso dejándolo como las orejas. [...] Otras veces hacían un sucio y penoso sacrificio, juntándose en el templo los que lo hacían y, puestos en hilera, se hacían sendos agujeros en los miembros viriles, al soslayo, por el lado, y hechos pasaban toda la mayor cantidad de hilo que podían, quedando así todos ensartados; también untaban con la sangre de todos aquellas partes (y las ofrecían) al demonio, y el que más hacía era tenido por más valiente; y sus hijos, desde pequeños, comenzaban a ocuparse en ello y es cosa espantable cuán aficionados eran a ello.[314]

312. El cenote (en maya *dzonoot*, «hoyo con agua») es el resultado de la disolución de la piedra caliza por efecto del agua de lluvia, lo que ocasiona una gruta en cuyo fondo se encuentra agua y vegetación asociada. Los mayas les ofrecían sacrificios de objetos y personas. El cenote sagrado de Chichén Itzá mide sesenta metros de diámetro y presenta un lago subterráneo a veinte metros de profundidad. Los restos humanos asociados al lugar pertenecen a víctimas a las que se les ha extraído previamente el corazón, y en algunos casos se han despellejado.

313. Practicaban un interesante juego de pelota de connotaciones religiosas, que terminaba con la decapitación del capitán del equipo perdedor (o quizá del vencedor).

314. Landa, 1566, capítulo 28. Ese vocablo que aparece, *harpaban*, viene del verbo *arpar*, con y sin *h*: «rasgar o arañar con las uñas».

No es por hacer sangre, Dios lo sabe, ni por halagar a las feministas, pero hay que reconocer que las mujeres mayas eran bastante más inteligentes al mantenerse al margen de las machadas masoquistas de sus maridos. Oigamos, si no, al fraile:

> Las mujeres no usaban de estos derramamientos, aunque eran harto santeras; mas siempre le embadurnaban el rostro al demonio (o sea, al ídolo) con la sangre de las aves del cielo y animales de la tierra o pescados del agua, y cosas que haber podían. Y ofrecían otras cosas que tenían. A algunos animales les sacaban el corazón y lo ofrecían; a otros, enteros; unos vivos, otros muertos, unos crudos, otros guisados, y hacían también grandes ofrendas de pan y vino y de toda suerte de comidas y bebidas que ellos usaban.

Si de esa manera se torturaban ellos mismos, imaginemos qué clase de padecimientos no inventarían para los enemigos. En realidad, no es necesario imaginárselo: al capitán Francisco de Medina...

> ... los indios de Xicalanco matáronlo crudelísimamente, hincándole mucha cantidad de rajuelas de tea por el cuerpo, y poco a poco le quemaron, haciéndole andar alrededor de un hoyo y mataron a todos los castellanos e indios que lo acompañaban.[315]

Que fueran sadomasocas casi se les perdona, dado que desde nuestra perspectiva tolerante todas las civilizaciones son aceptables con sus variadas idiosincrasias, y las diferencias culturales son dignas de respeto. No así su tendencia a arreglar los problemas de la comunidad mediante sacrificios humanos:

> Por alguna tribulación o necesidad les mandaba el sacerdote o chilanes *[chilam]* sacrificar personas y para esto contribuían todos. Algunos daban para que se comprasen esclavos, o por devoción entregaban a sus hijitos, los cuales eran muy regalados hasta el día y fiesta de sus personas, y muy guardados [para] que no se huyesen o ensuciasen de algún pecado carnal; y mientras les llevaban de

---

315. Torquemada, 1964, libro III, capítulo 3.

pueblo en pueblo con bailes, los sacerdotes ayunaban con los chilanes y oficiales.

Y llegado el día juntábanse en el patio del templo, y si había [el esclavo o niño] de ser sacrificado a saetazos, desnudábanle en cueros y untábanle el cuerpo de azul [poniéndole] una coroza [o capirote] en la cabeza; y después de echado el demonio, hacía la gente un solemne baile con él, todos con flechas y arcos alrededor del palo y bailando lo subían en él y atábanle siempre bailando y mirándolo todos. Subía el sucio del sacerdote vestido y con una flecha lo hería en la parte verenda, fuese mujer u hombre, y sacaba sangre y bajábase y untaba con ella los rostros del demonio (o sea del ídolo); y haciendo cierta señal a los bailadores, ellos, como bailando, pasaban de prisa y por orden le comenzaban a flechar el corazón, el cual tenía señalado con una señal blanca; y de esta manera poníanle al punto los pechos como un erizo de flechas.

Si le habían de sacar el corazón, le traían al patio con gran aparato y compañía de gente, y embadurnado de azul y su coroza puesta, lo llevaban a la grada redonda que era el sacrificadero, y después de que el sacerdote y sus oficiales untaban aquella piedra con color azul y echaban al demonio purificando el templo, tomaban los chaces *[chac]* al pobre que sacrificaban y con gran presteza le ponían de espaldas en aquella piedra y asíanle de las piernas y brazos que [casi] le partían por enmedio. En esto llegaba el sayón nacón *[nacom]* con un navajón de piedra y dábale con mucha destreza y crueldad una cuchillada entre las costillas, del lado izquierdo, debajo de la tetilla y acudíale allí luego con la mano, y echaba la mano al corazón como rabioso tigre arrancándoselo vivo, y puesto en un plato lo daba al sacerdote el cual iba muy de prisa y untaba a los ídolos los rostros con aquella sangre fresca.

Algunas veces hacían este sacrificio humano [en náhuatl *tlamictiliztli*], en la piedra y grada alta del templo y entonces echaban el cuerpo ya muerto a rodar gradas abajo y tomábanle abajo los oficiales y desollábanle el cuerpo entero, salvo los pies y las manos, y desnudo el sacerdote, en cueros vivos, se forraba con aquella piel, y bailaban con él los demás, y esto era cosa de mucha solemnidad para ellos. A estos sacrificados comúnmente solían enterrar en el patio del templo, o si no, comíanselos repartiendo entre los señores y los que alcanzaban; y las manos y los pies y cabeza eran del sacerdote y oficiales; y a estos sacrificados tenían por santos. Si eran esclavos cautivos en guerra, su señor tomaba los huesos para sacarlos como divisa en los bailes, en señal de victoria. Algunas veces echaban personas vivas en el pozo de Chichenizá [Chichén Itzá][316] creyendo que salían al tercer día aunque nunca más parecían.[317]

Cortés y los suyos, imperialistas y desalmados como eran, no supieron respetar al *otro* ni se esforzaron en entender la idiosincrasia de las civilizaciones maya y mexica (mal llamada *azteca*).

¿Cómo podrían apreciar entonces más menudos hechos diferenciales, como el hábito de raziar a los pueblos vecinos (toltecas, olmecas, chichimecas, totonacas, etcétera) para proveerse de prisioneros jóvenes que ofrecer al dios solar Huitzilopochtli, cuya dieta consistía en sangre humana fresca y humeante?

Aquellos brutos llegados de la paramera española, ¿cómo iban a entender el profundo significado antropológico de la operación de abrir el pecho del prisionero con un cuchillo de obsidiana *(técpatl)*, arrancarle el corazón palpitante y arrojar luego el cadáver caliente escaleras abajo para alimento del devoto pueblo?

Se entiende que tales manifestaciones pudieran parecer signo de barbarie en aquellos tiempos a personas de escasa formación, como nuestro Bonoso de Arjona, gentes que no estaban concienciadas, como hoy nosotros, de los valores étnicos de las diferentes culturas ni del sentido profundamente religioso, incluso místico, de la evisceración cardiaca.[318]

Aceptemos, pues, que las culturas mesoamericanas maya y mexica eran tan singulares que realizaban sacrificios humanos y pongamos las cosas en razón. ¿Acaso no radica en la esencia misma del cristianismo un rito parecido cuando ingerimos la carne y la sangre de Jesucristo en la comunión?

316. Se refiere al cenote.
317. Landa, 1566, capítulo 28.
318. El corazón de las víctimas inmoladas a los dioses representaba para los mexicas el fruto precioso del cacto de su leyenda fundacional, el árbol espinoso sobre el que el águila devora a la serpiente.

El antropólogo Miguel León Portilla (2003) señala agudamente ese paralelismo cuando escribe:

> En el caso de Mesoamérica, como en el del cristianismo, el sacrificio humano es elemento esencial de su realidad cultural. Por ello importa entender su significación más plena: en Mesoamérica, ofrecimiento que redime a los humanos de su destrucción cósmica; en el cristianismo, fundamento de la redención del género humano.[319]

---

319. No todo el mundo alcanza a comprender la grandeza del rito azteca. Un historiador cerril, cuyo nombre condenaré al olvido, escribe al respecto: *Se precisa un intenso ejercicio de buena voluntad y de comprensión antropológica para encontrar semejanza entre nuestro rito cristiano y el azteca. El sacerdote cristiano pronuncia unas palabras de consagración que persuaden al creyente de que el cuerpo y la sangre de Cristo se contienen en la laminita de pan que elaboraron las manos virginales de unas monjitas. Su colega azteca rasga el plexo solar de un semejante con un cuchillo de pedernal para meterle la mano bajo las costillas, arrancarle el corazón aún palpitante y comulgarse con sus entresijos a la plancha. Nuestra tolerancia occidental por las culturas indígenas debe tener un límite.*

CAPÍTULO 61
Tres cuchilladas en la ceiba

Regresemos al lado de Cortés. En la isla Cozumel —playas paradisíacas, arrecifes de coral rebosantes de vida marina, pero oro ni para empastar una muela—, se entrevistó con el cacique principal, el cual, al ver que cada año llegaba una escuadra española el doble de numerosa que la del año anterior, comprendió, sin haber leído a Toynbee, el sentido de la historia, o, dicho de otra manera, que pintaban bastos, y se acogió a la conveniencia de declararse súbdito del rey de España, lo que le valió un salvoconducto para que futuras expediciones lo respetaran como indio amigo.[320]

[320]. La isla Cozumel se despobló medio siglo después y en adelante fue como ocasional refugio de piratas. En 1571, el famoso corsario francés Pierre Chuenot, saqueador de propiedades españolas en el Caribe, se refugió allí huyendo de sus perseguidores y mantuvo un combate en el que él y muchos de sus hombres murieron. Los supervivientes fueron acusados por la Inquisición de Mérida en su calidad de herejes luteranos (eran hugonotes) de *alabar la secta de Lutero de manera abierta y pública, decir palabras injuriosas contra el Papa y el rey Felipe II, comer carne los viernes y días de vigilia, rezar salmos de David, robar ornamentos del templo de Hunucmá, hacer burla a la misa y sacramentos, profanar templos y robar poblados en la Provincia de Yucatán*. Los piratas pusieron cara de no haber roto nunca un plato (difícil de creer viéndoles las jetas), y solo admitieron *haber comido carne de cerdo en vigilia, porque tenían mucha hambre y no había otra cosa que comer*. A cinco de ellos los condenaron a doscientos

Desde la isla Cozumel, la flota de Cortés costeó por los parajes ya conocidos por las expediciones precedentes, y, llegando a Campeche...

... vieran andar por la costa un perro ladrando y escarbando de cara al navío, y que el capitán y otros salieron en tierra y hallaron una lebrela de buen talle que se vino para ellos. Halagolos con la cola saltando de uno en otro con las manos, y luego fuese al monte que estaba cerca, y de allí a poco volvió cargada de liebres y conejos. El otro día de adelante hizo lo mismo, y así conocieron que había mucha caza por aquella tierra, y comenzaron a irse tras ella no sé cuántas ballestas que venían en el navío, y diéronse tan buena diligencia a cazar, que no solamente se habían mantenido de carne fresca los días que allí habían estado, aunque era Cuaresma, pero que se habían también abastecido de cecina de venados y conejos para largos días, y en memoria de aquello pegaban por la jarcia las pellejas de los conejos y liebres, y tendían al sol los cueros de los ciervos para secarlos. No supieron si la lebrela fue de Córdoba o de Grijalva.[321]

Unos cuantos siglos después, sabemos que la lebrela era la Quintana extraviada en aquellos parajes por la expedición de Grijalva.

A la altura de Potonchán, la ciudad maya chontal, capital del señorío de Tabasco, Cortés pensó desembarcar para aprovisionarse, pero los caciques le salieron al paso en una canoa para advertir que los barbudos no eran bienvenidos.

—Solo queremos agua y un poco de comida —les dijo por medio del intérprete Jerónimo de Aguilar.

Los caciques no se dejaron convencer. Les advirtieron que, si saltaban a tierra, los matarían.

---

azotes y a remar en galeras, al llamado Martín Cornu lo consideraron hereje luterano e impenitente relapso, y lo ejecutaron mediante garrote junto al hereje inglés George Ribley, pirata de la flota de John Hawkins, al que habían tenido trabajando en las minas de Guanajuato, donde simulaba rezar a la Virgen, pero ni por esas se salvó.

321. López de Gómara, 2011, capítulo 17.

Era de creer que hablaban en serio. Recordemos que aquellos mismos mayas habían exterminado hacía poco más de un año a la mitad de los hombres de Hernández de Córdoba. Claro que aquellas expediciones del pasado no eran tan potentes como la de Cortés, ni llevaban caballos y artillería.

Cortés no era persona que se dejara intimidar. Se preparó para el combate con la preceptiva misa, que ofició el capellán Juan Díaz. El escribano Diego de Godoy leyó a los peces el requerimiento de corrido, sin florituras.

—Ante todo, respetemos las formas —murmuró Alvarado—. No sea que regresados a España algún mierdecilla envidioso nos empapele.

Fue un desembarco de Normandía en pequeño. Los indios pusieron en un aprieto a la fuerza que intentaba alcanzar la playa:

> Cercados por los indios con sus canoas con tanta rociada de flechas que nos hicieron detenernos con el agua hasta la cintura, y como había mucho cieno, no podíamos salir de ella y cargaron sobre nosotros tantos indios con lanzas y otros a flecharnos, haciendo que no tocásemos tierra tan presto como quisiéramos, y con tanto cieno no podíamos ni movernos, y estaba Cortés peleando y se le quedó un alpargate en el cieno y descalzo de un pie salió a tierra.[322]

Fuera del agua, los españoles profirieron su grito de guerra (¡Santiago y cierra!) y acometieron unos corrales de palos en los que se guarecía la indiada:

> Y todos fuimos sobre ellos en tierra nombrando a señor Santiago y les hicimos retraer hasta unas cercas que tiene hechas de maderas, hasta que las deshicimos y entramos a pelear con ellos [...], les llevamos por una calle y ahí tornaron a pelear cara a cara, y peleaban muy valientemente.

Al final se impusieron la calidad del armamento y la superior

322. Díaz del Castillo, 2010.

táctica. Los españoles ocuparon el poblado de Potonchán, en cuya amplia plaza Cortés...

... [tomó] posesión de aquellas tierras por Su Majestad y [...] en su real nombre, y fue desta manera: que desenvainada su espada, dio tres cuchilladas en señal de posesión en un árbol grande que se dice ceiba, que estaba en la plaza.[323]

323. La ceiba era el árbol sagrado de los mayas, y como tal presidía la plaza del poblado. Con los espadazos, Cortés muestra la superioridad de sus dioses (tres en uno) y funda una nueva ciudad sobre la base de la nueva religión.

CAPÍTULO 62
La Malinche, un regalo exquisito

La batalla de Centla se riñó poco después (14 de marzo de 1519) con asistencia del cronista Bernal Díaz del Castillo (2010), cuyas impresiones reproducimos. De un lado, los cuatrocientos y pico veteranos de Cortés, del otro, los guerreros aportados por los poblados de la región, que comparecieron maquillados con pinturas de guerra *(las caras almagradas, blancas y prietas),* bien armados de *grandes arcos y flechas y lanzas y rodelas,* y formados en pelotones, sus coroneles al frente luciendo *grandes penachos.*

Las armas cristianas eran superiores, pero los indios contaban con la enorme desproporción numérica, pues *había para cada uno de nosotros trescientos indios* [...]; *en aquella batalla eran tantos que a puñados de tierra nos cegaran,* dice gráficamente Bernal Díaz.

Con resignada templanza contemplaron los hombres de Cortés la gran multitud de enemigos con la que iban a contender. Excitados por los gritos de sus caciques, los indios levantaron un gran clamor de *tambores y trompetillas,* el viejo proceder de los pueblos primitivos para intimidar al enemigo y espantar el miedo propio antes de la batalla.

Obedientes a la costumbre de su milicia, los españoles guardaban silencio, desenvainadas las espadas, dispuestas las picas, mientras los escopeteros se pasaban la candela de mano en mano, encendiendo las mechas, y los ballesteros colocaban los virotes con punta de acero en el canalillo de sus máquinas, ya armadas.

Como es típico en las batallas de pueblos flecheros y honderos, el combate comenzó a cierta distancia con una rociada de proyectiles, con la que *a la primera arremetida hirieron a más de setenta de los nuestros*. Tras de lo cual *se vienen rabiosos y nos cercan por todas partes*. Menos mal que *la gran misericordia de Nuestro Señor en todo nos ayudaba*.

Esta gran ayuda de la Providencia pudo tomar la forma de ballestas, disparos de pólvora y espadas frente a las que los indios solo podían oponer débiles escudos, perpuntes de algodón y carnes desnudas. No obstante, el elemento definitivo fue la caballería.[324] Ante aquella visión espantable de veloces centauros, que atravesaban sus filas alanceando y sableando, los indios desmayaron y huyeron.

¿Qué había ocurrido?

Una combinación de táctica y un arma desconocida: *Los de a caballo les llegaban por la retaguardia, y los agarramos unos por una parte y nosotros por la otra*.

Se entiende que la caballería despertara tanto pavor: aquellos indios no habían visto nunca un caballo. Al principio pensaron que jinete y cabalgadura formaban parte de un mismo animal monstruoso que se alimentaba de carne, como las fieras.

[Terminado el combate] apretamos las heridas a los heridos con paños, que otra cosa no había, y se curaron los caballos con quemarles las heridas con unto de un indio de los muertos, que abrimos para sacarle el unto [o sea, la liposucción que precede al cauterio, a la que asistimos páginas atrás].

[Luego] fuimos a ver los muertos que había por el campo, y eran más de ochocientos [...]; enterramos dos soldados y quemamos las heridas a los demás y a los caballos [...], y cenamos y reposamos.

Aquella noche, el derrotado cacique de imponente nombre (Tabscoob, «Nuestro Señor de los Ocho Leones») se reunió en

---

324. *Estuvimos en esa batalla sobre una hora, que no les pudimos hacer perder punto de buenos guerreros hasta que vinieron los de a caballo* (Díaz del Castillo, 2010).

consejo con los sabios del poblado a lamerse las heridas y a meditar sobre el incierto futuro.

—Cada año vendrán más y más guerreros barbudos, que hieren de lejos con pelotas de fuego y de cerca lastiman con esos cuchillos largos capaces de hendir a un hombre hasta la cintura —informó el de los Ocho Leones.

La asamblea puso cara de circunstancia. Muchos habían perdido hijos y parientes, buenos guerreros, en la desigual batalla.

—Estos extranjeros deben de estar emparentados con los dioses, que les dan ese material celeste del que hacen sus petos y sus morriones —(el *turey,* como sus vecinos taínos llamaban al acero), apuntó otro—. Va a ser inútil resistirse a la evolución de los tiempos. Meditemos ahora sobre las grandes ventajas que acarreará someternos a ese rey lejano del que hablan y a esos dioses ilusionistas (tres en uno) que se muestran más poderosos que los nuestros.

En cuanto amaneció, Tabscoob envió a Cortés a sus correveidiles con ofertas de paz.

—Señor, no queríamos hacerte la guerra, pero el cacique de Champotón nos solivantó.

—Traedlo a mi presencia —dijo Cortés.

—Imposible, señor: ya lo hemos sacrificado por habernos aconsejado torpemente.

—Vale —dijo Cortés—. A ver, ¿qué traéis?

Llegaban cargados de regalos. Además de oro, jade y turquesa, pieles y capas de preciosas plumas, el cacique adjuntaba veinte jovencitas, si no intactas al menos de muy buen ver, entre las que se encontraba Malinche,[325] una chica de noble origen, a la que la vida había herido con zarpa de fiera reduciéndola a la esclavitud.

Como era preceptivo, los españoles bautizaron a las esclavas antes de socializar con ellas. A Malinche le impusieron el nombre de Marina y, como era *de buen parecer y entremetida y desenvuelta,* Cortés se la entregó al capitán Alonso Hernández Porto-

---

325. En realidad, se llamaba Malintzin, o por otros nombres Malinalli (como la diosa de la hierba) o Tenepal («la Suelta de Lengua»).

carrero, de gustos más delicados que los otros, pero más adelante, cuando este regresó a España, Cortés la recuperó no por sus gracias particulares (como suele pensarse), sino por su eficacia como intérprete. La Malinche hablaba, además de su náhuatl natal, idioma de los mexicas, el maya yucateca de sus más recientes amos. Como además resultó ser discreta y apañada, Cortés no se separaba de ella y de aquel arrimo le resultó un embarazo del que la muchacha dio a luz a un hermoso mestizo al que pusieron Martín Cortés. La intérprete de Cortés creció en importancia hasta el punto de que los mexicas conocerían al caudillo extremeño como Malintzine («el dueño de Malintzin»).

Aquí se apareja la ocasión de comentar las dificultades que los conquistadores tuvieron para entenderse o desentenderse (más bien) con los indios que iban colonizando/cristianizando a medida que avanzaban las conquistas.

Los pueblos de América estaban tan ensimismados en sus respectivas culturas (en comparación con los europeos) que te movías unos kilómetros y ya se hablaba otra lengua. Los españoles intentaban entenderse por señas, pero muchas veces sacaban conclusiones totalmente erróneas, que daban lugar a malentendidos y trifulcas indeseadas. La india Malinche resultó utilísima al lado de Cortés, porque sus dos idiomas combinaban estupendamente con los de Jerónimo de Aguilar, que hablaba maya y español.

Imaginemos la escena: llegan a un pueblo que habla náhuatl. Doña Marina traduce el parlamento del cacique al maya y Aguilar lo pasa del maya al español.[326] Si han visto la estupenda película de Sofia Coppola *Lost in Translation* (2003), pueden ima-

---

326. Malinche o doña Marina es en el mundo hispano el equivalente a Pocahontas en el gringo, aunque su figura, antes unánimemente elogiada, recibe ahora acerbas críticas de los indigenistas, que la consideran traidora a su pueblo, la *chingada traidora*. *Malinchismo*, en México, tiene la connotación de traición o, en tono más suave, de supeditación a costumbres o tendencias extranjeras. Más recientemente algunas feministas reivindican a Malinche en su condición de mujer atrapada entre dos culturas en conflicto, a cual más machista. Para Octavio Paz (1983), la Malinche es la madre de la cultura mexicana un tanto contradictoria, porque nace de una aculturación forzada.

ginarse que mucho de lo hablado no llegaba correctamente al interlocutor, pero, aun así, Cortés se las arregló para hacerse con el Imperio de los mexicas.

En un principio, Cortés no se hizo ilusiones. Bastante escamado quedó cuando desertaron Julianillo y Melchorejo, los lenguas mayas. Le advirtió a Malinche que se esmerara en sus traducciones, porque *si en alguna mentira la tomaba, la haría luego ahorcar*.[327] O sea, los comienzos fueron tirantes, como en las películas de Katharine Hepburn y Spencer Tracy, pero luego es muy posible que, entrando en intimidades, surgiera entre ellos el amor. Por lo menos, si no amor, la compenetración necesaria para engendrar un hijo.

Cortés fundó en el lugar de la batalla la ciudad de Santa María de la Victoria. Imaginemos lo que de voluntarioso hay en estas poblaciones con las que se intenta ocupar el territorio indio: la plaza mayor sería un cuadrado de cabañas en torno a un descampado presidido por una cruz. Allá dejó Cortés una guarnición de sesenta soldados, los más viejos, aleccionados para llevarse bien con los indios.[328]

Pasados unos días, Cortés prosiguió su navegación costera en busca del territorio donde les habían asegurado que el oro abundaba.[329] Rebasada la desembocadura del río Tlacotalpan, que vertía aguas dulces al mar, arribaron al islote de los Sacrificios, aquel depositorio de horrores que un año antes había visitado la expedición de Juan de Grijalva.

327. Cervantes de Salazar, 1971, libro III, parte II.
328. Santa María de la Victoria no prosperó. Rodeada de selvas inhóspitas, un infierno húmedo habitado por indígenas belicosos, los españoles no consiguieron dominar la región hasta que derrotaron a los últimos mayas cimatecos en 1560. Aun así, la ciudad, demasiado cerca del mar, resultaba fácil presa de piratas, por lo que en 1564 hubo que trasladar la capitalidad de la región a la pujante villa de San Juan Bautista (hoy Villahermosa).
329. Ya hemos mencionado el efectivo truco de los indios para quitarse a los españoles de encima: *Más allá de aquellas montañas que azulean en el horizonte hay mucho metal de ese que con tanto afán buscáis.* Y ellos picaban casi siempre, espoleados por la codicia.

Al día siguiente (22 de abril de 1519), Cortés navegó hasta la vecina islita de San Juan de Ulúa (que los indios llamaban Chalchicueyecan),[330] y desembarcando tropas e impedimentos...,

... asestaron los tiros, como mejor le pareció al artillero, que se decía Mesa, y hizimos un Altar, adonde se dijo luego misa; e hicieron chozas y enramadas para Cortés, y para los capitanes; y entre tres [cientos] soldados acarreávamos madera, e hicimos nuestras chozas, y los caballos se pusieron adonde estuviesen seguros.

También habilitaron, en un terreno cercano, un cementerio donde dar cristiana sepultura a los treinta y cinco soldados muertos de las heridas *y de dolencias y hambre.*

A poco de instalarse, al reclamo de las naos, aparecieron unas canoas de lujoso aspecto con indios que parecían mejor arreados y encarados que los conocidos hasta entonces.

—Son mexicas —dijo Malinche al reconocerlos.

Por el tono notó Cortés que no parecía entusiasmada.

---

330. Hoy es el puerto de Veracruz (no debe confundirse con la Villa Rica de la Vera Cruz, fundada a unos setenta kilómetros al norte, en Quiahuiztlán).

CAPÍTULO 63
Chocolate con churros y ¡viva México!

Escribo estas líneas en un velador de la churrería El Moro, en la ciudad de México, después de dar cuenta de un chocolate español (así lo llaman) con cuatro hermosas porras, calentitas, recién salidas de la sartén.

La churrería El Moro es un establecimiento fundado en 1935 por un vasco industrioso, que emprendió la Reconquista de la América Hispana comenzando por sus paladares.

El mesero, que me ve garrapatear mi cuaderno de viaje, me pregunta si soy escritor.

—Más o menos —le digo.

—Pues sepa que por aquí pasaron escritores famosos, además de gente ilustre: Octavio Paz, Carlos Fuentes, Cuauhtémoc Cárdenas, Mario Moreno *Cantinflas*...

—¿Y María Félix y Silvia Pinal?

—De esas señoras no hay constancia —responde algo decepcionado.

Lástima. Nada me hubiera gustado más, fetichista como soy, que mojar el churro en la taza de una de las divas que poblaron mis cochinos sueños adolescentes.

—¿No le sonará Irán Eory? —pregunto.

Al mesero se le ilumina el semblante.

—Esa sí, mi cuate, que era española y se afincó entre nosotros. ¡Muy linda! Venía mucho por aquí.

—Tráigame entonces otra taza, esta vez de chocolate amargo,

con su toque de canela, que quiero dedicársela a esa *muertecita* tan querida. Y otros cuatro churros.

Esta mañana, en mi afán por documentar este libro, he visitado el Mercado de la Plata, en la Zona Rosa, donde me he cerciorado de que, en efecto, los españoles no arramblamos con toda la plata de Zacatecas, que alguna dejamos para que yo pueda rescatarla, pagando en dólares contantes esta vez, nada de timar al indio con cuentas de cristal, en forma de pulsera modernista con la que testimoniaré amor y agradecimiento a la parienta que me soporta.

Ayer, antes de deshacer la maleta, abandoné el hotel, tomé un taxi al Museo Nacional de Antropología y pasé unas horas memorables recorriendo con fruición sus veintidós salas.[331]

Tranquilos, que no voy a describir todas las maravillas que este museo atesora. Mencionaré tan solo que la Piedra del Sol y la perturbadora imagen de la diosa Coatlicue[332] bastan para probar que la cultura mexica, que encontraron Cortés y sus cuates en este lugar, no tenía nada que envidiar a nuestras culturas del Viejo Mundo, la egipcia, las de Mesopotamia, las de Anatolia...

En cuestiones de urbanismo, las ciudades mexicas, y en especial su capital, Tenochtitlán, estaban a años luz de cuanto se conocía en el Viejo Mundo, y en cuanto a jardines y palacios cam-

---

331. Con frecuentes descansos en el amplio y hospitalario jardín, claro, porque uno va teniendo una edad, y no hay ejercicio en el mundo más cansado que el paso de museo.

332. La Piedra del Sol es un monolito de basalto de veinticuatro toneladas, cuya cara lisa ocupa un bajorrelieve circular que los estudiosos consideran un libro mudo que recoge la cosmovisión de un pueblo que adoraba al sol, y quizá plataforma de combates gladiatorios. La diosa Coatlicue es un cuerpo de mujer con garras en lugar de pies, falda de serpientes cascabeleras, un collar de manos cortadas y, lo más extraño, en lugar de cabeza, dos potentes serpientes que juntan los hocicos. Hallada en 1790, esta imagen espantable consiguió que indígenas que llevaban casi tres siglos rezando al Dulce Jesús y a la Virgen de Guadalupe volvieran a adorarla, por lo que las autoridades tuvieron que esconderla. ¿Perviven los viejos cultos en la sangre del pueblo?

pestres, los mexicas se habían anticipado en varios siglos a los trazados italianizantes de Versalles o de La Granja.

El conquistador, que había sido porquero en Extremadura o destripaterrones en la árida Castilla, se asombraba de los ingeniosos sistemas de cultivo mexicas que obtenían varias cosechas al año sembrando en los pantanos jardines flotantes.[333]

> Tenían también otras muchas de placer, con muy buenos jardines de solas yerbas medicinales y olorosas, de flores, de rosas, de árboles de olor, que son infinitos. Era para alabar al Criador tanta diversidad, tanta frescura y olores. El artificio y delicadeza con que están hechos mil personajes de hojas y flores. No consentía Moctezuma que en estos vergeles hubiese hortaliza ni fruta, diciendo que no era de reyes tener granjerías ni provechos en lugares de sus deleites; que las huertas eran para esclavos o mercaderes, aunque con todo esto, tenía huertos con frutales, pero lejos, y donde poquitas veces iba. Tenía asimismo fuera de México casas en bosques de gran circuito y cercados de agua, dentro de las cuales había fuentes, ríos, albercas con peces, conejeras, vivares, riscos y peñoles, en que andaban venados, corzos, liebres, zorras, lobos y otros semejantes animales para caza, en que mucho y a menudo se ejercitaban los señores mexicanos. Tantas y tales eran las casas de Moctezumacín, en que pocos reyes se le igualaban.[334]

¿Por qué le resultó tan fácil a Cortés y a su puñado de españoles hacerse con este poderoso imperio?

---

333. ¿Cómo lo conseguían? Delimitaban un rectángulo o chinampa (del náhuatl, *chinamitl*, «cercado») clavando cuatro estacas de ahuehuete para que echaran raíces en el lodo del fondo. Luego formaban un lecho de varas y torterones de hierba (como esas alfombras de césped que se extienden en los estadios de fútbol), y sobre ello acumulaban barro que drenaba y se secaba. La chinampa absorbía la humedad necesaria del sustrato lacustre y el lodo constituía un excelente abono. El árbol más antiguo del parque del Retiro, en Madrid, es un soberbio ejemplar de ahuehuete *(Taxodium huegelii* o *mucronatum),* de unos doscientos años de edad, siete gruesas ramas que brotan del tronco en forma de candelabro y alcanzan los veinticinco metros de altura.

334. Gómara, capítulo 75.

Los mexicanos han acuñado una expresión feliz que encierra una lección de historia: «La conquista la hicieron los indios y la independencia, los españoles».

Entiéndase: Cortés conquistó el Imperio mexica gracias a la colaboración de una serie de pueblos sometidos (tlaxcaltecas, chalcas, otomíes...) que no dudaron en ayudar al extranjero con tal de desembarazarse de aquel poder abusón. Siglos después, los criollos (españoles nacidos en América, como el cura Morelos) se independizaron de España, también con ayuda de unos indios poco o mal asimilados a la cultura española, que constituían las clases populares.

Antes de despedirme de esta amable ciudad, visito algún lugar que pisaron los pies de Octavio Paz para que acudan a mi memoria los versos añorantes:

> *A esta hora*
> *los muros rojos de San Ildefonso*
> *son negros y respiran:*
> *sol hecho tiempo,*
> *tiempo hecho piedra,*
> *piedra hecha cuerpo.*
> *Estas calles fueron canales.*
> *Al sol,*
> *las casas eran plata:*
> *ciudad de cal y canto,*
> *luna caída en el lago.*

¿Dónde estás, maestro?

Con la edad, uno a veces piensa en voz alta.

—Está lustrando las botas de Dios —responde sin mirarme el barrendero de escobón que apuraba al otro lado del banco su colilla antes de regresar a la faena—. Por nuestras venas corren, mezcladas y reñidoras, las sangres mexica y española, por eso nos atormentamos y nos perdemos en laberintos de soledad.

Por eso sois el país más contradictorio y vivo del mundo.

CAPÍTULO 64
Llegan los *teules*

Recordemos que el *tlatoani* Moctezuma[335] había recibido de sus agentes en la costa unos dibujos que representaban a los *teules* (así denominaban a los españoles) llegados en la expedición de Grijalva.[336]

El *tlatoani* llevaba meses examinando aquellos dibujos que representaban a los extraños barbudos, sus brillantes corazas de acero, sus tubos de lanzar truenos, los venados sin cuernos que montaban y las enormes canoas con las que surcaban el misterioso mar.

Un anciano sacerdote le había revelado la identidad de los extranjeros. Sin duda eran los hijos de Quetzalcóatl, el dios del viento, la serpiente emplumada que anunciaba una antigua profecía.[337]

---

335. Moctezuma era *uei tlatoani* («caudillo de hombres»), elegido por el consejo tribal. Un buen equivalente europeo podría ser emperador, puesto que se le sometían muchos caciques que virtualmente eran reyes de lo suyo.

336. *Teules* es una palabra náhuatl derivada del maya *tzules*, que designa a entidades del inframundo.

337. El nombre de *Quetzalcóatl* procede de dos palabras náhuatl: *quetzal*, el pájaro de hermoso plumaje de Centroamérica, y *cóatl*, la serpiente. Bajo distintas denominaciones, fue el dios principal de los diferentes pueblos mesoamericanos. Recuerde el lector que lo encontramos páginas atrás en Chichén Itzá con el nombre maya de *Kukulkán* (de *k'u uk'um*, «pluma», y *kaan*, «serpiente»).

—Hace muchas generaciones Quetzalcóatl vino de Oriente a enseñarnos a ser buenos y virtuosos —se explicó el anciano—, pero nosotros despreciamos sus enseñanzas. Entonces el dios regresó malhumorado a su morada celestial, pero antes de ausentarse anunció que algún día vendrían sus hijos, blancos y barbados como estos, que nos someterían y dominarían la tierra.

—Eso dicen las tradiciones antiguas —respondió Moctezuma—, pero ¿no podrían ser cuentos sin fundamento?

—También están las señales recientes de los dioses —añadió el anciano.

—¿Qué señales?

—*Tlatoani*, ¿recordáis aquel cometa que cruzó el cielo hace años?

—Lo recuerdo. Después, por voluntad de los dioses, se incendió el templo de Huitzilopochtli. Cuanta más agua arrojábamos, más crecían las llamas.

—¿Recordáis también que por aquellas fechas un rayo sin trueno rasgó la techumbre del templo de Xiuhtecuhtli?

—Lo recuerdo —dijo Moctezuma—. Los dioses a veces manifiestan su ira con esos prodigios.

—No solo manifiestan ira, *tlatoani*, también su pesar por nosotros. Recordad que la diosa Coatlicue entonó un canto fúnebre por los mexicas y os envió a la Llorona.[338]

Moctezuma guardó silencio. Desde entonces no había dejado de pensar en ello. A veces se consolaba pensando que todo fue una alucinación, pero entonces la diosa le enviaba señales. Meses atrás había cazado en las lagunas un extraño pájaro de feo plumaje. Al examinarlo, descubrió en sus pupilas la figura de un

---

338. Así denominaban los mexicas a la diosa Cihuacóatl (del náhuatl *cihuacoatl*, «serpiente hembra»), diosa de la guerra, de los partos y de algunas otras advocaciones, entre ellas la de Tonantzin que, según Bernardino de Sahagún (2013), *de noche, bozeava, y bramava, en el ayre*. Según la leyenda, se apareció deshecha en lágrimas para anunciar a Moctezuma la destrucción de su Imperio. Por este motivo se la conoce como la Llorona.

guerrero de extraño atavío que cabalgaba uno de aquellos venados sin cuernos de los extranjeros.[339]

Si los hijos de Quetzalcóatl habían llegado a sus costas, mejor congraciarse con ellos, pensó el atribulado Moctezuma. Recordemos que páginas arriba les envió una embajada o comisión de bienvenida con suntuosos regalos, pero cuando los emisarios alcanzaron la costa encontraron que los barbados hijos de Quetzalcóatl habían zarpado. Moctezuma ordenó a sus embajadores Teutlamacazqui y Cuitlalpitoc que permanecieran en la costa hasta el regreso de los extranjeros.

En efecto, un buen día reaparecieron velas en el horizonte, y las enormes canoas del dios Quetzalcóatl se acercaron a la costa.

Acá asistimos al típico desencuentro de dos culturas tan distintas y distantes. De un lado, Cortés, que viste jubón de terciopelo carmesí, con gorra a juego y espada de cuatro palmos al cinto; del otro, el cacique Teudile, gobernador de Cuetlaxtla, sometido a los mexicas, cuya insignia de rango es una vistosa capa de plumas de papagayo.

Imaginemos la sorpresa de los españoles ante el ceremonial que despliega el indio: primero se chupa un dedo, toca con él el suelo y se lleva a los labios la suciedad adherida (*ingiero gustoso el polvo que has pisado,* traducido al manual del diplomático mexica). Después quema un terrón de incienso en un braserillo y finalmente se practica un corte y ofrece su sangre sobre unas pajuelas.

—Estos tíos están majaras —murmura Chozalhombro al oído de Arjona.

—Ya veremos en qué acaba esto —le responde su compadre.

339. Lo cuenta Bernardino de Sahagún (2013, capítulo 1). Existe un intrigante paralelismo en la visión de Rodrigo, el rey visigodo que perdió su reino a manos de los moros. El rey penetró en el llamado palacio de los Cerrojos de Toledo. Después de violentar los candados de su puerta y recorrer muchas estancias vacías y polvorientas, llegó a un desván en el que encontró un viejo y desvencijado arcón; este solo contenía un pergamino en el que estaban representados unos guerreros a caballo tocados con turbantes y armados de espadas, lanzas y arcos. Y una inscripción: *Hombres como estos están a punto de conquistar tu reino.*

Moctezuma había encomendado a Teudile la delicada misión de confirmar si los extranjeros barbudos eran hijos de la serpiente emplumada. Mostrando respetuoso acato, el diplomático entregó a Cortés fastuosos regalos, entre ellos una placa de oro ancha como una rueda de carreta, que representaba el sol, y otra de plata a juego con la figura de la luna.[340]

¡Tirando por lo bajo arroba y media de oro y otro tanto de plata! Cortés disimuló el gozo que le reventaba por las costuras, y correspondió a Teudile con la consabida quincalla: cuentas de vidrio verdes y amarillas a las que sumó, con largueza española…

> … una silla con entalladuras de taracea y unas piedras margaritas, que tienen dentro de sí muchas labores, envueltas en unos algodones untados de almizcle para que oliesen bien, y un sartal de diamantes torcidos, y una gorra de carmesí con la medalla de oro de san Jorge a caballo alanceando un dragón.

Reparó el embajador, que era todo ojos, en el capacete de Arjona y, notándole algún parecido con el que los mexicas solían esculpir en las imágenes del dios de la guerra, Huitzilopochtli, lo solicitó para compararlo con el del dios.[341]

340. En el inventario redactado por dos notarios en la Villa Rica de la Vera Cruz, el 5 de noviembre de 1519, por duplicado (una copia para la reina doña Juana y otra para su hijo y heredero Carlos V) se mencionan en primer lugar tres discos metálicos que representaban al Sol, la Luna y Venus, el primero de oro puro y de dos metros de diámetro, que pesó diecisiete kilos. La copia de la reina doña Juana se conserva en el Archivo de Indias, en Sevilla; la de Carlos, en la Biblioteca Nacional de Viena (n.º Ser. Nova 1600, hist. prof. 1200, olim. W 5279).

341. Otro desencuentro cultural: para Cortés el casco era un regalo de buena voluntad, pero a Teudile le confirmó que los españoles también tenían tratos con el dios de la guerra. Oigamos a Bernal Díaz del Castillo (2010): *Parece ser que un soldado tenía un casco medio dorado, aunque mohoso; y viole Teudile, y dijo que lo quería ver, que se parecía a uno que ellos tenían que les habían dejado sus antepasados de donde venían, el cual tenían puesto a sus dioses Huichilobos, que su señor Montezuma se holgaría de verlo. Luego se lo dieron, y les dijo Cortés que, porque quería saber si el oro de esta tierra es como lo que sacan en la nuestra de los ríos, que le envíen aquel casco*

—Dáselo norabuena —ordenó Cortés, y volviéndose a Malinche le dijo—. Dile al embajador que apreciaríamos su devolución si viniera lleno de pepitas de oro.

Cuando marchó la embajada, Cortés hizo pesar el disco de oro: arroba y media. ¡Y era de buena ley! Sus hombres acudían a contemplarlo extasiados.

Después de veinte años de miseria, hambre y fatigas, parece que por fin hemos dado con el tarro de la miel, escribió el soldado Enríquez en una carta a su mujer.

El escribano que copiaba la carta al dictado quedó un momento en suspenso, pensativo. Decía verdad el soldado. Desde que Colón llegó a América, nunca habían encontrado los españoles un objeto de oro tan contundente.

—Si esto es lo que nos regalan, ¿qué no tendrán en sus casas? —comentó el cabo Barrionuevo.

Para entonces, hasta el descubridor más analfabeto estaba familiarizado con las historias de Marco Polo sobre tejados y pavimentos de oro.

Lejos de contentar a los españoles con aquellos suntuosos regalos, lo que Moctezuma conseguía era el efecto contrario, excitar su codicia. Les goteaba el colmillo.

Como de costumbre, acompañaban al embajador mexica artistas que dibujaban cuanto veían.

—Bien estará hacer alarde para que noten nuestra fuerza —sugirió el capitán Alvarado, quien, en su condición de alto, rubio y fuerte, era uno de los modelos más solicitados por los artistas mexicas, tanto que acabaron apodándolo Tonatiuh (Sol Brillante).

—Buena idea —asintió Cortés.

Los presuntos hijos de Quetzalcóatl organizaron una exhibi-

---

lleno de granos de oro para enviarlo a nuestro gran emperador. [Fue Teudile] en posta, y dio relación de todo a su señor, y le mostró todo el dibujo que llevó pintado, y el presente que le envió Cortés y dizque el gran Montezuma, desde que lo vio, quedó admirado y recibió por otra parte mucho contento, y cuando vio el casco y el que tenía su Huichilobos tuvo por cierto que éramos de los que le habían dicho sus antepasados que vendrían a señorear aquella tierra.

ción de jinetes al galope, espadas asestando escalofriantes tajos y cañones disparando salvas. Teudile y sus acompañantes asistían estremecidos y fascinados al estampido de la artillería. Temblaba la tierra al galope de los extraños animales.

El número fuerte de aquel improvisado circo fue cuando Cortés ocultó detrás de un lienzo a una yegua recién parida y después hizo traer a sus proximidades al caballo más fogoso. Al percibir el olor de la hembra, el animal se encabritó, los ojos en blanco, como una fiera, sembrando el pánico entre los enviados de Moctezuma, que todavía ignoraban la apacible y herbívora condición de los équidos.

—¡Llevaos de aquí esa fiera antes de que ocurra una desgracia! —ordenó Cortés fingiendo gran indignación, y luego volviéndose hacia el aterrorizado embajador mexica balbució una disculpa con su tono más melifluo—: Perdonad esta inconveniencia, señor. Es que estos monstruos, cuando ven carne fresca y bien criada como la vuestra, se les abren los apetitos.

¿Qué mejor prueba de que los hijos de Quetzalcóatl dominaban a las fieras además de la tempestad y el trueno? No habría en la tierra fuerza capaz de oponerse a aquello.

Por medio de Malinche, Cortés explicó a Teudile que al otro lado del mar había un emperador barbado, Carlos de Gante, al que todos debían obediencia porque por concesión divina, tramitada a través del papa, vicario de Dios en la tierra, era el rey de todas las tierras del orbe, incluido el Imperio mexica.

Teudile atendía a las explicaciones de Malinche y asentía educadamente sin entender gran cosa. Lo único que le quedaba claro era que el descendiente de la serpiente emplumada exigía el vasallaje de los mexicas, del mismo modo que ellos habían sometido a los pueblos de su entorno.

Mientras estos negros pensamientos acudían a la mente del diplomático, Cortés, consciente del deber de evangelizar, añadió los básicos conceptos de que en el cielo existe un Dios que es uno y al propio tiempo tres, que se desdobló en un Hijo, Jesús, para descender a la tierra a que los hombres lo torturaran y lo ejecutaran clavado en una cruz a fin de redimir a la humanidad del pecado original, etcétera.

Una teología tan distante de la suya le resultaría a Teudile especialmente ininteligible.

Viendo a los pintores que no cejaban en su empeño de dibujarlo todo, *la cara, rostro, cuerpo y facciones de Cortés y de todos los capitanes y soldados, navíos, velas y caballos, y a doña Marina y Aguilar, y hasta dos lebreles, y tiros y pelotas, y todo el ejército que traímos,* Cortés sugirió a Teudile:

—¿No sería mejor que tu emperador nos conociera en persona, en lugar de a través de esas pinturas?

El prudente Teudile prometió solicitarlo a Moctezuma, y dio largas al asunto, lo que estimuló la curiosidad de Cortés.

Terminadas las conversaciones, Teudile se despidió con muchas zalemas, dejando a los barbudos gran cantidad de provisiones, además de muchos criados para el servicio —y el espionaje, cabe suponer— de los presuntos hijos de Quetzalcóatl.

CAPÍTULO 65

Con el corazón en la mano

El alarde guerrero de los hijos del dios se había celebrado el domingo de Pascua. Teudile regresó al campamento cristiano el 13 de mayo. Antes de que abriera la boca, Cortés adivinó en su expresión compungida que portaba malas noticias: el *tlatoani* Moctezuma se negaba a recibirlo, y le exigía que abandonara sus tierras. Lo acompañaban algunos magos con la misión de realizar exorcismos que calmaran la ira de Quetzalcóatl y alejaran a sus hijos de los dominios del mexica.

Los exorcismos son pamplinas, como bien sabemos en nuestro descreído siglo, pero aquella abundancia de oro que Cortés y sus barbudos habían visto los atraía como un imán.

Las nuevas conversaciones naufragaron. Cortés ignoraba la velada amenaza del embajador e insistía en desplazarse a su capital para entrevistarse con el *tlatoani* personalmente. Teudile intentaba explicarle que, por complejas cuestiones de protocolo, tal pretensión era imposible.

—Que venga a verlo tu emperador Carlos, hijo de Quetzalcóatl, y entonces podrá encontrarse en persona con nuestro *tlatoani*.

—Ni el emperador Carlos puede salir del empíreo donde habita con los otros dioses ni yo puedo comparecer ante él diciendo que no he podido entrevistarme con vuestro *tlatoani*. A Carlos hay que obedecerlo ciegamente o incurrir en su ira.

Fracasadas las conversaciones, Teudile se retiró, llevando consigo a los criados y asistencias que había dejado a Cortés semanas atrás. Entendió Cortés que también le suspendía los suministros, y decidió anticiparse al hambre requisando los alimentos necesarios en los pueblos de la región, tal como se hacía en las guerras europeas. Con este objetivo envió a una nutrida patrulla al mando de Pedro de Alvarado, el rubio como el sol, a buscar bastimentos y, de paso, a explorar la tierra.

Doble sorpresa: la primera, que *todos los pueblos estaban despoblados de aquel mismo día*. O sea, los mexicas habían retirado a la población. La segunda y más desagradable:

> Halló sacrificados en los templos hombres y muchachos, y las paredes y altares de sus ídolos con sangre, y los corazones presentados a los ídolos; también hallaron las piedras sobre las que sacrificaban, y los cuchillos de obsidiana con que los abrían por los pechos para sacarles los corazones.
>
> Dijo Pedro de Alvarado que habían hallado todos los más de aquellos cuerpos muertos sin brazos y piernas, y que dijeron otros indios que los habían llevado para comer. Nuestros soldados se admiraron mucho de tantas crueldades. Dejemos de hablar de tanto sacrificio, pues de allí adelante en cada pueblo no hallábamos otra cosa.[342]

Hace voacé bien, maese Bernal Díaz: no se pueden pedir peras al olmo. Habría sido excesiva pretensión que los conquistadores, en su mayoría gente simple e indocta, contemplaran aquel rito indígena desde el respeto que debe presidir los contactos entre personas pertenecientes a diferentes culturas y sensibilidades.

Incluso los más cultos y comprensivos no terminan de aprobar esos usos. Oigamos a Cortés en su carta a Carlos V:

> Tienen otra cosa horrible y abominable y digna de ser punida, que hasta hoy no habíamos visto en ninguna parte, y es que todas las veces que alguna cosa quieren pedir a sus ídolos, para que más aceptación tenga su petición, toman muchas niñas y niños, y aun hombres y mujeres de más mayor edad, y en presencia de aquellos

342. Díaz del Castillo, 2010, capítulo 44.

ídolos los abren vivos por los pechos y les sacan el corazón y las entrañas, y queman las dichas entrañas y corazones delante de sus ídolos, ofreciéndoles en sacrificio aquel humo. Esto habemos visto algunos de nosotros, y los que lo han visto dicen que es la más terrible y más espantosa cosa de ver que jamás han visto.[343]

Con gente así, ¿qué contemplaciones vamos a tener? Ninguna, parece desprenderse del relato del conquistador.

Quizá el lector, trabajado como está del sentimentalismo occidental, se esté llevando una impresión equivocada de este rasgo fundamental de las culturas mesoamericanas. La víctima propiciatoria se acostaba en un altar convexo de piedra *(techcatl)* y los cinco asistentes *(chachalmecas)* del sacerdote matarife lo sujeta-

---

343. Nótese el escaso respeto que muestra el brutal mílite hacia la entrañable (nunca mejor dicho) ceremonia religiosa característica de las culturas mesoamericanas. En esto no se distingue del resto de los cronistas de Indias que tratan el caso. Así lo hace López de Gómara cuando describe detalles *gore* del templete donde se celebraban los sacrificios en lo alto de las pirámides escalonadas: *Infinitísimos ídolos grandes y pequeños, y de muchos metales y materiales. Están todos bañados en sangre y negros, de cómo los untan y rocían con ella cuando sacrifican algún hombre. Y aun las paredes tienen una costra de sangre dos dedos en alto, y los suelos un palmo. Hieden pestilencialmente, y con todo esto entran en ellas cada día los sacerdotes; y no dejan entrar allá sino a grandes personas, y aun han de ofrecer algún hombre que maten allí* (López de Gómara, 2011, capítulo 80). Notemos cómo barren *pro domo sua* cuando cargan de dramatismo las palabras al utilizar la expresión *arrancar el corazón palpitante,* cuando aluden a lo que no pasaba de ser una simple cardioectomía o evisceración quirúrgica del órgano cardiaco, practicada no rompiendo esternón y costillas, como quieren los detractores de las culturas indígenas, sino vía abdominal, con limpieza quirúrgica, a través de una incisión vertical bajo el apéndice xifoides o la punta del esternón, lo que permitía al sacerdote matarife oficiante introducir la mano en el interior de la caja torácica y, a través del hiato esofágico, acceder al palpitante órgano cardiaco que, firmemente asido, se extraía del tirón, o, más delicadamente explicado, con un movimiento ligeramente giratorio, proporcional a la resistencia del mazo de venas y arterias que lo sujetan. Basta descartar los prejuicios que nos inculcaron los cronistas de Indias para que podamos comprender la enorme riqueza de la diversidad cultural de los amerindios.

ban por las extremidades y la cabeza, de manera que el torso quedara tenso sobre la piedra. El sacerdote cortaba el pecho de tetilla a tetilla por el segundo espacio intercostal con ayuda de un cuchillo de afilada obsidiana *(técpatl)*, lo que, debido a la tensión del cuerpo sobre la piedra convexa distendía la caja torácica poniendo de manifiesto el corazón palpitante. El sacerdote introducía la mano y lo arrancaba.

CAPÍTULO 66

Los abusones mexicas acogotan a sus vecinos

Idos los mexicas, comparecieron otros indígenas de diferente etnia y pelaje que habían estado aguardando su marcha. Como de costumbre, eran portadores de toda clase de regalos.

Su indumentaria y apariencia eran diferentes a la de los mexicas —confirma Bernal Díaz—, traían grandes agujeros en los bezos de abajo, y en ellos unas rodajas de piedra pintadillas de azul, y otros con unas hojas de oro delgadas, y en las orejas muy grandes agujeros, en ellas puestas otras rodajas con oro y piedras, y muy diferente traje.[344]

Por medio de la Malinche, que se entendía con ellos en náhuatl, declararon ser totonacas enviados por Xicomecoatl, el señor de la comarca, para invitar a Cortés a visitar su ciudad, Cempoala, distante una jornada de camino.
—¿No sois mexicas?
—No, señor. Todo lo contrario. Lo que somos es víctimas de los mexicas.
El jefe totonaca respiraba por la herida. Hacía tan solo medio siglo que los mexicas habían derrotado a su pueblo y lo habían sometido a abusivos tributos.
Antes de proseguir, intentemos explicar quiénes eran los mexi-

344. Díaz del Castillo, 2010, capítulo 41.

cas (que, como ya apuntamos, impropiamente se suelen denominar *aztecas*).[345]

Antaño los aztecas constituían una aristocracia guerrera que imperaba en la región de Aztlán, al norte del actual México. Esta nobleza oprimía tanto al pueblo que el dios Huitzilopochtli se apiadó de él y lo animó a marchar en busca de una tierra prometida. Cuando se pusieron en camino, les advirtió: *En adelante dejaréis de llamaros aztecas, y seréis mexicas.*

Después de casi un siglo vagando sin tierra propia, en 1325, los mexicas llegaron al lago de Texcoco en cuyas riberas vieron un águila que, posada en un nopal, devoraba a una serpiente.

—Esta es la señal con la que los dioses nos confirman que hemos llegado a nuestra tierra —dijo el Moisés mexica.

Y allí, sobre aquel lago, los mexicas fundaron Tenochtitlán, su gran capital.

Al principio fue solo un humilde poblado sobre palafitos, pero, como la Antigua Roma, creció de la nada hasta convertirse en la orgullosa cabeza de un imperio. Eso fue cuando los mexicas sometieron a los pueblos del entorno.[346]

---

345. El gentilicio *azteca* se recuperó impropiamente a raíz de la independencia de México, en 1810, y luego cayó en manos del naturalista prusiano Alejandro de Humboldt, notorio enemigo de todo lo español, al que las autoridades papanatas del Consejo de Indias dejaron enredar en los territorios de la Corona para que luego las pusiera de verde perejil. Y fuimos tan memos que, por ejemplo, llamamos *corriente de Humboldt* a la que circula de norte a sur por la costa de Chile, aunque mucho antes la había descubierto el famoso piloto español Juan Fernández, que dio su nombre a las islas a poniente de la costa. Divulgado el vocablo *azteca* entre los admiradores del prestigioso prusiano, esta es la hora en la que el erróneo gentilicio ha arraigado entre diversas especies de plumíferos y muy especialmente en la subespecie de los periodistas radiofónicos que jalean a la selección nacional mexicana. Otro gentilicio de uso frecuente es *nahua*, que abarca a los pueblos hablantes de la lengua *nahua o náhuatl*, mexicas incluidos, una lengua bien viva, con millón y medio de hablantes, y la segunda de México después del español.

346. El águila que devora la serpiente se ha incorporado, como sabemos, a la bandera mexicana.

Extremando el paralelismo entre los dos pueblos vagantes, hebreo y mexica, que finalmente se establecen en una tierra prometida, podemos añadir que llamar *aztecas* a los mexicas sería como llamar *egipcios* a los hebreos.

En el siglo XV, el poder de Tenochtitlán creció y sus gobernantes se federaron con otros pueblos de la región (acolhuas y tepanecas), con los que compartían la lengua náhuatl. Estos federados practicaban la guerra intermitente con varias naciones vecinas: Tlaxcala, Cholula y Huexotzinco.

Al principio, los tepanecas dominaban la alianza, pero en 1430 se les impusieron los mexicas ayudados por los acolhuas.

Encabezando la federación, los mexicas se hicieron tan poderosos que sojuzgaron a muchos pueblos mesoamericanos (totonacas, tlaxcaltecas y otros), a los que sometieron a tributos en personas y bienes.[347]

Los mexicas constituían una aristocracia militarista; en verdad podríamos denominarlos los prusianos de América. Se regían como una teocracia hereditaria cuyo emperador o *huey tlatoani* contaba con la obediencia de los representantes de los veinte linajes *(calpullis)* en los que se dividía la sociedad.

A un nivel medio estaba el pueblo *(mācēhualtin)*, formado por artesanos y comerciantes, y en la base de la sociedad los esclavos *(tlātlācohtin)*.[348]

---

347. El dominio mexica se extendió por los actuales estados de México, Veracruz, Puebla, Oaxaca, Guerrero, Chiapas, Hidalgo y gran parte de Guatemala.

348. Comprendo lo jodidos que son de leer estos nombres en náhuatl, pero háganse cargo ustedes de las dificultades que paso yo al escribirlos. Procuraré adjuntar, siempre que sea posible, su equivalencia en español. Lo que no haré, salvo en contados casos, es traducir los nombres de persona porque eso distrae del meollo de la lectura. Imagínenme escribiendo cada vez que mencione al caudillo Cuauhtémoc «Águila que se Abate»; o cuando hable de Coanácoch, «Culebra de Zarcillos». No ayudaría a la lectura. Los otros nombres son por el estilo: Huitzilopochtli, «Colibrí»; Coatlaxopeuh, «Águila que Atrapó a la Serpiente»; Itzpapalotl «Mariposa Blanca»… Iba a parecer el catálogo de un zoo. Otros se refieren a flores o a piedras preciosas y presentarlos traducidos resulta igualmente enrevesado.

Una burocracia imperial admirablemente organizada cuidaba de recolectar tributos entre los pueblos sometidos y de mantener un considerable ejército.[349]

Ya sabemos que en la cúspide del Imperio estaba el *tlatoani*, que era una especie de dios. Nadie podía mirarlo a la cara, y para comparecer en su presencia había que vestir pobremente. Para su placer mantenía un nutrido harén; para su diversión, una *troupe* de bufones, más un zoológico en el que estaban representados todos los animales y aves de sus dominios, y una galería *de monstruos humanos, hombres y mujeres, mutilados unos y otros enanos o jorobados.*[350]

Los niños mexicas recibían instrucción militar en la escuela normal *(telpochcalli)*, y aquellos que destacaban se promocionaban a la escuela-templo superior *(calmécac)* en la que los retoños de la aristocracia aprendían administración o se encauzaban hacia la vida militar.

Un individuo de las clases bajas podía ascender a la aristocracia (y a los repartos de la carne humana de primera clase procedente de los sacrificios) por méritos de guerra. De este modo se estimulaba al pueblo a secundar los designios de sus gobernantes y a sentirse parte de la organización militar.

Para la explotación de los pueblos sometidos, los mexicas contaban con una élite de guerreros que se encuadraban en dos órdenes militares, los *cuāuhpipiltin* o águilas, y los *ocēlōpipiltin* o jaguares.

Para promocionarse y formar parte de los águilas, el mexica tenía que capturar en combate a cierto número de enemigos. A partir de su ingreso en la cofradía militar, se tocaba con un casco que imitaba la cabeza del águila con el rostro asomando por el pico abierto. El grado en la jerarquía militar se mostraba por me-

---

349. Un mayordomo *(cihuacóatl)* asistía al emperador y ocupaba los oficios que podrían equivaler a nuestras carteras de Hacienda, Religión y Justicia. El Imperio se dividía en provincias, cada una con su gobernador, *tlatoque* o *tlahtoqueh* («el que manda»), al frente, auxiliado por un recaudador, *tecutli* o *tēuctli* («señor»).

350. Tapia, 2002.

dio del distinto plumaje con el que adornaba tanto el casco como el escudo.

Los guerreros jaguares eran individuos de la clase popular *(mācēhualtin),* que habían apresado a doce enemigos en dos campañas sucesivas.

Águilas y jaguares vestían perpuntes de algodón decorados con motivos que recordaban las plumas del águila o las manchas del jaguar. Unos y otros tenían derecho a residir en los cuarteles de la fraternidad *(cuauhcalli)* cerca del templo mayor, en cuyo recinto se entrenaban. También disfrutaban de otros privilegios: no tributaban, participaban en frecuentes banquetes de hermandad en los que consumían carne humana y el anís local *(octli),* disponían de concubinas[351] y en ocasiones solemnes compartían mesa en el palacio del *tlatoani.*

Estas sociedades militaristas y paleoprusianas habían ideado una manera de entrenar a sus aspirantes a guerreros con fuego real, para que *algunos hijos de señores que salían aviesos e incorregibles, probaban sus venturas, otros por adiestrarse o por perder el miedo de la guerra,*[352] lo que se combinaba con un espectáculo gladiatorio: cuando capturaban a un enemigo valeroso, lo ataban a una soga en el centro de una gran rueda de piedra de unos ocho metros de diámetro y le entregaban una macana y un escudo con los que se pudiera defender. De esta guisa se le enfrentaban a muerte tres o cuatro aspirantes a guerreros. Era un riesgo calculado, porque la soga no le permitía salir de la rueda en persecución de sus oponentes, pero estos tenían que ponerse a su alcance para herirlo, con el consiguiente peligro de que los liberara de las miserias de este valle de lágrimas.

---

351. Los guerreros solteros tenían acceso (carnal, se entiende) a las sacerdotisas de la diosa Xochiquétzal, una especie de *geishas,* salvando diferencias, que —contra la costumbre de las mujeres mexicas— se maquillaban y adornaban y, por si ello no estimulara lo suficiente a los nobles brutos que constituían su clientela, les servían alucinógenos y afrodisiacos capaces de levantar el ánimo al santo Job. Algunos autores sostienen que los guerreros las visitaban antes de la batalla, lo que no parece buena idea por el desgaste que el acto conlleva, pero todo pudiera ser.

352. Muñoz Camargo, 2007, capítulo 13.

CAPÍTULO 67
Un pronunciamiento encubierto

—Señor Cortés: de día los calores nos aplanan, y de noche los mosquitos nos fríen —se quejó Chozalhombro.

—Toma siete jinetes y buscas tierra adentro un sitio sano donde asentar el real.

A tres leguas de la costa, fuera de las dunas y de los charcales ribereños, los exploradores encontraron una llanura fértil llena de maizales, sana y sin mosquitos.

Cortés necesitaba una base en Tierra Firme. La costumbre impuesta por el uso era una factoría accesible desde el mar para rescatar oro y preciados productos coloniales, pero él aspiraba a fundar una ciudad. El problema era que el gobernador Velázquez no le había concedido poderes para poblar, sino tan solo para descubrir y rescatar.

Cortés ideó un plan para burlar la autoridad de Velázquez sin salirse de la ley. Convocó a sus capitanes más fieles y les explicó:

—A ver si convencéis a vuestros hombres para que soliciten la fundación de una villa. Si nos constituimos en concejo, escaparemos automáticamente de la autoridad de Velázquez, y solo daremos cuentas al rey del oro rescatado. Una nueva villa quedaría fuera de la jurisdicción de Cuba, pero si no hay villa, esta expedición le pertenece.

Se habían embarcado en aquella aventura por la ganancia.

No fue difícil persuadirlos. Pocos días después, la tropa clamaba por la fundación de una villa en aquellas costas tan próximas a las fuentes del oro.

Fueron con la propuesta a Cortés, que se hizo de nuevas. Fingió que se resistía. No mucho, solo lo suficiente para que los testigos pudieran declarar, en un hipotético futuro proceso, que había cedido muy contra su voluntad y solo por evitar el previsible motín de sus huestes.

El capitán Francisco de Montejo y el piloto Alaminos exploraron la costa en busca del lugar idóneo. Regresaron con buenas noticias:

—A doce leguas hay una buena ensenada muy a propósito para el atraque de naves al abrigo de las tempestades.

—¿Cómo le ponemos a la nueva villa?

—Hagamos como los portugueses: un nombre que suene bien y nos atraiga fortuna.

Se barajaron varios nombres. Finalmente, Cortés se inclinó por el más sonoro: Villa Rica de la Vera Cruz.[353]

Así nació Veracruz, una de las ciudades más bellas de América y de las más cargadas de historia. La cuatro veces heroica, el puerto de la carrera de las Indias en la época virreinal, la próspera ciudad actual.

Al principio, Veracruz solo fue unas pocas chozas marcando el cuadrado de la plaza mayor en la que se erigía una cruz y una picota. Y fuera de la villa, pero no muy apartada de ella, una horca de palo.

Por el mero acto de su fundación, Veracruz pasaba a ser un municipio español, como Andújar o Pastrana, como Guadix o Burgo de Osma, es decir, un municipio de Castilla presidido por un cabildo y un alcalde, una fundación civil.

De pronto, por un acto de birlibirloque legal, los exploradores y soldados itinerantes se habían convertido en colonos esta-

---

353. En memoria del 22 de abril de 1519, Viernes Santo (día de la Vera Cruz), en que Cortés desembarcó en la vecina isla de San Juan de Ulúa.

bles, vecinos de la villa recién fundada. Hernán Cortés, el jefe de la expedición, pasaba a ser un ciudadano más.

Lo convocaron del cabildo (que él mismo había elegido):

—A ver, muestre voacé los documentos que trae del gobernador Velázquez.

Como queda dicho, los papeles dados por Velázquez no lo autorizaban a poblar, sino a explorar y rescatar oro. El propio Velázquez no estaba autorizado para poblar, así que malamente podía permitirlo a sus subordinados.

El cabildo, en uso de las atribuciones que le confería la ley de Castilla, nombró al ciudadano Hernán Cortés vecino de esta villa, su capitán general y su justicia mayor.

O sea, el que un momento antes era el enviado de Velázquez, y como tal sometido a la autoridad del gobernador de Cuba, un momento después dimitía de tal cargo y se convertía en capitán general de la nueva población de Veracruz, libremente elegido por su cabildo, lo que lo desligaba de la autoridad de Velázquez.

En términos estrictos era legal, pero no dejaba de ser el primer *pronunciamiento* de nuestra historia.

—Antes que nada, sigamos el procedimiento administrativo —dijo Cortés—: Lo primero informar del hecho al emperador.

Cortés necesitaba las bendiciones del emperador antes de que Velázquez descubriera su traición y procurara prenderlo y, presumiblemente, ahorcarlo.

Se sentó Cortés a la sombra de su tienda y compuso una carta magistral en la que hábilmente se exculpaba de toda sospecha de rebelión y anunciaba al emperador Carlos la fundación de su nueva villa, así como su propia y democrática elección por los primeros colonos como capitán general y justicia mayor de ella. De paso, denunciaba a Velázquez como inepto y corrupto.

¿Quién llevaría aquella carta a España con la necesaria urgencia?

Cortés encomendó la misión a Francisco de Montejo, el más culto y diplomático de sus capitanes, que bien sabría defender su causa en la corte. Lo acompañaría Portocarrero, el dueño de

Malinche.[354] Para inclinar la benevolencia del emperador llevarían consigo su quinto real y vistosos regalos, entre ellos la rueda de oro.

—De este modo, su majestad comprobará la seriedad del aspirante a gobernador de las nuevas tierras.

Cuando sus emisarios estaban a punto de partir, Cortés insistió en las instrucciones:

—Sobre todo, id directos a España sin tocar tierra en Cuba. Bajo ningún concepto debe saber Velázquez que ya no estoy bajo su autoridad, sino directamente bajo la del rey.

Mientras esto ocurría, se produjo un conato de rebelión.

—Los amigos de Velázquez protestan de que no habíamos venido a poblar —avisó Pedro de Alvarado—. Han urdido un plan para secuestrar una nave y regresar a Cuba para avisar al gobernador que envíe sus naves a apresar la nuestra en su camino a España.

—¿Quiénes son? —preguntó Cortés.

—Diego de Ordás, Juan Velázquez de León, Alonso de Escobar, Juan Escudero y el piloto Diego Cermeño, entre otros. También está con ellos fray Juan Díaz, el cura.

—Hazlos prender, y que el regimiento de la villa convoque un consejo de guerra.

El consejo condenó a la horca a Juan Escudero y a Diego Cermeño. Gonzalo de Umbría escapó solo con la mutilación de parte de un pie. Alfonso Peñate y otros marineros se libraron con doscientos azotes. A los demás implicados se les puso bajo arresto.

—Juan Escudero protesta que siendo hidalgo le corresponde morir degollado y no ahorcado —informó el verdugo.

—Ahórcalo de todos modos y que le proteste a san Pedro —ordenó Cortés.

Después de este escarmiento, pareció que la tropa acataba de

---

354. Jugada maestra de Cortés: como no sabemos cuándo regresará Portocarrero (si es que regresa), recupero a esta chica…, ¿cómo se llama…? Sí, Malinche, la que hace de intérprete.

buen grado los designios de Cortés, pero, en cualquier caso, para evitar futuras tentaciones, decidió inutilizar las naves.[355]

—Como César pasó el Rubicón —oyeron murmurar a Alvarado.

355. Se ha mantenido la expresión *quemar las naves,* alusiva a la acción de Cortés, pero en realidad tan solo las barrenó, o sea, las hundió después de desguazarlas de todo material aprovechable. Lo cuenta nuestro testigo presencial Díaz del Castillo (2010): *Pues como llegase a la dicha tierra llamada Yucatán, habiendo conocimiento de la grandeza y riquezas de ella, determinó de hacer, no lo que Diego Velázquez quería, que era rescatar oro, sino conquistar la tierra y ganarla y sujetarla a la Corona Real de Vuestra Alteza; y para proseguir su propósito, sintiendo que algunos de los de su compañía temerosos de emprender tan gran cosa, que se le querían volver, hizo un hecho troyano, y fue que tuvo manera, después que desembarcó toda la gente, de dar al través con todas las armas y fustes de la armada, y haciendo justicia de dos o tres que le amotinaban la gente, anegó y desbarató todas las naos.* Según Gómara, lo hizo fingiendo que no estaban en condiciones de navegar para evitar enfrentamientos con su gente: *Negoció con algunos maestros que secretamente barrenasen sus navíos, de suerte que se hundiesen, sin los poder agotar ni atrapar; y rogó a otros pilotos que echasen fama cómo los navíos no estaban más para navegar de cascados y roídos de broma* (López de Gómara, 2011, capítulo 42). Por eso dice Díaz del Castillo (2010): *Haciendo sacar la madera y clavazón de ellas a la costa, con presupuesto que, viendo los españoles que no tenían en qué volver, ni en qué poder salir de aquella tierra, se animasen a la conquista o a morir en la demanda.* La anécdota se atribuye también, entre otros, a Alejandro Magno, a Agátocles de Siracusa, al emperador Juliano y a Guillermo el Conquistador.

CAPÍTULO 68
El Cacique Gordo se deshace en atenciones

Recordemos de páginas arriba que Xicomecoatl, el cacique local, había invitado a Cortés a visitarlo en su capital, Cempoala.
Cortés aceptó la invitación. Dejó cien hombres en Veracruz al mando de Juan de Escalante, y se dirigió a la ciudad por tierra, mientras un par de naves pequeñas que se había reservado lo seguían por mar con la impedimenta.
Veinte dignatarios vestidos de gran gala aguardaban a las afueras de Cempoala para escoltar a Cortés y a su séquito a presencia del cacique. Para sorpresa de los cristianos, la capital de los totonacas no era el poblado indio de chozas miserables al que estaban acostumbrados. Antes bien, era una ciudad populosa y bien urbanizada, con calles rectas y buenos edificios de piedra. Y muy arbolada.[356]
Cempoala estaba rodeada de feraces huertas, entre las que discurrían abundantes canales de irrigación, por lo que los españoles la llamaron Villaviciosa, en el sentido de bien abastecida, regalada.[357]

356. Hoy es un interesante parque arqueológico dominado por la impresionante Gran Pirámide o Templo del Sol.
357. Esta cuarta acepción de *vicioso*, con el sentido de «abundante, provisto, deleitoso» *(Diccionario de la Real Academia)* la conocen bien mis amigos los maliayos y los villaodonenses de las Villaviciosas españolas, la de Asturias, con sus pomares y su rica sidra, y la de Madrid, patria del gran Tony Leblanc.

—¡Las paredes son de plata! —exclamó Chozalhombro, que marchaba entre los soldados delanteros.

En efecto, brillaban como si fueran de plata, pero para decepción general resultó que era solamente un revoco de concha marina molida.

Llegaron a la plaza espaciosa que se abría en el centro. Allí los esperaba el cacique Xicomecoatl, al que llamaron los cronistas *Cacique Gordo: Porque era muy gordo, así lo nombraré*.[358]

Después de las zalemas y saludos que hacen al caso, el Cacique Gordo entregó a Cortés los regalos que le tenía preparados, especialmente máscaras y objetos de oro.

Abrumado por tantas atenciones, Cortés balbució unas palabras de agradecimiento que la gentil Malinche tradujo:

—No sé con qué corresponder a tanta gentileza.

—Yo sí lo sé —debió de pensar el cacique de aventajado vientre.

Se sentaron a departir por medio de los intérpretes. El Cacique Gordo, bien informado de la sorprendente victoria de los extranjeros sobre los mayas chontales en Potonchán, no se anduvo por las ramas.

—Mi pueblo es rico, pero vive oprimido por los abusivos impuestos que nos imponen los mexicas —informó—. Cada año los recaudadores se nos llevan el maíz y, lo que es peor, a muchos de nuestros mejores jóvenes, que esclavizan o sacrifican a sus dioses.

Cortés asintió grave.

—Lamento oír eso. Los tributos en sangre me parecen execrables.

El Cacique Gordo expresó gran satisfacción. Con la ayuda de estos invencibles guerreros nos sacudiremos el yugo mexica, debió de pensar. Llamó a sus oficiales y ordenó que tratasen a los barbudos a cuerpo de rey: albergues, provisiones, lo que quieran. Leche de hormiga que se les antojara. Mujeres, por supuesto.

Cortés confirmó lo que venía sospechando desde tiempo atrás. El Imperio mexica había impuesto un régimen de terror a

---

358. Díaz del Castillo, 2010.

sus pueblos vasallos. Fácilmente se sublevarían si contaban con un aliado poderoso.[359]

En sus años de Salamanca, Cortés había leído a Virgilio y a Tito Livio. Estaba familiarizado con los grandes capitanes de la Antigüedad que habían conquistado imperios. En su galería de héroes imitables figuraban, junto a Alejandro Magno y Julio César, personajes de ficción de las novelas de caballerías que fueron pasto de su juventud, el *Amadís de Gaula* y *Las sergas de Esplandián*.

¿Era posible, en su tiempo, conquistar un imperio? Por supuesto que sí. El impulso del hombre nuevo renacentista, que él encarnaba, no conocía límites. No obstante, antes de entregarse a ese sueño, era menester superar algunos obstáculos.

---

359. Salvando las naturales diferencias, es lo que hicieron los sucesivos pueblos colonizadores que se sucedieron en la piel de buey (la península ibérica). Encontraron muchas menudas tribus desunidas, que se hacían la guerra entre ellas de la manera más incívica. Apoyando a la que se había tenido que conformar con la medalla de plata contra la que ostentaba la de oro, lograron, tiempo mediante, anularlas a todas y alzarse con las tres medallas, oro, plata y bronce. Disculpen el símil olímpico, es lo que nos pierde a los forofos del deporte.

CAPÍTULO 69
Todo lo trascendíamos; todo lo queríamos saber

Hagamos un descanso antes de acompañar a los españoles en la conquista de los grandes imperios indígenas, y examinemos el modo de guerrear de los indios mesoamericanos en contraste con el de los españoles.

Los españoles venían avalados por la larga tradición de una sociedad guerrera que durante ocho siglos había participado en la Reconquista. Muchos de los que pasaron a América habían tomado parte en las guerras de Granada (1492) o de Italia (1500-1504), pero muchos otros no disponían de ningún entrenamiento militar, aunque se permitieran portar una espada al cinto, si habían alcanzado cierta posición.

Ya dejamos dicho atrás que la conquista de América no fue —como se cree— una empresa estatal, o al menos solo lo fue al principio. Después se convirtió en una empresa privada. La Corona concedía permiso *(carta de merced)* a un particular para que organizara, a sus expensas, una expedición de exploración, de conquista o de poblamiento.

Conviene aquí recordar que, aprobado el proyecto, la Corona no exponía nada y el capitán o empresario particular lo exponía todo. Tenía que reclutar a la *gente* (colectivo que alude a hombres de armas), adquirir caballos, contar con porteadores indios, armar y avituallar las naves, aportar colonos con aperos, animales y plantas (si se preveía la fundación de una ciudad para asegurar el territorio) y además se veía obligado a cargar con varios *oficia-*

les reales (tesorero, contador y factor), que lo acompañarían para vigilar el cumplimiento de las *instrucciones* contenidas en el contrato (lo que acarreaba nuevos gastos en sobornos). A ellos hay que sumar los imprescindibles capellanes, uno o varios cirujanos que se ocuparan de las heridas, y un *lenguas* o intérprete que conociera el idioma de la zona que iban a visitar.

Todo eso significaba gastos ingentes, pero si la empresa resultaba exitosa, podía rendir enormes beneficios y el empresario capitán quedaría facultado para repartir tierras y títulos y colocar a sus amigos. Lo malo es que también podía resultar ruinosa, pensemos, por ejemplo, en el pobre Hernández de Córdoba, el rico hacendado cubano que exploró la costa del Yucatán y murió de las heridas después del descalabro de la bahía de Chakán Putum.

Al contratar, se tenía en cuenta lo que aportaba cada expedicionario: si iba bien armado, si disponía de caballo propio y, sobre todo, de experiencia, no valía igual un *baquiano* fogueado en la lucha contra la indiada que un *chapetón* —como llamaban al novato recién llegado de España—, que solo con mil fatigas y penalidades se aclimataba al Nuevo Mundo.

El empresario capitán solía contar con la participación económica de algunos socios y acompañantes; otros ponían solamente el esfuerzo. Los beneficios se repartían proporcionalmente a lo invertido después de haber apartado la parte del botín que correspondía a la Corona: un quinto de los beneficios y los bienes y personas de los caciques derrotados.

También a la hora de repartir beneficios se penaba o recompensaba el comportamiento en la expedición de cada individuo.

Leyendo las crónicas de la conquista, uno se pregunta de qué madera estaban hechos aquellos hombres, los conquistadores, cuyo valor y cuya capacidad de esfuerzo nos asombran. Es evidente que traían a sus espaldas la larga tradición guerrera de la Reconquista.[360]

---

360. Un texto de 1407 nos ilustra sobre la fatalidad con que los hombres de la Reconquista aceptaban los avatares de la guerra. Pero Afán

El capitán Pedro de Valdivia, conquistador de Chile, lo explica en una carta a Carlos I:

Los trabajos de la guerra, invictísimo César, puédenlos los hombres soportar. Porque loor [honor] es al soldado morir peleando. Pero los del hambre concurriendo con ellos para los sufrir, más que hombres han de ser.[361]

En la arenga que Cortés dirige a sus hombres en vísperas de la batalla contra Narváez se expresan esas fatigas pasadas:

Bien se les acordará, señores, cuántas veces hemos llegado a punto de muerte en las guerras y batallas que hemos habido. Qué acostumbrados estamos de trabajos y aguas y vientos y algunas veces hambres, y siempre traer las armas a cuestas y dormir por los suelos así nevando como lloviendo, que, si miramos en ello, los cueros tenemos ya curtidos de los trabajos.[362]

Un ilustre historiador actual que los ha estudiado bien añade:

Es inexplicable la inquietud que consume a los conquistadores. Ninguno quiere permanecer sedentario en las tierras primeramente ganadas. Jiménez de Quesada persigue El Dorado, Pedro de Valdivia no se siente bien en sus posesiones de Charcas, y se va a Chile; Gonzalo Pizarro se va a la Amazonia; Hernán Cortés lanza expediciones al norte y al sur, por tierra y por mar; Pedro de Alvarado no ceja hasta que cruza el ecuador y va a morir a Nueva Galicia. ¿Qué es lo que los inquieta de este modo? ¿Las riquezas? ¿La fama y la honra? ¿El proselitismo religioso? Todo a un tiempo los

---

de Ribera le comunica a su señor la muerte de su hijo Rodrigo en el cerco de Setenil: *Señor, a esto somos acá todos venidos, a morir por servicio de Dios, e del rey e vuestro. E la fruta de la guerra es morir en ella los fidalgos. E Rodrigo, si murió, murió bien en servicio de Dios e del rey, mi señor e vuestro. E pues él avía de morir, no podía él mejor morir que aquí* (Argote de Molina, 1866, p. 463).
361. Carta de Pedro de Valdivia al emperador Carlos V escrita en La Serena, a 4 de septiembre de 1545.
362. Díaz del Castillo, 2010.

mueve. Como dice Bernal Díaz: *Todo lo trascendíamos, todo lo queríamos saber.*[363]

El escritor Stefan Zweig se admira ante...

... la inexplicable mezcla que existe en el carácter y naturaleza de estos conquistadores españoles. Devotos y creyentes como ningunos, invocan a Dios Nuestro Señor desde lo más profundo de su alma, pero cometen atrocidades. Obran a impulsos del más sublime y heroico valor, demuestran el más alto espíritu y capacidad de sacrificio, y al punto se traicionan y combaten entre ellos del modo más vergonzoso, conservando a pesar de todo, en medio de sus vilezas, un acentuado sentido del honor y una admirable conciencia de la grandiosidad de su misión.[364]

Un caso ejemplar:

El soldado Antonio de Herrera, natural de Plasencia [...], herido por una flecha envenenada que le causaba terribles dolores, agonizaba en un aposento cuando escuchó los lamentos de un compañero que padecía lo mismo que él. Se levantó de su cama y se fue a la del amigo, animándole y reprendiéndole con muy ásperas palabras, diciéndole que con semejantes soldados no se conquistaba el mundo, animándole y adobándole; y componiéndole la cama y revolviéndole de una parte a otra, con la mayor bizarría y arrogancia le dijo: *¿Estáis bien?*, y respondiéndole que sí, le volvió a decir: *Pues quedaos con Dios, y él os dé esfuerzo y vida, que yo me voy a morir,* y tornándose a su cama, luego al instante expiró y otro día siguiente murió el amigo.[365]

363. Morales Padrón, 1973, p. 424.
364. Zweig, 2012, p. 43.
365. Vargas Machuca, 1599, p. 142.

CAPÍTULO 70
La contienda de las armas

En numerosas ocasiones, un puñado de conquistadores vencieron a muchedumbres de indios. Descontando el coraje suicida del que los conquistadores hicieron alarde a menudo, hemos de considerar que obraban a su favor los dos factores decisivos ya mencionados: la superior táctica de combate, desarrollada a lo largo de los ocho siglos de Reconquista, y la calidad de sus armas. Las estacas y flechas de los indios no podían competir con las espadas, las ballestas y las armas de fuego.

Las espadas eran armas terribles sobre oponentes desprovistos de defensas, o solo cubiertos con perpuntes de algodón: *Y como no hallaban hierro, sino carne, daban la cuchilladaza que los hendían por medio, cuanto más cortarles piernas y brazos. Los indios, nunca tan fieras heridas habían visto.*[366]

Las *escopetas* (palabra que despista bastante hoy por su vinculación actual con la caza) constituían a principios del siglo XVI el arma de fuego individual por excelencia, bien probada en la conquista de Granada y en las campañas italianas del Gran Capitán. La escopeta compartió protagonismo con la ballesta en los primeros decenios de la conquista española en América.

Una escopeta de la época podía disparar una sola bala o varios perdigones con un alcance efectivo de cincuenta metros y una cadencia de tres disparos por minuto.

366. Fernández de Oviedo, 1950, capítulo 52.

A partir de 1525 los arcabuces fueron sustituyendo a las escopetas, y estas empezaron a considerarse armas ligeras propias de moros o turcos. Los arcabuces eran mucho más potentes (había que apoyarlos en una horquilla), y su proyectil podía traspasar hasta tres hombres.

Las ballestas eran arcos de acero montados sobre un bastidor cuyo extremo podía sujetarse en la axila del tirador para tomar puntería. Se tensaban mediante un artilugio de cuerdas (el «armatoste», con torniquete de manivela), o una palanca de acero (la «gafa»). La ballesta portátil (también las hubo fijas, de muro) alcanzaba unos cuatrocientos metros, y a menos de cincuenta su virote podía atravesar a un hombre, y aún le sobraba impulso.

En cuanto a las armas defensivas de los cristianos, al principio de la conquista, abundaron las cotas de malla, los petos, los coseletes, las rodelas y los morriones metálicos. Más adelante los soldados descartaron las protecciones de acero, pesadas y calurosas en el clima del trópico, cuando descubrieron los *escaupiles* indios,[367] unos holgados perpuntes de algodón tratados con sal que cubrían hasta las rodillas y constituían el kevlar de las Indias, pues detenían muy bien las flechas.[368] El

---

367. *Escaupil* deriva del náhuatl *ichahuipilli* (de *ichcatl*, «algodón», y *huipilli*, «camisa»). Entre los incas se denominaba *checchipacha*.

368. El propio Bernal Díaz del Castillo cuenta su experiencia con una de estas defensas de algodón: *Me empendolaron siete flechas, que con el mucho algodón de las armas se detuvieron.* El vademécum de Vargas Machuca explica cómo deben ser estos escaupiles y sus usos: *Llevarán todos en general sus sayos de armas, hechos de mantas y algodón; los mejores son escaipiles de dos faldas, como capotillos vizcaínos, con sus botones de palo a los lados o ataderos que sobrepuje la una falda sobre la otra, porque no descubra el hijar. Estos sayos serán anchos porque queden ahuecados, donde la flecha o dardo embace; estos son más prestos que otros para un arma repentina, demás de que sirven de colchones para dormir sobre ellos, como no haya riesgo, que donde lo hubiere estarán mejor en el cuerpo, pues hace el mismo efecto, que es impedir la humedad del suelo; a los cuales escaipiles no se les debe echar a cada uno más de seis libras de algodón que son bastantes para una flecha; y adviertan que las bastas han de ser largas y flojas porque quede flojo el sayo: y*

diccionario de Covarrubias se hace eco del perpunte indígena.[369]

El caso es que estos perpuntes coexistieron con las cotas de malla en la España medieval, pero habían caído en desuso en el siglo XV.[370]

También los morriones cedieron algún espacio a los capacetes de cuero o de algodón endurecido.[371] Los indios de Florida que atacaron a la expedición de Hernández de Córdoba usaban coseletes de *cueros de venados*.

Las armas de los indios eran principalmente las flechas, jabalinas y dardos para el combate a distancia, y la macana, la alabarda y la maza para el cuerpo a cuerpo.

Si nos atenemos a los mexicas, sus arcos *(tlahuītōlli)* lanzaban flechas con punta de pedernal o hueso con una cadencia de tiro notable, hasta veinte por minuto.

Las jabalinas *tlazonctectli,* en su origen arma de caza, eran dardos pesados con punta de obsidiana o de hueso, que se lanzaban antes de llegar al cuerpo a cuerpo.

Los dardos ligeros se hacían *de palmas y otras maderas recias, y agudas las puntas, y estas tiran a pura fuerza de brazo; otras hay de carrizos o cañas derechas y ligeras, a las cuales ponen en las pun-*

---

si fuere hasta la rodilla, le echarán ocho libras; estos se usarán donde hubiere yerba. [...] *Excusarán los soldados no se les mojen, si pudiere ser, porque tupe el algodón y fácilmente son pasados de la flecha, dardo o lanza, aunque otros son de diferente opinión* (Vargas Machuca, 1994, p. 48).

369. *De algodón se hacían unos jubones fuertes pespuntados, que ninguna arma los podía pasar, como los hallaron nuestros españoles, cuando en la conquista de México pelearon con los indios, especialmente con los de Acagucalt, que traían unos sacos con mangas hasta los pies de algodón torcido, y añudado de tres dedos de gordo, y peleaban a pie quedo, por el embarazo, y peso de los sacos* (Covarrubias, 1611).

370. En la *Crónica* de Alfonso X el Sabio, en el capítulo dedicado a la batalla de las Navas de Tolosa, leemos: *El rey de Aragón traía un golpe de lanza por lomos, y salvole el algodón del perpunte por ella, pero no pasava la carne.*

371. *Llevarán los de a caballo sus morriones con orejas, hechos de algodón o cuero de toro, con sobrevistas de malla que tapen los rostros* (Vargas Machuca, 1994, pág. 84).

tas un pedernal o una punta de otro palo recio ingerido, y estas tales tiran con propulsores o átlatls,[372] que los españoles denominaron *amiento, estólica, tiradera* o *trancahilo*. Con esta industria podían alcanzar más de cien metros.

También disponían los indios de honderos que arrojaban glandes de piedra con gran precisión y potencia.[373]

La macana fue el arma más característica de los nativos americanos (taínos, mayas, mixtecas, toltecas y otras denominaciones).[374] Las de los taínos eran mandobles, tan altos casi como el usuario; las mexicas *(macuahuitl)* alcanzaban los tres palmos de longitud y ensanchaban en el extremo opuesto al mango. Estas se manejaban con una sola mano (en la otra sostenían el escudo) e iban guarnecidas en sus bordes por seis u ocho afiladas navajas de obsidiana. Algo más pequeña era la *mācuāhuitzōctli*, de unos cincuenta centímetros y solo cuatro navajas.[375]

372. Fernández de Oviedo, 1950, capítulo 9.

373. Las hondas mexicas se tejían con hilos de *ixtle* (sacados del agave maguey o de la lechuguilla) fuertes y flexibles.

374. Algún lector cinéfilo recordará el brutal *gunstock* mohicano popularizado por Michael Mann en *El último mohicano* (1992). Esta macana que imitaba la forma de los fusiles, ya en el siglo XVIII, se guarnecía en la zona de la culata con uno o varios pinchos de metal.

375. Cervera Obregón, 2006, p. 137. *La macana es un palo algo más estrecho que cuatro dedos, y grueso, y con dos filos, y alto como un hombre, o poco más o menos, según a cada uno place o a la medida de su fuerza, y son de palma o de otras maderas que hay fuertes. Y con estas macanas pelean a dos manos y dan grandes golpes y heridas, a manera de palo machucado; y son tales, que aunque den sobre un yelmo harán desatinar a cualquiera hombre* (Fernández de Oviedo, 1950, capítulo 9). Uno de estos desatinados fue un hombre del naufragio de Valdivia, que milagrosamente sobrevivió a un golpe de macana que le *hendió la cabeza. Aturdido, apretándose con las dos manos la cabeza, se metió en una espesura do topó con una mujer, la cual, apretándole la cabeza, le dexó sano, con una señal tan honda que cabía la mano en ella. Quedó como tonto; nunca quiso estar en poblado, y de noche venía por la comida a las casas de los indios, los cuales no le hacían mal, porque tenían entendido que sus dioses le habían curado, pareciéndoles que herida tan espantosa no podía curarse sino por mano de alguno de sus dioses. Holgábanse con él, porque era gracioso y sin perjuicio vivió en*

La alabarda mexica *(tepoztopilli)* era un asta de unos dos metros de largo, en cuyo extremo se insertaban navajas de obsidiana que permitían estoquear de punta o tajar de lado.

La maza o *quauholōlli* era un mango de madera rematado en aro de piedra, muy facultado para fracturar un cráneo o hundir una caja torácica.

Las armas defensivas de los mexicas eran, además del encamisado de algodón ya descrito, el escudo redondo de madera o cestería *(chīmalli).*

Si los indios mexicas estaban en franca desventaja en cuanto a las armas, cuando atendemos a sus erróneas tácticas, la desproporción aumenta.

Los españoles aplicaban una única máxima: destruir físicamente al enemigo. Por el contrario, los mexicas practicaban la *guerra florida,*[376] combates rituales entre pueblos vecinos en los que no se procuraba la muerte del adversario, sino su captura para sacrificarlo a los dioses. El guerrero mexica hería superficialmente al adversario procurándole cortes que aseguraban un sangrado debilitador, pero no la muerte.

Me hago cargo: desde nuestra sensibilidad occidental actual, blandengue según el acreditado juicio del Fary, podríamos pensar que es preferible perecer en combate a caer prisionero y que te sacrifiquen sacándote el corazón en vivo ante un grotesco ídolo de piedra.

Error, amigo lector. En el contexto mesoamericano los prisioneros destinados al sacrificio no se sentían del todo desventurados, puesto que, pasado el mal trago de que te arranquen el corazón en vivo, suponían que con su muerte entraban en una especie de paraíso en comunión con los dioses. Unamos a eso que se iban al otro mundo con la satisfacción de haber realizado una importante labor social, pues sus carnes consumidas en banquetes rituales proporcionaban alimento a una población deficitaria en proteínas.

---

esta vida tres años hasta que murió (Cervantes de Salazar, 1971, libro I, capítulo 22).

376. La expresión procede del náhuatl *xōchiyaoyōtl* (de *xōchi,* «flor», y *yao,* «guerra»).

Vista desde esa perspectiva etnológica, la guerra florida de los mexicas y pueblos de la zona pudiera parecer una institución razonable. Lo malo es que con esa manera de combatir ahondaban su desventaja frente a los españoles, que no se detenían en miramientos e iban directos a la yugular del indio.

Una palabra ahora sobre la cirugía militar española de la época. El tratamiento de las heridas resulta quizá un tanto espeluznante para nuestra sensibilidad pervertida por la invención de la anestesia y los analgésicos. En aquel tiempo recio, las heridas se cauterizaban con un hierro al rojo, o vertiendo en ellas aceite hirviendo si lo hubiera (lo que raras veces ocurría, claro).

¿Y cuando no había aceite?

A falta de aceite se podía emplear ¡grasa humana obtenida de un muerto reciente!, fácil de conseguir en el campo de batalla como recordará el lector.[377]

La herida de flecha envenenada exigía un tratamiento todavía más aterrador. En el capítulo 48, «Sobre los venenos indios», dijimos que estos venenos eran mortales.[378]

> Advertirán asimismo que el herido no beba gota de agua, porque degüella, y de tal manera, que estando bebiendo suelen expirar, y para reparar la sed le darán unas mazamorras de harina de maíz

---

377. En el vademécum del soldado en las Indias leemos: *Las heridas sin yerba [veneno], se quemarán con bálsamo, sebo o aceite, y si se fueren desangrando por haberse cortado venas, se use de la masa de maíz, hasta cabecearlas y después usará del tabaco verde machacado. Y en las heridas frescas es buena la pólvora molida, y la piedra de Buga es cosa milagrosa, porque restringe y aprieta y cierra la herida con poca materia, advirtiendo que primero se ha de lavar la herida con agua caliente.* Otro testimonio: *En graves y venenosas heridas, de las cuales el que escapaba de la muerte, era por la carnicería que se hacía en él cortándole pedazos de ellas y caldeándoselas con ardientes hierros* (Simón, 1892, capítulo 13, quinta noticia).

378. Los casos que conocemos no dejan lugar a dudas. Un ejemplo: *Un tal Teba, natural del reino de Toledo, murió rabiando por no haber hecho caso de un pequeño rasguño que le hizo una flecha en la coyuntura de un dedo* (*ibid.*, capítulo 22, quinta noticia).

muy ralas, que se dicen poleadas, que estas sirven de bebida y comida, y que no coma otra.[379]

Los españoles no usaban veneno, que se sepa, aunque algunos estaban convencidos de que las balas untadas con tocino eran de muerte:[380]

Le dio al cacique pijao Carlacá [de Colombia] en los pechos con cuatro postas hechas de una bala, engrasadas con tocino, como las acostumbraba á traer de ordinario, por ser de muerte las heridas, si bien a los cinco días de camino, volviéndose á sus tierras, murió de ellas.[381]

379. Vargas Machuca, 1994, pp. 114-117.
380. Un vestigio quizá de las recientes guerras contra los moros, en las que de este modo se aseguraban de que el musulmán inmolado quedaba impuro e imposibilitado para ascender al paraíso de Mahoma. No es que los cristianos creyeran en su existencia, pero ya les valía con que los moros fanatizados por el islam temieran morir de bala lardeada.
381. Simón, 1892, capítulo 44, séptima noticia.

CAPÍTULO 71
Perros de guerra

Del informe de los embajadores mexicas se desprende que lo que más los impresionó fueron los perros de presa españoles:

> Son enormes, de orejas ondulantes y aplastadas, de grandes lenguas colgantes; sus ojos son de amarillo intenso y derraman fuego [...]. Son muy fuertes y robustos, inquietos, jadeantes, la lengua colgando.[382]

La mera visión de aquellas fieras causaba pánico. ¿Qué dirían si los hubieran visto actuar?

Uno de los pasajes favoritos de la literatura antiespañola procede del padre De las Casas:

> Los españoles les echaban perros a los indios para que los hiciesen pedazos, y los vi así aperrear a muy muchos [...], perros bravísimos que en viendo un indio lo hacían pedazos en un credo, y mejor arremetían a él y lo comían que si fuera un puerco. Estos perros hicieron grandes estragos y carnicerías.

Estamos hablando de los alanos o perros de presa, un auxiliar importante en la conquista de las Indias, unos animales de *ojos*

---

382. Sahagún, 2013, libro XII, capítulos 3 y 4.

hundidos y sangrientos, y mirar espantoso[383] que los conquistadores emplearon en sus encuentros con los indios, algunas veces como auxiliares de su milicia y otras —mucho me temo— como mera diversión, algo parecida a la del populacho romano en el circo.

Estos animales, fieros y fieles, descendientes de la raza alana del Pirineo, de unos cuarenta kilos de peso, eran de antiguo muy apreciados por su fiereza en las peleas de perros (un deporte nacional hoy dichosamente casi olvidado), o en las fiestas de toros y en las monterías, especialmente para el acoso y derribo de osos o de los peligrosísimos jabalíes heridos o acorralados.

Un alano de buena raza debía ser, según Alfonso XI, *bien abierto de boca; et las presas grandes, et los ojos bien pequeños*.[384] Para Alonso Martínez del Espinar, montero mayor de los reyes Felipe III y Felipe IV, *la hechura del cuerpo del lebrel ha de ser muy delgada, grandes ojos, cabeza larga, cenceño y de mucha ligereza*.[385]

En el siglo XV se dio algún caso de perro de presa usado contra los moros, pero no parece que los tales bichos se emplearan como arma de guerra hasta que descubrieron esa utilidad en América.[386]

Estos perros eran tan inteligentes que atacaban al indio levantisco, pero respetaban al sumiso, ¿olfateaban el miedo, quizá? Los cronistas se complacen en recoger anécdotas que ponen de relieve el talento de estos animales: en una ocasión un grupo de indios conversaba pacíficamente con los españoles a la orilla de un río. De pronto, uno de ellos propinó un gran palo con su arco a uno de los españoles, y acto seguido todos se tiraron al agua. Un perro llamado Bruto, que estaba presente, se arrojó en pos de ellos y, despreciando a los que alcanzaba, se fue derecho *al que había dado el palo, y lo hizo pedazos en el agua*.[387]

383. Tenorio, 1848, capítulo 4.
384. Alfonso XI, 1347, capítulo 38.
385. Martínez de Espinar, 1644, capítulo 27.
386. El historiador Argote de Molina (1588) cuenta como algo notorio que el baezano Cantero de Carvajal tenía un perro, de nombre Mahoma, que *ganaba sueldo en la frontera de Granada, como un jinete*.
387. Inca Garcilaso, 2015, libro II, capítulo 18.

Uno de los perros que mereció justa fama y apadrinó una notable dinastía fue Becerrillo, propiedad del capitán Sancho de Aragón:

> Diez soldados en su compañía se hacían temer más que cien soldados sin el perro. Por ello tenía su parte en los botines, y recibía la paga de un ballestero. También recibía doble ración de comida, que en más de una ocasión era mejor que la de los propios soldados.[388]

Oviedo también se hace lenguas de este notable perro...

> ... bermejo, bocinegro y medio; que peleaba contra los indios animosa y discretamente, conocía a los amigos, y no les hacía mal aunque le tocasen. Conocía cuál era caribe y cuál no; se traía al huido aunque estuviese en medio del real [campamento] de los enemigos, o le despedazaba. En diciéndole *ido es,* o *búscalo,* no paraba hasta traer por fuerza al indio fugado. Acometían con él nuestros españoles tan de buena gana como si tuvieran tres de a caballo; murió Becerrillo de un flechazo que le dieron con hierbas cuando nadaba tras un indio caribe.[389]

Este Becerrillo, gloriosamente muerto en acto de guerra por dardo envenenado, engendró un hijo igualmente inteligente y fiero, Leoncillo.

> Repartió Balboa el oro entre sus compañeros, después de apartada la quinta parte para el Rey, y como era mucho, alcanzó a todos, aún más de quinientos castellanos a Leoncillo, hijo de Becerrillo, el del Boriquén, que ganaba más que un arcabucero para su amo Balboa; pero bien lo merecía, según peleaba con los indios.[390]

Como cualquier personaje histórico, figura en famosas novelas:

---

388. Gonzalo Fernández de Oviedo en su *Sumario de la Natural Historia de las Indias* (1526).
389. Fernández de Oviedo, 1950, capítulo 44.
390. López de Gómara, 2011, p. 154.

El perro Leoncillo, este animalico que le lame ahora las botas a Vasco Núñez de Balboa [...], él solo es capaz con su amo de hacer más estragos que todo un regimiento de soldados aguerridos.[391]

En fin, como todavía ocurre en nuestros pecadores días, algunos desaprensivos consideraron que el perro ya no era útil allá donde los indios se sometían, y abandonaron a sus canes que, dejados a su ventura, se volvieron cimarrones y resultaron *más perjudiciales para el ganado menor que lobos en otras partes.*

¿Cómo resolver el problema? En 1541 una real cédula de Carlos V cruzó el océano con la declaración de guerra a los perros. Quedaba prohibida la tenencia en Perú de *perros carniceros,* lo que a poco se hizo extensivo al resto de América. Los perros amontarados se hicieron objeto de caza hasta que dejaron de ser un problema.

---

391. Méndez Pereira, 1945, p. 15.

CAPÍTULO 72
Voy camino de México

Faltaban siglos para que el gringo Jack Kerouac describiera la tentación de visitar México como un sueño de *ondulantes sombreros, música mariachi, fragor de trompetas, sonrisas abiertas,* y pudiera escribir: *Encontramos la tierra mágica al final del camino, y nunca imaginamos el tamaño de esa magia.*

El México con el que soñaba Cortés era el del sueño colombino del oro y las ganancias, y sobre todo ello, la fama.[392] ¿Soñaba Cortés con Alejandro Magno conquistando Asia, con Amadís de Gaula explorando reinos desconocidos? Convertirse en gobernador y adelantado de un territorio tan rico y extenso era bastante meta para un aventurero ambicioso de nombre y de fortuna.

Estaba el caudillo extremeño rumiando sus planes futuros, sentado en una peña frente al orondo mar, que batía casi calmo a sus pies, cuando se le acercó el capitán Alonso de Ávila con un recado.

392. El propio Cortés, en su segunda carta de la *Relación* a Carlos V, explica que arengaba a sus tropas con el argumento de que *estábamos en disposición de ganar para vuestra majestad los mayores reinos y señoríos que había en el mundo y que demás de hacer lo que como cristianos éramos obligados, en pugnar contra los enemigos de nuestra fe y por ello en el otro mundo ganábamos la gloria y en este conseguíamos el mayor prez y honra que hasta nuestros tiempos ninguna generación ganó* (Cortés, 1993).

—Han llegado cinco indios adornados con plumas de papagayo que vienen a recaudar el tributo de los totonacas.
—Inspectores de Hacienda, ¿eh? —dijo Cortés—. Dile al Cacique Gordo que los aprese, que eso de pagar tributo a los mexicas se terminó. Que nosotros lo amparamos.

Confiado en la protección de los españoles, el Cacique Gordo se concedió el gustazo de meter en un calabozo excavado en el suelo a los enviados de Moctezuma.

Aquella noche, Cortés hizo conducir a su presencia a los prisioneros. Unas horas de meditación trascendental en el agujero les había rebajado considerablemente la altivez.

—No sé si sabéis que soy amigo de vuestro señor, el gran Moctezuma, y que vengo de parte del señor que es amo de la otra parte del mundo a traerle ofertas de amistad. Por lo tanto, os voy a poner en libertad. Os ruego que trasladéis al señor Moctezuma mis mejores deseos.

Y los liberó. Los desgraciados, que ya se tenían por muertos, corrieron a comunicar a Moctezuma lo ocurrido, la rebelión de los totonacas que se negaban a satisfacer el tributo, y la providencial intervención del general barbudo que los había liberado.

Aquí tenemos a Cortés, digno discípulo de Maquiavelo, jugando con la doble baraja: por una parte, anima a los totonacas a rebelarse y, por la otra, asegura a los mexicas que es su amigo.[393]

Después de dos semanas de descanso en Cempoala, Cortés arrancó a sus hombres de aquellas delicias de Capua, y tomando el camino del altiplano —o meseta— se encaminó hacia la famosa Tenochtitlán de los mexicas, la sede real de Moctezuma.

El Cacique Gordo le había prestado cuatrocientos porteado-

---

393. Él mismo explica su juego en jugoso castellano: *Vista la discordia y disconformidad de los unos y de los otros no hube poco placer, porque me pareció haber mucho de mi propósito, y que podría tener manera de más aína sojuzgarlos* [...], *y con los unos y otros manejaba y a cada uno en secreto le agradecía el aviso que me daba y le otorgaba crédito de más amistad que al otro (ibid.).*

res o tamemes,[394] y un escuadrón de guerreros totonacas que actuarían como tropas auxiliares al mando del jefe Mamexi.

Cortés era consciente de que disponía de pocos soldados para tan magna empresa, pero confiaba en el apoyo de los pueblos sometidos a la tiranía mexica que, según sus informes, eran muchos.

La primera etapa de aquella aventura era Quiahuiztlán, un *pueblo fuerte que está entre grandes peñascos y muy altas cuestas, y si hubiera resistencia era malo de tomar.* Allí instaló Cortés un campamento estable, con vistas al mar, antes de dirigirse a su próximo objetivo, Tlaxcala, por el camino que pasaba por Xalapa, Xico Viejo, Ixhuacán, Xocotla, Ixtacamaxtitlán, topónimos mexicas impronunciables a oídos españoles.

Tuvo suerte Cortés en su camino hacia Tenochtitlán porque los distintos pueblos que encontraba lo recibían amistosamente, tanto si eran libres como si estaban sometidos a los mexicas.

Las embajadas de Moctezuma, que cada pocos días no dejaban de llegar a su campamento, le habían indicado el camino después de intentar, en vano, disuadirlo. No obstante, desconfiando de ellas, Cortés se encaminó por otra vía que le permitía sumar a su ejército guerreros y porteadores de los pueblos enemistados con los mexicas.

Los españoles descansaron unos días en Zautla, cuyo cacique Olintecle, tributario de los mexicas, les proporcionó alojamiento y algunos víveres.

La noche en que llegaron a Zautla, el alano de Francisco de Lugo se pasó las horas ladrando.

—¡Menudo coñazo el perro! —comentó Chozalhombro al día siguiente—. No he pegado ojo.

—Pues yo he dormido como un bendito —replicó Arjona—. Es lo que trae la conciencia tranquila. ¿Te apuntas a un paseo tempranero por la ciudad?

394. El *tameme* es el indio porteador (del náhuatl *tlamama*, «cargar»). El tameme sostenía la carga que llevaba a la espalda mediante una banda de cuero (el *mecapal*), que le ceñía la frente, con una cuerda o *mecate* de fibra vegetal, trenzada *(itxle)* a cada lado.

La ciudad de Zautla era tan hermosa y bien urbanizada como Cempoala, y se organizaba en torno a una gran plaza presidida por un templo piramidal. Llegados a su pie, Bartolomé y Bonoso descubrieron un *tzompantli* con cráneos humanos ensartados y restos frescos de cincuenta cautivos sacrificados en una fiesta reciente. Al aire fresco de la mañana, pululaban las moscas sobre la sangre podrida.

—Esto no lo hacen ni los moros de la Berbería —comentó Arjona con disgusto.

—Me parece que esta gente no es tan afable como aparenta —dedujo Chozalhombro—. Mejor regresamos con los nuestros.

A media mañana, Cortés se entrevistó con el cacique Olintecle y le preguntó si era vasallo de Moctezuma.

—¿Y quién no lo es? —respondió—. Todos somos vasallos o amigos del poderoso señor.

—Existe otro señor aún más poderoso llamado Carlos, que habita al otro lado del gran mar —informó Cortés—. Yo soy su representante, y en su nombre conminaré a Moctezuma a que se someta a su autoridad.

—Los dioses han otorgado al *tlatoani* el poder sobre todos los pueblos —insistió Olintecle.

—Esos dioses son falsos —replicó Cortés—. El único dios verdadero es el nuestro, uno invisible que abomina de los sacrificios humanos. Por eso debes convertirte a nuestra religión, y dejar de sacrificar personas y de comer carne humana. Si lo haces y te sometes al Imperio de Carlos, ten por seguro que mi señor te favorecerá.

Olintecle parecía meditar sobre la propuesta del extranjero.

—Para demostrar tu sumisión al poderoso Carlos —prosiguió Cortés— puedes entregarme algunos presentes... de..., no sé..., oro mismo. En la confianza de que yo se los haré llegar y él te acogerá como fiel vasallo y te favorecerá.

El cacique dirigió al extranjero una mirada severa.

—No te entregaré oro si mi señor Moctezuma no me lo ordena —replicó—. Dices que tu señor Carlos es más poderoso que el *tlatoani*, pero me resulta difícil de creer. Los mexicas tienen treinta señoríos en esta tierra, y cada uno de ellos dispone de cien mil guerreros. Y los dioses lo favorecen, porque les sacrifica cada año veinte mil prisioneros.

En vista de la resistencia, Cortés no quiso insistir y derivó la conversación hacia temas más amables. Supo que Olintecle tenía treinta esposas y cien concubinas.

—¡Ah, el pagano lujurioso! —exclamó el padre Olmedo, que asistía al encuentro.

Lo dejaron así y se despidieron amablemente, pero al día siguiente, cuando se encontraron de nuevo, Olintecle anunció que traía algunos presentes de boca para el señor Carlos. Batió palmas, y apartándose ceremoniosamente, dejó pasar a dos docenas de porteadores que lo seguían cargados de maíz. En el lote entraban las cuatro indias que lo molerían para los huéspedes. También llegaron caciques menores de la región con regalos para Cortés, piezas de oro y esclavas.

—Los puñeteros conocen nuestros gustos —comentaba Alvarado a la vista de los regalos.

—El miedo los vuelve generosos —observó Francisco de Morla.

El padre Olmedo era de distinta opinión:

—Parece que los indios van entrando en razón, la Providencia cuida de sus hijos.

No era exactamente la Providencia, sino la conveniencia. Malinche explicó las razones del cambio.

—Olintecle ha sabido por los totonacas que los extranjeros barbados pueden dar alcance a cualquiera con sus veloces venados, pueden decapitar al guerrero más fornido con un tajo de sus cuchillos largos, o matarlo a distancia con esos tubos que liberan truenos.

La próxima etapa del viaje era Tlaxcala, una poderosa federación de cuatro pueblos rivales de los mexicas.[395] Cortés les envió una embajada de paz con valiosos regalos (una gorra de terciopelo, una espada y una ballesta).

—¿No será imprudente mostrarles nuestras armas? —objetó Diego de Ordás.

---

395. Los señoríos de Tlaxcala eran Tizatlán, Ocotelulco, Tepetícpac y Quiahuixtlán.

—¿Cómo podrían copiarlas si no trabajan el hierro? —lo tranquilizó Cortés.

Los mensajeros totonacas enviados por Cortés entregaron los presentes y expusieron que su jefe era un enviado del remoto rey de Castilla, señor del mundo, que ofrecía su protección a los nobles habitantes de Tlaxcala en su lucha contra la tiranía de los mexicas.

Los caciques de la federación discutieron sobre las intenciones de aquellos extraños. Tres de ellos tendían a creer que los españoles eran los dioses cuya llegada anunciaban las antiguas profecías; pero el cuarto, Xicoténcatl, más descreído, tenía sus dudas:

—¿Cómo van a ser dioses si derriban los templos, se comportan como salvajes, conculcan todas las leyes divinas y humanas, y están obsesionados con el oro?

Por otra parte, pudo producirse un malentendido. Quizá los tlaxcaltecas interpretaron la gorra de terciopelo como el *tecpillotl*, o prenda de desafío, que un cacique enviaba a otro invitándolo a guerrear. El encuentro de dos mundos tan distintos se prestaba a esas malinterpretaciones.

Unos días después, en vista de que los embajadores no regresaban, Cortés penetró con sus tropas en territorio tlaxcalteca.

Apenas había avanzado una legua cuando le salió al encuentro una muchedumbre de fieros guerreros con las caras pintadas de rojo que proferían estridentes gritos de guerra y saltaban ágiles y retadores.

—¿Qué hacemos, Hernando? —preguntó Alvarado, que llegaba cabalgando a sotavento.

—¡Orden de combate! —dijo Cortés—. Mesa, dispón la artillería. Caballeros delante, atentos a los escuadrones.

Dejaron aproximarse a la indiada hasta que estuvo a tiro. Entonces Cortés levantó el estandarte de la Virgen y Mesa disparó sus cañones.

Los había cargado con grava. La mortífera andanada causó un estrago entre los indios, lo que les rebajó considerablemente los ánimos. Cuando vieron a sus camaradas abatidos por la fuerza del trueno, sangrando de invisibles heridas, los gritadores descendieron a una tesitura más baja y después, tras breve meditación, muchos desmayaron y huyeron despavoridos.

¿Quién podría resistir a los terribles efectos de aquella magia que acompañaba a los extranjeros?

Sin dar espacio a que los indios que aún hacían frente se recompusieran, la caballería atacó y, tras ella, la infantería. Las armas de los nativos se quebraban contra los petos de acero, las temibles espadas toledanas hendían sin dificultad los escudos de mimbre y asestaban terribles tajos y estocadas en las carnes descubiertas.

No duró mucho la matanza. Huidos los indios supervivientes, los españoles que recorrían el campo en busca de botín se asombraron de la cantidad de cadáveres enemigos. Era una gran victoria, pero también la agridulce constatación de que la conquista del Imperio iba a ser más laboriosa de lo que algunos pensaban.

—No son los indios flojos de las islas —comentó Cristóbal de Olid—. Estos parecen guerreros tan sufridos como nosotros.

—O más —convino Saucedo—, pero habrás notado que, en cuanto les matas al jefe, desmayan.

—Muy cierto —corroboró Olid—. Y que los jefes se distinguen por las muchas plumas. En adelante tiradles primero a los plumados.

Poco después llegó uno de los mensajeros cempoaltecas que Cortés había enviado días atrás a Tlaxcala. La mala noticia era que los indios derrotados no eran tlaxcaltecas, sino otomíes, otra tribu de la región, gente menos guerrera. Los tlaxcaltecas los habían enviado para tantear las fuerzas y las tácticas de los extranjeros.

—¿Y qué dicen los tlaxcaltecas? —inquirió Cortés.

—Que os esperan en Tlaxcala para ofrecer a los dioses vuestros corazones y darse un banquete con vuestras carnes.

—Hagamos que se traguen sus palabras y que sus generaciones no nos olviden —propuso Alvarado iracundo.

—Calma, don Pedro, que la precipitación no es buena —lo aplacó Cortés—. Descansemos esta noche, que mañana tomaremos las decisiones que sean menester.

Mucha gente veló en el campamento aquella noche, a pesar de las guardas dobladas. En el ánimo de muchos pesaba que no iba a ser fácil la conquista.

El campamento despertó con las luces del alba, antes de que se elevaran las banderas del día. En cuanto desayunaron, Cortés ordenó proseguir la marcha.

Caminaron durante dos días sin sobresalto alguno. Las aldeas que hallaban en el camino estaban desiertas, con señales de apresurada evacuación.

Al tercer día, mediada la mañana, regresaron los adalides a todo galope.

—A una hora de camino, o menos, nos aguarda una muchedumbre de guerreros.

El cempoalteca que acompañaba a los exploradores certificó que eran otomíes.

—¿Cómo es el lugar donde aguardan? —inquirió Cortés.

—Llano y afable —respondió el jefe de la patrulla—. Bueno para la caballería.

Siguieron caminando a un ritmo más descansado hasta que avistaron a los indios. Cortés hizo un alto a media legua de distancia y ordenó al notario leer solemnemente el requerimiento mientras la columna se organizaba en compañías y cada capitán revistaba a sus hombres.

En formación de guerra continuaron el camino al paso de la artillería. A una distancia de tres tiros de ballesta se percibía el griterío de los indios. Cortés aprovechó una suave loma para disponer a sus tropas.

—Gritar y dar saltos cansa —dijo—. Cuando noten que nos hemos detenido vendrán ellos.

Eso ocurrió. Atacó de nuevo la avanzadilla de los otomíes con el ímpetu acostumbrado y más lanzamiento de dardos, flechas y piedras que la víspera.

—Algo parece que han aprendido —comentó Vázquez de Tapia.

—No han aprendido lo suficiente —masculló Mesa, el artillero, moviendo el cañón largo hacia el grupo más emplumado y gritón.

Nuevamente resultaron deshechos por los tiros de pólvora y el empuje de la caballería, aunque esta vez consiguieron el objetivo que los tlaxcaltecas les habían encomendado: capturar uno de los venados de los españoles.

—Se llevan una yegua —anunció Alvarado distinguiendo la cabeza del animal entre la polvareda.

—¿Quién es el desgraciado que se la ha dejado arrebatar? —preguntó Sandoval.

—Pedro de Mesa —informó un alférez—, pero antes le han abierto la cabeza con una de esas estacas. La herida es de muerte.

—Sosegaos —intervino Cortés—. Tarde o temprano tenía que ocurrir que supieran que los caballos no son demonios.

Los indios llevaron la yegua en triunfo a Tlaxcala, y la tuvieron dos días atada a una argolla del templo mayor mientras la observaban y le daban a comer carne que, naturalmente, el animal rechazaba. Cuando finalmente averiguaron que era herbívora, que bebía agua y defecaba, que no mordía y que respondía a las caricias como otros animales pacíficos, le perdieron el miedo y la sacrificaron a los dioses. En la misma ceremonia exorcizaron la malinterpretada gorra de terciopelo.

Corto de provisiones, Cortés estableció su campamento en Tzompachtepetl, un cerro cuya cumbre señoreaba un templo mexica. Después de destruir los ídolos y rociar los rincones con agua bendita, instalaron allí el depósito de la impedimenta.

En los días siguientes Cortés envió destacamentos de peones a recorrer el territorio circundante en busca de alimentos. Mientras tanto, los jinetes exploraban los lugares más alejados que los indios no habían evacuado por desconocer el alcance de la caballería.[396]

---

396. Algunos testigos afirman que cortaban narices, orejas, pies o incluso testículos a los prisioneros, aunque Bernal Díaz del Castillo señala que esos excesos los cometían los aliados totonacas. Vaya usted a saber. Si lo que pretendían era sembrar el terror entre los mexicas, lo consiguieron porque entre los usos guerreros de los indios no se contemplaban las mutilaciones, fuera de la consabida cardioectomía en vivo y sin anestesia, que ya quedó disculpada más arriba por razones culturales.

Al cabo de un par de semanas, pareció que los tlaxcaltecas entraban en razón. Cortés recibió a unos embajadores con ofertas de paz.

Malinche tradujo la embajada.

—Solicitan nuestro perdón por el *yerro pasado* —dijo Alvarado.

Cortés, magnánimo, les respondió que *era contento de ser su amigo y perdonarles lo que habían hecho.*

Antes de retirarse los emisarios dijeron:

—Mañana recibiréis la respuesta definitiva.

¿Qué habían querido decir? Puestos en lo peor, algunos capitanes pensaron que iban a comparecer con todo su poder para el enfrentamiento final. El rumor de que la batalla más peleada se reñiría al día siguiente desveló a los más medrosos aquella noche. Los frailes no daban abasto escuchando confesiones y repartiendo absoluciones.

Sorpresa. Al día siguiente los enviados de Tlaxcala comparecieron con trescientos pavos y doscientas canastas de pan de maíz.

—Parece un presente de paz —dedujo el despensero.

No lo era (otra vez el desencuentro de los dos mundos), los tlaxcaltecas solo pretendían atacarlos cuando estuvieran haciendo la digestión del banquetazo. Su plan era tomar abundantes prisioneros con destino a los sacrificios, y de paso interrogar a los jefes para saber si los enviaba el taimado Moctezuma, su mal vecino, o si venían por cuenta propia.

Acompañaban a los porteadores unos cincuenta tlaxcaltecas de mayor rango que quedaron merodeando por los alrededores del campamento.

Los totonacas acudieron a Cortés para ponerlo en guardia:

—No te fíes, señor, la curiosidad de estos hombres tiene un fin perverso: son espías que vienen a estudiar la disposición del campamento para atacaros esta noche.

—¿Esta noche?

—Sí, noble señor.

En efecto, Cortés notó que los tlaxcaltecas examinaban *las entradas y salidas del campamento y algunas chozuelas donde estábamos aposentados.*

Para salir de dudas, apresaron a dos de los curiosos. Hábilmente interrogados por separado, desembucharon que planeaban atacar de noche, cuando el dios del sol no pudiera favorecer a sus hijos, los españoles.

Debidamente informado, Cortés ordenó capturar a los merodeadores.

—¿Qué hacemos con ellos? —preguntó Ordás.

Sentado en una jamuga a la puerta de su tienda, Cortés se pellizcaba el labio inferior, un gesto que solía acompañar a sus meditaciones más graves.

Disponía de pocos hombres y estaba en territorio hostil. Por otra parte, la indiada ya conocía que los caballos no eran demonios. No cabían titubeos. El escarmiento debía servir de aviso a los pueblos de la región. ¿Qué habría hecho Julio César, o Alejandro, en su lugar?

Julio César, después de la caída de la fortaleza gala de Uxellodunum, amputó ambas manos a los prisioneros más rebeldes para que el recuerdo de su justicia desanimara a los sediciosos de otros lugares.

—Que venga Morata —ordenó Cortés.

Compareció el verdugo.

—Tienes trabajo —le dijo—. Les cortas las manos a los prisioneros. A todos. Y que no mueran.

—¿Las dos manos, jefe? —indagó Morata.

—Las dos.

Doble ganancia, pensó el verdugo con la debida satisfacción. Convocó a su aprendiz.

—Enciende el brasero y calienta las herramientas del cauterio.

Morata mutiló a los espías tlaxcaltecas, a cincuenta según las crónicas.[397] Cortés los envió de vuelta a Tlaxcala con un mensaje

---

397. El corte de manos no es una crueldad gratuita de Cortés, sino punición típica de Castilla en aquella época: *El que sacare espada o cuchillo contra otro, para herirle en la corte o fuera de ella, se le debe cortar la mano según la ley del ordenamiento real.* Cervantes, el inmortal autor del *Quijote*, huyó a Italia muy joven después de que la justicia lo condenara preci-

proporcionado: *Que dijesen a su señor que de noche y de día y cada cuando él viniese, verían quiénes éramos.*

Los tlaxcaltecas entendieron el mensaje. Al día siguiente se presentaron con sus pinturas de guerra,[398] sus plumas y sus estacas de placas de obsidiana cortantes como hojas de afeitar.

Los españoles formaron. Los capitanes impartieron sus últimas instrucciones:

—Tiros a los más plumados y tajos a la barriga.

La batalla se prolongó durante horas, y anduvo indecisa durante un tiempo debido a la muchedumbre de guerreros que se abatía sobre los españoles. El estruendo de los tambores indios *(teplonatzi)* y las roncas caracolas impedían a los capitanes hacerse oír por sus hombres. Al final los indios se batieron en retirada con enormes pérdidas.[399]

Los invasores habían vencido de nuevo. En el bando tlaxcalteca se ahondaron las disensiones. Después de mucho discutir, prevaleció la opinión de que los guerreros barbudos que combatían con truenos de fuego y veloces venados eran verdaderamente enviados de los dioses y, por lo tanto, invencibles.

Por otra parte, si la federación persistía en su negativa a aliarse con los españoles contra los mexicas, existía el peligro de que los españoles se aliaran con los mexicas para combatirlos a ellos. Más valía ceder. Enviaron compromisarios del más alto nivel, y acordaron una paz honrosa en la que Tlaxcala y sus asociados se reconocían vasallos del rey de España.

Cortés entró en Tlaxcala, al frente de sus tropas, el 23 de sep-

---

samente a perder la mano por el puño por herir a un hombre en una reyerta.

398. *Átanse a la frente ídolos chiquitos cuando quieren pelear. Tíñense para la guerra con jagua, que es zumo de cierta fruta, como dormideras, sin coronilla, que los para más negros que azabache, y con bija, que también es fruta de árbol, cuyos granos se pegan como cera y tiñen como bermellón* (Fernández de Oviedo, 1950, capítulo 28).

399. *Y como traíamos la bandera de la cruz y pugnábamos por nuestra fe y por servicio de vuestra sacra majestad en su muy real ventura, nos dio Dios tanta victoria que les matamos mucha gente, sin que los nuestros recibiesen daño* (Cortés, 1993).

tiembre de 1519. Como parte del acuerdo, los tlaxcaltecas concedieron a los españoles trescientas doncellas entre las que figuraban las hijas de los propios caciques. Respetando rangos, Cortés emparejó a las más importantes con sus capitanes y repartió el resto entre la tropa.[400] Imitaba con ello el ejemplo de Alejandro Magno, que también favorecía el mestizaje entre sus soldados y las mujeres de los pueblos conquistados.

—Durante veinte días hemos batallado como nobles adversarios. Que la sangre que hemos vertido nos hermane hoy en perdurable alianza para que nuestros dos pueblos prevalezcan contra el enemigo común mexica —declaró Cortés en los brindis con diplomática satisfacción.

En su carta al emperador, Cortés confirmó su impresión de que las nuevas tierras que exploraba estaban habitadas por indios de una cultura avanzada:

> [Tlaxcala,] la ciudad grande donde todos los señores de esta provincia residen [...] es muy mayor que Granada y muy más fuerte, y de tan buenos edificios y de mucha más gente que Granada al tiempo que se ganó; y muy mejor abastecida de las cosas de la tierra, que es de pan, de aves, caza, pescado de ríos y de otras legumbres y cosas que ellos comen muy buenas [...]. Hay joyerías de oro, plata, piedras y otras joyas de plumaje, tan bien concertado como puede ser en todas las plazas y mercados del mundo. Hay mucha loza de muchas maneras y muy buena, y tal como la mejor de España. Venden mucha leña, carbón e hierbas de comer y medicinales. Hay casas donde lavan las cabezas como barberos y las rapan; hay baños. Finalmente, que entre ellos hay toda manera de buena orden y policía, y es gente de toda razón y concierto, tal que lo mejor de África no se le iguala.

Era un buen lugar de descanso Tlaxcala, y a los que conocían Granada por haber participado en su conquista casi treinta años atrás, que eran unos cuantos, les parecería que su paisaje guarda-

---

400. A Pedro de Alvarado, el capitán guapo y rubio como la cerveza, le correspondió la princesa Tecuelhuetzin, hermana del cacique Xicoténcatl, a la que hizo cristianar con el nombre de María Luisa.

ba cierta semejanza con el de la antigua ciudad nazarí: en torno a ella, la fértil vega, y presidiendo el horizonte, una sierra nevada en la que destacaban dos montañas singulares, Popocatépetl (Montaña que Humea) e Iztaccíhuatl (Esposa Blanca), en las que los nativos aseguraban que moraban sus dioses.

CAPÍTULO 73
Bajo el volcán

Después de descansar a la tropa quince días, en los que procuró informarse sobre los mexicas y su Imperio, Cortés decidió que era hora de continuar su camino hacia Tenochtitlán.

Las bajas de los pasados combates se compensaban sobradamente con el nutrido contingente de tropas que los nuevos aliados tlaxcaltecas le concedían. El grueso del ejército de Cortés se componía ya de indios enemigos de los mexicas. Por eso no están descaminados los que aseguran, medio en broma, que fueron los indios y no los españoles los que conquistaron el mal llamado Imperio azteca.

A tres jornadas de camino, la ruta hacia Tenochtitlán pasaba por Cholula, una ciudad sagrada aliada de los mexicas.

Los de Cholula, quizá instigados por Moctezuma, se habían preparado para enfrentarse con el invasor. Además de adobar el camino con trampas contra la caballería *(muchos hoyos y palos agudos hincados y encubiertos para que los caballos cayesen y se mancasen)*, habían barreado los accesos al pueblo con *muchas calles tapiadas, y por las azoteas de las casas muchas piedras para que, después que entrásemos en la ciudad, tomarnos seguramente y aprovecharse de nosotros a su voluntad.*

Cuando los cholultecas advirtieron que Cortés tomaba las contramedidas oportunas, comprendieron que su resistencia iba a ser inútil, y se mostraron amistosos. No tuvieron inconveniente en aceptar como señor al barbado Carlos que reinaba en España. Más escrúpulos pusieron en lo tocante a convertirse a la verdadera religión que Cortés predicaba, por lo que él, prudente, no insistió demasiado, aplazando para mejor ocasión lo de evangelizarlos.

Se comprende la resistencia de los cholultecas a la nueva fe: su ciudad era un importante santuario del dios Quetzalcóatl, la serpiente emplumada, en la que podían contarse hasta trescientos setenta templos o *teocalli* (imagínense, más de un templo por cada día del año; más templos que recetas de bacalao tiene Portugal, o de arroz, Valencia).

La luna de miel entre los españoles y los cholultecas fue efímera. El primer día, muchas fiestas y mesas abastadas de deliciosos manjares; el segundo, algo menos, y al tercero, desabastecimiento absoluto.

Recuerden el sabio refrán inglés que en páginas pasadas adujimos, *Guests and fish, the third day stink,* el pescado y los invitados apestan al tercer día.

¿Qué está pasando?, se preguntaban los españoles. Circulaban rumores contradictorios. Lo único comprobable era que los caciques y dignatarios que no se les despegaban del lado el primer día habían desaparecido.

—Venteo traición de estos moros —murmuraba Chozalhombro sin desamparar su escopeta.

También Cortés lo sospechaba, especialmente después de recibir a los enésimos mensajeros de Moctezuma diciéndole, en un lenguaje diplomático un tanto amenazador, que mejor se diera la vuelta y no intentara personarse en Tenochtitlán.[401]

—Buscadme a los sacerdotes —ordenó Cortés—. Con tanto templo tiene que haber alguno.

Encontraron dos que, convenientemente interrogados por Morata, el verdugo, revelaron que el dios Tezcatlipoca y el dios Huitzilopochtli habían decretado muerte a los extranjeros.

Preocupante. Por lo poco que sabían de la mitología mexica,

---

401. *Ahincaron y porfiaron mucho aquellos señores, y tanto que no les quedaba sino decir que me defenderían el camino si todavía porfiase ir,* declara Cortés (1993).

Tezcatlipoca, dios de la noche, del humo y de la magia, era el complemento de Quetzalcóatl, la serpiente emplumada. Por su parte Huitzilopochtli era el dios del sol, de la guerra, y santo patrón de Tenochtitlán.

Una combinación letal.

Debidamente informado de que los cholultecas planeaban una encerrona, Cortés decidió madrugarlos. Fuese adonde el alto estado mayor indígena estaba reunido y le reprochó que le estuviera preparando una traición después de haberse declarado sus cuates dos días antes. Se excusaron ellos con que la culpa era de Moctezuma, que los malmetía contra los españoles.

—Tales traiciones mandan las leyes reales que no queden sin castigo —dijo Cortés—. Fuerza es que muráis por vuestro delito.

La señal prevenida era un escopetazo. Sonó, y la tropa española, eficazmente auxiliada por sus aliados tlaxcaltecas, se empleó a fondo: *Dímosle tal mano, que en dos horas murieron más de tres mil hombres.*

Aquella matanza deleitó a los tlaxcaltecas, los tradicionales enemigos de Cholula, y contribuyó a afianzar su amistad con los españoles.

Después de ver saqueada su ciudad durante dos días con sus noches (los españoles en busca de oro, y los tlaxcaltecas ávidos de sal y algodón), los mandatarios cholultecas supervivientes comparecieron para suplicar clemencia. Cortés, magnánimo, se la concedió, y se estableció en la ciudad unos días mientras se informaba de un itinerario seguro hacia Tenochtitlán.

En esos días de relativo asueto, Cortés, que también tenía inquietudes científicas, organizó una expedición al volcán Popocatépetl, al que los supersticiosos indios nunca habían subido:

> Quise saber el secreto de aquel humo, de dónde y cómo salía, y envié a diez de mis compañeros [...] con algunos naturales de la tierra que los guiasen [...], los cuales fueron y trabajaron lo que fue posible para subirla, y jamás pudieron a causa de la mucha nieve que en la sierra hay y de muchos torbellinos, que de la ceniza que de allí sale, andan por la sierra, y también porque no pudieron sufrir la gran frialdad que arriba hacía, pero llegaron muy cerca de lo

alto, y tanto que estando arriba comenzó a salir aquel humo y dicen que salía con tanto ímpetu y ruido que parecía que toda la sierra se caía abajo. Y así se bajaron y trajeron mucha nieve y carámbanos para que los viésemos.[402]

Tenochtitlán, la lejana meta, la ciudad del oro y del poder mexica, aguardaba. Cuando descansaron y restañaron las heridas, los expedicionarios reanudaron la marcha por un bosque espeso que se extendía por el valle entre el volcán Popocatépetl y su amada Iztaccíhuatl (hoy conocido como Paso de Cortés).

Nuevos enviados de Moctezuma le salieron al encuentro:

—El gran señor te manda decir que, si detienes tu marcha y regresas a tus casas flotantes, te entregará grandes tesoros —tradujo la Malinche.

—Dile a este hombre que mi señor Carlos, el gran rey al que todos debemos acatamiento, quiere que yo le describa Tenochtitlán por mis propios ojos. No puedo desobedecerlo sin incurrir en su ira.

---

402. Cortés, 1993, *Segunda carta de relación*.

CAPÍTULO 74

La diosa Mictecacíhuatl llora sobre México

Noviembre, el mes de los muertitos. La diosa Mictecacíhuatl, la dama de la muerte, la que vela por los huesos de los muertos, contempla a las hormigas negras que han aparecido en el horizonte.

No son hormigas, son los cuatrocientos hombres de Cortés, seguidos de cuatro mil guerreros tlaxcaltecas.

Varias veces al día, Moctezuma recibía emisarios con noticias del avance de los españoles.

¿Qué podía hacer? Los hijos de la serpiente emplumada se acercaban inexorablemente a su ciudad sin que las súplicas o veladas amenazas les hicieran el menor efecto. Al último de sus enviados, Cacamatzin, sobrino de Moctezuma, Cortés incluso le había devuelto los ricos presentes, incomodado por su insistencia.

—Dile a Moctezuma que tengo órdenes de mi *tlatoani* de entrar en su ciudad pacíficamente y de presentarle personalmente mis respetos.

Los españoles habían caminado toda la mañana por la calzada que conducía a la gran ciudad mexica. Cuando declinaba la tarde, alcanzaron la cima del cerro de la Estrella.

—¡Mirad, camaradas! —dijo Medinilla.

Mudos de asombro contemplaron el dilatado paisaje que se extendía ante ellos: el lago Texcoco rodeado de montañas y en el centro la isla de Tenochtitlán, la tan ansiada capital mexica, una Venecia americana a la que se accedía por tres calzadas rectas.[403]

Los españoles quedaron atónitos. Lo que divisaban en la lejanía parecía irreal. Bernal Díaz (2010) recordaría muchos años después:

> Nos quedamos admirados y decíamos que aquello parecía a las cosas de encantamiento que cuentan en el libro de *Amadís,* por las grandes torres y pirámides escalonadas y edificios que tenían dentro en el agua y todos de piedra. Algunos de nuestros soldados decían que si aquello que veían que si era entre sueños; [...] ver cosas nunca oídas, ni aun soñadas como veíamos.

Era México, cuando Cortés entró, pueblo de sesenta mil casas —escribe López de Gómara—. Las del rey y de los señores y cortesanos son grandes y buenas; las de los otros, chicas y ruines, sin puertas, sin ventanas; mas por pequeñas que son, pocas veces dejan de tener dos, tres y diez moradores; y así, hay en ella infinitísima gente. Todo el cuerpo de la ciudad está en agua. Tiene tres maneras de calles anchas y gentiles. Las unas son de agua sola, con muchísimas puentes; las otras de sola tierra, y las otras de tierra y agua, digo, la mitad de tierra, por donde andan los hombres a pie, y la mitad agua, por do andan los barcos. Las calles de agua, de suyo son limpias; las de tierra barren a menudo. Casi todas las casas tienen dos puertas, una sobre la calzada y otra sobre el agua, por donde se mandan con las barcas; y aunque está sobre agua edificada, no se aprovecha de ella para beber por ser salada, sino que el agua dulce la trae una fuente desde Chapultepec, que está una legua de allí, de una serrezuela, al pie de la cual están dos estatuas de bulto entalladas en la peña, con sus rodelas y lanzas, de Moctezuma y Axayaca, su padre, según dicen. Tráenla por dos caños tan gordos como un buey cada uno. Cuando uno se ensucia, la derivan por el otro y limpian el primero. De esta fuente se abastece la

---

403. La cuenca lacustre del valle de México constaba de cinco lagos: Texcoco, Zumpango y Xaltocan eran de aguas salobres; Xochimilco y Chalco, de aguas dulces, buenas para regadíos, pero no potables a causa de su amargor, por lo que la población del valle se surtía de agua potable de manantiales encauzada por acueductos de madera.

ciudad, y se proveen los estanques y fuentes que hay por muchas casas, y en canoas van vendiendo de aquella agua, de que pagan ciertos derechos.

Está la ciudad repartida en dos barrios: al uno llaman Tlatelulco, que quiere decir «isleta»; y al otro México, donde mora Moctezuma, y es el más principal, por ser mayor barrio y morar en él los reyes.[404]

—No lo creerán cuando lo contemos —dijo Arjona a su compadre.

Chozalhombro guardaba silencio. Apoyado en el caño de su escopeta, respiraba profundamente con los ojos arrasados en lágrimas.

—Está bien haber vivido para ver esto.

Los hombres de Cortés llegaron a la isla de Cuitláhuac, y continuaron hasta Iztapalapa, el principado de Cuitláhuac, el hermano de Moctezuma.

Descendieron de la colina y guiados por los acompañantes enfilaron una calzada estrecha sobre el dique por la que apenas podían transitar dos caballos juntos. Se interrumpía a trechos por compuertas reguladoras del agua que los capitanes tomaron por puentes levadizos.

—Mala defensa tenemos si nos cortan la retirada por aquí —observó Salcedo.

Cortés guardaba silencio. Erguido en su caballo, mantenía prendida la mirada en las torres de la ciudad sagrada que asomaban sobre el resto de los edificios en el centro de la isla.

¿En qué pensaba Cortés? ¿En qué pensaban sus capitanes que avanzaban tensos y vigilantes? ¿No nos habremos metido en una trampa?

Antes de despedirse y regresar a su tierra, los aliados totonacas les advirtieron que no saldrían con vida del corazón del Imperio mexica. Para ellos los españoles se estaban metiendo en la boca del lobo, porque desconocían la catadura del pueblo que fingía acogerlos amistosamente. Cortés era consciente

---

404. López de Gómara, 2011, capítulo 78.

de ello, pero, así y todo, siguió adelante, sin dejar de calcular los riesgos.

Jamás ha habido *hombres en el universo que tal atrevimiento tuviesen,* escribiría Bernal Díaz con la perspectiva de su vejez.

Moctezuma había habilitado Axayácatl, el palacio de su padre, como residencia de sus huéspedes.[405] ¿Los estaban introduciendo en una cárcel dorada para apresarlos?

Como sus conmilitones Arjona y Chozalhombro, el soldado Bernal Díaz estaba tan extasiado que no veía los mismos peligros que sus capitanes.

> Los palacios donde nos aposentaron, grandes y bien labrados, de cantería vigas de cedros y de otros buenos árboles olorosos, con grandes patios y cuartos, cosas muy de ver y entoldados con paramentos de algodón.
>
> Después de haber visto todo aquello fuimos a la huerta y jardín que fue cosa muy admirable verlo y pasearlo, que no me hartaba de mirar la diversidad de árboles y los olores que cada uno tenía y parterres llenos de rosas y flores y muchos frutales, y rosales de la tierra, y un estanque de agua dulce, y otra cosa de ver: que podían entrar en el vergel grandes canoas desde la laguna por una abertura que tenían hecha sin saltar en tierra [...]. Digo otra vez lo que estuve mirando, que creí que en el mundo hubiese otras tierras descubiertas como estas.[406]

Fray Jerónimo de Aguilar, el intérprete, se había refrescado la cabeza en una fuente, y aguardaba sentado en un banco al indio que le traía el equipaje.

—¿Qué piensa el fraile? —le preguntó confianzudo Salcedo.

—Pienso que, si estos indios conocieran el hierro, antes estarían ellos entrando en Sevilla que no nosotros en sus palacios.

Salcedo asintió.

—Hierro y pólvora, pero también nuestro sudor y nuestra sangre nos entregarán la Tierra Firme, por dilatada que sea.

---

405. Este céntrico edificio ocupaba el solar donde actualmente se levanta el Nacional Monte de Piedad, junto a la Catedral Metropolitana.
406. Bernal Díaz del Castillo, 2010.

—Almas paganas para Nuestro Señor Jesucristo —dijo el fraile.

—Sí, almas que aligerar de sus bienes terrenales y llevar al redil de la Santa Iglesia —convino Salcedo.

Cayó la tarde, llegó la noche y Cortés hizo poner guardias y centinelas en los sitios convenientes para que el resto de la gente durmiera y descansara.

Arjona y Chozalhombro se buscaron una sala apartada y armaron allí sus camastros. Muchos soldados de Cortés habían tomado la costumbre de los indios mesoamericanos de dormir en un petate, consistente en una espaciosa estera de fibra vegetal (de 135 por 190 centímetros, aproximadamente) sobre la que tendían una manta de algodón, que durante el día se enrollaba y se quitaba de en medio.

Durmió Cortés, agotado del camino y de las emociones del día, pero a poca distancia de él, en otro palacio, Moctezuma no lograba conciliar el sueño. Los astrólogos solo le daban malos agüeros.

—Estamos en el día octavo del mes de Ehecatl —le dijeron—, uno de los días sagrados bajo la advocación de Quetzalcóatl, la serpiente emplumada.

—Por eso su hijo ha venido a mí en esa precisa fecha —dedujo Moctezuma lúgubre—. Trae toda la fuerza de la serpiente divina.

Con estos pensamientos desvelados, Cortés y Moctezuma amanecieron el 8 de noviembre de 1519, el histórico día en que iban, por fin, a conocerse personalmente. Muy contra la voluntad del mexica, desde luego. Su instinto, reforzado por el pésimo veredicto de los astros, le inspiraba los más negros pensamientos.

—Que todo el mundo vista sus mejores arreos para el alarde que haremos ante el rey de los indios —ordenó Cortés.

El capitán español encabezó el desfile por la amplia calzada flanqueada de canales. Montaba Cortés en su mejor corcel, Cordobés se llamaba, y se rodeaba de sus principales capitanes, todos con buenos caballos. Detrás, el pelotón de los cuatrocientos peones y los cañones y carros de la impedimenta tirados por *tamemes* indios que halaban sogas. A la zaga, la masa de más de seis mil guerreros tlaxcaltecas algo tensos, mirando mucho las terrazas de los edificios y los cañaverales del largo, recelosos de que el confiado extranjero los hubiera metido en una ratonera. Ellos conocían de antiguo a los mexicas y sabían bien de su poder y de sus mañas.

> Vimos cosas tan admirables que no sabíamos si era verdad lo que por delante parecía —nos cuenta Bernal Díaz—; que por una parte en tierra había grandes ciudades, y en la laguna otras muchas, y veíamoslo todo lleno de canoas, y en la calzada muchos puentes de trecho en trecho, y por delante estaba la gran ciudad de México
> La calzada iba toda llena de aquellas gentes que no cabían, unos que entraban en México y otros que salían, y los indios que nos venían a ver, que no nos podíamos rodear de tantos como vinieron, porque estaban llenas todas las torres y pirámides escalonadas y en las canoas y de todas partes de la laguna, y se maravillaban porque jamás habían visto caballos ni hombres como nosotros.[407]

El *tlatoani* Moctezuma aguardaba a Cortés sentado en una rica litera y rodeado de su corte y séquito, quizá mil personas. El soldado Bernal se adelantó detrás de los caballeros, dispuesto a no perder detalle. Admiró el palio que daba sombra al emperador: *riquísimo a maravilla, adornado con plumas verdes y apliques de oro, con mucha argentería y perlas y piedras chalchihuites* —jade— *que colgaban de unas bordaduras.*

Tanta riqueza contrastaba con el traje militar de Cortés, jubón, gregüescos, calzas y capa. Escoltado por sus capitanes, se apeó y se dirigió a Moctezuma por el pasillo que le formaban, a los lados del camino, los nobles mexicas, descalzos y vestidos de ceremonial.[408]

407. Díaz del Castillo, 2010.
408. El encuentro ocurrió donde hoy confluyen las calles República del Salvador y avenida Pino Suárez. Allí, en el interior del antiguo Hospital de Jesús, uno de los edificios españoles más antiguos del Nuevo Mundo, una placa de mármol conmemora el acontecimiento. En la adyacente iglesia de Jesús Nazareno, se encontró en 1946 la urna que contenía los

Moctezuma descendió de su litera y salió a su encuentro acompañado por sus socios, los reyes de Tetzcuco, Ixtapalapa, Coyoacán y Tlacopán. Media docena de siervos lo precedían barriendo las losas por donde pisaba, y sobre ellas le extendían alfombras para evitarle pisar un suelo hollado por los demás mortales.

Chozalhombro le dio con el codo a su compadre.

—¿Veis eso, Bonosillo? Tanto acatamiento no se hiciera en España ni con el Santo Corpus.

Cortés se adelantó y a pocos pasos de Moctezuma hizo ademán de abrazarlo, pero los dos dignatarios que flanqueaban al *tlatoani* se interpusieron evitándolo. El extremeño no se lo tomó a desaire, entendiendo que hubiera sido una grave falta de protocolo. Auxiliado por Malinche, que no se apartaba de él, expresó a Moctezuma su gratitud por el recibimiento que le dispensaba (muy a su pesar, por cierto). Después de esas palabras, tomó de las manos de uno de sus pajes un collar de perlas que tenía guardado para la ocasión y se lo impuso.[409]

Moctezuma tomó de la mano a Cortés —insólita confianza

---

restos de Hernán Cortés, hoy conservada detrás de una sencilla lápida a la izquierda del altar.

409. Parte del equívoco pudo deberse a la incomunicación de las dos culturas: en su primera entrevista con Moctezuma, Cortés procura ser amable, pero los indios se ofenden cuando intenta abrazar al emperador y lo mira a la cara, algo que el protocolo mexica prohibía: *Me apeé y fui a abrazarlo, pero aquellos señores que estaban con él me detuvieron con las manos para que no lo tocase*. El inca Atahualpa, por su parte, en su primer encuentro/desencuentro con Pizarro, confrontado con una biblia, la sagrada Palabra de Dios, ignora que se trate de un objeto sagrado y la tira al suelo con desprecio. Mal empezamos. Tanto en el caso del mexica como en el del inca, los barbudos europeos se miraron entre ellos como diciendo: *Estos tíos vestidos como maricas son peores que los moros*. Cualquier pretexto hubiera sido bueno para arrearles estopa. Al fin y al cabo iban a despojarlos. Uno estaría tentado de admitir, si la corrección política no se lo impidiera, que la codicia y el despojo, o sea, la explotación colonial, no la evangelización (versión antigua) ni la implantación de la democracia (versión moderna), son las claves de las conquistas.

que no sabemos si creernos, puesto que solo aparece en fuentes hispanas— y lo condujo, a través de un espacioso patio, a una gran sala ceremonial donde lo invitó a sentarse en un trono magnífico. Volviéndose hacia Malinche, le indicó que esperaran allí y él se ausentó para regresar con una recua de criados cargados de presentes: *muchas y diversas joyas de oro y plata, y plumajes, y con hasta cinco o seis mil piezas de ropa de algodón, muy ricas y de diversas maneras tejidas y labradas.*[410]

Tras este intercambio ceremonial de regalos (claramente favorable a los españoles), Moctezuma tomó asiento junto a Cortés y se excusó, Malinche mediante, de su pasada reticencia a recibirlo:

Si hasta aquí os rogaba que no entrásedes acá, era porque los míos tenían grandísimo miedo de veros; porque espantabais a la gente

410. Uno de estos regalos fue el llamado penacho de Moctezuma, un plumero ceremonial o *quetzalapanecáyotl*, meritoria obra de *amantecas* (artesanos mexicas especializados en fabricar objetos de plumas) que quizá formó parte del tocado de una imagen de Quetzalcóatl. Cortés envió al emperador Carlos este vistoso adorno que resultó ser como esos jarrones chinos admirables, pero difíciles de ubicar donde no estorben (el penacho mide 173 por 130 centímetros). Después de vicisitudes varias ha encontrado acomodo en una vitrina del Weltmuseum de Viena, aunque algunos neoindigenistas mexicanos reclaman su devolución incitados por las prédicas del antiguo guía turístico Antonio Gómora, quien, después de ver la luz en su particular camino de Damasco, ha devenido Xokonoschtletl Gómora, *danzante de música prehispánica, escritor, conferencista y activista cívico mexicano*. Otros opinan que el penacho mexica bien está en Viena, puesto que fue un regalo, y se conforman con la réplica que puede admirarse en su Museo Nacional de Antropología de México. El mencionado inventario de 1519 lo describe como *una pieza grande de plumajes de colores que se ponen en la cabeza, en que ay a la redonda della sesenta y ocho piezas pequeñas de oro que será cada una como medio cuarta y debaxo dellas veynte torrecitas de oro.* Después de algunas mudanzas se arrumbó en los sótanos del palacio de los Habsburgo en Viena hasta que en 1878 reapareció durante una limpieza, y reconociendo su valor artístico se restauró con plumas parecidas a las originales (algunas de pájaros ya extintos).

con estas vuestras barbas fieras, y se decía que traíais unos animales que tragaban a las personas, y que como veníais del cielo, abajabais de allá rayos, relámpagos y truenos, con que hacíais temblar la tierra, y heríais al que os enojaba o al que os antojaba; mas como ya ahora conozco que sois hombres mortales, honrados, y no hacéis daño alguno, y he visto los caballos, que son como venados, y los tiros, que parecen cerbatanas, tengo por burla y mentira lo que me decían.[411]

Cortés, diplomático, quitaba importancia al incidente y se mostraba conciliador, lo que animó a Moctezuma a exponer el asunto que le preocupaba desde que tuvo noticia de la llegada de los españoles: que en antiguas escrituras se mencionaba la llegada de unos hijos de Quetzalcóatl que llegarían de Oriente a sojuzgarlos, y que él estaba muy dispuesto a someterse junto con su pueblo a ese gran señor remoto puesto que era voluntad de los dioses.

¿Era sincero Moctezuma o solo sondeaba al capitán de los extranjeros mientras planeaba cómo librarse de ellos?

Cortés repitió el discurso de presentación que le endosaba a todo cacique indio para cubrir de una tacada los aspectos político y religioso de su misión: que venía en representación del gran señor Carlos al que, por decisión del vicario de Dios en la tierra, el papa de Roma, le correspondían todos los reinos y principados (o sea, en sustancia el contenido del requerimiento), a lo que añadía que todos los dioses ajenos son falsos, y por lo tanto hay que destruir sus ídolos así como bautizarse y adorar al único Dios verdadero, al nuestro.

Insistió Moctezuma en el ruego de que Cortés no diera crédito a las calumnias que le habrían contado sobre su persona los pueblos que encontró en el camino, porque todos eran vasallos rebeldes y desagradecidos.

Cortés, astuto, aseguraba que su corazón estaba con Moctezuma y no con esa caterva de principillos envidiosos que lo difamaban.

---

411. López de Gómara, 2011, capítulo 66.

Y al mencionar la palabra *corazón* no dejaría de pensar, por asociación de ideas, que estos pajarracos, vestidos con plumas de papagayos, a la que te descuidas te abren el pecho con un cuchillo de obsidiana y te arrancan el corazón palpitante.

La religión mexica, no menos compleja que la cristiana, profesaba la existencia de un paraíso celestial al que las almas se acogen cuando escapan de este valle de lágrimas. En aquel paraíso americano la pura contemplación del resplandor divino interesaba menos que el aprovechamiento agropecuario de sus parcelas. Los mexicas se lo figuraban poblado por gigantescas mazorcas de maíz y por árboles de cacao.

CAPÍTULO 75
Las delicias de Capua

Pasaron días de indolente *far niente*. Cortés y Moctezuma extremaban las mutuas gentilezas y pasaban mucho tiempo en apacible conversación por medio de la indispensable Malinche. Moctezuma se informaba del gran poder de Carlos V, dueño del mundo y escogido de Dios, tal como se lo presentaba Cortés, y el capitán español allegaba noticias más concretas sobre el funcionamiento del Imperio mexica, de su corte y de la familia de Moctezuma.

Y del oro, ¿de dónde saca tanto oro esta gente? ¿Dónde tienen las minas o los ríos de arenas auríferas?

El *tlatoani* estaba casado nominalmente con cientos de mujeres, más que por lujuria por política (como el rey Salomón de las Escrituras, pensaría Cortés). Personalmente era un hombre de apetitos morigerados, y se contentaba con acceder carnalmente a solo unas docenas de las que, ya entrado en su cuarentena, llevaba engendrados por encima de cien hijos.

Esta notable capacidad genésica de Moctezuma la atribuyeron los españoles a los poderes afrodisiacos de una bebida que tomaba varias veces al día:

> Traíanle en unas copas de oro fino, cierta bebida hecha del mismo cacao, y decían que era para tener acceso con mujeres [...], y las mujeres le servían al beber con grande acato.

Cuando fue habiendo más confianza entre ellos, Cortés se interesó por aquel mejunje.

—Es chocolate —dijo Moctezuma, e hizo traer una jarra para su amigo. Cortés lo cató, espumoso y aromático, y lo encontró amargo y picante.[412]

Le mostraron el fruto con el que se elaboraba el chocolate, unas nuececillas parecidas a la almendra.

Al principio el chocolate no gustó a los españoles, pero perseverando en su consumo —a ver si era cierto lo del afrodisiaco—, lo fueron encontrando pasable, incluso apetitoso, especialmente cuando se le añadían miel, magüey, vainilla y otras sustancias aromatizantes o edulcorantes.

Al final, los españoles se aficionaron al chocolate tanto o más que los mexicas, especialmente cuando advirtieron las propiedades nutricias del brebaje: *Una sola taza de esta bebida fortalece tanto al soldado* —escribe Cortés— *que puede caminar todo el día sin necesidad de tomar otro alimento.*

El chocolate era muy valorado por los guerreros y la clase aristocrática mexica. La gente más humilde, que no tenía posibles para tomarlo puro, se limitaba a aromatizar con él las gachas de maíz que constituían su alimento básico.

Notaron los españoles que, a falta de metal acuñado, los mexicas traficaban con nueces de cacao. La almendra de cacao era una divisa sólida y respetada: un esclavo valía cien almendras.

—¡Oh, feliz moneda! —exclamó conmovido Mártir de Anglería—. No solo es una bebida útil y deliciosa, sino que impide la avaricia, ya que no puede conservarse largo tiempo.

Andando días, cuando hubo mayor confianza, Moctezuma presentó a Cortés a algunos miembros de su extensa familia. El

---

412. Natural que nuestro conquistador lo encuentre amargo: *xocolatl* en náhuatl es «agua amarga».

español encontró particularmente bella a la princesa Tecuichpo o Tecuichpotzin,[413] hija de Tezalco.[414]

—Es viuda —explicó Moctezuma.

—¿Viuda? —se extrañó Cortés—. Pero si es una niña...

—Bueno, ya ha cumplido trece años. La casamos a los nueve años con Atlilxcatzin, hijo del cacique Ahuízotl, que era a la vez su primo y su tío materno, pero a los pocos meses murió el joven y desde entonces está viuda.

Mexicas y españoles parecían estar viviendo una luna de miel, mientras cada parte tomaba las precauciones necesarias para cuando llegaran los enfrentamientos, que sin duda tarde o temprano los habría.

La primera providencia de Cortés fue que Martín López, el maestre de los carpinteros, trabajara con sus hombres de sol a sol para construir cuatro bergantines capaces de evacuar a los españoles y a sus caballos si a los mexicas se les ocurría aquella obviedad de romper los puentes, aislarlos en medio del lago y rendirlos por hambre.

También se informó sobre el origen del oro que llegaba a Tenochtitlán, y envió exploradores que lo confirmaran visitando las minas.[415]

---

413. En náhuatl significaba «Pequeña Flor de Algodón», según unos traductores, o «Hija de Venerable Señor», según otros: *Es su rostro algo parecido al de los castellanos e su piel con matiz de india; sus ojos grandes de mirar apenado, e negros; su nariz aguileña, la boca chica. Digérase que tiene el corazón en los labios, pues tal es su forma y el amor que pone en todos sus dichos e palabras.*

414. A la bella Tecuichpo la casaron primero con dos príncipes mexicas (sucesivos, conste) y luego, tras las correspondientes viudedades, matrimonió con tres españoles. Hernán Cortés le hizo un hijo, pero se guardó bien de casarse con ella. Muy guapa, sí —debió de pensar—, pero los maridos le duran un suspiro.

415. Gonzalo de Umbría exploró Zacatula; Diego de Ordás, Tuxtepec y Coatzacoalcos; Andrés de Tapia y Diego Pizarro, Pánuco.

Moctezuma conocía sobradamente la sed de oro de sus huéspedes. En algún momento llegó a pensar que quizá cuando tuvieran mucho se retirarían. Mal entendía que el ansia de oro no tiene enmienda.

Mientras tanto, tenía que alimentar a una muchedumbre de parásitos, entre españoles y sus aliados tlaxcaltecas, a los que los mexicas odiaban entrañablemente.

Aquella situación de abuso no podría prolongarse indefinidamente. ¿Quién movería ficha primero?

Cortés, soldado experimentado, comprendió que su supervivencia exigía que conservara siempre la iniciativa. Empezó a madurar el plan de apresar al *tlatoani*. Con Moctezuma en su poder confiaba en que los mexicas no se atreverían a atacarlo.

Pero necesitaba un pretexto.

En este tiempo de asueto, Cortés y sus capitanes procuraban explorar la compleja corte mexica, tarea nada fácil debido a la barrera del idioma. De nuevo, el que más interés producía en sus apariciones públicas era Alvarado, *Tonatiuh,* «Sol Brillante» en náhuatl, alto, guapo y rubio como el maíz.

Arjona, Chozalhombro, Cotrufes, Medinilla y otros soldados de a pie paseaban por la ciudad en el tiempo libre que les dejaban sus guardias, siempre en grupos armados, como si petos, morriones, espadas y dagas, y escopetas formaran parte de su atuendo cotidiano.

Nada cuentan las crónicas de los prostíbulos de Tenochtitlán, pero se explayan sobre el segundo lugar más frecuentado por la soldadesca: la plaza mayor y sus mercados.

> Tiene esta ciudad muchas plazas, donde hay continuo mercado y trato de comprar y vender. Tiene otra plaza tan grande como dos veces la de Salamanca, toda cercada de portales alrededor, donde concurren cotidianamente por encima de sesenta mil personas comprando y vendiendo toda clase de mercaderías llegadas de los cuatro rincones del imperio, así de alimentos como de joyas de oro y plata, de cobre, de estaño, de piedra, de hueso, de conchas, de caracoles y de plumas.

Arjona y sus colegas, casi todos de humildísimo origen, se admiraban de los vasos, collares, adornos y utensilios que los mexicas fabricaban con la obsidiana obtenida en las minas de la Sierra Madre del Sur y Occidental. También de los delicados textiles de algodón y otras fibras, que competían con prendas fabricadas con una variedad de plumas de diversas aves entre las que predominaban el rojo, el verde y el azul.

En otra zona del mercado se pasmaron ante la cantidad y variedad de aves de caza y domésticas que se vendían en los puestos especializados: guajolotes o gallos de papada, gallinas, perdices, codornices, lavancos, dorales, garcetas, tórtolas, palomas, pajarillos en cañuelas, papagayos, patos, halcones, gavilanes, cernícalos, águilas, *y de algunas de estas aves de rapiña, venden los cueros con su pluma y cabezas y pico y uñas.*

En unas galerías adyacentes al mercado tenían los mexicas establecimientos parecidos a los figones de España.

—¿Tú te has fijado en las porquerías que comen? —señalaba Arjona a su compadre curioseando entre los puestos.

Pocas cosas vivas dejan de comer los mexicas. Culebras sin cola ni cabeza, perrillos que no ladran, castrados y cebados [los tepezcuintles], topos, lirones, ratones, lombrices, piojos y hasta tierra.[416]

Los españoles no permanecieron en Tenochtitlán el tiempo suficiente para apreciar las excelencias de la equilibrada dieta

---

416. López de Gómara, 2011, capítulo 79. Lo que al cronista le parecía tierra comestible era un alga nutritiva que los mexicas cosechaban en su laguna: *Con redes de malla muy menuda barren en cierto tiempo del año una cosa molida que se cría sobre la agua de las lagunas de México, y se cuaja, que ni es yerba ni tierra, sino como cieno. Hay de ello mucho y cogen mucho; y en eras, como quien hace sal, los vacían, y allí se cuaja y seca. Hácenlo tortas como ladrillos, y no solo las venden en el mercado, mas llévanlas también a otros fuera de la ciudad y lejos. Comen esto como nosotros el queso, y así tiene un saborcillo de sal, que con chilmolli es sabroso.*

mexica, que combinaba el maíz, frijol, amaranto y las frutas con proteínas de origen animal. Tampoco llegaron a valorar las delicias de la cocina local: víboras en pulque, tortas de algas, ardillas horneadas en tierra, armadillo en axiote...[417]

417. Algunos de estos platos siguen vigentes en la actual cocina mexicana que es, según el maestro Néstor Luján, una de las tres mejores del mundo (las otras son la francesa y la china): chapulines (una especie de cucaracha), escarabajos (hay ochenta variedades en México, todas comestibles), gusanos de maguey, jumiles, hormigas aladas chiclatanas, escamoles, ahuatle (el caviar mexica, hecho de huevecillos de insectos, que al paladar español saben a camarones), orugas verdes secas o cuchamás, libélulas y hasta escorpiones negros de Yucatán, que los que los han catado dicen que saben a madera.

CAPÍTULO 76
Altares de calaveras cara al sol

En el centro de Tenochtitlán se erigía el recinto sagrado, cuyo principal edificio era el Templo Mayor, una pirámide escalonada construida en 1320 (el tiempo de las catedrales góticas en Europa), en cuya cima se erigían dos pequeñas capillas, casi garitas, que albergaban las imágenes de Tláloc (a la izquierda) y de Huitzilopochtli (a la derecha). En la parte despejada de la terraza, cerca del borde, estaba el altar de los sacrificios humanos *(techcatl),* a la vista de buena parte de la ciudad.

La catedral del impío culto pagano, a ojos de los asombrados españoles, ocupaba la superficie aproximada de un campo de fútbol, y se componía de cuatro troncos de pirámide superpuestos entre los que quedaba un pasillo. Las dos empinadas escalinatas que, a lo largo de la fachada principal, conducían a la terraza superior estaban encerradas entre balaustradas macizas que remataban arriba por un cubo, y a nivel del suelo, por monstruosas cabezas de serpiente.

Al pie de la pirámide del Templo Mayor, Arjona y Chozalhombro descubrieron un zócalo de piedra adornado por un bajorrelieve que representaba calaveras con los dientes hacia afuera.

—*Huey Tzompantli* —los informó un sacerdote mexica, divertido por el asombro que aquello causaba a los presuntos hijos de Quetzalcóatl.

Sobre el zócalo se elevaban, como en un asador de pollos,

hileras de varas con cientos de calaveras ensartadas por las sienes.[418]

Andrés de Tapia y Gonzalo de Umbría, las contaron y hallaron ciento treinta y seis mil calaveras en las vigas y gradas. Las de las torres no las pudieron contar. Cruel costumbre, por ser de cabezas de hombres degollados en sacrificio.[419]

Era la mexica una sociedad muy reglada. La jornada laboral comenzaba con las primeras luces del día, cuando los sacerdotes daban la alborada parcheando sus tambores desde las azoteas de los templos. Al escuchar este sonido, *los caminantes y forasteros se aprestaban para sus viajes, los labradores iban a sus labranzas, los mercaderes y tratantes a sus mercados, y se levantaban las mujeres a barrer* (Durán).

También los nobles y la clase sacerdotal tenían obligaciones que cumplir, pero antes se aseaban, se vestían y, sentados en unas sillas bajas, desayunaban tortillas de maíz calientes con un relleno de carne o pescado y una jícara de chocolate. La clase baja aguardaba dos o tres horas más hasta que las bocinas de los templos marcaban un descanso y entonces desayunaban tortillas de

418. Tzompantli deriva del náhuatl *tzontli* («cabeza») y *panli* («fila»). Para el arqueólogo mexicano Raúl Barrera Rodríguez, el hallazgo de este edificio de unos sesenta metros de diámetro es compatible con la identidad guerrera del pueblo mexica y su centro de poder político, religioso y económico. Los cráneos se colocaban mirando al templo de Huitzilopochtli, como ofrenda al sol, lo que nos sugiere que su presencia *denota un culto a la vida, no un rito de muerte*. ¿Llegaremos a añorar la religión mexica? En el México actual los restos del Tzompantli quedan en la calle Guatemala, a espaldas de la catedral. La presencia de calaveras en el folclore mexicano pudiera corresponder a una pervivencia de estos cultos ancestrales.

419. López de Gómara, 2011, capítulo 82. Erraba el cronista al creer que aquellas calaveras eran trofeos de guerra. Recientes excavaciones han dado con los restos de unas torres de seis metros de diámetro de las que llevan contabilizados 676 cráneos, muchos de ellos de mujeres y de niños. El número total de calaveras se podría calcular cuando se alcance la base del edificio.

maíz y *atolle*, el café mexica, consistente en harina de maíz hervida.

Después de desayunar, los nobles acudían al trabajo en los edificios administrativos situados en el entorno del Templo Mayor y del palacio del *tlatoani*. Algunos se ocupaban en supervisar las entregas de los treinta y ocho pueblos tributarios *(altépetl)*, en los que los mexicas mantenían un agente recaudador *(calpixque)*. Otros despachaban consultas que el *tlatoani* les planteaba sobre cuestiones de gobierno. Algunos, finalmente, juzgaban los pleitos y dictaban sentencias.

A mediodía sonaban las caracolas de los templos para avisar de la hora del almuerzo, que solía ser un quitahambres muy ligero. El pueblo comía acaso una tortilla de fríjoles con *atolle* en casa, en algún bodegón de puntapié callejero o en algún mesón de la zona del mercado.

Los trabajadores de la administración comían lo que se preparaba en las cocinas de su ministerio.

Al atardecer la gente regresaba a casa desde el trabajo. Mientras el pueblo acudía a sus lugares de esparcimiento, los nobles solían relajarse en casa, donde muchos disponían de una especie de sauna (temazcal), de tan reducidísimas proporciones que apenas cabían el dueño y un enano masajista. Esta sauna se mantenía caldeada con el calor que irradiaba la pared del horno de la cocina. El ambiente del temazcal se aromatizaba con plantas olorosas como el salutífero *cacaloxochitl* (alhelí, sacuanjoche o *Plumeria rubra*).

Después de la sauna y el masaje, el noble cenaba en compañía de los varones de la familia (las mujeres comían aparte), generalmente una variedad de platitos de carne, pescado y verduras que se mantenían calientes sobre braseritos de barro. A falta de platos, las porciones se depositaban sobre tortillas de maíz. Un criado, provisto de aguamanil y toalla, se acercaba al comensal cuando era requerido.

¿No nos recuerda la sofisticación de la Roma imperial?

En un detalle importante se diferenciaba la mesa mexica. La bebida se limitaba, supuestamente, a aguamiel o zumo. El alcohol (*pulque* o *uctli*, una cerveza de zumo fermentado de cacto maguey) solo se podía consumir después de cumplidos los cincuenta y dos años, aunque ya podemos suponer que esta regulación se obedecería como la nuestra de abstenernos de carne en Cuaresma. También se consumía por prescripción médica para recuperar el equilibrio psicosomático.[420]

420. Para los mexicas, la vida reside en tres órganos: el corazón *(teyolia)*, sede del alma; la cabeza *(tonalli)*, que representa el espíritu, la divinidad; y el hígado *(ihiyotl)*, que representa la tierra, lo material. El desequilibrio entre los tres órganos causa las enfermedades.

CAPÍTULO 77
Rebelión en la costa

El padre Juan Díaz acudió a Cortés.

—Capitán —le dijo—, puesto que parece que nuestra estadía en este lugar pagano va para largo, bueno será que levantemos una capilla a la Santísima Virgen donde podamos recluirnos a rezar.

Ordenó Cortés al carpintero Martín López que buscara un lugar apartado y capaz, idóneo para el recogimiento y la oración. A las pocas horas el artesano volvió con la noticia de que habían encontrado una puerta tapiada.

—He raspado el revoco y me da la impresión de que es reciente. Dentro, suena hueco. He medido las paredes y parece que allí se oculta un aposento condenado.

Cortés asintió gravemente.

—Búscate a un hombre de confianza y tiráis la puerta.

Martín López llamó al piloto Antolín de Rentería. Cavaron el muro con zapapicos y Antolín se asomó por el butrón:

—¡Anda la hostia, un tesoro!

A la luz de la antorcha refulgía un amasijo de vasijas de oro, placas de variados tamaños, figuritas y cantarillos de cuentas del dorado metal, amontonados sin orden en el angosto escondrijo.

Aquel tesoro había pertenecido al anterior dueño del palacio, Axayácatl, padre de Moctezuma. Era el producto de sus campañas contra los pueblos del entorno.

Cortés convocó en secreto a los capitanes para mostrarles el hallazgo. Las pupilas brillaban a la vista de aquella acumulación de oro y pedrería.

—Mantengamos en secreto el hallazgo para evitar alborotos entre la gente —propuso Cortés—. Que nuestros anfitriones no sepan que hemos dado con estas riquezas. Tiempo habrá de rescatarlas cuando abandonemos la ciudad.

Al salir del aposento, Alvarado y Dávila hicieron un aparte con Cortés.

—La gente está inquieta —observó Dávila—. Dicen los tlaxcaltecas que Moctezuma no es trigo limpio, que mientras nos agasaja anda allegando guerreros para aniquilarnos.

—Yo creo que habría que pedir rehenes al rey de los indios —opinó Alvarado—. Así nos aseguramos de que no nos traicionará. Nuestros hombres salen por la ciudad muy a su sabor. Si los mexicas se lo propusieran, podrían capturar a la mitad de ellos, si no más, sin esfuerzo.

Cortés prometió pensárselo y les pidió que mientras tanto tranquilizaran a la gente.

Pocos días después, un correo de la costa trajo una noticia que confirmaba las sospechas de Alvarado.

—Los mexicas han asesinado a siete españoles de los que dejamos de guarnición, entre ellos al capitán Juan de Escalante.

¿Qué había ocurrido? Al parecer los totonacas, envalentonados por el apoyo que les prestaban aquellos invencibles españoles, se habían negado a satisfacer los impuestos. El cacique Cuauhpopoca, recaudador mexica de aquella zona, no podía consentir que un pueblo sometido se le subiera al mentón, y en consecuencia había atacado a los totonacas para obligarlos a pagar el tributo.

No quedaba claro si era solo por este motivo o por combatir a la escasa guarnición española de Villa Rica de la Veracruz; lo cierto es que los españoles salieron a defender a sus aliados, y en el enfrentamiento murieron los siete soldados y el alguacil mayor Juan de Escalante. Los mexicas hicieron también un prisionero, el soldado leonés Juan de Arguello, cuya cabeza envió Cuauhpopoca a Moctezuma dentro de un odre de salmuera.

—Ya ves, alto *tlatoani,* que los españoles no son hijos de los dioses, sino hombres como nosotros —decía el mensaje—. Te envío la cabeza de uno para que se la ofrendes a los dioses.

Moctezuma contempló horrorizado el barbudo trofeo.

—¿Qué hacemos, gran señor? —preguntó el mayordomo.

—Por lo pronto deshacernos de esta prueba incriminatoria y silenciar lo ocurrido. Que los extranjeros no lo sepan.

Pero lo supieron. Un par de días después, Cortés recibió a un mensajero totonaca con el relato de los hechos.

Reunión de capitanes para deliberar.

—Aquí tenemos el pretexto que necesitábamos para prender a Moctezuma —dijo Alvarado.

Cortés y sus caudillos, acompañados de la indispensable Malinche, se encaminaron al palacio de Moctezuma. El *tlatoani* fingió desconocer lo ocurrido en la costa y, tras hacerse de nuevas, prometió castigar a los responsables.

—Llamaré a Cuauhpopoca y lo entregaré a tu justicia.

—Ya no puedo confiar en tu amistad —se quejó Cortés—. Múdate a vivir con nosotros, en nuestro palacio, y sabré que no tramas nuestra perdición.

El tono era tan perentorio que no admitía réplica.

¿Entregarse como rehén a aquellos matarifes extranjeros de los que empezaba a pensar que eran una caterva de bandidos más que hijos del sol? ¿Qué pensaría su pueblo para el que el *tlatoani* era un semidiós? ¿Podía consentirse tal vejación?

Moctezuma se resistió.

—Mi pueblo no soportaría verme rehén de unos extranjeros.

En el tiempo que llevaban en Tenochtitlán, los españoles habían resultado unos huéspedes conflictivos. El pueblo comenzaba a murmurar y, lo que es peor, criticaba la debilidad del *tlatoani* que los consentía.

—Razón de más para que te pongas bajo nuestra custodia —argumentó Cortés.

Moctezuma se mantuvo inamovible. Cuatro horas duraba ya el forcejeo, cada parte empecinada en su argumento sin ceder a la contraria, cuando el capitán Velázquez de León estalló indignado.

—¡Basta de contemplaciones, Hernán! ¡Somos soldados, no

leguleyos! Obremos en consecuencia; esos perros no hubieran atacado a los nuestros sin órdenes de su amo. ¡Matémoslo aquí mismo y concluyamos el asunto!

Cuando Malinche tradujo las palabras del español, Moctezuma, mortalmente pálido, murmuró:

—Está bien. Os seguiré a vuestro palacio para probaros mi buena disposición.

Moctezuma ordenó traer su litera. Escoltado por los españoles se trasladó a Axayácatl.[421] En cuanto corrió la noticia, las calles y las azoteas se llenaron de gente. Sus silenciosos súbditos se postraban a su paso sin entender el motivo que llevaba al *tlatoani* a abandonar su palacio sin el cortejo acostumbrado y escoltado por los fieros extranjeros. ¿Los acompañaba contra su voluntad? Cuando lo vieron entrar en la residencia cuartel de los españoles, se confirmaron las sospechas. Por la ciudad y el lago circuló el rumor de que los españoles habían apresado al *tlatoani* Moctezuma.

Cortés procuró aliviar el arresto domiciliario de Moctezuma con entretenimientos y juegos. El emperador recibía a sus mayordomos, departía con ellos e impartía órdenes que se cumplían puntualmente. Ante ellos disimulaba que estaba retenido contra su voluntad. Le preocupaba el desprestigio que su sometimiento podía acarrearle ante la nobleza mexica.

En su forzada convivencia con el *tlatoani* y su entorno cortesano, Cortés y los capitanes españoles se familiarizaron con los usos de la aristocracia mexica, que en muchos aspectos encontraban más civilizada que la española. Exceptuando la tacha del canibalismo, una manifestación cultural que a los intolerantes extranjeros les parecía abominable, toleraban las otras rarezas de sus iguales mexicas, como la de lavarse a diario con un jabón que extraían del fruto del *copalxocotl*, o de la raíz de la saponaria, tras

---

421. López de Gómara encomia la osadía de Cortés al prender a Moctezuma: *Nunca griego ni romano ni de otra nación, después que hay reyes, hizo cosa igual que Fernando Cortés en prender a Moctezuma, rey poderosísimo, en su propia casa, en lugar fortísimo, entre infinidad de gente, no teniendo sino cuatrocientos y cincuenta compañeros* (2011, capítulo 84).

lo cual se secaban con suaves toallas de algodón, o lo de dejarse larga cabellera que recogían en una cinta roja adornada con plumas de pájaros tropicales de brillantes colores. Otra característica de la nobleza mexica era que podían tener tantas esposas como pudieran mantener (o sea, un harén encubierto). Los españoles, hipotecados espiritualmente por la práctica de la verdadera religión, solo tenían una esposa..., y cuantas amantes se pudieran permitir.

A la caída de la tarde, *se ponía la ciudad en tanto silencio* —escribía Diego Durán— *que parecía que no había hombre en ella, desbaratándose los mercados, recogiéndose la gente, quedando todo en tanta quietud y sosiego que era extraña cosa.*[422]

---

422. Soustelle, 2002, *passim*.

CAPÍTULO 78
Los juegos de Moctezuma

Cuando no tenía que fingir ante sus ministros, el *tlatoani* de los mexicas, el hijo del sol, abandonaba su actitud hierática y mostraba un lado más humano, casi infantil.

De muy buena gana, Moctezuma pasaba las horas jugando con los capitanes españoles. Era especialmente aficionado al totoloque, que consiste en colar bolitas por un agujero y aproximar lo más posible fichas a una línea.

—El Tonatiuh hace *yxoxol* —señalaba Moctezuma aguantando la risa.

También él llamaba a Alvarado *Tonatiuh*, «Sol Brillante».

—¿Qué es *yxoxol*? —preguntaba Cortés a Malinche.

—Es engañar, hacer trampa —respondía ella divertida—. El Tonatiuh es un tramposo.

En fin, allí todo el mundo hacía trampa, y no solo en el juego. Los españoles conspirando para derrocar al Imperio mexica; los mexicas trazando la manera de exterminar a los invasores que irrumpían en su mundo como los bárbaros en Roma, y los tlaxcaltecas y totonacas dispuestos a perder un ojo si conseguían que los mexicas quedasen ciegos de ambos.

Al simulado arresto de Moctezuma habían seguido otras medidas igualmente impopulares, especialmente la de derribar las efigies de los dioses y sustituirlas por cruces e imágenes de la Virgen.

El padre Díaz, ayudado por fray Olmedo, celebró una misa

en la plataforma del Templo Mayor después de baldear con agua bendita los aposentos sagrados y el enlosado. Treinta totonacas provistos de raederas de cobre apenas bastaron para arrancar la capa de plasma reseco adherido a las piedras. Limpios y todo, aquellos aposentos seguían apestando a la sangre podrida de los sacrificios, por lo que hubo que recurrir a sahumerios de incienso.

—Estos paganos adoran a los demonios —se quejaba el cura mirando las imágenes derruidas de los dioses mexicas—. Ni entre moros se da esta perversión. ¡Por eso los castiga Dios!

—¿Con qué los castiga Dios, padre? —preguntaba con sorna Ordás.

—Pues con nosotros, ¿con qué va a ser?

Unos días después, regresaron los enviados del *tlatoani* con Cuauhpopoca, sus hijos y los oficiales implicados en la muerte de Escalante. En prueba de buena voluntad, Moctezuma los entregó a la justicia de Cortés.

—A los traidores los quemamos en Castilla —informó Cortés.

Moctezuma no objetó. Se esforzaba en disipar la sospecha de que Cuauhpopoca hubiera actuado por orden suya.

Los españoles instalaron diecisiete postes en la plaza, cerca del Templo Mayor, frente a la residencia de Moctezuma,[423] y ataron a ellos, con grilletes de hierro, a Cuauhpopoca con sus hijos y al resto de los condenados. Una multitud silenciosa presenció la ejecución. El olor a barbacoa se extendió por toda la ciudad.

Después del bárbaro espectáculo, Cortés y Moctezuma regresaron al palacio escoltados por soldados españoles, Arjona entre ellos.

—Parece que los indios quieren menos a su rey —comentó Chozalhombro al notar que se asomaban a azoteas y ventanas sin hacer los acatamientos acostumbrados al *tlatoani*.

—Yo digo que debemos salir de esta trampa que es la ciudad antes de que nos hieda la vida —masculló Lope de Arias.

Arjona no decía nada. Llevaba días con pesadillas de muerte.

---

423. Sobre sus cimientos se levantó el actual Palacio Nacional.

El ambiente de la ciudad empeoraba a medida que pasaba el tiempo. Los españoles salían de sus cuarteles como al principio, pero en grupos más numerosos, con mayor prevención. El pueblo no disimulaba su hostilidad. Se apartaban de ellos y a sus espaldas escupían al suelo y hacían gestos de maldición. Los soldados empezaron a no fiarse de comprar nada en el mercado por temor al veneno.

Se habían convertido en una odiada fuerza de ocupación que mantenía secuestrado al *tlatoani*.

Al palacio de Axayácatl llegaban noticias cada vez más preocupantes. Crecía el malestar de la nobleza mexica. Muchos nobles se ausentaban de la ciudad para unirse al sobrino de Moctezuma, Cacamatzin, señor de Tetzcuco, *mancebo feroz, de ánimo y honra*, que según se sospechaba estaba preparando una rebelión contra los españoles.

Cortés solicitó de Moctezuma que mediara para que su levantisco sobrino se sometiera a la nueva obediencia del emperador de España, pero el mancebo le respondió airadamente:

—Si tuvieras sangre en las venas, no estarías preso ni cautivo de esos extranjeros que te usurpan el reino; ni los pies de estos bandidos habrían profanado la morada de los dioses.

Un rumor de tambores de guerra en el horizonte.

Cacamacín [Cacamatzin] era animoso, grosero, porfiado, y tenía mucha y muy buena gente de guerra; y porque también andaban en México ganosos de revuelta para cobrar a Moctezuma, y matar los españoles o echarlos de la ciudad.[424]

—Hagamos las cosas derechamente conforme a la ley —dijo Cortés.

Ordenó a Moctezuma que convocara a los nobles del Imperio para que prestaran vasallaje al rey de España en la figura de su representante.

Después de este traspaso de poderes, y del juramento de Moctezuma como vasallo del rey de España, se dirigió a Cortés.

---

424. López de Gómara, 2011.

—Ya soy súbdito del rey Carlos —le dijo—. Ahora es preciso que tú y tus hombres os retiréis, como prometiste.

—Lo haría —respondió Cortés—, pero no dispongo de las naves necesarias. Tendremos que esperar a que las reciba de mi señor.

CAPÍTULO 79
Europa admira el oro mexica

Efectivamente, llegaron naves de Cuba, pero no eran las que supuestamente esperaba Cortés, sino las que enviaba el gobernador Velázquez con tropas para prenderlo.

¿Qué había ocurrido?

¿Conocen ustedes la anécdota de la película *La vaquilla* (1985), de Berlanga?

El soldado Mariano, que por ser del pueblo vecino se ofrece para guiar al comando que va a robar la vaquilla, da un rodeo innecesario sin otro objeto que pasar por la finquita familiar y comprobar cómo la ha tratado la guerra.

Algo parecido ocurrió con los capitanes que Cortés envió a España para defender su causa ante el emperador. Cortés había insistido en que pasaran de largo ante Cuba, sin tocar la isla, pero a uno de los enviados, Francisco de Montejo, le entraron irreprimibles deseos de pasarse por una estancia de su propiedad.

—Oye, nos vamos a pasar por Marién, para que yo compruebe cómo va una finquita que tengo allí y le dé instrucciones al capataz —le dijo al piloto de la nao, Antón de Alaminos.

—Pero Cortés ha dicho que no toquemos Cuba, no sea que Velázquez sepa que vamos a España —objetó Alaminos.

—Venga, hombre, ¿quién se va a enterar? —insistió Montejo—. Será cosa de un par de días. Llegamos de incógnito y nadie sabrá que estamos allí.

—Vale, yo soy un mandado —dijo Alaminos, y puso rumbo a Cuba.

Como es natural, la noticia de la llegada de una nave de Cortés que días después puso rumbo a España llegó a oídos de Velázquez, quien, comprendiendo que el extremeño lo había traicionado, al momento envió dos naves ligeras a interceptar la de Montejo a fin de evitar que las noticias del rebelde llegaran al rey.

Así funcionaban las cosas. En la corte ayuna de noticias, el último informe recibido solía inclinar la voluntad del rey.

Las naves no pudieron alcanzar al habilísimo Antón de Alaminos, pero llegaron a Sevilla a tiempo para alertar al gran valedor de Velázquez, el ministro de las Indias y obispo de Burgos Juan Rodríguez de Fonseca, *un macizo cristiano y un muy desabrido obispo*.[425]

Montejo y Portocarrero desembarcaron el 26 de julio de 1519 con el tesoro y con media docena de indios, pero al pasar por Sevilla fueron detenidos por alguaciles de la Casa de Contratación, alertados por el obispo Fonseca.

El tesoro que enviaba Cortés —las ruedas de oro y plata que representaban al sol y la luna, otros objetos de oro, piedras preciosas y tocados de exóticas plumas— se expuso primero en Sevilla y después en Tordesillas. Fascinó a cuantos lo contemplaron, entre ellos al secretario del emperador, don Francisco de los Cobos, que, comprendiendo la magnitud de lo descubierto por Cortés, facilitó la comparecencia de sus enviados ante el Consejo del Reino.

El obispo Rodríguez de Fonseca hizo cuanto estuvo en su mano para que el Consejo declarara a Cortés desertor y traidor, y a la ciudad de Veracruz por él fundada, *asentamiento rebelde*. No funcionó. Deslumbrado por el oro, el Consejo, todo

---

425. Guevara, 1539.

él formado por personas de juicio y discretas, decidió que cómo iba a ser traidor un súbdito que estaba haciendo tan rico a Carlos (con la falta de dineros que siempre aquejó al emperador).

De la misma opinión fue el flamante y flamenco regente de Castilla, cardenal Adriano de Utrecht.

Total, sobreseyeron la causa y nombraron a Cortés gobernador y capitán general de Nueva España (nombre con el que la Corona designaba al antiguo Imperio mexica).

Cuando Carlos V partió para Inglaterra, donde iba a visitar a Enrique VIII, su tío político, el famoso depredador conyugal, llevó consigo las dos ruedas de plata y oro mexica para alardear de los tesoros que le rendía «la nueva tierra dorada».

Preguntémosle, con la perspectiva que da la historia:

—Majestad, ¿qué necesidad había de excitar la envidia y consecuentemente despertar la codicia del rey inglés?

Todavía no había piratas ingleses acechando los tesoros de la flota española, pero pronto los habría. Y franceses y holandeses... Y de todo el que dispusiera de medios para poner un barco en el mar.

Lució, pues, el rubio Carlos sus tesoros, y luego prosiguió su camino con ellos hasta Aquisgrán, donde se coronó emperador, y al título de Carlos I de España añadió el de Carlos V de Alemania.[426]

Durante un tiempo, el tesoro de Cortés se exhibió en la sala del ayuntamiento de Bruselas, donde el artista Alberto Durero pudo contemplarlo.

No parece casual que el primer asalto pirata a barcos españoles se registrara poco después, en mayo de 1521, cuando Francisco I de Francia declaró la guerra a Carlos y un corsario

---

426. Del Imperio Romano Germánico, se entiende, porque Alemania era todavía un mosaico de estadillos y no existía como nación.

veneciano a su servicio, Jean Fleury (Juan Florín para los españoles), capturó a la altura de las islas Azores a dos de las tres naves que enviaba Cortés.[427]

427. No se puede decir que aquel fuera un viaje afortunado para los españoles: en alta mar se escapó de su jaula un jaguar que mató a dos marineros antes de saltar al mar. En previsión de nuevas desgracias, el capitán hizo matar a los otros dos jaguares que llevaban enjaulados. Llegando a la isla Terceira, el capitán de una de las naves, Antonio de Quiñones, *que se preciaba de muy valiente y enamorado, revolviose en aquella isla con una mujer, y hubo sobre ello cierta cuestión, y diéronle una cuchillada de que murió.* Después vino lo del asalto y captura del corsario Fleury. El veneciano pirateó durante los cinco años siguientes hasta que se tropezó cerca de Cádiz con un marino vasco, Martín Pérez de Irízar, que lo capturó. Intentó sobornarlo: *Mi libertad y te doy treinta mil marcos de plata,* pero el vasco dijo nones y lo entregó a la Casa de Contratación. De allí lo enviaron al emperador para que dispusiera de él, pero Carlos no vio necesidad de organizar un juicio, con el papeleo que eso conlleva, y devolvió al mensajero con orden de ahorcar al pirata sin más miramientos. El mensajero encontró a los alguaciles que transportaban al preso a la altura del puerto del Pico, en el término abulense de Colmenar de Arenas (actual Mombeltrán). Allí mismo lo ahorcaron, en un barbecho o rastrojo, tan lejos del mar de sus hazañas. *Adiós dietas,* se lamentó el jefe de los corchetes cuando vio al pirata patalear en la soga.

CAPÍTULO 80

¡Que viene Narváez!

Regresemos ahora a Tenochtitlán, donde Cortés con sus cuatrocientos hombres se está haciendo con el Imperio mexica.

Estaba en plena partida de totoloque, cuando se presentó un mensajero con una carta de Sandoval, el nuevo alcalde de Veracruz.

—¿Malas noticias? —se interesó Alvarado al ver que Cortés torcía el gesto.

—Pésimas. Ha llegado una escuadra de Cuba con tres veces más hombres que nosotros.[428]

—¿Quién la manda?

—Pánfilo de Narváez.

Los capitanes de Cortés lo conocían bien. Era el lugarteniente de Velázquez, que perpetró la matanza de Caonao mencionada páginas arriba.

—¿Qué órdenes trae? —preguntó Alvarado.

—Muy claras —respondió Cortés tendiéndole la carta—. Llevarme de vuelta a Cuba, vivo o muerto.

En días sucesivos llegaron nuevas noticias de la gente de Narváez. Siguiendo las huellas de Cortés, se habían dirigido a Cempoala. A la vista de tan fuerte tropa, al Cacique Gordo le temblaron las carnes y recibió amistosamente al enemigo de Cortés. Lo

---

428. Diecinueve bajeles, mil cuatrocientos hombres, ochenta caballos, veinte piezas de artillería y mil auxiliares indios y negros.

había colmado de regalos (la típica señal de sometimiento) y había alimentado a sus hombres.

Entre tanta mala noticia se deslizó un rayo de esperanza: algunos capitanes habían protestado cuando Narváez se apropió de los regalos del Cacique Gordo en lugar de compartirlos con ellos, y lo supo Cortés.

—Si se les halaga un poco podrían venirse con nosotros —pensó el extremeño.

Un plan sencillo que enseguida podría probar. Narváez envió a dos de sus hombres, fray Antonio Ruiz de Guevara y el escribano Alfonso de Vergara, a conminar a Sandoval, el alcalde de Veracruz, a que se rindiera sin resistencia.

—Venimos de parte del gobernador Narváez para darte seguridades de que, si acatas su autoridad, no te juzgarán por rebelde como a Cortés y a los suyos.

Sandoval no se lo pensó dos veces: los prendió y se los envió a Cortés.

—A ver si lo convencéis a él y así nos ahorramos trámites.

Los enviados de Narváez hicieron el viaje con la natural congoja de ignorar si a su final los esperaría la soga de Morata.

Gran sorpresa. Cortés los recibió amistosamente y desplegó ante ellos todo su encanto, eficazmente respaldado con *prometimientos y halagos, y tejuelos y joyas de oro*.[429] Los paseó por Tenochtitlán y les hizo ver cuánto había conseguido para el servicio del emperador.

¿Quién podría resistirse al encanto y a las atenciones del aventurero?

Los enviados de Narváez *donde venían muy bravosos leones, volvieron muy mansos y se le ofrecieron por servidores,* es decir, dicho llanamente, se pasaron al enemigo con armas y bagajes.

Informado cumplidamente Cortés de la fuerza e intenciones de su adversario, los envió de regreso con una carta a Narváez en la que le daba su más cálida bienvenida.

—Lo que no entiendo —precisó Cortés cuando entregaba la misiva— es que el gobernador Velázquez envíe a voacé a pren-

---

429. Díaz del Castillo, 2010.

derme, como si yo lo hubiera servido mal. Quizá ignora que ya no soy su subordinado. Ahora dependo directamente del rey, después de que mis hombres me eligieran capitán general cuando fundamos Veracruz.

Despachada la carta, a la que añadió algunas instrucciones privadas a los portadores, Cortés no aguardó respuesta. Llamó al rubio Alvarado y le dijo:

—Te quedas con ochenta hombres a cargo de Tenochtitlán, porque yo me llevo al resto a enfrentarme con las tropas de Narváez.

Dejar Tenochtitlán prácticamente desguarnecido fue una decisión entre muy arriesgada y temeraria, pero Cortés asumía el riesgo. Tenía que enfrentarse a Narváez con el grueso de su tropa, y aun así no las tenía todas consigo. En su camino a Cempoala fue reforzando a su ejército con algunos contingentes de indios amigos.

El 28 de mayo, Cortés acampó a orillas del río Chachalacas, cerca de Mictlancuauhtla.

—Narváez permanece acuartelado en Cempoala —le dijeron.

—Pues ¿qué hace?

—Aguarda a que el tiempo mejore para salir a tu encuentro.

—Le quitaremos esa preocupación —dijo Cortés—. Yo iré a buscarlo.

El cielo estaba negro y jarreaba. Cortés se puso en camino y acampó cerca de Cempoala.

Visto que la proporción de fuerzas era de cinco a uno a favor de Narváez, Cortés decidió aprovechar el factor sorpresa. La víspera de la desigual batalla ordenó al padre Olmedo que oficiara una misa e impartiera la absolución general a sus hombres.

Con las primeras luces del alba, el campamento en pie y armado, Cortés pronunció una breve arenga, cuya esencial sustancia era que recompensaría generosamente al que capturara o matara a Narváez.

Una vez más, el extremeño demostró ser un consumado estratega. Conocedor de que su adversario reposaba descuidado, sin osar asomar la cabeza con aquel diluvio, lo atacó por sorpre-

sa, después de sobornar al maestre artillero para que humedeciera la pólvora.
No fue una gran batalla. Los hombres de Narváez opusieron débil resistencia. Muchos no perdonaban al jefe que se hubiera apropiado de los regalos del Cacique Gordo sin repartirlos; otros, particularmente los oficiales, habían sucumbido al soborno prometido por los enviados de Cortés.
En la refriega se oyó a Narváez clamar:

¡Santa María, váleme, que me han quebrado un ojo!

Los hombres de Cortés gritaron:

¡Vitoria, vitoria en nombre del Espíritu Santo, que muerto es Narváez!

Narváez no estaba muerto, sino solamente herido: el piquero Pedro Cantero Farfán le había vaciado un ojo.[430]
La batalla quedó casi en venial refriega. Solo veinte muertos.[431]
Dos de las mujeres que acompañaban a la tropa de Narváez, Francisca de Ordaz y Beatriz de Ordaz, hermanas o parientes, asistieron desde una ventana al desbarate de las tropas y prisión de Narváez. Viéndolos cabizbajos y desarmados, Francisca de Ordaz les gritó:
—¡Bellacos, cobardes apocados! Más os cuadraría haber traído ruecas en lugar de espadas. ¡Menuda hazaña la vuestra! —y llevándose el pulgar y el índice de la mano derecha en forma de cruz a los labios como se solía hacer en los juramentos, añadió:— ¡Nos entregaremos delante de vosotros a los criados destos que os han vencido! ¡Malhaya las mujeres que vinieron con tales hombres![432]

430. Según otras fuentes, Pedro Gutiérrez de Valdomar.
431. Entre los muertos figuraban Chicomácatl, el Cacique Gordo de Cempoala, Diego Velázquez *el Mozo* (sobrino del gobernador Velázquez) y Alonso Carretero.
432. Cervantes de Salazar, 1971, libro IV, capítulo 86, p. 23.

Cortés se apropió de las fuerzas de su enemigo. No le fue difícil convencerlos para que se pasaran a sus filas.

—¿Y decís que en esa ciudad que ha tomado vuestro capitán abunda el oro? —preguntaban los de Narváez a sus nuevos camaradas de armas.

—El oro, la plata y todo lo que puedas desear —aseguraban los propagandistas aleccionados por Cortés—. Más rica es que Roma. Y unas hembras estupendas, de lo más hospitalario, deseosas de remediarnos las urgencias biológicas.

Llevado ante Cortés, Narváez, que se sostenía un trapo sobre el ojo perjudicado, improvisó unas palabras para la historia:

—*Seor* capitán, tened en mucho esta victoria y el haberme preso.

—El desgraciado se ha creído un Aníbal ante Escipión —murmuró Morla.

En su respuesta, Cortés rebajó la batalla a sus justas proporciones.

—Doy gracias a Dios y a mis esforzados caballeros; pero conste que desbarataros y prenderos es una de las menores cosas que llevo hechas en esta tierra.[433]

No hubo muchos muertos, pero la Providencia medió para que se aparejaran muchos más. Entre los hombres de Narváez había llegado un esclavo negro, Francisco Eguía, enfermo de viruela. Murió a los pocos días, no sin antes transmitir su mal a la indefensa indiada.

La epidemia subsiguiente fue mortífera para los indígenas y

---

433. Se ha dicho que la torpeza de Narváez ha determinado que la palabra *pánfilo* designe a la persona «ingenua, tarda en comprender las cosas o que se deja engañar fácilmente» *(DRAE)*. No es cierto, y Pánfilo no hizo honor a su nombre. El vocablo *pánfilo* procede del latín *pamphĭlus*, que, a su vez, viene del griego πάμφιλος, pánfilos (πάμ, «todo», φιλος, «amigo», o sea, el que quiere a todo el mundo, el bondadoso). Un caso similar se da en la palabra inglesa medieval *seely*, «santo», que con el tiempo ha evolucionado hasta dar en *silly*, «tonto». Como decía Vlad el Empalador, está visto que en cuanto eres bueno te toman por tonto.

leve para los europeos, que, como sabemos, ya traían en la sangre los anticuerpos por haberla padecido durante generaciones.

—Nosotros morimos y ellos sobreviven —decían los sacerdotes de la serpiente emplumada—. Verdaderamente son hijos de los dioses.

CAPÍTULO 81
La caravana maldita

El gobernador Velázquez presuponía que Narváez derrotaría a Cortés y conquistaría fácilmente el territorio mexica. Impaciente por ampliar sus dominios, había enviado en la expedición a unos seiscientos colonos para que fundaran su primera colonia en la Tierra Firme.[434]

Derrotado Narváez, sus colonos quedaron bajo la protección de Cortés.

—¿Qué hacemos con ellos, los devolvemos a Cuba? —inquirió Cristóbal de Olid.

—No sería justo, han puesto sus haciendas en la empresa —dijo Cortés—, y el rey necesita pobladores para sus nuevas provincias.

Ilusionados con la idea de establecerse en una tierra fértil, los colonos llevaban consigo, además de herramientas y arados, los animales necesarios: caballos, vacas, ovejas, cerdos, perros y gallinas. Buscaban el asentamiento adecuado cuando, en junio de 1520, cayeron en una emboscada preparada por los guerreros acolhua de Zultepec, aliados de los mexicas.

434. Se ha calculado que la caravana estaba compuesta por más de cincuenta españoles y por encima de trescientos aliados indios. En palabras del doctor Martínez Vargas, director de las excavaciones que sacan sus vestigios a la luz, *los restos revelan la presencia de taínos, españoles, mulatos, negros, mestizos, tabasqueños, mayas, totonacos y tlaxcaltecas* (Cruz de Jesús, 2006).

Para los zultepecos fue como si les tocara el gordo de la lotería: casi sin esfuerzo se habían apoderado de un estupendo botín, esclavos, animales desconocidos que daban leche y parían, exóticos enseres y estupendas herramientas de hierro, azadones, hoces, rejas de arar...

Los zultepecos solicitaron instrucciones a Tenochtitlán. En su pueblo nunca se habían realizado sacrificios humanos y no sabían cómo hacerlo.

—Sin problema, amadísimos hermanos —les respondió la jerarquía del Vaticano mexica.

Y de la ciudad sagrada les enviaron a un equipo de sacerdotes matarifes, quienes se ocuparon de los aspectos rituales del asunto.

Los sacerdotes evaluaron a los prisioneros calculando a qué dios correspondería cada uno, si a Quetzalcóatl, la serpiente emplumada; a Tláloc, que propicia la lluvia; a Mictlantecuhtli, regidor del inframundo, o a Tezcatlipoca, que vela por la pureza.[435]

Los sacrificios se sucedieron en el recinto ceremonial de Zultepec a lo largo de ocho meses (entre julio de 1520 y marzo de 1521), coincidiendo con las festividades del calendario litúrgico mexica.

Los huesos estudiados hasta ahora pertenecen a veinte españoles (doce hombres y ocho mujeres), siete negros y dos mulatas. Entre ellos hay niños de cuatro o cinco años y mujeres embarazadas (entre dieciocho y veinte años), de las que se han encontrado los restos de los nonatos. Es evidente que posteriores campañas arqueológicas elevarán considerablemente estas cifras.

Cuando los zultepecos tuvieron noticia de que una tropa de españoles, al mando del capitán Gonzalo de Sandoval, se acerca-

---

435. Por ejemplo, a Nanahuatzin le sacrificaron tres sifilíticos, con cuya carne cocida alimentaron a los sifilíticos del poblado esperando que sanaran; a una española sexagenaria, quizá la más anciana de la caravana, la ofrecieron a Tozi, la diosa madre mexica. Naturalmente no faltaron sacrificios escogidos para Huitzilopochtli, dios de la guerra, al que le levantaron un lucido zompantli (altar de calaveras), ni a Mayahuel, diosa del pulque, especialmente venerada en un pueblo que vivía de la recolección de cactus (para fabricar el aguardiente nacional).

ba para interesarse por la suerte de sus colonos desaparecidos, se deshicieron de los despojos más comprometedores arrojándolos a los pozos.

Espadas, botones, anillos, camafeos, perdigones, clavos, espadas, bridas de caballos, anillos y herramientas fueron arrojadas a los pozos —señala el doctor Martínez Vargas, director de las excavaciones que se realizan desde 1990—. Esa precaución nos ha permitido desvelar un capítulo de la conquista de México que permanecía ignorado. Es de esperar que este lugar se ponga en valor, porque aquí se defendieron las creencias y el mundo prehispánico. Por eso sacamos a la luz los resultados, para que las personas se enteren de que sí hubo resistencia y lucha de los antiguos pobladores para evitar la conquista.[436]

O sea, la masacre de una caravana de colonos indefensos prueba la heroica resistencia indígena a la penetración española.

Con las prisas del último momento, los zultepecos olvidaron retirar *dos caras que habían desollado y adobado con sus barbas,* así como varios cueros de caballos que habían colgado en un templo con sus cascos y herraduras. Mas comprometedor resultó un grafito garrapateado en la pared: *Aquí estuvo preso el sin ventura de Juan Yuste con otros muchos de su compañía.*[437]

Además de los huesos humanos, muchos de ellos cocidos y con marcas de cuchillos e incluso de dientes, se ha encontrado abundante osamenta de cerdos, cabras y otros animales euro-

---

436. Cruz de Jesús, 2006.
437. El suceso ha inspirado un artículo de Pérez-Reverte (1999) en el que se lee: *Ante las gradas de aquel templo, pese a no sentirme para nada solidario con lo que el tal Juan Yuste y sus camaradas habían ido a hacer allí, no pude evitar un contradictorio sentimiento de comprensión; un guiño cómplice hacia todos esos valientes animales que a lo mejor nacieron en mi pueblo, y en el de ustedes, y que en vez de resignarse a lamer las botas del señorito de turno, languideciendo en una tierra miserable y sin futuro, decidieron jugarse el todo por el todo y embarcarse rumbo a la aventura, al oro y también a la muerte atroz que era su precio, llenando los libros de historia de páginas terribles y —lo que no es en absoluto incompatible— también inolvidables y magníficas.*

peos. Curiosidad preocupante: los cerdos no muestran señales de que se los hubieran comido. Simplemente los sacrificaron y los sepultaron, hurtándolos al venturoso destino del pernil curado. No se fiaron de la carne de ese gruñidor y sin embargo simpático animal. ¡Hasta qué extremos puede llegar la barbarie!

Después del glorioso episodio, Zultepec (Cerro de las Codornices) cambió su nombre, y en lo sucesivo se llamó Texcoco (derivado del náhuatl *Tecuaque* (Lugar donde se Come Gente).

En marzo de 1521, el capitán Gonzalo de Sandoval encontró Tecuaque casi desierto. Las ruinas no se volvieron a ocupar, lo que ha favorecido su conservación hasta nuestros días.[438]

---

438. Texcoco o Calpulalpan es hoy el interesante parque arqueológico Tecoaque-Zultepec, en el kilómetro 33 de la carretera federal México-Veracruz, salida 136. La zona arqueológica abarca treinta y cinco hectáreas en las que se vienen produciendo tal cantidad de hallazgos (muchos de ellos expuestos en el Museo Rancho Santo Domingo de Tehuixtla) que en dieciséis años solo se ha excavado una hectárea y media. El edificio más interesante es el gran templo circular de Ehécatl Quetzalcóatl.

CAPÍTULO 82
Fiesta en el zócalo

En ausencia de Cortés, Alvarado recibió en su palacio a la comisión de festejos de Tenochtitlán.

—Sabrás, Tonatiuh, que por ser el mes de Tóxcatl se acerca el día del dios Huitzilopochtli —lo informó el sacerdote—, que el pueblo tiene por costumbre celebrar con una gran fiesta.

—¿En qué consiste esa fiesta? —se interesó el rubio.

—Sacerdotes, nobles y jóvenes guerreros bailan y cantan.

—¿Portan armas?

—No, señor, Huitzilopochtli es el sol, un dios pacífico que hace crecer el nopal y el maíz.

—Me parece bien —lo aprobó Alvarado—, celebrad vuestra fiesta como sea costumbre, pero sin sacrificios humanos.

Cuando se acercaba el día, supo Alvarado por sus espías que, después de todo, sí se celebrarían sacrificios humanos.

—¿A quién van a sacrificar si ya no tienen cautivos? —preguntó el rubio.

—A vosotros, a los españoles.

Los nobles mexicas se habían conjurado para rebelarse durante la fiesta y asesinar a los abusones huéspedes que tenían secuestrado al *tlatoani*.

La víspera del jolgorio, otras señales alarmantes confirmaron a Alvarado el inminente alzamiento mexica. Las cruces e imágenes de la Virgen habían desaparecido de los templos. Además, hacía dos días que en el cuartel de sus tropas no se recibían provisiones.

Alvarado reunió a sus hombres.

—No sabemos cuándo regresará Cortés, ni qué fuerza le quedará después de enfrentarse a Narváez —les dijo—. Nosotros somos pocos y los mexicas son cada vez más numerosos. Cada día que pasa crece el peligro y mengua la esperanza de que salgamos con bien. Los mexicas están preparando nuestra muerte aprovechando la concurrencia de guerreros a la fiesta. Nuestra única esperanza de salvación es adelantarnos a ellos y sorprenderlos. Hoy van a juntarse en el gran patio los principales linajes mexicas. Os propongo que los tomemos como a perro entre puertas y acabemos con todos. Será como decapitar a la serpiente.

Acuerdo unánime. Venderemos caro el pellejo.

Desde el alba, una multitud enorme, como nunca habían visto los españoles, abarrotó las calzadas que conducían al centro de Tenochtitlán al tiempo que numerosas canoas y embarcaciones decoradas para la ocasión con guirnaldas y pinturas desfilaban por los canales. Por las calzadas acudían a la fiesta gentes de los poblados ribereños y aún de las provincias del entorno.

A media mañana, la muchedumbre de nobles mexicas abarrotaba con músicas y danzas el gran patio.

Tenía noticias Alvarado de que el caudillo de la rebelión era el hermano de Moctezuma, llamado Cuitláhuac o Cuitlahuatzin, príncipe o infante de la casa mexica. Lo apresó y lo retuvo en Axayácatl, muy contra su voluntad, mientras los españoles ocupaban los tres accesos del gran patio, la puerta de Cuauhquiyauac (Águila), la de Ácatl Iyacapan (Punta de Caña), y la de Tezcacóac (Serpiente de Espejos).

Sonó una trompeta, la señal convenida. Alvarado y sus hombres irrumpieron en medio de la fiesta. Al que tañía el tambor cerca de la puerta le cortaron ambos brazos del primer tajo y lo decapitaron del segundo. La cabeza cercenada rebotó en las losas, entre los pies de los danzantes.

Cesó la música. Los danzantes se detuvieron, perplejos, y miraron a los intrusos. Inmediatamente se elevó un clamor de angustia. Los españoles acuchillaban a la multitud acorralada e indefensa.

Como el rebaño atacado por el lobo, los desesperados mexicas se atropellaban intentando escapar. En el tumulto, los más débiles morían aplastados por la masa enloquecida.

No había salida posible. Nadie pudo escapar a la matanza. Ahorremos al lector los detalles *gore* que aportan las crónicas, como que a algunos se les enredaban los pies en sus propios intestinos y caían entre el amasijo de miembros cercenados.

Al término de la matanza, corría la sangre como agua de lluvia y el vapor hediondo desprendido de las entrañas abiertas se remansaba entre los muros del patio. Los españoles se retiraron, los brazos cansados de matar, mientras que sus aliados tlaxcaltecas y totonacas registraban los cadáveres y asesinaban a los que se fingían muertos.[439]

Alvarado había ordenado que, después de la matanza, sus tropas se acuartelaran en su fortaleza de Axayácatl en espera de acontecimientos. En las azoteas y en los puntos más expuestos había emplazado a la artillería protegida por banastas de piedras.

Chozalhombro figuraba entre los que habían guardado las puertas del recinto donde se perpetraba la matanza. De regreso al cuartel, vio montones de cadáveres mexicas, entre ellos los de muchas mujeres y niños hasta de pecho.

—Esto es cosa de nuestros indios —dijo Barrientos—. Odio tan vivo como el de esta gente por los mexicas no se ve ni en los aduares de la Berbería.

Durante unas horas, un silencio mortal se extendió por la ciudad. En las calles desiertas el aire levantaba remolinos de polvo y hojas muertas.

439. Las fuentes discrepan sobre la matanza del Templo Mayor. Los cronistas españoles la justifican alegando que Alvarado se adelantó a los nobles mexicas, que planeaban prender a los españoles y sacrificarlos a los dioses. Por el contrario, los textos indígenas consideran que fue una matanza gratuita ordenada por Alvarado y secundada por sus soldados. Vaya usted a saber. También pudiera ser que Alvarado diera crédito a los bulos de sus aliados tlaxcaltecas, que odiaban a los mexicas. Las principales fuentes indígenas que sostienen que no hubo conspiración mexica son el *Códice Ramírez*, el *Códice Aubin* y la *XIII Relación de Fernando de Alva Ixtlilxóchitl*, compiladas por el profesor Miguel León Portilla en su obra *Visión de los vencidos* (1959).

Por la tarde, los centinelas, que vigilaban la ciudad desde las azoteas de Axayácatl, percibieron un lejano rumor como el de los torrentes cuando arrastran los guijarros del fondo. En Cuauhxicalco (Urna del Águila), las mujeres que velaban a los muertos emitían gritos desgarradores y se herían las mejillas y los pechos.

Una hora después el rumor había crecido hasta convertirse en un clamor: Tenochtitlán rugía como una fiera herida.

A Alvarado le llegaron noticias de un turbión de guerreros mexicas que afluía por las calzadas del lago. De su contorno y de los acuartelamientos de las fuerzas mexicas llegaban los guerreros dispuestos a la batalla con sus pinturas de guerra, sus escudos emplumados, sus penachos, sus hachas de obsidiana, sus dardos y sus aljabas de piel de ocelote repletas de flechas. A ellos se les unían muchos campesinos y artesanos de la ciudad con un clamor de venganza.

Alvarado había reforzado las puertas y repartido a los capitanes en sus puestos como para resistir el asedio. Algunos se lamentaban secretamente, porque Axayácatl, más palacio que castillo, era difícil de defender.

El ambiente se cargó de negros presagios. Algunos españoles rezaban en silencio tan solo moviendo los labios; otros conversaban en susurros. El padre Díaz había repartido absoluciones. Los veteranos disimulaban su propio miedo confortando a los *chapetones* (como dijimos llamaban a los novatos).

A poco, las turbas de guerreros águilas y jaguares rodearon el edificio por tierra y por el canal, donde se acumulaban canoas repletas de guerreros vociferantes.

Crecía el estruendo de la tamborrada hasta el punto de que los españoles tenían que hablarse al oído y a voces. Un diluvio de flechas y dardos emplumados comenzó a llover sobre las terrazas y los patios. Los arcabuceros se refugiaron bajo los paveses que protegían a los artilleros, estorbándolos.

—Esperemos que se cansen —dijo Chozalhombro.

—Verá voacé cómo no se cansarán —dijo Aguilar, que algo sabía de indios—. Como son muchos, tienen para turnarse y siempre los tendremos de refresco.

Alvarado fue a ver a Moctezuma. El *tlatoani* se había sentado en el suelo, en el rincón más oscuro de su aposento, la cabeza cubierta con un paño. A Alvarado le pareció que había disminuido de tamaño. Parecía más un esclavo que un monarca.

—*Tlatoani* —le dijo inclinándose con respeto ante él—, ¿no podrías salir a la terraza para que tu pueblo compruebe que estás bien y se aplaquen los ánimos?

El intérprete totonaca, que acompañaba al rubio capitán, lo tradujo.

Moctezuma levantó la mirada. Tenía los ojos inflamados. Con voz enronquecida dijo:

—Mi pueblo me maldice. Si salgo a ellos, me matarán. Los he traicionado.

Alvarado regresó a la empalizada que los artilleros habían levantado sobre la entrada principal del palacio.

—La mecha encendida y calma —les dijo.

En aquel momento, un caudillo indio, a juzgar por el vistoso plumaje, salió de su resguardo y corrió por el altozano portando un odre.

—¡Nos quieren quemar las puertas! —señaló el alférez Romaño.

Cotrufes le apuntó con su ballesta, pero alguien se le había adelantado. Un escopetazo le voló al indio la vasija que portaba y lo hirió en el pecho. Cayó de espaldas sobre la grasa derramada.

—Ese se ha ido con los dioses —dijo Chozalhombro.

—Todavía no —corrigió Hardón.

El herido levantaba la cabeza hacia los suyos en demanda de auxilio. El rodal de grasa en el que estaba tendido comenzó a arder con llamas al principio amarillas que enseguida viraron al color de la lumbre. Gemía, quemadas las plumas, e intentaba arrastrarse fuera de las llamas. Dos indios jóvenes y desplumados, desnudos si no fuera por el *máxtlatl* que les tapaba el sexo, corrieron a socorrerlo, pero fueron abatidos de sendos ballestazos. Tras ellos salieron otros, en buen número, que al final rescataron al quemado.

—Seis indios muertos y uno asado —murmuró Hardón volviéndose hacia Cotrufes con una mueca cínica—. Esas son las guerras que solía reñir el gran Escipión.

Por la tarde, Alvarado envió a una patrulla para reconocer si estaba expedito el camino de escape que días antes había explorado por un espeso cañaveral que podía ocultarlos. Regresaron con dos hombres heridos de flecha.

—Está muy vigilado —dijo el cabo Barrionuevo—. ¿Quiere voacé que quememos las cañas para quitar sorpresas?

Alvarado se lo pensó.

—Dejadlas, que ya las quemaremos cuando haya indios en ellas.

Supo Cortés por mensajeros totonacas los apuros de Alvarado y regresó a Tenochtitlán a marchas forzadas, los *magnis itineribus* de sus lecturas de César. También él había pasado el Rubicón cuando se desligó de Velázquez, y ahora se veía constreñido a seguir adelante aceptando el riesgo. Si algo le carcomía la conciencia era el haber metido a sus hombres en la ratonera de Tenochtitlán, donde siempre supo que en caso de rebelión no tendría campo donde maniobrar. Se consoló pensando que al menos los indios aliados le seguían fieles. ¿Por cuánto tiempo?

El ejército de Cortés había crecido con la aportación de los hombres de Narváez.[440] Ahora disponía de mil trescientos soldados, noventa y siete caballos, ochenta ballesteros, ochenta escopeteros, nueve cañones y cerca de diez mil indios amigos. Más de lo que nunca había tenido a su mando; pero, aun así, parecían pocos para enfrentarse a los guerreros mexicas que afluían desde distantes guarniciones, enardecidos con la idea de participar en la lucha contra los invasores blancos.

---

440. Entre los capitanes de Pánfilo de Narváez que se pasaron a Cortés mencionaremos a Juan Cano Saavedra, que antes de la batalla prometió desorejar a Cortés y comérsele una oreja, y que una vez derrotado le comió, efectivamente, la oreja en la más pacífica acepción de la frase. Cortés le concedió la encomienda de Macuilxochitl y la mano de la princesa mexica Isabel Tecuichpo, la hija del emperador Moctezuma. Retirado de la milicia, rico y respetado, escribió una *Relación de la Nueva España y su conquista*.

CAPÍTULO 83
La muerte de Moctezuma

Tenochtitlán y el lago de Texcoco se habían convertido en una trampa mortal. En las últimas etapas del camino, Cortés tuvo que luchar para abrirse paso, pero el 24 de junio de 1520 logró unirse a los hombres de Alvarado que se defendían en los cuarteles de Axayácatl.

Mientras la tropa descansaba de las fatigas pasadas, Cortés cometió el error de liberar a Cuitláhuac, el hermano de Moctezuma, pensando que calmaría los ánimos de la población sublevada.

Craso error.

Cuitláhuac se puso al frente de su pueblo y lo animó a no cejar hasta aniquilar a los intrusos. Además, en su condición de *tlacochcálcatl*, o capitán general del ejército mexica, convocó el consejo supremo o *tatoclán*, que podía destituir a Moctezuma, ya definitivamente desprestigiado, y nombrar a un nuevo *huey tlatoani*.

En tan difíciles circunstancias, Cortés consultó con Moctezuma qué se podría hacer para aplacar los ánimos de los rebeldes. Quizá si apareciera ante el pueblo e intentara persuadirlo para que depusiera las armas...

—¿Qué quiere de mí, Malinche? —respondió quejumbroso Moctezuma—. No deseo vivir ni oírlo, pues me ha traído ya la desgracia con sus falsas promesas y mentiras.

Insistió Cortés y el *tlatoani* finalmente cedió. Escoltado por españoles que lo protegían con sus escudos y ataviado con la capa de plumas y las insignias de su rango, compareció en la azotea del edificio. Al principio el pueblo guardó respetuoso silencio, lastrado como estaba por el respeto reverencial debido al *tlatoani*.

Molesto por el apocamiento de la indiada, su sobrino Cuauhtémoc, que se había destacado entre los agitadores de las filas delanteras, le gritó:

—¿Qué nos viene a decir este canalla, puta de los españoles? ¡Vamos a darle lo que su vileza merece!

Y uniendo la palabra a la acción, le lanzó el dardo, lo que desencadenó una rociada de piedras y flechas. Los españoles se retiraron llevando consigo al vacilante Moctezuma, al que una certera pedrada había descalabrado.

Moctezuma rechazó obstinadamente los cuidados médicos. Falleció a los tres días, posiblemente de tétanos, con gran pesar de Cortés y de sus capitanes, que habían llegado a apreciarlo.[441]

Los mexicas estrecharon el asedio. Le habían perdido el miedo a las armas españolas. Despreciando las bajas, se enfrentaban a los invasores con la ciega determinación de exterminarlos.

Un Dos de Mayo para los patriotas mexicas, entendámoslo de ese modo.

En los pocos momentos de calma, cuando los escuadrones de refresco tomaban su turno, cesaba el clamor de tambores y caracolas. Desde una azotea cercana al palacio, un pregonero anunciaba a los sitiados que el oro que habían rapiñado no lo iban a disfrutar.

—¡*Castellans*, solo sois carne para el altar de los sacrificios! ¡Os arrancaremos el corazón aún palpitante y nos daremos un banquete con vuestras carnes!

---

441. *Cortés y todos nosotros, capitanes y soldados lloraban por él, y no había nadie entre nosotros que lo hubiese conocido y hubiese tenido tratos con él que no le llorase como si fuera nuestro padre, que no es de extrañar, ya que era tan bueno* (Díaz del Castillo, 2010). Otras fuentes menos seguras sostienen que los españoles lo ejecutaron cuando ya no les resultaba útil. Tampoco puede descartarse.

Los soldados hacían cola para consultar al astrólogo Botello sobre el porvenir. Él abría su cartapacio de pergamino, en el que con muchas líneas, colores y dibujos tenía plasmado el horóscopo.
—¿Qué quieres saber?
—Si moriré de esta.
Botello cerraba los ojos y derramaba sobre el pergamino cinco semillas negras.
—No morirás.
A otros que preguntaban lo mismo les decía:
—Veo una niebla en la que no te reconozco. La muerte y la vida están en manos de Dios.
Algunos preguntaban si matarían a su caballo o a su perro.
—No lo matarán.

CAPÍTULO 84
La Noche Triste

Muerto Moctezuma, el consejo mexica, el *tlahtocán,* eligió a su hermano Cuitláhuac para sucederlo.

—Cuitláhuac no nos dará cuartel —dijo Cortés cuando conoció la noticia—. No tenemos más salida que abandonar la ciudad. Si seguimos aquí nos rendirán por hambre. En el campo encontraremos de qué comer y podremos movernos.

—Y combatir abiertos, con la caballería —añadió Alvarado.

Los capitanes estuvieron de acuerdo. Muchos de ellos tenían recuerdos propios o referencias de las guerras de Granada y de Nápoles. Mejor morir dignamente en campo abierto que perecer de hambre detrás de un muro cobarde.

—¿Cómo lo haremos? —preguntó Saucedo.

—Llevo días dándole vueltas —dijo Cortés—. Creo que la mejor calzada es la de Tlacopán a Tacuba.[442]

—Son ocho puentes —objetó Sandoval—. Los tendrán cortados.

—Haremos un puente de madera portátil y lo iremos tendiendo en cada cortadura.

Martín López y sus carpinteros desmontaron de los techos

---

442. El itinerario seguido por Cortés y sus hombres en la huida de la Noche Triste corresponde actualmente a las calles Tacuba, Hidalgo, Puente Alvarado (colonia Tabacalera), calle de San Cosme y carretera de Tacuba.

las vigas necesarias y construyeron una plataforma portátil lo suficientemente sólida, aunque algo pesada.

Tres días después, el 30 de junio de 1520, aprovechando que se había levantado una espesa neblina, Cortés y sus hombres abandonaron sigilosamente Axayácatl.

En la vanguardia iban buenos piqueros y escopeteros al mando de Ordás y Sandoval; a continuación, Cortés, Olid y Dávila; después, los prisioneros reales, las mujeres y el tesoro transportado a lomos de ochenta tamemes tlaxcaltecas, todo bajo custodia de los capitanes de Narváez, y en la retaguardia Alvarado y Velázquez de León.

Sin sonido alguno, vendados los cascos de los caballos, llegaron al primer corte. Los porteadores tendieron el puente con ayuda de los carpinteros.

Con toda la tropa detenida detrás, el tiempo se antojaba eterno.

—¿No lo podéis hacer más presto? —preguntó en sordina el impaciente Sandoval.

—*Seor*, si queremos que resista hay que formarlo bien —dijo Martín López.

Finalmente quedó tendido. Una docena de adalides pasó al otro lado para probar su firmeza.

—Aguanta bien —dijo Sandoval—, que pase la tropa.

Así prosiguieron por la calzada, pero al llegar al segundo corte, cuando estaban tendiendo el puente, un caballo se espantó.

—¡Silencio todos! —ordenó Cortés en voz baja—. Tranquilizad a la bestia.

Demasiado tarde. Una anciana insomne lo había oído desde una vivienda cercana. Prestó oído y percibió más rumores. Escudriñó la oscuridad y creyó distinguir formas movientes. Pensando que podrían ser los extranjeros, despertó a unos guardias cercanos y estos asomándose a las azoteas distinguieron los escuadrones entre la niebla.

—¡Los demonios escapan!

Un furioso clamor de caracolas y bocinas atronó el aire alertando a la ciudad. Al punto sonó el teponastle, el tambor de piel de serpiente que convocaba a la batalla. El griterío era ensordecedor.

—Apuraos, maese Martín López —apremiaba Cortés al carpintero—, que se nos viene encima la indiada.

Lo intentó el carpintero, pero con las prisas los totonacas que lo servían afirmaron mal los soportes y el extremo del puente resbaló sobre el apeo de la exclusa y quedó encajado. Con esfuerzo pudieron rellenar de fardos la parte hundida y la tropa lo salvó, pero la pasarela quedó inútil.

—Se ha encajado —anunció Martín López—. No se puede recuperar.

Los fugitivos quedaron aislados en la calzada, con cinco exclusas que cruzar y sin posibilidad de volver atrás. Cortés hizo tocar la trompeta para que las tropas se pusieran en defensa. A través de la niebla se oían llegar muchedumbres de vociferantes guerreros mexicas, tanto por la calzada como por el lago, en un enjambre de canoas. Batían las macanas contra los escudos y proferían sus aullidos de guerra.

Chozalhombro miró a Arjona.

—Tienen mal despertar, ¿eh, Bonosillo?

No respondió. Tenía la boca seca.

El ejército avanzó hasta la siguiente exclusa, y entabló combate con los mexicas.

Llovían dardos, flechas y piedras hiriendo a hombres y caballos. Las espadas y las lanzas se abrían paso tajando carnes oscuras. Cortés ordenó cegar el paso de la exclusa con los fardos de la impedimenta. También arrojaron caballos e indios muertos o moribundos hasta colmatar el hueco.

—¡Adelante, adelante, por Santiago! —gritaba Alvarado mientras se abría paso, seguido de sus escuderos. Como espigas se abatían los mexicas a su paso, pero enseguida surgían más de la noche, como fantasmas, innumerables.

Cruzaron por el improvisado vado y prosiguieron por el siguiente tramo de la calzada abriéndose paso entre los indios que la ocupaban. Aunque hacían en ellos una gran degollina, también los españoles sufrían muchos muertos y heridos de la lluvia de dardos, flechas y piedras que las canoas y azoteas disparaban muy a su salvo desde ambos lados de la calzada. Contra esos flecheros nada podían hacer. El apremio era tal que no daba lugar

El dorado

La balsa de El Dorado (Museo del Oro, Bogotá, Colombia).

Sebastián de Belalcázar.

Cabeza de Vaca.

Cabeza humana reducida, Ecuador (Museo de América, Madrid).

Cataratas de Iguazú (Brasil).

Francisco de Orellana.

El río Amazonas.

Pizarro y Almagro buscan el Perú

Francisco Pizarro traza una línea en la arena en Panamá retando a sus hombres a seguirle al Perú, 1530. Grabado en madera de una ilustración del siglo XIX.

Pizarro y Almagro en una ilustración de la crónica de Guamán Poma de Ayala, c. 1615.

Imagen del dios Viracocha.

Cerámica inca, siglo XVI.

Indio yumbo, por Vicente Albán, 1783 (Museo de América, Madrid).

El Imperio inca

El cacique Manco Cápac.

Ídolo incaico.

Quima. Lámina del siglo XIX.

Famosa piedra de los doce ángulos, Cuzco.

Fortaleza inca de Sacsayhuamán, Perú.

Vaso inca.

Machu Picchu.

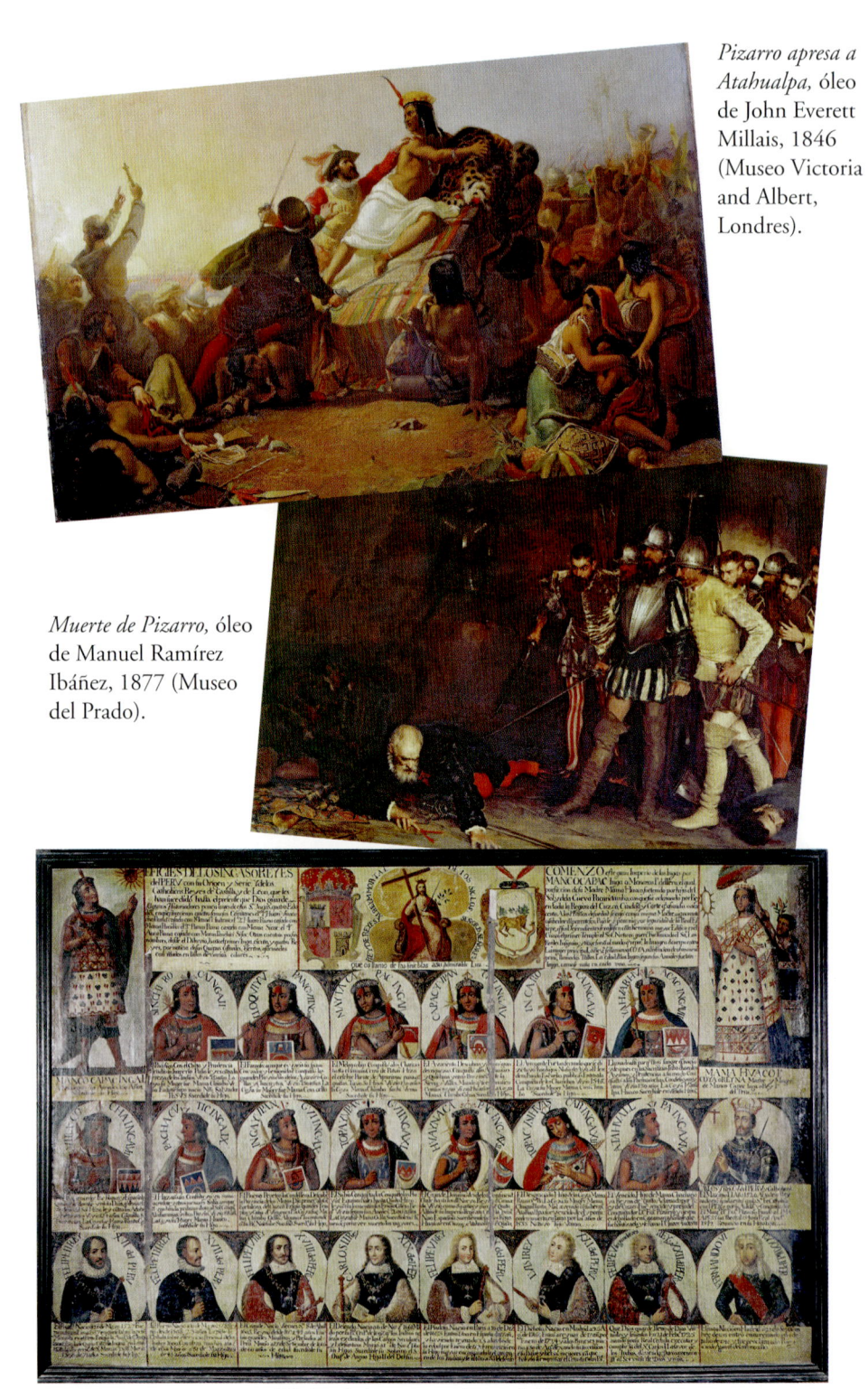

Pizarro apresa a Atahualpa, óleo de John Everett Millais, 1846 (Museo Victoria and Albert, Londres).

Muerte de Pizarro, óleo de Manuel Ramírez Ibáñez, 1877 (Museo del Prado).

Efigies de los reyes o incas del Perú.

Pedro de Valdivia.

La fundación de Santiago de Chile, óleo de Pedro Lira, 1898 (Museo Histórico Nacional de Santiago, Chile).

La cautiva, óleo de Juan Manuel Blanes, 1880 (Colección de Arte Amalia Lacroze de Fortabat, Buenos Aires).

Los metales preciosos

Moneda de oro de Carlos III.

Cerro Rico de Potosí, Bolivia.

Sello de Felipe IV

Indicación de la pureza del oro: veintiún quilates y cuarto en números romanos invertidos (IXX y un punto en la parte superior)

Bocado del quilatador

Indios mineros en un grabado de Theodor de Bry, 1596.

Lingote de oro procedente del naufragio del galeón *Nuestra Señora de Atocha*.

La mina de Potosí en un grabado del siglo XVIII.

Castigo a los mineros, según el cronista Guamán Poma de Ayala, c. 1615.

Mestizaje español

De español y negra nace mulata. Escena de maltrato doméstico. La esposa recibe a sartenazos al marido.

Óleos sobre mestizaje, José Joaquín Magón (Museo de Antropología, Madrid).

Sevilla y el Archivo de Indias

La Sevilla del siglo XVI, óleo de Alonso Sánchez Coello, 1588 (Museo de América, Madrid).

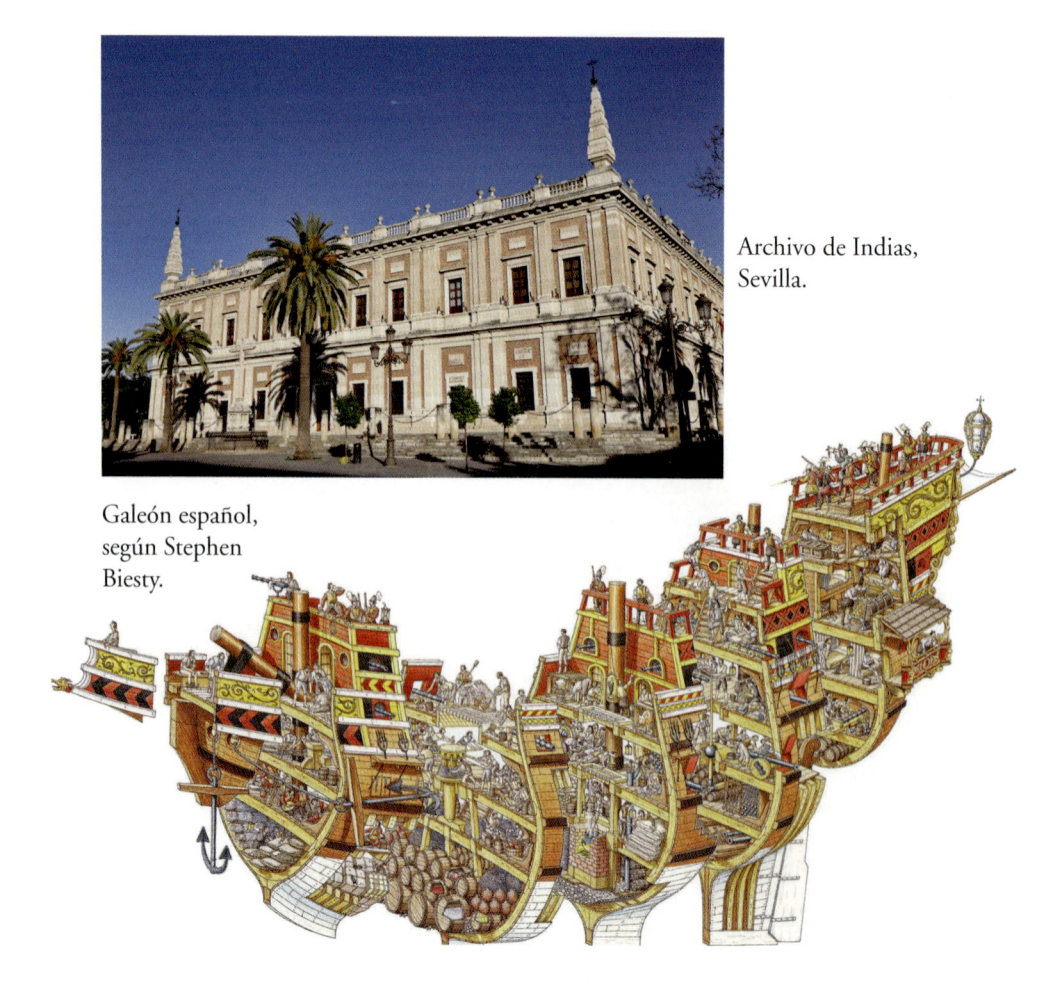

Archivo de Indias, Sevilla.

Galeón español, según Stephen Biesty.

Cervantes, pretendiente indiano

Instancia de Cervantes solicitando licencia para pasar a las Indias. El funcionario se la deniega escribiendo al pie: *busque por acá en que se le haga merced. En Madrid, a 6 de junio de 1590* (Archivo de Indias, Sevilla).

La batalla de la propaganda

Idealizada visión de los colonos ingleses socorriendo a los indios en el óleo *Primer Día de Acción de Gracias en 1621*, de Jean Leon Gerome Ferris (1932).

Escultura *El padre de las Casas amamantado por una india*, siglo XIX (Museo de Talca, Chile).

Un español alimenta a sus perros con un bebé indígena al que ha cortado en dos mitades. Ilustración y texto de la *Narratio regionum indicarum per hispanos quosdam deuastarum verissima per Episcopum Bartolomaeum Casaum*, Theodor de Bry, 1614.

Emblema de la Santa Inquisición en la actual Escuela de Medicina, México.

El encomendero abusa de un indio, dibujo del *Códice Kingsborough*. Copia del italiano Agostino Aglio, 1825-1826, para lord Kingsborough.

Perros alanos despedazan a los indios homosexuales, grabado de Theodor de Bry, 1614.

Asesinato masivo de indios por los españoles, grabado de Theodor de Bry en la *Narratio regionum indicarum per hispanos quosdam deuastarum verissima per Episcopum Bartolomaeum Casaum*, 1614.

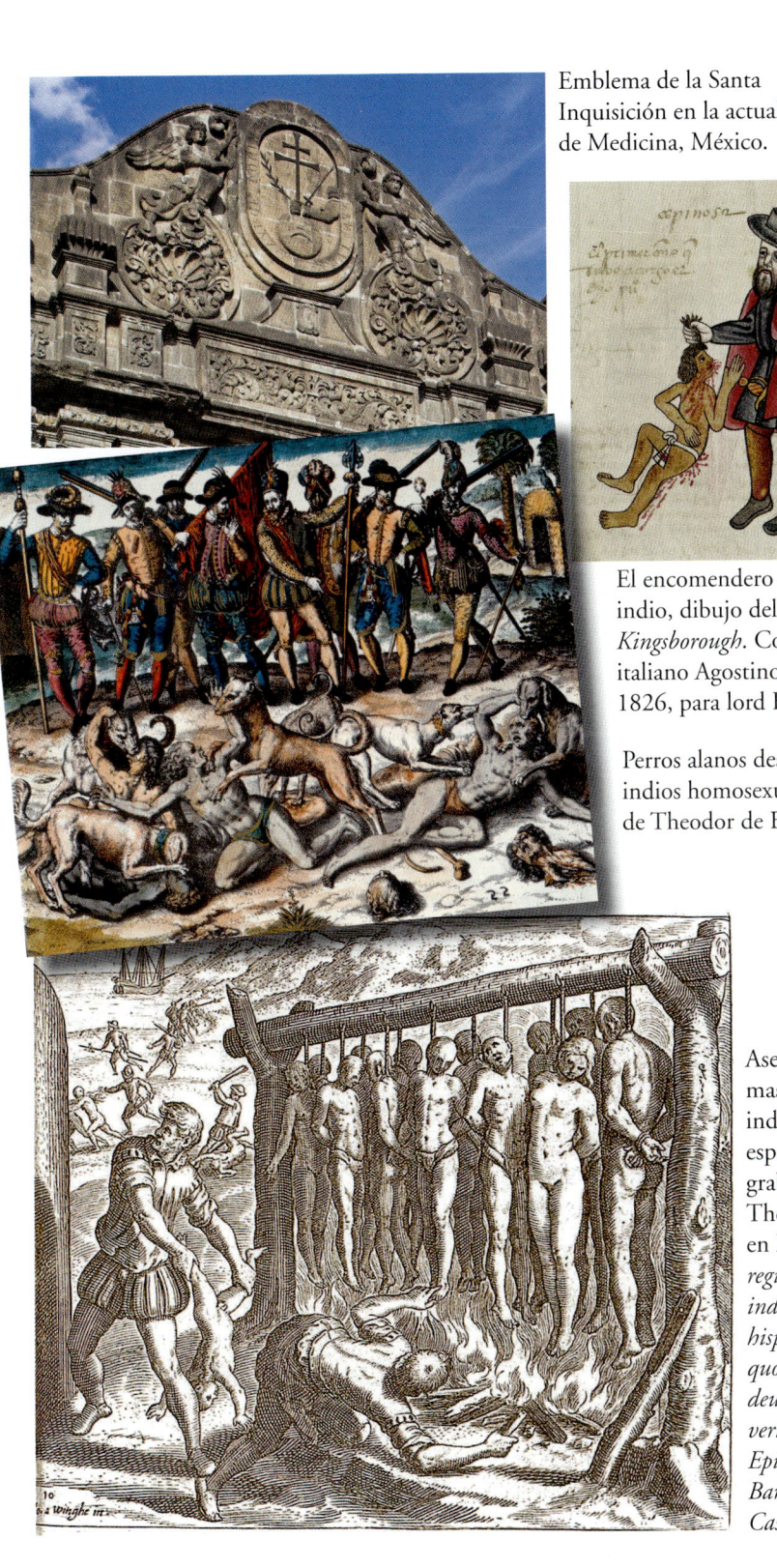

Colón glorificado

Cartel conmemorativo del IV Centenario, 1892.

Colón desahuciado

Colón desahuciado de su monumento en Caracas por el presidente Maduro para sustituirlo por una peculiar escultura del cacique independentista Guaicaipuro, 2016.

Monumento a María Lionza, cacica y diosa indígena venezolana de contundentes formas. Monumento cerca de la Universidad Nacional de Venezuela. El animal que monta es una danta o tapir, voluntarioso equivalente indígena del caballo de los monumentos europeos.

Renovado escudo de Champotón (Campeche, México), con las armas españolas rotas y humilladas en conmemoración de la victoria indígena.

Enriquillo, héroe taíno en la lucha contra los españoles (República Dominicana).

La evangelización

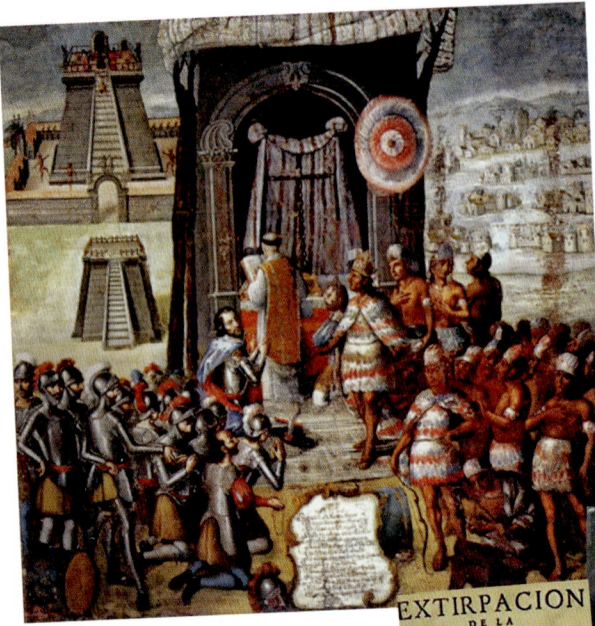

La consagración de los templos paganos y la primera misa en México-Tenochtitlán (José Vivar y Valderrama, 1752, INAH, México).

Virgen de Guadalupe.

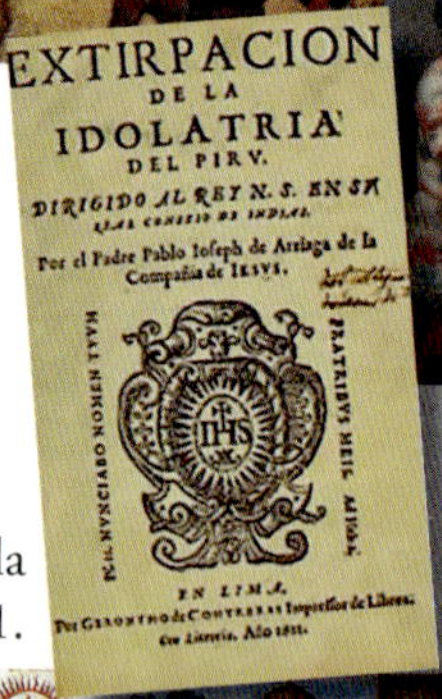

Portada del libro *Extirpación de la idolatría*, del padre José de Arriaga, 1621.

Bautizo de Ixtlilxóchitl, por José Vivar y Valderrama, siglo XVIII (Museo Nacional de Historia, Perú).

Formación de linajes mestizos: *Bodas del capitán Martín de Loyola con Beatriz de Ñusta y Juan Hernández de Borja con Ana María Coya de Loyola,* anónimo (Archivo Digital de Arte Peruano).

El legado español

Iglesia de San Juan de Sutiaba, Nicaragua.

Plaza de Armas de Cuzco (Perú).

Universidad Pontificia de México.

La Real Universidad de San Marcos (Lima), también conocida como la Universidad de Lima, está considerada como la más antigua de América. Su fundación data del 12 de mayo de 1551.

Imprenta y final

En 1536, el virrey don Antonio de Mendoza estableció en México la primera imprenta de América. En 1847, tropas norteamericanas destruyeron el archivo.

En julio de 1660 llega a Guatemala José de Pineda Ibarra, maestro impresor, y con él, la primera imprenta.

Retablo barroco peruano en Arjona (Jaén), 1672 (foto: Antonio García).

a que escopeteros ni ballesteros cargaran sus armas. Las llevaban terciadas a la espalda y combatían con rodelas y dagas. Encerrados en la estrecha calzada, algunos indios se abrazaban a un español y con él se echaban al agua donde los de las canoas lo prendían.

El pánico se apoderó de muchos soldados de Narváez, menos fogueados que los de Cortés. Se atropellaban en la huida y, apelotonados, eran blanco fácil para los dardos y las jabalinas mexicas. Muchos de los que cargaban con oro se ahogaron en los pasos, lastrados por su botín.

Chozalhombro había perdido la espada, pero, aunque herido de una flecha que le traspasó el perpunte, se defendía bien con media lanza tomada de un jinete muerto.

—¡Aquí perecemos, compadre! —le dijo Arjona, que combatía a su lado.

—¡Tajos a la barriga, Bonosillo, y deja la plática para luego!

En aquellas estrecheces, sin campo abierto donde maniobrar ni abalanzarse con el impulso de su peso, los caballos no eran de mucha ayuda. Los guerreros águilas y jaguares habían fabricado alabardas con las espadas tomadas a los españoles, y con ellas traspasaban los vientres de los caballos.[443]

En medio del tumulto de tambores y caracolas, se alcanzaba a oír que los indios proferían insultos en la lengua de Castilla:

—Culones, ¿todavía estáis vivos? —decían—. Esta noche moriréis.

Con estas penalidades y padeciendo muchas bajas, Cortés y los de la vanguardia pasaron el último puente roto, y ganando el campo abierto, que les permitía defenderse mejor, aguijaban sus cabalgaduras hacia el cerrete de Tacuba.

—Algunos caballos de los que traían el oro se han salvado —decía Gonzalo de Sandoval.

En esto llegó Cotrufes con la cabeza muy magullada, un ojo cerrado que no lo podía abrir y dijo:

---

443. El lugar donde la mayor parte de los españoles murieron se ha señalado tradicionalmente como el emplazamiento de la actual iglesia de San Hipólito.

—¿Tienen miedo los caballeros? Atrás quedan otros hermanos nuestros con mucho apuro queriendo salir de los puentes en medio de la indiada. ¿Los dejaremos morir y no habrá quién los socorra?

Sintió vergüenza Cortés de haberse abandonado al desmayo, y volviendo las riendas fue a socorrer a la zaga. Tras él fueron otros jinetes y algunos peones menos heridos.

Llegados a la boca del camino vieron llegar a media docena de hombres muy rotos y maltratados, todavía defendiéndose de las piedras y flechas que desde lejos les tiraban. Detrás de ellos llegaba Alvarado a pie, con otro pelotón, después de que le mataran la yegua alazana que tanto apreciaba.

—Voacé no se exponga más allá —dijo el capitán rubio—. Cuantos quedan atrás están muertos. A Juan Velázquez de León lo han matado ante mis ojos.

Con esta triste noticia regresaron a Tascala, todavía defendiéndose y haciendo arremetidas los jinetes contra los mexicas, que de lejos tiraban.

Comentaban los heridos la hazaña de María de Estrada, esposa de Pedro Cantero Farfán, que se había enfrentado a los indios espada en mano con tanto valor o más que los mejores soldados.[444]

Arjona, herido de varias flechas y con un brazo inmóvil en el que las navajas de la macana habían profundizado casi hasta el hueso, se refugió con otros en un cerrete que tenía un adoratorio

---

444. María de Estrada era judía conversa (antes se había llamado Miriam Pérez). La llamaban *la Vieja* porque tenía entre treinta y cuarenta años, una edad avanzada si se compara con las de otras mujeres de la expedición, mucho más jóvenes. El cronista Diego Muñoz Camargo (2007) dice de ella: *Se mostró valerosamente haciendo maravillosos y hazañeros hechos con una espada y una rodela en las manos, peleando valerosamente con tanta furia y ánimo, que excedía al esfuerzo de cualquier varón, por esforzado y animoso que fuera, que a los propios nuestros ponía espanto.* También destacó en la batalla de Otumba y en el cerco de Tenochtitlán. Cortés la recompensó con la encomienda del pueblo de Tétela. Residió en Puebla hasta su muerte, ya viuda, y nuevamente casada con Alonso Martín Partidor.

en la cima. Aunque aún allí los acosaban los guerreros del águila, abatieron a un par de ellos con un tiro, y los otros desmayaron al ver que aún quedaban escopetas.[445]

No había qué comer, porque todo el fardaje se había perdido en los puentes. En muchos caseríos que recorrieron tampoco encontraron agua ni para los heridos.

Los mexicas se retiraron, satisfechos de su victoria, llevando consigo a varias reatas de prisioneros. Dejaron que Cortés y los supervivientes del desastre se lamieran las heridas.

Cortés y los suyos escarmentaban. Los guerreros mexicas, hasta entonces pacíficos debido a su ciega sumisión al emperador, les habían resultado incluso más hábiles y peligrosos adversarios que los moros que muchos de ellos combatieron en la toma de Granada.[446]

En Tascala se reagruparon y contaron las pérdidas. Habían muerto unos ochocientos españoles, y quizá tres mil aliados tlaxcaltecas. La peor parte la habían llevado los de Narváez, porque con el peso del oro no pudieron correr ni nadar.

—Nos quedan veintitrés caballos —informó Alvarado—. Se ha perdido toda la artillería, y quedan pocas escopetas y ballestas.

—Y casi todo el tesoro —añadió Ordás.

En el recuento de la tropa se fueron conociendo detalles del

---

445. Después de la conquista de Tenochtitlán, en el lugar del adoratorio pagano se levantó una ermita bajo la advocación de Nuestra Señora de los Remedios, al que cada año peregrinaban muchas señoras de México.

446. Hasta tal punto se vieron apurados que tiempo después algunos cronistas atribuyeron su supervivencia al auxilio celestial de la Virgen y del patrón Santiago. Muchos *mexicas dijeron que una gran tecleciguata —señora—, como la que estaba en su gran templo —o sea, la Virgen María—, les echaba tierra en los ojos y les cegaba, y que un gran teule que andaba en un caballo blanco les hacía mucho más daño, y que si por ellos no fuera, que les mataran a todos; e que aquello dizque se lo dijeron al gran Montezuma sus principales. Y si aquello fue ansí, grandísimos milagros son, e de continuo hemos de dar gracias a Dios e a la Virgen Santa María Nuestra Señora, su bendita madre, que en todo nos socorre, y al bienaventurado señor Santiago* (Díaz del Castillo, 2010).

desastre. Entre los capitanes muertos se contaban, además de Juan Velázquez de León, Francisco de Morla y Francisco de Saucedo.

Derrotado y abatido, Cortés rompió a llorar. Le dolían tantos buenos capitanes y soldados caídos, y la ciudad y el reino que en una Noche Triste había perdido.

> Y no solamente lloraba la desventura presente; más temía la venidera, por estar todos heridos, por no saber adónde ir, y por no tener cierta la amistad en Tlaxcala; y ¿quién no llorara viendo la muerte y estrago de aquellos que con tanto triunfo, pompa y regocijo habían entrado?[447]

Desde el montículo al que se habían acogido Arjona, Chozalhombro y los otros soldados se divisaba bien Tenochtitlán con

---

447. Tradicionalmente se ha pensado que el árbol de la Noche Triste era un potente ahuehuete situado entre las calles Mar Blanco, Instituto de Higiene y Noche Triste, en el barrio de Tacuba, cerca de la estación de metro de Popotla. Los indigenistas, interesados en desarraigar el recuerdo de Cortés, intentaron cambiarle el nombre por Árbol de la Noche Victoriosa, pero en vista de que el reivindicativo nombre no arraigaba incendiaron el árbol con gasolina en 1972. El pertinaz vegetal retoñó de nuevo obligando a los indigenistas a repetir su atentado, esta vez con mayor fortuna, en 1981. En 2013 se reparó la verja que desprotegía el carcomido tocón y se adecentó su entorno. Después de todo, a lo mejor no era ese el árbol que cobijó el presunto llanto de Cortés. No falta quien defiende que el Árbol de la Noche Triste está en el pueblo de San Juan Totoltepec. El revisionismo indigenista también afecta al recuerdo de Pizarro, el pariente de Cortés que conquistó el Imperio inca. Su famosa estatua, obra de Charles Cary Rumsey, solemnemente inaugurada en el atrio de la catedral de Lima el 18 de enero de 1935, se trasladó en 1952 a un costado del Palacio de Gobierno, en el cruce de la Unión con la calle Conde de Superunda. *Podrán retirarla de ahí, pero nunca de la historia,* comentó entonces el historiador peruano José Antonio del Busto Duthurburu, especialista del Imperio inca. Todavía pareció demasiado visible, y en 2004 la mudaron al Parque de la Muralla sustituyendo su pomposo pedestal original por un bloque de hormigón. Ya veremos dónde acaba finalmente el bronce de Pizarro si el indigenismo arrecia, quizá en el vertedero de Lurín.

sus calzadas, su caserío y su Templo Mayor. A media mañana vieron ascender a los sacerdotes y a sus esbirros revestidos con las capas de plumas de las grandes celebraciones.

—Llevan con ellos a los cautivos —señaló Hardón.

Por la pina escalera ascendían guerreros águilas y jaguares arrastrando a una cuerda de más de cincuenta prisioneros, muchos de ellos desnudos. Por la palidez de las carnes y las barbas notaron que eran españoles. Tardaban mucho en subir, porque algunos iban heridos y cojos. Llegados a la azotea de los templetes, los guerreros los apalearon con varas para obligarlos a danzar ante Huitzilopochtli, el dios de la guerra.

—¡Vedlos bien a nuestros hermanos, cómo les abren los pechos! —dijo Chozalhombro con lágrimas en los ojos—. A esta mala semilla hay que arrancarla del mundo.

En el campo, delante del último puente, los enterradores que buscaban cristianos muertos hallaron el cadáver del astrólogo Botello.

—Lo que son las cosas: anoche me dijo que estaba tranquilo, porque las estrellas decían que no moriría en esta empresa —recordó Arjona.

—El que a sí mismo se capa, buenos cojones se deja —añadió Chozalhombro sentencioso.

—Con los demás acertó —dijo Hardón—. Han muerto los que él dijo que morirían.

En su zurrón encontraron el libro de las predicciones, una camisa y un consolador, de casi una cuarta de largo, hecho de tafilete relleno de borra de lana sobre el que hubo muchas discusiones. Decían unos, sobre esta prueba inculpatoria, que quizá Botello era bujarrón encubierto, porque tenía poco vello y no se le conocía que anduviera detrás de mujeres; otros decían que era hombre entero como los demás, aunque algo raro de carácter y que aquella méntula la usaría para hacer sus magias y restituir la firmeza a miembros aquejados de flojedad.

—Antes de enterrarlo en sagrado deberíamos averiguar si era bujarrón —propuso Medinilla—, o solamente medicino.

—¿Y eso cómo lo hacemos? —preguntó Chozalhombro.

—No sé. Podríamos dar un pregón en el campamento para

que testifiquen los que hayan acudido a él para apuntalar virilidades —propuso Hardón.

—¿Tú crees que aparecería alguien a reconocerse pichafloja?

—O maricón —añadió Medinilla.

Llegó el padre Juan Díez y le consultaron sobre el caso.

—¿Es posible que en esto gastéis el poco talento que os queda? —los abroncó—. Botello ha combatido y muerto como cristiano y se enterrará como cristiano —zanjó la cuestión—. Y le rezáis siete padrenuestros a su alma por penitencia de que seáis tan zoquetes.

CAPÍTULO 85
El penacho de Matlatzincátzin

Un espía tlaxcalteca llevó a Cortés noticias de Tenochtitlán.
—El consejo ha elegido *tlatoani* a Cuitláhuac.
—Debimos degollarlo cuando lo tuvimos en nuestras manos —comentó Alvarado—. De semejante marrajo no podemos esperar más que daño.

Cuitláhuac sacrificó a los prisioneros españoles en diversos templos de Tenochtitlán. El alto clero estaba tan eufórico que repartió la carne incluso entre la población más humilde. ¡Que en ninguna mesa deje de celebrarse la gran victoria con un buen guisado de solomillo de español, con su guarnición de fríjoles y sus tortillas de maíz!

Por su parte, los sacerdotes celebraron su propio banquete, para el que se habían reservado los cortes de los jovencitos tiernos. Efectuadas las preceptivas libaciones de pulque y ofrendadas algunas tajaditas salseadas en los pebeteros de los dioses, se reunieron en concilio para deliberar sobre el inminente futuro.

—¡No nos durmamos en los laureles! —dijo el *teotecuhtli* o sumo sacerdote—. La irrupción de los extranjeros, los abusos que hemos soportado y la humillación de Moctezuma nos han desprestigiado entre nuestros Estados vasallos. —Se levantó un murmullo de aprobación—. Si queremos recuperar la autoridad, debemos acabar con los extranjeros e infligir un correctivo inolvidable a totonacas, tlaxcaltecas y demás pueblos que los han auxiliado.

Los sacerdotes, que durante meses habían visto peligrar su negocio frente a la competencia de la Virgen María, estuvieron de acuerdo. Aquella misma tarde consultaron los presagios y determinaron que los dioses estaban aún sedientos de sangre.

—Para que la matanza de la fiesta del maíz quede vengada, Huitzilopochtli, el que porta en su mano diestra a Xiuhcóatl (Serpiente de Fuego), nos reclama el corazón del dorado Tonatiuh (Alvarado), el de Malitzin (Cortés) y el de los otros capitanes.

Cuitláhuac hizo reunir frente al *tzompantli* del Templo Mayor las cabezas de los españoles muertos o sacrificados, un sangriento trofeo de dos metros de altura, lleno de rostros barbados. Convocó entonces a los mensajeros más veloces, y repartiendo entre ellos las cabezas, así como las escopetas y las espadas rescatadas de los puentes, las envió a sus aliados de Texcoco y Tacuba, a todos los pueblos del entorno del lago, e incluso a lugares más distantes del Imperio. El mensaje era claro: los extranjeros son mortales. Les hemos arrebatado sus tubos de fuego. Enviad tropas, porque queremos que participéis en la gloria de exterminarlos.

Las noticias de la gran victoria y el poderoso estímulo de las cabezas de los españoles y de sus caballos exhibidas en las plazas de los poblados terminaron de convencer a muchos indios de que los invasores no eran hijos de Quetzalcóatl, sino mortales a los que había que aniquilar para halagar a los dioses. Se presentaba una ocasión histórica para que los jóvenes adquirieran la gloria de los grandes guerreros.

Jóvenes ambiciosos por ascender a las hermandades del águila o del jaguar tomaron el camino de Tenochtitlán para ponerse a las órdenes del victorioso Cuitláhuac.

Mientras estas amenazadoras nubes se acumulaban en su horizonte, Cortés se puso en marcha. Era consciente de que la salvación de su esquilmada tropa consistía en ponerla a salvo en el territorio de sus aliados tlaxcaltecas, al otro lado del lago Texcoco. Ya no pensaba en emular a Julio César. Ahora tocaba ser Jenofonte, cuando —aislado en la inmensidad del Imperio persa y acosado por sus enemigos— condujo a sus diez mil soldados hasta territorio amigo. Solo que Cortés contaba con apenas quinientos maltrechos y desmoralizados soldados.

Los españoles rodearon el gran lago pasando por Tlalnepantla, Atizapán y Tepotzotlán (que encontraron desierta), y el cerro de Citlaltépetl.[448]

Cuando amaneció el 7 de julio de 1520, a los siete días de la Noche Triste, la maltratada tropa llegó a la llanura de Otumba.

—Ya estamos a salvo —dijo Olid—, hemos dejado atrás el lago del demonio, y ahí delante se abre la tierra de nuestros amigos tlaxcaltecas.

No estaban a salvo. La columna doliente atravesaba el llano, cuando un adalid que cabalgaba levantando una nube de polvo regresó con la noticia:

—Señor, los mexicas nos cierran el paso a media legua de aquí.

Un enorme ejército, más de cuarenta mil mexicas, tenochcas, tepanecas, xochimilcas y guerreros de otras ciudades, tanto sometidas como aliadas, convocadas rápidamente por medio de alados mensajeros, se les había adelantado y les cortaba el paso.

Cortés reunió a sus capitanes.

—Señores, los mexicas nos presentan una batalla que no podemos rehuir. O la afrontamos o perecemos en el alcance. Iremos a ellos como sabemos y moriremos como varones, o venceremos si Dios es servido de darnos la victoria.

Los capitanes estuvieron de acuerdo.

—Que cada cual avise a su tropa. Los de caballo que salgan a media rienda y no hieran en los cuerpos sino en los rostros. Es menester que, con el impulso de la cabalgada, enturbien los escuadrones y los aparejen para los peones que lleguen detrás hiriendo.

Los capitanes se dispersaron, cada cual a reunir a su gente.

—¡Ea, señores —animó Sandoval a los suyos—, hoy es día de vencer o de morir! Ya habéis visto el fin que estos demonios reservan a sus prisioneros. Mejor perecemos hiriendo y matando. ¡Pongamos nuestra esperanza en que Dios nos saque de aquí vivos para algún buen fin!

448. En la zona se alzan las pirámides teotihuacanas de la Luna y del Sol, que en tiempos de Cortés se habían cubierto de vegetación y se confundían con el paisaje.

Los indios se habían dispuesto como solían en sus batallas, los águilas y los jaguares delante, y detrás de ellos, en una pequeña eminencia, el *cihuacóatl* (capitán general) que los mandaba, Matlatzincátzin, hermano de Cuitláhuac, transportado sobre un palanquín a hombros de seis fornidos pajes. Rodeaban al mexica los caciques y caudillos de los pueblos aliados, que habían acudido a participar de la victoria.

Allí estaba la flor de México y de Tezcuco, y todos los pueblos que están alrededor de la laguna y otros muchos sus comarcanos, y los de Otumba y Tepetezcuco y Saltocán,[449] ataviados con sus penachos de plumas para las grandes ocasiones y estandartes vistosos.

Cuando se aproximaron los indios, Cortés modificó ligeramente su plan.

—Señores, ellos mismos se señalan. Primero abatamos a los más plumados que eso desanimará a los otros. Y pongamos todo el afán en matar a su general y ganar su trofeo.

Al toque de la corneta, los españoles se acercaron al paso hasta poner a los indios a tiro de escopeteros y ballesteros. Comenzaban a llover flechas, todavía flojas por la distancia.

Sonaron los tambores. La indiada profirió sus gritos de guerra mientras golpeaba los escudos con las macanas o blandía sus dardos. Con brincos y danzas guerreras, golpeando el suelo con los pies se enardecían para la lucha.

Chozalhombro encendió parsimonioso la mecha de su escopeta. Luego desenvainó su media espada, besó la cruz de la empuñadura y se persignó con ella, como solía hacer antes de la pelea.

Los extremos de la línea india se iban adelantando para cercar a los españoles. Los auxiliares tlaxcaltecas extendieron sus líneas para evitarlo mientras armaban la acostumbrada algarabía para recibir a sus mortales enemigos.

Cortés, a caballo, delantero, se volvió e hizo la señal a los tiradores. No eran muchos, pero los escuadrones enemigos llegaban tan espesos que no se perdía ningún tiro. Escopetas y ballestas abatieron a las águilas y jaguares más adelantados. Notando que los caídos estorbaban el avance de los más traseros, y que la

---

449. Díaz del Castillo, 2010.

presión de los de atrás los apelotonaba embarazando los movimientos, Cortés ordenó atacar sin aguardar a que retiraran a muertos o heridos.

—¡Santiago y cierra!

—¡Santiago, Santiago, Carlos, Carlos! —gritaron picando espuelas.

Los alanos cruzaron veloces la tierra de nadie y saltaron sobre las gargantas de los indios.

El soldado Bernal lo recordaría en su vejez:

¡Oh, qué cosa era de ver esta tan temerosa y rompida batalla, cómo andábamos tan revueltos con ellos, cuerpo a cuerpo, y qué cuchilladas y estocadas les dábamos, y con qué furia los perros peleaban, y qué herir y matar hacían en nosotros con sus lanzas y macanas y espadas de dos manos! Y los jinetes, como era el campo llano, ¡cómo alanceaban a su placer entrando y saliendo, y aunque estaban heridos ellos y sus caballos, no dejaban de batallar muy como varones! Pues todos nosotros, los que no teníamos caballos, parece ser que a todos se nos ponía doblado esfuerzo, que aunque estábamos heridos y de refresco teníamos otras heridas, no curábamos de las apretar, por no nos parar a ello, que no había lugar, sino con grandes ánimos apechugábamos con ellos a les dar de estocadas.[450]

Demasiado tarde entendieron los mexicas que se habían confiado al creer vencidos a los cristianos y enfrentarse a ellos en terreno llano y abierto. Llegados al cuerpo a cuerpo, los aceros se abrían paso tajando las carnes de los guerreros previamente arrollados por los caballos, mientras los tlaxcaltecas daban cuenta de honderos y flecheros. En medio del tumulto, María de Estrada combatía espada en mano, *como si fuese uno de los hombres más valerosos del mundo.*

Rodeado de sus caballeros, Cortés buscó con la mirada al núcleo de grandes mexicas. No le fue difícil descubrirlos. Matlatzincátzin destacaba por encima de las cabezas llevado en unas andas que sostenían sus pajes. A su lado, un guerrero famoso sos-

450. Díaz del Castillo, 2010.

tenía en alto el sagrado estandarte *tlahuizmatlaxopilli,* que los mexicas llevaban a las batallas, aparte de que todos iban muy emplumados de penachos y crespones, y los seguían pajes que sostenían las vistosas enseñas de las veinte castas de la nobleza.

—¡Allí tenemos la cabeza de la sierpe! —los señaló con la espada ensangrentada—. ¡Ea, señores, rompamos por ellos y no quede ninguno sin herida!

Y sin aguardar respuesta de sus hombres, azuzó el caballo hacia los emplumados. Olid, Sandoval, Domínguez, Juan de Salamanca y otros jinetes lo siguieron.

Como torrente impetuoso que en medio de la tormenta baja por un cauce abatiendo árboles y piedras, así se abrieron paso los caballeros, dispersando escuadrones y aplastando a la indiada con el ímpetu de sus cabalgaduras hasta el altozano desde el que el caudillo mexica contemplaba el estrago que el enemigo hacía en sus tropas.

El caballo de Cortés derribó a Matlatzincátzin. Juan de Salamanca, que lo seguía, lo alanceó en el pecho, le arrebató el gran penacho de plumas verdes, rojas y azules y se lo entregó a Cortés.

—¡*Seor* Hernando: tomadlo con la victoria!

Diego de Jamilena le había arrebatado el estandarte sagrado (*tlahuizmatlaxopilli*) al alférez águila después de alancearlo en la garganta. El jinete se irguió sobre su cabalgadura y ondeó la bella capa emplumada ensartada en el extremo de su lanza para que los mexicas vieran que estaba en manos del enemigo.

Por el campo se corrió la voz de que Matlatzincátzin había muerto. Miraron los indios a la colina del mando y comprobaron que el sagrado estandarte que tantas victorias había dado al padre de Moctezuma estaba en manos de los extranjeros.

El efecto fue demoledor. Los mexicas desmayaron y empezaron a huir.

—¡Victoria, victoria! —voceaba Cristóbal de Olid.

—¡Alcance, alcance, por Santiago! —gritaba Sandoval—. Que nadie pare a despojar. ¡Herid, caballeros!

Escopeteros y ballesteros disparaban a las espaldas de los que huían. Una extraña energía se apoderó de los conquistadores. *Ni teníamos hambre ni sed* —notaría en sus memorias el soldado

Bernal Díaz—, *sino que parescía que no habíamos habido ni pasado ningún mal ni trabajo, y seguimos la vitoria matando e hiriendo.*[451]

Y así fue como las llanuras de Otumba resarcieron a Cortés y a su gente de las heridas de la Noche Triste.

451. En el supuesto lugar de la batalla de Otumba, al norte del pueblo homónimo, existe un pequeño monumento de factura popular, un túmulo blanqueado que sostiene una cruz, en memoria de los guerreros mexicas, xochimilcas, tepanecas, acolhuas y culhuas que perecieron allí.

CAPÍTULO 86

Al sol de Tlaxcala

Sin más impedimentos enemigos, Cortés enterró a sus muertos y reemprendió vencedor su camino a Tlaxcala por Xaltepec, Apan y Hueyotlipan.

En tierra de sus aliados, el español permaneció inactivo por espacio de un mes, acogido a la generosidad de los tlaxcaltecas, mientras sus tropas curaban las heridas y reponían fuerzas.

Chozalhombro y Arjona se albergaron en una casuca cerca del río. Mientras mejoraban, exponían las heridas recientes al solecico de la mañana, en la plaza, para que las secara y cicatrizara. Visitaban algunas veces a fray Olmedo, que predicaba la doctrina cristiana a los muchachos del pueblo. Amistaron con un muchacho tlaxcalteca llamado Xilone, que chapurreaba español por haberse quedado un año antes al cuidado de unos españoles heridos, cuando Cortés se alió con los suyos.

Contándole fray Olmedo la historia de Sansón, el mejor caballero del libro sagrado, Xilone dijo:

—También nosotros tenemos nuestro Sansón.

—¿Cómo es eso? —se sorprendió el clérigo.

—Se llamaba Tlahuicole, y fue tan esforzado y valiente que sus enemigos huían con solo oír su nombre. No era alto de cuerpo, sino más bien chaparro, pero muy espalduda, y tenía tanta fuerza en los brazos que pocos hombres podían levantar su macana. En los combates, él solo deshacía escuadrones enteros.

—Un verdadero Sansón —convino el padre Olmedo—. ¿Y qué fue de él?

—Un día se atolló en una ciénaga y así, como no podía moverse, lo prendieron los huexotzincas y lo llevaron en una jaula a Moctezuma, no el que habéis conocido, sino su bisabuelo, que reinó antes que él. Moctezuma el Viejo, que era un guerrero magnánimo y conocía sus hazañas, quiso liberarlo como homenaje a su bravura, pero él se negó por no regresar al pueblo sin honra, y dijo que prefería que lo mataran. Moctezuma no quiso, y así lo tuvo varios años cautivo hasta que finalmente Tlahuicole le insistió tanto que accedió a la muerte en desafío. Ocho días antes del fijado para su muerte, le hicieron muchas fiestas y banquetes, y en uno de ellos le dieron a comer, *¡cosa vergonzosa y no para ser contada!, la natura de su mujer guisada en un potaje.* El día de la muerte ataron a Tlahuicole en la rueda del sacrificio con mucha solemnidad, y peleando sobre ella mató más de ocho hombres e hirió a otros veinte antes de perecer. Finalmente, cuando se dejó caer exhausto y malherido, lo llevaron ante Huitzilopochtli y le sacaron el corazón.

Mientras sus hombres se reponían, Cortés desarrollaba su hábil diplomacia con las legaciones de tribus y pueblos que lo visitaban. Muchos caciques, escaldados del yugo mexica, seguían creyendo que Cortés podría liberarlos de la servidumbre, *y venían a él otros pueblos de los que se habían dado por nuestros amigos a demandar favor contra el mexica.*[452]

Por su parte, Cuitláhuac intentaba rehacer sus tropas para enfrentarse nuevamente a los españoles.

—Los tenemos casi vencidos —aseguraban sus embajadores—. Ya solo falta un impulso para derrotarlos, por eso el *tlatoani* es magnánimo y quiere que participes de su victoria. Te pide guerreros y provisiones. No por tributo, olvidemos eso en la nueva fraternidad, sino como contribución amistosa. Todos somos hijos de los mismos dioses.

Pocos pueblos se dejaron convencer, y aún esos contribuyeron tan escasamente que Cuitláhuac lo tomó a ofensa. Había de-

---

452. Díaz del Castillo, 2010.

masiados rencores contra los mexicas desde que el abuelo de Cuauhtémoc sojuzgó brutalmente a sus vecinos.

—Por mal que nos vaya con los españoles, no será peor que con los mexicas —razonaban algunos—. Al menos su dios no exige que cedamos nuestros hijos para beber su sangre.

Regresaban los embajadores al palacio de Tenochtitlán con malas noticias, y Cuitláhuac rechinaba los dientes profiriendo terribles amenazas contra sus vasallos rebeldes.

—Cuando derrotemos a los españoles los haré despellejar —aseguraba—; sacrificaremos a tantos que el lago se teñirá de sangre.

El día en el que regresó un corredor polvoriento y se lanzó a sus pies pidiendo clemencia por la noticia que le traía, Cuitláhuac intuyó, incluso antes de conocerla, que finalmente no prevalecería sobre los invasores.

—Habla —le dijo al mensajero—. No tiembles. Ya tienes mi perdón.

—Señor, vengo de Tzintzuntzan.

—¡No me dirás que el *cazonci* Zuanga me niega el auxilio de sus guerreros purépecha!

Temblaba el emisario como un azogado.

—Señor, el *cazonci* Zuanga ha muerto de la peste. Lo ha sucedido su hijo Tangáxoan Tzíntzicha, quien, después de oír a vuestros emisarios, los ha hecho asesinar.

Las pretéritas crueldades pasaban factura a los mexicas, mientras que la figura de Cortés crecía de día en día como la esperanza de los pueblos oprimidos por Tenochtitlán. Buen diplomático, el extremeño se congraciaba con todos mientras su gente se fortalecía y preparaba para la siguiente campaña. Expugnaría Tenochtitlán como su admirado Julio César expugnó Alesia, la capital de los galos.

Cuando llegó el momento de partir, Cortés decidió que las mujeres que acompañaban a la tropa, esposas o barraganas de los soldados, permanecieran en Tlaxcala. María de Estrada se le enfrentó hecha una furia:

No está bien, seor capitán, que mujeres españolas dejen a sus maridos yendo a la guerra. Donde ellos murieren, moriremos nosotras, y es razón que los indios entiendan que somos tan valientes los españoles que hasta sus mujeres saben pelear...[453]

Cortés accedió.
—Parece que la vieja viene con nosotros —comentó Chozalhombro aquella noche en el fuego del campamento.
—Los tiene bien puestos —reconoció Arjona—. A más de uno ha sacado del apuro.

Transcurrieron unos meses en los que no se produjeron grandes enfrentamientos, cada bando ocupado en reforzarse, y Cortés engrosando el suyo con la amistad de muchos caciques que volvían a creer en su victoria.

Un día entre los días, llegó a Veracruz una nave de España cargada de armas y bastimentos. El tesorero Julián de Alderete acompañaba el envío para velar por los intereses de la Corona. Cortés, encantado con el refuerzo y el reconocimiento implícito de su autoridad, recibió al enviado real con gran cortesía, y para que se hiciera idea de la magnitud de la empresa le mostró Tenochtitlán desde la plataforma de un templo escalonado.

—Ahí tiene voacé la capital de los mexicas que vamos a expugnar —le dijo mientras recuperaban el resuello tras escalar la pina escalera.

Estaban a trece kilómetros de distancia, pero el día era claro y lucía el sol. Alderete contempló aquella grandeza en la que parecían fundirse Roma y Venecia. Mientras Cortés ponderaba los palacios y lugares de la ciudad y del lago, el licenciado Alonso Pérez, que los acompañaba, notó un dejo de melancolía en la voz del conquistador, lo que le trajo a las mientes un romancillo que se cantaba en España:

Mira Nero de Tarpeya
a Roma cómo se ardía,
gritos dan niños y viejos
y él de nada se dolía.

453. Cervantes de Salazar, 1971.

—Bien me duele la ciudad —reconoció Cortés—. Me duele pensar en la sangre y las fatigas que nos costará recobrarla y reducir a obediencia a los mexicas, pero con la ayuda de Dios la tendremos algún día.

CAPÍTULO 87

La muerte misteriosa

En septiembre de 1520 murió de fiebres, en Cempoallán, Francisco Eguía, uno de los esclavos negros llegados con la expedición de Pánfilo de Narváez.

Pocos días después, toda la familia que lo había albergado había perecido del mismo mal misterioso.

A la semana siguiente lo padecía, con gran mortandad, el resto de la ciudad.

Era la viruela, que se extendía mortífera por Mesoamérica.

Uno de los espías de Cortés en tierra mexica le llevó la noticia:

—La *hueyzáhuatl* (gran lepra) ha llegado a Tenochtitlán.[454]

—En eso bien parece la mano de Dios —dijo el padre Olmedo—. ¡Alabado sea el Señor que quebranta a nuestros enemigos con esa calamidad!

Unos días después, el mismo espía trajo una nueva noticia esperanzadora.

—¡Albricias, señores! —anunció Cortés—: Cuitláhuac ha muerto de peste.

El padre Olmedo cayó de rodillas y con las manos enlazadas en oración, mirando al cielo, pronunció:

---

454. *Uey zahuatl* o *hueyzáhuatl*, en náhuatl, literalmente «granos grandes»; también la llamaron *tomonaliztli* y *cocoliztli*.

—*Persequebar inimicos meos et comprehendebam illos et non convertebar, donec deficerent.*[455]

¿Qué había ocurrido? En la densamente poblada Tenochtitlán, la epidemia resultó especialmente maligna, favorecida por el hambre que debilitaba a sus habitantes porque con las acequias arrasadas por la guerra se perdían las cosechas.[456] Familias enteras agonizaban en sus casas sin nadie que las socorriera.

La epidemia, que comenzó en septiembre, coincidiendo con la huida de los españoles, para diciembre había afectado a un tercio de la población, incluido el *tlatoani* Cuitláhuac, que solo llevaba ochenta días al frente del Imperio.

Como narra el cronista:

> Una grande pestilencia de viruelas aquejó a todos los indios, de la que murieron muchos; tenían todo el cuerpo y toda la cara y todos los miembros tan llenos y lastimados de viruelas que no se podían bullir ni menear de un lugar, ni volver de un lado a otro, y si alguno los meneaba gritaban. Esta pestilencia mata innumerables gentes; muchas murieron de hambre, porque no había quien pudiese cocinar; los que escaparon de esta pestilencia quedaron con las caras llenas de marcas y algunos ciegos. Duró la fuerza desta pestilencia sesenta días, y después que fue aflojando en México, se extendió hacia Chalco.[457]

Como la plaga bíblica que aquejó a los egipcios del faraón, la misteriosa enfermedad —que tan cruelmente se ensañaba con los indios— respetaba a los españoles. ¿Cómo explicarlo?

Los mayas pensaron que era un castigo de los dioses Ekpetz, Uzannkak y Zojakak; los mexicas que era castigo de Tezcatlipoca y Xipe. Los más racionales pensaban que era un arma secreta de

---

455. «Perseguía y alcanzaba a mis enemigos y no me volvía hasta que fueron aniquilados», Salmo 18, 38.

456. En la misma epidemia pereció Totoquihuatzín, el *tlatoani* de Tlacopán. Como Cacama había muerto en combate meses antes, la Triple Alianza renovó a sus caudillos: Cuauhtémoc en Tenochtitlán, Coanácoch o Coanacochtzín en Tetzcuco y Tetlepanquetzaltzín en Tlacopán.

457. Sahagún, 2013, libro VIII.

los blancos, tan sorprendente como el acero o la pólvora (no iban descaminados, aunque fuera un arma de la que los españoles no eran conscientes).[458]

¿Cuántos indígenas perecieron en la gran epidemia? No lo sabemos. Algún historiador cree que cerca de un tercio de la población mesoamericana; otros sostienen que dos tercios o más. Es evidente que la enfermedad también ayudó a Cortés en la conquista de México.

Al campamento español llegaban nuevas noticias.

—Al *tlatoani* fallecido lo ha sucedido su primo Cuauhtémoc, el *tlacatecutli* (jefe de armas) que nos persiguió en la Noche Triste.

—Me huelgo de oírlo —dijo Alvarado—. Y nosotros, ¿qué haremos?

—Acabar la empresa que emprendimos —dijo Cortés—. Vamos a conquistar esta tierra y a vengar a nuestros muertos. Primero cortaremos los caminos por los que Tenochtitlán recibe alimento.

¿Quién era ese Cuauhtémoc que había heredado el Imperio?

> Era Guatémuz mancebo e muy gentil hombre, para ser indio, y de buena disposición y rostro alegre, y aun la color algo más que tiraba a blanco que a matiz de indios, que era de obra de veinte y cinco o veinte y seis años, y era casado con una muy hermosa mujer, hija del gran Montezuma, su tío.[459]

Cuauhtémoc adivinaba los planes de Cortés: vengar su derrota y reconquistar Tenochtitlán. Sus primeras medidas de gobierno fueron fortificar la capital y suavizar los tributos a los Estados vasallos cuyo apoyo necesitaba. En este propósito fracasó: era tanto el odio acumulado entre los pueblos que casi todos sus posibles aliados optaron por el bando de Cortés.

---

458. Recientemente, se han encontrado pruebas de que a la epidemia de viruela se sumaron la salmonela y el cólera. El sarampión, la gripe y demás enfermedades infecciosas de origen europeo no tardarían en llegar.

459. Díaz del Castillo, 2010.

—Nos someterá a vasallaje de su rey Carlos, el sediento de oro —sugería algún avisado.

—Es posible, pero al menos los españoles no nos arrebatarán a nuestros hijos para sacrificarlos a sus dioses.

El día de Navidad de 1520, después de la misa solemne, Cortés abandonó Tlaxcala con veinte mil guerreros y ocho mil tamemes tlaxcaltecas para dirigirse a Tetzcuco, donde sus carpinteros estaban construyendo los trece bergantines con los que pensaba asediar Tenochtitlán por tierra y por agua.

En medio de un intenso aguacero, las tropas de Cortés encontraron desiertos los pueblos que rodeaban el lago.

—Parece que los indios se han refugiado en la villa —dijo Dávila.

—Mejor, así tendrán más bocas que alimentar —respondió Cortés.

Comenzó el cerco. Los mortales enemigos de los mexicas contribuían con guerreros y bastimentos a las fuerzas de Cortés. Muchos de ellos no eran guerreros, sino meramente indios famélicos que acudían al asedio con la esperanza de hartarse con la carne de los enemigos.[460]

—No es carne muerta lo que les va a faltar —repuso Chozalhombro sombrío.

El nuevo César distribuyó sus tropas en varios campamentos, Alvarado en Tacuba, Olid en Coyoacán y Sandoval en Iztapalapa. Ordenó demoler un tramo del acueducto de Chapultepec para privar a los sitiados de agua potable. Después, cortó las calzadas con barreras, dejando libre tan solo la de Tepeyac.

—De este modo, los que quieran rendirse tendrán una vía para hacerlo —explicó.

---

460. *Iba tanta multitud dellos a causa de los despojos que habían de haber, y lo más cierto por hartarse de carne humana, si hubiese batallas, porque bien sabían que las había de haber. Y son, manera de decir, como cuando en Italia salía un ejército de una parte a otra y le siguen cuervos y milanos y otras aves de rapiñas que se mantienen de los cuerpos muertos que quedan en el campo desque se daba una muy sangrienta batalla; ansí he juzgado que nos seguían tantos millares de indios* (ibid., capítulo 144).

—Después de haber sacrificado a tantos de los nuestros, no creo que puedan confiar en tu clemencia —repuso Alvarado.

—Más bien desconfían de la de nuestros aliados indios, que están ansiosos por vengar agravios pasados —observó Cortés.

Los mexicas defendieron vigorosamente el acueducto que les traía agua de Chapultepec, pero después de perder cientos de hombres en el empeño tuvieron que desistir. El agua de la que bebían dejó de manar en sus fuentes.

—No importa —dijo Cuauhtémoc—. La traeremos en canoa de los lagos dulces.

Pero los españoles andaban vigilantes para impedir que agua o víveres socorrieran a los sitiados.

Una comisión de nobles fue a ver a Cuauhtémoc:

—Señor, sin agua no tardaremos en sucumbir. Entreguémonos a la clemencia de los españoles, y reconozcamos que somos súbditos de su emperador.

Cuauhtémoc ejecutó a los disidentes en la plaza pública. De esta manera mostró al pueblo mexica que no estaba dispuesto a transigir: libertad o muerte.

Los primeros enfrentamientos demostraron que, después de la Noche Triste, los españoles habían dejado de ser invencibles a los ojos de los indios. Los guerreros de Cuauhtémoc habían ideado tácticas que contrarrestaban el modo de combatir de los españoles: en cuanto avanzaban por la calzada, los atacaban por los flancos con dardos, flechas y piedras desde numerosas canoas protegidas con sobrebordas. En la calzada misma lograban abortar las cargas de la caballería hiriendo a los caballos con las lanzas tomadas a los españoles y otras alabardas que se habían fabricado con las espadas capturadas en la Noche Triste.

Todo Tenochtitlán se había movilizado para defender el corazón del Imperio mexica. Los que no combatían se ocupaban de la logística, *las mujeres en aderezar vara y flecha, y en hacer piedras rollizas para tirar con las hondas.*

En los campamentos españoles también se afanaban las mujeres. Beatriz de Palacios, esposa de Pedro de Escobar, sustituía a su marido, agotado por los combates, en las guardias nocturnas, *y cuando dejaba las armas, salía al campo a recoger semillas que co-*

cía y aderezaba para su marido y sus compañeros. Curaba a los heridos, ensillaba los caballos y hacia otras cosas como cualquier soldado.[461]

Los mexicas practicaban también la guerra psicológica. De día y de noche, armaban un estruendo de tambores y bocinas destinado a perturbar el sueño de los españoles.[462] Particularmente aterrador era el sonido de los *ehecachichtli*, unos pitos de doble diafragma o de muelle de aire, fabricados en arcilla cocida o hueso, que emitían aullidos espeluznantes, similares a los de las gatas en celo.[463]

Este clamor continuo arreciaba en el momento en el que sacrificaban a un prisionero para que incluso los españoles, que apartaban la vista del espectáculo, conocieran lo que estaba ocurriendo en la plataforma del Templo Mayor.

Viendo que no se adelantaba con atacar por la calzada, Cortés ordenó cortarla como las otras, y encomendó a Sandoval su vigilancia.

> De noche y de día se percibían los gritos y órdenes de los capitanes mexicas apercibiendo los escuadrones y guerreros que habían de batallar en las calzadas; otros llamando a los de las canoas que habían de guerrear con los bergantines y con nosotros en los puentes; otros en hincar empalizadas, y abrir y ahondar las aberturas de agua y puentes y en hacer albarradas.[464]

461. Cervantes de Salazar, 1971.

462. *Desde los adoratorios y torres de ídolos, los malditos atambores y noche y de día teníamos el mayor ruido, que no nos oíamos los unos a los otros. cornetas y atabales dolorosos nunca paraban de sonar* (Bernal Díaz).

463. Los *ehecachichtli* (del náhuatl *Ehécatl*, el alado dios del viento) se conocen como «pitos de la muerte», porque muchos tienen forma de calavera. El ingeniero Velázquez Cabrera, estudioso de estos silbatos, apunta que *estos aerófonos pueden generar sonidos dañinos o batimentos infrasónicos, de efectos negativos en la salud física y mental* (Instituto Nacional de Antropología e Historia, 2008). Bernardino de Sahagún (2013) describe un silbato mexica que producía *un sonido semejante al del viento nocturno por los caminos.*

464. Díaz del Castillo, 2010.

Días sobre días siguió el combate con luz o de noche, tanto por tierra como por los lagos. Cortés enviaba sus bergantines a incendiar los barrios lacustres para evitar que suministraran agua o comida a los sitiados. No era tarea fácil. Las casas estaban fundadas sobre el agua y el fuego no se propagaba de unas a otras.

A pesar del bloqueo, circulaban espías llevando noticias de una parte y de otra. Supo Cortés que el hambre y la sed empezaban a hacer mella en la plebe. Envió a un mensajero para ofrecer a Cuauhtémoc una rendición honrosa. Solo tenía que declararse súbdito de Carlos y dejar de sacrificar a los dioses paganos.

Cuauhtémoc se negó a recibir al mensajero. Desde la torre que defendía la calzada, su mayordomo le arrojó un pan de maíz:

—Panes como ese nos sobran —gritó— y de carne vosotros mismos nos abastecéis con generosidad. Dile a Malinche que al próximo enviado lo despellejaremos.

También a los aliados tlaxcaltecas les arrojaban piernas asadas de indios o de españoles.

—Comed de las carnes de esos *teules* y de vuestros hermanos —les decían—, que nosotros ya estamos hartos, y esto nos sobra. Y esas casas que demoléis nos las tendréis que hacer mejores, de piedra blanca, y cuando terminéis os sacrificaremos como a los *teules* y terminaréis en nuestras panzas.

Se recrudeció la guerra. Los mexicas recurrían a su táctica favorita, fingir huidas para atraer a los perseguidores a lugares donde pudieran rodearlos.

El número y el arrojo de los guerreros mexicas amedrentaba a veces a los españoles. Como un precedente de Agustina de Aragón, destacó en la lucha Beatriz Bermúdez de Velasco, esposa de Francisco de Olmos…

… que entonces acababa de llegar de otro real, viendo así españoles como indios amigos todos revueltos, que venían huyendo, saliendo a ellos en medio de la calzada con una rodela de indios e una espada española e con una celada en la cabeza, armado el cuerpo con un escaupil, les dixo: ¡Vergüenza, vergüenza, españoles, empacho, empacho! ¿Qué es esto que vengáis huyendo de una gente tan vil, a quien tantas veces habéis vencido? Volved a ayudar a socorrer a vuestros compañeros que quedan peleando, haciendo lo que deben; y si no, por Dios os prometo de no dexar pasar a hombre de vosotros que no le mate; que los que de tan ruin gente vienen huyendo merecen que mueran a manos de una flaca mujer como yo.[465]

El gesto de Beatriz enardeció a los españoles que, volviéndose hacia los mexicas perseguidores, *tuvieron con ellos la batalla más sangrienta y reñida que jamás hasta entonces se había visto*, e incluso rescataron a los camaradas que ya estaban en manos del enemigo, *de donde se entenderá lo mucho que una mujer tan valerosa como esta hizo y puede hacer con hombres que tienen más cuenta con la honra que con la vida, cuales entre todas las naciones suelen ser los españoles*.[466]

Los sacerdotes mexicas exigían sangre. Devotos de los dioses y adolescentes que aspiraban a ingresar en las águilas o en los jaguares mostraban un valor suicida. Obsesionados con la idea de capturar prisioneros, se arrojaban contra las picas o se exponían a las espadas. A costa de mucha sangre, capturaban a algunos españoles que los sacerdotes ejecutaban de inmediato en la azotea del Templo Mayor, a la vista de los sitiadores.

El episodio más sonado fue un golpe de mano, en el que los mexicas asaltaron el campamento de Cortés en Tacuba y capturaron a sesenta y seis soldados, que sacrificaron en el acto.

El propio Cortés se vio descabalgado y cercado por un pelotón de enemigos. Estaban a punto de arrastrarlo con ellos cuando valerosamente irrumpió el soldado Cristóbal de Olea, que desasió al primer guerrero amputándole los brazos de un tajo, y rescató a Cortés al precio de su propia vida.[467]

Aquel día Arjona se encontraba cortando leña en retaguar-

---

465. Cervantes de Salazar, 1971.
466. *Ibid.*
467. Esta es una de las contadas ocasiones en las que Cortés sintió miedo *(desmayó mucho)*, cuando se vio *engarrafado* por seis o siete guerreros mexicas (Díaz del Castillo, 2010, capítulo 152).

dia. Cuando regresó al campamento encontró los cadáveres de varias decenas de indios entre las tiendas abatidas. Chozalhombro los registraba y remataba a los moribundos.

—De buena te has librado, leñador —le dijo.

—¿Qué ha pasado?

Chozalhombro levantó la mirada y se encogió de hombros. No lo oía con el estruendo de los tambores mexicas.

—Te has perdido una buena. Esta vez pensamos no contarlo. Han capturado muchos prisioneros, entre ellos Cotrufes. Vinieron corredores con grandes gritas y muy hermosas divisas y penachos, les dimos alcance y nos salieron al paso unos escuadrones que tenían apostados en los flancos, y nos echaron delante cinco cabezas barbudas. Como no se distinguían las facciones a causa de la sangre, decían: *Ahí tenéis la cabeza del Malinche y la de Sandoval. Así os mataremos a todos.*

El soldado Bernal, por su parte, recogió en sus memorias las de aquel infausto día:

> Tornó a sonar el tambor muy doloroso del Huichilobos, y otros muchos caracoles y cornetas, y otras como trompas, y todo el sonido de ellas espantable. Y mirábamos al alto Templo Mayor en donde las tañían: vimos que llevaban por fuerza las gradas arriba, a nuestros compañeros capturados en la derrota que dieron a Cortés. Y desque ya los tuvieron arriba en una placeta que se hacía en el adoratorio donde estaban sus malditos ídolos, vimos que a muchos dellos les ponían plumajes en las cabezas y con unos como aventadores les hacían bailar delante del Huichilobos; y desque habían bailado, luego les ponían de espaldas encima de unas losas que tenían hechas para sacrificar, y con unos navajones de pedernal los aserraban por los pechos y les sacaban los corazones bullendo, y se los ofrecían a los ídolos, y los cuerpos los arrojaban por las gradas abajo. Y estaban aguardando abajo otros indios carniceros, que les cortaban brazos y piernas que se comían con chilmole y las caras desollaban, y las secaban y curtían después, como se hace con el cuero de guantes, y las barbas las guardaban para hacer fiestas con ellas cuando se emborrachaban. Y desta manera sacrificaron a todos los demás y les comieron las piernas y brazos, y los corazones y sangre ofrecían a sus ídolos, como dicho tengo; y los troncos con

sus barrigas y tripas, echaban a los tigres y leones y sierpes y culebras que tenían en la casa de las alimañas [el zoo].[468]

Después de aquel episodio, Cortés convocó una junta de capitanes que se prolongó hasta bien entrada la noche. Antes había procurado preservar la ciudad, cuya belleza superaba para él todas las maravillas de la cristiandad, pero visto que las construcciones ocultaban a los mexicas y favorecían sus emboscadas, optó por demolerlo todo sistemáticamente y rellenar con los escombros fosos y exclusas. Eso supuso la alteración del delicado sistema hidrológico del lago y la destrucción de la bellísima Venecia americana.

Cuando Tenochtitlán estaba a punto de caer y solo quedaba asaltar el último bastión de Tlatelolco, el maestro armero Mesa compareció ante Cortés:

—*Seor,* a los indios les hiede la vida, pero me malicio que no están por darse, y nosotros estamos agotando las reservas de pólvora. Salitre y carbón tenemos, pero sin azufre no hay nada que hacer.

Azufre. Pedirlo a Cuba o a La Española llevaría demasiado tiempo.

—Nombra un destacamento de gente joven, y te vas con ellos al Popocatépetl, al cerro del fuego. Allí hay mucho azufre en las laderas.[469]

Mesa fue adonde posaban las compañías.

—Necesito gente que me acompañe al volcán por azufre para la pólvora.

Chozalhombro levantó la mano.

—Tú eres muy viejo —lo rechazó Mesa—. Gente más joven, que no se ahogue subiendo las cuestas.

Se alzaron algunas manos de las que Mesa escogió a cinco.

468. Díaz del Castillo, 2010.
469. La aventura de los españoles que buscan azufre en el volcán ha inspirado la película mexicana, de Yulene Olaizola y Rubén Imaz, *Epitafio* (2016).

—Haced los petates, porque salimos mañana al alba.

Antes de que amaneciera se pusieron en camino seguidos por dos docenas de tamemes que les llevaban el hato.

Francisco de Montano, natural de Ciudad Real, de la compañía de Pedro de Alvarado, y Juan de Larios, de la compañía de Cortés, ascendieron al Popocatépetl con cuerdas y sacos. Todo un día treparon por las peñas hasta donde acababan las nieves, y allí pasaron la noche liados en mantas en torno a una candela, porque el frío era más recio que en Castilla y el cierzo penetraba hasta los huesos.

Al amanecer del siguiente día se pusieron en camino dejando atrás a los indios con la impedimenta, y treparon con esfuerzo por la colada de lava endurecida. Las aristas herían como cuchillos manos y botas. Pasado el mediodía llegaron al cono del volcán desde el que ascendía al cielo una perpetua humareda. Allí Montano se ató una soga a la cintura y descendió hasta un tiro de ballesta, donde amarilleaban los terrones de azufre. Llenó el saco, hizo la señal para que Larios lo ayudara a subir y así hizo siete viajes. Cuando sintió que lo abandonaban las fuerzas, permitió que Larios descendiera seis veces a llenar el saco mientras él ayudaba desde arriba. Así juntaron ocho arrobas de azufre, noventa kilos, con las que descendieron cargados hasta donde los esperaban los tamemes y Mesa.

—Esto que habéis hecho —dijo el maestro polvorero— bien merecería ponerse en mármoles de memoria.

Montano se encogió de hombros.

—Lo que venimos es desmayados, que con el frío de la montaña se nos abren los apetitos. Ahora nos vendría bien una sopa de ajo.

Devoraron en silencio un trozo de cecina y un mendrugo de borona.

Desde el volcán, la lejana Tenochtitlán parecía tan bella y apacible como cuando la contempló Ordás por vez primera.

—Guapa ciudad —dijo Larios.

—Y nuestro purgatorio —murmuró Mesa.

No entraré en las menudencias del cerco ni en describir

los combates que traen las crónicas.[470] Como dice Bernal Díaz (2010):

> Cada día se reñían tantos combates (no siempre victorias), que si los hubiera relatado todos parecería un libro de Amadís o de caballerías.

También dice:

> Bien tengo entendido que los curiosos lectores se hartarán de ver cada día tantos combates.

Saltémonos, pues, las menudencias y vayamos al fin.

Los bergantines españoles y las balsas fletadas por sus aliados habían destruido casi todas las canoas mexicas, y el asedio se había estrechado de tal forma que *los mexicas solo se alimentaban de raíces, bebían agua salobre de la laguna, dormían entre los muertos y estaban en perpetua hedentina.*[471]

La situación de los mexicas se tornó desesperada después de que Pedro de Alvarado ocupara Tlatelolco.

El 13 de agosto de 1521, Cuauhtémoc huyó de Tenochtitlán en una canoa con su familia y algunos altos funcionarios mexicas. Los historiadores discuten si huía o si, por el contrario, tan solo intentaba entrevistarse con Cortés para negociar la rendición.

El bergantín del capitán García Holguín persiguió a la canoa y la apresó.

Conducido ante Cortés, Cuauhtémoc declaró:

—Ya he defendido a mi pueblo hasta donde he podido. Ahora puedes matarme, Malinche. —Y adelantó las manos encadenadas para señalar la daga que el conquistador llevaba al cinto.[472]

---

470. Es de notar el heroísmo de los defensores y el empeño de sus capitanes, que fueron en la defensa de Tlateloco, Coyohuehuetzin y Temilotzín, y en la de Tenochtitlán, Tlacutzín y Motelchiuhtzín.
471. López de Gómara, 2011.
472. El propio Cortés lo cuenta en la tercera de sus *Cartas de relación* (1993): *Llegóse a mí y díjome en su lengua que ya él había hecho todo lo que*

Cuando cundió la voz de que los españoles habían apresado al *tlatoani,* cesó el estruendo de los tambores y de los pitos de la muerte que habían sonado noche y día durante meses. Un silencio estremecedor cayó como un velo negro sobre la ciudad.

Después de resistir heroicamente un asedio de noventa y tres días, Tenochtitlán había caído.[473] Sus habitantes vagaban en medio de la ciudad sucios y alelados por el sufrimiento y las privaciones, mera piel y huesos. Ni siquiera se limpiaban los restos asquerosos de las diarreas que les descendían por las piernas.[474]

Comenzó el éxodo. Durante tres días con sus noches, las calzadas se llenaron de fugitivos que huían del horror en el que se había convertido la bella capital del Imperio mexica: *Hombres, mujeres y criaturas, no dejaron de salir y tan flacos y amarillos y sucios y hediondos, que era lástima de verlos.*

Los españoles ocuparon los barrios y registraron la ciudad. Ni rastro del tesoro perdido en la Noche Triste. Metales preciosos no encontraron, pero en el templo de Xipe Tótec pudieron rescatar las pieles de sus hermanos sacrificados que adornaban los muros.[475]

---

de su parte era obligado para defenderse a sí y a los suyos hasta venir a aquel estado, que ahora hiciese de él lo que yo quisiese; y puso la mano en un puñal que yo tenía, diciéndome que le diese de puñaladas y lo matase...

473. López de Gómara (2011) ofrece las cifras del asedio: *Doscientos mil indios amigos, novecientos españoles, ochenta caballos, diecisiete tiros de artillería, trece bergantines y seis mil barcas. Murieron cincuenta españoles y seis caballos y no muchos indios amigos. Murieron de los enemigos cien mil, sin contar los que mató el hambre y la pestilencia.*

474. *Y lo que purgaban de sus cuerpos era una suciedad como echan los puercos muy flacos que no comen sino yerba [...]. Yo he leído la destrucción de Jerusalén; y no sé si en ella hubo más muertos que aquí, porque lo cierto es que perecieron aquí tantos refugiados y guerreros llegados de las provincias tributarias, de los que falleció la mayoría; y como ya he dicho, así el suelo y laguna y barbacoas, todo estaba lleno de cuerpos muertos, y hedía tanto, que no había hombre que lo pudiese sufrir* (Díaz del Castillo, 2010).

475. En descargo de los mexicas debemos apuntar que precisamente *Xipe Tótec (Xipetotec)* significa en náhuatl «Nuestro Señor Desollado», y en su festividad, *Tlacaxipehualiztli* («Desuello de los Hombres»), se cele-

Los sumos sacerdotes se habían congregado en su palacio a deliberar sobre el futuro con la ciudad rendida. No hubo futuro. Alvarado, que bien los conocía, los ahorcó a todos y derrocó los dioses por los suelos.

En las plazas y encrucijadas encontraron montones de cenizas.

—Los muy cabrones han quemado los mantos de plumas y todo lo que podíamos aprovechar —se quejaba Chozalhombro.

Arjona y su amigo recorrieron los lugares que solían frecuentar en los dorados días de Axayácatl. Por doquier encontraron cadáveres de muertos de enfermedad o hambre. La hedentina se condensaba en las partes bajas de la ciudad hasta hacerlas intransitables. En los últimos días del asedio nadie se había preocupado de enterrar los cadáveres, ni quedaba dónde hacerlo. En algunos barrios los habían arrojado a la laguna, donde flotaban por decenas, los vientres hinchados como globos por los vapores de la descomposición.

Fueron al prostíbulo donde tanto se habían divertido en los buenos días de holganza. Chozalhombro esperaba socorrer a aquella Chalchiucíhuatl, que tanto le gustaba.

El edificio estaba desierto y desamueblado. Incluso habían quemado los catres en el patio.

Escombros y basura por doquier, el jardín arrasado, los árboles desnudos: las hambrientas muchachas habían cocido las cortezas para matar el hambre.

En los patios de Tlatelolco se habían acumulado tantos cadáveres que no se podía transitar. Muchos hombres probados dijeron que nunca vieran cosa igual, y se retiraron dando arcadas. El propio Cortés, que no se apartaba el pañuelo perfumado de las

---

braban combates rituales en los que un guerrero joven se cubría con la piel recién desollada de un sacrificado. El profundo sentido de esta teogonía es aludir a que hay que desprenderse de lo viejo y renovarse con piel nueva, pero los insensibles españoles, que encontraron la piel de sus compañeros adornando la morada del dios, lo tomaron por profanación de cadáveres. Aquellos hombres toscos eran incapaces de captar el misticismo del asunto y la delicadeza de la cultura mexica.

narices, anduvo indispuesto varios días a causa de los vapores de la hedentina.

Registrada la ciudad, los españoles se retiraron al aire puro de sus campamentos. En esos días de libranza no se hablaba de otra cosa que de los despojos de la victoria. Se quejaban los que pelearon en las calzadas de que la mejor parte la llevaban los de los bergantines, porque habían registrado las casas de las islas, que eran las más ricas, y los carrizales donde los mexicas habían escondido su oro y sus objetos de jade. Además, antes de la caída de Tenochtitlán capturaron en el lago a muchos nobles que huían con sus riquezas.

—Ese negocio hemos hecho —se quejaba Chozalhombro—. Para ellos el oro y las mantas y la ganancia, y para nosotros los flechazos, las lanzadas, las cuchilladas y las pedradas.

—¿Qué queja tienes? —le reprochó Alvarado—. El botín todavía no se ha repartido.

—Mire voacé que mucho se lo han tomado ya los de los bergantines, y que nosotros, los de tierra, cuando llegábamos a alguna casa, ya la habían evacuado llevando lo que hubiera de valor.

Comprendió Alvarado que tenía razón, y fue a Cortés:

—La gente se queja de la poca ganancia.

—Ya los atenderemos, Pedro —repuso Cortés—. Ahora tenemos otras urgencias. Nuestros indios están matando y robando a los mexicas rendidos.

—¿Qué podemos hacer? —dijo Alvarado—. De alguna manera hay que compensarlos por sus muertos, mientras tengan venganza no reclamarán el oro.

Pero los tlaxcaltecas y totonacas se habían cobrado ya el oro, pues conocían mejor que los españoles a qué mexicas había que persuadir, con la debida delicadeza, para que revelaran los escondites. Cuando no hubo nada más que rapiñar, se volvieron a sus lugares cargados de botín y llevando consigo rebaños de presos mexicas, además de mucha carne cecinada de los guerreros que habían sacrificado durante la lucha, con la que cocinaron grandes ollas para celebrar la victoria.

—¿Se hartarán ellos y ayunaremos nosotros? —se quejó el alférez Romano, que había asistido a los banquetes de los tlaxcaltecas.

Para compensar a la tropa, Cortés organizó un banquete en el palacio de Coapopocatizin, del señor de Coyoacán, lejos del hedor de la capital mexica.

—No pongáis tasa hoy —le dijo al maestre de los bastimentos—, que un día es un día.

—Ya veo —gruñó el perolas—. Hoy faisán, mañana plumas.

Se mataron veinte cerdos e innumerables pavos, y corrió el vino en abundancia. Fuera de las estancias, en los patios, cincuenta mujeres no daban abasto cociendo tortillas de maíz que sus temernes acercaban a las mesas en grandes tableros humeantes.

Las borracheras fueron tan memorables que el pacato Bernal Díaz se arrepiente de haberlo escrito y lo tacha en el manuscrito de su crónica, aunque queda perfectamente legible para que la posteridad lo recupere:

> Hubo bailes y danzas y lo de los sortilegios y otras cosas que no conviene [...], y también porque esta planta de Noé hizo a algunos hacer desatinos; hombres hubo que anduvieron sobre las mesas después de haber comido, que no acertaban a salir al patio; otros decían que iban a comprar caballos con sillas de oro, y algunos ballesteros decían que con el botín que recibieran harían de oro las saetas y jugaderas de su aljaba.[476]

Al festejo asistieron las mujeres de la expedición: Francisca de Ordaz, conocida como *la Bermuda*,[477] Mari Hernández, Isabel Rodríguez, *la Gómez. A otra señora, mujer del capitán Portillo, muerto en los bergantines durante el asalto final no la sacaron a la fiesta porque era viuda reciente.*[478]

Al día siguiente celebraron misa y se cantó un *tedeum*.

Deseaba Cortés que Tenochtitlán siguiera siendo la capital de la nueva provincia. Con este propósito la devolvió a la vida re-

---

476. Díaz del Castillo, 2010, capítulo 77.
477. Recuerde el lector que es aquella señora que se indignó de la poca resistencia de los hombres de Narváez, cuando Cortés los derrotó y se los apropió.
478. Díaz del Castillo, 2010.

partiendo parcelas entre sus tropas, los caudillos de los indios amigos e incluso entre los nobles mexicas supervivientes (que no eran muchos). Se manifiesta su inteligencia como gobernante: se procuraba aliados fieles otorgando propiedades incluso a los que le hicieron cruda guerra.

Restaurados los acueductos, el agua vivificante volvió a manar en las fuentes. Se abrieron los mercados. La ciudad retornó a la vida.

—La ciudad mexica se olvidará —decretó Cortés—. Los nuevos edificios se levantarán en estilo español. La población que renazca, como el ave fénix, de las cenizas de Tenochtitlán se llamará México.

Así nació esta bella ciudad que hoy tanto amamos, la capital del primer virreinato de las Indias, que en adelante se llamaría Nueva España.

Cortés era consciente de estar construyendo una nueva patria que algún día sería hermana de España. Por eso, aunque murió en su casa palacio de Castilleja de la Cuesta, en el alto jardín sevillano del Aljarafe, con vistas al río de Sevilla por donde subían y bajaban los galeones de Indias, expresó en sus mandas testamentarias que sus restos reposaran en México.

CAPÍTULO 88

Un enviado real

Si Cortés hubiera fracasado en su empeño, seguramente podrían haberlo acusado de rebelión, de traición y de no sé cuántas cosas más, y habría merecido la horca. No otro destino le solicitaban el defraudado gobernador Velázquez y el poderoso protector de este, el obispo y ministro de Indias, Rodríguez de Fonseca.

Pero Cortés había triunfado. Había puesto a los pies del emperador Carlos un imperio mucho más rico que el resto de las Indias conquistadas hasta entonces, las islas del Caribe y las tierras de Panamá. Comparadas con México, aquellas posesiones eran mera calderilla.

La vista del tesoro inclinó a la justicia del lado de Cortés. El emperador lo reconoció como gobernador y capitán general de Nueva España, como se llamaría el Imperio mexica a partir de entonces (octubre de 1521).

—Es un hombre osado y de muchos recursos, un hombre que sabe tomar iniciativas, aunque sean contrarias a la voluntad de sus superiores —pensó Carlos—. Ahora solo tiene que dar cuenta de sus actos ante mí —meditó un momento, y añadió para su coleto—: razón de más para rodearlo de veedores que lo fiscalicen.

Cristóbal de Tapia, veedor de las fundiciones de oro en Santo Domingo, se desplazó a México para inspeccionar los actos de Cortés. Como plenipotenciario tenía poderes para detenerlo y llevarlo a juicio si lo estimara necesario.

El pacato burócrata desembarcó en Veracruz el día de Navidad de 1521 y presentó sus credenciales ante los regidores de la villa, Cristóbal de Olid y Gonzalo de Sandoval, quienes le suministraron medios para desplazarse a México, donde Cortés andaba atareado en la reconstrucción de la ciudad.

Los documentos de los que era portador lo reconocían como delegado de Carlos con plenos poderes, pero adolecían de ciertos defectos de forma que los hombres de Cortés le hicieron notar, lo que rebajó considerablemente los humos del funcionario.

Tapia era un burócrata que jamás había desenvainado la espada ligera que llevaba al cinto. Armado solo de papeles, entre gigantes que habían emulado a Alejandro y César conquistando un reino, se sentía un don nadie.

Cortés no iba a venir, tendría él que ir a buscarlo. La perspectiva de un viaje fatigoso, por medio de selvas todavía no domesticadas, en las que podrían salirle al encuentro indios rebeldes, no lo entusiasmó. Tendría que cabalgar días y días lastimando en la dura silla de una mula su delicado trasero acostumbrado al cojín de su sillón frailuno…

—Nosotros lo informaremos de cuanto voacé pida —le dijo Sandoval—. Ya me hago cargo de lo inútil del viaje con todo el equipaje que trae consigo, pero para que no salga perjudicado, le puedo comprar, de parte de Cortés, los caballos, los esclavos y la impedimenta. Aquí se paga a mucho mejor precio que en Santo Domingo. Vea los números.

Tapia vio los números. Le encantaron. Sin esperarlo iba a redondear el mejor negocio de su vida. Titubeó un poco para hacerse de rogar y luego cedió.

Sobornado por Cortés, el codicioso veedor regresó a su palacete de Santo Domingo sin ejercer su oficio de ver.

CAPÍTULO 89

¿Dónde está el oro?

—¿Qué hacemos con Cuauhtémoc? —preguntó Alvarado.
Cortés llevaba días meditando el asunto.
—Como rey rebelde de los mexicas, corresponde al emperador Carlos su sentencia.
—¿Lo enviamos a España?
—Por ahora lo más prudente es retenerlo aquí, sujeto, para que mantenga a su pueblo en paz y ayude a reconstruir la ciudad.
Cortés no deseaba aniquilar a los mexicas, sino solo reducirlos a obediencia. Era consciente de que su mera existencia equilibraba el poder de los tlaxcaltecas y de los otros pueblos de la región, fueran aliados o enemigos.
Cortés se complacía en gobernar lo ganado, pero al igual que sus capitanes no dejaba de preguntarse qué había sido del tesoro del palacio de Axayácatl, el que perdieron en los puentes en la Noche Triste.
—El oro perdido en la Noche Triste tiene que aparecer —dijo.
—Hay que interrogar al príncipe Cuauhtémoc —propuso Alvarado.
Cortés se resistió durante un tiempo, pero al final se vio obligado a ceder. Sus capitanes querían cobrarse su parte del botín. No hacían por sosegar a la tropa, igualmente sedienta de oro.
Los oficiales reales interrogaron a Cuauhtémoc y a su socio en la Triple Alianza, Tetlepanquetzaltzin, el señor de Tlacopán.
En toda Europa se sometía a tormento al detenido que se re-

sistía a colaborar. Primero Morata les mostró los braseros encendidos y llenos de ascuas vivas en los que los tostarían, la fase que los de su profesión llamaban *territio*.

Cuauhtémoc miró las ascuas con desprecio. Tetlepanquetzaltzin incluso escupió sobre las losas.

—Se obstinan en el silencio —murmuró uno de los secretarios—. ¿Procedemos?

Alderete asintió.

Cuatro veteranos agarraron a los mexicas y los inmovilizaron en sendos bancos inclinados. Morata les untó los pies con aceite y arrimó los braseros.

Los mexicas movían los pies intentando apartarlos del fuego, pero las argollas los mantenían sobre las llamas.

El olor a carne quemada se extendió por la estancia.

Tetlepanquetzaltzin resistió al principio, pero cuando no pudo soportarlo aulló de dolor.

—¡Aguanta como un hombre! —lo reprendió el *tlatoani*—. Toma ejemplo de mí, que tampoco estoy en un lecho de rosas.

Bernal Díaz asegura en su crónica que Cuauhtémoc confesó después de varias sesiones de tormento. Aseguró que cuatro días antes de su captura había arrojado el tesoro a la laguna.

El tesorero Alderete y sus escribanos acudieron al lugar indicado por Cuauhtémoc. Buceadores indios rescataron del barro del fondo una parte del tesoro perdido en la Noche Triste, no todo.

—¿Qué hacemos con Cuauhtémoc? —preguntó Alvarado.

Cortés llevaba tiempo meditándolo. La ciudad comenzaba a prosperar. Los mexicas parecían resignados a la nueva gerencia. La supresión de los sacrificios humanos no había atraído ninguna desgracia sobre ellos. Llovía como antaño. El maíz germinaba. Las hembras se preñaban... Seguía la vida. Después de todo, parecía que la Señora Celestial de los españoles era más poderosa que sus antiguos dioses.

Cuauhtémoc había dejado de ser necesario. Por otra parte, Cortés se sentía ahora apoyado por la Corona.

—No creo que sea menester someterlo a la justicia del rey —respondió a Alvarado.

Ahorcaron a Cuauhtémoc el 28 de febrero de 1525 por el delito de conspiración contra los españoles.

El tesorero y contador real Julián de Alderete levantaba acta de los metales preciosos y joyas recuperados. Instalado en una de las mansiones de la nobleza mexica con sus dos fieles secretarios, pesaba en su romana las piezas de oro y plata, calibraba las perlas, evaluaba los objetos de jade y los penachos y capas de plumas. Sus hombres desmontaban los apliques de oro y joyas de las pesadas vestiduras ceremoniales de los sacerdotes.

Cuando el tesoro estuvo evaluado, Alderete separó el quinto real que correspondía al emperador.

—Don Hernando, hemos contado el botín de la conquista —informó a Cortés—. Las barras de oro valen unos trescientos ochenta mil pesos.

—¿Solo eso? —se extrañó el extremeño.

—Así es. Una miseria, si se piensa en la magnitud de este Imperio y sus recursos —comentó Alderete.

Cortés asintió. Magra recompensa para tanto esfuerzo.

Entraron entonces los contadores de los capitanes y los representantes de la tropa para hacer las partes, una labor que llevó varias horas, pues los conocimientos aritméticos de muchos de ellos eran limitados.

—Llaman a las compañías a repartir el botín —anunció Ansúrez cuando estuvieron listos.

Acudieron los que podían valerse, muchos cojeando de sus recientes heridas, y aguardaron a que el contador dispusiera las listas descontando los muertos. No quedaban muchos de los que inicialmente se habían afiliado.

—Apartado el quinto real, la parte de los capitanes y los gastos, cada soldado percibirá setenta pesos —anunció el contador.

—¿Esa miseria por dos años de trabajos y penalidades? —protestaron.

—Es lo que toca —respondió el contador cerrando su libro—. Los tlaxcaltecas se llevaron mucho oro, y del que se perdió en la huida solo se ha recuperado un poco. Los indios mueren en el tormento sin decir dónde lo ocultaron.

Esa es la historia. El fabuloso tesoro de Moctezuma (más

bien de su padre, el del palacio de Axayácatl) se extravió en los médanos del tiempo. Aún hoy circulan bulos y leyendas sobre su emplazamiento en distintos lugares de la periferia de México D. F., e incluso de Cataluña. Cada vez que, cavando unos cimientos, se encuentra una joyita mexica, los diarios sensacionalistas echan las campanas al vuelo anunciando que pertenece al tesoro de Moctezuma.

CAPÍTULO 90
Cuauhtémoc, héroe mexicano

Durante siglos, Cuauhtémoc, el último *tlatoani,* no gozó de gran prestigio como personaje histórico. Fue en el último tercio del siglo XIX, cuando los patriotas mexicanos lo elevaron a la categoría de héroe nacional y figura central del altar de la patria.

Para el pueblo mexicano, tan repetidamente agraviado, humillado y expoliado por el gigante norteamericano desde que consiguió su independencia, Cuauhtémoc se convirtió en el símbolo de la libertad, el héroe nacional que inspiró, tres siglos después, al cura Morelos, *el humilde párroco que reconstruyó la nacionalidad perdida y revindicó a la raza muerta.*[479]

Este enaltecimiento de Cuauhtémoc acarreó un problema: la cultura azteca que se exaltaba estaba vinculada a una raza despreciada por la minoría criolla en el poder. A pesar de ello, el notable intelectual José Vasconcelos se las arregló para formular una teoría de la raza que obtuvo cierto crédito, dado el precario nivel científico de su tiempo.

En ese ambiente de exaltación indigenista se inventaron las danzas de la Tenochtitlán mexica, y se idealizó aquella sociedad prehispánica como una especie de Arcadia feliz. Los fastos se acompañaron con coreografías inventadas (todavía se ven hoy en el Palenque, ahora dedicadas a los turistas), cuyos componentes

---

479. *Diario del Hogar,* 21 de agosto de 1898.

terminaban su actuación con el patriótico grito de ¡*viva México, viva Porfirio Díaz!* en náhuatl.

No faltaron intelectuales que criticaron la *grotesca danza de indígenas, en traje de carácter* [...], *carnavalescas pantomimas*.[480] Los criollos, descendientes de europeos que ostentaban el poder, incurrían en la contradicción de exaltar la raza mexica al tiempo que despreciaban a sus genuinos representantes, los indios, considerándolos un freno para el progreso de la nación.[481]

Al término del Gobierno de Porfirio Díaz (el Porfiriato, entre 1876 y 1911), la incongruente exaltación del indígena se mitigó, pero el mito de Cuauhtémoc ha perdurado hasta nuestro tiempo en la nomenclatura de plazas, avenidas, jardines y colegios, en la exaltación de su figura por algún reciente prócer de la patria (López Portillo, del Partido Revolucionario Institucional, PRI), y en la bandera a media asta que conmemora el 28 de febrero, aniversario de la muerte del último *tlatoani*.[482]

Hoy existe en el seno de México una corriente crítica que rebaja el mito a sus verdaderas dimensiones históricas: *Cuauhté-*

480. *Ibid.*, 25 de agosto de 1889.
481. En realidad, la contradicción era algo más profunda, porque los indios actualmente existentes en México descienden en su mayoría de los tlaxcaltecas, aliados de los españoles, no de los derrotados mexicas.
482. Un hito en este ficticio mantenimiento del héroe nacional fue el descubrimiento de sus supuestos restos. El 26 de septiembre de 1949, la arqueóloga Eulalia Guzmán anunció solemnemente —en el atrio de la iglesia de Santa María de la Asunción de Ixcateopan, en el estado de Guerrero— el hallazgo de los restos de Cuauhtémoc en un enterramiento de ese templo, gracias a unos documentos del siglo XVI que obraban en poder de los Juárez, una familia local. El criminólogo Alfonso Quiroz Cuarón negó la autenticidad de los restos, lo que despertó una agria polémica entre partidarios (entre ellos el pintor Diego Rivera) y detractores. En 1976 una comisión multidisciplinaria de antropología física, social, etnohistoria y arqueología examinó nuevamente las pruebas y determinó que estaban manipuladas y que los documentos que las apoyaban eran falsos. Hoy se acepta en el ámbito académico que aquellos no son los restos del mexica, pero sus partidarios le siguen rindiendo culto patriótico en una capilla de la referida iglesia.

moc —escribe Guadarrama Collado en 1976— *se ha venerado en exceso y no merece el lugar que tiene en la historia*. Para este autor, su único mérito fue prolongar una guerra que ya estaba perdida, y que terminó con el *suicidio colectivo* y la destrucción de Tenochtitlán:

> Cortés lo conmina a rendirse, él se niega; pero finalmente, cuando ya no puede con la guerra (después de dos meses de asedio), decide huir; ahí es cuando se cae este héroe que nos han inventado; no hay forma de llamarlo héroe, cuando lo que realmente hace es escapar con sus amigos y familiares.

La visión crítica de los actuales indigenistas mexicanos podría resumirse en las palabras del activista Xokonoschtletl Gómora (antes Antonio):

> Es mentira que los aztecas hicieran sacrificios humanos. No tenían dioses; lo que tenían eran símbolos que representaban la sabiduría, el conocimiento, la memoria, la voluntad, entre otras muchísimas cosas más [...]. Cuando hablemos de la madre patria, hagámoslo siempre refiriéndonos a la nación mexicana. España, si es algo de nosotros, fue la madrastra que vino aquí a obligar, a destruir, a masacrar; vino a violentar, a causar guerras, de donde nos trajo enfermedades múltiples, por las cuales murieron millones de personas en todo el continente; pero principalmente trajo la mentira, el alcohol, la perfidia, la traición.

CAPÍTULO 91

La Nueva España

Pasados veinte días, Cortés reunió a sus capitanes y les dijo:
—Ya tenemos la cabeza del Imperio mexica. Ahora hay que señorear los miembros, las tierras que dependían de él y aún las otras que los mexicas no sometieron.

Cortés permaneció en Tenochtitlán y la convirtió en México, que en 1523 recibió el título de ciudad, la capital de la nueva provincia y futura nación. A sus capitanes los envió a ocupar nuevos territorios: Gonzalo de Sandoval, a la costa, Francisco de Orozco, a Oaxaca, otros, al mar del Sur.

—¿Qué harás? —preguntó Alvarado—. ¿Repartimientos como en Cuba?

—Eso nunca, no incurramos en errores pasados. Aquí no habrá encomiendas ni repartimientos que abusen del indio, aquí haremos depósitos.

—¿Y eso qué es? —preguntó Alvarado.

—Los indios serán libres de permanecer con un patrón, o de marcharse con otro que los trate mejor. Así evitaremos abusos. Y los patrones no podrán vender su tierra hasta los ocho años, y serán todos casados, nada de solteros.

—¿Y dónde van a encontrar una esposa?

—Si no quieren traerla de España, que se casen con las indias.

A Olid le preocupaban otros asuntos:
—Los hombres están muy descontentos con las ganancias.

—Me consta —dijo Cortés—. Ahora que hemos conseguido vencer al mexica, y que señoreamos una tierra rica, solo tendremos que explorar y rescatar sus riquezas.

Ya estaban los españoles firmemente asentados en Centroamérica. Desde allí se expandieron en medio siglo por el norte hasta Kansas y por el sur hasta Honduras y Guatemala.[483]

Antes de cerrar este capítulo, digamos qué fue de Pedro de Alvarado, el alto, guapo y rubio Tonatiuh. Cortés lo envió a conquistar Guatemala, El Salvador y Honduras, lo que apenas le llevó seis meses.

Alvarado era ambicioso y, con esa facha suya, se dijo:

—Voy a España, me presento ante Carlos, le cuento mis hazañas y regreso con una gobernación en el bolsillo.

Lo que había hecho su jefe y maestro Cortés.

En efecto, el guaperas deslumbró a Carlos (y a muchas damas de la corte, que lo vieron tan valiente y apuesto) y regresó a América con el nombramiento de gobernador, capitán general y adelantado de Guatemala, además de licencia para ensanchar esas conquistas con las partes del Imperio de Quito que no hubiera conquistado Pizarro. También llevaba consigo una flamante esposa, que no pudo resistir las fatigas de la travesía y lo dejó viudo nada más desembarcar en Veracruz.

Ya desligado de Cortés, el recién estrenado capitán general organizó una expedición al oro inca. Logró abrirse camino por la inextricable selva ecuatoriana, una hazaña que le costó la vida de

---

483. Dejamos para otro libro la epopeya de la conquista de la mitad de los actuales Estados Unidos de Norteamérica por los españoles que, adelantándose en más de un siglo a los anglosajones, recorrieron aquel territorio explorando, colonizando y fundando misiones desde Luisiana a Tejas y desde Nuevo México a California. Antes de que el Séptimo de Caballería terminase de exterminar a los indios ante las cámaras de John Ford, los apaches, los comanches, los chiricaguas, los mohicanos y toda esa pintoresca y plumada población había trapicheado con los comerciantes hispanos, o se había enfrentado a los *dragones de cuera* del virreinato de Nueva España, quienes socializaron con ellos sin ánimo de exterminarlos. Jesús Maeso de la Torre lo ha retratado en su novela *Comanche* (2018). Me la lean.

casi todos sus hombres; pero cuando llegó a las tierras de Quito, encontró huellas de herraduras en el barro. Gran decepción: otros españoles, los de Pizarro, se le habían adelantado.

Alvarado y los hombres de Pizarro se encontraron con sus respectivas tropas a las afueras de Riobamba. Alcanzaron un acuerdo: Alvarado desistía de la empresa a cambio de una indemnización de cien mil pesos de oro.

El inquieto Tonatiuh ideó un nuevo plan que lo haría definitivamente rico (aparte de traer almas de infieles a la verdadera religión, naturalmente): llegar por el mar del Sur a la especiería y a las Molucas, y abrir esa vía en competencia con los portugueses (recordemos que, según los tratados de los Reyes Católicos con Portugal, parte de las Molucas pertenecían a España).

Tenía ya casi aparejadas las naves cuando lo requirieron para reprimir una rebelión de los indios caxcanes y chichimecas en Nueva Galicia (hoy estado de Jalisco, México). En esta acción menuda murió Alvarado, el Sol, de manera nada heroica, aplastado accidentalmente por el caballo del escribano Baltasar de Montoya. Lo llevaron agonizante a un poblado cercano y allí falleció cristianamente el 4 de julio de 1541.

Se había casado hacía poco con la hermana de su primera mujer Beatriz de la Cueva, llamada *la Sin Ventura,* que pocos meses después lo siguió a la tumba.

LIBRO III
El oro inca

CAPÍTULO 92
El mentidero de Panamá

El mar del Sur (después océano Pacífico) era una inmensidad azul sobrevolada de gaviotas que lamía blandamente la playa retirando sobre la arena cercos de espuma.

En la taberna de Nuestra Señora de la Asunción de Panamá (que así se llamaba el poblacho), el vino era caro y además estaba picado, aguado y adobado con hierbas; el posadero era gruñón, malencarado y sucio, pero tenía en la cocina a una india que hacía unas albondiguillas riquísimas y una empanada de carnero insuperable. Por eso las cuatro mesas de la taberna y las dos de la cocina estaban casi siempre repletas de parroquianos, que entre trago y trago intercambiaban noticias de España o de las Indias, exageraban sus vidas o hacían negocios.

Pasado el mediodía, tres antiguos conocidos conversaban en torno a una mesa, Francisco Pizarro, Diego de Almagro y el clérigo Hernando Luque.

El padre Luque había hospedado recientemente a uno de los capellanes que participaron en la expedición de Pascual de Andagoya.

—Me dijo que en el golfo de San Miguel amistaron con un cacique, de nombre Chochama, que quiso hacerse vasallo de los españoles para que lo defendieran de sus malos vecinos de Pirú, los cuales eran famosos porque tenían mucho oro.

La mención del oro atrajo inmediatamente la atención de Pizarro.

—¿No serán esos los que bañan al rey en oro? —preguntó.
—¿Quiénes bañan al rey en oro? —dijo Almagro.
—Por la puerta entra el que nos lo va a contar —repuso el cura Luque.

Palanca era un antiguo artillero al que los indios del Yucatán sacaron los ojos. Se apoyaba en un báculo nudoso y llevaba a la espalda una vieja guitarra con la que se acompañaba cantando romances.

—A ver, Palanca, ven para acá y cuéntanos lo del rey de oro —le dijo Pizarro—. ¡Posadero, ponle a Palanca un vaso de chicha!

El ciego anduvo a tientas hasta la mesa, tomó asiento en el taburete que le ofrecían y vació el vaso de golpe paladeando el licor con fruición. Luque indicó al posadero que se lo llenara de nuevo.

—Más al sur, detrás de las montañas de la Plata, hay un lugar donde una vez al año —comenzó Palanca su relato— innumerables indios se juntan con muchos collares y adornos de oro, plumas y chagualas en las riberas de una gran laguna que llaman Guatavita. Allí arman una balsa de juncos que adornan con guirnaldas, flores y cobertores. En ella ponen al heredero del reino, desnudo en sus cueros como su madre lo parió, y lo untan de miel, y luego le soplan polvo de oro hasta que se queda todo cubierto como si fuera dorado. De esa guisa ponen a sus pies un montón de joyas y esmeraldas para que se las ofrezca a la reina que habita en el fondo de la laguna.

—¿Y es muy honda esa charca? —preguntó Almagro.

—Calla, calla —lo reprendió Pizarro—. ¿No ves que se le va el hilo?

—En la barca entran cuatro caciques desnudos y muy adornados de plumería, coronas, brazaletes, chagualas y orejeras de oro —prosiguió Palanca—, y toman los remos, dos en cada lado, y llevan la balsa al centro de la laguna donde el mancebo echa al fondo el oro y las esmeraldas, y ellos hacen lo propio. Luego reman hasta la orilla y, juntándose con el pueblo, hacen una gran fiesta al nuevo cacique que de ese modo queda consagrado ante sus dioses.[484]

484. Rodríguez Freyle, 1566, pp. 13-14.

—O sea, que al final ha resultado ser verdad lo que cuenta Marco Polo en su viaje, lo de los suelos embaldosados en oro y tejados de oro... —corroboró el cura Luque.[485]

Apuró el ciego su segundo vaso de chicha, y se fue a la cocina donde otros parroquianos lo requerían para que tocara la guitarra.

—El que encuentre ese lugar se hace rico —comentó Almagro.

—Antes parece un cuento de vieja que una verdad —objetó Pizarro.

—Nunca se sabe —medió el cura Luque—. También se decía que era mentira lo del oro mexica, y mira lo rico que se ha hecho tu primo Cortés.

—No es mi primo —corrigió Pizarro—. Es mi sobrino nieto.

Francisco Pizarro era, en efecto, tío abuelo de Hernán Cortés, pero, aunque fueran parientes, no había heredado el encanto del conquistador del Imperio mexica.

Pizarro no era agraciado, apenas sabía leer y se enfadaba con facilidad, como el que está malcontento con la vida. Había cumplido cuarenta y seis años, empezaba a encanecérsele la barba y no salía de pobre. Como otros veteranos de las guerras de Italia, había cruzado el charco con la flota de Nicolás de Ovando en 1502, y después de ocho años de milicia en el Caribe y varias expediciones y hechos de armas, ganó cierta reputación de capitán enérgico cuando, en 1508, Alonso de Ojeda le confió la defensa

---

485. La leyenda se basó en una ceremonia que celebraban los indios muiscas del altiplano colombiano en la laguna sagrada de Guatavita. Al parecer, los indios fabricaban reproducciones votivas de aquel rito. En 1856 los hermanos Joaquín y Bernardino Tovar hallaron en la laguna de Siecha una escultura de oro que reproducía la balsa y las figuras del rito muisca. La adquirió el diplomático y coleccionista Salomón Koppel, quien a su vez la vendió al Museo de Berlín, pero nunca llegó a su destino porque el barco se incendió al atracar en el puerto de Bremen. En 1969 el indio Cruz María Dimaté encontró otra figura de balsa de 19,5 por 10,1 centímetros, datada entre los años 600 y 1600, que es la que hoy se conserva en el Museo del Oro, y aparece en billetes colombianos convertido en símbolo nacional.

del fuerte de San Sebastián, en el golfo de Urabá, acosado por los indios.[486]

—Resiste cincuenta días —le dijo Ojeda—, y si al cabo de ese tiempo no has recibido refuerzos, puedes evacuar el fuerte y ponerte a salvo en el bergantín que te dejo.

Ojeda se hizo a la mar. Antes de trasponer por el horizonte dirigió una melancólica mirada a lo que dejaba atrás.

—¡Pobres diablos! —lo oyeron murmurar—. Si aguantan veinte días ya será mucho, pero con tanta flecha envenenada no creo que lleguen.

Pero Pizarro estaba hecho de piedra berroqueña y sabía defender una posición. No solo aguantó los cincuenta días preceptivos, sino algunos más. Cuando llegaron los refuerzos de Fernández de Enciso, le quedaban cuarenta y dos hombres de los trescientos llegados seis meses atrás.

—¿Cuándo pensabas evacuar el fuerte? —le preguntó Enciso admirado de su capacidad de resistencia.

Pizarro esbozó una sonrisa siniestra.

—Al principio pensé abandonarlo cuando quedáramos los cincuenta que podríamos salvarnos en el bergantín, pero luego pensé en que si éramos más de veinticinco navegaríamos muy incómodos.

En los años siguientes, Pizarro, ya capitán, participó en diversas expediciones a las órdenes de Ojeda, Enciso, Balboa, Morales y Pedrarias; pero, después de tanta lucha con la indiada, no escapaba de la pobreza.

Unas palabras del cura Luque lo sacaron de sus pensamientos:

—Podíamos formar una compañía para buscar el Incario.

—¿Una compañía…?

—Sí, Pizarro aportaría su experiencia como capitán, Almagro cuidaría de la intendencia y yo de que no faltaran fondos.

—Parece fácil, pero esos fondos ¿de dónde los vas a sacar?

—El licenciado Gaspar de Espinosa busca dónde invertir sus caudales. Dad por seguro que, en cuanto el gobernador Pedrarias

---

486. Cerca de la actual ciudad de Necoclí, en la provincia de Antioquia.

se entere de que me confía su dinero, querrá participar también en la empresa. Dineros no nos van a faltar, os lo aseguro.

De aquella conversación nació la Compañía del Levante, una empresa cuyo principal objetivo era buscar oro y, si a mano viniera, conquistar el Birú como entonces se conocía el Imperio de los incas.

CAPÍTULO 93

La gazuza extrema

El 13 de septiembre de 1524 zarpó Pizarro con la nao *Santiago* y ciento doce españoles, cincuenta indios y veinte negros.

—Rumbo a la isla de las Perlas —ordenó a Bartolomé Ruiz, el piloto.

Atrás quedó Almagro aparejando una segunda nao, la *San Cristóbal,* que seguiría a Pizarro con más hombres y provisiones.

Pizarro dejó atrás la familiar silueta de la isla de las Perlas, costeó el bosque de coníferas que daba nombre al puerto de las Piñas y se internó por aguas desconocidas.

Enseguida entendió por qué su antecesor, Andagoya, no había explorado más lejos: la costa era áspera y descarnada, llovía continuamente, las borrascas cruzaban apuestas entre ellas a ver cuál hundía la nave, y si largabas velas solamente soplaban vientos contrarios.[487]

---

487. El viento dominante del golfo de Panamá es norte. Por eso, en su punto de partida, las naves de los exploradores salían con viento favorable, pero en cuanto abandonaban el golfo entraban en el área de altas presiones del Pacífico Sur que, al girar en el hemisferio sur en sentido contrario a las agujas del reloj, produce un fuerte viento del sureste a lo largo de la costa. A ello se une que la corriente de Humboldt se dirige hacia el norte todo el año (Innes, 1975, p. 202). Por eso resultaba más fácil explorar hacia el norte y el oeste que hacia el complejo sur. El descubrimiento de este régimen de vientos se debe al marino español Juan Fernández hacia 1574, cuando intentaba evitar la corriente de Hum-

Estudiaba Pizarro la derrota menos inconveniente con el piloto cuando se presentó Blascopedro, el despensero, con un lomo de cerdo sobre la tapadera de un barril.

—Cate voacé cómo está la carne —invitó a Pizarro.

Hedía y hervía de gusanos.

—¿Y esto?

—Así está toda. La han sangrado mal, y luego no le han puesto apenas sal. Toda podrida y echada a perder. No se puede aprovechar nada.

El despensero lanzó la carne al mar.

—Para los peces, si tienen estómago.

Pizarro emitió un profundo suspiro.

—El maldito Pedrarias —dijo apretando los puños—. Es rico, pero no tiene bastante. Nos ha colocado esta mierda, y a cambio espera que le traigamos oro.

—Así no podemos seguir —insistió el despensero.

—¿Qué provisiones quedan fuera de la carne?

—Unos sacos de harina de maíz y dos barriletes de queso.

—Comeremos mazamorra unos días —decidió Pizarro—. El barco de Almagro nos alcanzará pronto con provisiones frescas. Tira al mar todo lo podrido antes de que se lo coman los negros y se pongan malos.

Prosiguiendo la navegación se internaron por los manglares, una impenetrable maraña vegetal formada por ramas y raíces aéreas que crecían en el fango salino. Nubes espesas de microscópicos mosquitos parecían suspendidas e inmóviles en la densa humedad.

La nave de Pizarro se estrenaba en una tierra hostil que hoy se conoce como Costa de la Muerte.

—Esta tierra es para que la habiten demonios —dijo Blascopedro—. Aparte de cangrejos y sabandijas, ¿quién podría vivir aquí si no se sabe dónde acaba la tierra ni dónde empieza el mar?

Hacía días que los grumetes se relevaban en la cofa observan-

---

boldt, supuestamente descubierta en 1800. Agradezco estas precisiones, al igual que muchas otras de este libro, a mi buen amigo el insigne catedrático y experimentado marino Antonio Piñero.

do el horizonte en busca del *San Cristóbal,* pero el barco de Almagro no aparecía y la despensa se agotaba.

—Vamos a fondear al abrigo de aquel promontorio —ordenó Pizarro al piloto.

Bajaron a tierra en una playa pedregosa y montaron unas enramadas.

—Acampamos aquí mientras Gil de Montenegro vuelve a las islas de las Perlas por provisiones.

En aquella tierra estéril que no producía alimento alguno, pasaron tanta hambre que llegaron a comerse el cuero de los zapatos hervido. Cuando la nave regresó con bastimentos, ya habían muerto los más débiles, más de veinte. A uno de los negros lo sorprendieron cortando tajadas de un muerto.

—Comerse a un cristiano es propio de alimañas —sentenció Pizarro—. Ahorcad ahora mismo a ese desgraciado.

Regresó por fin la *Santiago* con algunas provisiones y se hicieron de nuevo a la mar.

—¿Cómo le ponemos a esta tierra en el libro de bitácora? —preguntó el piloto Bartolomé Ruiz.

—¡Llámala Puerto del Hambre! —dijo, hosco, Pizarro.

Oteaba continuamente el horizonte, pero la nave de Almagro no aparecía.

Siguieron la línea de la costa. Pocos días después, divisaron el humo de una hoguera sobre unos acantilados que se adentraban en el mar. En la cresta de las rocas se distinguían algunas cabañas.

—Estamos salvados —dijo Pizarro—. Donde hay indios hay comida. A ver, Pedro, espántalos con un ruido.

Pedro de Gandía, el artillero, cebó los falconetes y disparó un par de cañonazos.

Desembarcaron. Trepando por las peñas encontraron un murete de piedras que encerraba dos docenas de cabañas de piedra con techumbre de ramas. En algunas hallaron tortas de maíz y en la más espaciosa un par de piezas de oro.

—Allí hay un humero con carne puesta a secar —señaló el despensero.

Más de cerca resultó que eran los cuartos de una persona. Los indios eran caníbales.

—Lo natural —dijo Blascopedro—. Como la tierra es tan pobre, se comen unos a otros.

—Pernoctamos aquí —decidió Pizarro— y mañana entraremos en el bosque a ver si cazamos algo. ¡Fulano, nombra las guardias!

Con las primeras luces del alba se fastidió el plan. Una multitud de indios inamistosos atacó el poblado. Caía del cielo una granizada de flechas y piedras.

—¡Nos retiramos! —gritó Pizarro—. ¡En orden! Los escopeteros conmigo.

Los disparos mantenían a los indios a prudente distancia, pero cada vez eran más y se mostraban más agresivos. Sin perder la calma, Pizarro retiró a sus hombres por grupos. La rociada de flechas los acompañó incluso dentro del mar, hasta que el esquife estuvo fuera de alcance.

—De buena hemos escapado —suspiró uno de los remeros—. Los muy cabrones han debido de dar rebato en todo el territorio. Como hacíamos nosotros en Pegalajar y La Guardia cuando venían los moros.

—Es que somos los moros de esta gente —comentó Blascopedro.

El rifirrafe había costado cinco muertos y dieciséis heridos, entre ellos el propio Pizarro, al que una pedrada había descalabrado.

—¿Cómo anotamos este lugar en la bitácora? —preguntó Bartolomé, el piloto.

—Vamos a llamarlo Fortín del Cacique de las Piedras —decidió Pizarro mientras lo vendaban.

Tenía otras cinco heridas de menor consideración, pero la de la cabeza le producía mareos.

—Bartolomé, pon rumbo a Panamá. Se acabó el paseo. Nicolás de Ribera, toma el mando para la vuelta que yo me voy a echar en la toldilla. ¿Dónde demonios se habrá metido Almagro?

Almagro lo había seguido con el *San Cristóbal* y cincuenta hombres de refuerzo, pero las naves se habían cruzado sin verse, de noche, en medio de un aguacero.

Almagro también desembarcó frente al Fortín del Cacique

de las Piedras, que lo recibió con la consuetudinaria lluvia de flechas y cantos.

—¡A ellos, a ellos, por Santiago! —animaba Almagro a sus hombres.

Con indios flecheros, lo prudente era acortar distancias, llegar cuanto antes al cuerpo a cuerpo donde las espadas decidían el encuentro.

Almagro recordaría aquella pendencia nada heroica el resto de su vida. Herido de un puntazo en un ojo, se vio en situación desesperada, rodeado de indios que blandían jabalinas y hachas de piedra. Su esclavo negro le salvó la vida abriendo en canal de un machetazo al que parecía el caudillo del grupo, lo que desconcertó al resto. En su adánica inocencia de criaturas aún no pervertidas por la civilización occidental, estaban habituados al derramamiento de sesos en cráneos aplastados a mazazos, pero nunca habían visto una herida de instrumento cortante tan terrible que echara el mondongo fuera.

—Los indios huyen —avisó el contramaestre.

—¡Rematadlos a todos; incendiad el poblado! —gritaba Almagro con la mano en el ojo herido—. Y apunta en el libro de bitácora el nombre de este maldito lugar: Pueblo Quemado.

Así fue como, con pocos días de diferencia, aquel poblado indígena cambió de nombre de Fortín del Cacique a Pueblo Quemado, gracias a la labor civilizadora de los españoles.

Almagro prosiguió la búsqueda de la nave de Pizarro hasta el río San Juan, donde, en vista del poco éxito obtenido, decidió regresar a las islas de las Perlas.

Uno de los que se habían establecido en aquella colonia les salió al encuentro.

—Pizarro pasó por aquí camino de Chochama.

Chochama era una playa pedregosa, pero en sus inmediaciones crecían unos arbustos cuyas majoletas, más hueso que chicha, ayudaban a engañar el hambre si uno no era demasiado exigente.

Los dos socios se encontraron en Chochama. Pizarro, malhumorado, achacaba a la imprevisión de Almagro las hambres y fatigas pasadas, pero cuando vio que su socio llegaba con un ojo menos, se atemperó.

—¿Ese ojo? —preguntó.
—Una flecha india. Y doy gracias a Dios que venía sin fuerza. Ya solo me falta otro mal encuentro para aprender romances a la guitarra como Palanca.
—La próxima vez hay que organizarlo mejor —dijo Pizarro—. Fuera del tiempo de los aguaceros y dejando atrás los manglares. Hay que navegar directamente hasta el río San Juan.

CAPÍTULO 94
En el infierno verde

10 de marzo de 1526.

Nueva reunión de los tres socios en la taberna de Panamá. El fraile Luque compareció con los documentos necesarios para formalizar la inscripción de la Compañía del Levante.

—Estaba durillo Pedrarias —reconoció el fraile—, pero al final lo he convencido para que nos conceda permiso para una segunda expedición. Eso sí, ha retirado su contribución. Dice que la va a invertir por aquí, más cerca.

—A más tocaremos nosotros —dijo Almagro.

Pizarro asentía hermético.

—Esta vez navegamos hasta más allá de los manglares —dijo.

Confiaba Pizarro en las extraordinarias cualidades de su piloto Bartolomé Ruiz, quien, *en lugar de seguir la costa, se dirigió a alta mar y avanzó hasta una latitud de cuatro grados norte, el delta del río San Juan,* en la bahía de Chocó.[488]

—Aquí desembarcamos y exploramos la tierra —dispuso Pizarro.

En una aldea india encontraron una apreciable cantidad de oro, lo que levantó algunos ánimos abatidos.

—Lleva este oro a Panamá y trae refuerzos —ordenó Pizarro a Almagro—. Llévate contigo al veedor Juan Carballo.

488. Innes, 1975, p. 208.

Almagro regresó a Panamá en una nao; Bartolomé Ruiz partió a explorar costas con la otra, y Pizarro se internó por tierra en las selvas que rodean el delta del San Juan, lo que algunos geógrafos describen como infierno verde: profundos barrancos disimulados por la vegetación, junglas impenetrables pobladas de jaguares, panteras y serpientes de un tamaño nunca visto, especies entonces muy lejos del peligro de extinción, pantanos de cieno y nubes espesas de mosquitos chupasangres, todo ello bajo un cielo neblinoso y una lluvia casi constante. En ese medio hostil los hombres morían por docenas.

Al cabo de varios meses, Pizarro prefirió regresar con los supervivientes a la costa pantanosa para aguardar los refuerzos de Almagro. La espera se hizo insoportable, sin nada que llevarse a la boca aparte de camarones, culebras, cangrejos y otra fauna menuda de las ciénagas.

Los hombres murmuraban a su espalda el consabido *si lo sé, no vengo.*

Los decaídos ánimos del grupo de Pizarro se elevaron un poco cuando el piloto Bartolomé Ruiz regresó de su periplo tras setenta días ausente. Había encontrado un viento favorable que le permitió recorrer unos doscientos kilómetros de costa. Primero tocó la isla del Gallo, después cruzó la bahía Ancón de las Sardinas (San Mateo), y más abajo, siguiendo la costa…

—Capturamos una gran balsa de mercaderes indios procedente de Tumbes.[489]

Ante los asombrados ojos de Pizarro y sus hombres, desplegaron un atadijo que contenía el botín obtenido en la lancha:

---

489. El cronista Francisco de Jerez (1534) la describe con asombro: *Tenía por el plan y quillas unas cañas tan gruesas como postes, ligadas con sogas de uno y otro, que dicen henequén, que es como cáñamo y los altos de otras cañas más delgadas, ligadas con las dichas sogas, a do venían sus personas y la mercadería en enjuto porque lo bajo se bañaba; traía sus mástiles y antenas de muy fina madera y velas de algodón del mismo talle y manera que los nuestros navíos, y muy buena jarcia del dicho henequén, que digo que es como cáñamo.*

Muchas piezas de plata y oro para adorno de sus personas, para hacer rescate con aquellas con quien[es] iban a contratar, en que intervenían coronas y diademas y cintos y puñetes y armaduras como de piernas, y petos, y tenazuelas y cascabeles, y sartas y mazos de cuentas y rosecleres y espejos guarnecidos de la dicha plata, y tazas y otras vasijas para beber; traían muchas mantas de lana y de algodón, y camisas, y aljubas y alcaceres y alaremes y otras muchas ropas, todo lo más de ello muy labrado de labores muy ricas, de colores de grana y carmesí, y azul y amarillo, y de todos otros colores de diversas maneras de labores y figuras de aves y animales y pescados y arboledas; y traían unos pesos chiquitos de pesar oro, como hechura de romana, y otras muchas cosas. En algunas sartas de cuentas venían algunas piedras pequeñas de esmeraldas y calcedonias, y otras piedras y pedazos de cristal y ánima.[490]

Los improvisados piratas dejaron en tierra a unos cuantos prisioneros, pero retuvieron a los tres más jóvenes para adiestrarlos como lenguas, según la abusiva costumbre.

Por señas les preguntaron de dónde procedía la balsa y ellos respondieron: Túmbez.

—Ese puerto de Túmbez debe de ser una factoría comercial del Perú —dedujo el piloto—. Estos tres muchachos indios que traigo solo hablan de un lugar llamado Tawantinsuyo, donde nace el oro.[491]

¡Donde nace el oro! Asentía Pizarro mientras acariciaba distraídamente con sus dedos peludos una de las delicadas máscaras incaicas. El cálido tacto del oro.

Las fuentes del dorado metal se ofrecían cercanas. ¡Después de tantas penalidades encontraban por fin la recompensa!

490. *Ibid.*, p. 6.
491. Así llamaban en quechua al Imperio de los incas: *Tawantinsuyu*, los «Cuatro Puntos Cardinales» o *suyus* (*chinchasuyu*, «norte»; *collasuyu*, «sur»; *antisuyu*, «este», y *contisuyu*, «oeste»). En su momento de mayor expansión, poco antes de la llegada de los españoles, el Imperio inca abarcaba desde el sur de la actual Colombia hasta la parte central de Chile, y desde la costa del Pacífico hasta la selva amazónica.

Poco después llegó la nao de Almagro con noticias frescas de Panamá. El nuevo gobernador, Pedro de los Ríos, apoyaba las exploraciones. Una nueva remesa de soldados y aventureros se había apuntado para cubrir las bajas. Entre ellos llegaban dos veteranos que habían acompañado a Cortés en la conquista de México: Arjona y Chozalhombro. Pizarro les asignó un grupo de bisoños, para que los instruyeran.

Las dos naos zarparon de nuevo. Primero visitaron la isla del Gallo y, tras cruzar la bahía de San Mateo, en la raya del ecuador, llegaron a Tacamaz (hoy Atacames).

Se veía una población mediana, con muchas casas de piedra y techo de palma.

Cuando se acercaron a la costa, salieron a recibirlos algunas canoas de guerreros.

—Parece que no nos quieren —comentó Almagro al notar los gestos desafiantes.

—Vamos a desembarcar de todos modos, y llevaremos algunos regalos al cacique para que vea que venimos en son de paz —decidió Pizarro.

Apenas pusieron pie en la playa, los atacaron. Vueltos precipitadamente a los barcos, la gente empezó a murmurar. Una comisión fue a hablar con Pizarro.

—Queremos regresar a Panamá.

Cedió Pizarro y permitió que los descontentos regresaran con Almagro, quien nuevamente zarpaba para Panamá en busca de más bastimentos y voluntarios.

Gran sorpresa. El gobernador había cambiado de idea. Aleccionado por los enemigos de la Compañía del Levante, había prohibido las exploraciones.

¿Qué había provocado ese cambio de actitud? ¿La típica envidia española o algo más?

Pedro de los Ríos había comprendido que, si la Compañía del Levante triunfaba en el Perú, sería a costa del desmembramiento de su precaria gobernación de Panamá. Era un fenómeno que ya había ocurrido antes: la prosperidad de Cuba debilitó a La Española; el hallazgo de las riquezas mexicas arruinó a Cuba y así sucesivamente. En cuanto se les daba esperanza, aunque fuera incierta, los colonos y los recursos hacían la maleta y migraban al lugar más próspero.

Por otra parte, Pedro de los Ríos tenía sobre su mesa de despacho un memorial firmado por algunos descontentos que le exponían una relación de agravios y lástimas capaz de conmover a la persona más desalmada. Se lo habían hecho llegar, burlando la censura de Almagro, en el interior de un ovillo grande de algodón que enviaban a la esposa del gobernador.

El memorial terminaba con los versos:

> *Al Señor Gobernador:*
> *miradlo bien por entero,*
> *allá va el recogedor*
> *y aquí queda el carnicero.*

O sea, el recogedor, Almagro, y el carnicero, Pizarro.

En septiembre de 1527, don Pedro de los Ríos fletó dos naves para rescatar a los náufragos de Pizarro y devolverlos a Panamá. En la estafeta iba una carta de Almagro y fray Luque en la que animaban a Pizarro a perseverar y a que *no volviera a Panamá aunque supiese morir, pues, si no descubría algo que fuese bueno, quedarían para siempre perdidos y afrentados.*

Y perderemos las inversiones, faltaba decir.

Pizarro no necesitaba ánimos, ya que estaba sobrado de ellos. Viendo que su empresa peligraba, recurrió a un golpe de efecto como el de su maestro y pariente Cortés cuando barrenó los barcos: desenvainó la espada y trazó una raya en la arena de la playa.

—Por este lado se va a Panamá a ser pobres; por este otro al Perú a ser ricos —dijo—: Escoja el que fuere buen castellano lo que mejor le estuviere.

Trece hombres pasaron la raya para quedarse con Pizarro, *los trece de la fama.*[492]

---

492. Los de la fama eran trece según los cronistas Garcilaso (1539-1616) y Herrera y Tordesillas (1601), pero el cronista Jerez (1534) eleva el número a dieciséis y Zárate (1555) lo reduce a nueve. Cieza de León (1553) los menciona por sus nombres: Cristóbal de Peralta, Domingo de

A instancias de Pizarro, un tal Juan Tafur, que comandaba el rescate, trasladó a los que se quedaban en la islita de la Gorgona, así denominada por Pizarro (o alguno de sus hombres más cultos) porque su abundancia de letales serpientes recordaba al monstruo mitológico griego que tenía serpientes en lugar de cabellos.

Allí aguardaron a la nave de refuerzos (finalmente autorizada por el gobernador con la condición de que Pizarro y los suyos regresarían si en seis meses no realizaban el descubrimiento que pretendían).

Pilotado diestramente por Bartolomé Ruiz, Pizarro navegó hacia el sur, costeando el litoral de las actuales Colombia y Ecuador, hasta llegar a Túmbez, antesala del inca.

En la bahía había un considerable trasiego de balsas veleras cargadas de fardos.

—Aquí hay dinero —dijo Chozalhombro acodado en la borda de la nao. Saludaba con la mano a los indios de las balsas cercanas.

—Y no se asustan de vernos —reconoció Arjona.

—Se ve que no nos relacionan con los que les robaron la balsa.

Pizarro, precavido, envió a Pedro de Candía, el artillero, a reconocer la ciudad. A su regreso, Candía contó las maravillas que el lugar encerraba, adornando su relato con cierta imaginación:

—Al llegar a la plaza donde se reúnen los indios, me pidieron que les demostrara el poder de mi escopeta. Disparé contra una tabla y, cuando vieron que la atravesaba desde la distancia, lo tuvieron a gran portento. Luego me pidieron que usara mi poder contra un tigre y un león, pero yo los amansé con la cruz que llevaba en la otra mano sin necesidad de matarlos. Vinieron a mí los mandamases de la ciudad, muy concertados, y me enseñaron

---

Soraluce, Antón de Carrión, Pedro Halcón, Martín de Trujillo, Juan de la Torre, Pedro de Candía, Alonso de Molina, García de Jarén, Francisco de Cuéllar, Nicolás de Ribera, Alonso de Briceño y Martín de Paz. Algunas fuentes mencionan a un negro o mulato sin decir el nombre. En 1529 se les concedió el título de hidalgos *por lo mucho que han servido en el dicho viaje y descubrimiento.* Al negro, no.

los edificios principales, el Templo del Sol y el Acllahuasi, un convento habitado de mujeres principales.

—¿Un convento? ¿Lo viste por dentro? —lo interrumpió Chozalhombro—. ¿Cómo son las monjas de esta gente?

—Lo vi por fuera —respondió Candía—. ¿No ves que es de clausura? Pero tengo entendido que dentro hay miles de monjas, todas vírgenes intactas, que se dedican a tejer. Luego me enseñaron la Pucara, como llaman al castillo. Allí guardan las riquezas, mucho oro y plata.

Pizarro tomó nota. En Túmbez no faltaba ningún adelanto: calles rectas, tiendas, mercados, palacios, templos, una fortaleza...

Nada que ver con los indios miserables que habían encontrado desde Panamá.

El artillero traía también noticias: los incas andaban enzarzados en aquellos momentos en una cruenta guerra civil.

Pedro de Candía traía consigo a un indio, Felipillo, que iba a servir a Pizarro como intérprete de quechua.[493]

Pizarro estaba exultante. Se confirmaba que existía el Incario y que era tan rico como se decía. Regresó a Panamá a organizar la nueva expedición.

El gobernador Pedro de los Ríos, que debía autorizarla, no estaba muy convencido. Nueva reunión de los socios fundadores de la Compañía del Levante ante sendos cuartillos de vino.

Fray Luque expuso las cuentas, de las que el cronista Jerez dice:

> Estos capitanes estaban tan gastados, que ya no se podían sostener, debiendo como debían, mucha suma de pesos de oro.[494]

---

493. El nombre del intérprete de Pizarro se ha convertido en Perú en sinónimo de traidor, del mismo modo que Malinche lo es en México. Isaac Humala, padre del presidente peruano Ollanta Humala, causó cierto revuelo el 13 septiembre de 2011, cuando llamó Felipillo al expresidente Alejandro Toledo, en una entrevista del programa *Buenos días, Perú* de Panamericana TV.

494. De Jerez, 1534, p. 28.

—Si contáramos con las bendiciones del emperador Carlos, no faltarían inversores —concluyó el fraile.

—Alguno de nosotros tendría que llevarle el oro y decirle lo que puede conseguirse —sugirió Almagro.

Pizarro era el idóneo. Se resistió un poco porque, debido a cierto complejo de inferioridad (era casi analfabeto y se expresaba con cierta torpeza), no se veía representando a la compañía nada menos que ante el césar Carlos, pero al final lo convencieron.

—Nadie mejor que tú, que has vivido las fatigas y has traído el oro.

CAPÍTULO 95
Pizarro en la corte

Salón del trono del alcázar de Toledo. Vidrieras de colores esparcen cálida luz sobre las alfombras. En la puerta, dos barbudos alabarderos. Arrimados a las paredes, un par de bargueños, algunos bancos forrados de gastado terciopelo y banderas tomadas al enemigo.

El maestresala pregona la entrada de un cardenal de solemnes deambulares. Una turba de consejeros, cortesanos, marqueses, secretarios y barandas de distinto calado se vuelve a mirarlo.

En el extremo opuesto del salón, menoscabado entre tanta grandeza, descubrimos a Francisco Pizarro, incómodo por la compañía y por el traje. Amigos de la corte lo habían ataviado para la ocasión con un jubón de terciopelo, unos greguescos de tafilete y unas calzas de lana cruda, todo ello adquirido a un ropavejero de la plaza de Zocodover. A juego con el traje, un barbero le había tallado la indócil barba a la moda italiana. Complementando su *toilette* se había escamondado las uñas con una navaja, y había enfundado su vieja y ejercitada espada en una vaina nueva.

De esta guisa esperaba su turno para comparecer ante el ciclotímico emperador Carlos. Cuando el mayordomo lo avisó, cruzó la estancia y se detuvo, sombrero en mano, a cinco pasos de la tarima del trono, la distancia que le habían indicado.

Carlos, que recientemente había vencido a Francia y recibía de México cargamentos de oro, estaba en uno de sus raros momentos felices cuando el rudo conquistador compareció ante él.

El rubio Habsburgo se interesó por la travesía del Atlántico, por las costumbres de los indios, por sus edificios y por su riqueza. ¿Era el Incario tan rico como los mexicas? ¿Era cierto que cada nuevo rey se chapuzaba cubierto de oro en un lago? ¿Mantenía de verdad un harén mejor surtido que el del gran turco?

Los indios que acompañaban a Pizarro concitaban la admiración de la corte, tímidos, imberbes y ataviados con aquellas mantas bellamente coloreadas.

En días sucesivos, Pizarro discutió con dos secretarios los términos de las capitulaciones, que el 26 de julio de 1529 firmaría la emperatriz Isabel en ausencia de Carlos.

En adelante, Francisco Pizarro, gobernador, capitán general, adelantado y alguacil mayor del Perú, solo daría cuentas de su actuación ante el rey.[495]

Antes de abandonar Toledo, Pizarro se entrevistó con Cortés, que andaba por allí a la procura de sus propios privilegios. No sabemos lo que trataron los dos parientes, pero bien podemos imaginar que Pizarro obtuvo un relato pormenorizado y de primera mano del *modus operandi* de su colega cuando conquistó el Imperio mexicano.

Después, Pizarro fue a lucir el cargo a su pueblo natal, Trujillo, del que veinte años atrás había salido medio descalzo a buscarse la vida. Regresaba hecho un flamante gobernador de las Indias y servido por varios esclavos.[496] Pasó una breve temporada

---

495. Pizarro se comprometía a conquistar el Perú en una extensión de doscientas leguas (mil kilómetros) a lo largo de la costa del Pacífico, desde el río Temumpalla (Santiago), en la actual frontera entre Colombia y Ecuador, hasta Chincha, al sur de la capital del Perú.

496. En su Trujillo natal, en una de las más bellas plazas del mundo, tiene Pizarro una enorme estatua ecuestre. La dama norteamericana que la sufragó, la señora de Carlos Rumsey, se empeñó en que el conquistador apareciera talludo y agraciado. El escultor, como era un mandado, no tuvo redaños para defender la verdad y retratarlo retaco y feo, como en vida fue.

en el pueblo y, cuando partió, llevó consigo una reata de hermanos y parientes.[497]

—Os venís conmigo, que os haré ricos.

Días de Sevilla, ya entonces *princesa de las ciudades del mundo*. Merodeos del clan de los Pizarro por el puerto, gestiones en la Casa de Contratación, un laberinto donde las cartas reales abren todas las puertas...

De nuevo a bordo de una nao, Guadalquivir abajo con la marea alta; de nuevo el océano, ya tan transitado de naves.

Regresó Pizarro a Panamá a informar a sus socios. Había recibido las garantías y bendiciones del rey Carlos para continuar con la empresa. Sobre la mesa de la taberna de la Sorda desplegó las credenciales. Almagro torció el gesto. Pizarro sería el gobernador de las nuevas tierras conquistadas, mientras él recibía solamente la tenencia de la alcaldía de la futura fortaleza de Túmbez, con una renta anual de trescientos mil maravedíes.

—¿Nada más? —preguntó enfurecido.

—Bueno, también legitiman a Dieguito, el hijo que tuviste con la india.

—¿Y yo? —preguntó el fraile Luque.

—Serás obispo de Túmbez y protector general de los indios.

El fraile se conformó bastante, dado que la humildad va en su oficio, pero Almagro jamás perdonó a su socio el agravio comparativo.

—Se ha quedado con todo —le confió a un colega—, pero arrieritos somos...

Pizarro intentó contentarlo con la promesa de un adelantamiento cuando se aparejara ocasión, pero ya las mechas del mutuo odio estaban encendidas, aunque lo disimularan.

La Compañía del Levante parecía marchar viento en popa. Se había corrido la voz de las riquezas halladas en las nuevas tierras, y no les faltó un socio capitalista que financiara la siguiente singladura: el sevillano Hernán Ponce de León, que había hecho fortuna en Nicaragua, armaba tres naos y las abastecía de lo ne-

---

497. Hernando, Gonzalo, Juan Pizarro y Francisco Martín de Alcántara (en aquel entonces no siempre se usaba el apellido del padre).

cesario para ciento ochenta soldados, treinta y siete caballos y tres dominicos, Vicente de Valverde, Juan de Yepes y Reginaldo Pedraza.

—No sabéis en dónde os vais a meter —chinchaban a los voluntarios algunos que zarparon en anteriores singladuras.

El ciego Palanca había actualizado su repertorio y ahora cantaba romances al valor y al heroísmo de Pizarro y sus gentes.

Esta vez estaban familiarizados con el mar y sus vientos y corrientes. En menos de dos semanas alcanzaron la bahía de San Mateo.

Descendieron a tierra y obtuvieron un rico botín en Coaque.

—Este oro va a Panamá, a pagar deudas antiguas —decretó Pizarro.

Partieron las naves del botín a Panamá y Pizarro aguardó medio año su regreso. En ese tiempo no vieron el sol: aguaceros tropicales, tormentas y el tormento de unos chinches autóctonos *(Bartonelosis andina),* típicos de aquellos parajes, que producían ronchas como guisantes.

CAPÍTULO 96
La corona del inca

En los días de Túmbez, el lengua Felipillo amistó con un paisano suyo, tintorero en una isla cercana.
—¿Los incas? —dijo al conocer el objetivo de los forasteros—. No sé si es el mejor momento de acercarse a sus tierras. Se andan matando entre ellos.

Unos meses antes había muerto el inca Huayna Cápac, el gran guerrero que había conquistado el reino de Quito. Poco después había perecido su hijo y heredero, Ninán Cuyuchi (ya podemos figurarnos que víctimas ambos de la viruela que precede a los españoles).

En páginas pasadas vimos que la viruela auxilió mucho a Hernán Cortés en el vencimiento de los mexicas. Aquella epidemia no se mantuvo en Mesoamérica, sino que, viajando hacia el sur, infectó a los mayas cakchiqueles de Guatemala en 1520, preparando el camino a Pedro de Alvarado, que los sometería en 1524.[498]

Desde Guatemala (o desde Panamá), la viruela se transmitió al Imperio inca, que padeció su azote en los años 1525 y 1526. Acabamos de mencionar al inca Huayna Cápac; su hijo y heredero, el príncipe Ninán Cuyuchi, y buena parte de los cuadros dirigentes del Imperio se encontraban entonces en la zona más afectada, el norte, y perecieron del misterioso mal, al que rápidamente se le unieron el sarampión y la gripe en un mortífero cóctel.

498. Y conquistaría las actuales Guatemala, el Salvador y Honduras.

La fama de aquella mortandad perduraba aún medio siglo después, cuando el agustino Miguel Cabello Balboa escribía su crónica.[499]

Muerto el heredero, el segundo en la línea sucesoria era Huáscar, hijo de la reina *(coya)*, pero un hermano bastardo suyo, Atahualpa, hijo de una concubina real *(ñusta)*, le disputaba la corona.[500]

En un principio habían acordado que Huáscar heredaría el reino principal, el del Cuzco, y Atahualpa el de Quito, recientemente adquirido, pero Atahualpa rechazó el trato. Estalló una cruenta guerra civil entre los partidarios de los dos hermanos. Al final prevaleció Atahualpa, que derrotó a Huáscar, lo metió en prisiones y se ciñó el *llauto* o borla, símbolo del inca.

La mortandad de la epidemia, unida a la de la guerra civil, dejó el Imperio sentenciado para que Pizarro lo apuntillara.

Arjona y Chozalhombro, cuando no estaban de guardia ni instruyendo a los bisoños, salían a pescar con anzuelo, o a mano, en unos corralillos de piedras que se hacían en la playa para retener los peces en la bajamar. Otros le daban al naipe, se despiojaban o sacaban brillo a las corazas o filo a las armas.

499. *El inca Huayna Cápac, encontrándose satisfecho en la isla de Puná y habiendo participado de sus vicios y sus atractivos, recibió malas noticias del Cuzco, donde le avisaban que reinaba una peste general y cruel, de que habían muerto Auqui-Topa-Inga, su hermano, y Apoc Iliaquita, su tío, a los cuales había dejado como gobernantes, al partir. Mama Toca, su hermana, y otros principales señores de su familia habían muerto de la misma manera* (Cabello Balboa, 1920, p. 112, tomado de García Cáceres, 2003).

500. Corona es un decir, porque, entre los incas, el símbolo del poder imperial era la borla del inca o *llauto*, una especie de turbante formado por una trenza de pelo de vicuña que se envolvía en torno a la cabeza con cinco o seis vueltas unidas a la altura de la frente por una cinta de lana, la *mascapaicha*, adornada con hilos de oro y plumas de corequenque, el ave de plumaje negro y blanco que acompaña a Wiracocha, dios sol de la mitología inca. El sumo sacerdote *(willaq umu)* ceñía la trenza del *llauto* en la cabeza del nuevo inca en lo que podríamos considerar ceremonia de coronación. El inca gobernante lucía un *llauto* rojo y azul, el resto de la familia real *(panaca)*, rojo y amarillo, y la nobleza, negro.

—¡Velas a la vista! —gritó un centinela.

Salió Pizarro de su choza muy esperanzado de que regresaran los refuerzos, pero resultó que el barco pertenecía a un mercader de Panamá que venía a hacer negocio. Montado el tenderete en la playa, liquidó pronto, a precios abusivos, su cargamento de tocino, cecina y queso canario.

—Gran negocio haces —le reprochó el padre Valverde.

—Pero muy arriesgado —respondió el mercader—. La mitad de los fiados morirán y no podré cobrarles la deuda.

En Panamá pensaban que las expediciones de Pizarro gastaban a los hombres más que otras.

Atahualpa tuvo noticias de la llegada de los extranjeros a Támbez en sus extrañas casas flotantes.

—Viracocha ha regresado —sentenció un anciano sacerdote.

Creían los incas que el dios Viracocha regresaría algún día desde la morada del sol poniente. Aquellos hombres barbados, de piel blanca, vestidos con rutilantes corazas no podían ser sino enviados de Viracocha, los *viracochas*.

CAPÍTULO 97
En Cuzco, con el soroche

Aquí me tienen, a tres mil quinientos metros sobre el nivel del mar, en Cuzco, la capital del Imperio incaico, el ombligo del mundo, la capital de Perú, el hermoso país andino patria de César Vallejo, al que venero, y de Vargas Llosa, cuya mano beso. Huele dulzón, a maíz tostado, a chicha, a guisos adobados con exóticas especias.

—Cuídese del soroche, señor, que a la gente mayor no le sienta —me advirtió conmiserativa la recepcionista del hotel.

Razón lleva la chica. Emprendes la mínima cuesta, y ya jadeas por la falta de oxígeno. No importa que seas un fibrilla musculado, como tampoco es el caso.

He madrugado como suelo y le he enviado a mi hija predilecta, vía WhatsApp,[501] mi *selfie* posando ante la fachada del KFC de la calle Portal de Carnes con el texto:

Estoy en Perú, el país más biodiverso del mundo, con más de ochenta microclimas y no sé cuántos ecosistemas. Anoche cené ceviche, el plato nacional con acompañamiento de yuca hervida (tanto que hablo en este libro de ella y todavía no la conocía), y hoy me siento tan enamorado de este país y de su gente laboriosa y cordial que hasta me hallo predispuesto a meterle el diente a un cuy, la rata de indias, que acá es muy popular y se sirve retostadita

---

501. O sea, *guasa*.

a la brasa con su cabeza y sus garritas a la vista (como cochinillo segoviano). Te he comprado una chompa de lana de alpaca. Besos, tu progenitor.

Me habían recomendado desayunar en el Plaza Café, frente a la catedral, parque de Plaza de Armas por medio, con su iglesia de los jesuitas que exhala vaharadas de incienso. Desde este balcón se contempla una de las más hermosas vistas de esta bellísima ciudad mestiza, en la que a menudo encontramos arquitectura barroca española asentada sobre sólidos basamentos incas de piedras ensambladas sin mortero, entre las que no cabría una hoja de afeitar.

Por detrás de esas fachadas, a cierta cota, asoma lo que deben de ser las ruinas de la alcazaba de Sacsayhuamán.

—Veo que le ha gustado el balcón —me comenta el cliente de la mesa contigua, un chico joven que entre sorbo y sorbo de café ha estado tecleando en el portátil.

—Obnubilado estoy desde que llegué —le confieso—. ¡Cuánta sincera belleza!

—Y cargada de historia que está la plaza —añade—. Sin ir más lejos, en aquel rincón —lo señala— los españoles descuartizaron al patriota José Gabriel Condorcanqui.

—No he oído hablar de él —me excuso mientras pienso: *Ya empezamos.*

—Quizá le suene más Túpac Amaru II. Era descendiente del emperador inca, y levantó en armas contra los españoles a dos virreinatos, el del Río de la Plata y el del Perú. Mestizo de dos sangres y rico hacendado, vivió como elegante criollo media vida, educado por los jesuitas y lector de textos latinos y de enciclopedistas franceses, pero al final pudo su sangre india, se rebeló, se proclamó inca y acaudilló un levantamiento contra España.[502] Es nuestro héroe nacional.

---

502. Se tituló *José I por la gracia de Dios, inca rey del Perú, Santa Fe, Quito, Chile, Buenos Aires y Continentes de los mares del Sur, duque de la Superlativa, señor de los Césares y Amazonas con dominio en el Gran Paititi, comisario distribuidor de la Piedad Divina, etc.*

—Ya veo. Un símbolo de la América mestiza, que se asienta en dos culturas y que no debería rechazar ninguna de ellas.

El mozo se sonríe, encajando la indirecta, pero prosigue en su línea informativa:

—El 12 de mayo de 1781 lo sacaron de la cárcel junto con algunos familiares, lo trajeron aquí en un serón que arrastraba un asno y, después de obligarlo a presenciar la ejecución de sus seres queridos, lo intentaron descuartizar entre cuatro caballos, pero, como no fue posible, lo degollaron e hicieron cuartos que luego repartieron por las provincias.

—Veo que respira usted por la herida —observo.

—No crea que soy indigenista. También estoy orgulloso de que los españoles fundaran aquí en 1551 la Universidad de San Marcos, la más antigua de América. Soy consciente de que somos el resultado de la fusión de dos mundos. Sin ir más lejos, mi madre es devota del Santo Niño de la Mascapaicha, un Niño Jesús barroco que lleva en la cabeza la borla, el tocado real de los incas. La Iglesia lo prohibió en el siglo XVIII, pero ahora renace su culto entre las clases populares. Y esos chullos o gorros incas que lleva el pueblo y adquieren los turistas derivan del bonete español al que los indios agregaron orejeras para protegerse del frío. O sea, no soy partidario de rechazar la valiosa herencia española, pero creo que también hay que valorar la indígena. En Perú persisten todavía cuarenta y siete lenguas indias, de las que cuatro se ubican en los Andes y el resto en el Amazonas.

Prosigue la conversación, mientras disimulo un nuevo envite del soroche y, cuando vamos camino de ser amigos de toda la vida, nos presentamos. Mi interlocutor se llama José Flores Rodríguez y es estudiante de tercer curso en el Colegio de Ingenieros del Perú. Me invita al segundo café de la mañana, insisto en pagar yo, alegando mi mayor edad, una situación típicamente española-peruana que ningún anglosajón entendería, y cuando le cuento que estoy documentándome para un libro sobre la conquista de América, se ofrece a enseñarme el Museo del Oro. La orfebrería inca trabajaba con mucho primor la plata, el oro, el cobre y las esmeraldas.

El museo es un estupendo escaparate para conocer el pasado

del Perú. Antes de que los incas construyeran su efímero Imperio (que solo duró un siglo escaso),[503] hubo en estas tierras una sucesión de pueblos o culturas (la chimú, la mochica, la vicus...) que produjeron notables piezas de orfebrería, como máscaras, diademas, brazaletes, collares, orejeras, narigueras y canilleras, con las que se adornaban los días de guardar.

El *sapa inca,* o hijo del Sol, reinaba sobre una especie de monarquía totalitaria y militarista, que algunos autores califican de socialista porque repartía la tierra, el trabajo y los bienes producidos a cambio de sumisión absoluta.[504]

El inca se apoyaba en una aristocracia guerrera o administrativa —la que suministraba los generales, funcionarios y altos sacerdotes—, que velaba por el orden y la defensa del Estado (y la de sus privilegios de clase). Para que todo quedara en casa, el sumo sacerdote *(willaq umu)* era el tío o el hermano del inca.

Esta minoría vivía estupendamente a costa del trabajo ajeno, como corresponde a cualquier nomenclatura marxista-leninista o derivados. Hasta desnudos se distinguían de los currantes, porque se perforaban las orejas para colgar en ellas platillos y pendientes de considerable tamaño, motivo por el cual los españoles los llamaron *orejones.*

El emperador de los incas se casaba con su hermana, la *coya,* para que la estirpe del sol no degenerara (eso hacían también los faraones de Egipto). No obstante, condescendía a mantener un numeroso serrallo de esposas secundarias, hijas o parientes de caciques tributarios, o de esclavas que hallaban gracia a sus solares ojos.

El inca vestía tejidos finísimos complejamente bordados, como correspondía a tan alto y deificado señor. Estos vestidos, que nunca usaba dos veces, los elaboraban las manos preciosas

---

503. Cuando llegaron los españoles con Pizarro, el dominio inca apenas cumplía un siglo, después de que el caudillo Pachacútec derrotara a la confederación de Estados chancas en 1438.

504. Seguramente nos resulta familiar ese tipo de socialismo tiránico, en el que una minoría de revolucionarios privilegiados se instala a vivir como Dios en los palacios de la antigua y denigrada aristocracia.

de unas muchachas, las *acllas ñustas* o vírgenes del sol, que residían en internados o *acllahuasi* (en quechua, «casa de las escogidas»), bajo la dirección de una matrona o *mamacuna*. Los cronistas españoles creyeron que eran conventos, pero en realidad se parecían más a escuelas de geishas, puesto que su labor consistía en tejer los vestidos del inca, elaborar su chicha y prepararse para servirlo, para que las otorgara como premio a funcionarios o guerreros distinguidos y, si la cosa venía mal dada, ser sacrificadas al dios Inti en caso de emergencia nacional.[505]

Los incas hablaban quechua, un idioma andino del que aún quedan unos cinco millones de hablantes entre los indios de los siete países de la región. El quechua no se escribía, aunque habían desarrollado una especie de preescritura mnemotécnica consistente en cuerdas de nudos *(quipus)* y diseños textiles que combinaban colores y formas *(tocapus).*[506]

El inca era un Estado militarista y expansivo al que molestaban las lindes. Sin fronteras precisas, sometía a vasallaje a los pueblos vecinos y, si se resistían, los exterminaba (como hizo con los puneños o los pastos). Y no era fácil resistirse a su bien organizado ejército de excelentes estrategas y soldados profesionales. Sorprendentemente desconocían el hierro (como los mexicas), por lo que su armero se limitaba a la macana (en quechua, *chambi*); el rompecabezas *(cunca chucuna)* de piedra o de cobre; la estólica *(cumana);* la lanza *(suchuc chuqui)* y la honda *(huaraca).* Como armamento defensivo usaban, además del peto de algo-

---

505. En realidad, los incas raramente ofrendaban a los dioses seres humanos. Preferían sacrificar llamas, vicuñas, conejillos de Indias, vasos, esmeraldas o tortas de maíz. En casos de emergencia nacional sacrificaban niños antes que recurrir a las vírgenes del sol.

506. Se especula que los quipus pudieran representar una escritura alfanumérica (cada nudo, según su posición, representando un sonido). Para Cieza de León (1553), *los quipus significaban diversas cosas y cuanto los libros pueden decir de historias, leyes ceremoniales y cuentas de negocios.* Por su parte, Guamán Poma de Ayala (hacia 1615) señala que *los escribanos asentaban todo en el quipu con tanta habilidad que las anotaciones resultaban en los cordeles como si se hubiera escrito con letras.*

dón, el escudo *(hualcana)* y el casco *(uma chucu),* de madera o cobre.

El belicoso pueblo inca, como una Roma americana, extendió sus dominios hasta abarcar una extensa región limitada por la selva colombiana, la cordillera de los Andes, la costa del Pacífico y el desierto chileno.[507]

Cuzco era el corazón del Imperio, una ciudad de unos doscientos mil habitantes con una retícula de calles largas y estrechas y dos amplias plazas. La aristocracia vivía en estupendas mansiones rodeadas de irrigados jardines; el pueblo, en humildes cabañas.

De Cuzco partía, como los hilos de una tela de araña, una compleja retícula de caminos y calzadas que abarcaba el Imperio, y favorecía tanto el desplazamiento de las tropas como el comercio (en recuas de llamas, cada una de las cuales podía transportar hasta cincuenta kilos).

Espaciadas cada tres kilómetros a lo largo de las calzadas principales había postas *(tambos),* en las que residían postillones, o *chaskis,* que en una especie de carrera de relevos llevaban mensajes importantes o pequeños paquetes.[508] Los frecuentes cañones y arroyos de aguas bravas se salvaban mediante oscilantes pasarelas de tablas prendidas de sogas (en algún caso prendidas de maromas tan gruesas como un tronco humano) y tarabitas, rús-

---

507. Abarcaba el sur de Colombia, Ecuador, Perú, Bolivia y parte de Chile y de Argentina, en total, unos 1.731.900 kilómetros cuadrados (más de tres veces la superficie de España).

508. Dado que no había mensajes escritos, la transmisión entrañaba ciertos problemas: el *chaski,* caracterizado por una mochila a la espalda, dos plumas blancas en la cabeza y una porra al cinto, corría con ritmo sostenido y, cuando se acercaba a la posta siguiente, soplaba una caracola *(pututu)* para alertar al relevo. Luego, en lugar de detenerse y charlar un poco echando un cigarro como demanda la humanidad misma, le transmitía el recado sin dejar de correr al lado del otro. Solo cuando este se daba por enterado, regresaba a ritmo más pausado a su posta de origen. Con tantos intermediarios asombra pensar que el mensaje final se pareciera al original, pero los propios cronistas españoles alaban la eficacia del sistema.

ticos teleféricos (*uruya,* en quechua) consistentes en una silla, o cesta, pendiente de un cable mediante argolla corrediza que el propio peso del viajero impulsaba.[509]

El inca vivía de la agricultura, de la ganadería y de la minería. Eran maestros construyendo laboriosos bancales que seguían las curvas de nivel de los montes, en los que obtenían excelentes cosechas después de abonar la tierra con guano.[510]

En su solo siglo de existencia como Imperio, los incas aprovecharon los conocimientos de los pueblos y culturas que los precedieron para dejar testimonio de una avanzada civilización, capaz de construir notables edificios, imponentes fortalezas y recintos sagrados. Avanzaron mucho en una astronomía al servicio de sus precisos calendarios agrícolas. Estos progresos culturales eran perfectamente compatibles con las crueldades que usaban con los pueblos sometidos. Cuando Hernando Pizarro (el hermano de Francisco) entró en Jauja para entrevistarse con el general de Atahualpa Challco Chima, se encontró con una plaza decorada con cabezas, manos y lenguas de los vencidos huancas.

¿Qué comían los incas? Aparte de esas simpáticas ratas de los Andes arriba mencionadas, y de patos y perros, el alimento básico era, en las zonas bajas, el maíz, y en las altas, la quinua. También se consumía mucha patata, un gran alimento que rápidamente se transmitió a España y más lentamente al resto de Europa, y cacahuete *(inchik),*[511] esa sabrosa fabácea que milenios antes de los

---

509. Las tarabitas casi desaparecieron debido a su peligrosidad, pero hoy vuelven a prodigarse en las zonas turísticas para visitantes aficionados a deportes de riesgo, *puenting, paintball, españoling* y otras actividades generadoras de adrenalina. Es cierto que en cuestión de gustos no hay nada escrito, pero es no menos cierto que hay gustos que merecen palos (dicho sea desde el respeto que toda persona merece, por descarriada que ande y desde mi personal repulsa por toda violencia).

510. El guano, estiércol de las aves marinas rico en nitrógeno, fósforo y potasio, es el mejor fertilizante orgánico conocido. Todavía se obtiene en los islotes de la costa peruana y chilena, donde existen auténticas canteras de esta benemérita y mefítica sustancia.

511. Nuestra palabra *cacahuete* procede del náhuatl *tlālcacahuatl* («cacao de la tierra», compuesta de *tlalli,* «tierra», y *cacahuatl,* «nuez de cacao»).

incas ya consumían los *gourmets* de la cultura chavín en los valles de Cajamarca. Curiosamente no comían carne de llamas ni alpacas. Cuando un emperador inca quería premiar la fidelidad de un cacique, le regalaba hojas de coca *(Erythroxylum coca,* en quechua *kuka),* una planta sagrada que cultivaban en la húmeda y cálida selva.[512]

Desde esta mañana no he dejado de cruzarme con campesinas vestidas de numerosas faldas de vivos colores y tocadas de bombín, que venden a granel hojas de coca para quien quiera mascarlas: «Buenas para el soroche, señor».

Bebían los incas un licor nacional, la chicha, un estupendo brebaje obtenido a partir de la fermentación del maíz, que ha resultado ser un estupendo antioxidante que además baja la tensión y combate el colesterol malo. La chicha de los incas se obtenía entonces mediante fermentación de granos de maíz masticados y ensalivados;[513] hoy se consigue con procedimientos industriales.

—Veo que el Imperio era un conjunto coherente, fuerte, organizado... —observo.

—Pura apariencia —me corrige José—. *Mosaico étnico y lingüístico que cubría un espacio geográfico fragmentado de cerca de cuatro mil kilómetros de largo,* lo define nuestro historiador José Antonio del Busto.[514]

Los dominios del inca estaban poblados por unos doscientos pueblos que, a pesar de los esfuerzos del central por unificarlos

---

512. La coca se consideraba entonces una medicina energizante que lo mismo te calmaba el hambre que te infundía la fuerza necesaria para prolongar la jornada de trabajo. Hoy la infusión de hojas de coca se receta todavía a los turistas aquejados de mal de altura, pero también es la planta de la que se extrae la cocaína, esa perniciosa droga tan perseguida por la DEA y otras benéficas instituciones policiales.

513. No es guarrada, es cultura. Una conocida mía es aficionada al aceite de argán *(Argania spinosa),* hidratante y rico en vitamina E, según asevera, que hasta hace dos días se obtenía de las cagarrutas de las cabras. Hoy dicen que lo obtienen por procedimientos industriales, fíese usted.

514. Declaraciones a la prensa con motivo de la retirada de la estatua de Pizarro, en 2003.

imponiendo los dioses cuzqueños y el quechua, seguían diferenciándose en la lengua, en las instituciones, en las creencias religiosas y en las costumbres.

Los incas habían sojuzgado, con mucho derramamiento de sangre, a pueblos poderosos como los tallanes, los huambos, los huayacuntus, los huamachucos y los huancas. Todos ellos hicieron lo posible por escapar de la tiranía del inca aceptando a los españoles.

—Como los tlaxcaltecas en México —apunto.

—Algo así, salvadas las diferencias. La verdad es que cuando llegaron los españoles el Imperio empezaba a descomponerse sin haber pasado por su consolidación. Por eso le resultó tan fácil sojuzgarlo.

En estas conversaciones sobre los incas y su cultura gastamos el día el amigo Pepe Flores y un servidor. Llegada la tarde me acompaña a mi hotel y al despedirnos me dice:

—¿Te atreves a hacer el Camino Inca?

—Suena bien —reconozco—. ¿En qué consiste?

—Es un *trek* que va de aquí a Machu Picchu.

—¡Hombre, un tren! Estupendo —le digo—. Cuenta conmigo.

—No, no he dicho *tren,* sino *trek,* una excursión a pie.

—Déjame que me lo piense, y te digo.

En la intimidad de mi habitación entro en internet y me informo. El Camino Inca:

> Cuarenta y tres kilómetros de senda entre bosques y densas nieblas, escalones de piedra milenarios y vistas majestuosas. Al final está la recompensa: la famosa Puerta del Sol y sus impresionantes vistas de las ruinas de Machu Picchu, la ciudadela inca, descubierta por el explorador Hiram Bingham en 1911. Son dos días. Se pernocta en Aguas Calientes y se visita Machu Picchu al día siguiente.

Entre las opiniones de los usuarios hay una gentil muchacha que —haciendo el camino— halló, para sorpresa suya y de cuantos la acompañaban, nada menos que una orquídea en todo similar a las que venden en las floristerías, de lo que dedujo que la flor también se cría en el campo. Otro usuario explica cómo hay que curar las ampollas de los pies ensartándolas con una aguja con hilo, dejando un cabito suelto a cada lado y moviéndolo en cada descanso para que drene el plasma contenido en la ampolla.

Decido finalmente que un septuagenario ágil y osado, y pelín aventurero como yo, bien puede permitirse desplazarse a Machu Picchu en el lujoso Inca Tren, seis coches de lujo sin contar el vagón *suite* presidencial para gentes de alcurnia. Este modernísimo tren, que sigue el curso del río Urubamba, está equipado con hilo musical y una asistencia de gentiles azafatas, que sirven al viajero infusiones de hierbas andinas o bebidas algo más consistentes.

—¿Y la subida a Machu Picchu? —indago con cierta prevención.

—Chupada —dice el duende de internet—. Por cuarenta euros puedes recorrer a tu sabor las famosas ruinas. Puedes ascender por el acceso de Huayna Picchu, también conocido como las «Escaleras de la Muerte», talladas en la pared misma del precipicio, que conducen al templo de la Luna. Otra opción para los que padecen soroche o vértigo es la ruta de la Casa del Vigilante.

—¿En qué consiste? —indago.

—Dificultad media-moderada —responde el artilugio—. Un paseo por senderos desnivelados de piedra y tierra con inclinaciones máximas de treinta grados. Unos cientos de peldaños, solo. Empinados, eso sí: poca huella y mucha tabica. Arriba, la recompensa del aire puro, el verdor lujuriante del paisaje, el misterio del lugar poderoso, el embrujo de las vistas...

Cierro internet, no sea que me convenza.

Soy un hombre de fe. A Machu Picchu no pienso ir; pero como estoy convencido de que existe recurriré a mi amigo Javier Sierra, que ha ascendido unas cuantas veces, para que me lo explique.

CAPÍTULO 98
Las vírgenes de Caxas

Llegaron por fin los refuerzos que enviaba Almagro, y Pizarro pudo abandonar Puerto Viejo y proseguir su camino; la tropa a pie, por el litoral, y los barcos siguiéndola con la impedimenta gruesa.

No fue camino de rosas. Pasaron por Picuaza y Marchan, una comarca desolada en la que padecieron gran sed. En algún momento, el propio Pizarro anduvo tentado de regresar al punto de partida, pero su hermano Hernando lo animó a continuar, *aunque muriesen todos*. Cuando por fin llegaron a una laguneja de aguas verdes, la piara de cerdos que acompañaba a la expedición venteó el abrevadero y, arrancándose con el característico trote cochinero, dejó atrás la tropa para zambullirse en la charca. Cuando los agotados hombres llegaron, el agua estaba turbia y cenagosa.

—¿Esperamos a que se asiente? —propuso Arjona mientras se pasaba la lengua por los agrietados labios.

—¡Mariconadas! —dijo Chozalhombro mientras se abocinaba para beber el líquido negruzco.

Llegó otra nave de Panamá, la de Hernando de Soto, con caballos de refresco y más hombres. Traía consigo a Juana Hernández, su amante, la primera europea que entraría en el Perú.

Pizarro le había prometido a Soto hacerlo su general, pero como el cargo lo ocupaba ya su hermano Hernando, solo lo ascendió a capitán. Soto disimuló el agravio, pero no lo perdonó.

En enero de 1532 llegaron a las inmediaciones de Túmbez. Era una noche sin luna, y un viento helado descendía de los nevados Andes. Pizarro invitó a Hernando de Soto a acompañarlo en la ronda de escuchas. Habían caminado en silencio por el espacio de un credo cuando Pizarro se volvió hacia su capitán.

—Mañana, cuando entremos en la ciudad, lleva contigo a unos cuantos hombres de confianza y me pones en grillos al cacique Chilimasa.

—¿No corresponde eso a tu hermano Hernando?

—Tú lo harás mejor. Hernando se inflama fácil, y podría matarlo —respondió Pizarro—. Quedan muchas oportunidades por delante para que te sientas debidamente recompensado.

Entró Pizarro en Túmbez y se sintió decepcionado porque la ciudad no se correspondía con las grandezas descritas por Pedro de Candía meses antes.

¿Qué había ocurrido? Aparte de que Candía había exagerado mucho su riqueza, la guerra civil entre los incas había afectado al comercio.

—¿Qué hacemos? —preguntó Hernando Pizarro.

—Vamos al Incario, con guerra o sin ella —decidió Pizarro—. A eso hemos venido.

Dejaron en la fortaleza de Túmbez una guarnición y prosiguieron el camino hasta el río Chira y el valle de Tangarará, donde Pizarro fundó el poblado de San Miguel (15 de mayo o julio de 1532).

Allí permanecieron cinco meses, en los cuales hicieron poca cosa, aparte de quemar vivos a trece curacas (o caciques) del bando de Atahualpa que se le habían mostrado hostiles.

Como pasaban las semanas y los nuevos refuerzos de Almagro no llegaban, Pizarro decidió dejar una guarnición de sesenta hombres, al mando de Sebastián de Belalcázar, y seguir adelante con el resto. En septiembre de 1532 llegó a Serrán, un poblado del que partía un camino que atravesaba la sierra de las nieves. La tropa se había reducido a ciento diez peones y sesenta y siete jinetes.

—Vas a explorar ese camino, a ver si es bueno —encomendó

a Hernando de Soto—. Llévate los cuarenta hombres más enteros. Los demás descansaremos aquí.

Hernando de Soto remontó el camino cosa de cien kilómetros aguas arriba del río Corral del Medio y por la quebrada de Yamango. El paisaje era amable, abundante en poblados y cultivos.

A los pocos días, llegando al pueblo de Caxas, el panorama cambió. Iban encontrando, a uno y otro lado del camino, buena cantidad de cadáveres putrefactos colgados por los pies de los árboles.

—Gente de Huáscar ejecutada por los de Atahualpa —dedujo el guía.

—Ya se ve que el tal Atahualpa no se anda con chiquitas —comentó Soto.

Quitando lo de los muertos, Caxas parecía pintoresco y rico, con grandes graneros de maíz y buenas casas.

El curaca del lugar, que había militado en el bando de Huáscar, se presentó ante Soto. Se sentía aliviado por la presencia de los españoles.

—Había una guarnición de Atahualpa —informó—, pero han abandonado la ciudad al saber que veníais.

—Me alegro mucho, así evitamos problemas —dijo Soto—. Y dime, buen hombre, ¿qué son aquellos tres edificios rodeados de altas tapias?

—Son los *acllahuasis,* donde habitan las *acllas,* las vírgenes del sol —dijo el curaca.

—¿Vírgenes del sol? —repitió Soto. Sonaba estimulante la referencia a los internados de doncellas escogidas que cosían para las tropas del inca.

O sea, tres inmensos talleres de modistillas, tradujo mentalmente el español.

El cronista Jerez ofrece una versión ligeramente diferente que relaciona a los ahorcados con las doncellas:

> Estaban muchas mujeres hilando y tejiendo ropas para la hueste de Atahualpa, sin más varones que los porteros que las guardaban, y a la entrada del pueblo había ciertos indios ahorcados de los pies; y supo deste principal que Atahualpa los mandó matar porque

uno de ellos entró en la casa de las mujeres, a dormir con una, al cual, y a todos los porteros que consintieron, ahorcó.

Cuando la tropa supo que en aquellos edificios había mujeres en abundancia se solivió, y comisionó a Chozalhombro para que fuera con las quejas a Soto.

—*Seor* Hernando, la gente anda muy trabajada de las cuestas y del poco comer, y bien merece el asueto que aquí se presenta con estas señoras que, por andar en tan severo encierro, bien querrán conocer varón.

Soto era un hombre de experiencia y sabía que no se puede razonar con una manada de asnos en celo. El curaca del lugar también lo entendió y, comprendiendo que más valía ser amable, sacó a la plaza a doscientas vírgenes tejedoras para que los soldados evacuaran sus urgencias biológicas.

Estaban escogiendo pareja entre las más hermosas cuando irrumpió en la escena un joven y apuesto inca seguido de nutrida escolta.

—Es Maica Huilca —murmuró el curaca tembloroso—. Un poderoso capitán de Atahualpa.

El inca atravesó la plaza caminando con mucho braceo, sacando pecho.

—O sea, con la arrogancia de un gallo de pelea en medio de un corral de gallinas amedrentadas —contaría después Soto a sus compadres.

El curaca de Caxas temblaba en su presencia.

—¿Qué has hecho, mierda de perro? —lo reprendió el atahualpo—. ¿Entregas a las vírgenes del sol a estos extranjeros? ¿Acaso ignoras que Atahualpa está cerca y que despellejará a todos estos forasteros sin dejar ni uno vivo?

Hernando de Soto meditó un momento sobre si, dada la situación, resultaría demasiado inconveniente decapitar de un tajo al aguafiestas, pero finalmente decidió proceder con diplomacia. Pizarro le había encomendado evitar trifulcas con los incas. Incluso le aconsejó mostrarse temeroso ante ellos, para que se crecieran y despreciaran el poder de los españoles.

—Señor inca —peroró Soto—: represento al rey de España,

que por designio de Dios lo es del mundo, y vengo en son de paz para predicar la verdadera religión a este pueblo y someterlo a su obediencia.[515]

Quizá el guerrero inca percibió el peligro. Quizá se le erizaron los pelillos de la cerviz al notar que algunos de aquellos malandrines barbudos miraban atravesado al aguafiestas que venía a estropearles el contento. Quizá notó que a muchos les goteaba el colmillo ante la perspectiva de hacerlo trizas. Renunciar al refocile con las indiecitas que ya tenían escogidas no entraba en los cálculos de aquella horda. El caso es que se retiró con gran dignidad dejando el campo libre para que los de Soto atendieran a las *acllas*.

—¿Tú no escoges? —interpeló Chozalhombro a Arjona. Llevaba a dos indias de la mano y le tendió a su amigo la más menudita.

Arjona la condujo a una de las estancias de la plaza y corrió una espesa cortina a su espalda dejando el cuarto en penumbra.

La indiecita, casi una niña, se había acurrucado en un rincón y sollozaba en silencio.

—No temas —le dijo Arjona sentándose lejos de ella—. No te voy a hacer daño.

La indiecita arreciaba en el llanto. Se recogía el sayo con los puñitos apretados y hurtaba el rostro dejándole ver solamente la cabellera negra y abundante recogida en dos gruesas trenzas.

—No temas, niña —intentaba calmarla Arjona.

La muchacha no entendía las palabras, pero el tono tranquilo y amistoso la sosegó. Dejó de llorar y solo hipaba.

—¡La madre que me parió! —pensaba Arjona, desbordado por la situación. Aquella chica tendría la edad de su hermana cuando salió de España.

---

515. Hemos optado por contar el asunto del modo que nos parece más verosímil, pero conste que las fuentes andan bastante confusas: algunos dicen que Maica Huilca llegó para cobrar tributos del inca; otros, que fue él mismo el que entregó las vírgenes del sol a los españoles; otros, finalmente, que las doncellas entregadas fueron solamente cuatro o cinco para que hicieran tortas de maíz a los invitados.

Sacó del zurrón una torta de grano, la partió y le tendió a la india una de las mitades. Ella la aceptó después de que le insistiera. Cada cual en su rincón, comieron en silencio y así estuvieron hasta que un trompetazo sonó en la plaza.

—Es hora de ponerse en marcha —se oyó la voz del capitán.

Los hombres comparecieron, ya sin las indias.

—¿Adónde vamos ahora? —preguntó Serrano.

—A Huancabamba —dijo Soto.

Cito ahora al historiador Morales Padrón, a cuyas conferencias asistí de estudiante, cuando él nos las impartía a partir de unas fichas amarillentas redactadas en su remota juventud, que ya entonces merecerían figurar entre los documentos más venerables del Archivo de Indias: *Un confuso porvenir humano estaba forjándose en las entrañas de las vírgenes del sol* [...]. *El mestizaje estaba en marcha.*[516]

Los hombres de Pizarro, robustecidos en su afán evangelizador por aquella simpática jornada de convivencia, reemprendieron el camino por la calzada del inca, que discurría entre sembrados y pequeños poblados. De algunos árboles pendían, como insólitos frutos, racimos de seguidores del derrotado Huáscar.

—Se conoce que por aquí pasó Atahualpa —decía Chozalhombro—, malo será que nos demos de bruces con la indiada, flojos como venimos de la avenencia con las nativas. Por cierto, ¿qué tal te fue con la tuya?

—Muy bien —mintió Arjona—. Era una niña muy amable.

—¿Niña, dices? Para mí que estaba ya de sobra para desbravar —observó Chozalhombro—. Pues la mía se resistió al principio, por el desencuentro del idioma creo yo, pero le aticé un par de guantazos y ya se avino, mansa como un corderito. Luego resultó que de virgen nada, o eso me pareció. Al final le di una chapa de oro, de la que se puso muy contenta, y quedamos tan amigos. Quería repetir, me pareció, pero entonces sonó la trompeta.

Pasaron un puente sobre un rugidor arroyo que se precipitaba en el barranco, y así llegaron a Huancabamba, una ciudad im-

516. Morales Padrón, 1973, p. 417.

portante que encontraron desierta y saqueada. Enormes piedras encajadas sin mortero formaban los muros.

—Obra de moros o de gigantes —dijo Chozalhombro.

Abrevaron en el acueducto de madera que acercaba el agua del río a las fuentes de las plazas, y registraron las casas.

De oro, nada.

—Y ahora, ¿qué hacemos, capitán? —preguntó Chozalhombro.

—Ya hemos explorado bastante —decidió Soto—. Regresamos junto a Pizarro.

Los hombres se mostraron encantados ante la perspectiva de pasar nuevamente por Caxas, donde las *acllahuasi*.

—Refrenad vuestro entusiasmo —les dijo Soto—. Esta vez tomaremos el curso del río Pusmalca.

CAPÍTULO 99
En la tienda del inca

En Serrán, Pizarro recibió a un embajador de Atahualpa, que le entregó las maquetas de dos fortalezas y dos patos secos desollados.[517] Pizarro correspondió con una camisa y otros pequeños presentes, y trató al embajador a cuerpo de rey durante los días que pasó en el campamento. Hernando de Soto notó que el inca tomaba nota de cuanto veía, especialmente de los caballos y de sus cuidadores, del barbero, al que vio cortar el pelo a varios hombres, y del herrero, que trabajaba en la fragua labrando herraduras. A su regreso informó a Atahualpa muy negativamente sobre las cualidades de los españoles:

—Son viciosos y vagos. Se cansan al subir las cuestas y prefieren que los lleven unos grandes carneros que montan. Pasan las horas sacando brillo a unas varillas metálicas que llevan a la cintura como adorno. Si me concedes cinco mil guerreros los derrotaré, y te los traeré a Cajamarca atados con sogas como esclavos (*yanaconas*).

—Dejémoslos venir —dijo Atahualpa—. Quiero examinarlos personalmente antes de aniquilarlos. Solo dejaremos vivir a

---

517. Aquí de nuevo los desencuentros culturales: esos patos, ¿eran un delicado presente de la culinaria inca, equivalente a un buen jamón de Jabugo, o por el contrario encerraban el mensaje que interpretó un cronista?: *De esta manera os ha de poner los cueros a todos vosotros, si no le devolvéis cuanto habéis tomado en la tierra.*

ese barbero que, según cuentas, arregla diestramente los cabellos, al herrero que conoce las virtudes del metal desconocido y al domador que amansa a los grandes carneros.

Esos eran los nada misericordiosos planes del inca. En comparación, los de Pizarro eran mucho más humanitarios: tan solo pretendía destronar a Atahualpa, arrebatarle el imperio y hacerse con su oro y con sus mujeres.

Después de permitir que los hombres de Soto descansaran un par de días, Pizarro prosiguió su marcha por Cala, Cinto y Motupe, otra comarca sedienta, hasta llegar al río de Zaña. Allí tomó el camino real de la sierra que conducía a Cajamarca, el balneario de aguas termomineromedicinales, donde reposaba el inca con sus tropas victoriosas después de la dura campaña contra Huáscar.

El 15 de noviembre de 1532 los españoles avistaron Cajamarca, que en quechua significa «Pueblo de Espinas».

—Pues vayamos con cuidado de no clavarnos ninguna —dijo Soto.

Pizarro envió a una patrulla de reconocimiento.

—La ciudad es grande, pero está vacía. Desierta como todas —informó el que mandaba el pelotón—, pero hemos sabido que Atahualpa y su ejército están a una legua de aquí, en Pultumarca, en los baños termales, tomando las aguas, tan campantes.

—Pues dejémoslo estar, entremos en la ciudad y descansemos, que nos conviene por lo que ha de venir. Hernando, dispón centinelas dobles a las afueras y en sus ruedos. Soto, ve al real de Atahualpa con unos cuantos hombres, le presentas nuestros respetos y averiguas por dónde respira.

Pasaron dos horas y Hernando de Soto no regresaba. Pizarro envió a su hermano Hernando a averiguar la causa de la tardanza.

—Id con cuidado —le encomendó—. Es posible que lo hayan apresado, o incluso que lo hayan apiolado.

Una calzada enlosada discurría entre dos canales de agua y comunicaba la ciudad con el balneario. A uno y otro lado vivaqueaban miles de guerreros incas en tiendas y chozas. Volvían la vista con curiosidad para ver pasar a los extranjeros en sus altos carneros.

—Si quisieran, no les durábamos ni un padrenuestro —pensaba el menor de los Pizarro con cierta aprensión.

Cuando llegó a la tienda del inca, que sobresalía por encima de las demás como las carpas de las bodas, encontró a Soto y a los suyos todavía a caballo y de pésimo humor.

—¿Qué pasa, Hernando? —preguntó Pizarro—. Mi hermano está preocupado por tu tardanza.

—¡Qué ha de pasar! —respondió Soto—, que ese indio de mierda me tiene aquí aguardando a su puerta mientras recibe a sus putitas y a sus compadres. ¿No escuchas las carcajadas? Se mofan de nosotros antes de exterminarnos.

Oídas las risas, Hernando Pizarro montó en cólera y llamando a su propio intérprete, Martinillo, le dijo:

—A ver, lenguas. Ve y dile al perro sarnoso que salga inmediatamente.

Martinillo se espantó al oír los términos en que el cristiano se dirigía al inca, pero Hernando Pizarro tenía la mano sobre el pomo de la daga y su actitud no parecía abierta a debate. El lengua se acercó tembloroso al orejón Cinquichara, que guardaba la entrada de la tienda, y le transmitió el recado. Literalmente, a juzgar por la expresión de incredulidad y espanto con la que el orejón miró a Pizarro.

Entró Cinquichara en la tienda imperial y al minuto cesaron las risas como segadas con guadaña.

Ominoso silencio. Hernando de Soto miró nervioso a su alrededor. Pizarro había ido demasiado lejos. Lo de perro sarnoso el inca se lo podría tomar como insulto. Se imaginaba a un embajador inca llamando perro sarnoso al emperador Carlos. Lo harían albondiguillas, como poco.

—A ver cómo salimos de esta —se dijo. Palmeó el pescuezo del caballo y se afirmó en los estribos. Ya se veía picando espuelas para escapar de la muerte.

El inca no se hizo esperar. Dos corpulentos guerreros apartaron la cortina de la entrada y otros dos sacaron su silla, que llevaba incorporado un biombo. La silueta poderosa de Atahualpa se recortó detrás de la gasa roja.

Soto inspiró profundamente y se llegó al biombo, sin descabalgar, para comunicar al inca la invitación de Pizarro. Mientras hablaba, el inca, desentendido de él, atendía a uno de sus orejones que le susurraba algo al oído.

—¿Puede sufrirse esto? —gritó Hernando Pizarro—. Que nos desprecie este pagano cuando le brindamos la salvación de su pueblo.

Al oír las voces destempladas, Atahualpa apartó una esquina del biombo para observar al que de aquel modo lo zahería.

—Es el que antes te llamó perro sarnoso —le susurró el orejón.

El inca apartó la cortina y compareció por vez primera ante ojos españoles.

> Era un hombre de unos treinta años, algo grueso, bien apersonado y dispuesto, hermoso y grave de rostro, los ojos encarnizados. Hablaba con mucha gravedad, como gran señor [...]. Era muy temido de su pueblo. En todo el Perú no había indio semejante ni en ferocidad, ni autoridad.
>
> Hacía muy vivos razonamientos y entendidos por los españoles, quienes lo tenían por hombre sabio. Era alegre, aunque crudo. Hablando con los suyos era muy robusto y no mostraba alegría.

El protocolo de los incas exigía que cualquier cortesano que se acercara debía descalzarse y comparecer cargado con un fardo o costal en señal de sumisión, pues era para él un *yana,* un siervo. Por su parte, Atahualpa no miraba al compareciente ni hablaba con él sino a través de un mayordomo. Que omitiera ese protocolo podía considerarse un gran favor, o indicio de que la persona compareciente podía darse por muerta.

Atahualpa compareció ante los españoles espléndido en su imperial apariencia:

> Vestía —dice el testigo Juan Ruiz de Arce— una camisa sin mangas y una manta que lo cubría por completo. Tenía una reata apretada a la cabeza, y en la frente, una borla colorada. No escupía en el suelo, cuando gargajeaba acudía una mujer a poner la mano para recoger el esputo. Todos los cabellos que le caían por los vestidos los tomaban las mujeres y los comían. El escupir lo hacía por

grandeza; los cabellos los recogían porque era muy temeroso del hechizo, y porque no lo hechizasen, los mandaba a comer.

Con ojos de fuego fulminó Atahualpa a Hernando Pizarro, aquella sabandija que se atrevía a levantar la voz en su presencia. Lo ignoró y se dirigió a Soto.
—Mañana iré a ver a vuestro amo. Le decís que prepare con qué pagarme el daño que lleváis hecho a mis tierras.
Felipillo tradujo fielmente.[518]
Dos mujeres vestidas de blanco hasta los pies aguardaban con sendos vasos de oro. A una señal del inca se adelantaron. El inca tomó los vasos y, pasando indiferente ante Hernando Pizarro, le ofreció uno a Soto.
—Dile al inca que el capitán Pizarro, aquí presente, es tan importante como yo —le dijo Soto al intérprete para limar suspicacias.
El inca asintió al escuchar las palabras traducidas, pero mantuvo su actitud despreciativa hacia el que lo había llamado *perro sarnoso*.
Soto aceptó el vaso, pero se abstuvo de beber. Quizá aquel licor de maíz estaba envenenado.
—Es que estamos ayunando por motivos religiosos —explicó.
—Yo también ayuno —dijo el inca entendiendo los recelos del enviado, y para que vieran que no había malicia tomó un sorbo de cada uno de los vasos—. Di a tu amo que mañana iré a verlo a Cajamarca —añadió.
Poco más había que hablar. Al despedirse, Soto quiso lucirse como jinete y encabritó el caballo, con el consiguiente pánico de los cortesanos, que vieron erguirse sobre ellos la mole de la fiera.

---

518. Lo de fielmente es una licencia mía porque, si nos atenemos a las crónicas, el tal Felipillo era incompetente en ambas lenguas; lo que ocurre es que recurrían a él por no disponer de otro mejor: *Phelipe, natural de la Isla de Puna, que aunque torpe en ambas lenguas, no podían pasar de él [...], tan mal enseñado la lengua general de los Incas, como en la particular de los españoles* (Inca Garcilaso, 1991).

El único que permaneció digno e impasible fue Atahualpa, a pesar de que el belfo del animal le salpicó el pecho.

Marcharon los españoles y Atahualpa los siguió con la mirada. Cuando desaparecieron chascó dos dedos convocando al jefe de la guardia.

—Coge a los que se han asustado del carnero y que los maten a todos.

—Oigo y obedezco.

Chozalhombro salió al paso de la embajada que regresaba.

—Dime, Lucas —preguntó a uno de los jinetes—. ¿Qué habéis visto?

—No me llega la camisa al cuerpo, Bartolomé —respondió el otro—. Allí hay lo menos sesenta mil guerreros bien armados y dispuestos. Me parece que no salimos de esta.

Asintió Chozalhombro sombrío y regresó con su grupo.

—¿Qué te ha dicho? —preguntó Arjona.

—Dadme albricias. Mañana ganaremos algo más precioso que el oro.

—¿Perlas, esmeraldas? —aventuró Camacho.

—No. El cielo.

CAPÍTULO 100

Madrugar «a la serpienta»

Cajamarca, sábado 16 de noviembre de 1532.

A la hora turbia del amanecer, Chozalhombro terminó su guardia en la terraza del almacén y, después de dar la novedad al relevo, regresó a la estancia donde posaban los soldados de su capitanía.

De la hoguera encendida la víspera solo quedaban unas ascuas, que iluminaban débilmente la estancia. Algunos hombres roncaban arrebujados en sus capas; los desvelados conversaban en corrillos.

Chozalhombro se sentó al lado de Arjona, la espalda apoyada en el muro.

—¿No duermes? —preguntó.

Arjona emitió un profundo suspiro.

—Hoy puede ser el último día que veamos la luz, Bartolomé. Estaba pensando en la mujer que dejé en San Salvador, que ya no me acuerdo de su cara, y en las indiecitas que estaban preñadas... Me hubiera gustado verlas antes de morir. Y a mis hijos.

—¿Quién dice que vayamos a morir? —replicó Chozalhombro—. Ya hemos conocido otros apuros. Acuérdate de la noche que huimos de Tenochtitlán.

—Allí éramos más y teníamos a los tlaxcaltecas de nuestra parte. Aquí hay pocas salidas...

Meditó un poco Chozalhombro mientras se hurgaba la muela careada con una pajita.

—Alégrate, entonces, porque habremos visto y vivido más que ninguno de los que dejamos en España, y encima nos libraremos de la enfadosa vejez.

—Sí, eso sí —reconoció Arjona lúgubre.

En la estancia contigua los caballos piafaban nerviosos y golpeaban el enlosado con los cascos. Afuera la gente empezaba a cacharrear.

—¡Arriba, gandules! —saludó Hernando de Soto irrumpiendo en la estancia. Lo acompañaba su esclavo negro Ciruela, esta vez sin su eterna sonrisa.

El olor a leña seca, al tocino asado y a la torta de maíz, que se extendía por la plaza, terminó por despabilar a los durmientes. Circulaban las indias ofreciendo tortas calientes en sus delantales. Los cocineros repartían tajadas de un marmitón.

—Hartaos —dijo uno—, porque no sabemos cuándo comeremos otra vez... Los que comamos.

Chozalhombro y su amigo salieron a la plaza. Estaba muy animada de soldados de varias capitanías que conversaban, discutían, ultimaban sus trueques o aprestaban las armas. El astrólogo tenía cola, y los curas, también.

Según avanzaba la mañana, la gente se fue retrayendo a sus capitanías y las conversaciones decrecieron. El herrero apagó la fragua y se integró en su grupo.

Quietud. Todo estaba dispuesto para el diálogo de culturas.

Atahualpa, imposibilitado de meter a su ejército en el pueblo, había dispuesto que solo lo acompañaran sus nobles y cuatro o cinco mil guerreros escogidos. El resto aguardaría fuera, las armas listas, por si algunos españoles lograban escapar de la matanza.

A prudente distancia, sobre una loma, había emplazado a los arqueros más diestros, para que cazaran a cualquier español que lograra romper el cerco. Las instrucciones eran claras: matarlos a todos, pero preservar la vida del barbero, del herrero y del domador caza los caballos a lazo. A estos los quería capturar vivos para que le enseñaran los secretos de su arte. Además, había ofrecido una cuantiosa recompensa por caballos indemnes. Pensaba reproducirlos como se reproducen las llamas, y crear un cuerpo de caballería incaica.

Pizarro, por su parte, había preparado la plaza como una trampa: despejada, para que el inca y los suyos entraran en ella sin impedimento.

—¿Voacedes han visto cómo los indios cazan a las serpientes de la selva, las gordas como muslo de hombre y largas como dos lanzas? —había explicado Pizarro a sus capitanes—. Delante de sus hocicos menean la mano siniestra, la serpiente se distrae y la mira; entonces con la diestra agarran la sierpe por el cogote y, antes de que se les eche encima con todo su poder, ya con la siniestra les han cortado la cabeza con el cuchillo que tenían prevenido.

Se miraban los capitanes impávidos.

—Así nosotros le cortaremos la cabeza a esta serpiente de tantos anillos. Cautivaremos al inca, sin matarlo. Mientras mantengamos vivo al hijo del sol, estaremos a salvo y obedecerán, pero si lo matamos nombrarán a otro que nos aniquilará.

Pensaba quizá en la experiencia de su sobrino nieto Cortés con Moctezuma.

Mientras Pizarro arengaba a sus capitanes, el inca aguardó a que pasara buena parte del día a fin de quebrantar los nervios de los españoles. Cuando por fin salió de Pultumarca, lo hizo a un ritmo tan lento que tardó cuatro horas en recorrer los seis kilómetros que lo separaban de Cajamarca. Cuando entraron en ella solo faltaban dos horas para que se pusiera el sol.

—Nos sobra tiempo para aniquilar a los cristianos y festejar la victoria bebiendo la chicha en sus cráneos todavía frescos —le dijo a uno de sus generales que lo apremiaba.

En el centro de la plaza de Cajamarca, protegido por los fardos de la impedimenta, Pedro de Gandía había emplazado sus cuatro falconetes cebados con postas. Desde fuera solo se veían las cuatro broncíneas bocas que apuntaban a la avenida por donde llegaría la serpiente. Junto al artillero estaban sus tres servidores, las cargas preparadas para sucesivos tiros.

El cocinero y dos pinches indios recorrían las capitanías con un pellejo de chicha del que servía un jarrillo por cabeza.

—¿Es que estamos celebrando el Corpus? —bromeó Camacho el Manco después de trasegar el suyo. Se limpió la boca con el muñón de su mano perdida.

—Mejor terminamos nosotros con las reservas por lo que pudiera venir —dijo Ramírez.

—Y les jodemos la fiesta a los indios, que nos coman las carnes a palo seco —remachó el de los pucheros.

Revistadas las tropas, los capitanes se agruparon junto a Pizarro. En el silencio de la plaza solo se percibían los cascos de los caballos golpeando nerviosos sobre las losas y el zumbido de las moscas que acudían al estiércol.

Pizarro, armado de todas sus armas, pero sin plumas en el morrión, se adelantó al centro de la plaza y miró en derredor a sus hombres. Le brillaban lágrimas en los ojos cuando dijo:

—Hijos míos, hoy sabremos si los trabajos y pesares que nos han traído hasta aquí valieron de algo o, por el contrario, fueron baldíos. Hoy ponemos nuestras vidas al tablero, pero con la ayuda del Creador ganaremos esta jornada, que es, más que para nuestra gloria y ganancia, para la suya y para la extensión de su santa religión. Que cada cual proceda como lo que es, y que la Virgen Santísima nos acoja a todos bajo su manto.

Dicho esto, regresó junto a sus hombres. El padre Valverde se adelantó al centro de la plaza, levantó su biblia e impartió la absolución a la tropa trazando la señal de la cruz hacia los cuatro puntos cardinales al tiempo que murmuraba unos latines. Terminada la plegaria, Pizarro ordenó con voz más ronca que de costumbre.

—Que cada hombre ocupe su lugar.

No hubo más. Rompieron filas. Tal como se había convenido la víspera, Hernando Pizarro, Soto y Belalcázar, al frente de sus jinetes, ocuparon las tres bocacalles de la plaza. Los peones se agruparon en torno a las puertas. Arjona y los otros escopeteros se apostaron en las terrazas echados sobre los cañizos, invisibles.

—Que nadie asome la jeta hasta que hable el cañón —se escuchó a Soto.

Aguardaron en silencio, tan solo bisbiseando durante un buen rato mientras los adalides iban y venían con noticias del inca.

—Todavía no llega.

Pizarro asentía ceñudo.

—Quieren que vayamos a ellos para tomarnos en campo abierto —dijo Soto.

—Aguardemos a ver quién tiene más paciencia —respondió Pizarro.

Cuando ya los nervios empezaban a destemplarse, uno de los centinelas adelantados irrumpió corriendo en la plaza y se acercó a Pizarro:

—Ya vienen.

—¿Cuántos?

—Miles, muchos miles.

El cortejo del inca penetraba por la avenida principal de Cajamarca como una larga y lenta serpiente formada de cortesanos y guerreros. Los grandes señores de su corte lo transportaban en una litera abierta chapada de láminas de oro y plata, y adornada con cortinas de plumas de papagayo.

Arjona los vio llegar desde su observatorio. La calle abarrotada por una muchedumbre de nobles que escoltaban el palanquín de Atahualpa. El inca se acompañaba de un séquito de seiscientos bailarines y músicos, vestidos de coloradas libreas, que iban entonando *un cantar espantoso que parecía cosa infernal.*

Detrás de él, en otro palanquín menos lujoso, traían al señor de Chincha. El cortejo avanzaba con gran parsimonia, deteniéndose cada pocos metros cuando los bailarines y los titiriteros demostraban su arte delante del inca.

—¿Es que se burlan? —se quejaba Hernando Pizarro notando cómo el atardecer alargaba las sombras—. Se nos hará de noche y no habrán llegado.

—Paciencia y no hacerse mala sangre —sentenció su hermano.

Había desenvainado la espada y descansaba el brazo de la rodela en un poyete.

Desde la terraza, Arjona presenciaba el espectáculo. Llegaba la litera de Atahualpa precedida por un batallón de siervos vestidos de rojo y de blanco, que con escobones de palma barrían el suelo delante del cortejo.

—Por ahí viene la procesión del Corpus —comentó Chozalhombro.

—Callaos y estad atentos —ordenó el alférez Romaño—. Y apuntad a los pájaros más vistosos, a los de las plumas, pero al rey no lo toquéis, o Pizarro nos corta los cojones.

Llegaron por fin los incas a la plaza, sus adalides delante armados y adornados con muchas enseñas. Sorprendidos al encontrar todo aquel espacio vacío, se adelantaron a la litera del inca en actitud desafiante.

La litera del inca, rodeada de su séquito de nobles, alcanzaba el centro de la plaza. En el extremo opuesto, junto al fardaje que ocultaba los cañones, solo estaban Pizarro, dos de sus veteranos, Felipillo y el fraile.

—¿Dónde están los otros barbudos? —preguntó el inca a su mayordomo.

—Huidos de miedo —supuso el interpelado.

Algunos nobles del séquito celebraron el chiste.

Pizarro se volvió a fray Vicente:

—Vamos, padre, que se hace tarde.

Temblaba el fraile de miedo, pero a pesar de ello se sobrepuso y se adelantó seguido del lengua Felipillo hasta situarse frente a Atahualpa. Mantenía las manos engarfiadas sobre la biblia para aminorar el tembleque. Tragó saliva y, elevando la voz, pronunció una versión abreviada del requerimiento:

—¡Señor de los incas, en nombre de Nuestro Señor Jesucristo, el Hijo de Dios verdadero, y del emperador Carlos que lo representa sobre la tierra, con permisión del vicario de Cristo, te conminamos a que abjures de tus falsos dioses paganos, te conviertas a la verdadera religión y te sometas como leal vasallo al césar Carlos!

Más asustado aún que el fraile, Felipillo tradujo el parlamento al quechua. Ignoramos con qué fidelidad. Quizá suavizó el mensaje, quizá lo agravó.

Mientras el sacerdote hablaba, Atahualpa había observado que mantenía firmemente entre las manos un objeto oscuro. ¿Un talismán de los cristianos? Lo más probable, dado que aquel hombre desarmado, cubierto hasta los pies con un vestido que ningún otro miembro de su tribu lucía y con media cabeza afeitada, debía de ser el brujo de los barbudos.

Atahualpa, serio, tendió la mano hacia el misterioso objeto y lo señaló adelantando la barbilla en un gesto perentorio.

—¿El libro? —preguntó el padre Valverde—. Es mi biblia, las oraciones del Dios verdadero. —E hizo ademán de tenderlo a Atahualpa, que lo requería desde su altura.

Uno de los nobles del séquito se adelantó, tomó la biblia de Valverde y se la presentó al inca sosteniéndola con ambas manos y sin mirarlo a la cara, como requería el protocolo.

Atahualpa tomó el extraño objeto y lo examinó. Le dio la vuelta buscando algún resorte que abriera aquella cajita mágica, pero no lo encontró. Notó que estaba muy fatigado, como definen los libreros de viejo al volumen sobado. Además, el tafilete que lo encuadernaba, sudado por las manos de Valverde, tenía un tacto frío y lamioso, como de serpiente.

Atahualpa sintió asco del talismán del brujo blanco y lo arrojó al suelo con desprecio. ¡La Biblia profanada! Ante tamaño sacrilegio, señal inequívoca de Dios, al padre Valverde le hirvió la sangre.

—¡Matad al perro pagano, henchido de soberbia! —gritó fuera de sí mientras corría hacia los suyos—. ¡Os absuelvo!

Según otra versión, el lengua Felipillo recogió la biblia del polvo y se la entregó a Valverde, quien fuera de sí corrió hacia Pizarro gritando:

—¿Qué hace vuestra merced? ¡Que Atahualpa está hecho un Lucifer!

Vista la ira del curita, para cuya interpretación no era menester intérprete, el inca decidió que era el momento de exterminar a los extranjeros. Se alzó majestuoso en el trono, con semblante sereno y severo, la señal convenida para que sus guerreros liquidaran al invasor.

Pena da reconocerlo. En un momento, por un mero equívoco, de la manera más tonta, se malogró la alianza de civilizaciones.

El griterío de los incas clamando: ¡Tu voluntad es sagrada, gran señor, *hijo del sol*!, quedó apagado por el estampido simultáneo de las tres culebrinas (la cuarta dio gatillazo).

Aquella granizada de postas a bocajarro perjudicó notablemente al séquito del inca, pero lo respetó a él gracias a la previsión de Pedro de Gandía, que había dispuesto sus piezas pareadas, con un ancho espacio intermedio, previendo que el inca, cuya vida había que conservar, estaría en medio de la plaza.

Sobre el clamor de la multitud aterrorizada sonó la descarga de los escopeteros y el alarido unánime de los jinetes y de los infantes que irrumpían en la plaza.

—¡Santiago, Santiago! ¡Carlos!

> Y así salimos todos a aquella voz a una, porque todas aquellas casas que salían a la plaza tenían muchas puertas, y parecía que se hubieran hecho a aquel propósito.[519]

Una estampida de caballos guarnecidos de cascabeles brotó por las tres calles arrollando a la indiada. La infantería descargaba tajos y estocadas sobre la masa informe de incas, aún ensordecidos por el estampido de los cañones.

Pizarro, Soto y Belalcázar se abrieron paso hasta el palanquín de Atahualpa y acuchillaron a los porteadores, dando con el inca en tierra.

El cronista Zárate relata la escena:

> Y viendo el gobernador que si se dilataba mucho la defensa de él desbaratarían, porque aunque ellos matasen muchos indios, importaba más un cristiano, arremetió con gran furia a la litera, y echando mano por los cabellos a Atabaliba (que los tenía muy largos) tiró recio para sí y lo derribó, y en este tiempo los cristianos daban tantas cuchilladas en las andas, porque eran de oro, que hirieron en la mano al gobernador; pero en fin, él lo echó en el suelo, y por muchos indios que cargaron lo presidió.

Después del degolladero comentarían admirados cómo los que llevaban las andas intentaban sostenerlas incluso heridos de muerte, y uno de ellos, con el brazo cortado de un tajo, con el otro se obstinaba en sostener el palanquín de su señor.

---

519. Estete, 1938.

En el ardor de la pelea, Estete acuchilló a un orejón, que con su cuerpo intentaba proteger al inca. El rebote de su espada hirió a Pizarro ligeramente en la mano.[520]

—¡Nadie hiera al inca so pena de su vida! —gritaba Pizarro en medio de la mortandad.

Menos suerte que Atahualpa tuvo el cacique de Chincha. Juan Pizarro y su amigo Alcántara se abrieron paso hasta su palanquín y lo acuchillaron hasta matarlo.

La eficaz combinación de la artillería, la caballería y las temibles armas de acero provocó una estampida similar a las que, en nuestros pecadores días, ocurren cuando cunde el pánico en una discoteca, un estadio de fútbol, o en la multitudinaria peregrinación a La Meca. Muchos, quizá la mayoría, no murieron por efecto de las armas, sino aplastados por la multitud enloquecida. Cómo sería la presión que el muro de la plaza que daba al campo se desplomó.

Concluida la carnicería, Pizarro prohibió perseguir a los fugitivos fuera de la ciudad. Temía que las tropas incas que habían quedado fuera los vencieran con la fuerza de su número. Quizá pecó de prudente en demasía, porque el pánico de los que huían contagió a los de fuera, que se sumaron a ellos y despejaron el campo.[521]

Algunos cronistas calculan que la matanza duró media hora;[522] otros la alargan hasta dos, las que quedaban de luz.[523] Todos coinciden en que los españoles no sufrieron ni una sola

---

520. *Desta manera estuvieron un gran rato forcejeando y matando indios, y de cansados un español tiró un[a] cuchillada para matarlo, y el marqués don Francisco Pizarro se la reparó, y del reparo le hirió en la mano el español, queriendo dar al Atahualpa, a cuya causa el Marqués dio voces diciendo: «Nadie hiera al Indio, so pena de la vida»* (Zárate, 1968).

521. Otro documento menos conocido, pero que últimamente comienza a airearse, sostiene que fray Juan de Yepes, uno de los tres dominicos que acompañaban a Pizarro, envenenó a los capitanes del inca con arsénico disuelto en vino, lo que determinaría la facilidad con que Pizarro derrotó al inca. Ganas de marear la perdiz.

522. Pereyra, 1925.

523. Ruiz de Arce, 1933.

baja (un negro que murió no lo cuentan), y solo discrepan sobre la cifra de incas muertos, entre dos mil y diez mil.[524]

Cayó la noche. En la plaza, los muertos se amontonaban hasta la altura de un hombre y la sangre vertida había formado un barrizal maloliente.

—Huele a matadero —comentó Medinilla.

—Peor —lo corrigió Chozalhombro—. Aquí apesta la mierda de los mondongos abiertos.

Las calles adyacentes estaban igualmente sembradas de cadáveres. Los hombres de Pizarro registraban los cuerpos en busca de botín y degollaban a los agonizantes, según la piadosa costumbre.

—¡Ha sido un milagro, ha sido un milagro de la Santísima Virgen y Santiago! —repetía el padre Valverde exultante de gozo después de haber visto peligrar su pellejo como nunca antes.

Pizarro, sentado en el trono volcado del inca, se dejaba vendar la mano herida con expresión pétrea. El canto de *Te Deum laudamus* lo sacó de su ensimismamiento.

Cubiertos de sangre, sus hombres se habían arrodillado en torno al padre Valverde y agradecían a Dios la victoria. Pizarro hincó la rodilla en tierra, se arrancó con la mano buena el yelmo y la sudada gorra y se sumó al canto. Acabado el acto religioso, convocó a sus capitanes.

—Guardias dobles en todo el contorno de la ciudad y una patrulla en el campo.

El esfuerzo y las emociones habían abierto el apetito. Los marmitones calentaron una sopa y las indias cocieron tortas de maíz. Chozalhombro y Arjona, reintegrados de nuevo a su rancho, comían con gana.

—Todavía no me lo creo —decía Arjona con la boca llena—. Aquí vivos y vencedores, sin un rasguño.

---

524. Dejemos el cálculo de las bajas a los académicos que, como hormigas que oprimen el vientre de los pulgones para extraerles el jugo, estrujan las trilladísimas crónicas hasta obligarlas a excretar algún detalle nimio no advertido por los colegas, declarando lo que el cronista no dijo. *Hipertexto* llaman a esa figura que quizá podría encajar en la expresión más ajustada de *paja mental*.

Chozalhombro sonreía feroz mostrando el contenido de su boca.

—Más vale que no lo contemos en parte alguna porque no nos lo creerán. ¡Como zorros en gallinero!

Aquella noche durmieron en el poblado. En cuanto amaneció, Pizarro ordenó abandonar la ciudad e instalar los cuarteles a las afueras antes de que el hedor de los cadáveres infectara el aire. Acudían espesas nubes de moscas y grandes bandadas de zapilotes.

En medio del campo, los hombres de Pizarro asistieron a misa solemne muy devotamente, y cuantos aún no habían pecado desde la víspera comulgaron.

Como el ala de la mariposa del proverbio chino, la conquista del Incario acarreó consecuencias universales: las transferencias de oro y plata del Perú alteraron la economía europea y especialmente la española. Con la abundancia de numerario, nuestros reyes echaron la casa por la ventana y se implicaron en empréstitos para financiar guerras y empresas que a la postre acarrearían la ruina de la nación.

Entre las consecuencias positivas cabría señalar la aclimatación de la patata, que desde entonces mitigó las estacionales hambrunas del Viejo Continente.[525]

---

525. ¿Pues qué se comía en Europa como acompañamiento antes de la llegada de la patata? Nabos y manzanas (de las que había más variedades que ahora).

CAPÍTULO 101
Españoles en el Incario

Pizarro ordenó a sus hombres que trataran al inca con todo respeto, como persona real que era, y permitió que lo acompañaran las esposas y servidores que el ilustre preso reclamó. Los dos Hernandos, el De Soto y Pizarro, le hicieron frecuente compañía y, para entretener su encierro, lo enseñaron a jugar al ajedrez (¿no nos recuerda a Moctezuma en manos de Cortés?).

Conocía de sobra Atahualpa la fascinación de los españoles por el oro. Pasados unos días, en una de las comparecencias de Pizarro, le dijo:

—A cambio de mi libertad, llenaré esta estancia de oro hasta la altura de mi brazo y las dos contiguas de plata.

—Eso es ponerse en razón —dijo Pizarro. Y aceptó la propuesta, naturalmente.

—Bien entendido —añadió Atahualpa, escarmentado de las astucias del español— que los platos, jarrones y objetos que acumularemos no se martillearán para que ocupen menos espacio.

—Razonable —concedió Pizarro.

Estaban en el edificio noble del balneario. El inca llamó a uno de sus criados y le hizo trazar una línea roja por las cuatro paredes, a la altura que alcanzaba su brazo, poco más de dos metros.

Partieron los mensajeros del inca a los cuatro puntos del Imperio con el encargo de reunir objetos de oro y plata con los que satisfacer el rescate. De camino, en secreto, también ordenó la ejecución de su hermano Huáscar. Así evitaba que pudiera llegar a un acuerdo con los españoles.

Mientras tanto, Pizarro envió a sus capitanes a los lugares del Imperio en los que sabía de cierto que encontrarían oro: a Hernando de Soto, a Cuzco; a su hermano Hernando, al templo de Pachacámac, el oráculo incaico.[526]

Cuando Hernando Pizarro arribó al complejo sagrado de Pachacámac, el domingo 30 de enero, los sacerdotes ya estaban advertidos de su llegada y habían ocultado las piezas más valiosas del tesoro sagrado, si bien dejaron a la vista unos noventa mil pesos de oro, cantidad suficiente para contentar a los extranjeros.

—No sospechen que les ocultamos el numerario y monten otro estrago como el de Cajamarca —explicó prudente el sumo sacerdote cuando algunos acólitos más jóvenes lo urgían a escamotearlo todo.[527]

Una multitud salió a recibirlos, más que por respeto a los visitantes por curiosidad de ver aquellos venados sin cuernos que montaban. Creían los incas que los caballos comían metal (los frenos que tascaban) y que les crecía metal en las uñas (los cascos herrados).

Cuando sus hombres habían arramblado con todo el oro y la plata que había a la vista, Hernando procedió a la parte teológica de su embajada. Oído al parche.

—Vengo a predicaros al Dios verdadero que son tres personas en una, Padre, Hijo y Espíritu Santo, que juntos forman la Santísima Trinidad —comenzó su alocución—. El Hijo es este hombre que veis clavado en la cruz, sacrificándose por redimir al género humano de su pecado original, con el que todos nacemos y solo se evita por el bautismo. Abrazad la fe verdadera, abjurad

---

526. Allí se veneraba al dios creador, cristianizado luego como Señor de los Milagros limeño, y Señor de Temblores, de Cuzco.

527. Y eso que el sabio anciano ignoraba que cinco años antes otras tropas españolas, los tercios que asaltaron Roma, habían colgado de los testículos al protonotario apostólico Gutierre González Doncel para obligarlo a confesar el escondite de los tesoros del papa. El santo hombre murió mártir sin revelar su secreto.

de vuestros falsos dioses, y os pondréis en el camino de la salvación. Para ayudaros vamos a destruir estos ídolos.

En la parte más sagrada del santuario, en el *sancta sanctorum* del inca, se veneraba un arcaico ídolo de palo que constituía la principal atracción de aquel lugar.

—El diablo os induce a adorar a este ídolo —dijo Hernando Pizarro volviéndose a los sacerdotes y devotos que lo seguían—. A ver, remediemos tanta sinrazón: pico y azada. Derroquemos al fantoche y la chabola que lo alberga.

Eso hicieron ante la desesperación del clero inca, que asistía impotente a la liquidación de un negocio secular, que producía estupendos beneficios sin prácticamente gasto alguno.

—Curas somos todos —consolaba el dominico Pedraza a un sacerdote inca que lloriqueaba—, pero plata para todos es evidente que no hay, aparte de que nuestro Dios es más verdadero que el vuestro.

—¡No es consuelo, no es consuelo! —repetía el inca entre sollozos.

Esta escena entre los dos curas, cristiano e inca, no viene en las crónicas, pero creo que bien podría haber ocurrido entre dos profesionales de la creencia supranatural dotados de empatía.

CAPÍTULO 102

La ejecución de Atahualpa

Reunido el tesoro, se procedió al reparto después de separar el quinto real que el propio Hernando Pizarro llevaría al monarca.

Según los términos del tratado, Pizarro debería liberar a Atahualpa una vez pagado el rescate, pero el conquistador sabía muy bien que, en cuanto lo hiciera, el inca se pondría al frente de sus tropas y le haría la guerra.

Por otra parte, había recibido la visita del príncipe Túpac Hualpa, hijo del inca Huayna Cápac y representante de la rama legítima de la monarquía (partidario del difunto Huáscar), que informó a Pizarro de la clase de pájaro que era su hermano bastardo Atahualpa.

—Atahualpa solo goza de partidarios en el norte, entre sus gentes, los de Quito —le dijo—. La verdadera aristocracia del Imperio, la cuzqueña, estaba con Huáscar y ahora está conmigo. No te fíes del bastardo usurpador. Sus partidarios aguardan en las montañas, y en cuanto lo sueltes, caerán sobre vosotros y os aniquilarán.

No sabemos si Pizarro se dejó persuadir por el príncipe. En cualquier caso, mantuvo en prisión a Atahualpa y durante un tiempo resistió a las presiones de los que le pedían que lo ejecutara, entre ellos Almagro. Al final cedió, y le abrió un proceso:

—Se te acusa de traición, de asesinar tu hermano Huáscar, de practicar la idolatría y de incesto.

Una pantomima judicial, como vemos. Lo ejecutaron el 19

de agosto de 1533. Durante todo el proceso, Atahualpa se mantuvo digno, como el rey que era, pero en el último momento pidió que lo bautizaran.

—¡El inca ha visto la luz y quiere morir como cristiano! —se solazó profesionalmente el padre Valverde.

Pudiera ser, aunque nos cabe la sospecha de que, viéndose perdido en manos de aquellos bárbaros, el inca aceptara las aguas bautismales solo por cambiar la muerte en la hoguera, propia de herejes, por la de garrote, más cristiana y menos dolorosa.[528]

¿Lamentó Pizarro la muerte de Atahualpa, o se sintió aliviado por su desaparición? Pudiera ser que ambas cosas, así de contradictorios somos los humanos. El caso es que, en consonancia con las costumbres de la época, lo lloró y guardó luto por él.

Al emperador Carlos tampoco le hizo gracia que ejecutaran a un rey cuya persona, según la ley, le pertenecía, y solo él podía juzgar: *La muerte de Atahualpa, por ser señor, me ha desplacido. Especialmente siendo por justicia,* regañó a Pizarro en una carta (o sea, si hubiera muerto en combate, le habría parecido bien, muerte heroica propia de rey, pero a un rey solo lo ejecuta otro de su clase, no un vulgar capitán).

Desaparecido Atahualpa, se produjo un vacío de poder y la consiguiente anarquía, que Pizarro intentó paliar nombrando un sucesor de la línea legítima Túpac Hualpa (Toparca, en las crónicas), hermano del difunto Huáscar. Fue un títere en manos de Pizarro y solo reinó tres meses antes de morir, se sospecha que envenenado.

Quedaba la tarea de reducir a los generales de Atahualpa, que dominaban las principales ciudades, Quito y Cuzco.

Pizarro nombró nuevo inca a Manco Inca, el siguiente hermano de Huáscar (no había peligro de quedarse sin herederos, ya que el legendario inca Huayna Cápac había tenido la precaución de engendrar más de quinientos hijos).

---

528. El garrote de la época no era todavía el artilugio metálico llegado a nuestros días, sino un poste con dos agujeros por los que se introducía una soga que desde el lado opuesto el verdugo accionaba en forma de torniquete ahogando al reo.

Pizarro penetró en Cuzco de la mano del flamante inca. La población, mayoritariamente compuesta por partidarios de Huáscar, recibieron de buen grado a los extranjeros, que habían vengado a su caudillo.

Pizarro se esforzó por establecer un buen gobierno en sus dominios, y comenzó con los repartimientos que sus hombres esperaban en pago por sus servicios. En esa tarea andaba cuando un correo lo informó de que Alvarado, el capitán de Hernán Cortés que había conquistado Guatemala, estaba organizando una expedición para ocupar el reino de Quito (finales de 1533).

—Quito pertenecía al inca y por lo tanto cae dentro de mi jurisdicción —se indignó Pizarro.

Sí, pero Alvarado contaba con una cédula del emperador Carlos que le permitía ocupar cualquier territorio que no hubiera alcanzado Pizarro.

A vuelta de correo, Pizarro urgió a su lugarteniente Belalcázar, de guarnición en San Miguel de Piura, para que, a marchas forzadas, ocupara el reino de Quito adelantándose a Alvarado. En esa empresa lo reforzaría Almagro, a la sazón en Jauja, con algunas tropas.

Como vimos páginas arriba, los pizarristas ganaron la partida. Cuando Alvarado llegó a las tierras de Quito, después de dejarse la piel y buena parte de sus gentes en la espesa e inextricable selva ecuatoriana, descubrió con profundo pesar un barrizal seco, en el que se habían impreso las huellas herradas de los caballos pizarristas.

—Hará un mes que han pasado por aquí —le dijo el rastreador que lo acompañaba después de examinar la costra seca del molde.

Nuestro gozo en un pozo. Le habían ganado por la mano. La tierra del inca ya tenía amo.

Conjurado el peligro de la intromisión de Alvarado, Pizarro pensó en fundar una capital de la nueva provincia española.

—Puede ser Cuzco —le propuso su hermano Juan.

—Demasiado lejos de la costa.

—¿Y San Miguel de Piura?

—Demasiado al norte.
—Pues, ¿dónde ponemos el huevo?
Pizarro se lo pensó un momento.
—En Pachacámac, a orillas del Rímac —decidió—. Y se va a llamar Ciudad de los Reyes (Lima).

CAPÍTULO 103
Almagro hace las maletas

—Si hemos de echar raíces en esta tierra, fuerza es que mezclemos nuestras sangres con sus naturales y hagamos una nueva nación —dijo Pizarro.

Predicando con el ejemplo, tomó como esposa, por el rito inca, a la hermana de Atahualpa, una joven de unos dieciocho años a la que hizo bautizar como Inés Huaylas Yupanqui. Según el veedor Salcedo, el propio Atahualpa se la había ofrecido estando preso para ganarse su benevolencia: *Cata ahí mi hermana, hija de mi padre, que la quiero mucho,* le dijo.

Inés (a la que Pizarro familiarmente llamaba *Pizpita*) tuvo dos hijos del conquistador que luego la abandonó para casarse con otra hermana (o esposa) de Atahualpa, Cuxirimay Ocllo, una quinceañera en flor a la que hizo bautizar como Angelina Yupanqui. Doña Angelina dio otros dos hijos a Pizarro, Juan y Francisco, y cuando el extremeño murió, se casó con el intérprete Juan de Betanzos (el autor de *Suma y narración de los incas*).[529]

En 1529, Carlos V dividió el territorio inca en dos gobernaciones: Nueva Castilla para Pizarro y Nueva Toledo para Almagro.[530]

---

529. La repudiada Inés contrajo matrimonio cristiano con Francisco de Ampuero, paje de Pizarro, con el que se llevó solo regular. Se sospecha que intentó eliminarlo mediante conjuros.

530. En 1534, con mayores conocimientos geográficos, añadió a la anterior división dos nuevas gobernaciones: la de Nueva Andalucía y la

Problema: Almagro calculaba las doscientas setenta leguas de Nueva Castilla siguiendo la línea de la costa, lo que le llevaba solo hasta el norte de Lima; Pizarro, por el contrario, las calculaba según la línea del meridiano, lo que la extendía bastante más al sur.

Según Almagro, Cuzco, la capital del Imperio inca, quedaba en su zona; según Pizarro, en la suya; el clásico problema de lindes que en la España profunda siempre se ha dilucidado dejando a un lado la cinta de medir y echando mano de la escopeta de postas. Y estos dos individuos ya estamos viendo que eran de armas tomar.

Pintaba mal el asunto. Reverdecían los viejos agravios de los socios nunca del todo superados. A punto de estallar entre ellos una guerra civil, cada cual con sus partidarios, Pizarro consiguió aplazarla con un argumento que fácilmente excitó la ambición de Almagro.

—¿Qué sentido tiene que discutamos por una ciudad ya suficientemente explotada si al sur de tu gobernación tienes una tierra todavía inexplorada, Chile, en la que, según noticias, abunda el oro más que en ninguna otra?

---

de Nueva León. Nueva Castilla comprendía en principio desde el pueblo de Tenempuela en la desembocadura del río Santiago (hoy Cayapas, en Ecuador, a 1°13'N 79°03'O) *hasta llegar al pueblo de Chincha, que puede haber las dichas ducientas leguas de costa, poco más o menos* (capitulaciones hechas a Francisco Pizarro por la reina en Toledo a 26 de julio de 1529, Quintana, 1830, p. 383). Bastante impreciso, como vemos, porque Chincha está a 255 leguas de Tenempuela (13°27'S 76°08'O). En 1534 Pizarro consiguió una ampliación de su gobernación hasta doscientas setenta leguas (hasta la bahía de Paracas, a 14°13'S). Con esta adición, que supone unos ochenta y cinco kilómetros en línea recta hacia el sur, Cuzco quedaba dentro de la gobernación de Pizarro (y se solventaba, demasiado tarde, su enfrentamiento con Almagro por la disputa de esta ciudad). Nueva Castilla abarcaba parte de Brasil, el extremo sur de Colombia, el extremo norte de Bolivia, buena parte de Ecuador y del Perú. La gobernación de Nueva Toledo (Real Cédula de 21 de mayo de 1534) otorgaba a Diego de Almagro una franja de doscientas leguas desde el límite sur de Nueva Castilla (calculado en el paralelo 14°S, cerca de Pisco) hasta la gobernación de Andalucía, que comenzaba al sur de Taltal (25°31'26"S).

Almagro mordió el anzuelo (también él tenía noticias del oro chileno) y, mudando de objetivo, invirtió todas sus fuerzas y buena parte de su considerable fortuna en financiar una expedición para la conquista de Chile.

—Ya basta de permanecer en la retaguardia allegando recursos, como he estado durante la Compañía del Levante —pensó—. Ahora quiero comandar personalmente la exploración y conquista, labrarme con mi solo esfuerzo un lugar en la historia, fama eterna.

Recordemos que los conquistadores, además de oro y riquezas, querían fama, la vida perdurable de la fama que cantó Manrique en las *Coplas* a su ilustre padre.

Almagro preparó concienzudamente la expedición: quinientos soldados, cien esclavos negros, más de mil porteadores indios.

¿Por dónde ir? Había dos caminos, uno atravesando los nevados Andes, tan fresquitos, otro por el desierto de Atacama, en el que las escasas fuentes no consienten una tropa numerosa. Escogió el que le pareció menos malo, el de los Andes, emulando a Aníbal y con los mismos resultados: en sus nieves quedaron varios españoles, unos ciento cincuenta caballos, más de la mitad de los negros y de los indios (que iban descalzos y ligeros de ropa), y buena parte del fardaje.[531]

Conmovido por el esfuerzo de sus hombres, al llegar al valle de Copiapó, ya fuera de las nieves, Almagro quemó los pagarés firmados por sus capitanes como contribución a la expedición.

—No me debéis nada, amigos míos, la aventura de cruzar esas nieves nos ha hermanado por siempre.

Era Almagro así de generoso y sabía hacerse querer por sus gentes, aunque *con vanagloria quería se supiese todo lo que daba*

---

531. Existen animadas discusiones académicas sobre el itinerario seguido por Almagro en los Andes. Resulta sugerente la existencia de un puerto de montaña llamado hasta hoy de Comecaballos. Podría aludir a que los refuerzos que siguieron a Almagro, meses después, fueron comiendo filetes de los caballos que encontraban congelados y en perfecto estado de conservación.

[...]; *por las dádivas lo amaban los soldados, que de otra manera muchas veces los maltrataba de lengua y mano.*[532]

Las dificultades no habían terminado. Las tribus se mostraban enemigas después se sufrir ciertas tropelías por parte de los exploradores que precedían a la tropa principal. Almagro tampoco anduvo muy acertado cuando, para castigar la muerte de tres de sus hombres, apresó a los caciques de unas cuantas tribus y los quemó vivos.[533]

Así llegaron al valle del Aconcagua, donde Almagro hizo lo posible por atraerse a los indios, pero el intérprete Felipillo procuró enajenárselos explicando que los hombres blancos se quedarían con sus tierras y los reducirían a esclavitud. Descubierto su doble juego, intentó escapar, pero lo capturaron y Almagro lo condenó a ser descuartizado entre cuatro caballos, en presencia de los caciques de la región.[534]

Lo peor no era que no encontrara oro, sino que, según profundizaba hacia el sur, iba encontrando tribus más belicosas.

Un territorio hostil habitado por indios pobres y cabreados. ¿Qué hacer?

Comprendió que su expedición había fracasado. Había que regresar.

Regresar, sí, se dice pronto, pero ¿por dónde? Después de la terrible experiencia de los Andes, escogió el camino alternativo, el que atravesaba el desierto de Atacama.

—Por malo que sea, no será peor —supuso Almagro.

532. López de Gómara, 2011.

533. Otros caciques, sin embargo, mostraron deseos de recibirlo y colaborar, especialmente los que ya conocían la existencia de hombres blancos, porque habían acogido anteriormente a un par de aventureros solitarios. Entre ellos a un tal Gonzalo Calvo de Barrientos, desorejado por Pizarro, quien, afrentado por esa marca indeleble, prefirió apartarse y vivir entre los indios.

534. El padre López de Gómara (2011) redactó un ajustado epitafio al gran enredador: *Confesó el malvado al tiempo de su muerte haber acusado falsamente a su buen rey Ataballa, por yacer seguro con una de sus mujeres. Era un mal hombre Felipillo de Poechos, liviano, inconstante, mentiroso, amigo de revueltas y sangre, y poco cristiano, aunque bautizado.*

Nuevo error. El desierto resultó igualmente espantoso: de noche, varios grados bajo cero; de día, un horno ardiente. Según el testimonio de Pedro Mariño de Lobera, que lo padeció:

> Son tan ásperos y fríos los vientos de los más lugares de este despoblado, que acontece arrimarse el caminante a una peña y quedarse helado y yerto en pie por muchos años, que parece estar vivo, y así se saca de aquí carne momia en abundancia.[535]

Y para colmo, soportando ataques de los indios.

Los hombres de Almagro, los que sobrevivieron, no muchos, llegaron finalmente al Perú en un estado tan lamentable que los conocieron como *los rotos de Chile*.

535. Vivar, 1966.

CAPÍTULO 104

La rebelión del inca Túpac Hualpa

Manco Inca II no se resignaba a ser un mero pelele de los españoles. Nominalmente era el inca, el hijo del sol, en cuya presencia no se podía levantar la vista, pero en realidad lo habían reducido a una figura meramente decorativa de la que se burlaba la soldadesca española.

¿Podía sufrir un inca, el hijo del sol, tamañas humillaciones por parte de unos bárbaros ignorantes?

Intentó huir de Cuzco, pero lo detuvieron a las pocas leguas, y lo devolvieron a su jaula de oro. Después de un tiempo en prisión, Hernando Pizarro, bruto pero noble, lo liberó con la condición de que no lo intentase de nuevo.

—Has sido bueno conmigo y te estoy obligado —dijo el inca—. Como prueba de mi agradecimiento quiero regalarte una imagen de oro del inca Huayna Cápac que tengo oculta en un lugar secreto.

—¿Una imagen del inca? —A Hernando Pizarro le supo a música celestial.

—Sí, así de alta —respondió Manco Inca II señalando a un metro de altura—. Y de oro macizo.

Hernando calculó cuarenta kilos de oro, tirando por lo bajo.

El hermano de Pizarro mordió el anzuelo y permitió al inca abandonar Cuzco.

No existía tal imagen, como bien ha sospechado el sagaz lector. En cuanto se vio libre, Manco se refugió en el valle de Yucay, donde el sumo sacerdote o *willaq umu* preparaba una rebelión general.

—Vamos a matar a todos los españoles —predicaba a sus seguidores—. Restauraremos el Imperio con el brillo que le dio Huayna Cápac.

La rebelión general estalló en 1536, aprovechando la debilidad de las fuerzas de Pizarro, pues la mitad de los españoles había partido a Chile en la desventurada expedición de Almagro antes narrada.

Los rebeldes sitiaron simultáneamente Cuzco, la ciudad imperial, y Lima.

—Era tanta la gente que aquí vino —recordaría Juan Pizarro— que de día los campos se veían pardos media legua alrededor de la ciudad, y de noche eran tantos los fuegos que no parecía sino un cielo sereno tachonado de estrellas.

Las casas de Cuzco eran casi todas de madera con techos de paja. La atacaron con flechas incendiarias y con hondas que lanzaban piedras envueltas en algodón ardiendo. La ciudad se convirtió en un brasero sin más refugio que los escasos edificios de piedra, el Templo del Sol (hoy convento de Santo Domingo) y la casa de las Vírgenes del Sol.

—Nos quieren asfixiar con humos, como a los conejos —dijo Hernando Pizarro a sus capitanes—. Hagamos una salida y mostremos a la indiada quiénes somos.

Los indios no se esperaban que los sitiados, siendo tan pocos, los atacaran en campo abierto. Abrieron las puertas, salieron como fieras, perros y caballería delante, y de la primera embestida los españoles recuperaron la fortaleza de Sacsayhuamán, que dominaba el caserío.

—¿Qué hacemos? —preguntaron los sitiadores al general inca que dirigía las operaciones.

—Esos demonios nos han ganado por la mano —reconoció—. Levantamos el cerco.[536]

---

536. Entonces la fortaleza era más impresionante que la que hoy fotografían los turistas. Las impresionantes murallas han perdido mucha altura porque durante siglos sirvieron de cantera de piedra para los edificios de Cuzco.

En Lima ocurrió otro tanto. La llanura favorecía las acciones de la caballería, y a ello se unió la debilidad del inca cuando, llegada la época de la siembra, más de la mitad de su ejército se licenció.

Almagro, recién llegado de la desgraciada aventura chilena, pero ya repuesto y con ganas de proseguir su querella con los Pizarro en el punto donde la había dejado dos años antes, entró en Cuzco como libertador, y apresó y puso en grilletes a los hermanos de Pizarro, Gonzalo y Hernando.

El conflicto que había permanecido latente durante la ausencia de Almagro estalló con gran virulencia: pizarristas y almagristas se enfrentaron en la batalla de Abancay, el 12 de junio de 1537.

Fue un combate a dos asaltos: en el primero venció Almagro; pero en el segundo y definitivo venció Pizarro, y Almagro cayó prisionero.

Hernando Pizarro condenó a muerte a Almagro. Lo ejecutaron a garrote en la plaza Mayor de Cuzco (8 de julio de 1538).

CAPÍTULO 105
Canela en rama

Contemplo con estos ojos, que se comerá la tierra, el grabado *Vida de los indios antes de la conquista* de la Biblioteca Formy de París, obra de un autor anónimo del siglo XVI al que cabe suponer, hablo desde mi sentimiento patriótico, que era hijo de una lumi desorejada, porque dibuja de oídas y hace creer a la crédula posteridad que los españoles destruyeron el paraíso habitado por una sociedad idílica.

Lo que viene a ser nuestra leyenda negra.[537]

Esos indios retratados por el belga eran los de la Amazonia, la selva más extensa e intrincada del planeta, siete millones de kilómetros cuadrados de bosque tropical que ocupan la mitad del subcontinente americano y se extiende por buena parte de Brasil y el Perú, y otros seis países.[538]

Habiendo pacificado sus dominios, *supo Francisco Pizarro*

---

537. El truhan dibuja un paisaje idílico con árboles que dan sus frutos gratis, lluvias que aseguran la ducha diaria, espesos follajes tras de los cuales se adivinan mullidos lechos de hierba donde descansar o reproducirse, bóveda vegetal poblada de miríadas de pintados pajarillos que te deleitan con su concierto... En fin, persuade al espectador de que aquello era un paraíso poblado de criaturas inocentes antes de que los cristianos (españoles y lusos, o españoles ilusos) lo pervirtieran.

538. Colombia, Bolivia, Venezuela, Ecuador, Guyana y Guayana Francesa.

que fuera de los términos de Quito, y fuera de lo que los incas señorearon, había una tierra muy larga y ancha, donde se criaba canela, por lo cual llamaron la Canela.

A los Pizarro se les disparó la imaginación: frondosos bosques de canelos *(Cinnamomum verum)*, cuya dulce y aromática corteza era una de las especias más apreciadas (y caras) de la cristiandad.[539]

¿Qué necesidad había de buscar la canela en las Molucas, donde los celosos portugueses recibían a cañonazos a toda nave europea que osara asomar las narices?

—Vete a descubrir el Canelo —le dijo Pizarro a su hermano Gonzalo—, y de camino a ver si dais con El Dorado, que debe de andar por aquellos andurriales.[540] Y te llevas de lugarteniente a tu primo, el tuerto.

---

539. El propio Gonzalo Pizarro lo explicaría en una carta al rey con estas palabras: *Asimismo hice saber a V. M. cómo por las grandes noticias que en Quito y fuera de él yo tuve, así por caciques principales y muy antiguos como por españoles, que conformaban ser la provincia de la Canela y laguna del Dorado tierra muy poblada y muy rica, por cuya causa yo me determiné de ir a conquistar y descubrir; y por servir a vuestra majestad y por le ensanchar y aumentar sus reinos y patrimonio real; y porque me certificaron que de estas provincias se habría grandes tesoros de donde V. M. fuese servido y socorrido para los grandes gastos que de cada día a V. M. se le ofrecen en sus reinos; y con este celo y voluntad gasté más de cincuenta mil castellanos, por los cuales o la mayor parte dellos estoy empeñado, que hice los gastos en socorro de la gente que llevé de pie y de caballo.*

540. En 1538 ya lo había intentado el asturiano Gonzalo Díaz de Pineda, que anduvo mil kilómetros y atravesó la cordillera andina por la ruta de Cumbayá-Tumbaco que asciende al puerto de Guamaní, y luego baja a las espesas frondas de Atunquijos. Todo eso soportando continuos aguaceros, costaladas mortales por peñascos bellamente tapizados de traicionero musgo, escalando barrancos y atravesando aguas bravas, soportando ataques de los feroces indios quijos, hasta llegar al río Cosanga y el volcán de Sumaco, ya en plena selva. Decepcionado y agotado, Pineda regresó a Quito sin dar con la canela. *El canelo soy yo. Anda y que le vayan dando al arroz con leche,* parece que dijo, y que me perdonen sus compatriotas asturianos que han elevado al culmen de la gastronomía tan sabroso postre.

Se refería a Francisco de Orellana, al que una flecha india le había vaciado un ojo.

Hombre práctico, Pizarro quería matar tres pájaros de un tiro: primero, el rescate del oro y la canela; segundo, quitarse de encima a los incordiantes aventureros impecunes que, descabezado Almagro, ya no necesitaba en su virreino; y tercero, explorar la posibilidad de ampliar la gobernación de Quito o, incluso, de fundar una nueva gobernación, si a mano viniera.

Se me olvidaba: y ganar para la verdadera religión las almas de los indios que poblaran aquellas tierras, naturalmente. Sobre todo, eso.

La expedición de Gonzalo Pizarro se puso en marcha. Unos cuatrocientos hombres, y quizá cuatro mil porteadores indios, cerca de mil perros, otras tantas llamas para transporte y carne, y una gran piara de cerdos, la despensa ambulante.

El paso de los Andes se pareció bastante al de Aníbal en los Alpes (nuevamente). La dura ventisca y los muchos grados bajo cero dejaron un reguero de indios muertos por hipotermia. Pasado el volcán Guacamayo (Ecuador), los canelos no aparecían.

—Sigamos buscando —dijo Gonzalo, el perseverante.

Se internaron en la selva, ese estupendo santuario natural que tan rica biodiversidad ofrece al visitante, con sus nubes de mosquitos que, a cambio de una inapreciable cantidad de sangre, te participan el paludismo, el dengue y la fiebre amarilla.

¡Ah, la Amazonia! Catorce veces la extensión de España, una espesura verde grande como media Europa que vemos desde el sofá, en pijama y pantuflas, en los documentales de National Geographic, pero los hombres de Pizarro vivieron en 3D aquellas apretadas frondas de lujurioso verdor pobladas de anacondas de nueve metros de largo y de caimanes negros de seis metros entre la cola y la caja dental, unos lagartos incomparablemente más feroces que los que retratan los turistas en los pantanos de Florida.

¡La selva amazónica! Te abres paso a machetazos con un calor asfixiante y medio sofocado por la humedad, y la espesa vegetación cierra a tu espalda su verde abrazo integrándote en la cadena trófica de los jaguares y de los tiburones de río.

En la selva aquella, el pulmón del mundo, la exploración resulta emocionante y nada monótona a medida que vas descubriendo sus pintorescas víboras verdes y sus diminutas ranas venenosas, sus pirañas prognáticas (como el césar Carlos) y sus redúvidos, esos bellos insectos que, bajo el vistoso caparazón como de obsidiana matizada en rojo rubí, disimulan el rejón de muerte de su ponzoñosa picadura.

—Si lo sé, no vengo —murmuraba de nuevo la tropa.

Y todavía ignoraban que aquella exuberante selva, en la que se han catalogado doce mil especies de árboles, estaba poblada por unos seis millones de nativos, casi todos flecheros y nada amigos de socializar, aunque les sobraba con qué, dado que hablaban unas cuatrocientas lenguas distintas.

Llegados al río Coca (que Pizarro llamó Santa Ana, quizá porque llevaba días acordándose de la Virgen y de la madre que la parió), construyeron un bergantín, el *San Pedro,* en el que acomodar, por vía fluvial, a los enfermos y a lo poco que quedaba de comida, dado que se estaban quedando sin porteadores indios.

—La despensa está trasteada —anunció el alguacil de las manducas.

—Enviemos río abajo a Orellana con el *San Pedro,* a ver si encuentra indios compasivos que nos socorran.

CAPÍTULO 106
Hermoso río, dijo Orellana

Orellana con setenta hombres descendió por el río en busca de provisiones. Buena ocasión para conocer la red fluvial de la Amazonia. El río Coca desembocaba en el Napo, y este rendía sus aguas al caudaloso Amazonas, del que los españoles solo conocían la desembocadura.[541]

El Amazonas nace en las faldas de los Andes, y recorre seis mil kilómetros antes de desembocar en el Atlántico.

Arrastrado por aquella poderosa corriente, o ganado por su voluntad de descubrir nuevas tierras, Orellana descendió por la portentosa lengua de agua (la *Serpiente Ciega* la llaman los indios).

Fueron dos meses de viaje padeciendo las calamidades y estrecheces que relata su cronista, el dominico Gaspar de Carvajal:

> Aunque quisiéramos volver agua arriba no era posible por la gran corriente, pues tentar de ir por tierra era imposible: de manera que estábamos en gran peligro de muerte a causa de la gran hambre que padecimos; y así [...] se acordó que eligiésemos de dos males

---

541. Recordemos que Vicente Yáñez Pinzón había llegado a su desembocadura en 1500, y que lo bautizó como río Grande de la Mar Dulce. Por las mismas fechas lo descubriría el portugués Pedro Álvares Cabral, que tomó posesión del río y de su cuenca siguiendo la tradición portuguesa.

el que al Capitán y a todos pareciese menor, que fue ir adelante y seguir el río, o morir o ver lo que en él había [...]; y entre tanto, a falta de otros mantenimientos, vinimos a tan gran necesidad que no comíamos sino cueros, cintas y suelas de zapatos cocidos con algunas hierbas.[542]

En enero de 1542 llegaron a un poblado ribereño cuyo cacique, llamado Aparia, se apiadó de ellos y los alimentó. Recobradas las fuerzas, Orellana consultó a sus hombres:

—¿Remontamos el río en busca de Pizarro, o seguimos aguas abajo hasta el mar?

Experimentar de nuevo aquel infierno, y contracorriente además, no parecía una opción apetecible. Votaron lo segundo.

—Entonces será mejor que construyamos otro bergantín para remediarnos en caso de que se pierda el primero.

Ayudados por los indios, y bajo la dirección del carpintero Diego Mexías, construyeron una segunda embarcación, *La Victoria*, y la botaron el 12 de febrero.

De allí en adelante encontraron tribus hostiles (jíbaros, omaguas, aucas...) y, lo más extraordinario de todo, mujeres guerreras.

Cuenta el dominico, y por ser persona de Iglesia hemos de creerlo, que aguas abajo de aquel río que parecía mar mantuvieron un rifirrafe con una tribu en la que las mujeres eran más guerreras que los hombres (ya se ve que el feminismo extremo no es nada nuevo).[543]

Indagando sobre la organización social de aquellas mujeres y otros extremos tocantes al caso:

542. Carvajal, 1944.
543. *Ellas luchaban con tal ardor que los indios no osaban retroceder, y si alguno huía frente a nosotros eran ellas quienes los mataban a palos [...]. Son muy blancas y altas, con el pelo muy largo, entrelazado y enrollado en la cabeza. Tienen los miembros grandes y fuertes, y van desnudas a propósito, tapadas en sus vergüenzas; con sus arcos y flechas en la mano, son tan combativas como diez indios [...]. Ciertamente hubo una de esas mujeres que metió un palmo de flecha por uno de los bergantines, y las otras, un poco menos, de modo que nuestros bergantines parecían puerco espines* (Carvajal, De Almesto y De Rojas, 1986, p. 81).

El capitán le dijo que cómo no siendo casadas, ni residía hombre entre ellas, se empreñaban: él dijo que estas indias participan con indios en tiempos y, cuando les viene aquella gana, juntan mucha copia de gente de guerra y van a dar guerra a un muy gran señor que reside y tiene su tierra junto a la destas mujeres, y por fuerza los traen a sus tierras y tienen consigo aquel tiempo que se les antoja, y después que se hayan preñadas, les tornan a enviar a su tierra sin les hacer otro mal. Y después, cuando viene el tiempo que han de parir, que si paren hijo le matan y le envían a sus padres, y si hija, la crían con muy gran solemnidad y la imponen en las cosas de la guerra. Dijo más, que entre todas estas mujeres hay una señora que sujeta y tiene todas las demás debajo de su mano y jurisdicción, la cual señora se llama Coñorí.[544]

Nuevamente en el agua, pasada la incorporación del afluente Xingú, la selva dio paso a la sabana. A partir de este punto todas las tribus eran hostiles y, lo peor de todo, untaban sus flechas con mortífero curare.

Llegados al delta, los exploradores enfilaron el canal Perigoso, entre las islas de Caviana y Mexiana, y así salieron al Atlántico después de haber recorrido más de tres mil kilómetros de río.

Rotos y hambrientos, remontaron la costa atlántica hacia el norte en busca de auxilios y así arribaron al puerto de Nueva Cádiz, en la isla de Cubagua, frente a las costas de la actual Venezuela, el 11 de septiembre de 1542, después de ocho meses y medio de navegación.

Orellana convenció al Consejo de Indias de que no había abandonado a Gonzalo Pizarro, sino que recorrió el gran río muy contra su voluntad, arrastrado por la corriente. Aceptada su inocencia, organizó una expedición para enfrentarse de nuevo al Amazonas, esta vez en sentido inverso, remontándolo. Demasiado arroz para tan poco pollo: en este trabajo pereció.[545]

---

544. *Ibid.*, p. 86. Evitemos el chiste fácil a cuenta del nombre de la señora.

545. La hazaña de remontar el Amazonas y después el Napo hasta sus fuentes correspondió al portugués Pedro Teixeira, entre 1637 y 1638. Luego cruzó los Andes y prosiguió hasta Quito. Hoy no tiene mayor

¿Qué fue de Gonzalo Pizarro, al que dejamos líneas arriba hambriento y esperando unos socorros que nunca llegarían?

Gonzalo Pizarro consoló y esforzó a sus hombres diciéndoles que tuviesen ánimo para llevar como españoles aquellos trabajos y otros mayores [...], que cuanto mayores hubiesen sido, tanta más honra y fama dejarían en los siglos del mundo. Que pues les había cabido en suerte ser conquistadores de aquel Imperio, hiciesen como hombres escogidos por la providencia divina para tal y tan gran empresa. Con esto se esforzaron todos, viendo el esfuerzo de su capitán general.[546]

Después de mes y pico alimentándose de vanas esperanzas y de hierbas, raíces, ranas, lombrices y de otras sabandijas...

... padecían grandísima necesidad de comida, porque ya se habían comido los perros, que eran más de novecientos, sin que se perdiese parte ninguna de sus tripas, ni cueros, ni otra cosa, que todo por los españoles era comido.[547]

En vista de que sus hombres perecían literalmente de hambre, suspendió la expedición y volvió sobre sus pasos enfrentándose de nuevo a las penalidades de la selva. De los cuatro mil

---

mérito: es un río al que vuelan turistas de piel lechosa a hospedarse en *ecolodges* y practicar kayak, *tubing* y otros deportes de riesgo, y por la noche escuchar desde la terraza de la cabaña el estruendoso concierto de la vida animal. Aviso: no se me pierdan por la selva virgen haciendo el explorador. Todavía existen comunidades indígenas no contactadas (tagaeri y taromenane) a las que, como militantes ecologistas que somos y adeptos al culto de Gea, suponemos pacíficos y dotados de la adánica inocencia y ancestral sabiduría del primitivo aún no pervertido por la civilización, pero nunca se sabe.
546. Inca Garcilaso, 1991, libro III, capítulo 4, p. 251.
547. Cieza de León, 2005, capítulo 22.

hombres que habían salido de Quito año y medio atrás, solo regresaban unas docenas sin corazas ni arreos, vestidos de pieles, los pies envueltos en harapos después de innumerables padecimientos.[548]

548. Esta expedición inspiró dos fementidos grabados del belga Theodor de Bry, fechados en 1596 y 1602 para ilustración de la *Historia Americae* obra de Girolamo Benzoni. El primero se titula *El ejército en marcha a través de los Andes* y el segundo *Pizarro suelta los perros*. En ellos vemos a la recua de llamas caída en tierra por el exceso de peso, a los españoles que arrean a los porteadores indios y a los feroces perros que atacan a los indígenas. Planchas como estas ilustraron el panfleto británico titulado *Las lágrimas de los indios: un relato histórico y verdadero de las crueles masacres y matanzas de más de veinte millones de personas inocentes, cometidas por los españoles,* editado en Londres, en 1656, por Brooke Nath.

CAPÍTULO 107
Muerte de Pizarro

Sábado, 25 de junio de 1541.
El anciano de sesenta y tres años abrió los ojos al resplandor rojizo del amanecer que se filtraba por las rendijas de los postigos.

Hacía rato que estaba despierto, el cuerpo inmóvil, pero el pensamiento inquieto, yendo de un asunto a otro. ¿Cómo se tomará el emperador la ejecución de Almagro? Había hecho lo posible para diluir su responsabilidad, incluso haciéndose de nuevas y rompiendo a llorar cuando se la comunicaron, pero estaba seguro de que los almagristas lo acusarían ante el emperador y el Consejo de Indias.

—En España, la diferencia entre que te ahorquen o te nombren adelantado o gobernador de una provincia depende de que tus enviados lleguen antes que los de tu adversario untando voluntades —le había dicho a su hermano Hernando cuando lo envió a defender la causa familiar.

Hernando partió del puerto de El Callao llevando un cofre de oro con el que sobornar a quien fuera necesario. Por ese lado estaba tranquilo. Sabía cómo funcionaban las cosas en la corte.

Otro pensamiento: ¿por dónde andará Gonzalo, al que envió siete meses atrás a descubrir el país de la Canela y El Dorado?

Menos reflexión dedicó a los rumores, que por varios conductos le llegaban, sobre una conjura almagrista para asesinarlo.

Carecía Pizarro de la cultura de su pariente Hernán Cortés.

De haberla tenido, quizá habría recordado la muerte de Julio César, tan admirado por Cortés, y se habría puesto en guardia. Guárdate de los idus de marzo.

Hacía unos días había amanecido la picota con tres sogas prendidas de los ganchos, en las que pendían sendos papeles que decían *Para Pizarro, Para Picado, Para Blázquez.*

Pedro Gutiérrez de Santa Clara entró en la alcoba interrumpiendo las elucubraciones del marqués.

—¿Cuándo quiere el desayuno su excelencia? —inquirió.

No se acostumbraba Pizarro a que las personas de su confianza se dirigieran a él con el tratamiento protocolario; pero, por otra parte, sabía que ser marqués ayudaba a sujetar a mucha gente y a ganarle respetos.

—Oiré primero misa, aquí, en palacio.

Mientras lo ayudaba a ponerse las calzas, el paje le dijo:

—Señor, en toda la ciudad se dice que los de Chile os van a matar. Hasta los indios murmuran.

—Algún desahogo hay que dejarles, Pedrito —dijo Pizarro.

No daba crédito Pizarro a los rumores sobre la conjura de los almagristas, pero la víspera estaba cenando en la casa de su hermano materno Francisco Martín de Alcántara cuando se presentaron su secretario Picado y el sacerdote Alonso de Henao.

Al verlos entrar, Pizarro dijo:

—¿Tan urgente es que no puede esperar a mañana? Ved que estoy a la mesa con mis parientes.

—Excelencia —dijo Picado—. Lo que este buen sacerdote tiene que deciros no admite dilación.

—Hablad, padre.

—Excelencia, esta tarde he oído en confesión a Francisco de Herencia, por el que he sabido que mañana os piensan matar a voacé, al secretario Antonio Picado aquí presente y a otros de los vuestros. La señal será que uno de vuestros criados, que os traiciona, pondrá a secar un pañizuelo en el balcón.

Pizarro, que sostenía en sus rodillas a sus hijos Francisca y Gonzalo, habidos de su emparejamiento con la hermana de Atahualpa, dejó a los niños en el suelo y les dijo:

—Id a jugar.

Se fueron los niños y Pizarro despachó a los visitantes.

—Gracias por el aviso —les dijo sin señal alguna de turbación—. Solo os ruego que no digáis palabra a nadie. Yo sabré qué he de hacer.

No había quedado el ánimo para sobremesas familiares. Pizarro besó a sus hijitos, se despidió de su hermano y de su cuñada y, en compañía de un paje de confianza, fue a tratar el asunto con el doctor Juan Blázquez y Francisco de Chávez. Acordaron que al día siguiente apresarían a los almagristas y los pondrían en grilletes.

—Que cada uno de vosotros avise a sus amigos para que estén preparados para lo de mañana.

Aquella noche se movieron muchos bultos embozados por las oscuras calles de Lima. El doctor Blázquez, acompañado de un esclavo negro que portaba una linterna, fue a avisar a sus amigos. Ignoraba que uno de ellos, el tesorero Alonso Riquelme, trabajaba para los almagristas.

Domingo, 26 de junio de 1541.

Los conjurados habían pasado la noche en conciliábulos en la casa de Diego de Almagro, *el Mozo*, perfilando los detalles del golpe de mano con el que al día siguiente descabezarían a los pizarristas y se apoderarían de la ciudad.

En eso llegó Pedro de San Millán con la noticia:

—Acabo de hablar con Alonso Riquelme: ¡Pizarro conoce nuestros planes y va a ahorcarnos a todos!

La explosión de un barreno en un concierto de música zen no hubiera ocasionado tanto revuelo. Cuando los ánimos se serenaron un poco, habló Diego de Almagro, el Mozo.

—Si nos han descubierto, se suspende el plan. Salid ahora de mi casa de uno en uno para evitar sospechas, y que cada cual escape de la ciudad por sus medios.

San Millán era de opinión contraria.

—Aunque nos escondamos debajo de las piedras, Pizarro dará con nosotros y nos ahorcará como ahorcó a tu padre —adujo—. Propongo que lo madruguemos y acabemos con él ahora mismo.

El tal Sant Millán, de los Bocudos de Segovia, no nada valiente, sino hombre más bien flaco, se le revistió el Diablo y abrió la puerta que estaba cerrada, y salió a la calle con una rodela embrazada, porque todos estaban aguardando que el Marqués entrase a misa. Pues abierta, este Sant Millán, la puerta, se arrojó a la calle y dando voces dijo: *Salid todos y vamos a matar al marqués; si no, yo diré como estábamos para ello.* Pues visto los de dentro y el Juan de Rada que eran descubiertos con la salida de Sant Millán, todos salieron tras él, y dando voces: *Mueran traidores,* se fueron a la casa del Marqués hasta quince hombres armados de arcabuces, ballestas, lanzas, lanzones, espadas, coracinas, adargas, rodelas y otros géneros de armas.[549]

Ignorante de que los conjurados se adelantaban a sus planes, Pizarro aplazó su acción para después de misa, a la que, por seguridad, iba a asistir no en la cercana catedral, sino en la propia capilla del palacio.

Sobre la silla donde tenía la ropa, colgada del tahalí, yacía la espada. Por un momento pensó en prenderla del hombro derecho, como de costumbre, pero sin duda la servidumbre notaría que acudía a misa armado. Pensarían que las murmuraciones lo afectaban. La dejó.

La capilla del palacio estaba apenas iluminada por un par de hachones que ardían en el altar mayor bajo la descarnada imagen de un crucificado. Cuando llegó Pizarro, ya aguardaban haciendo corrillos la docena de habituales, entre secretarios y hombres de confianza.

Nadie notó cierto nerviosismo del oficiante. El padre Domingo Ruiz de la Durana, capellán del marqués, anduvo especialmente torpe ese día. Luego se supo que también él estaba implicado en la conjura almagrista.

Vuelto a sus habitaciones, despachaba Pizarro con su mayordomo cuando alcanzó a oír el alboroto de la turba de almagristas que asaltaban el palacio con Juan de Rada a la cabeza, al grito de *¡viva el rey y mueran los tiranos!*

---

549. Expediente del proceso incoado por el asesinato de Pizarro (Ludeña, 1980, p. 9).

La puerta del palacio, que era de sólido huarango y tan espesa como un palmo, se encontraba convenientemente abierta.[550]

Los conjurados irrumpieron en el vestíbulo y, según habían dispuesto, quedó Juan Diente guardando la puerta con encargo de cerrarla si la lucha se prolongara y acudieran refuerzos a socorrer a Pizarro.

En la escalinata les salieron al encuentro el capitán Francisco de Chávez y sus criados Francisco Mendo y Pedro Hardón.

—¿Qué es esto, señores? —empezó a decir el de Chávez, que llevaba la espada al cinto, pero no hizo ademán de desenvainarla.

Juan de Rada le asestó una estocada en el vientre. Sintiéndose herido, Chávez entendió que venían a matar al marqués y con su voz ronca, que resonó en toda la casa, gritó:

—¡Traición, los perros están aquí!

Los almagristas que lo acompañaban acuchillaron igualmente a los dos criados, y unos peldaños más arriba casi decapitan de un tajo a Jacinto Hurtado, un guardia de palacio que se precipitaba escaleras abajo empuñando su daga.

Habían acudido al alboroto criados y pajes. Cuando vieron desde la baranda superior a la turba que los asaltaba, el pánico se apoderó de ellos y huyeron a esconderse. Algunos salieron al tejado, el doctor Juan Blázquez y el mayordomo Francisco Ampuero escaparon por una ventana. Solo el paje Juan de Vargas mantuvo la calma y corrió a avisar a su señor.

Pizarro y los que lo acompañaban habían oído la pendencia y, pensando que era entre gentes de la casa, salían a ver, cuando se dieron de bruces con el paje:

—¡Al arma, señor, que vienen los malos! —gritó.

Pizarro corrió al astillero de palo donde tenía sus armas. Se es-

---

550. Dice el cronista Fernández de Oviedo (1950) que treinta y tres personas había en el palacio y *ninguno hubo que fuese para cerrar una puerta*. Algunos sospecharían de Juan Ortiz de Zárate, antiguo almagrista, que estaba en palacio y al que solo hirieron, aunque no de muerte, o de Alonso Manjarrés, que también había sido amigo de Almagro. Otros almagristas encubiertos, que traicionaban a Pizarro desde su propio palacio, eran Juan Cantero Copín y Jerónimo Zurbano.

taba ajustando el peto de acero cuando, en la estancia contigua, los primeros conjurados cruzaron las espadas con el paje García de Escandón y Francisco Martín, el medio hermano de Pizarro, al que hirieron mortalmente de dos estocadas. Los otros dos hombres que acompañaban a Pizarro, Gómez de Luna y Juan Ortiz de Zárate, fueron prontamente heridos y apartados de la puerta.

Los asesinos irrumpieron en la estancia donde Pizarro desesperaba de abrocharse las correas de la coracina sin la acostumbrada ayuda del escudero.[551] Viendo que ya le llegaban los asesinos, les arrojó el peto al tiempo que los acometía con su espada

El primer conjurado iba a embrazar la rodela que llevaba al brazo izquierdo cuando Pizarro le entró raudo con una estocada plana y breve, apenas medio palmo, directa al corazón. Se miró la herida con sorpresa y expiró antes de desplomarse.

Ya arremetían sobre Pizarro hasta cinco conjurados. Pizarro rompió su guardia un paso y, girando con más agilidad de la que sus años prometían, dirigió al más delantero una cuchillada al vientre que lo dejó listo para los óleos.

Juan de Rada comprendió que aquel león acorralado no se dejaría matar sin pleito. Temiendo que el próximo damnificado fuera él, propinó un empujón a Diego de Narváez, un matachín que había jurado teñir su espada con la sangre del marqués, aunque en su presencia flaqueaba. Trastabilló Narváez, lo traspasó Pizarro con su acero y, antes de que pudiera desclavárselo, Rada y los otros hirieron en él. Todos lo alcanzaron en el pecho y en la cabeza, pero la estocada mortal se la asestó Martín de Bilbao, que le atravesó el cuello de parte a parte.

---

551. En el expediente del proceso que hizo el nuevo gobernador figuran los nombres de los dieciséis almagristas que asaltaron el palacio de Pizarro: Diego de Almagro *el Mozo*, Juan de Herrada, Cristóbal de Sotelo, García de Alvarado, Juan Balza, Juan Tello, Martín Cote, Cárdenas, Pedro de Oñate, Juan Gutiérrez Malaver, Juan de Olea, Juan Pérez, Pedro de Candía, Diego Méndez, Diego de Hoces y Martín de Bilbao. Otros almagristas implicados fueron Juan de Saavedra, don Alonso de Montemayor, Manuel de Espinar (tesorero), el factor Diego Núñez de Mercado, don Cristóbal Ponce de León y Pedro López de Ayala.

Herido de muerte y cegado por la sangre que le manaba de la cabeza, Pizarro cayó de rodillas. En ese momento su antiguo mayordomo, Juan Rodríguez Barragán, le quebró en el rostro una cantarilla.[552]

Cayó Pizarro de bruces sobre el enladrillado, manando caños de sangre de sus heridas, pero todavía consciente pidió confesión.

—¡Ve a confesarte al infierno! —le replico Barragán, su antiguo criado.

Todavía el conquistador del Imperio de los incas pudo trazar una cruz con un dedo sobre el charco de su propia sangre y acertó a murmurar *Jesús* antes de expirar.[553]

Otra versión de la muerte de Pizarro es la que se desprende de la investigación judicial que siguió. Según el declarante Álvaro Caballero...

> ... habían muerto al dicho Marqués, Jerónimo de Almagro con el pasador de la ballesta, Martín de Bilbao con una estocada en la garganta, y Juan Rodríguez Barragán con una cuchillada que lo degolló.[554]

Llama la atención que lo hirieran de lejos, con un dardo de ballesta, antes de acercarse a rematarlo, tanto lo temían.

Salieron del palacio los conjurados seguidos por los gritos de *¡a los traidores, a los hideputas traidores!*, que profería Inés Muñoz, la esposa de Francisco Martín, ya su viuda, pero el palacio estaba

---

552. En las declaraciones del proceso se dice que Juan Rodríguez Barragán *tomó un cántaro que estaba allí lleno de agua y le dio en la boca, sobre la cruz que Pizarro hacía con los dedos, diciéndole:* Al infierno, al infierno os habéis de ir a confesar, *y con el gran golpe, por ser grande el cántaro, le quebrantó la cara y luego acabó de morir el dicho marqués.*

553. En el proceso que se hizo a los conjurados, uno de los declarantes dice: *Entraron en una cámara donde estaba[n] el marqués y su hermano, a los cuales les entraron por fuerza y dieron al dicho marqués tantas lanzadas, y puñaladas y estocadas, de que murió, y que estando el marqués caído en el suelo, puso los dedos en cruz sobre la boca, y pidió confesión de sus pecados.*

554. Ludeña, 1980, p. 7.

desierto, todo el mundo huido y las criadas abrazadas y llorosas en los patios. Los capitanes de Pizarro ausentes llegaron demasiado tarde para socorrer a su señor.[555]

Cundió por la ciudad la noticia de que Pizarro había muerto. Enardecidos por la muerte de su enemigo, los almagristas se entregaron a la caza de los pizarristas y al saqueo de sus propiedades.[556] Los desórdenes alarmaron a los padres del convento de la Merced.

—Saquemos en procesión la custodia del Corpus —decidió el superior del convento, pero ni siquiera la improvisada procesión logró apaciguar a la alborotada grey.

Catalina Cermelo y Hernández Trujillo recogieron el cadáver de Pizarro y lo pusieron en la cama para velarlo. En ello estaban cuando el almagrista Martín Carrillo lo reclamó.

—Mi señor manda que la cabeza del marqués se exponga en la plaza.

Inés Muñoz, cuñada de Pizarro y viuda de su hermano, se le enfrentó con los ojos encendidos como centellas.

—Traidor, id a decir al perro que este cuerpo es sagrado y no se toca.

Cuando el otro marchó, Inés dispuso precipitadamente la inhumación de sus deudos. Envuelta en sus tocas de viuda, cruzó la plaza al frente de dos esclavos negros que transportaban los cadáveres envueltos en sendas mantas coloradas, y se encaminó a la frontera catedral.

Algunos exaltados le cerraron el paso reclamando la cabeza del marqués, pero Inés Muñoz…

> … como una leona herida, les enrostró su cobardía y los apostrofó de traidores. Barbarán se interpuso, y en medio del silencio de algunos y de la feroz alegría de otros, el cortejo entró en la iglesia

---

555. Francisco de Godoy, Diego Gavilán, Rodrigo de Mazuelas, Jerónimo de Aliaga y Diego de Agüero, entre otros (Mira Caballos, 2018, p. 179).

556. El botín fue considerable: lo robado en el palacio de Pizarro se evaluó en cien mil pesos de oro; en la casa de su hermano Martín robaron más de quince mil pesos y en la del secretario Picado, sesenta mil pesos.

mayor, donde doña Inés de Muñoz se arrodilló para besar las sienes ensangrentadas del Marqués y contemplar su rostro venerado, con inmensa tristeza.[557]

Según otra versión, parece que la gallardía de Inés no impidió que las turbas se ensañaran con el cadáver. En el informe oficial elevado por el cabildo al emperador Carlos leemos:

Haziendo de la persona del marqués, después de muerto, por le deshonrar y escarnecer, muchas cosas de ignominia y vituperio que, porque V. M. doliéndose de él no reciba pena, dejamos de decirlo. Y habiendo ejecutado su dañado propósito, y habiéndose bañado en inocente sangre del sin ventura del Marqués, salieron por la plaza adelante, invocando el nombre de don Diego de Almagro.[558]

El episodio nos recuerda la profanación del cadáver de Mussolini en la plaza Loreto de Milán.

Así fueron los modestos funerales del que había conquistado un imperio. *Y no tuvo ceras para velar su entierro, ni fraile que lo rezara.*[559]

Desaparecido Pizarro, cautivo y derrotado el bando pizarrista, los almagristas nombraron gobernador a su caudillo.

557. Porras Barrenechea, 1978, pp. 606-607. Otro testigo del proceso declaró que, antes de recibir cristiana sepultura, los cadáveres de los dos hermanos pasaron por la póstuma vergüenza de ser exhibidos en la picota: *Echaron al Marqués y a su hermano cabe la picota como a dos hombres comunes y malhechores, y allí estuvieron hasta la tarde que un Barbarán los echó en una sepultura entrambos. Saquearon la casa del Marqués y le tomaron todo el oro, plata y hacienda que tenía, y pasose a vivir a sus casas el don Diego (de Almagro, el Mozo),* carta de Vaca de Castro al emperador fechada el 15 de noviembre de 1541 (*Traslado del proceso contra Diego de Almagro por la muerte de Francisco Pizarro,* documento de la Real Biblioteca de Patrimonio Nacional).

558. Carta del cabildo del Cuzco al emperador, el 23 de enero de 1543 (Ludeña, 1984).

559. En 1977, durante unas obras en la catedral de Lima, apareció la urna de plomo que contenía los restos de Pizarro. El examen forense reveló las huellas de dieciséis heridas.

El reinado de Almagro, el Mozo, fue breve, año y medio. En la euforia de la victoria se enfrentó al juez real, Cristóbal Vaca de Castro, que había llegado al Perú con el encargo de apaciguar la tierra y de hacerse cargo de su gobernación si hubiera muerto Pizarro.

En septiembre de 1542 los almagristas, que sustentaban al Mozo, se enfrentaron a las tropas realistas en Chupas (cerca de Huamanga, Ayacucho).[560] Chozalhombro y Arjona, los viejos camaradas, se habían alistado en el cuerpo de arcabuceros de Juan Vélez de Guevara, que combatía a los almagristas.

—¿No sois demasiado viejos para estos trotes? —les preguntó el sargento mayor Francisco de Carvajal cuando los vio en la fila de los arcabuceros.

—Señor, este es el único oficio que conocemos y del que hemos de comer —respondió Chozalhombro.

Los dos amigos habían conversado la víspera. Arjona determinaba retirarse a Cuba, donde tenía una mediana hacienda, pero Chozalhombro, que también la tuvo cuando embarcaron con Cortés, había perdido sus títulos a los dados.

—Vente conmigo, Bartolomé —le decía Arjona—. Allí no te ha de faltar nada. Te daré una indiecita melosa y envejeceremos juntos recordando nuestros trabajos y nuestros buenos ratos.

—Viejos ya somos, Bonosillo. Esperemos a ver qué pasa mañana, y después hablamos del asunto.

Al día siguiente, en el fragor de la batalla, los arcabuceros realistas tuvieron que remontar una pina cuesta a paso de carga, mudando posiciones, entre el humo de la artillería. A medio camino, jadeantes, las gargantas lastimadas por el humo del azufre, Arjona vio desplomarse a su amigo.

—Coño, Bartolomé, ¿ahora te echas a descansar en pleno jaleo? —bromeó mientras acudía a socorrerlo.

Chozalhombro tenía la mirada extraviada y el rostro conges-

---

560. Durante esta batalla dirigía la artillería almagrista nuestro viejo amigo el griego Pedro de Candía. Sospechó el joven Almagro que disparaba demasiado alto intencionadamente porque iba a pasarse al enemigo, y yéndose hacia él lo mató de una lanzada.

tionado, rojo y ceniciento. Arjona le quitó el morrión y la vieja coraza medio herrumbrosa para aliviarle la fatiga. En vano. Los ojos del caído se vidriaron y la presión de la mano, con la que se aferraba a la de su compañero, se aflojó.

Después de tantas batallas en las que había desafiado a la muerte, Chozalhombro había muerto sin herida. La fatiga le había roto el corazón.

Pasada la batalla, Arjona buscó el cadáver y lo encontró desnudo, porque ya los indios amigos lo habían despojado. Lo puso sobre una mula y lo llevó a la iglesia más cercana, donde le pagó un entierro digno, de hidalgo, y gastó todo el dinero que tenía en sufragarle treinta misas con hachones de cera.

CAPÍTULO 108

Valdivia y su brava novia

Fugitivo de la batalla, el joven Almagro pensó en refugiarse entre los incas de Vilcabamba, pero demoró su huida porque su acompañante y compadre, Diego Méndez, insistía en despedirse debidamente de su bella manceba, la Jiménez, a la que no estaba seguro de volver a ver.

—Vale —concedió el Mozo—, pero que sea rapidito, sin mucho cortejo, que los cabrones pizarristas nos pisan los talones.

No fue tan rapidito como Méndez prometía y dio espacio para que la gente de Vaca de Castro los capturara.

Juzgado y condenado, el hijo de Almagro acabó en la soga, como su padre, y, curiosa coincidencia, ejecutado por el mismo verdugo.

Las noticias de las guerras civiles en aquel rico rincón de su Imperio *desplacieron* a Carlos V.

—Unamos aquellas tierras bajo un único mando y evitemos futuras querellas —decidió.

Y unió las gobernaciones de Nueva Castilla y de Nueva Toledo en el virreinato del Perú (Real Cédula dada en Barcelona el 20 de noviembre de 1542).

Chile se había resistido a Almagro, pero también sucumbiría a los conquistadores. Tres años después de aquel fracaso, Pedro de Valdivia se arriesgó de nuevo a cruzar el desierto de Atacama.

—¿Estás loco o qué? —le habían dicho sus amigos y deudos.

—Loco, seguramente —reconoció—. Como cuantos desafiamos la mar para buscar honra y fama en estas latitudes.

Pedro de Valdivia intuía que América se terminaba en aquellas tierras y que, salvados los desiertos abrasados y las montañas heladas, toparía con tribus nada condescendientes, sin hallar oro que compensara el esfuerzo. A pesar de todo fue adelante. Era la última oportunidad que le quedaba para pasar a la historia *(dejar fama y memoria de mí)*.[561]

Valdivia llevaba consigo a su amante Inés Suárez, una dama de cierta alcurnia que había vendido sus propiedades para financiar la expedición. Para disimular su familiaridad con Valdivia, se hacía pasar por criada suya.

Cuando uno se pregunta de qué pasta estaban hechos los conquistadores, cabría considerar que también hubo conquistadoras, muchas de ellas mujeres anónimas que apenas han dejado rastro en los escritos, aunque fueron tan merecedoras como ellos de gloria y fama.[562]

Abundando en el papel de esta valerosa mujer, que tan eficazmente sirvió a Valdivia, resumiremos su mayor hazaña: después de la fundación de Santiago (de Chile), los indios se confabularon para exterminar a los españoles. Lo supo Valdivia y tomó como rehenes a media docena de caciques de la comarca santiagueña. La reacción de los indios fue reunir algunos miles de guerreros y asaltar el poblado para rescatarlos.

561. En una carta dirigida al emperador con fecha del 4 de septiembre de 1545 explicaba: *No había hombre que quisiera venir a esta tierra, y los que más huían de ella eran los que trajo el Adelantado don Diego de Almagro, que como la desamparó, quedó tan mal infamada, que como de la pestilencia huían de ella; y aún muchas personas que me querían y eran tenidos por cuerdos, no me tuvieron por tal cuando tuve que gastar la hacienda que tenía en una empresa tan apartada del Perú y donde el Adelantado no había perseverado* (Valdivia, 1545).

562. Quiere la tradición que, en la apurada ocasión en la que los expedicionarios habían llegado a uno de los escasos pozos y que habían encontrado seco, Inés Suárez hizo cavar a un indio *en el asiento donde ella estaba*, y a los pocos azadonazos halló agua, *y todo el ejército se satisfizo, dando gracias a Dios por tal misericordia, y testificando ser el agua la mejor que han bebido la del Jahuel de doña Inés, que así le quedó por nombre.* Aún hoy existe en el desierto la Aguada de Doña Inés.

Cuando la situación era desesperada y los españoles comenzaban a flaquear y cedían terreno ante la indiada que asaltaba la residencia del gobernador, en cuya mazmorra estaban los caciques, Inés abandonó el improvisado hospitalillo donde curaba a los heridos y fue a la prisión que estaba vigilada por dos veteranos, Francisco de Rubio y Hernando de la Torre. Les pidió...

> ... que matasen luego a los caciques antes de que fuesen socorridos de los suyos. Y diciéndole Hernando de la Torre, más cortado de terror que con bríos para cortar cabezas:
> —Señora, ¿de qué manera los tengo yo de matar?
> —¡Desta manera! —respondió doña Inés al tiempo que, sirviéndose de la espada que llevaba en la mano, realizaba lo que los guardias no se atrevían a hacer.[563]

Según la tradición, la noticia de la muerte de los caciques, debidamente comunicada, desanimó a los atacantes, que finalmente se retiraron y Santiago no sucumbió.

Valdivia retuvo Chile y murió con las botas puestas luchando contra los mapuches que capitaneaba el famoso caudillo Lautaro (hoy héroe nacional de los indigenistas). Según Góngora Marmolejo, *los mapuches cortaron sus antebrazos, los asaron y comieron delante de él antes de asesinarlos a él y al sacerdote que lo acompañaba.*[564]

---

563. Mariño de Lobera, 1865, tomo IV.
564. Góngora Marmolejo, 2001, capítulo 14.

CAPÍTULO 109

La aventura equinoccial de Lope de Aguirre

Corría el año 1558. Nuestro amigo Arjona había muerto dos años antes, a los sesenta y nueve de su edad, en su hacienda cubana, rodeado de sus indiecitas y de sus hijos mestizos, ya mozos.

Hasta el último día soñó con regresar a España, pero lo retuvo pensar que su última esposa india, la Remedios, no sería feliz allí, tan lejos de su tierra, entre aldeanos que murmurarían de ella y de sus costumbres.

La mujer era una india sumisa y cariñosa. Con sus manos sarmentosas, pero suaves como las uvas, le daba friegas en las viejas cicatrices cuando dolían anunciando huracán.

Dejémoslo estar y vayamos a cosas de más enjundia.

Es costumbre en España, y en parte de extranjería, que cuando un autor muere, sus fidelísimos lectores lo lloran tres días, los periódicos le dedican una columna o media página en el obituario, al dorso de los deportes, y a los tres días nadie se acuerda de él, excepto la viuda que a toda prisa rebaña los cajones de su escritorio por si encontrara algo encuadernable y negociable con lo que importunar al editor, a ver si, dándole un arreglillo, negro mediante, pudiera ordeñar del difunto alguna pasta póstuma.

Esta furtiva lágrima que acabo de derramar sobre la letra Ñ del teclado es mi sentido homenaje a uno de esos novelistas olvidados.

Olvidado de ustedes, me apresuro a decir que no lo es de un servidor: Ramón J. Sender, el inmortal autor de ciento y pico novelas, algunas sin argumento reconocible, pero, aun así, interesantes de leer.

Ramón J. Sender no tuvo la suerte que hubiera merecido. Vivió casi toda la vida en el exilio, y las pocas aspiraciones que tuvo apenas se le cumplieron.[565] Quizá por ello, y por su certero instinto literario, le interesaron los perdedores de intensa vida, como Billy el Niño y el Loco Aguirre, un conquistador y explorador al que todo salió mal, y la mítica expedición de los marañones, con cuyo mando se hizo.[566]

Les hemos dedicado páginas atrás mucho espacio a los conquistadores afortunados: Cortés, que murió en la cama, y Pizarro y Chozalhombro, que de un modo u otro se ahorraron la penosa vejez. Hablemos ahora del Loco Aguirre como ejemplo de la turba de conquistadores anónimos a los que no salieron las cuentas, los que acabaron abonando con sus huesos la fértil América, cuando no alimentando con sus solomillos a los indoamericanos. Y, sin embargo, dejaron su simiente en muchos criollos que hoy perpetúan en aquellos países el valor y el idioma de la vieja raza, los veinte cachorros sueltos del león español que cantaba Rubén Darío.

Después de veinte años de batallar con la vida (y con los indios), Lope de Aguirre subsistía de las migajas del banquete indiano. La conquista había procurado riquezas y bienestar a los numerosos funcionarios de la Corona y a los encomenderos que habían conseguido pueblos y prósperas explotaciones, pero también había generado una población de soldados desempleados y aventureros sin suerte ni otro patrimonio que sus espadas, fuente de muchos quebraderos de cabeza para los cabildos.[567]

---

565. Entre ellas, la de acceder a mayores intimidades con la interesante colega, y mujer, Carmen Laforet, de la que obtuvo poco más que *Nada* (1945). *No me avengo a la vejez,* le confesaba en una carta.

566. La denominación *marañones* procede del río Marañón, uno de los afluentes del curso alto del Amazonas, nacido de los glaciares de los Andes, no lejos de Lima.

567. *Uno de los principales motivos que tuvo el virrey del Perú para encargar la conquista de los Omeguas al capitán Pedro de Ursúa, fue san-*

—A estos camorristas malcontentos hay que darles salida, enviarlos lejos adonde sea, para que dejen de incordiar —dijo el marqués de Cañete, virrey del Perú.
—Sí, pero ¿adónde? —convino su secretario.
—Por ejemplo, a buscar El Dorado y el país de la Canela.
—Excelencia, eso ya lo intentaron Gonzalo Pizarro y Orellana hace dieciocho años, y regresaron con las manos vacías.
—Eso no significa nada. Queda mucha tierra inexplorada.

El virrey escogió para jefe de la expedición a Pedro de Ursúa, un experimentado capitán de treinta y cinco años, que había derrotado a Bayano, una especie de Espartaco moreno, en realidad negro mandinga, que acaudillaba a un ejército de cimarrones (esclavos negros huidos de sus amos a las fragas y montañas).

Entre los soldados andrajosos que acudieron a apuntarse a la llamada *jornada* de Omagua y El Dorado[568] figuraba un tal Lope de Aguirre, vasco de Araoz (Oñate), *pequeño de cuerpo y de ruin talla*,[569] de unos treinta y ocho años de edad, veterano de un par de guerras, que cojeaba algo del remo izquierdo debido a una vieja herida.

—No sé si será una buena adquisición —dijo el sargento mayor de Ursúa cuando vio el nombre de Aguirre en la lista.
—¿Por qué?

---

grar el cuerpo de aquel grande imperio de la sangre corrompida de muchos hombres baldíos, que entre las venas de sus provincias habían quedado como reliquias de los malos humores de Gonzalo Pizarro, Francisco Hernández Girón y don Fernando de Castilla (Fernández de Piedrahita, 1881, vol. 2, p. 848).

568. *Jornada* significaba en el español de la época «expedición». La del Loco Aguirre está bien documentada, porque tres de sus integrantes quedaron tan agradecidos con la vida que quisieron ponerla por escrito: Fernando Vázquez (BNM, ms. 3199), Pedrarias de Almesto (BNM, ms. 3191) y una relación anónima atribuida a Custodio Hernández. Otros testimonios indirectos son los de Toribio de Ortiguera y Diego de Aguilar y Córdoba, autor de *El Marañón*, y las cartas de Juan Vargas Zapata, Gutierre de la Peña y Pablo Collado.

569. Inca Garcilaso, 1991, segunda parte, capítulo 8.

—Es algo bronco de carácter, maldiciente y enredador.[570] Le contaré a su excelencia una historia: el juez Francisco de Esquivel lo hizo azotar en la picota en castigo por deslomar a unos indios. Protestaba Aguirre que no podía azotarlo porque era hidalgo.

—En efecto, todos los vascos nos tenemos por hidalgos —reconoció Ursúa.

—A Esquivel no se lo pareció y mandó azotarlo. Cuando el verdugo le estaba aplicando el castigo, miró Aguirre al juez que lo presenciaba y le dijo: *Voacé se acordará de esto en el momento de dar su alma a Dios.*

—¿Eso le dijo?

—Con esas palabras me lo han contado a mí, excelencia. Pues Esquivel no lo olvidó y cuando cesó en el cargo tuvo miedo (le llegaban noticias de la clase de individuo que era Aguirre) y procuró poner tierra por medio mudándose a vivir a Quito y después a Lima, pero Aguirre lo seguía como el rastreador sigue a su presa. Es fama que hacía el camino a pie y no por falta de dineros con los que alquilar una cabalgadura, sino porque *decía que un azotado no había de andar a caballo ni parecer donde gentes lo viesen. Desta manera anduvo Aguirre tras su licenciado tres años y cuatro meses.* Esquivel se volvió a Cuzco, *y tomó para su morada una casa, calle en medio de la iglesia mayor, donde vivió con mucho recato; traía de ordinario una cota vestida debajo del sayo, y su espada y daga ceñida, aunque era contra su profesión.*

Cuatro años duró la persecución hasta que Aguirre pudo colarse en la mansión del juez y lo sorprendió durmiendo la siesta en el cuarto más fresquito, en una mecedora. Antes de matarlo, lo despertó para que supiera que se cumplía su pronóstico. De poco le valió el chaleco de malla que llevaba puesto, porque

---

570. El cronista Francisco Vázquez traza un retrato nada favorable: *Era vicioso, lujurioso, glotón; tomábase muchas veces de vino. Era mal cristiano, y aún hereje luterano, o peor; pues hacía y decía las cosas que hemos dicho atrás, que era matar clérigos, frailes, mujeres y hombres inocentes sin culpa y sin dejarlos confesar, aunque ellos lo pidiesen. Nunca supo decir ni dijo bien de nadie, ni aún de sus amigos; era infamador de todos, no hay algún vicio que en su persona no se hallase.*

Aguirre le atravesó la cabeza de sien a sien con una daga de las que llaman *de misericordia*. Luego huyó de Cuzco teñido el cuerpo de negro para parecer esclavo, y de esa guisa escapó de la justicia.

—Un jayán de cuidado —comentó Ursúa.

—*Los soldados bravos y facinerosos decían que, si hubiera muchos Aguirre por el mundo tan deseosos de vengar sus afrentas, que los pesquisidores no fueran tan libres e insolentes.*[571]

—¿Qué pasó después?

—Aguirre anduvo errante por el mundo hasta que pudo acogerse al perdón que Alvarado prometía a cuantos se alistaran bajo sus banderas para combatir al rebelde Hernández Girón. Eso fue en 1554.

—¿Hernández Girón? —A Ursúa le sonaba el nombre.

—Un capitán y encomendero que se rebeló contra las Leyes Nuevas y acabó como terminan los que levantan la mano contra el rey: la cabeza clavada en la picota, la casa derribada y el huerto sembrado de sal. En esa campaña, Aguirre resultó herido en un pie, lo que le produjo una cojera permanente, además de algunas cicatrices de quemaduras resultantes de estallarle en la cara el arcabuz. Guapo no era de suyo, pero con este accidente le ha quedado esa facha de malencarado que da grima mirarlo.

Ursúa se quedó pensando si le convenía llevar hombres tan fieros y destemplados en la expedición. Recientemente había recibido una carta del virrey en la que le aconsejaba rechazar el alistamiento de *algunas personas que estaban alacranadas en semejantes negocios de motines*.[572] Sin duda, Lope de Aguirre entraba en esta categoría.

—Entre tantas guerras, aún le sobraron arrestos para preñar a una india de esa mocita mestiza que lo acompaña y siempre lleva consigo, para protegerla de gentes como él mismo —acabó el sargento su retrato.[573]

---

571. Inca Garcilaso, 1991, segunda parte, capítulo 8.
572. De Almesto, *Relación*, citado por Baraibar, 2012, p. 11.
573. Elvira de Aguirre, el único afecto de un hombre sin afectos: *precio más de estar un rato con mi hija, que todo lo del mundo, porque aunque mestiza, la quiero mucho.*

Después de un breve titubeo, Ursúa admitió a Aguirre en la expedición, con hija y todo. También él llevaría consigo a su amante, la bellísima mestiza Inés de Atienza, a pesar de *la ispirencia que se tenía de los males que sucedían llevando los que gobiernan mujeres a las jornadas.*[574]

El 26 de septiembre de 1560 zarpó la expedición de El Dorado de un puerto fluvial del río Huallaga, afluente del Marañón que, a su vez, rinde sus aguas al Amazonas. Componían la expedición trescientos hombres de armas, y quizá el doble de auxiliares entre esclavos negros e indios, que embarcaron en dos bergantines y dos gabarras.

Ursúa designó como colaboradores en el mando a Juan de Vargas y a Fernando de Guzmán. A Lope de Aguirre lo nombró maestre de campo, probablemente con la esperanza de ganarse su confianza para que le mantuviera a raya a la tropa.

Después de muchas leguas de penosa navegación por la selva amazónica, el infierno verde cuya rica fauna y población ribereña tantas sorpresas atesora, todas desagradables, el país del oro no aparecía y la tropa empezó a murmurar contra Ursúa, que prestaba más atención a su amante que a sus deberes como jefe y explorador. Aguilar y Córdoba lo cuenta en estos términos:

> Habíase hecho notablemente remiso y descuidado en la gobernación y disciplina de su campo, y mal acondicionado y desabrido, tanto que los que antes lo habían tratado y conocido se admiraban y decían que no estaba en su juicio. De donde se infiere que estos vicios fueron adquiridos en la compañía de su amiga, con quien iba tan embebecido y de quien se mostraba tan enamorado.[575]

---

574. Inés de Atienza era hija del pizarrista Blas de Atienza y de una india de Jauja. Dotada de esa turbadora belleza que a veces produce la mezcla de sangres, la casaron apenas púber con el rico encomendero Pedro de Arcos, que murió pronto en un duelo provocado, al parecer, por celos de un hidalgo que miraba demasiado a la bella Inés. Viuda y joven brilló en la corte del virrey Antonio de Mendoza, en la que conoció a Pedro de Ursúa y se convirtió en su amante.

575. Aguilar y Córdoba, 2011, libro I, capítulo 26.

Probablemente Ursúa se sentía abrumado por la responsabilidad de sacar adelante una empresa que sobre el terreno se iba revelando descabellada, y no tenía más confidente al que comunicar sus sinsabores que su amante y socia, pero la tropa lo interpretaba de otro modo.

A Lope de Aguirre y a sus colegas les parecía que la bella mulata *lo había hechizado, porque de muy afable y conversable que solía ser con todos, se había vuelto grave y desabrido y enemigo de toda conversación.*[576]

En el agobiante y carcelario ambiente de aquella comunidad ambulante, cada vez más mohína y desengañada que vagaba por la selva, el joven Fernando de Guzmán —un inexperto hidalgo sevillano de veintiún años— se había dejado persuadir por Lope de Aguirre de la necesidad de arrebatarle el mando a Ursúa, aquel incompetente que los conducía a la ruina y a la muerte.

El primer día de enero de 1561, los descontentos cayeron sobre Ursúa y *le dieron muchas estocadas y cuchilladas hasta que lo mataron.*[577] En la misma tacada asesinaron a su segundo, Juan de Vargas, y a los pocos soldados que se oponían al golpe.

Los amotinados no se hacían ilusiones. Si caían en manos de la justicia acabarían en la horca, pero ya habían concebido un plan para librarse de ella: el Nuevo Mundo era tan grande que bien podrían fundar su propio reino desligado de España desde el que, andando el tiempo, pensaban conquistar el resto del Cono Sur. Eligieron a Fernando de Guzmán como emperador bajo el título de su alteza real Fernando I, el Sevillano, general de los marañones y rey del Perú, Tierra Firme y Chile.

Bajo la nueva gerencia continuó la exploración. Notó Lope de Aguirre que la vacante del asesinado jefe dejaba disponible a la bella Inés, cuyas carnes morenas deseaba toda la tropa y quizá él mismo. En vista de que se iba convirtiendo en un elemento de disensión entre los hombres, el expeditivo Lope de Aguirre la cosió a puñaladas.

—Muerto el perro se acabó la rabia —sentenció.

576. Vázquez, 1881.
577. *Ibid.*

Cinco meses duró el efímero reinado de Fernando I, en los cuales *no le dio tiempo de hartarse de buñuelos y otras cosas en las que ponía su felicidad*.[578]

Llegados los bergantines a la confluencia del río Negro, el Loco Aguirre lo apuñaló mientras dormía. ¿Por qué motivo? Probablemente le venía pareciendo que aquel fantoche no le rendía suficiente acato.

El Loco Aguirre, como secretamente lo conocían los marañones, instauró un régimen de terror. Amedrentados por su presencia y temerosos de sus violencias, aceptaron su caudillaje como algo natural.

Perdido ya el norte y olvidado El Dorado, que en medio de aquel infierno verde se reveló como un imposible, los marañones descendieron el Amazonas viviendo del saqueo de las tribus ribereñas. Después de muchos meses alcanzaron el océano.[579]

¿Qué hacer?

Remontaron la costa hacia el norte. El 20 de julio de 1561 arribaron a isla Margarita, la de las perlas, frente a las costas de la actual Venezuela, y la saquearon después de asesinar a todo el que se les opuso.

Después de este comportamiento, propio de piratas, Lope de Aguirre diseñó la bandera de su nuevo territorio: negra con dos espadas cruzadas que gotean sangre.

A estas alturas muchos marañones se mantenían fieles al Loco Aguirre solo por miedo a que los asesinara si percibía en ellos la mínima flaqueza. Prueba de ello es que envió a algunos de su confianza a apoderarse de la nao del provincial de los dominicos, fray Francisco de Montesinos, y aprovecharon la ocasión para desertar y unirse a la tropa que acompañaba al fraile.

Aguirre les dirigió una carta, fechada el 8 de agosto de 1561, en la que les advierte que *a los traidores Dios les dará la pena, y a los leales el Rey resucitará. Aunque hasta ahora no veo ninguno re-*

---

578. *Ibid.*
579. Algunos autores creen que llegaron al Atlántico descendiendo por el Orinoco, al que habían llegado a través del río Negro. Pudiera ser.

sucitado; el rey ni sana heridas ni da vidas.[580] Termina la misiva con la expresión latina *Caesar aut nihil*.

Impulsados por el loco, los marañones siguieron devastando la costa venezolana, y entraron a saco en los poblados de Mérida y Nueva Valencia.

En un descanso, el enajenado Aguirre escribió una misiva al rey Felipe, *natural español, hijo de Carlos, invencible*.

Primero se presenta ante la real persona:

> Lope de Aguirre, tu mínimo vasallo, cristiano viejo, de medianos padres, hijodalgo, natural vascongado, en el reino de España, en la villa de Oñate vecino, en mi mocedad pasé el mar Océano a las partes del Pirú, por valer más con la lanza en la mano, y por cumplir con la deuda que debe todo hombre de bien; y así, en veinte y cuatro años, te he hecho muchos servicios en el Pirú en conquistas de indios, y en poblar pueblos en tu servicio, especialmente en batallas y reencuentros que ha habido en tu nombre, siempre conforme a mis fuerzas y posibilidad, sin importunar a tus oficiales por paga, como parescerá por tus reales libros.[581]

Supone Aguirre que pronto Felipe II tendría noticia de sus fechorías y deservicios a la Corona, por lo tanto le relata su propia versión de los hechos:

> Dio el Marqués de Cañete la jornada del río de las Amazonas a Pedro de Ursúa, navarro, y por decir verdad, francés; los navíos, por ser la tierra donde se hicieron lluviosa, al tiempo del echarlos al agua se nos quebraron los más dellos, y hicimos balsas, y nos echamos el río abajo, con harto riesgo de nuestras personas; y caminamos trecientas leguas, desde el embarcadero donde nos embarcamos la primera vez.

En cuanto a Ursúa:

> Fue este Gobernador tan perverso, ambicioso y miserable, que no lo pudimos sufrir; y así, por ser imposible relatar sus maldades, y

---

580. Jos, 1927, pp. 93-94.
581. Carta de Lope de Aguirre a Felipe II.

por tenerme por parte en mi caso, como me ternás, excelente Rey y Señor, no diré cosa más que lo matamos; muerte, cierto, bien breve. Y luego a un mancebo, caballero de Sevilla, que se llamaba D. Fernando de Guzmán, lo alzamos por nuestro Rey y lo juramos por tal, como tu Real persona verá por las firmas de todos los que en ello nos hallamos, que quedan en la isla Margarita en estas Indias; y a mí me nombraron por su Maese de campo.

Hombre de honor, como no se plegaba a las arbitrariedades del nuevo rey *(y porque no consentí en sus insultos y maldades),* se vio también obligado a ejecutarlo, junto con sus seguidores, todo en defensa propia:

Me quisieron matar, y yo maté al nuevo Rey y al Capitán de su guardia y Teniente general, y a cuatro capitanes, y a su mayordomo, y a un su capellán, clérigo de misa, y a una mujer, de la liga contra mí, y un Comendador de Rodas, y a un Almirante y dos alférez, y otros cinco o seis aliados suyos.

Hecha esta considerable ricia, Lope nombró nuevos cargos, escogiendo entre los hombres a aquellos de honradez y lealtad probada: *Nombré de nuevo capitanes, y sargento mayor,* pero, al parecer, su bondad y confianza en el género humano le jugaron una mala pasada, porque aquellos que creía honrados y leales no lo eran tanto: *Me quisieron matar, y yo los ahorqué a todos.*
Observemos que ya no los enumera, que si lo hiciera le faltaría papel.
Siguió Aguirre su camino:

Pasando todas estas muertes y malas venturas en este río Marañón, tardamos hasta la boca dél y hasta la mar, más de diez meses y medio: caminamos cien jornadas justas: anduvimos mil y quinientas leguas.

Como concienzudo explorador, informa al rey sobre el resultado científico de la exploración:

El Amazonas es río grande y temeroso; tiene de boca ochenta leguas de agua dulce, y no como dicen: por muchos brazos tiene grandes bajos, y ochocientas leguas de desierto, sin género de poblado, como tu Majestad lo verá por una relación que hemos hecho, bien verdadera. En la derrota que corrimos, tiene seis mil islas. ¡Sabe Dios cómo nos escapamos deste lago tan temeroso!

Buen vasallo, aconseja al rey que no mande más gente a la selva amazónica, porque es tierra áspera cuya ocupación no compensa el esfuerzo de obtenerla:

> Avísote, Rey y Señor, no proveas ni consientas que se haga alguna armada para este río tan mal afortunado, porque en fe de cristiano te juro, Rey y Señor, que si vinieren cien mil hombres, ninguno escape, porque la relación es falsa, y no hay en el río otra cosa, que desesperar, especialmente para los chapetones de España.

Aguirre justifica su rebelión porque un hombre de honor ha de rebelarse contra la injusticia, la arbitrariedad y el abuso de los funcionarios reales:

> Avísote, Rey español […] que yo, por no poder sufrir más las crueldades que usan tus oidores, Visorey y gobernadores, he salido […] de tu obediencia, y desnaturándonos de nuestras tierras, que es España, y hacerte en estas partes la más cruda guerra que nuestras fuerzas pudieren sustentar y sufrir; y esto, cree, Rey y Señor, nos ha hecho hacer el no poder sufrir los grandes pechos, premios y castigos injustos que nos dan estos tus ministros que, por remediar a sus hijos y criados, nos han usurpado y robado nuestra fama, vida y honra, que es lástima, ¡oh Rey!, y el mal tratamiento que se nos ha hecho.

Con esa ingratitud pagan los servicios y mutilaciones que los buenos soldados padecen en el servicio de la Corona:

> Y ansí, yo, manco de mi pierna derecha, de dos arcabuzazos que me dieron en el valle de Chuquinga, con el mariscal Alonso de Alvarado, siguiendo tu voz y apellidándola contra Francisco Hernández Girón.

Y le avisa de que por la presente se desnaturaliza como español y sale de su obediencia:

> Rebelde a tu servicio, como yo y mis compañeros al presente somos y seremos hasta la muerte, porque ya de hecho hemos alcanzado en este reino cuán cruel eres, y quebrantador de fe y palabra; y así tenemos en esta tierra tus perdones por de menos crédito que los libros de Martín Lutero.

A pesar de ello le avisa de que los funcionarios venales lo engañan, que no se fíe de ellos:

> No tengas en mucho el servicio que tus oidores te escriben haberte hecho, porque es muy gran fábula si llaman servicio haberte gastado ochocientos mil pesos de tu Real caja para sus vicios y maldades. Castígalos como a malos, que de cierto lo son [...], y si no los castigas ten por cierto que en lo que esté en mi mano haré lo posible por exterminarlos. Y cierto, a Dios hago solemnemente voto, yo y mis doscientos arcabuceros marañones, conquistadores, hijosdalgo, de no te dejar ministro tuyo a vida, porque yo sé hasta dónde alcanza tu clemencia; y el día de hoy nos hallamos los más bien aventurados de los nascidos, por estar como estamos en estas partes de Indias.

No falta una declaración entre republicana y anarquista, *avant la lettre*:

> Por cierto lo tengo que van pocos reyes al infierno, porque sois pocos; que si muchos fuésedes, ninguno podría ir al cielo, porque creo allá seríades peores que Lucifer, según tenéis sed y hambre y ambición de hartaros de sangre humana; mas no me maravillo ni hago caso de vosotros, pues os llamáis siempre menores de edad, y todo hombre inocente es loco; y vuestro gobierno es aire.

Denuncia la corrupción de los funcionarios:

> Estos, tus oidores, tienen cada un año cuatro mil pesos de salario y ocho mil de costa, y al cabo de tres años tienen cada uno setenta mil pesos ahorrados, y heredamientos y posesiones [...]; nunca te he de dejar de avisar, que no fíes en estos letrados [...], que se les va todo el tiempo en casar hijos e hijas, y no entienden en otra cosa, y su refrán entre ellos, y muy común, es *a tuerto y a derecho, nuestra casa hasta el techo*.

Además de ladrones, los funcionarios son soberbios, cosa que Lope de Aguirre, hidalgo y hombre de honor, malamente puede soportar:

> Quieren que do quiera que los topemos, nos hinquemos de rodillas y los adoremos como a Nabucodonosor; cosa, cierto, insufrible. Y yo, como hombre que estoy lastimado y manco de mis miembros en tu servicio, y mis compañeros viejos y cansados en lo mismo.

Los religiosos son glotones, lujuriosos, igualmente ladrones y deshonestos:

> Pues los frailes, a ningún indio pobre quieren absolver ni predicar; y están aposentados en los mejores repartimientos del Pirú, y la vida que tienen es áspera y peligrosa, porque cada uno de ellos tiene por penitencia en sus cocinas una docena de mozas, y no muy viejas, y otros tantos muchachos que les vayan a pescar: pues a matar perdices y a traer fruta, todo el repartimiento tiene que hacer con ellos [...]. Especialmente es tan grande la disolución de los frailes en estas partes que, cierto, conviene que venga sobre ellos tu ira y castigo, porque ya no hay ninguno que presuma menos que de Gobernador. Mira, mira, Rey, no les creas lo que te dijeren, pues las lágrimas que allá echan delante tu Real persona, es para venir acá a mandar. Si quieres saber la vida que por acá tienen, es entender en mercaderías, procurar y adquirir bienes temporales, vender los Sacramentos de la Iglesia por precio; enemigos de pobres, incaritativos, ambiciosos, glotones y soberbios; de manera que, por mínimo que sea un fraile, pretende mandar y gobernar todas estas tierras. Pon remedio, Rey y Señor, porque destas cosas y malos exemplos no está imprimida ni fijada la fe en los naturales; y, más te digo, que si esta disolución destos frailes no se quita de aquí, no faltarán escándalos.

A pesar del mal ejemplo que dan los frailes, hay buenos cristianos...

> ... teniendo la fe y mandamientos de Dios enteros, y sin corrupción, como cristianos; manteniendo todo lo que manda la Santa

Madre Iglesia de Roma; y pretendemos, aunque pecadores en la vida, recibir martirio por los mandamientos de Dios. Y conste que en ningún tiempo, ni por adversidad que nos venga, no dejaremos de ser sujetos y obedientes a los preceptos de la Santa Madre Iglesia Romana.

Prueba de ello es que se duele al saber que el luteranismo avanza en España:

A la salida que hicimos del río de las Amazonas, que se llama el Marañón, vi, en una isla poblada de cristianos, que tiene por nombre la Margarita, unas relaciones que venían de España, de la gran cisma de luteranos que hay en ella, que nos pusieron temor y espanto.

Por eso, como defensor de la fe, no consiente que en sus dominios haya luterano alguno, prueba de ello es que...

... aquí en nuestra compañía, hubo un alemán, por su nombre Monteverde, y lo hice hacer pedazos. Los hados darán la paga a los cuerpos, pero donde nosotros estuviéremos, cree, excelente Príncipe, que cumple que todos vivan muy perfectamente en la fe de Cristo.

Finalmente, que sepa Felipe que, a pesar de lo expuesto, como personas de buena crianza que son:

Los fijosdalgos desta liga le desean prosperidad y ruegan a Dios, Nuestro Señor, te aumente siempre en bien y ensalce en prosperidad contra el turco y franceses, y todos los demás que en estas partes te quisieran hacer guerra; y en estas nos dé Dios gracia que podamos alcanzar con nuestras armas el precio que se nos debe, pues nos han negado lo que de derecho se nos debía.

Y se despide como un señor:

Hijo de fieles vasallos en tierra vascongada, y rebelde hasta la muerte por tu ingratitud,

Lope de Aguirre, el Peregrino

Bien mirado, la carta del Loco Aguirre es la queja, en el fondo respetuosa, de un patriota dolorido por la corrupción de los políticos y la falta de reconocimiento de los que con su sangre y su esfuerzo han conquistado el Nuevo Mundo. Con razón se dice que los locos y los niños dicen la verdad.

Dentro de esa lucidez, Aguirre estaba loco y su locura iba en aumento, como bien notaban sus hombres, que, no obstante, lo secundaban en sus extravíos por no incurrir en sus letales enfados. Mientras, aguardaban un momento propicio para abandonarlo y huir.

La misma lucidez de loco le atribuyen a Aguirre los cronistas que, con mayor o menor base, tratan de explicar su desgarrado pensamiento y su ateísmo, tan revolucionarios para la época.

> Decía este tirano muchas veces que ya sabía y tenía por cierto que su ánima no se podía salvar, y que estando él vivo, ya sabía que ardería en los infiernos, y que puesto que ya no podía el cuervo ser más negro que sus alas, que había de hacer maldades y crueldades por donde sonase el nombre de Aguirre por toda la tierra y hasta el noveno cielo. Y otras veces decía que Dios tenía el cielo para quien le sirviese y la tierra, para quien más pudiese. Decía que no dejasen los hombres, por miedo de ir al infierno, de hacer todo aquello que su apetito le pidiese. Y que quería soldados que se jugasen con el Demonio el alma a los dados. Poco antes de morir, dicen que dijo: *Si yo tengo de morir desbaratado en esta Gobernación de Venezuela, ni creo en la fe de Dios, ni en la secta de Mahoma, ni Lutero, ni gentilidad, ni tengo hoy más de nacer y morir.*[582]

Cundió el pánico por la tierra que corría Aguirre. Uno de los más prestigiosos capitanes de la región, Gonzalo Jiménez de Quesada, recibió la orden de capturar o aniquilar a los marañones. Como primera providencia, Quesada ofreció el perdón real a los garañones que abandonaran a Aguirre, lo que provocó una desbandada en sus filas.

Después supo que la banda de facinerosos se dirigía a Panamá. Les tendió una emboscada en Barquisimeto, actual Venezuela.

---

582. Vázquez, 1881.

Viendo que se acercaba su fin, Aguirre apuñaló a su hija Elvira, porque *mejor era que habiendo él de morir no quedase ella viva para ser puta de todos y colchón de bellacos.*

Acosado por las tropas de Quesada, todavía asesinó a algunos de sus fieles por infundadas sospechas de que podrían traicionarlo.

Había llegado demasiado lejos. Sus propios hombres, asustados por tanto desprecio a la vida, lo asesinaron, podemos decir que en defensa propia.

> Le tiraron a un tiempo tres arcabuzazos, de los cuales le acertó el uno en un muslo, de que cayó de rodillas diciendo con un ánimo terrible:
> —No me habéis hecho nada.
> Luego acudieron otros dos de los suyos propios y segundaron con otros arcabuzazos, con los cuales le dieron en el cuerpo, diciendo el tirano:
> —Esta vez, sí.[583]

La justicia descuartizó el cadáver, según costumbre, y envió las manos a las dos ciudades que había tomado, una a Mérida y otra a Nueva Valencia. La cabeza se envió a Tocuyo y el resto del cuerpo alimentó a los perros.

Dicen que Felipe II, algo molesto por la misiva del renegado Aguirre, decretó que *jamás haya memoria del traidor Lope de Aguirre.* Es evidente que no lo ha conseguido, porque la memoria del Loco Aguirre sigue viva en los lugares que transitó e inspira numerosas novelas y películas.[584] Sin duda, el que mejor lo ha repre-

---

583. Zúñiga, 1981.

584. Aparte de la novela de Sender ya citada, merecen mención las dos de Ciro Bayo (*Los marañones: leyenda áurea del Nuevo Mundo* y *Los caballeros del Dorado*, 1913); la de Arturo Uslar Pietri (*El camino de El Dorado*, 1947); la de José María Moreno Echevarría (*Los marañones*, 1968); la de Miguel Otero Silva (*Lope de Aguirre, príncipe de la libertad*, 1979), y la de Abel Posse (*Daimón*, 1978). En cuanto al cine, Lope de Aguirre ha protagonizado la película de Carlos Saura *El Dorado*, de 1988, y la de Werner Herzog *Aguirre o la cólera de Dios*, de 1972, con el novelista y gastrónomo Peter Berling en el papel de Fernando de Guzmán.

sentado en la pantalla ha sido el actor alemán Klaus Kinski, quien, dado su mal encaramiento y su carácter temperamental e irascible, se identificaba perfectamente con el personaje.

La mítica ciudad de El Dorado con la que soñaban los conquistadores, en la que el oro abundaba como los cantos en los pedregales de Castilla, no apareció por parte alguna, pero los dos extensos territorios incorporados al Imperio español eran ya suficientemente ricos, y además se descubrieron en ellos dos buenos filones de plata (Zacatecas, en México, y Potosí, en el Perú). Todavía en España se escucha la ponderativa expresión *vales un Potosí*.

Tipo admirable Peter Berling, un verdadero Gargantúa con el que compartí mesa, hace años, en Cartagena. Mientras daba cuenta él solito de una colmada fuente de puntillitas, me ilustró sobre su fascinación por los trenes y las estaciones, especialmente por la fantasmal de Canfranc, por la que tanto trapicheó Franco con el wolframio gallego y el oro nazi de dudosos orígenes, convenientemente lavado en Suiza.

CAPÍTULO 110
Los virreinatos

La Corona española instituyó sendos virreinatos, el de Nueva España, en México, y el de Lima, en el Perú. América no era la India, no había especias, no había pagodas con los techos de oro, pero comenzaba a ser rentable.

Sin olvidar la cantidad de paganos que, iluminados por los misioneros, se incorporaban a la fe de Cristo.

La burocracia imperial dotó las nuevas tierras americanas con algunas instituciones básicas. Las nuevas ciudades fundadas en los territorios incorporados a la Corona, muchas de ellas con nombres españoles (Córdoba, Toledo, Jaén...), se dotaron de cabildos municipales, de gobernadores (corregidores) y de tribunales de justicia, dependientes de sus correspondientes audiencias, en Santo Domingo, en México, en Guatemala, en Lima, en Bogotá, y de alguna que otra universidad.

Como cualquier territorio de la Corona española, América también disfrutó de tribunales de la Inquisición en Lima y México (desde 1569), y en Cartagena de Indias (1610).[585]

Desde mediados del siglo XVI, el descubrimiento de nuevos métodos de decantación permitió explotar racionalmente los grandes filones de plata de México y el Perú. Se calcula que du-

---

585. La primera víctima mortal fue el protestante francés Mateo Salado, quemado en auto de fe (15 de noviembre de 1573) por blasfemo y hereje.

rante el siglo y medio siguientes los españoles extrajeron de las minas americanas unas doscientas toneladas de oro y unas dieciocho mil de plata. Estas ingentes riquezas se revelaron, a la postre, un desastroso negocio: la abundancia de metales preciosos provocó una monstruosa inflación, lo que produce la consiguiente alza de precios y sucesivas bancarrotas de la Hacienda real. España dependió cada vez más del metal americano, hasta el punto de que cada año los funcionarios y proveedores de la Corona esperaban ansiosamente la llegada de la flota de Indias para cobrarse los atrasos.

Los Austrias no invirtieron en España el dinero extraído de América. Antes bien, lo derrocharon en empresas ruinosas, sin otro objetivo que luchar contra el protestantismo y mantener los intereses de la casa de Austria en Europa: costosos ejércitos y continuas guerras, para las que constantemente solicitaban préstamos a los banqueros extranjeros, siempre a intereses usurarios sobre el fiado de la plata americana de la flota siguiente.

Por otra parte, la defensa de las colonias americanas y de la flota mercante contra los piratas y corsarios franceses, ingleses y holandeses se fue encareciendo hasta alcanzar proporciones alarmantes. En el siglo XVIII absorbía tres cuartas partes de lo recaudado. A la postre, fueron Inglaterra, Holanda y los banqueros italianos y alemanes los que recogieron los frutos de tanto esfuerzo y sacrificio.

Algunos claros ingenios lo vieron claro, entre ellos Quevedo:

> *Poderoso caballero es don Dinero.*
> *Nace en las Indias honrado*
> *donde el mundo le acompaña*
> *viene a morir en España*
> *y es en Génova enterrado.*

Un tesoro vino para nada, y otro tesoro quedó allí que ha desarrollado vigorosas raíces y ofrece sazonados frutos: el de la lengua española que hoy hablan veinte pueblos del continente americano, cada uno con su acento y su gracia (y a menudo con más corrección que en la propia España).

CAPÍTULO 111
¿Depredadores o civilizadores?

Va para cincuenta años, en tiempos de Franco, cuando este que escribe vivía en Inglaterra y compartía aulas y tertulias estudiantiles con dos muchachas en flor, la alemana Meike y la belga Nicole.

Un día entre los días, frente a unas pintas de cerveza en el pub imaginativamente llamado Sacks of Potatoes (Sacos de patatas), salieron a relucir las miserias de España y los españoles: la Inquisición, los tercios del duque de Alba asesinos de niños en Flandes y el genocidio perpetrado por los conquistadores de América.

—Pero tú eres alemana, *darling* Meike, y tú belga, no menos *darling* Nicole —objeté.

—Sí, ¿y qué pasa? —replicó Meike.

—Mujer, que quizá las menos calificadas para echar en cara las crueldades de los españoles hace siglos sois vosotras.

—No veo por qué —saltó Nicole.

Era una chica encantadora, rubia como el trigo y gran defensora de los débiles y de las causas perdidas, una láctea *Mammelokker* con vocación de ONG.

Nicole estaba al tanto de que su barbudo y bonachón rey Leopoldo II de Bélgica (1835-1909) se encaprichó a los sesenta y cinco años de una amante quinceañera, Blanche Delacroix, que —en cuanto enviudó— se casó con su amante Antoine Durieux, un divertido *menage* à *trois* que solo humaniza al gran hombre.

Estaba Nicole enteradísima de los asuntos amorosos del monarca, pero ignoraba los financieros. Sentí cierta pena cuando me vi obligado a explicárselos.

—¿Sabes de dónde sacaba aquellos fastuosos diamantes que le regalaba a Blanche?

—*Je ne sais pas.*

—En realidad los obtenía gratis. En 1876 hizo una filantrópica propuesta a las potencias mundiales: *Entregadme el corazón de África como protectorado, y me comprometo a acabar con los esclavistas árabes que se lucran con el vergonzoso tráfico de seres humanos. Además, fiel a mi vocación misionera, enseñaré a los atrasados indígenas la nobleza del trabajo y las ventajas del progreso.* Dicho y hecho: expulsó a los esclavistas y organizó racionalmente la explotación del caucho, los diamantes y otros recursos naturales de aquella región privilegiada. Entre 1885 y 1906 se cuidó de que cada aldea trabajara para él con un contrato laboral deliberadamente simple para que los negros lo entendieran: el capataz que no cubre el cupo semanal debe entregar la diferencia en especie.

—¿En qué especie, *bwana*?

—En canastas de manos y pies de los niños del clan que incumple el cupo.[586]

—¿Mutilaban a los niños? —preguntó Nicole abriendo desmesuradamente sus bellos ojos color cielo.

—Lo has entendido cabalmente. En un periodo de diez años, Leopoldo causó la muerte de unos ocho millones de nativos, aproximadamente la mitad del censo. Vuestro famoso Congo

---

[586]. El historiador Adam Hochschild estima en diez millones los muertos del Congo en los años centrales de la explotación de Leopoldo II: *En 1920 varios funcionarios dejaron por escrito su alarma por el enorme descenso de población local en el Congo; temían quedarse sin mano de obra. Unos trabajaron hasta morir, otros murieron de hambre, otros asesinados al aplacar rebeliones, otros al tratar de huir. [...] La mayoría, muy debilitados y desnutridos, murieron por enfermedad* (Hochschild, 2017). Estos crímenes inspiraron las novelas *El corazón de las tinieblas* (1899), de Joseph Conrad, y *El sueño del celta* (2010), de Mario Vargas Llosa.

Belga. Y si nos remontamos en la historia, recordamos al duque de Alba en Flandes, todo historiador medianamente informado sabe que los Orange locales, vuestros héroes nacionales, lo superaron ampliamente en muertes y ejecuciones.

Era el turno de Meike. Le expliqué que la Inquisición española no había matado a tantas personas en cuatro siglos como brujas quemaron sus antepasados en solo un par de años.

—Eso ocurriría en la Edad Media —se defendió la germana.

—No, querida, eso ocurrió en los siglos XVI y XVII, y todavía hubo alguna ejecución en el XVIII. Entonces no existía la palabra *genocidio*, claro. Esa palabra apareció en el diccionario en tiempos de Hitler, al que tus padres y tus abuelos auparon al poder con sus democráticos votos, aunque bien podría haber aparecido medio siglo antes cuando tus bisabuelos exterminaron a las tribus de Namibia.[587]

Es una pena que estos episodios de su historia no se expliquen en las aulas donde cursaron Meike o Nicole.

A veces he pensado que fui algo cruel al explicarles esos detalles de su historia a mis gentiles amigas.

Sirva el ejemplo para introducir el tema de la leyenda negra. Nuestros compadres y colegas europeos, no solo los alemanes y los belgas, sino sus vecinos ingleses, holandeses y franceses que en su tiempo rivalizaron con España, se muestran olvidadizos con los episodios menos edificantes de su historia, pero tienen cumplida noticia de los trapos sucios de la nuestra.

¿A qué se debe este encono con el que nos echan en cara la crueldad de nuestros antepasados? ¿Es porque nuestra expectativa de vida es superior a la suya? ¿Es porque nuestra tasa de suici-

---

587. Hoy las cosas han cambiado algo, pero en aquellos tiempos, admírese el lector, los jóvenes alemanes desconocían el holocausto. Los disciplinados alemanes habían sellado un pacto tácito para que sus hijos ignoraran el reciente pasado de su patria. En cuanto al genocidio alemán en Namibia, Alemania ha reconocido oficialmente que entre 1904 y 1908 masacró a 85.000 de los cien mil hereros que vivían en el país, y a la mitad de los namas para crear un *Lebensraum* («espacio vital») donde alojar a sus colonos.

dios es netamente inferior? ¿Es porque como en España, ni hablar, es decir, que se vive mejor que en ningún sitio, como reza la inspirada copla de Antonio Molina?[588]

Nada de eso, amigo lector. Esa ojeriza secular se debe a que, cuando nuestros tercios señoreaban Europa, perdimos la batalla de la propaganda.

La propaganda, amigo mío. Como dice nuestro sabio refrán: *Cría fama y échate a dormir*, o, en el presente caso, cría mala fama y date por jodido.

El libro del bienintencionado pero excesivo padre De las Casas que ponía a caer de un burro a sus compatriotas se tradujo rápidamente al francés, inglés, holandés, alemán y latín, e inspiró toda clase de libelos contra España y su colonización. Estos panfletos gozaron de gran difusión entre los países enemistados con el poderío de España, que entonces eran casi todos, y contribuyó a la leyenda negra.

Más perniciosos aún que los panfletos fueron los populares dibujos del grabador De Bry, que representaban las crueldades y torturas que los españoles supuestamente infligían a los indios.[589]

---

588. *Maravillas tiene el mundo / de belleza singular. / Y cada país se empeña / en lo suyo resaltar. / Yo he recorrío el mundo entero / y les puedo asegurar / que en mujeres, vino, y música, / como en España ni hablar.*

589. En 1660, la Inquisición prohibió la obra de De las Casas *por decir cosas muy crueles y fieras de los soldados españoles.* Ya lo dice *El Buscón* de Quevedo: *Ciertas cosas, aunque sean verdad, no se han de decir.* Ahora, con la política de gestos con la que el Vaticano intenta lavar el pasado, quieren elevar a los altares al vilipendiado padre De las Casas. Ramón Menéndez Pidal, hombre bastante morigerado en sus juicios, escribe del padre De las Casas: *El más agriado hombre del mundo. Era un asceta que no había alcanzado el don principal del Espíritu Santo, la benignidad. Por eso no despreciaba el mundo, lo odiaba.* Víctima de un *desbarajuste afectivo resentido,* que para su odio a los próximos busca la justificación de un amor a los extraños. El amor al que está lejos no obliga a la cotidiana acción de íntima bondad. Por eso De las Casas no ama solo a los nuevos hombres del lejano mundo. Él, que odia a todos los españoles porque maltratan a los indios, se deshace en elogios de todos los flamencos que acompañan al emperador. *Todos, cierto, eran muy virtuosos caballeros.*

Estos estudiantes europeos que ahora llegan a nuestras aulas como becarios Erasmus, o sus papás, mamás y abuelitos que llegan a nuestras costas en la forma de pacíficos, pero desinformados turistas, los que mantienen a nivel popular la leyenda de la crueldad y el genocidio españoles, bien merecerían que alguien les explicara lo que fueron las colonizaciones de sus antepasados.

El filósofo Gustavo Bueno distinguía entre imperios generadores e imperios depredadores.

Los imperios generadores son los que comparten sus avances con los indígenas y se mezclan con ellos; los depredadores se limitan a expoliar los recursos naturales y mantienen su pureza racial.

Ejemplos de imperios depredadores: el inglés, el francés, el alemán, el belga, el holandés y el portugués.

Ejemplos de imperios generadores: el de Alejandro Magno, el romano, el otomano y el español.

Cuando diferenciamos los dos tipos de imperialismo, conviene considerar que los conquistadores españoles eran sujetos del siglo XVI, casi contemporáneos de las crueldades de la Guerra de los Treinta Años que ensangrentó el suelo europeo, en la que los dos bandos saqueaban, violaban y degollaban por sistema, los suecos torturaban por placer y los croatas se adornaban los sombreros con orejas y narices amputadas. Por el contrario, los gobiernos que exterminaron sistemáticamente a las tribus indias en el siglo XIX estaban formados por hombres cultos que habían pasado por el tamiz humanizador de la Ilustración.

A lo largo de este libro hemos visto que la Corona española consideraba el Nuevo Mundo como una extensión de Castilla, dictaba leyes protectoras de los indios y fomentaba su mestizaje con los colonos llegados de España.

Los interrogatorios de Bobadilla en Santo Domingo reflejan que muchos colonos amancebados con nativas las bautizaban para casarse con ellas y formar familias, lo que da idea de la nula discriminación racial practicada por los españoles, y de cómo la

---

¡Aquellos flamencos que estaban desangrando España y llamaban al español *mi indio*!

formación de parejas mixtas contribuyó al mestizaje desde los mismos tiempos del descubrimiento.[590]

Integración del indio en la cultura española y mestizaje. Esa tendencia se mantuvo durante todo el tiempo de la colonización española. Recordemos el proceder de Cortés, Pizarro, y muy especialmente del fogoso gobernador del Paraguay, Domingo Martínez de Irala. Todos ellos toman compañeras nativas, y animan a sus capitanes a imitarlos con la firme voluntad de crear una sociedad mestiza que elimine las diferencias culturales y raciales entre españoles e indios. Es significativo que en los colegios franciscanos compartieran aulas los hijos de la aristocracia criolla con los de los caciques indios.[591]

Una actitud muy distinta, conviene señalar, de la de los otros europeos que colonizaron el norte de América y otras tierras del mundo.

En lo que concierne al tema, los ingleses y sus primos yanquis podrían bien decir, como Mae West: *He perdido mi reputación, pero no la echo en falta*. Unos y otros expulsaron o, mejor, exterminaron a los indios para colonizar sus tierras.

Los primeros pobladores ingleses del territorio americano, protestantes firmemente convencidos de que aquella era su tierra prometida, jamás intentaron mezclarse con los indígenas. Siguiendo el ejemplo de la Biblia, ocuparon la tierra desalojando o exterminando al indio (siguiendo el ejemplo de los hebreos bíblicos con los cananeos).

En el siglo XVIII se ponía precio a las cabelleras del indio en el convencimiento de que el mejor nativo es el muerto. De este insatisfactorio (y caro) exterminio individual se pasó al exterminio industrial. En 1763 el jefe de las fuerzas británicas en Norteamé-

---

590. Se supone que el primer mestizo de nombre conocido fue Miguelico, nacido en La Española a finales de 1496, hijo del aragonés Miguel Díaz de Aux y de Isabel, la viuda bautizada del cacique Cayacoa de Higüey.

591. De sus compañeros de clase en el Seminario de Naturales franciscano de Chillán aprendió el idioma araucano Bernardo O'Higgins, el libertador de Chile.

rica, sir Jeffrey Amherst, escribía al coronel Henry Bouquet comandante de Fort Pitt:

> Hará bien en tratar de inocular a los indios [de viruela] por medio de mantas, así como en probar cualquier otro método que puede servir para extirpar esta execrable raza.[592]

En 1830, el Gobierno norteamericano dictó la Ley del Traslado Forzoso que obligaba a los indios a migrar al oeste del Misisipi. El 20 de junio de 1837, el Ejército de Estados Unidos emprendió otra campaña de distribución de mantas, procedentes de enfermos de viruela del hospital militar de St. Louis, a los indios en torno a Fort Clark (Dakota del Norte). Cuando enfermaron, se les aconsejó apartarse de los otros enfermos, con lo que extendieron la pandemia a las otras tribus del territorio. Después, en la expansión norteamericana hacia el Oeste *(por el destino manifiesto),* volvieron los indios a ser un estorbo y los colonos y el Ejército exterminaron poblados enteros.[593] Hoy los indios restantes, que son poquísimos en comparación con lo que fueron, están estabulados en reservas, en las que viven de los casinos de juego y del turismo.

Los ingleses que colonizaron Australia en el siglo XVIII arrebataron a los supervivientes las tierras fértiles de la costa y los empujaron al desierto del interior, donde terminaron de extinguirse. Los que sobreviven hoy son una exigua minoría que no pasa de ser una curiosidad antropológica.

Los aborígenes tasmanos habían conservado, como en una cápsula del tiempo, su sociedad preneolítica de cazadores y recolectores, pero resultaban extremadamente feos y bajitos para el gusto de los ingleses que los descubrieron. Consecuentemente, los oficiales de su graciosa majestad decidieron que aquellos impresentables no servían ni para esclavos, y los exterminaron a partir de 1803 a fin de despejar el terreno para sus colonos (la llamada *guerra negra*). Usaron con los tasmanos los mismos escrúpulos

592. Cappel, 2007.
593. Daschuck, 2013.

con los que se aniquila una plaga de ratas (de hecho, el gobernador pagaba a los cazadores por cada piel de tasmano presentada). En 1860 el consejero de la Royal Society of Tasmania, George Stokell, se hizo forrar una maleta con la piel del último tasmano. Hoy la isla de Tasmania, cuya capital es Hobart, no tiene más habitantes que descendientes de hijos de la Gran Bretaña.[594]

En otros lugares del mundo, esos mismos hijos de la Gran Bretaña demostraron igual amplitud de conciencia en su relación con los nativos que consideraban (y consideran) inferiores: Nueva Zelanda, Bengala,[595] o Kenia.[596] Su historia, que mayormente ignoran, está esmaltada con episodios tan espeluznantes como la Guerra del Opio en China.[597]

594. Turnbull, 1974.

595. Se calcula que durante la Segunda Guerra Mundial los británicos dejaron morir de inanición a unos tres millones de personas en su colonia de Bengala cuando requisaron los medios de transporte y los víveres para alimentar a sus tropas en el norte de África.

596. Durante la rebelión del Mau-Mau, entre 1952 y 1961, las tropas británicas aniquilaron a unos cien mil kenianos según los cálculos de la profesora de Harvard Caroline Elkins (2014). El 90 por ciento de los kikuyus fueron internados en campos de concentración donde las mujeres fueron objeto de violaciones masivas y se castró a muchos hombres.

597. Y no hablemos del sistema del *apartheid* en África del Sur, en el que los indígenas eran tratados como seres inferiores, y en donde no murieron más porque eran demasiados, engendraban muchos hijos y se necesitaba mano de obra barata.

CAPÍTULO 112

La independencia y el exterminio de los indios

A principios del siglo XIX las Trece Colonias inglesas de Norteamérica que se habían desvinculado de la metrópoli prosperaban como nuevo Estado soberano.[598]

—¿Por qué no hacemos nosotros lo mismo y dejamos de pagar aranceles a España? —se preguntaron los criollos que constituían la clase alta de las colonias españolas.[599]

Dicho y hecho. Aprovechando que la madre patria estaba debilitada por la invasión napoleónica, se sublevaron y consiguieron su independencia.

Aquellos criollos de la generación de Bolívar no solo se sublevaron para ahorrarse los impuestos que les extirpaba el rey de España. También lo hicieron porque eran hijos de la Ilustración y creían firmemente en la libertad, la igualdad y la fraternidad, los tres principios de la Revolución francesa.

598. Las Trece Colonias fueron: Massachusetts Bay, Nueva Hampshire, Rhode Island y las Plantaciones, Connecticut, Nueva York, Pensilvania, Nueva Jersey, Delaware, Maryland, Virginia, Carolina del Norte, Carolina del Sur y Georgia.

599. El propio Bolívar definiría a los criollos: *No somos europeos, no somos indios, sino una especie media entre los aborígenes y los españoles. Americanos por nacimiento y europeos por derecho, nos hallamos en el conflicto de disputar a los naturales títulos de posesión y de mantenernos en el país que nos vio nacer, contra la oposición de los invasores; así nuestro caso es el más extraordinario y complicado* (*Carta de Jamaica*, 6 de septiembre de 1815).

—Todos los hombres somos iguales —proclamaban.

Y declararon a los indios hermanos suyos y ciudadanos de pleno derecho.[600]

Puestos a abominar de la herencia española reivindicaron con orgullo, como algo propio, el pasado indígena de sus respectivos países.[601]

Tantos buenos propósitos se disiparon casi inmediatamente cuando los bienintencionados libertadores de la patria se toparon con que los *hermanos indios* se mantenían tan ajenos a la civilización como cuando mandaban los españoles: desobedecían las leyes, no respetaban la propiedad ajena y, en fin, no se dejaban civilizar.

Es significativa la evolución del pensamiento de Bernardo O'Higgins, primer presidente o *director supremo* de la República de Chile. En 1818 sostenía que los indios eran *ciudadanos chilenos y libres como los demás habitantes del Estado;* en 1823, desengañado por una serie de desencuentros con los idealizados indios, declaró que *las razas roja y blanca no pueden crecer y prosperar en el mismo territorio.*[602]

Más explícito resulta el propio Bolívar en una carta: *Los indios son todos truchimanes, todos ladrones, todos embusteros, todos falsos, sin ningún principio de moral que los guíe.*[603]

---

600. La misma idea ilustrada la habían tenido las Cortes de Cádiz en 1812 cuando abolieron los impuestos específicos de los indios y los declararon ciudadanos de pleno derecho. La Constitución de 1812 declaraba: *La nación española es la unión de todos los españoles de ambos hemisferios.*

601. Así nació el indigenismo. Si los españoles veneraban la memoria de Viriato, el héroe ibero que luchó contra Roma, y la del Cid Campeador, que luchó contra la morisma, ellos reivindicaron a los caudillos indios que resistieron a los españoles: Hatuey en Cuba; Cuauhtémoc en México, Tecún Umán en Guatemala, Guaicaipuro en Venezuela, Túpac Amaru II en Perú, Lautaro en Argentina, Galvarino en Chile..., cada país se buscó el suyo.

602. Muñoz Machado, 2017, p. 556.

603. De una carta de Bolívar a Francisco de Paula Santander, fechada en Pativilca el 7 de enero de 1824. En otra a un oficial británico, se despacha en el mismo sentido: *De todos los países, es tal vez Sudamérica el*

El buenismo dio paso al rencor. ¿Muerdes la mano que te libera? Pues te aplastaré con ella.

Repensando el asunto, los gobiernos criollos se preguntaron: ¿no estaremos pecando de idealismo o, lo que es lo mismo, de mentecatez? ¿No serán los indios un obstáculo para el progreso y una amenaza? La desproporción entre la población criolla (más o menos blanca) y la india es alarmante. Si ellos son muchos más que nosotros, ¿no acabarán expulsándonos del mismo modo que nosotros expulsamos a los españoles? Solo que los españoles se repatriaron a España, pero nosotros no tendríamos adónde ir.

Los criollos más viajados se miraban en el espejo de Estados Unidos. Las antiguas colonias inglesas se estaban convirtiendo en una próspera nación. ¿Cómo lo conseguían? Importando población europea, blanca y civilizada, y asentándola en las tierras de los indios, hasta ahora improductivas.

—¿Y qué hacían los indios?

—¿Qué iban a hacer si son incompatibles con el progreso?

Conclusión: aquí sobran los indios. Estos salvajes, que vagan con sus hatos miserables por vastas llanuras que generarían riqueza y progreso en manos de colonos blancos, constituyen una rémora para la nación.

El exterminio del indio por los nuevos gobiernos criollos comenzó apenas expulsados los españoles. En 1815 Rodríguez de Francia, presidente del Paraguay, encomendó al Ejército el exterminio de los mbayás y guanás. En 1831, el general y presidente de Uruguay, Fructuoso Ribera, envió a sus tropas contra los churrúas, *unos malvados que no conocen freno alguno que los contenga para contentar a los ganaderos.*[604] En México, los apaches, lipanes y mescaleros fueron exterminados *como planta nociva* durante la llamada Guerra de Castas entre 1848 y 1901, que también

---

menos adecuado para los gobiernos republicanos, porque su población la forman indios y negros, más ignorantes que la raza vil de los españoles, de la que acabamos de emanciparnos (carta del capitán Malling al primer lord del almirantazgo sobre Bolívar, marzo de 1825, Hernández González, 2014).

604. Picerno, 2010.

redujo considerablemente a los mayas del Yucatán.[605] Igualmente, Chile y Argentina diezmaron a los *hombres selváticos* de las tribus mapuche, ranquel, pampa y tehuelches para castigar las frecuentes incursiones *(malones)* en las que los indios robaban ganado y secuestraban mujeres y niños y, de paso, para desocupar las tierras que pensaban ceder a las grandes empresas ganaderas o mineras.[606]

La matanza del indio, ¿era obra subrepticia de una minoría de ganaderos o una decisión consensuada por amplias capas sociales? En un periódico de la época, el venerado presidente de la República Domingo Faustino Sarmiento se pregunta:

> ¿Lograremos exterminar a los indios? Por los salvajes de América siento una invencible repugnancia sin poderlo remediar. Esa canalla no son más que unos indios asquerosos a quienes mandaría colgar ahora si reapareciesen. […] Se los debe exterminar sin ni siquiera perdonar al pequeño, que tiene ya el odio instintivo al hombre civilizado.[607]

Quizá haya que explicar (jamás disculpar, ¿eh?) esas palabras en el contexto de los *malones* o incursiones de bandas indígenas de hasta cuatro mil guerreros que asolaban comarcas enteras robando decenas de miles de cabezas de ganado y secuestrando a decenas de mujeres blancas.

El exterminio del indio se complementó con el asentamiento

---

605. Muñoz Machado, 2017, p. 556.

606. Las operaciones contra los indios se conocen como Conquista del Desierto y de la Tierra de Fuego, entre 1878 y 1885. Cuando los indios escasearon y por lo tanto no compensaba emplear contra ellos a grandes contingentes de tropas, se confió la caza de los que quedaban a profesionales como el famoso rumano-argentino Julio Popper, que cobraba una libra esterlina por cada indio selknam muerto y documentaba fotográficamente sus cacerías como si se tratara de safaris. *La caza de indios, ya sea en territorio chileno o argentino [se paga] a una libra esterlina por cada individuo macho y cinco chelines por cada muchacho o mujer* (Magrassi, 2005, p. 24).

607. Domingo Faustino Sarmiento, 1844 y 1876.

de oleadas de emigrantes europeos (alemanes, ingleses, italianos, incluso españoles) a los países del Cono Sur (Chile, Argentina y Uruguay). Los países del norte (Perú, Ecuador, Bolivia, Venezuela, Colombia, México) recibieron muchos menos emigrantes, lo que explica en parte el hecho de que en ellos pudieran acceder al poder líderes indios como Evo Morales o Hugo Chávez, con gran disgusto de la aristocracia criolla.

CAPÍTULO 113
Indigenismo *versus* hispanidad

En el catecismo de la política del padre Ripalda floreció hace un siglo la palabra *indigenismo*.

El indigenismo es un movimiento político y cultural que defiende el valor de las culturas amerindias, y de paso pone de verde perejil a los malvados españoles que las destruyeron.

El indigenista se distingue porque a los diez minutos de conocer a un español le reprocha el estrago que sus antepasados cometieron en América. La clásica respuesta: *Fueron tus abuelos y no los míos que se quedaron en España,* no siempre resulta satisfactoria cuando los sentimientos dominan sobre la razón.

Cuando los fastos del Quinto Centenario, el famoso escritor uruguayo Eduardo Galeano, jaleadísimo ídolo de la izquierda española, advirtió:

> No hay nada que celebrar. A partir del descubrimiento, las venas abiertas de América Latina comenzaron a chorrear sangre y plata, sangre y esmeraldas, sangre y azúcar, para alimentar el capitalismo europeo. Ellos se enriquecieron empobreciéndonos. No cambiamos oro por espejitos, como dice la historia escrita por ellos. Resistimos. Nuestros indígenas resistieron. Pero la superioridad militar y el contagio de la viruela inclinó la balanza a su favor.[608]

608. Galeano, 2004.

Llama la atención que el autor hable de *nosotros* (los nativos) y de *ellos* (los españoles), llamándose como se llama Eduardo Galeano, que son un nombre y un apellido españoles. Como tantos criollos, seguramente desciende de alguno de aquellos abusones conquistadores y se expresa mejor en lengua española que en la india.

El reproche encierra, quizá, mayores alcances no siempre confesados. Si la nuestra es una tierra rica, ¿por qué nuestros países no han alcanzado el nivel de los yanquis del norte? ¿Es, quizá, porque a ellos los colonizaron los ingleses y a nosotros los españoles?

¿Qué falla en ciertos países hispanoamericanos que siendo ricos siguen siendo inestables política, social y económicamente dos siglos después de su independencia? ¿A quién culpar? Algunos ven el origen de todos sus males en la colonización y la sangre española. España resulta en ese sentido un útil chivo expiatorio que carga con las culpas de la comunidad. El subdesarrollo y la inestabilidad política nunca es achacable a la élite criolla que sucedió a los españoles en la explotación de los indios. No, la culpa es de la herencia española. ¡Pero la herencia española son ellos![609]

El contraste entre la prosperidad de Estados Unidos de América y la pobreza y conflictividad de Hispanoamérica ¿se debe a que los yanquis descienden de las colonias anglosajonas y los criollos de las colonias españolas?

Más bien no. Cuando las colonias británicas se independizaron, no constituían ni la sombra de la gran potencia que serían después. La prosperidad les llegó cuando ya eran independientes, en parte debido a la masiva inmigración de europeos que arribaban a la isla de Ellis ya formados y deseosos de abrirse camino en una nueva sociedad, más igualitaria que la que dejaban en Europa.

Cuando las colonias españolas se independizaron, eran ya prósperas, mucho más que las inglesas del norte.

---

609. Maestro, 2014.

En el momento de la independencia —señala Roca Barea— América del Sur cuenta con las ciudades más pobladas y con las mejores infraestructuras del continente [...]. El declive económico del sur se produjo después de la década de 1830, no antes.[610]

Por lo tanto, debe achacarse a la mala administración de los gobiernos criollos, no a la herencia de la dominación española.

Sin embargo, el indigenismo —basado en románticos sentimientos antes que en maduras reflexiones— cree que los problemas de Sudamérica residen en la herencia española.

A este propósito recuerdo un texto de mi compadre Pérez-Reverte que viene muy al pelo.

> Estaba en Segovia con un amigo contemplando al acueducto, y nos sorprendíamos de que nadie exija todavía la demolición de este vestigio del imperialismo romano que crucificaba hispanos, imponía el latín sobre las lenguas vernáculas y perpetraba genocidios como el de Sagunto. Eso nos llevó a hablar de tontos, materia extensa.[611]

Un ejemplo conmovedor de la deriva indigenista es Venezuela, uno de los países más ricos del mundo en materias primas, cuya población emigra hoy masivamente para escapar de la hambruna.

Había en Caracas un paseo de Colón presidido por un monumento al descubridor, que creyó que aquellas tierras eran el paraíso terrenal. La meritoria efigie del genovés se suprimió en 2015, por decisión del presidente Maduro, para ser sustituida por otra del cacique indio Guaicaipuro, representado —en el menesteroso estilo con el que muchos escultores modernos intentan disimular su mediocridad— por una especie de Increíble Hulk de monstruosa musculatura y desencajadas facciones en actitud —no se ve bien— si de saltar sobre los españoles o de cagar en una especie de cajón que tiene detrás.[612]

---

610. Roca Barea, 2017, p. 346.
611. Pérez-Reverte, 2018.
612. En el acto de su inauguración, el antiguo conductor de autobu-

Al hilo del movimiento indigenista han surgido historiadores apesebrados que, arrimándose al sol que más calienta (como ellos suelen), cuestionan la labor de España en América.[613] La progresía que tanto critica la actuación española en el Nuevo Mundo debiera considerar que no se puede juzgar con criterios modernos el comportamiento de unos hombres de mentalidad y principios muy distintos a los nuestros. Ni podemos medir con el mismo rasero a los españoles del siglo XVI y a los gobiernos independientes del siglo XIX que exterminaron a sus indios.

---

ses que hoy compite con su colega Evo Morales en doctorados *honoris causa* otorgados por universidades progres, manifestó: *Desde estas tierras que van desde Alaska hasta la Patagonia, fueron exterminados más de ochenta millones de seres humanos que vivían en paz, en libertad. Lo menos que podría hacer España es pedir perdón a los pueblos de América.* Otro ejemplo de indigenismo desaforado es el nuevo escudo de armas de la ciudad de Champotón, estado de Campeche, en México, creado en 1975 que reproducimos en las páginas de color. Junto a motivos alusivos al paisaje y a su economía, observamos la figura legendaria de Moch Couoh, cacique maya que en 1517 derrotó a los españoles. Sobre la orla asoman dardos y flechas mayas, por abajo un arcabuz roto, un morrión abollado y una ballesta quebrada. La leyenda recoge la denominación: *Bahía de la Mala Pelea,* que le dieron los escarmentados españoles.

613. Recordemos las sabias y ponderadas palabras de Mario Vargas Llosa en su discurso del Premio Nobel (2010): *La conquista de América fue cruel y violenta, como todas las conquistas, desde luego, y debemos criticarla, pero sin olvidar, al hacerlo, que quienes cometieron aquellos despojos y crímenes fueron, en gran número, nuestros bisabuelos y tatarabuelos, los españoles que fueron a América y allí se acriollaron, no los que se quedaron en su tierra. Aquellas críticas, para ser justas, deben ser una autocrítica. Porque, al independizarnos de España, hace doscientos años, quienes asumieron el poder en las antiguas colonias, en vez de redimir al indio y hacerle justicia por los antiguos agravios, siguieron explotándolo con tanta codicia y ferocidad como los conquistadores, y, en algunos países, diezmándolo y exterminándolo. Digámoslo con toda claridad: desde hace dos siglos la emancipación de los indígenas es una responsabilidad exclusivamente nuestra y la hemos incumplido. Ella sigue siendo una asignatura pendiente en toda América Latina. No hay una sola excepción a este oprobio y vergüenza.*

En fin. No hagamos sangre, y menos en los hermanos que comparten la más valiosa herencia común, el idioma.

A pesar de las muchas lacras y contradicciones achacables a la colonización española, no puede negarse que España extendió al continente americano la savia civilizadora de Grecia y Roma, de la que se nutre el más fértil y poderoso tronco de la humanidad, y eso es un valor estable y en alza cuando ya han periclitado los discursos paternalistas de la hispanidad.

Epílogo

Una mañana de mayo de 1671, una carroza escoltada por su séquito de escopeteros y criados en mulas pasó ante la ermita del Tres de Oros de la villa de Arjona y, enfilando la calle de las Torres, se detuvo ante las casas consistoriales del pueblo.

Un paje indio de librea saltó ágilmente del pescante y desplegó dos peldaños metálicos, al tiempo que con la otra mano abría la portezuela.

De la carroza descendió un criollo moreno que vestía lujosa casaca de seda carmesí, sombrero italiano con cintilla dorada y zapatos con hebilla de plata. El visitante preguntó por el regidor de la villa y cuando estuvo ante él, después de las reverencias y saludos de rigor, le dijo:

—Señor, me llamo Diego Cantero y soy descendiente de un natural de este pueblo, Bonoso Cantero, que acompañó a Pizarro en la conquista del Perú hace más de cien años. Estoy de paso para la corte, donde quiero reclamar un privilegio de hidalguía que me corresponde como descendiente de un conquistador que atravesó la raya de la fama con Pizarro, pero antes me he querido detener en este pueblo para cumplir una promesa de mi antepasado.

—Vuesa merced dirá —respondió el regidor.

—Algunas veces, en las que puso su vida en peligro en el servicio del rey, mi antepasado se encomendó a Santa María del Alcázar, una devoción de esta ciudad, y prometió labrar un retablo en su iglesia.

El regidor asintió grave.

—Un gesto que le honra —respondió—. En este reino hay muy buenos artesanos que harán ese retablo que vuesa merced dice.

—Me huelgo de oírlo —respondió el indiano—, pero no será necesario porque yo traigo conmigo un buen artífice que ha trabajado en la catedral de Lima. Quisiera labrar ese retablo no de madera, sino de estuco, en la hechura y lujo que allá se estila.

Ese retablo peruano de estilo criollo, insólito en España, puede admirarse hoy en el Santuario de los Santos de Arjona (Jaén). Una cartela revela el nombre del autor:

Juan Álvarez de la Cruz me fece, 1672

Madrid, agosto 2017-diciembre 2018

Agradecimientos

Jorge Luis Borges se ufanaba más de los libros que había leído que de los libros que había escrito. Sin duda yo debo ufanarme de los libros que me ayudaron a escribir este, en particular de las crónicas de Indias que transmiten la historia viva y palpitante de los conquistadores en el momento en que los hechos ocurren. Este libro está lleno de citas de aquellos cronistas, a veces algo alteradas para la mejor comprensión del lector moderno.

Debo también profundo reconocimiento a las personas que han revisado mis textos y me han auxiliado con sabios consejos, en primer lugar, a mi esposa Isabel, que además se encarga de las ilustraciones, y a mis amigos los catedráticos Antonio Piñero y Francisco Núñez.

ANEXO
«Pedimos perdón», por Serafín Fanjul[614]

Cuando este libro entraba en imprenta, la extemporánea petición del presidente mexicano López Obrador al rey de España y al papa Francisco para que se disculparan por los abusos cometidos por los españoles durante la conquista de México mereció una espléndida respuesta del escritor, arabista y académico de la Historia Serafín Fanjul, que apareció en la tercera del diario ABC, *y ahora reproducimos.*

No parece un buen argumento —si no damos otro— para rechazar las recurrentes y pesadísimas acusaciones sobre la conquista y etcétera, conformarnos con aludir a la progenie de conquistadores y pobladores del XVI y XVII, los actuales hispanoamericanos. Es escapista e incurre en una contradicción: si no asumimos lo malo, tampoco podremos reivindicar lo bueno como nuestro. Y hubo muchísimo, en un análisis global. Así pues, asumiendo «el relato de agravios», como gusta decir el nieto del santanderino, si se trata de hechos históricos probados, no de calentones bucales de demagogos, queremos ofrecer una botanita al presidente mexicano, en vez de propinarle una cachilada, como apetece a todo padre cuando un hijo consentido le suelta una impertinencia. Por consiguiente, aceptemos que la nuestra es una responsabilidad

614. Diario *ABC*, «La Tercera», 29 de marzo de 2019.

más moral que genética, como continuadores de la nación llamada España.

Pedimos perdón porque en 1536 fray Juan de Zumárraga fundara en México el colegio para señores naturales, pagado por el virrey Mendoza. Se conoció la institución como Colegio Imperial de Santa Cruz de Tlatelolco. En él se desempeñaron fray Bernardino de Sahagún y fray Andrés de Olmos y fue imitado en Tepotzotlán, Puebla, Guadalajara, Valladolid (Morelia), Texcoco... Zumárraga estableció, también en 1536, la primera imprenta del continente, en un edificio que todavía subsiste, cerca del Zócalo.

Igualmente, pedimos perdón porque la Universidad de México se fundara en 1551 bajo el Patronato Real y siguiendo el modelo de Salamanca y Alcalá, con estudios de Filosofía, Artes, Teología, Derecho, Medicina; y por haber introducido fray Cervantes de Salazar —catedrático de Retórica en México y autor de *México en 1554, Crónica de la Nueva España* y *Túmulo imperial de la gran ciudad de México*— el pensamiento de Luis Vives.

Y pedimos perdón por el muy granado intento de Vasco de Quiroga, obispo de Michoacán, para implantar la *Utopía* de Tomás Moro. Aún perviven —como los olivos multicentenarios que plantara en Tzin-Tzun-Tzan— los pueblos por él fundados para acoger y promocionar a los indios: ¡ese maravilloso retablo en la iglesia de Tupátaro, siglo XVIII, artesonado indígena, placita con soportales ocre y blanco! Y pedimos perdón porque el desarrollo de la ganadería, la agricultura y la minería favorecieron el auge de clases urbanas que, junto con el clero y la burocracia virreinal, promovieron las grandes obras y construcciones. Y ahí están, pese al deterioro, México, Morelia, Puebla, Pátzcuaro, Zacatecas, Guanajuato, Querétaro, San Miguel Allende, Veracruz y que superan a Toledo, Madrid o Sevilla. En el siglo XVII, la Ciudad de México, como gran polo económico que era, albergaba más habitantes que París, Londres o Roma. Y en México se hallan las cuatro obras cimeras del Barroco: el sagrario de la catedral metropolitana, el Colegio de los Jesuitas de Tepotzotlán, el convento de Santa Rosa en Querétaro y la iglesia parroquial de Santa Prisca en Taxco.

Y pedimos perdón por la mayor obra de etnografía y arqueología de nuestro siglo XVI, en tres idiomas (latín, español y náhuatl), la *Historia universal de las cosas de Nueva España* de fray Bernardino de Sahagún; y por el gran erudito mexicano Carlos Sigüenza y Góngora; por sor Juana Inés de la Cruz; por Juan Ruiz de Alarcón, de Taxco; por el libro-poema de Bernardo de Valbuena *Grandeza mexicana* (1604), donde establece el «relato» del arte, las letras y la prosperidad de la urbe, visible, por ejemplo, en la Casa de Comedias de don Francisco León (desde 1597) en la que actuaban tres compañías; y por el *Mercurio Volante* (1693), primer periódico de Hispanoamérica (en 1737 lo seguiría *La Gaceta de México*); y por la Escuela de Minería de México (1792), donde se desempeñaron Fausto de Elhúyar, descubridor del tungsteno, y Andrés del Río, del vanadio. Y no hay espacio para «relatar» la admiración que el país causó a Humboldt por aquellas fechas.

Y pedimos perdón porque la población del virreinato de Nueva España (casi seis millones), en 1776, duplicaba a la de las colonias inglesas de Norteamérica y su desarrollo económico, técnico y cultural las superaba en todos los terrenos. Saquen las conclusiones de este pasado que no quieren recordar y cuidadosamente ocultan. De lo contrario, habría que responsabilizarse de lo sucedido desde 1821, sin colgar culpas a lejanos conquistadores. Verbigracia, en lugar de llorar por enésima vez por Cholula, llamar por su nombre al general Jesús González Ortega, buen liberal, que en 1857 saqueó la catedral de Zacatecas, o a quien entregó, en la misma ciudad (1862) el convento de San Agustín a los presbiterianos, que lo arrasaron.

Pedimos perdón por haber instituido el náhuatl y el otomí como *linguas francas* para la evangelización, lo que agrandó su papel y rango, y su extensión por tierras que antes les eran ajenas. También por haber tenido un rey (Felipe II) que, contraviniendo las llamadas de oidores y virreyes para imponer en exclusiva el castellano, se inclinó por el parecer de los frailes (muy interesados en controlar el contacto con los indígenas) y favoreció el misionado solo en idiomas locales (Cédula de 1565 a los obispos de Nueva España), hasta llegar a mandar: «No parece conveniente apremiarlos a que dejen su lengua natal [...] no proveer los curatos sino a quien sepa la de los indios» (1596). Y así se siguió hasta fines del XVIII, cuando a la vista de los notables problemas que presentaba el plurilingüismo (solo en la diócesis de Oaxaca había dieciséis lenguas aborígenes), los obispos mexicanos Fabián y Fuero, de Puebla, Álvarez Abreu, de Oaxaca, y Lorenzana, de México, obtuvieron la Real Cédula de Aranjuez (mayo de 1770).

Pedimos perdón por haber sido los principales actores en el conocimiento global del planeta, facilitando la interrelación entre sus partes, con el descubrimiento del Nuevo Mundo y con la primera circunnavegación del globo, y estableciendo la comunicación entre los diversos imperios y naciones de América que, con anterioridad, se hallaban incomunicados.

Y, finalmente, pedimos perdón por disfrutar con un mole poblano, un pozole taxqueño, unos chilaquiles y un chilpachole de jaiba, aunque después —provisto solo con un estómago español— debamos pasar por la enfermería.

Pero no pedimos perdón por el desastre en que sumieron a sus países los criollos triunfantes en las independencias, al romper todo el sistema comercial y administrativo virreinal, para convertirse en cacicatos de millones de kilómetros cuadrados. Y basta por hoy de perdones.

Bibliografía recomendada

Abréu Galindo, Juan de, *Historia de la conquista de las siete islas de Canaria*, 1632 (transcripción de una obra que dejó inacabada Gonzalo Argote de Molina; reeditado por Alejandro Cioranescu (ed.), Goya Ediciones, Santa Cruz de Tenerife, 1977).

Acosta, Joaquín, *Compendio histórico del descubrimiento y colonización de la Nueva Granada en el siglo decimosexto*, Librería Colombiana, Bogotá, 1901.

Aguilar y Córdoba, Diego de, *El Marañón*, Iberoamericana, México, 2011 [1578].

Alfonso XI, *Libro de la montería*, 1347 (texto en internet: <http://fondosdigitales.us.es/fondos/libros/313/13/libro-de-la-monteria-que-mando-escrevir-el-muy-alto-y-muy-poderoso-rey-don-alonso-de-castilla-y-de-leon-vltimo-de-este-nombre/>, consultado el 5 de enero de 2019).

Álvarez Chanca, Diego, *Relación al cabildo de Sevilla sobre el segundo viaje de Cristóbal Colón*, 1495 (texto en internet: <cai.sg.inter.edu/reveduc$/prdocs/V36A05.pdf>, consultado el 20 de diciembre de 2018).

Álvarez de Toledo, Luisa Isabel, *No fuimos nosotros (derrotero de poniente): del tráfico transoceánico precolombino a la conquista y colonización de América*, La Tribune des Alpes Maritimes, Niza, 1992.

— *África versus América: la fuerza del paradigma*, edición de la autora, Córdoba, 2000.

— *África versus América: la fuerza del paradigma*, Junta Islámica de Documentación y Publicaciones, Madrid, 2000 (texto en internet: <http://es.scribd.com/doc/17100377/Africaversus AmericaLaFuerzadelParadigma>, consultado el 4 de enero de 2019).

AMELA, Víctor M., «Comerciábamos con América antes de Colón», La Vanguardia, 20 de julio de 2017 (texto en internet <http://www.cch.cat/pdf/la_vanguardia_200701.pdf>, consultado el 19 de marzo de 2019).

ANDAGOYA, Pascual de, *Relación y documentos*, Adrián Blázquez, Madrid, 1986.

ARCINIEGAS, Germán, *Biografía del Caribe*, Planeta, Bogotá, 1993.

ARGOTE DE MOLINA, Gonzalo, *Nobleza del Andalucía*, Imprenta de Francisco López Vizcaíno, Jaén, 1866 [1588].

ASSUNÇAO, Fernando, «El diario de Pero López», *Anais do VII Congreso da Assoçiaçao Iberoamericana de Academias de Historia*, 2000.

AUSTIN ALCHON, Suzanne, «Las grandes causas de muerte en la América precolombina. Una perspectiva hemisférica», *Papeles de Población*, julio-septiembre, 5 (21), 1999 (texto en internet: <http://www.redalyc.org/articulo.oa?id=11202107>, consultado el 4 de enero de 2018).

BAYLE, Constantino, *España en Indias*, Jerarquía, Barcelona, 1939.

BARAIBAR, Álvaro, «La jornada de Amagua (Omagua) y Dorado: entre Francisco Vázquez y Pedrarias de Almesto», *Taller de Letras*, NE1, 2012, pp. 35-49.

BLAINEY, Geoffrey, *A Very Short History of the World*, Allen Lane Press, Londres, 2004.

BOLÍVAR, Simón, *Carta de Jamaica*, 6 de septiembre de 1815 (texto en internet: <www.ensayistas.org/antologia/XIXA/bolivar/>, consultado el 4 de enero de 2019).

BUENO, Gustavo, *España frente a Europa*, Alba, Barcelona, 1999.

BUENO JIMÉNEZ, Alfredo, «Los perros en la conquista de América: historia e iconografía», *Chronica Nova*, 37, 2011, pp. 177-204.

BUSTAMANTE, Carlos D.; Esteban G. BURCHARD, Francisco M. DE LA VEGA, y otros, «Genomics for the World», *Nature*, 475, 2011, pp. 163-165.

Busto, José Antonio del, *La conquista del Perú*, Studium Editores, Lima, 1988.
Cabello Balboa, Miguel, *Historia del Perú, bajo la dominación de los incas*, Imprenta y Librería Sanmarti, Lima, 1920.
Campaña, Mario, «La guerra de los charrúas. Selección y clasificación de Mario Campaña», *Revista Guaraguao*, 9 (19), Barcelona, 2004, pp. 141-164.
Cappel, Constance, *The Smallpox Genocide of the Odawa Tribe at L'Arbre Croche, 1763: The History of a Native American People*, The Edwin Mellen Press, Nueva York, 2007.
Carrasco, Pedro, «Matrimonios hispanoindios en el primer siglo de la colonia», Seminario de Historia de las Mentalidades, Familia y Poder en Nueva España, *Memoria del tercer simposio de historia de las mentalidades*, México, INAH, Colección Científica 228, 1991, pp. 11-23.
Carvajal, Gaspar de, *Relación que escribió Fr. Gaspar de Carvajal, fraile de la Orden de Santo Domingo de Guzmán, del nuevo descubrimiento del famoso río grande que descubrió por muy gran ventura el capitán Francisco de Orellana, desde su nacimiento hasta salir a la mar, con cincuenta y siete hombres que trajo consigo y se echó a su ventura por el dicho río, y por el nombre del capitán que le descubrió se llamó el Río de Orellana*, Consejo de la Hispanidad, Madrid, 1944 [c. 1501-1600].
— Pedro de Almesto y Alonso de Rojas, *La aventura del Amazonas*, Historia 16, Madrid, 1986.
Casas, Bartolomé de las, *La brevísima historia de la destrucción de las Indias*, Universidad de Antioquia, Antioquia, 1982 [1542].
— *Historia general de las Indias*, Alianza, Madrid, 1992 [1527-1562].
Cervantes de Salazar, Francisco, *Crónica de la Nueva España*, 2 vols., Atlas, Madrid, 1971 [s. xvi].
Cervera Obregón, Marco A., «El sistema de armamento entre los mexicas», *Raíces*, 70, 2004, pp. 68-73.
— «The Macuahuitl: A Probable Weaponry Innovation of the Late Postclassic in Mesoamérica», *Arms and Armour, Journal of the Royal Armouires*, 3 (2), 2006, pp. 127-148.
Cieza de León, Pedro, *Guerras civiles del Perú*, Biblioteca Virtual

Miguel de Cervantes, Alicante, 2005 [1518-1554] (texto en internet:<www.cervantesvirtual.com/buscador/?q=cieza>,consultado el 4 de enero de 2018).

COLÓN, Cristóbal, *Relación del tercer viaje por don Cristóbal Colón*, edición facsímil de la carta enviada a los reyes, según el texto manuscrito por el padre Bartolomé de las Casas, Madrid, 1962 [1498].

— *La carta de Colón anunciando el descubrimiento del Nuevo Mundo*, Gráficas Yagües S.L., Madrid, 1981 [1493].

— *Diario de a bordo* (transcrito por fray Bartolomé de las Casas), Lingkua Ediciones, Barcelona, 2008.

COLÓN, Hernando, *Vida del almirante don Cristóbal Colón*, FCE, México/Buenos Aires, 1947 [1571].

— *Historia del almirante*, Historia 16, Madrid, 1984 [1571].

— *Historia del almirante*, Linkgua Digital, 2012 [1571].

COMELLAS, José Luis, 2005, *El éxito del error: los viajes de Colón*, Ariel, Barcelona, 2005.

CONTERA, Carlos, «El perro en la conquista de las Indias», *El Mundo del Perro*, 43-44, octubre-noviembre de 1983.

COOK, Karoline P., *Forbidden Crossings: Morisco Emigration to Spanish America, 1492-1650*, Princeton University Press, Princeton, NJ, 2008.

COOK, Noble David, «El impacto de las enfermedades en el mundo andino del siglo XVI», *Historica*, 23 (2), 1999, pp. 341-365.

COOK, Sherburne F., «The Incidence and Significance of Disease Among the Aztecs and Related Tribes», *The Hispanic American Historical Review*, 26, 1946, pp. 320-335.

CORREA, Feliciano, *Balboa, la fantástica historia de un hidalgo español*, Editora Regional de Extremadura, Mérida, 2017.

CORTÉS, Hernán, *Cartas de relación*, Castalia, Madrid, 1993.

COVARRUBIAS, Sebastián de, *Tesoro de la lengua española o castellana*, Luis Sánchez, Madrid, 1611 (reeditado por Ignacio Arellano y Rafael Zafra (eds.), Iberoamericana/Vervuert, Madrid/Fráncfort del Meno, 2006).

CROSBY, Alfred W., «Influenza», en Kenneth F. KIPLE, *The Cambridge World History of Human Disease*, Cambridge University Press, Nueva York, 1991, pp. 807-811.

Cruz de Jesús, Raúl, «La Noche Triste duró seis meses en Tecuaque», *Crónica*, 9 de noviembre de 2006, México (texto en internet: <www.cronica.com.mx/notas/2006/260560.html#>, consultado el 7 de enero de 2019).

Daschuk, James. *Clearing the Plains Disease, Politics of Starvation, and the Loss of Aboriginal Life*, University of Regina Press, Regina, Canadá, 2013.

Deagan, Kathleen, «The Archaeology of the Spanish contact period in the Caribbean», *Journal of World Prehistory*, 81, junio de 1988, pp. 187-233 (texto en internet: <www.springerlink.com/openurl.asp?genre=journal&issn=0892-7537>, consultado el 10 de enero de 2019).

Diamond, Jarel, *Armas, gérmenes y acero: breve historia de la humanidad en los últimos trece mil años*, Debate, Barcelona, 1998.

— *El tercer chimpancé para jóvenes: origen y futuro del animal humano*, Siruela, Madrid, 2015.

Díaz del Castillo, Bernal, *Historia verdadera de la conquista de la Nueva España*, Fernández Editores, México, 1961 [1632].

— *Historia verdadera de la Nueva España*, Linkgua, Barcelona, 2010.

Durán, Diego, *Historia de las Indias de Nueva España e islas de Tierra Firme*, tomo I, Imp. de J. M. Andrade y F. Escalante, 1867 (reeditado por Biblioteca Virtual Miguel de Cervantes, Alicante, 2005).

Elkins, Caroline, *Britain's Gulag*, Penguin Books, Londres, 2014.

Eslava Galán, Juan, *El enigma de Colón y los descubrimientos de América*, Planeta, Barcelona, 1992.

Estete, Miguel de, «Noticia del Perú (de los papeles del arca de Santa Cruz, 1535)», en Ventura García Calderón (ed.), *Los cronistas de la conquista*, Desclée de Brower, París, 1938.

Fernández de Navarrete, Martín, *Colección de los viajes y descubrimientos que hicieron por mar los españoles desde fines del siglo XV: con varios documentos*, Imprenta Nacional, Madrid, 1853 (reeditado por Biblioteca Virtual Miguel de Cervantes, Alicante, 2016).

Fernández de Oviedo, Gonzalo, *Sumario de la natural historia de las Indias*, Fondo de Cultura Económica, México, 1950 [1526].

Fernández de Piedrahita, Lucas, *Historia general de las conquis-*

tas del Nuevo Reino de Granada, Imprenta Medardo Rivas, Bogotá, 1881 [1688].

Fernández Duro, Cesáreo, *Naufragios de la Armada española: relación histórica formada con presencia de los documentos oficiales que existen en el Archivo del Ministerio de Marina*, Establecimiento Tipográfico de Estrada Díaz y López, Madrid, 1867.

Funes, Gregorio, *Ensayo de la historia civil del Paraguay, Buenos Ayres y Tucumán*, 1816 (texto en internet: <https://books.google.es/books?id=YESCgqvmG00C>, consultado el día 26 de diciembre de 2018).

Galeano, Eduardo, *Las venas abiertas de América Latina*, Siglo XXI, México, 2004.

García Cáceres, Uriel, «La implantación de la viruela en los Andes: la historia de un holocausto», *Revista Peruana de Medicina Experimental y Salud Pública*, 20 (1), marzo de 2003, pp. 41-50 (texto en internet: <http://www.scielo.org.pe/scielo.php?script=sci_arttext&pid=S1726-46342003000100009>, consultado el 3 de enero de 2018).

Gil, Juan, y Consuelo Varela, *Cartas de particulares a Colón y relaciones coetáneas*, Alianza Editorial, Madrid, 1984.

Gómora, Xokonoschtletl, *Juicio a España: testigos aztecas*, Umbral, México, 2007.

Góngora Marmolejo, Alonso de, *Historia de todas las cosas que han acaecido en el reino de Chile y de los que lo han gobernado (1536-1575)*, Universidad de Chile, Santiago de Chile, 2001.

González Ruiz, Felipe, «La antropofagia en los indios del continente americano», *Revista de las Españas*, 75-76, noviembre- diciembre de 1932, pp. 545-548.

Gott, Richard, «América Latina como una sociedad de colonización blanca», *Estudios Avanzados*, 5 (8), 9 de enero de 2008, pp. 7-33.

Gracia Alonso, Francisco, *Cabezas cortadas y cadáveres ultrajados*, Desperta Ferro, Madrid, 2017.

Guadarrama Collado, Antonio, *Cuauhtémoc: el ocaso del Imperio azteca*, Ediciones B, Barcelona, 2015.

Guamán Poma de Ayala, Felipe, *Nueva crónica y buen gobierno*, II, 1615.

Guerra, Francisco, «Origen de las epidemias en la conquista de América», *Quinto Centenario,* 14, 1988 (texto en internet: <revistas.ucm.es/index.php/QUCE/article/download/QUCE8888110043A/1734>, consultado el 28 de diciembre de 2018).

Guevara, Antonio de, *Arte de marear,* Viuda de Melchor Alegre, Valladolid, 1539 (texto en internet: <www.filosofia.org/cla/gue/gueam.htm>, consultado el 21 de diciembre de 2018).

Gutiérrez Escudero, Antonio, «Las capitulaciones de descubrimiento y rescate: la Nueva Andalucía. Araucaria», *Revista Iberoamericana de Filosofía, Política y Humanidades,* 11 (21), 2009, pp. 257-276 (texto en internet: <www.redalyc.org/articulo.oa?id=28211600015> ISSN 1575-6823>, consultado el 18 de febrero de 2019).

Harner, Michael, «The Ecological Basis for Aztec Sacrifice», *American Ethnologist,* 4 (1), febrero de 1977, pp. 117-135.

Hampe Martínez, Teodoro, «La conquista y la temprana colonización (siglo XVI)», en VV. AA., *Historia del Perú,* Lexus, Lima, 2007, pp. 337-422.

Hernández, Justo, «Epidemiología histórica de una enfermedad atlántica: la modorra», *Estudios Canarios, Anuario del Instituto de Estudios Canarios,* 54, 2010, pp. 95-112.

Hernández González, Manuel, *La guerra a muerte: Bolívar y la campaña admirable (1813-1815),* Idea, Tenerife, 2014.

Herrera y Tordesillas, Antonio de, *Historia general de los hechos de los castellanos en las islas i Tierra Firme del mar océano desde el año de 1492 hasta el de 1531; década primera...,* Imprenta Real de Nicolás Rodríguez, Madrid, 1601 (reeditado por Imprenta de José Murillo, Madrid, 1935).

Hochschild, Adam, *El fantasma del rey Leopoldo,* Malpaso, Barcelona, 2017.

Inca Garcilaso de la Vega (Gómez Suárez de Figueroa), *Comentarios reales de los incas,* tomo I, Fondo de Cultura Económica, Lima-México D. F, 1991 [1609].

— *La Florida del inca: historia del adelantado Hernando de Soto, gobernador y capitán general del Reino de la Florida y de otros heroicos caballeros españoles e indios,* Órbigo, A Coruña, 2015

[1605] (texto en internet: <http://www.cervantesvirtual.com/obra/la-florida-del-ynca-historia-del-adelantado-hernando-de-soto-gouernador-y-capitan-general-del-reyno-de-la-florida-y-de-otros-heroicos-caualleros-espanoles-e-indios/>, consultado el 3 de enero de 2018).

INNES, Hammond, *Los conquistadores,* Noguer, Barcelona, 1975.

INSTITUTO NACIONAL DE ANTROPOLOGÍA E HISTORIA, «Silbato de la muerte», 31 de marzo de 2008 (texto en internet: <www.inah.gob.mx/boletines/2225-silbato-de-la-muerte>, consultado el 30 de diciembre de 2018).

JEREZ, Francisco de, *Verdadera relación de la conquista del Perú y provincia de Cusco, llamada la Nueva Castilla,* Sevilla, 1534 (texto en internet: <www.biblioteca.org.ar/libros/645.pdf>, consultado el 3 de enero de 2018).

JOS, Emiliano, *La expedición de Ursúa al Dorado y la rebelión de Lope de Aguirre, según documentos y manuscritos inéditos,* Talleres Gráficos Editorial V. Campo, Huesca, 1927.

LANDA, Diego de, *Relación de las cosas de Yucatán,* 1566 (texto en internet: <www.wayeb.org/download/resources/landa.pdf>, consultado el 28 de diciembre de 2018).

LEÓN PORTILLA, Miguel, «Una reflexión sobre el sacrificio humano», *Arqueología Mexicana,* XI, 63, 2003, pp. 14-15.

— *Visión de los vencidos,* Fondo de Cultura Económica, México, 2005 [1959].

LOCKHART, James, *Los de Cajamarca,* Milla Batres, Lima, 1972.

LOPE DE AGUIRRE, *Carta de Lope de Aguirre a Felipe II* (texto en internet: <www.almendron.com/blog/wp-content/images/2014/05/lope-de-aguirre.pdf>, consultado el 18 de febrero de 2019).

LÓPEZ DE GÓMARA, Francisco, *Historia general de las Indias,* Linkgua Digital, 2011.

LUDEÑA, Hugo, «Don Francisco Pizarro: un estudio arqueológico e histórico», *El Boletín de Lima,* 3, separata, 1980 (texto en internet: <www.researchgate.net/publication/275020211>, consultado el 4 de enero de 2019).

— «Death and Skullduggery in Lima. An Unpublished manuscript concerning the death of Marquis Don Francisco Pizarro», *Lima Times,* 7 de mayo de 1991, p. 7.

— «Versiones tempranas sobre la muerte de Don Francisco Pizarro», *El Boletín de Lima*, 37, enero de 1985, pp. 5-32.

MADARIAGA, Salvador de, *Hernán Cortés*, Sudamericana, Buenos Aires, 1941.

MAESO DE LA TORRE, Jesús, *Comanche*, Penguin Random House, Barcelona, 2018.

MAESTRE JUAN, «Relación de su naufragio y de los trabajos que pasó en los ocho años que estuvo en la isla de la Serrana», en Manuel SERRANO Y SANZ (ed.), *Relaciones históricas de América: primera mitad del siglo XVI*, Sociedad de Bibliófilos Españoles, Madrid, 1916, pp. 16-25.

MAESTRO, Jesús G., «Sobre la leyenda negra», en Crítica Bibliográphica, 6 de julio de 2014 (texto en internet: <www.academiaeditorial.com/web/sobrelaleyendanegra/>, consultado el 4 de enero de 2019).

MAGRASSI, Guillermo Emilio, *Los aborígenes de la Argentina: ensayo socio-histórico-cultural*, Galerna, Buenos Aires, 2005.

MALTHY, William S., *Auge y caída del Imperio español*, Marcial Pons, Madrid, 2011.

MAREŠOVÁ, Jaroslava, «Los náufragos del XVI. La experiencia en el mundo del otro», en VV. AA., *El mundo de la literatura*, Charles University, Praga, 2016, pp. 33-41.

MARIÑO DE LOBERA, Pedro, *Crónica del reino de Chile*, Imprenta El Ferrocarril, Santiago de Chile, 1865.

MARTÍNEZ, José Luis (ed.), *Documentos cortesianos II*, FCE, Madrid, 2014.

MARTÍNEZ DE ESPINAR, Alonso, *Arte de ballestería y montería*, Imprenta Real, Madrid, 1644.

MÁRTIR DE ANGLERÍA, Pedro, *Décadas del Nuevo Mundo*, Bajel Editor, Buenos Aires, 1944 [1516].

MAURA, Juan Francisco, «La épica olvidada de la conquista de México: María de Estrada, Beatriz Bermúdez de Velasco y otras mujeres de armas tomar», *Hispanófila*, 118, 1996, pp. 65-74.

— *Españolas de ultramar en la historia y en la literatura: aventureras, madres, soldados, virreinas, gobernadoras, adelantadas, prostitutas, empresarias, monjas, escritoras, criadas*, Universidad de Valencia, Valencia, 2005.

MEDELLÍN ZENIL, Alfonso, *Exploraciones en la isla de Sacrificios: informe*, Gobierno del Estado de Veracruz, Xalapa, 1955.

MÉNDEZ, Diego, «Relación hecha por Diego Méndez de algunos acontecimientos del último viaje del almirante don Cristóbal Colón», en *Colección de los viajes y descubrimientos que hicieron por mar los españoles desde fines del siglo XV*, vol I, Madrid, 1825, pp. 240-248.

MÉNDEZ PEREIRA, Octavio, *Núñez de Balboa*, Editorial Espasa-Calpe, Madrid, 1945.

MIRA CABALLOS, Esteban, *El indio antillano: repartimiento, encomienda y esclavitud (1492-1542)*, Muñoz Moya Editor, Sevilla, 1997.

— *Hernán Cortés: el fin de una leyenda*, Fundación Obra Pía de los Pizarro, Badajoz, 2010.

— *Francisco Pizarro: una nueva visión de la conquista del Perú*, Crítica, Barcelona, 2018.

MONTAIGNE, Michel de, *Ensayos*, Cátedra, Madrid, 2001.

MORALES PADRÓN, Francisco, *Historia del descubrimiento y conquista de América*, Editora Nacional, Madrid, 1973.

MOYA PONS, Frank, *Manual de historia dominicana*, Universidad Católica Madre y Maestra, Santiago, 1977.

— *El oro en la historia dominicana*, Academia Dominicana de la Historia, Editora Amigo del Hogar, Santo Domingo, 2016.

MUÑOZ CAMARGO, Diego, *Historia de Tlaxcala*, Biblioteca Virtual Miguel de Cervantes, 2007 (texto en internet: <www.cervantesvirtual.com/nd/ark:/59851/bmcd7977>, consultado el 5 de enero de 2019).

MUÑOZ MACHADO, Santiago, *Hablamos la misma lengua*, Crítica, Barcelona, 2017.

ORTEGA MARTÍNEZ, Ana María, *Mujeres españolas en la conquista de México*, Vargas Rea, México, 1945.

PACHECO, Joaquín, Francisco de CÁRDENAS y Luis TORRES DE MENDOZA, *Colección de documentos inéditos relativos al descubrimiento, conquista y colonización de las posesiones españolas de América y Oceanía,* vol. XXVI, Imprenta de M. Bernaldos de Quirós, Madrid, 1864.

PALENCIA, Alonso de, *Crónica de Enrique IV,* Tipografía de la Revista de Archivos, Madrid, 1908.

PASTOR, Beatriz, y Sergio CALLAU (eds.), *Lope de Aguirre y la rebelión de los marañones,* Castalia, Madrid, 2010.

PAYNE, Stanley, *España, una historia única,* Temas de Hoy, Madrid, 2008.

PAZ AVENDAÑO, Reina, «El naufragio de Alonso de Zuazo, un relato entre lo real y milagroso», en *Crónica,* 28 de abril de 2018 (texto en internet: <www.cronica.com.mx/notas/20 18/1072 018.html>, consultado el 4 de enero de 2019).

PEREYRA, Carlos, *Historia de América Española,* Tomo VII, Perú y Bolivia, Saturnino Calleja, Madrid, 1925.

PICERNO, José Eduardo, *El genocidio de la población charrúa,* ed. del autor, Montevideo, 2010.

PÉREZ-REVERTE, Arturo, «Los cráneos de Zultepec», *XL Semanal,* 17 de enero de 1999.

— «Tontos peligrosos», *XL Semanal,* 9 de septiembre de 2018.

PIQUERAS CÉSPEDES, Ricardo, «Episodios de hambre urbana colonial: las hambrunas de La Isabela (1494), Santa María la Antigua del Darién (1514) y Santa María del Buen Aire (1536)», *Boletín Americanista,* 48, 1998, pp. 211-223.

POLO, Marco, *Viajes,* Espasa-Calpe, Madrid, 1981.

PORRAS BARRENECHEA, Raúl, *Cartas del Perú,* Sociedad de Bibliófilos Peruanos, Lima, 1959.

— *Pizarro, el fundador,* Pizarro, Lima, 1978.

PULGAR, Hernando del, *Crónica de los Señores Reyes Católicos Don Fernando y Doña Isabel de Castilla y de Aragón,* Imprenta de Don Gerónimo Ortega e Hijos de Ibarra, Madrid, 1789 (texto en internet: <http://www.cervantesvirtual.com/obra/cronica-de-los-senores-reyes-catolicos-don-fernando-y-dona-isabel-de-castilla-y-de-aragon--2/>, consultado el 18 de febrero de 2019).

QUEVEDO, Roberto, y Enrique TORAL PEÑARANDA, «El baezano Gonzalo de Mendoza, fundador y gobernador de Asunción del Paraguay: ascendencia y descendencia», *Boletín del Instituto de Estudios Giennenses,* 192, 2005, pp. 85-138 (texto en internet: <https://dialnet.unirioja.es/descarga/articulo/1983914.pdf>, consultado el 28 de diciembre de 2018).

Quintana, Manuel Josef, *Vidas de españoles célebres*, Imprenta de Don Manuel de Burgos, Madrid, 1830.

Ramos, Demetrio, *La ética de la conquista de América*, Francisco de Vitoria y la Escuela de Salamanca, Consejo Superior de Investigaciones Científicas (CSIC), Madrid, 1984.

Real Academia Española, *Diccionario de autoridades*, Real Academia de la Lengua, Madrid, 2013 [1726].

Restall, Matthew, *Los siete mitos de la conquista española*, Paidós, Barcelona, 2004.

Rivarola Paoli, Juan Bautista, *La colonización del Paraguay (1537-1680)*, El Lector, Asunción, 1986.

Roca Barea, María Elvira, *Imperiofobia y leyenda negra*, Siruela, Madrid, 2017.

Rodríguez Freyle, Juan, *Conquista y descubrimiento del Nuevo Reino de Granada*, 1566 (texto en internet: <https://blocacacy.firebaseapp.com/.../conquistaydescubrimientodelnuevoreinode...>, consultado el 28 de diciembre de 2018).

Rubio Mañé, Ignacio, *Notas y acotaciones a la historia de Yucatán de Fr. Diego López Cogolludo, O. F. M.*, Editorial Academia Literaria, México, 1957.

Ruiz de Arce, Juan, «Relación de los servicios en Indias de don Juan Ruiz de Arce, conquistador del Perú», *Boletín de la Academia de la Historia*, tomo 102, Madrid, 1933.

Rumeu de Armas, Antonio, «Los amoríos de doña Beatriz de Bobadilla», *Anuario de Estudios Atlánticos*, 31, 1985, pp. 413-455.

Sahagún, Bernardino de, *Historia general de las cosas de Nueva España*, Linkgua, Barcelona, 2013.

Salas, Alberto de, y Miguel A. Guerin (eds.), *Floresta de Indias*, Losada, Buenos Aires, 1970.

Salas, Julio C., *Etnología e historia de Tierra Firme (Venezuela y Colombia)*, Editorial América, Madrid, 1908.

— *Etnografía americana : los indios caribes, estudio sobre el origen del mito de la antropofagia*, Editorial América, Madrid, 1920.

— *Los caribes: estudio sobre el origen del mito de la antropofagia*, Talleres Gráficos Lux, Barcelona, 1921.

SALAZAR, Eugenio de, *Cartas de Eugenio Salazar, vecino y natural de Madrid, escritas a muy particulares amigos suyos,* Imprenta de Rivadenegra, Madrid, 1866.

SARMIENTO, Domingo F., artículo en *El Progreso,* 27 de septiembre de 1844.

— artículo en *El Nacional,* Buenos Aires, 25 de noviembre de 1876.

SIMÓN, Pedro, *Noticias historiales de la conquista de Tierra Firme,* Editorial de Medardo Rivas, Bogotá, 1892.

SOUSTELLE, Jacques, *La vida cotidiana de los aztecas en vísperas de la conquista,* Fondo de Cultura Económica, México, 2002.

SUÁREZ, Mariu, *Más allá del Homo sapiens,* Trafford Publishing, Bloomington, Indiana, 2006.

TABOADA, Hernán G. H., *Extrañas presencias en nuestra América,* Centro de Investigaciones sobre América Latina y el Caribe, Universidad Nacional Autónoma de México, México, 2017.

TAPIA, Andrés de, «Relación de algunas cosas que acaecieron a Hernán Cortés en la conquista de México», en G. VÁZQUEZ CHAMORRO (ed.), *La conquista de Tenochtitlán,* Dastin, Madrid, 2002.

TENORIO, José María, *La aviceptología o tratado completo de la caza y pesca,* Imprenta de Llorencia, Madrid, 1848.

TORIBIO MEDINA, José, *Juan Díaz de Solís, estudio histórico,* edición del autor, Santiago de Chile, 1897.

TORQUEMADA, Juan de, *Monarquía indiana,* Universidad Nacional Autónoma de México, México, 1964 (texto en internet: <http://www.historicas.unam.mx/publicaciones/publicadigital/monarquia/mi_vol03.html>, consultado el 29 de diciembre de 2018).

TORO, Alfonso, *Un crimen de Hernán Cortés: la muerte de doña Catalina Xuárez Marcaida (estudio histórico y médico legal),* ed. de la Librería de Manuel Mañón, México, 1922.

TORRE REVELLO, José, «El viaje de Yáñez Pinzón y Díaz de Solís (1508)», *Historia Mexicana,* 6 (2), octubre-diciembre de 1956, pp. 233-246.

TORRIANI, Leonardo, *Descripción e historia del reino de las islas Canarias, antes Afortunadas, con el parecer de sus fortificaciones,* Goya, Santa Cruz de Tenerife, 1959.

THOMAS, Hugh, *Quién es quién de los conquistadores*, Salvat, Barcelona, 2001.
— *El Imperio español, de Colón a Magallanes*, Planeta, Barcelona, 2018.
TURNBULL, Clive, *Black War: The Extermination of the Tasmanian Aborigines*, Sun Books, South Melbourne, Vic, 1974.
ULANSKI, Stan, *La corriente del Golfo*, Turner, Madrid, 2012.
VALDIVIA, Pedro de, «Carta de Pedro de Valdivia al emperador Carlos V. Escrita en La Serena a 4 de septiembre de 1545», en *Valdivia*, blog, 4 de septiembre de 2008 (texto en internet: <http://casanoble-jesus.blogspot.com/2008/07/carta-de-don-pedro-de-valdivia-al.html>, consultado el 18 de febrero de 2019).
VALLADO FAJARDO, Iván, *Cristianos españoles e indios yucatecos en las historias del siglo XVI y XVII*, tesis en historiografía de México, Universidad Autónoma Metropolitana, Azcapotzalco, 2000.
— «Jerónimo de Aguilar, conquistador de México», *Actas del IV Congreso de Historia Écija y el Nuevo Mundo*, noviembre de 2001.
VARELA, Consuelo, *Cristóbal Colón: retrato de un hombre*, Altaya, Barcelona, 1997.
— e Isabel AGUIRRE, *La caída de Cristóbal Colón: el juicio de Bobadilla*, Marcial Pons, Madrid, 2006.
— y Juan GIL, *Documentos completos: nuevas cartas*, Alianza, Madrid, 1992.
VARELA MARCOS, Jesús, «Antón de Alaminos: descubridor del golfo de Yucatán y la ruta de vuelta a España», tomo II, *Actas de las Jornadas de Historia sobre el Descubrimiento de América*, Universidad Internacional de Andalucía, UNIA / Excmo. Ayuntamiento de Palos de la Frontera, Huelva, 2011, pp. 133-155.
VARESE, Juan A., *Los viajes de Juan Díaz de Solís*, Ediciones de la Banda Oriental, Montevideo, 2016.
VARGAS LLOSA, Mario, «Elogio de la lectura y la ficción», en *El País*, 8 de diciembre de 2010.
VARGAS MACHUCA, Bernardo de, *Milicia y descripción de las Indias*, Casa de Pedro Madrigal, Madrid, 1599 (texto en inter-

net: <www.ellibrototal.com/ltotal/ficha.jsp?idLibro=5025>, consultado el 28 de diciembre de 2018).
— *Milicia indiana*, Ayacucho, Caracas, 1994 (texto en internet: <https://books.google.es/books?isbn=9802762709>, consultado el 28 de diciembre de 2018).
VARÓN, Rafael, *La ilusión del poder: apogeo y decadencia de los Pizarro en la conquista del Perú*, Institut Français d'Études Andines, Instituto de Estudios Peruanos, Lima, 1996.
VÁZQUEZ, Francisco, *Relación de todo lo que sucedió en la jornada de Omagua y el Dorado hecha por el gobernador Pedro de Orsúa*, Sociedad de Bibliófilos Españoles, Madrid, 1881 [1559].
VÉLEZ, Iván, *Sobre la leyenda negra*, Encuentro, Madrid, 2014.
VESPUCIO, Américo, *Mundus novus (El nuevo mundo)*, s. l., c. 1503 (texto en internet: <https://jorgecaceresr.files.wordpress.com/2010/05/el-nuevo-mundo-a-vespucio.doc>, consultado el 18 de febrero de 2019).
VIERA Y CLAVIJO, José, *Descripción de la Gomera*, vol. 1: *Voces de la Gomera*, Idea, Santa Cruz de Tenerife, 2007.
VILLAREJO, Esteban, «Núñez de Balboa, el extremeño que descubrió la inmensidad del Pacífico», *ABC*, 9 de junio de 2014.
VITORIA, Francisco de, *Relecciones sobre los indios y el derecho de guerra*, Espasa Calpe, Madrid, 1975.
VIVAR, Gerónimo de, *Crónica y relación copiosa y verdadera de los reinos de Chile*, Fondo Histórico y Bibliográfico José Toribio Medina, tomo 2, Instituto Geográfico Militar, Santiago de Chile, 1966 [1558].
VV. AA., *200 Catalans a les Amèriques*, Comissió Catalana del Cinquè Centenari del Descobriment d'Amèrica, Barcelona, 1988.
WHITE, Hayden, *Metahistoria: la imaginación histórica en la Europa del siglo XIX*, FCE, México, 1992.
YAÑEZ GALLARDO, César, «Los negocios ultramarinos de una burguesía cosmopolita: los catalanes en las primeras fases de la globalización, 1750-1914», *Revista de Indias*, 66 (238), 2006, pp. 679-710.
ZARAGOZA, Gonzalo, *América Latina: época colonial*, Anaya, Madrid, 1987.

— *Viajes de descubrimientos*, Anaya, Madrid, 1993.
— *América Latina: la independencia*, Anaya, Madrid, 1994.
— *Rumbo a las Indias*, Anaya, Madrid, 2001.

ZÁRATE, Agustín de, *Historia del descubrimiento y conquista de la provincia del Perú*, Editores Técnicos Asociados, Lima, 1968.

ZÚÑIGA, Gonzalo de, *Relación muy verdadera de todo lo sucedido en el río del Marañón en la provincia de El Dorado*, Real Academia de Historia, Madrid, 1981 [1561].

ZWEIG, Stephan, *Momentos estelares de la humanidad*, Acantilado, Madrid, 2012.

Documentación

BIBLIOTECA NACIONAL DE MÉXICO (BNM), mss. 3199, 3191.

ARCHIVO GENERAL DE INDIAS (AGI), *Instrucciones dadas a los padres de la Orden de San Jerónimo, fray Luis de Figueroa, fray Bernardino de Manzanedo y fray Alonso de Santo Domingo, para la reformación de las Indias,* 18 de septiembre de 1516, Indiferente General, ms. 415, libro 2.

REAL BIBLIOTECA, PATRIMONIO NACIONAL, *Traslado del proceso contra Diego de Almagro por la muerte de Francisco Pizarro,* II / 77 (2), f. 162r-241v (documento en internet: <https://realbiblioteca.es/rbdigital/items/show/34342>, consultado el 18 de febrero de 2019).

Índice alfabético

Abréu Galindo, Juan: 97 n.
Agátocles de Siracusa: 341
Aguado, Juan de: 142 n.
Águeda (criada de Domingo Martínez de Irala): 198
Agüero, Diego de: 574
Aguilar y Córdoba, Diego de: 583, 586 y n.
Aguilar, fray Jerónimo de: 201, 202, 293-298, 308, 314, 381, 424
Aguilar, Luisa de: 295
Aguirre, Elvira de: 585 n.
Aguirre, Isabel: 141 n.
Aguirre, Lope de, *llamado* Loco Aguirre: 581-597
Agustina de Aragón, Agustina Zaragoza Doménech, *llamada*: 457
Ahuízotl (emperador mexica): 390
Ailly, Pierre d': 127 n.
Alaminos, Antón de: 41 n., 261, 273-275, 278, 280-282, 289, 293, 338, 407, 408
Alcántara, Francisco Martín de: 497, 540, 568, 572, 573, 574 n.
Alderete, Julián de: 449, 471, 472
Alejandro Magno: 341 n., 344, 360, 370, 372, 469
Alejandro VI, *llamado* papa Borgia: 37 n., 84

Alfonso V, rey de Portugal: 32, 34, 50, 51
Alfonso, príncipe de Portugal: 37
Alfonso X el Sabio, rey de Castilla y León: 48 n., 107 n., 351 n.
Alfonso XI el Justiciero, rey de Castilla y León: 357 y n.
Aliaga, Jerónimo de: 574 n.
Almagro *el Mozo*, Diego de: 569, 572 n., 575, 576 y n., 578
Almagro, Diego de: 210, 483, 484-486, 488-492, 494, 495, 497, 498, 501, 404, 519, 520, 546, 548, 550-554, 556-557, 560, 567, 571 n., 575, 579
Almagro, Jerónimo de: 573
Almesto, Pedro de (o Pedrarias): 543 n., 583 n., 585 n.
Alonso, Santiago: 232
Alvarado, Alonso de: 585, 591
Alvarado, García de: 572 n.
Alvarado, Pedro de, *llamado* Tonatiuh: 293 n., 309, 325, 329, 340, 341, 347, 364-366, 368, 369, 372 n., 391, 399, 400, 403, 411, 413, 421-427, 430-432, 434, 435, 439, 440, 453-455, 461, 462, 464, 465, 470, 471, 477-479, 506, 548
Álvares Cabral, Pedro: 125 n., 126 n., 562 n.

Álvarez Chanca, Diego: 66 n., 107 n., 108, 109 n., 110 n., 117 n., 118 n.
Álvarez de la Cruz, Juan: 620
Álvarez de Toledo, Luisa Isabel, duquesa de Medina Sidonia: 47-49
Álvarez de Toledo, María: 247
Ameiro (cacique tahíno): 160
Amherst, Jeffrey: 606
Ampuero, Francisco de: 550 n., 571
Anacaona (cacique tahíno): 121, 122 y n.
Andagoya, Pascual de: 228 n., 483, 488
Aníbal Barca (general cartaginés): 415, 552, 560
Aparia (cacique): 563
Apoc Iliaquita (tío de Huayna Cápac): 507 n.
Aragón, Hernando de: 173
Aragón, Sancho de: 358
Arana, Diego de: 79, 115
Arcos, Pedro de: 586 n.
Argote de Molina, Gonzalo: 347 n., 357 n.
Arias de Ávila, Pedro, *llamado* Pedrarias Dávila: 222-229, 241, 243, 244 y n., 255, 260, 486, 489, 494
Arias de Saavedra, Hernando: 198
Arias, Lope de: 404
Aristide, Jean-Bertrand: 78 n.
Aristóteles: 19 n., 130 n., 174
Arjona *véase* Cantero, Bonoso
Arroyo, Hernando del: 225
Arzamendia, Andrés de: 196 n.
Atahualpa (emperador inca): 384 n., 507, 508, 515, 520-522, 524, 526-531, 533, 536-540, 543, 546-547, 550, 568
Atienza, Blas de: 586 n.
Atienza, Inés de: 586 y n., 587
Atienza, Pedro de: 123 n.
Atlilxcatzin (hijo de Ahuízotl): 390
Augusto (emperador romano): 265
Auqui-Topa-Inga (Auqui Tupac Inca, hermano de Huayna Cápac): 507

Ávila (o Dávila), Alonso de: 293 n., 360, 399, 431, 454
Axayácatl (emperador mexica): 381, 398

Baeza, Teresa de: 120
Ballestero, Miguel: 123 n.
Ballesteros, Inés, *llamada* la Sorda: 221, 504
Balza, Juan: 572 n.
Baraibar, Álvaro: 585 n.
Barbarán, Juan: 574, 575
Barrera Rodríguez, Raúl: 395 n.
Barrientos, Andrés: 229, 233-236, 238, 239, 241, 242, 423
Barrionuevo (cabo): 265, 278, 281, 282, 293, 325, 426
Bastidas, Rodrigo de: 11, 126 n.
Bayo, Ciro: 596 n.
Beatriz (criada de Diego de Villalpando): 198 n.
Beeker, Charles: 78 n.
Belalcázar, Sebastián de: 520, 535, 539, 548
Benzoni, Girolamo: 566 n.
Berlanga *véase* García Berlanga, Luis
Berling, Peter: 596 n., 597 n.
Bermúdez de Velasco, Beatriz: 457, 458
Bermúdez, Antón: 89
Bernáldez, Andrés: 127
Berrio (soldado): 270, 275
Betanzos, Juan de: 550
Bethencourt, Jean de : 35 n.
Bilbao, Martín de: 572 y n., 573
Billy el Niño, William Henry McCarthy, *llamado*: 582
Bingham, Hiram: 517
Bives, Bartolomé, *llamado* Mediopeo: 87, 89, 99, 109
Bjarni [Herjólfsson]: 45 n.
Blainey, Geoffrey: 145 n.
Blascopedro (despensero): 489, 491
Blázquez, Juan: 568, 569, 571
Bobadilla y Ossorio, Beatriz de, señora de La Gomera: 97 y n., 98 n.

ÍNDICE ALFABÉTICO   643

Bobadilla, Francisco de: 138 n., 140-142 n., 149, 150, 604
Bobadilla, Isabel de: 225
Bohechío (cacique de Jaragua): 121, 122, 135
Boil, Bernardo: 123 y n.
Bolívar, Simón: 608 y n., 609 y n., 610 n.
Borges, Jorge Luis: 252, 621
Botello, Blas: 429, 437, 438
Boto, Alonso: 270
Bouquet, Henry: 606
Briceño, Alonso de: 499
Bry, Theodor de: 566 n., 603
Bueno, Gustavo: 604
Bustamante, Carlos D.: 182 n.
Busto Duthurburu, José Antonio del: 12, 436 n., 516

Cabello Balboa, Miguel: 507 y n.
Caboto, Juan: 125 n.
Caboto, Sebastián: 192 n., 194, 195, 217
Cacamatzin (Cacama), señor de Tetzcuco: 378, 384, 405, 452
Cacique Gordo *véase* Xicomecoatl
Cajas, Ricardo: 301 n.
Calixto III, papa: 33 n.
Calvo de Barrientos, Gonzalo: 553 n.
Camacho el Manco: 531, 534
Candía, Pedro de: 499 y n., 500, 520, 572 n., 576 n.
Cano Saavedra, Juan: 426 n.
Cantero Copín, Juan: 571 n.
Cantero de Carvajal: 357 n.
Cantero de Segovia, Rodrigo: 63
Cantero Farfán, Pedro: 414, 434
Cantero Sarmiento, Juan: 120 n.
Cantero, Alonso: 43
Cantero, Bonoso, *llamado* Arjona: 92-96, 99, 101-103, 109, 111, 204, 207, 221-227, 229, 230, 234, 235, 237, 288, 289, 291, 297, 305, 323, 324, 362, 363, 380-382, 384, 391, 392, 394, 404, 432-434, 436, 437, 446, 449, 458, 464, 497, 499, 507, 519, 523, 524, 531-533, 535, 536, 541, 576, 577, 581, 619
Cantero, Catalina: 96, 288, 523
Cantero, Diego: 619
Cantinflas, Mario Moreno, *llamado*: 317
Caonabó (cacique de Cibao): 78, 115, 118, 121 y n., 122, 149
Cappel, Constance: 606 n.
Carballo, Juan: 494
Cárdenas (almagrista): 572 n.
Cárdenas, Cuauhtémoc: 317
Careta (cacique): 216
Carlacá (cacique): 355
Carlos I de España y V de Alemania, rey de España y emperador del Sacro Imperio Romano Germánico: 120 n., 146, 178 n., 180 y n., 194, 195, 249, 279, 324 n., 326, 328, 329, 339, 347 y n., 359, 360 n., 363, 364, 374, 377, 385 n., 386, 388, 406, 409, 410 n., 454, 457, 468-470, 478, 501-504, 528, 537, 547, 548, 550, 561, 575, 578, 589
Carretero, Alonso: 414 n.
Carrillo, Martín: 574
Carrión, Antón de: 499 n.
Carvajal, Alonso Sánchez de: 141 n.
Carvajal, Francisco de: 576
Carvajal, Gaspar de: 562, 563 n.
Casas, fray Bartolomé de las: 42 n., 43 n., 52, 61, 69 n., 116 n., 122 n., 136, 143 n., 149 n., 150 n., 229 y n., 232, 249 n., 250-254, 256, 262 n., 289 n., 356, 603 y n.
Castanheira (capitán): 81
Castilla y Fonseca, Pedro de: 34 n.
Castilla, Andrés de: 34 n.
Castilla, Catalina de: 290
Castilla, Juan de: 173
Castilla, Pedro de (hijo de Pedro de Castilla y Fonseca): 34 n.
Castrillos (sacristán): 88
Catalina (mujer de Andrés Medina): 89

Catalina (mujer de Diego Cotrufes): 206
Cayacoa (cacique de Higüey): 605
Cémaco (cacique): 215
Cermelo, Catalina: 574
Cermeño, Diego: 340
Cervantes de Salazar, Francisco: 202 n., 315 n., 353 n., 414 n., 449 n., 456 n., 458 n.
Cervantes el Loco (bufón): 292
Cervantes, Miguel de: 171, 370 n.
Cervera Obregón, Marco A.: 352 n.
Chacho (vizcaíno): 115
Challco Chima (general inca): 515
Chávez, Francisco de: 569, 571
Chávez, Hugo: 612
Chièvres, Guillermo de Croy, señor de: 178 n.
Chilimasa (cacique): 520
Chincha, cacique de: 536, 540
Chochama (cacique): 483, 492
Chozalhombro, Bartolomé: 93-96, 100, 101, 103, 104, 114, 139, 204, 221-226, 229, 230, 234, 264, 267, 275, 288, 291, 323, 337, 343, 362, 363, 375, 380-382, 384, 391, 394, 404, 423-425, 432, 433, 436, 437, 442, 446, 449, 454, 459, 460, 464, 465, 497, 499, 500, 507, 519, 522-525, 531-533, 536, 541, 542, 576, 577, 582
Chuenot, Pierre: 307 n.
Cieza de León, Pedro: 498 n., 513 n., 565 n.
Cihuacóatl (diosa mexica): 322
Cinquichara (inca): 528
Ciruela (esclavo): 533
Cisneros, Francisco de (doctor): 127 n.
Cisneros, Francisco Jiménez de, *llamado* cardenal: 248, 249 n., 253
Clifford, Barry: 78 n.
Coanácoch (o Coanacochtzín): 334 n., 452 n.
Coapopocatizin (señor de Coyoacán): 466

Coatlicue (diosa mexica): 318 y n., 322
Cobos, Francisco de los: 195, 408
Collado, Pablo: 583 n.
Colón, Bartolomé: 119, 135, 148, 153, 154, 156
Colón, Cristóbal: 25 n., 31 n., 37 n., 39-44, 45 n., 47 n., 48 n., 49, 51-66, 68-76, 77 n., 78-84, 85 n., 86 n., 87, 89 n., 90, 91 y n., 95, 97-99, 102 n., 108, 110-112, 114-119, 121-125, 126 n., 127-130, 133-138, 140-142, 144 n., 147-153, 156-166, 173, 183, 185, 204, 207, 210 n., 215 n., 260 n., 266, 325
Colón, Diego (hermano de Cristóbal Colón): 119, 140
Colón, Diego (hijo de Cristóbal Colón): 40, 57, 123 n., 143, 175, 176, 241, 247, 248
Colón, Hernando: 42 n., 43 n., 57 y n., 124 n., 127 n., 148, 164 n., 166 n.
Colón, los: 135, 140, 141, 204; *véase también* Colón, Bartolomé; Colón, Cristóbal; Colón, Diego (hermano)
Comagre (*después* don Carlos), cacique: 216, 217
Comellas, José Luis: 127 n., 128 n.
Conchillos, Lope: 185, 186
Condorcanqui, José Gabriel *véase* Túpac Amaru II
Conrad, Joseph: 601 n.
Constantino (emperador romano): 291
Contreras, Zahra: 47 n.
Coñorí (líder guerrera): 564
Coppola, Sofia: 314
Córdoba, Alonso de: 126 n.
Córdoba, fray Pedro de: 176
Cornejo, Bartolomé: 120 n.
Cornu, Martín: 308 n.
Coronel, Pedro Fernández: 141 n.
Correa, Jorge: 36, 37
Corte Real, Gaspar de: 125 n.
Corte Real, Miguel de: 125 n.
Cortés, Hernán: 74 n., 123 n., 145 n.,

ÍNDICE ALFABÉTICO 645

200 n., 210, 260 n., 261 n., 288-296, 299, 305, 307-311, 313-316, 318-320, 323-329, 332, 337-344, 347, 360-372, 374-380, 382-386, 388-391, 398-401, 403-415, 417, 421, 422, 426-428, 430-436, 439-451, 453-462, 464-472, 476-478, 485, 497, 498, 503, 506, 534, 543, 548, 567, 568, 576, 582, 605
Cortés, Martín: 314
Cosa, Juan de la: 60, 77 y n., 118, 124 n., 126 n., 142, 148, 166, 167 n., 186
Costner, Kevin: 295
Cote, Martín: 572 n.
Cotrufes, Diego: 205-207, 269, 274, 391, 425, 433, 459
Cousin, Jean: 86 n., 125 n.
Couto, Francisco de: 186 n.
Covarrubias, Sebastián de: 351 y n.
Cresques, Abraham: 26 n.
Cresques, Jehuda (*después* Jácome de Mallorca): 26 n.
Cruise, Tom: 295
Cruz de Jesús, Raúl: 417 n., 419 n.
Cuauhpopoca (cacique mexica): 399, 400, 404
Cuauhtémoc (emperador mexica): 334 n., 424, 448, 452 n., 453, 455, 457, 462, 470-472, 474-476, 609 n.
Cuéllar, Francisco de: 499 n.
Cuéllar, Isabel de: 260 n.
Cueva, Beatriz de la: 479
Cueva, Beltrán de la: 34
Cuitláhuac (o Cuitlahuatzin, emperador mexica): 210, 211, 380, 422, 427, 430, 439, 440, 442, 447, 448, 451, 452
Cuitlalpitoc (embajador mexica): 286, 323
Cuneo, Michele da: 97, 111
Cuxirimay Ocllo (*después* Angelina Yupanqui): 550

Dale, Jacobo van: 15, 16, 18
Darío, Rubén: 582
Darwin, Charles: 191 n.
Daschuck, James: 606 n.
Dávila, Alonso *véase* Ávila, Alonso de
Dávila, Pedro Arias (Pedrarias) *véase* Arias de Ávila, Pedro
Daza, Pedro: 120 n.
De Niro, Robert: 206 n.
Deagan, Kathleen: 79 n.
Delacroix, Blanche: 600
Diamond, Jarel: 182 n., 210 n.
Dias, Dinis: 30 n.
Díaz de Aux, Miguel (hijo), *llamado* Miguelico: 605 n.
Díaz de Aux, Miguel: 605 n.
Díaz de Pineda, Gonzalo: 559 n.
Díaz de Solís, Juan: 166, 167, 186-193, 195, 262 n.
Díaz, fray Juan: 276, 277, 282, 309, 340, 398, 403, 424
Díaz del Castillo, Bernal: 201 n., 259 n., 260 n., 263 n., 265 n., 266 n., 269 n., 270 y n., 274, 275, 276 n., 288 n., 289 y n., 294 n., 309 n., 311, 312 n., 324 n., 329 y n., 332 y n., 341 n., 343 n., 347 n., 348, 350 n., 368 n., 379, 381 y n., 383 y n., 412 n., 428 n., 435 n., 442 n., 443 n., 445 n., 447 n., 453 n., 456 n., 458 n., 460 n., 462, 463 n., 466 y n., 471
Díaz, Bartolomé: 31 n., 57
Díaz, Porfirio: 475
Diego I de Viseu: 82
Diente, Juan: 571
Dimaté, Cruz María: 485 n.
Domínguez, Gonzalo: 444
Drake, Francis: 282 n.
Duquesa Roja *véase* Álvarez de Toledo, Luisa Isabel
Durán, Diego: 395, 402
Durero, Alberto: 409
Durieux, Antoine: 600

Eanes, Gil: 28
Eastwood, Clint: 214
Eduardo I, rey de Portugal: 31

Eguía, Francisco: 415, 451
Ehécatl (dios mexica): 382, 420 n., 456 n.; *véase además* Quetzalcóatl
Ekpetz (dios maya): 452
Elkins, Caroline: 607 n.
Elvira (india de Tlaxcala): 295
Enrique el Navegante, infante de Portugal: 23-32, 56
Enrique III el Doliente, rey de Castilla: 35 n.
Enrique IV el Impotente, rey de Castilla: 34, 35, 49 n., 51
Enrique VIII de Inglaterra: 409
Enríquez (soldado): 325
Enríquez de Arana, Beatriz: 57, 79
Eory, Irán: 317
Erik el Rojo, Erik Thorvaldsson, *llamado*: 44, 45 y n.
Erikson, Leif: 45 y n.
Escalante, Juan de: 293 n., 342, 399, 404
Escañuela, Lope de: 229
Escipión Africano, Publio Cornelio: 415, 425
Escobar, Alonso de: 340
Escobar, Diego de: 165
Escobar, Pedro de: 455
Escobedo, Rodrigo de: 63, 115
Escolástica (criada de Domingo Martínez de Irala): 198 n.
Escudero, Juan: 340
Espartaco: 583
Espinar, fray Alonso de: 177
Espinar, Manuel de: 572 n.
Espinosa, Gaspar de: 486
Esquivel, Francisco de: 584
Estete, Miguel de: 539 n., 540
Estrada, María de (*antes* Miriam Pérez): 434 y n., 443, 448

Felipe I el Hermoso, rey de Castilla: 166 n.
Felipe II, rey de España: 146, 307 n., 589 y n., 594, 596
Felipe III, rey de España: 357
Felipe IV, rey de España: 357
Felipe V, rey de España: 170 n.
Felipillo de Poechos (intérprete): 506, 530, 537, 538, 553 y n.
Félix, María: 317
Fernández de Enciso, Martín: 214, 486
Fernández de Lugo, Alonso: 98
Fernández de Navarrete, Martín: 138 n., 188 n.
Fernández de Oviedo, Gonzalo: 40, 53 n., 62 n., 64 n., 89 n., 123 n., 124 n., 137 n., 138 n., 183, 208 n., 214 n., 216 n., 218 n., 219 n., 230 n., 237 n., 239 n., 243 n., 255 n., 349 n., 352 n., 358 y n., 371 n., 571 n.
Fernández de Piedrahita, Lucas: 583 n.
Fernández, Juan: 333, 488 n.
Fernando I, el Sevillano *véase* Guzmán, Fernando de
Fernando II el Católico, rey de Aragón: 35, 54, 56 n., 58, 69 n., 83-85, 97 n., 128, 143, 147, 166, 178, 183 n., 185-188, 199, 219, 224 n., 235, 247, 248, 253; *véase además* Reyes Católicos
Ferron, Le (abogado): 184 n.
Ferronnière, la (amante de Francisco I de Francia): 184 n.
Fiesco, Bartolomé: 161
Figueroa, fray Luis de: 249 n.
Fleury, Jean (Juan Florín): 410 y n.
Flores Rodríguez, José: 511, 517
Fonseca y Ulloa, Alonso de: 35 n.
Ford, John: 478 n.
Francisco I, rey de Francia: 184 n., 409
Franco, Francisco: 597 n., 600
Froes, Esteban: 191 n.
Fuenterrabía, Martín de: 152
Fuentes, Carlos: 317
Funes, Gregorio: 191 n.

Galdós, Benito Pérez: 194
Galeano, Eduardo: 613 y n., 614
Galván, Pedro: 196 n.
Galvarino (guerrero): 609
Gama, Vasco de: 128, 144, 148 n.

ÍNDICE ALFABÉTICO   647

Gandía, Pedro de: 490, 534, 539
Garay, Juan de: 196 n.
García Berlanga, Luis: 407
García Cáceres, Uriel: 507
García de Escandón, Alonso: 572
García de Jarén, Pedro: 499 n.
García Mosquera, Ruy: 196 n.
García Ramis, Magali: 183 n.
García, Alejo: 193, 194, 196
Gavilán, Diego: 574 n.
Genovés, Pedro: 196
Gibson, Mel: 301
Giménez Fernández, Manuel: 37 n.
Godoy, Diego de: 309
Godoy, Francisco de: 574 n.
Godoy, Lorenzo de: 295 n.
Gómez de Luna (hombre de Francisco Pizarro): 572
Gómez Pantoja, Martina (Prisca): 263 n.
Gómora, Antonio (*después* Xokonoschtletl): 385 n., 476
Gonçalves Zarco, João: 26 n.
Gonçalves, Antonio: 30 n.
Góngora Marmolejo, Alonso de: 580 y n.
Gonzaga, fray Diego: 206
González Doncel, Gutierre: 544 n.
González Paniagua, Francisco: 197 n.
González, Arnoldo: 300 n.
Gran Capitán, Gonzalo Fernández de Córdoba, *llamado* el: 195, 394
Grau i Ribó, Joan de: 123 n.
Grijalva, Juan de: 276-282, 285, 287, 308, 315, 321
Guacanagarí (cacique): 76-80, 115, 116, 135, 173
Guadarrama Collado, Antonio: 476
Guaicaipuro (cacique): 609 n., 615
Guamán Poma de Ayala, Felipe: 513
Guerra, Francisco: 210
Guerra, hermanos: 126 n.
Guerra, Luis: 126 n.
Guerrero, Gonzalo: 201 n., 202, 294, 295
Guevara (náufrago): 196 n.

Guevara, Antonio de: 102, 408 n.
Guillermo I el Conquistador, rey de Inglaterra: 341 n.
Gutiérrez de Santa Clara, Pedro: 568
Gutiérrez de Valdomar, Pedro: 414 n.
Gutiérrez Escudero, Antonio: 186 n.
Gutiérrez Malaver, Juan: 572 n.
Guzmán, Eulalia: 475 n.
Guzmán, Fernando de (Fernando I, el Sevillano): 586-588, 590, 596 n.

Halcón, Pedro: 499 n.
Hapalupo (cacique): 98 n.
Hardón, fray Alonso: 205, 281, 425, 437, 438
Hardón, Pedro: 571
Hatuey (cacique): 248 y n., 609 n.
Hautacuperche (guerrero): 98
Hawkins, John: 282 n., 308 n.
Henao, Alonso de: 568
Hepburn, Katharine: 315
Herencia, Francisco de: 568
Hernández de Córdoba, Francisco: 244 n., 262, 264, 266, 268-270, 272, 273, 276, 277, 280, 309, 346, 351
Hernández Girón, Francisco: 583 n., 585, 591
Hernández González, Manuel: 610 n.
Hernández Portocarrero, Alonso: 293 n., 313
Hernández Trujillo, Lorenzo: 574
Hernández, Custodio: 583 n.
Hernández, Juana: 519
Hernández, Justo: 228 n.
Hernández, Mari: 466
Herrada, Juan de: 572 n.
Herrera y Tordesillas, Antonio de: 121 n., 188 n., 189 n., 191 n., 201 n., 255 n., 498 n.
Herrera, Antonio de (soldado): 348
Herzog, Werner: 38 n., 596 n.
Heston, Charlton: 265 n.
Hitler, Adolf: 602
Hoces, Diego de: 572 n.
Hochschild, Adam: 601 n.

Holguín, García: 462
Huarco (cacique): 160
Huáscar (emperador inca): 507, 521, 524, 527, 544, 546-548
Huayna Cápac (emperador inca): 211, 506, 507 n., 546, 547, 555, 556
Huitzilopochtli (o Huichilobos, dios): 305, 322, 324 y n., 325 n., 333, 334 n., 375, 376, 394, 395 n., 418 n., 421, 437, 440, 447, 459
Humala, Isaac: 500 n.
Humala, Ollanta: 500 n.
Humboldt, Alejandro de: 333 n.; corriente de: 333 n., 488 n.
Hurtado, Bartolomé: 214 n.
Hurtado, Jacinto: 571

Iguanamá (cacique de Higüey): 121
Illescas, Gonzalo: 266 n.
Imaz, Rubén: 460 n.
Inca Garcilaso de la Vega, Gómez Suárez de Figueroa, *llamado*: 11, 357 n., 498 n., 530 n. 565 n., 583 n., 585 n.
Innes, Hammond: 232 n., 488 n., 494 n.
Irala, Ana de: 198 n.
Irala, Antonio de: 197 n.
Irala, Isabel de: 198 n.
Irala, María de: 198 n.
Irala, Marina de: 198 n.
Irala, Úrsula de: 198 n.
Irons, Jeremy: 206 n.
Isabel (viuda de Cayacoa): 605 n.
Isabel de Portugal, reina consorte de España y emperatriz del Sacro Imperio Romano Germánico: 146, 503
Isabel I la Católica, reina de Castilla: 35, 37, 40 n., 48, 53, 54, 58, 60, 73 n., 83, 85, 97 n., 98 n., 138, 143, 147, 148, 165, 172, 173; *véase además* Reyes Católicos
Isabel, infanta de Castilla y Aragón: 37
Ix Tz'akbu Ajaw (princesa): 300 n.
Izquierdo, Pedro: 62 n.

Jácome (soldado): 115
Jacques, Cristóvão: 193
Ibn Jaldún, Abu Zaid Abdurrahman: 19
Jamilena, Diego de: 444
Jenofonte: 440
Jerez, Francisco de: 495 n., 498 n., 500 y n., 521
Jiménez de Quesada, Gonzalo: 347, 595
Jiménez, la (manceba de Diego Méndez): 578
Joaquín, maese (carpintero): 93, 101
Joffé, Roland: 206 n.
Jos, Emiliano: 589 n.
Juan, preste: 56 n.
Juan de Aragón y Castilla, príncipe: 69 y n., 123 n., 173
Juan II, rey de Portugal: 31 n., 51, 57, 81, 82, 85, 86
Juan Mateo (indio): 123 n.
Juana (criada de Domingo Martínez de Irala): 198 n.
Juana I la Loca, reina de Castilla: 180, 219, 235, 239, 324 n.
Juana de Castilla, *llamada* la Beltraneja: 34, 35, 37 n., 51
Juárez, los: 475 n.
Julián (o Julianillo, indio): 266, 296 n., 315
Juliano (emperador romano): 341 n.
Julio César (emperador romano): 299, 341, 344, 347, 370, 426, 440, 448, 454, 469, 568
Jung, Carl G.: 252 n.

Kerouac, Jack: 360
Kinski, Klaus: 38 n., 597
Koppel, Salomón: 485 n.
Kukulcán (diosa maya): 299 y n., 321 n.

Laforet, Carmen: 582 n.
Landa, fray Diego de: 201 n., 259 n., 302 y n., 305
Larios, Juan de: 461
Larraga, Miguel de: 152

Lautaro (cacique): 580, 609 n.
Leblanc, Tony: 342 n.
Ledesma, Pedro de: 187 n.
León Portilla, Miguel: 306, 423 n.
Leonor (criada de Domingo Martínez de Irala): 198 n.
Leopoldo II, rey de Bélgica: 600, 601 y n.
Lepe, Diego de: 126 n.
Lind, James: 46 n.
Lisboa, Juan de: 187
Livio, Tito: 344
Lockhart, James: 245 n.
Loco Aguirre *véase* Aguirre, Lope de
López de Ayala, Pedro: 572 n.
López de Gómara, Francisco: 53 n., 88 n., 183 n., 195 n., 201 n., 217 n., 266 n., 308 n., 330 n., 341 n., 358 n., 379 n., 380 n., 386 n., 392 n., 395 n., 401 n., 405 n., 462 n., 463 n., 553 n.
López de Palacios Rubios, Juan: 199
López Portillo, José: 475
López, Abraham: 157 n.
López, Martín: 390, 398, 430-432
Lorencillo, Lorenz de Graff, *llamado*: 282 n.
Lucas (jinete): 531
Ludeña, Hugo: 570 n., 573 n., 575 n.
Lugo, Francisco de: 362
Luján, Néstor: 393 n.
Luque, fray Hernando: 483-486, 494, 498, 500, 504
Lutero, Martín: 307, 592, 595

Macrobio, Macrobius Ambrosius Theodosius, *llamado*: 18
Maduro, Nicolás: 615
Maeso de la Torre, Jesús: 478 n.
Maestro, Jesús G.: 614 n.
Magallanes, Fernando de: 146
Magrassi, Guillermo Emilio: 611 n.
Mahoma: 146
Maica Huilca (capitán de Atahualpa): 522, 523 n.
Majencio, Marco Aurelio Valerio: 291

Malinche (Malintzin), *después* Marina: 311, 313-316, 325, 326, 332, 340 n., 343, 364, 369, 377, 384, 385, 388, 400, 401, 403, 427, 457, 459, 462, 500 n.
Malling (capitán): 610 n.
Malthy, William S.: 56 n.
Mama Toca (hermana de Huayna Cápac): 507 n.
Mamexi (guerrero): 362
Manco Inca (emperador inca): 547
Manco Inca II (emperador inca): 555
Manicatex (hermano de Caonabó): 121, 135
Manjarrés, Alonso: 571 n.
Mann, Michael: 352 n.
Manrique, Jorge: 552
Manuel I el Afortunado, rey de Portugal: 56 n., 185
Manuel, Nuño: 187
Manzanedo, fray Bernardino de: 249
Manzano, Juan: 37 n.
Maquiavelo, Nicolás: 361
Marchena, fray Antonio: 53 y n., 54 n.
Margarit, Pedro de: 123 y n., 142 n.
María (criada de Domingo Martínez de Irala): 198 n.
Mariano (soldado): 407
Marina (criada de Domingo Martínez de Irala): 198 n.
Marina *véase* Malinche (Malintzin)
Marino de Tiro: 127 n.
Mariño de Lobera, Pedro: 554, 580 n.
Marquina, Francisco (marinero): 190
Marquina, Gaspar de: 245 n.
Martín de Alcántara, Francisco: 504 n., 540, 568, 572, 573, 574 n.
Martín de Trujillo, Gonzalo: 499 n.
Martín V, papa: 48
Martínez de Irala, Diego: 197 n.
Martínez de Irala, Domingo: 197 y n., 605
Martínez de Irala, Ginebra: 197 n.
Martínez del Espinar, Alonso: 357 y n.
Martínez Vargas, Enrique: 417 n., 419
Martínez, Antonio: 196 n.

Martínez, José Luis: 290 n.
Martinillo (intérprete): 528
Martins de Roriz, Fernando: 50, 51
Mártir de Anglería, Pedro: 39, 123, 190 n., 201 n., 218 n., 389
Massys, Quentin: 72
Matlatzincátzin (capitán mexica): 439, 442-444
May, Theresa: 67
Mayahuel (diosa mexica): 418 n.
Mazuelas, Rodrigo de: 574 n.
McNeill, William: 212 n.
Médicis, los: 167 n.
Medina, Andrés, *llamado* Medinilla: 87-89, 91, 109, 119, 180, 181, 207, 265, 267-269, 274, 281, 378, 391, 437, 438, 541
Medina, Francisco de: 303
Mediopeo *véase* Bives, Bartolomé
Mela, Pomponio: 127 n.
Melchor (o Melchorejo, indio): 266, 279, 293, 296 n., 315
Menchú, Rigoberta: 301 n.
Mendel, leyes de, 38 n.
Méndez Pereira, Octavio: 359 n.
Méndez, Diego: 154, 160-162, 164, 165, 572 n., 578,
Mendo, Francisco: 571
Mendoza, Antonio de, marqués de Cañete y virrey de Perú: 586
Mendoza, Gonzalo de: 196
Mendoza, Pedro de (indio): 198 n.
Mendoza, Pedro de: 195, 196
Menéndez Pidal, Ramón: 603 n.
Mesa (artillero): 281, 316, 365, 367, 460, 461
Mesa, Pedro de: 368
Mexías, Diego: 563
Mictecacíhuatl (diosa mexica): 378
Mictlantecuhtli (dios mexica): 418
Mira Caballos, Esteban: 574 n.
Moch Couoh (cacique maya): 616 n.
Moctezuma I, *el Viejo* (emperador mexica): 285, 447
Moctezuma II (emperador mexica): 123 n., 284, 285-287, 290, 319, 321-328, 361-363, 369, 374-386, 388-391, 398-401, 403-405, 422, 424-428, 430, 439, 472, 473, 534, 543
Mohamed VI, rey de Marruecos: 47 n.
Moliarte, Miguel: 53
Molina, Alonso de: 499 n.
Molina, Antonio: 603
Moniz, Felipa: 40
Moniz, Violante: 53
Montano, Francisco de: 461
Montejo, Francisco de: 293 n., 338, 339, 407, 408
Montemayor, Alonso de: 572 n.
Montenegro, Gil de: 490
Monterroso, Augusto: 164 n.
Montes, Diego de: 232
Montesinos, fray Antón: 175-178, 249
Montesinos, fray Francisco de: 588
Monteverde (alemán): 594
Montoya, Baltasar de: 479
Morales Padrón, Francisco: 129 n., 150 n., 348 n., 524 y n.
Morales, Evo: 64 n., 612, 616 n.
Morales, Gaspar de: 486
Morata (verdugo): 370, 375, 412, 471
Morelos (cura): 320, 474
Moreno Echevarría, José María: 596 n.
Morgan, Henry: 157 n.
Morla, Francisco de: 293 n., 364, 415, 436
Moya Pons, Frank: 183 n.
Müller von Königsberg, Johannes: 163 n.
Mundaca y Marecheaga, Fermín Antonio: 263 n.
Munny, William: 214
Muñoz Camargo, Diego: 336 n., 434 n.
Muñoz Machado, Santiago: 609 n., 611 n.
Muñoz, Inés: 573-575
Mussolini, Benito: 575

Na Chan Can (cacique de Chetumal): 202, 294

Nanahuatzin (dios mexica): 418 n.
Narváez, Diego de: 572
Narváez, Pánfilo de: 250, 347, 411-415, 417, 422, 426 y n., 431, 433, 435, 451, 466 n.
Nath, Brooke: 566 n.
Nicolás V, papa: 33 n.
Nicuesa, Diego de: 167 y n., 200, 215 y n.
Ninán Cuyuchi (príncipe inca): 506
Niño, Cristóbal: 92, 95
Niño, Pedro Alonso: 126 n.
Noya, Juan de: 156
Núñez de Balboa, Vasco: 153, 167 n., 187, 200, 214-220, 224-227, 229, 234, 243, 244 n., 358, 359, 486
Núñez de Mercado, Diego: 572 n.
Núñez de Yebra, Francisco: 127 n.

O'Higgins, Bernardo: 605 n., 609
Ojeda, Alonso de: 121 y n., 126 n., 167 y n., 200, 215 n., 232, 485, 486
Olaizola, Yulene: 460 n.
Olea, Cristóbal de: 458
Olea, Juan de: 572 n.
Olid, Cristóbal de: 293 n., 366, 417, 431, 441, 444, 454, 469, 477
Olintecle (cacique de Zautla): 362-364
Olmedo, fray Bartolomé de: 364, 403, 413, 446, 447, 451
Olmen, Ferdinand van: 52 n.
Olmos, Francisco de: 457
Oñate, Pedro de: 572 n.
Ordás, Diego de: 293 n., 340, 364, 370, 390 n., 404, 431, 435, 461
Ordaz, Beatriz de: 414
Ordaz, Francisca de: 414, 466
Orellana, Francisco de: 560-564, 583
Orpí i del Pou, Joan: 123 n.
Ortiguera, Toribio de: 583 n.
Ortiz de Vilhegas, Diego: 51 n.
Ortiz de Zárate, Juan: 571 n., 572
Otero Silva, Miguel: 596 n.
Ovando, Nicolás de: 142, 143, 148-150, 161, 165, 178 n., 247, 485

Pachacútec (emperador inca): 273, 512 n.
Pakal I (rey maya): 300 n.
Palacios, Beatriz de: 455
Palanca (ciego): 484, 493, 505
Palencia, Alonso de: 32 n., 49, 97 n.
Pané, Ramón: 123 n.
Panquiaco (hijo de Comagre): 216
Partidor, Alonso Martín: 434 n.
Paula Santander, Francisco de: 609 n.
Paulis, Albert: 163 n.
Payne, Stanley: 56 n.
Paz y Meliá, Antonio: 49 n.
Paz, Martín de: 499 n.
Paz, Octavio: 314 n., 317, 320
Peckinpah, Sam: 253
Pedrarias véase Arias de Ávila, Pedro
Pedraza, Hernán de, señor de la Gomera y Hierro: 97 n., 98 n.
Pedraza, Reginaldo: 505, 545
Pedro [Gutiérrez] (repostero del rey): 114, 115
Peña, Gutierre de la: 583 n.
Peñate, Alfonso: 340
Peralta, Cristóbal de: 498 n.
Pereyra, Carlos: 540 n.
Pérez de Irala, Martín: 198 n.
Pérez de Irízar, Martín: 410 n.
Pérez del Pulgar, Hernán: 49
Pérez Morán, Gonzalo: 196 n.
Pérez, Alonso: 449
Pérez, Juan (almagrista): 572 n.
Pérez, Juan (náufrago): 196 n.
Pérez, fray Juan: 53, 57, 58
Pérez, Rodrigo: 141 n.
Pérez-Reverte, Arturo: 419 n., 615 y n.
Picado, Antonio: 568, 574 n.
Picerno, José Eduardo: 610 n.
Pinal, Silvia: 317
Pinzón, Martín Alonso: 60, 62-64, 76, 80, 82, 89
Pinzón, Vicente Yáñez: 60, 62, 63, 89, 126 n., 166, 167, 186 y n., 187 y n., 262 n., 562 n.
Piñero, Antonio: 489 n., 621

Pío II (Eneas Silvio Piccolomini), papa: 127 n.
Pizarro, Diego: 390 n.
Pizarro, Francisca (hija de Francisco Pizarro): 568
Pizarro, Francisco (hijo de Francisco Pizarro): 550
Pizarro, Francisco: 167, 209, 210, 384 n., 436 n., 478, 479, 483-486, 488-505, 507, 508, 512 n., 516 n., 519, 520, 522, 524-527, 529, 534-544, 546-551, 553 n., 556-560, 567-576, 582, 605, 619
Pizarro, Gonzalo (hermano de Francisco Pizarro): 347, 504 n., 557, 559-561, 563-565, 566 n., 583 y n.
Pizarro, Gonzalo (hijo de Francisco Pizarro): 568
Pizarro, Hernando (hermano de Francisco Pizarro): 504 n., 515, 520, 527-530, 535, 536, 543, 544-546, 555-557
Pizarro, Juan (hermano de Francisco Pizarro): 504 n., 540, 548, 556
Pizarro, Juan (hijo de Francisco Pizarro): 550
Plasencia, Domingo de: 234, 235, 240, 242
Plinio el Viejo: 40 n.
Pocahontas: 314 n.
Polo, Marco: 17, 41, 42, 70, 72, 73 n., 129, 144, 325, 485
Polonia, fray Benito de: 45 n.
Ponca (cacique): 216
Ponce de León, Cristóbal: 572 n.
Ponce de León, Hernán: 504,
Ponce de León, Juan: 41 n., 255, 274
Popper, Julio: 611 n.
Porras Barrenechea, Raúl: 575 n.
Porras, Francisco de: 162, 165
Portillo (capitán): 466
Posidonio de Apamea: 127 n.
Posse, Abel: 596 n.
Ptolomeo, Claudio: 54, 127 n.

Puerto, Francisco del: 189, 190, 192 n., 194
Puigdemont, Carles: 64 n.
Pulgar, Hernando del: 36 n.

Quetzalcóatl (dios): 286, 287, 299 n., 321-323, 325-328, 375, 376, 382, 385 n., 386, 394, 418, 420 n., 440
Quevedo, Francisco de: 599, 603
Quevedo, Juan de: 226, 243
Quevedo, Roberto: 196 n.
Quibián (cacique): 152-154
Quintana, Manuel Josef: 551 n.
Quiñones, Antonio de: 410 n.
Quiroz Cuarón, Alfonso: 475 n.

Rada, Juan de: 570-572
Ramírez (pinche): 535
Remedios (esposa de Bonoso Cantero): 581
Rentería, Antolín de: 398
Restall, Matthew: 210 n., 246 n.
Rey Blanco (rey legendario): 194, 195, 217
Reyes Católicos: 35 y n., 37 y n., 52 n., 54 n., 56 y n., 57, 59 n., 82, 84, 85 n., 86, 145, 173, 178 n., 479; *véanse además* Isabel I la Católica; Fernando II el Católico
Ribera, Fructuoso: 610
Ribera, Hernando de: 196 n.
Ribera, Nicolás de: 491, 499 n.
Ribera, Pero Afán de: 346 n., 347 n.
Ribera, Rodrigo de (hijo de Pero Afán): 347 n.
Ribley, George: 308 n.
Ríos, Pedro de los: 497, 498, 500
Ripalda, padre Jerónimo Martínez de: 613
Riquelme, Alonso: 197, 569
Rismini, Marco da: 16, 22, 23
Rivera, Diego: 289 n., 475 n.
Roca Barea, María Elvira: 615 y n.
Rodrigo (rey visigodo): 323 n.
Rodrigo, maestre (astrónomo): 51 n.

ÍNDICE ALFABÉTICO 653

Rodríguez Barragán, Juan: 573 y n.
Rodríguez Bermejo, Juan: 62 n.
Rodríguez de Fonseca, Juan: 186, 408, 468
Rodríguez de Francia, José Gaspar: 610
Rodríguez Freyle, Juan: 484 n.
Rodríguez, Francisco: 196 n.
Rodríguez, Isabel: 466
Rojas, Alonso de: 563 n.
Roldán, Francisco: 135, 136, 149, 204
Romaño (alférez): 268, 269, 277, 281, 425, 465, 537
Rubio, Francisco de: 580
Ruiz de Arce, Juan: 529, 540 n.
Ruiz de Guevara, fray Antonio: 412
Ruiz de la Durana, Domingo: 570
Ruiz, Bartolomé: 488, 490, 494, 495, 499
Ruiz, Gonzalo: 187 n.
Rumsey, Charles Cary: 436 n., 503 n.

Saavedra, Juan de: 572 n.
Sahagún, Bernardino de: 322 n., 323 n., 356 n., 452 n., 456 n.
Salado, Mateo: 598 n.
Salamanca, Juan de: 444
Salas, Julio: 111 n., 112 n.
Salazar, Diego de: 254
Salazar, Eugenio de: 101 n., 102 n., 105 n, 106 n.
Salcedo (veedor): 550
Salcedo, Diego de: 165
Salcedo, Francisco de: 380-382
San Millán, Pedro de: 569, 570
Sandoval, Gonzalo de: 293 n., 368, 411, 412, 418, 420, 430, 431, 433, 441, 444, 454, 456, 459, 469, 477
Santángel, Luis de: 60 y n.
Santo Domingo, fray Alonso de: 249 n.
Saramago, José: 23
Sarmiento, Domingo Faustino: 611 y n.
Saucedo, Francisco de: 293 n., 366, 430, 436

Saura, Carlos: 596 n.
Schmidel, Ulrico: 196
Sender, Ramón J.: 581, 582, 596 n.
Sesé, Francisco de: 141 n.
Sierra, Javier: 518
Silves, Diogo de: 26 n.
Simón, Pedro: 354 n., 355 n.
Sixto IV, papa: 37 n.
Solís *véase* Díaz de Solís, Juan
Soraluce, Domingo de: 498 n., 499 n.
Soria, Federico: 241, 242
Sotelo, Cristóbal de: 572
Soto, Hernando de: 211 n., 519-528, 530, 533, 535, 536, 539, 543, 544
Soustelle, Jacques : 402 n.
Stokell, George: 607
Suárez, Inés : 579 y n., 580
Suárez, Mariu: 252 n.

Tabscoob (cacique maya): 278-280, 312, 313
Tafur, Juan: 499
Talavera, fray Hernando de: 54
Tangáxoan Tzíntzicha (gobernante de Tzintzuntzan): 448
Tapia, Andrés de: 201, 293, 294, 335 n., 390 n., 395
Tapia, Cristóbal de: 468, 469
Taxmar (o Ahmay, cacique de Maní): 201, 202
Teba (soldado): 354
Tezalco (esposa de Moctezuma): 390
Tecuelhuetzin (después María Luisa): 372 n.
Tecuichpo (o Tecuichpotzin, después Isabel Moctezuma): 390 y n., 426 n.
Tecún Umán (guerrero kiche): 609 n.
Teixeira, Pedro: 564 n.
Téllez Girón, Rodrigo: 97 n.
Tello, Juan: 572 n.
Tenorio, José María: 357 n.
Teohom (sacerdote de Maní): 201, 202
Tetlepanquetzaltzin (señor de Tlacopán): 452 n., 470, 471
Teudile (cacique de Cuetlaxtla): 323-328

Teutlamacazqui (embajador mexica): 286, 287, 323
Tezcatlipoca (dios mexica): 286, 375, 376, 418, 452
Thomas, Hugh: 290 n.
Tlahuicole (guerrero tlaxcalteca): 446, 447
Tláloc (o Chaac, dios mesoamericano): 286, 300, 302, 394, 418
Toledo, Alejandro: 500 n.
Tonatiuh *véase* Alvarado, Pedro de
Toral Peñaranda, Enrique: 196 n.
Torecha (cacique de Cuarecua): 218 y n.
Toribio Medina, José: 128 n.
Torquemada, Juan de: 303 n.
Torre, Hernando de la: 580
Torre, Juan de la: 499 n.
Torres, Ana de: 186 n.
Torres, Francisco de: 186 n.
Torres, Pedro de: 138 n.
Torriani, Leonardo: 98 n.
Toscanelli, Paolo dal Pozzo: 50, 51
Totoquihuatzín (señor de Tlacopán): 452 n.
Tovar, Bernardino: 485 n.
Tovar, Joaquín: 485 n.
Toynbee, Arnold Joseph: 307
Tozi (diosa mesoamericana): 418 n.
Tracy, Spencer: 315
Triana, Rodrigo de: 47 n., 62 n.
Tristão, Nuno: 30 n.
Túpac Amaru II, José Gabriel Condorcanqui, *llamado*: 510, 609 n.
Túpac Hualpa (emperador inca): 546, 547, 555
Turnbull, Clive: 607 n.

Ulanski, Stan: 41 n.
Umbría, Gonzalo de: 340, 390 n., 395
Ursúa, Pedro de: 582 n., 583-587, 589
Uslar Pietri, Arturo: 596 n.

Utrecht, Adriano de: 409
Uzannkak (dios maya): 452

Vaca de Castro, Cristóbal: 575 n., 576, 578
Valdivia, Juan de: 200, 201 y n., 262 n., 294, 352 n.
Valdivia, Pedro de: 347 y n., 578-580
Vallado Fajardo, Iván: 202 n.
Vallejo, César: 509
Valverde, Vicente de: 505, 508, 535, 538, 541, 547
Varela, Consuelo: 122 n., 141 n.
Vargas Llosa, Mario: 509, 601 n., 616 n.
Vargas Machuca, Bernardo de: 230 n., 232 n., 241 n., 348 n., 350 n., 351 n., 355 n.
Vargas Zapata, Juan: 583
Vargas, Juan de (lugarteniente de Pedro de Ursúa): 586, 587
Vargas, Juan de (paje de Francisco Pizarro): 571
Vasconcelos, José: 474
Vaz Teixeira, Tristão: 26 n.
Vázquez de Tapia, Bernardino: 290, 367
Vázquez, Fernando: 583 n.
Vázquez, Francisco: 584 n., 587 n., 595 n.
Velázquez Cabrera, Roberto: 456 n.
Velázquez de Cuéllar, Diego: 248-250, 259-261, 276, 288, 289 n., 291-292, 337, 339, 340, 341 n., 407, 408, 411, 412, 414 n., 417, 426, 468
Velázquez de León, Juan: 293 n., 340, 400, 431, 434, 436
Velázquez *el Mozo*, Diego: 414 n.
Vélez de Guevara, Juan: 576
Vélez de Mendoza, Alonso: 126 n.
Vera, Andrés de: 216
Vergara, Alfonso de: 412
Vespucio, Alberico, *llamado* Américo: 88 n., 126 n., 166 y n., 186, 187, 262 n.
Vicente, Martín: 41 n.
Viera y Clavijo, José: 97 n.

ÍNDICE ALFABÉTICO 655

Villalpando, Diego de: 198 n.
Villarejo, Esteban: 214 n.
Viracocha (dios inca): 508
Virgilio, Publio Virgilio Marón, *llamado*: 344
Viriato (líder lusitano): 609 n.
Vitoria, Francisco de: 172 n.
Vivaldi, Ugolino: 18 y n., 19
Vivaldi, Vandino: 18 y n., 19
Vivar, Gerónimo de: 554 n.
Vizinho, José: 51 n.
Vlad III el Empalador, príncipe de Valaquia: 415 n.

Waldseemüller, Martin: 166 n.
West, Mae: 605

Xicomecoatl (o Chicomácatl), *llamado* Cacique Gordo: 332, 342, 343, 361, 411, 412, 414 y n.
Xilone (chico tlaxcalteca): 446
Xipaguazin (*después* María de Moctezuma): 123 n.

Xipe (dios mexica): 462
Xiuhtecuhtli (dios mexica): 322
Xochipilli (dios mexica): 218 n.
Xochiquétzal (diosa mexica): 218 n., 336

Yáñez Gallardo, César: 197 n.
Yballa (hija de Hapalupo): 98 n.
Yembio (cacique): 163 n.
Yepes, fray Juan de: 505, 540 n.
Yupanqui, Inés Huaylas: 550
Yuste, Juan: 419 y n.

Zárate, Agustín de: 498 n., 539, 540 n.
Zazil Ha (hija de Na Chan Can): 294, 295
Zelic, Luka: 45 n.
Zojakak (dios maya): 452
Zuanga (gobernante de Tzintzuntzan): 448
Zúñiga, Gonzalo de: 596 n.
Zurbano, Jerónimo: 571 n.
Zweig, Stefan: 348 y n.

OCÉANO PACÍFICO

Archipiélago Juan Fernández

Mar de Hoces

Martín García
Río de la Plata
San Gabriel

OCÉANO ATLÁNTICO

Viajes de Francisco Pizarro
- 1524 – 1525
- 1526 – 1527
- 1531 – 1533

■ El Imperio inca (1463 – 1532)

↓ Itinerario de Lope de Aguirre (1560 - 1561)

0 — 1000 — 2000 km